3ᵐᵉ Série

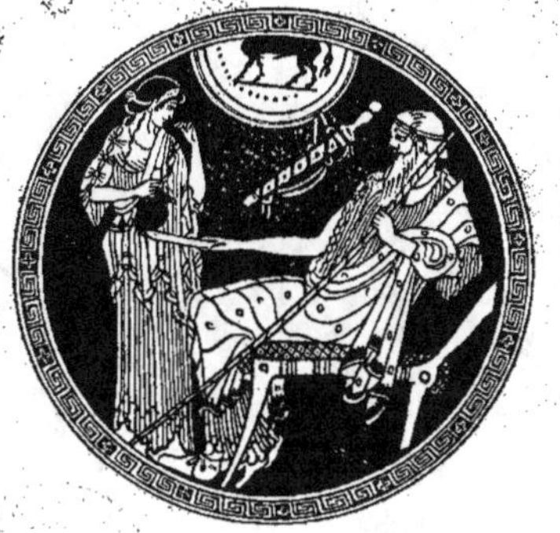

E. POTTIER

Vases Antiques

du Louvre

HACHETTE

VASES ANTIQUES

DU LOUVRE

VASES ANTIQUES
DU LOUVRE

PAR

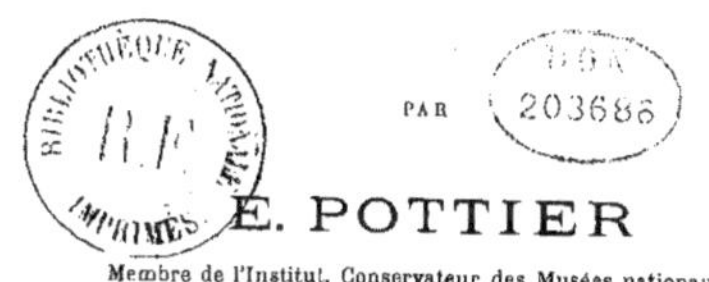

E. POTTIER

Membre de l'Institut, Conservateur des Musées nationaux.

PHOTOGRAVURES DE JULES DEVILLARD

TROISIÈME SÉRIE

SALLE G

LE STYLE ATTIQUE A FIGURES ROUGES

LIBRAIRIE HACHETTE

79, BOULEVARD ST-GERMAIN, PARIS

1922

À

Salomon REINACH

MEMBRE DE L'INSTITUT, CONSERVATEUR DU MUSÉE DE SAINT-GERMAIN

EN SOUVENIR
D'UNE AMITIÉ DE QUARANTE ANS

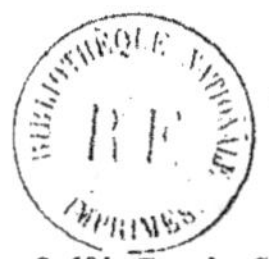

SALLE G (*Fin*)

VASES ATTIQUES A FIGURES ROUGES
TROUVÉS EN ITALIE

G 104. Grande Coupe signée par Euphronios. — La description de ce vase célèbre a déjà été donnée dans le précédent album (p. 155-156). Mais il n'y avait de reproduction que pour les détails du sujet intérieur. Nos planches 103 et 104 donnent la vue d'ensemble du vase, les revers B et C et l'intérieur A.

Ajouter à la bibliographie : F. Ravaisson, *La Vénus de Milo* (1892), pl. 8, n° 1 ; P. Girard, *La Peinture antiq.*, fig. 97 (sujet A) ; Ev. Radford, dans *Journ. hell. stud.*, 1915, p. 121, pl. 4 ; G. Perrot, *Hist. de l'Art*, X, p. 422-423, fig. 246, 247, pl. 9 et 10 ; G. Geffroy, *Palais du Louvre*, IV (*Mobilier, Objets*), p. 50, planche (sujet A) ; Hœber, *Griech. Vas.*, fig. 51 (sujet A) ; Buschor, *Griech. Vasenmal.*, p. 167, fig. 113 ; Phot. Alinari, n° 23725 (sujet A). Cf. Beazley, *Attic Redfig. Vas.*, p. 83, 85, n° 1 ; Nicole, *Corpus Céram. gr.*, p. 28, n° 6 ; Hoppin, *Handbook redfig. vas.*, p. 398, n° 11 (figure p. 399) ; Thieme, *Lexikon der bild. Künstler*, XI, p. 83.

G 105. Coupe signée par le potier Euphronios et le peintre Onésimos, avec les noms d'éphèbes Erothémis et Lykos (vasque large et peu profonde, anses un peu relevées du bout, fût moyen et solide, base en disque avec ressaut). — Un sujet dans l'intérieur et un sur chaque revers. — Int. *A*. **Éphèbe à cheval.** Il a l'aspect d'un jeune garçon juché sur un cheval de haute taille, et il est tourné vers la droite, la tête un peu inclinée, coiffé d'un pétase à longs rebords minces et relevés, surmontés d'une coiffe ronde terminée par une petite pointe (cheveux à contour ondulé en boucles et mèches courtes, ceints d'une bandelette en rouge mat ; la jugulaire du pétase en rouge mat sous le menton ; œil en point noir dans ovale allongé) ; il tient de la main droite (restaurée) deux longues lances ; il est vêtu d'une tunique fine (plis ondulés et semis de petits points) que recouvre une chlamyde flottante attachée par une agrafe ronde sur l'épaule droite (décor en groupes de petits points), et chaussé d'endromides noires (lacis de liens en rouge mat et parties de rouge réservé, jambe disparue dans la cassure). Le cheval marche au pas, levant la tête (crinière en brosse avec traits de noir jauni, harnachement et rênes en rouge mat, dents visibles) ; ses pieds reposent sur un petit segment en rouge réservé formant terrain ; sa queue (restaurée, ainsi qu'une partie du corps) pénètre dans l'encadrement. Dans le champ à droite, signature en rouge mat : EV.RONIOΣEΠOIEΣEN (Εὐ[φ]ρόνιος ἐποίεσεν). A gauche, inscription en rouge mat : ΚΑLΟΣ.ROΘEMIΣ (καλὸς Ἐρόθεμις). En bas, sur le segment, inscription en noir : L.ΚΟΣΟ (Λ[ύ]κος, ο?). — Revers *B*. **Scènes d'équitation.** Un éphèbe fait sortir son cheval d'un édifice voisin et corrige sa résistance en le frappant avec sa longe. A gauche, en arrière-plan, un garçonnet nu, marchant vers la gauche et retournant la tête (cheveux épars, visage refait), tient de la main droite élevée une houssine et de la main gauche les deux lances du cavalier. Près de lui une colonne dorique sur un degré, portant sur le chapiteau l'inscription en noir LVKOϟ (Λύκος), indique que la scène se passe près d'une habitation. Le cheval recule, levant la tête (même type que le

précédent, harnachement et longe en rouge mat) ; l'éphèbe étend la main gauche qui tient la longe et de la main droite ramenée en arrière il menace la bête avec la courroie pliée ; il est vu de dos, marchant vers la gauche, coiffé de l'*alopékis* dont les bouts retombent par derrière (visage restauré) ; il est vêtu d'une tunique courte, que recouvre une chlamyde, et chaussé d'endromides à revers découpés en lanières. A droite s'avance un cavalier (même type, même aspect de tout jeune garçon ; pas de pétase, bandelette en rouge mat, visage endommagé, chlamyde agrafée sur l'épaule et revenant sur le bras gauche ; mêmes chaussures) ; il tient de la main droite deux lances basses et de la main gauche les rênes. Le cheval marche au pas (même type, même harnachement en rouge mat, tête endommagée, queue restaurée, coupée par l'anse). Dans le champ, entre les personnages, inscription en rouge mat : ΚΑLΟΣEROΦΘEMIΣ (καλός Ἐρόθεμις). — Revers *C*. **Cavalcade de trois éphèbes.** Ils marchent à la file vers la droite ; les attitudes et types semblables à ceux du sujet central comportent quelques variantes. Le premier a son pétase dans le dos et tient une lance horizontale, la tête un peu inclinée (corps et visage restaurés). Le second porte sa lance droite (pas de pétase, chlamyde semée de petits points). Le troisième répète le premier. La queue du premier cheval est coupée par l'anse. Derrière les jambes du troisième se dresse en arrière-plan une colonne dorique sur un degré (haut du fût décoré d'une bande de points noirs). Dans le champ, entre les cavaliers, signature en rouge mat : ....IM.ΣE.RAΦϟ.. ([Ὀνίσ]ιμ[ο]ς ἔ[γ]ραφσ[εν]).

Noir dans l'intérieur, sur les revers et sur le pied, sauf un filet réservé sur le ressaut et la tranche en clair. Sous la base, large bande noire qui en occupe la plus grande partie. Grecque autour du sujet central. Un filet rouge réservé sous les revers.

Terre rougeâtre Emploi de la retouche en rouge mat. Traces de l'esquisse. Bon style de la première moitié du ve siècle.

Beaucoup de morceaux recollés et quelques-uns refaits. Haut. 0,12 ; diam., 0,30 ; avec les anses, 0, 38.

(Inv. Nap. 3483. MN 61.) Trouvé en Étrurie, à Vulci ; acquis en 1848. Le registre de cette époque donne l'inscription complète ΟΝΕΣΙΜΟΣΕΓΡΑΦΕ (*sic*). Cette coupe a fait partie de la collection de Lucien Bonaparte, prince de Canino, qui avait noté aussi l'inscription : Onesimos egraphs (*Réserve étrusque*, Londres, 1838, p 28, n° 33 ; *Notice de Vas. antiq.*, 1843, p 64, n° 233) Publié par Hartwig, *Meistersch.*, p. 504 et sv., pl. 53 ; Collignon, *Mon. Gr. publ. par l'Assoc. Et. grecques*, 1885-1888, p. 7-11, fig. 1 à 3 ; Perrot, *Hist. de l'art*, X, p. 447 à 449, fig. 256 à 257 *bis* ; Helbig, *les Hippeis athéniens* (*Mém. Acad des Inscr.*, t. XXXVII, p. 71, fig. 29) ; Duruy, *Hist des Grecs*, II, p 588 ; J. Harrison, *Greek Vase paintings*, pl. XVI, n° 2 ; E. Pottier, *Monum. et Mém. de la Fondation Piot*, XVI, 1908, p. 135, fig. 9. Pour les descriptions et mentions, voir Klein, *Meistersign.*, p. 143 (avec le nom restitué en Diotimos) ; E. Pottier, *Gaz. Archéol.*, 1888, p. 174 ; *Catalog. des vas. du Louvre*, p. 943 ; Furtwaengler, *Griech. Vasenmal.*, p. 99 ; C. Robert, dans Pauly-Wissowa, *Real-Encyclopædia*, article *Euphronios*, p. 1223 ; Evelyn Radford, dans *Journ. of hell. Stud.*, 1915, p. 132 ; Beazley, *Attic Vas.*, p. 83 et 88, n° 1 ; Nicole, *Corp. céramistes grecs*, p. 28, n° 8 ; Hoppin, *Handbook redfig.*, I, p. 400, n° 12.

Int. A et rev. C dans notre pl. 104.

G 106. Amphore à anses cordées portant le nom d'Euphronios (col court, panse trapue, anses recollées et réparées, base en disque épais rajouté). — Un sujet isolé sur chaque côté. — *A.* Amazone tenant une hachette de guerre. Elle est tournée vers la gauche, coiffée d'une haute tiare (kidaris) à longs bavolets découpés qui retombent sur le cou et ceinte d'une guirlande en rouge mat (touches de brun délayé imitant le cuir) ; elle incline légèrement la tête (cheveux en masse noire à mèches courtes, œil en point noir dans ovale allongé fermé) et tient de la main droite avancée une petite hachette, de la main gauche un arc de forme très recourbée (corde en rouge mat) ; elle est vêtue du costume asiatique à justaucorps collant et à longues manches, orné de larges bandes noires dentelées horizontales séparées par des lignes de petits points (au col, galon orné de points) ; les jambes sont couvertes des anaxyrides (même décor ; jambes et pieds restaurés) ; sur le flanc gauche est suspendu le carquois (décor en bande noire dentelée) avec le couvercle en long morceau de cuir découpé (ton de brun délayé imitant le cuir). Devant elle, dans le champ, inscription en rouge mat : ΑΝΤΟ+ΣΕΝΟΣ ('Αντόξενος). — *B.* **Même sujet.** L'Amazone est presque tout entière refaite ; il n'y a d'antique que la partie antérieure de la tiare, ceinte d'une guirlande en rouge mat et dont le retroussis forme diadème sur le haut des cheveux en mèches courtes, et une partie du visage avec l'œil en point central dans un petit cercle placé dans un ovale fermé. Dans le champ, devant elle, inscription en rouge mat : ΕΥ.ΡΟΝΙΟΣ (Εὐ[φ]ρόνιος).

Noir dans une partie de l'embouchure, sur le col avec un cercle en rouge réservé dans le haut et un filet clair saillant dans le bas, sur les anses et toute la panse, sur le plat du disque, la tranche en clair. Sur l'épaule, au-dessus des personnages, une ligne de godrons noirs (restaurés). Sous les pieds de chaque personnage, une courte ligne de terrain en rouge réservé (restaurée).

Terre rougeâtre. Emploi de la retouche en rouge mat. Pas d'esquisse visible. Bon style archaïque du début du v⁰ siècle.

Des morceaux recollés ; un côté de la panse (B) en partie refait avec d'importantes restaurations. Haut., 0,43 ; diam. dans l'embouchure 0,125.

(Inv. Campana 676.) Trouvé en Italie, dans la région de Nola ; cf. *Cataloghi Campana*, série XI, n° 5. Publié par G. Geffroy, *Palais du Louvre*, III (*Mobilier, Objets*), p. 54. Décrit ou mentionné par Klein, *Euphronios*, 2ᵉ édit., p. 261 (qui à tort explique les personnages comme masculins et veut rapporter les noms inscrits aux figures elles-mêmes) ; Corey, *De Amazonum antiquissimis figuris* (1891), p. 55 (qui suppose que le nom 'Αντόξενος pourrait désigner le potier) ; Hartwig, *Meisterschal.*, p. 152-153 (qui songerait avec plus de vraisemblance à un nom d'éphèbe καλός) ; on pourrait en rapprocher le nom encore douteux de +ΣΕΝΟ(Ν) καλός qui se trouve précisément sur le cratère d'Arezzo apparenté à notre amphore ; cf. Gaspar, dans *Mon. et Mém. Fond. Piot*, IX, p. 29, notes ; Ev. Radford, dans *Journ. hell. Studies* 1915, p. 115 ; Pottier, *Catal. vas. Louvre*, p. 944 ; Nicole, *Corp. céram. gr.*, p. 28, note 3 ; Beazley, *Attic Vas.*, p. 30, n° 5, et p. 82 ; Hoppin, *Handb. redfig.*, I, p. 410, n° 30.

Vue d'ensemble et sujet A dans notre pl. 105.

G 107. Amphore à anses cordées, décorée par un élève du peintre Smikros et attribuée à Euphronios (col plus élevé avec rebord en chapiteau débordant et ressaut intérieur, anses fortes, panse trapue, pied en disque à deux degrés). — Un sujet isolé sur chaque côté. — *A.* Hercule dans l'attitude du combat. Il est tourné vers la droite, marchant le pied gauche soulevé ; la partie supérieure du personnage a disparu dans une usure par frottement qui n'a laissé subsister que le bras droit levé avec la main tenant le bout de la massue et la silhouette du bras gauche étendu, tenant la peau de lion en guise de bouclier (reste de la partie inférieure des pattes avec pointillé noir) ; le corps est nu (musculature en noir jauni ; parties pileuses indiquées sur le ventre) ; une épée est suspendue sur le côté gauche (restes de l'attache du baudrier en noir jauni). Derrière lui, dans le champ, restes de l'inscription en rouge mat : ΚΛΕΕΣ (['Ηρα]κλέες). Le pied droit repose sur une ligne de terrain en forme de large base, traversée d'une ligne noire horizontale qui porte l'inscription en rouge mat : ΔΟΚΕΙ:ΣΜΙΗΟΙ:ΙΝΑΙ (Δοκεῖ Σμίκ(ρ)ῳ [ε]ἶναι). Pour l'interprétation et la discussion de ce texte, voir mon *Catalogue des Vases du Louvre*, p. 945 ; Furtwaengler assimile l'Hercule posé sur une base à une œuvre de la statuaire du vᵉ siècle et pense à l'Hercule d'Hagéladas (*Griech. Vasenm.*, II, p. 8). — *B.* **Amazone tirant de l'arc.** Elle représente un des adversaires d'Hercule. Tournée vers la gauche, elle marche, le corps ployé, le bras gauche tendu tenant l'arc (avant-bras et main refaits ainsi que la plus grande partie de l'arc et de la flèche), la main droite assujettissant, avec les doigts repliés, le pied de la flèche sur la corde (en rouge mat) ; autre trait de rouge mat indiqué sur la corne droite de l'arc qui est conservée) ; le type est semblable à celui des Amazones de l'amphore G 106 : tiare terminée en longue pointe, le retroussis du bonnet formant diadème sur les cheveux à mèches courtes, œil en cercle de noir jauni avec point noir dans ovale fermé, mèche de cheveux ondulée s'échappant de la tiare à bavolets découpés ; même costume et même décor, avec une sorte de pagne serré à la taille par une ceinture ornée de petits denticules en noir jauni (quadrillé avec points noirs sur le pagne, terminé en bas par une bande de points noirs et une frange de petites pendeloques) ; sur le flanc gauche, le carquois, analogue au précédent, avec son couvercle en cuir découpé, est suspendu à un baudrier en rouge mat ; les jambes sont fléchies et un mouvement de torsion laisse voir la plante du pied droit. Il n'y a pas de ligne de terrain sous les pieds. Derrière elle, inscription en rouge mat : ΒΑΡΚΙΔΑ (Βαρκίδα, nom de l'Amazone).

Noir dans l'embouchure, sur le dessous du rebord, le col, les anses, toute la panse, sur le plat du premier degré avec la tranche en clair et sur la plus grande partie du second degré ; sur le rebord extérieur en clair, grecque sommaire. Sur le col, grand motif floral de palmettes alternant avec de gros boutons de lotus en deux zones opposées et reliées par des entrelacs. Sur l'épaule, collerette circulaire de godrons noirs. A la base de la panse, deux filets incisés en clair. Sous le pied, grand graffite incisé.

ΝΑΙΑΣ

Terre rougeâtre. Emploi de la retouche en rouge mat. Esquisse visible. Beau style archaïque du début du vᵉ siècle.

Des parties recollées et restaurées. A gauche du sujet A, trace circulaire de noir rouge indiquant le contact d'un pied de vase pendant la cuisson (sur ces accidents, cf. Reichhold dans la *Griech Vasenmal.* de Furtwaengler, I, p. 152-158). Haut., 0,48 ; diam., dans l'embouchure 0,16.

(Inv. MNB 1150.) Trouvé en Italie et acquis en 1876 de la Collection Piot. Publié par C. Gaspar, dans *Mon. et Mém. Fondation Piot*, IX (1902), p. 32 fig. 4 ; p. 35, fig. 6 ; p. 37, fig. 8, où il rapproche les personnages A et B de figure identiques décorant le cratère d'Arezzo attribué au peintre Smikros ; Furtwaengler, *Griechische Vasenmal.*, II, p. 9 fig. 3 à 5 ; L. Curtius, dans *Ath. Mittheilung.*, XXX (1905), p. 189, fig. 5 ; G. Geffroy, *Palais du Louvre*, III (*Mobilier, Objets*), p. 56. Cf. E. Pottier, *Catal. vas. Louvre*, p. 945 ; Corey, *De Amaz. antiq. figuris*, p. 32 ; Kretschmer, *Vaseninschrift.*, p. 85 ; Ev. Radford, dans *Journ. of hell. Studies*, 1915, p. 116 ; Nicole, *Corp. céram. gr.* p. 28, note 3. Beazley, *Attic Vas.*, p. 30, n° 5, pense qu'on peut l'attribuer à Euphronios. Il conjecture δοκεῖ Σμικρῷ ναί, qui serait continué par un καλός (ὁ δεῖνα) placé sur un autre vase formant pendant (hypothèse douteuse). Cf. aussi Hauser dans *Griech Vasenmal.*, II, p. 335 ; Hoppin, *Handbook redfig.* 1, p. 410, n° 31 (attribution à Euphronios).

Vue d'ensemble et sujet A dans notre pl. 105.

G 108. Coupe attribuée à l'atelier d'Euphronios (vasque large et plate, anses fortes un peu relevées, fût du pied solide et base en disque avec ressaut). — Un sujet dans l'intérieur et un sur chaque revers. — Int. *A.* Ephèbe à cheval. Il est tourné vers la droite ; le cheval, dans une attitude de repos, a une structure archaïque : tête longue et osseuse, crinière divisée en quatre parties inégales (traits de noir jauni) ; les quatre pieds sont posés sur un terrain formé par un petit segment en rouge réservé. L'éphèbe est solidement assis sur la bête, la tête un peu inclinée (cheveux en masse noire et mèches bouclées ceints d'une bandelette en rouge mat, œil en petit cercle avec point central dans ovale entr'ouvert, menton restauré); son pétase est rejeté dans le dos et retenu autour du cou par un lien en rouge mat (petites hachures en noir jauni indiquant la convexité de la calotte, surmontée d'une petite saillie ronde) ; un grand manteau de cavalier l'enveloppe tout entier, cachant les bras et les mains (broderies indiquées en larges parties noires, galon dentelé, grecque, bandes et autres ornements) ; il est chaussé de hautes endromides à revers en lanières découpées et ornées de pointillés ; de la main droite, sous la draperie, il tient ses deux lances. Dans le champ, autour de lui, inscription en rouge mat : HOΠΛISKΛLOS (ὁ παῖς καλός). — Revers *B*. **Départ pour la guerre.** A gauche une femme (tout le haut du personnage refait) tient de la main droite une œnoché (godrons et filets noirs sur l'épaule du vase) ; elle est vêtue d'une tunique fine que recouvre un himation. L'objet placé derrière elle dans le champ est une restauration. Devant elle, un guerrier barbu, le corps de face, retournant la tête (cheveux en boucles ceints d'une bandelette en rouge mat, œil en point noir dans ovale entr'ouvert ; le cou, l'épaule et le haut de la lance refaits), étend la main droite pour décrocher son casque suspendu à la paroi (cimier en crinière, double bande de petits traits noirs), la main gauche abaissée, il tient par la poignée intérieure son bouclier posé à terre (autres attaches et courroies en noir jauni) ; il est vêtu d'une tunique courte, ne porte pas de cnémides, et sa lance appuyée sur le sol repose sur son épaule droite. A droite, un éphèbe analogue à celui du sujet central harnache son cheval (même structure que celle du cheval précédent) au repos devant lui ; il lui ajuste sur la tête un licou en rouge mat en posant la main droite sur le fronteau (main et bras restaurés) ; il est coiffé du bonnet en peau de renard (alopékis), tacheté de gros points noirs (œil en point noir dans l'angle ouvert de l'ovale, barbe légère en noir jauni), et marche vers la droite, retournant la tête, le corps de face, vêtu d'une tunique courte retenue par une ceinture, drapé dans un grand manteau semblable au précédent (ornements analogues) et chaussé d'endromides pareilles ; de la main gauche, cachée sous la draperie, il tient ses deux lances. En arrière-plan, derrière le cheval, un vieillard se tient dans l'attitude d'une douleur profonde, la tête penchée, le bras droit replié cachant le bas du visage, la main gauche faisant le geste d'arracher les cheveux (chevelure et barbe en blanc crémeux, bandelette en noir jauni, œil en cercle avec point noir dans ovale ouvert, la pupille ramenée vers le haut avec une expression douloureuse); il est vêtu d'une tunique ouverte sur le flanc droit, recouverte d'un himation et s'appuie sur un long bâton noueux. Derrière lui, dans le champ, sorte de patère pour suspendre les objets. Près du rebord, au-dessus des personnages, inscription en rouge mat : HOΠΛISKΛ.OS (ὁ παῖς κα[λ]ός). — Revers *C*. **Retour de la guerre.** A gauche, un guerrier barbu (casque à crinière figuré en traits de noir délayé, double bande de petits traits noirs, paragnathides relevées, œil en cercle avec point noir dans ovale fermé, barbe frisée, cheveux en longues mèches ondulées) est assis, tourné vers la droite, sur un escabeau à pieds façonnés ; il est vêtu d'une tunique recouverte d'une cuirasse à lambrequins (ornement en rosace, grecque, petites croix dans quadrillé); il porte du bras gauche son bouclier (parties restaurées, arma-

ture intérieure et courroies en noir et noir jauni, long tablier de cuir découpé et orné d'une grecque en noir jauni retombant derrière l'escabeau) et tient, de son bras droit tendu, sa lance posée à terre ; ses jambes sont couvertes de cnémides, avec traces de liens rouges à la base. Une femme debout lui fait face, coiffée d'un cécryphale (cheveux noirs massés sur le front, œil en cercle avec point central dans ovale ouvert), vêtue d'une tunique recouverte d'un himation qui enveloppe la main gauche et elle tend vers lui de la main droite une phiale (en partie refaite ainsi que le pouce, bracelet de noir délayé en forme de serpent). Entre les deux personnages, inscription en rouge mat : KΛLOS (καλός). Derrière la femme, groupe de cheval et d'éphèbe semblable aux précédents ; l'éphèbe (même type, même coiffure en *alopékis*, même œil, même vêtement, chaussures identiques) tient à deux mains, pour le déharnacher, la tête du cheval (brides et licou en rouge mat) ; ses lances sont posées à terre derrière lui. En arrière-plan, derrière le cheval, une colonnette ionique soutient un entablement surmonté de métopes avec trois triglyphes noirs. Dans le champ, patère et sorte de petit sac rectangulaire (?) muni d'une poignée. Au-dessus du cheval, inscription en rouge mat : HOΠΛIS (ὁ παῖς [καλός]).

Noir dans l'intérieur, sur les revers et sur le pied, sauf la tranche en clair. Grecque mêlée de croix autour du sujet central. Deux filets rouges réservés sous les revers. Sous chaque anse, un ornement en forme de nez de Gorgone. Sous le pied, large cercle noir sous le pourtour.

Terre rougeâtre. Emploi des retouches en rouge mat et en blanc crémeux. Esquisse visible. Beau style de la première moitié du Vᵉ siècle.

Plusieurs morceaux recollés et un personnage restauré. En plusieurs parties, les personnages sont endommagés par des taches noires indélébiles. Haut., 0,135 ; diam., 0,32 ; avec les anses, 0,40.

(Inv. MNB 1709.) Trouvé en Étrurie à Vulci. Autrefois dans la collection Durand (de Witte, *Description des Antiq. du Cab. Durand*, p. 78, nᵒ 250 : il interprète les personnages comme Hipponoos, Sisyphe et un héraut ; puis dans la collection Paravey (*Catal. de vente*, nᵒ 80). Acquis en 1879. Publié par M. Collignon dans *Mon. publ. par l'Assoc. des Ét. grecques*, 1885-1888, p. 1 à 23, pl. 5 et 6 ; Perrot, *Hist. de l'Art*, X, p. 452-453, fig. 258, 259, Cf. Hartwig, *Meistersch.*, p. 506, note I. Furtwaengler l'attribue au peintre anonyme qu'il appelle le Maître de la coupe de Penthésilée, et qui aurait travaillé dans l'atelier d'Euphronios (*Griech. Vasenmal.*, I, p. 283) ; Beazley combat cette opinion, *Attic. Vas.*, p. 129. Cf. E. Pottier, *Catal. vas. Louvre*, p. 947 ; Hoppin *Handbook redfig. vas.*, II, p. 346, nᵒ 36.

Int. A et les revers B et C dans notre pl. 106.

G 109. Coupe à fond blanc attribuée à l'atelier d'Euphronios (vasque large et très peu profonde, anses un peu relevées du bout, le fût du pied élevé et fort et le disque plat sans ressaut ; mais il n'est pas certain que ce pied appartienne au vase). — Un sujet dans l'intérieur et rien sur les revers. — Int. Hercule tuant Iphitos ; c'est au moins l'interprétation la plus vraisemblable d'un sujet qui ne se rencontre pas ailleurs. Hercule barbu, penché en avant (barbe et cheveux blonds indiqués par une teinte de noir jauni que recouvrent des boucles de noir lustré, œil et haut du visage disparus dans la cassure, bouche entr'ouverte), saisit à deux mains Iphitos qu'il renverse sur son lit en prenant de la main gauche une poignée des cheveux avec la bandelette qui les retient (cheveux blonds à mèches noires, bandelette au trait noir jauni recouverte d'un ton rouge mat) ; le corps d'Hercule est nu (musculature en noir jauni ; le ventre, les cuisses et le bout du pied gauche refaits) ; il porte au côté gauche une épée suspendue à un baudrier en rouge mat (le bout du fourreau orné de petits points et de deux traits jaunes, peut-être dorés?). Le corps nu d'Iphitos a en grande partie disparu dans une cassure ; une restauration inexacte le représente avec la tête renversée faisant face à Hercule ; en réalité, c'est la nuque qui est conservée et la tête était dirigée vers le sol ; le bras droit rejeté en arrière, avec la main aux doigts écartés, repose entre les deux coussins du lit (décor en bandes noires longitudinales) ; les deux jambes s'agitent violemment, le pied droit lancé en l'air hors de la draperie, le pied gauche étendu et vu de face. Une grande couverture, exécutée en rouge vineux avec lignes de points saillants, recouvrait le bas du corps et l'extrémité gauche du lit. Les pieds du meuble imitent le bois découpé avec palmettes en noir jauni (dans le pied gauche, coupé à droite par l'encadrement, centre de la palmette en points jaunes saillants qui devaient être dorés) ; le chevet du lit, sur lequel reposent les coussins, est d'une riche architecture avec décor en volutes (rouge vineux en relief), grecque, petites rosaces accostées de points et petits carrés en métopes (noir et noir jauni) ; la traverse horizontale du lit porte aussi des métopes de petites rosaces accostées de points.

De ce côté et sous la tête d'Iphitos, le fond blanc est semé de taches brunes où Heydemann a cru reconnaître les vestiges de la massue d'Hercule qui pourrait être appuyée contre le lit, près de la main gauche du héros.

Dans le champ, au-dessus du groupe, est suspendu obliquement un lécythe (décor de petits points sur l'épaule) avec une draperie en traits de noir jauni (décor en petits points et bordure en rouge mat). A droite, inscription en petits caractères de noir jauni : HEP..... ('Ηερ[ακλῆς]).

Intérieur en blanc crémeux, sali et endommagé ; noir sur les revers, sur la moitié des anses et sur le pied. Large bande noire sous la base. Une ligne de terrain est figurée sous le sujet intérieur, formée d'une bande de courts godrons en noir jauni (la plupart refaits). Terre rougeâtre. Peinture exécutée au trait noir, souvent jauni, sur le fond blanc. Emploi des retouches en rouge mat, rouge vineux, et jaune probablement doré. Beau style de la première moitié du v⁰ siècle. Beaucoup de morceaux recollés et restaurés. Haut., 0,15 ; diam., 0,31 ; avec les anses, 0,39. (Invent. Campana 972.) Trouvé en Italie et entré en 1863 ; cf. *Cataloghi Campana*, IX-X, salle J, n° 140. Publié par E. Pottier, *Mon. et Mém. de la Fond. Piot*, II, 1895, p. 52-56, fig. 3 ; cf. *Catal. vas. Louvre*, p. 949 ; Perrot, *Hist. de l'Art*, X, p. 710-711, fig. 389. Décrit par Heydemann, *Pariser Antiken*, p. 62, n° 76 ; Furtwaengler, article *Héraklès* dans *Lexic. der Myth.* de Roscher, p. 2233-2234 (il a donné le premier l'explication du sujet) ; Nicole, *Corp. céram. gr.*, p. 29, note.

G 110. Fragment d'un grand vase (cratère ?). — Morceau de la panse. Restes d'un **Éphèbe nu**, de grande taille. On voit le bas de la tête tournée à droite (cheveux en masse noire bordée de petits traits ; barbe légère sur la joue droite en traits jaunis ; le haut de la tête, les yeux, le front, ont disparu), le torse puissant, vu de face (musculature détaillée en traits jaunis), la main gauche appuyée sur le pectoral droit. A gauche, en rouge mat, signature incomplète du peintre : EΛP... (ἔγραφσεν). A droite, en rouge mat, un nom d'artiste ou d'éphèbe : ELOS ([Κλεόμ]ελος?).

Terre rougeâtre, paroi épaisse. Pas d'esquisse visible. Bon style du début du v⁰ siècle (groupe d'Euphronios et de Phintias). Haut., 0,09 ; larg., 0,10. (Inv. fragm. Campana, n° 67.) Trouvé dans une caisse de débris de la Collection Campana. Provenant d'Italie et entré en 1863. Cf. Pottier, *Catal. vas. Louvre*, p. 950 ; Beazley, *Attic Vases*, p. 30, n° 2 (attribué à Euphronios) ; Hoppin, *Handbook redfig. vas.*, I, p. 411, n° 32 (même attribution et restitution du nom de Κλεόμελος). Vue d'ensemble dans notre pl. 105.

G 111. Petite coupe portant le nom de l'éphèbe Cléomélos (vasque assez plate, anses un peu relevées du bout, pied court avec ressaut et base en disque peu débordant). — Un sujet seulement dans l'intérieur. — **Scène de palestre ; éphèbe discobole**. Il est complètement nu (musculature en noir jauni et mamelon du sein en pointillé) et se courbe, présentant le dos, le corps plié, la tête

fortement inclinée (contour des cheveux incisé, en masse noire avec mèches courtes, œil en point noir dans ovale allongé, bouche entr'ouverte), la jambe gauche en arrière : de la main droite, il fait le geste d'arracher du sol le piquet destiné à marquer la distance ; la main gauche, rejetée dans le dos, porte le disque qu'il vient de ramasser (marque en svastika noir au centre ; coupé à gauche par l'encadrement). Dans le champ, à gauche, est jetée la pioche faite pour rendre le sol meuble. A droite, une paire d'haltères est suspendue par un lien rouge mat. Sur le pourtour, inscription en rouge mat : KLEOMELOS KALOS (Κλεόμελος καλός).

Noir dans l'intérieur, sur les revers et sur le pied, sauf la tranche en clair et deux filets réservés de chaque côté du ressaut. Le dessous du pied en noir avec le pourtour clair. Cercle rouge réservé autour du sujet central. Terre rougeâtre. Emploi de la retouche en rouge mat. Pas d'esquisse visible. Beau style du début du v⁰ siècle. Haut. 0,08 ; diam. 0,19 ; avec les anses, 0,26. (Inv. S 1445). Trouvé en Étrurie et entré en 1863 ; cf. *Cataloghi Campana*, IV-VII, n° 753 ; Pottier, *Catal. vas. Louvre*, p. 950. Publié par P. Girard, *l'Éducation athénienne*, p. 203, fig. 23 ; Perrot, *Hist. de l'Art*, X, pl. 11, n° 1, p. 532 et 646. Décrit par Klein, *Lieblingsinschr.*, p. 84, n° 8. Int. dans notre pl. 105.

G 112. Petite coupe portant le nom de l'éphèbe Epidromos (vasque assez plate, pied court avec ressaut à la base du fût, anses et rebords refaits). Un sujet seulement dans l'intérieur. — **Sacrifice du porc**. Deux hommes procèdent à l'égorgement d'un porc sur un autel. A gauche, un petit palmier indique que la scène se passe en plein air. A droite l'autel (corniche en volute avec une bande de pointillé, la base en deux degrés, trois rigoles de sang en rouge mat sur la face antérieure, coupé à droite par l'encadrement). Au centre, un éphèbe (cheveux à contour ondulé, en masse noire et petites mèches, ceints d'une bandelette en rouge mat ; œil en point noir dans ovale allongé), le genou droit en terre, la jambe gauche pliée, tient sous le ventre, de la main droite, un jeune porc (soies en noir jauni sur le cou ; grosse goutte de couleur noire tombée du pinceau de l'ouvrier sur la crinière en brosse) dont il comprime le groin avec la main gauche pour l'empêcher de crier ; son corps est nu avec une draperie roulée autour des reins (semis de petits points noirs). En arrière-plan, un homme barbu (cheveux au contour ondulé ceints d'une guirlande de feuillage en rouge mat ; même structure de l'œil) se penche, tenant de la main droite un grand couteau (manche noir) et étend la main gauche au-dessus de l'autel ; le haut du corps est nu, le bas enveloppé dans un himation. Dans le champ au-dessus d'eux, inscription en rouge mat : EΓIΔPoMOS ('Επίδρομος). Dans le segment rouge réservé qui forme terrain sous les personnages, inscription en noir : KALC (καλό[ς]).

Noir dans l'intérieur, sur les revers et sur le pied, sauf la tranche en clair et deux filets réservés de chaque côté du ressaut. Le dessous du pied en noir avec le pourtour clair. Cercle rouge réservé entre deux filets noirs autour du sujet central. Terre rougeâtre. Emploi de la retouche en rouge mat. Pas d'esquisse visible. Bon style du début du v⁰ siècle. Fragment de coupe complétée par des restaurations. Haut., 0,075 ; diam. intérieur, 0,19. (Inv. Campana 582.) Trouvé en Italie, entré en 1863. Publié par Hartwig, *Meistersch.*, p. 48, pl. III, n° 2 (qui le rapporte à la fabrique de Chachrylion) ; Saglio, *Dict. des Antiq.*, I, p. 1584, fig. 2115 ; Stengel, dans *Jahrb. Inst.*, 1903, p. 116, fig. 1. Décrit par Klein, *Lieblingsinschr.*, p. 84, n° 8 ; Pottier, *Catalog. vas. Louvre*, p. 951 ; Hoppin, *Handbook redfig.*, I, p. 177, n° 25 (style de Chachrylion). Int. dans notre pl. 105.

G 114. Cratère de la forme dite stamnos (col court à large embouchure, panse rebondie à deux anses courtes et fortes, attachées horizontalement, base amincie posée sur un pied en disque assez large). — Un sujet de chaque côté de la panse. — **A. Dionysos banquetant avec Hercule (?)** ou **Dionysos chez Icarios (?)**. — Couché sur une sorte de déclivité d'un terrain rocheux, un coussin rayé de bandes noires sous les reins, Dionysos barbu (cheveux en masse noire à cinq mèches ondulées retombant sur le cou et sur l'épaule gauche, les extrémités en noir jauni ; œil en petit cercle placé dans l'angle interne fermé ; oreille refaite), couronné (feuilles de lierre en rouge réservé et bandeau en rouge mat repeint), drapé (tunique à manches sous un manteau qui dégage le côté droit), le genou droit un peu relevé, étend la main droite et tient avec l'index passé dans une des anses une coupe (restaurée), geste qui indique le jeu du kottabos, comme le prouve aussi l'inscription en rouge mat placée devant sa bouche : TOITE𝖭ΔÉ (rétrograde), et le nom propre inscrit plus loin, près de la tête du Silène verseur : ᄂYKOI, c'est-à-dire σοί τήνδε [λατάσσω], Λύχοι; à toi, Lykos, cette libation de vin (cf. l'apostrophe du psykter d'Euphronios à Saint-Pétersbourg; Furtwaengler-Reichhold, *Griech. Vasenmal.*, pl. 63). Ce qui prouve qu'il faut bien interpréter cette figure comme celle du dieu du vin, et non d'un personnage ordinaire, c'est non seulement la présence d'un Silène, mais aussi celle d'un arbre au tronc tordu, aux rameaux chargés de feuilles (rouge mat) qui s'élève derrière lui et auquel est suspendue une peau de panthère étalée, la tête et les griffes pendantes. Mais les restaurations sont très fortes dans ce vase et nous noterons seulement les parties antiques qui garantissent le sens du sujet : tête de Dionysos dans l'ensemble, le haut de la tunique et l'épaule gauche, le bras droit sauf des parties refaites, une partie de la coupe, le coussin et le côté droit du terrain sur lequel il repose, le bas de l'arbre et la partie supérieure avec l'attache de deux rameaux seulement et les pattes pendantes de la pardalide ; le reste est repeint ou restauré. Devant Dionysos, à gauche, sur le même terrain servant de couche, avec deux coussins pareils empilés sous le coude gauche, repose un homme barbu drapé dont les parties antiques sont la tête (grènetis saillant sur le pourtour des cheveux et le haut de la barbe ; l'œil comme dans le précédent ; bouche, nez et cou refaits ; bandeau repeint en rouge mat sur les cheveux), le haut du bras droit étendu et quelques plis dans le manteau. Il est placé en arrière-plan d'un Silène barbu, debout devant lui et tenant une œnochoé de la main droite élevée. dont les parties antiques sont le bas de la barbe, le bras droit avec une partie du vase, la main gauche débordant près du corps, le torse et une partie des jambes jusqu'aux genoux. La ligne ondulée qui marque le côté gauche du terrain est repeinte, mais antique (noir jauni). L'accessoire placé dans le champ au-dessus de l'anse ressemble à un carquois mal dessiné et, si cet objet était réel, on pourrait penser que le compagnon de Dionysos est Hercule ; mais quelques traits de peine de cet accessoire sont antiques et le sens en reste douteux. — **B. Trois Ménades courant et dansant.** C'est le complément du sujet précédent et l'autre partie du thiase bachique. Là encore les restaurations comprennent la plus grande partie des personnages et nous ne désignerons que les parties antiques. Dans la Ménade à droite : le bout des cheveux flottant (noir jauni) et un morceau de la manche de tunique (plis en noir jauni), quelques plis de l'himation sur le côté droit, une partie des pieds nus. Dans la Ménade du centre : la tête (œil en point noir dans l'angle interne ouvert), sauf le haut des cheveux, et le cou ; une grande partie des deux bras étendus, recouverts par les manches, les pieds nus. Dans la Ménade de gauche : les cheveux flottant en arrière, quelques plis sur la manche gauche (noir jauni), les pieds nus et quelques plis du bas de la tunique (noir jauni).

Noir dans tout l'intérieur, sur le col, sur la panse sauf les personnages, sur le plat du pied et la tranche. Autour du rebord extérieur, sous l'embouchure, zone de petits godrons noirs ; en haut de la panse, zone de godrons noirs. Sous les personnages, grecque noire circulaire, en forme de petits S juxtaposés entre quatre filets noirs ; filet en rouge mat par-dessus le noir, en haut et en bas de la partie inférieure de la panse. En bas de la panse, zone d'arêtes lancéolées noires sur un fond clair ; anneau saillant coloré en rouge pour séparer la base du pied.

Terre rougeâtre. Emploi des retouches en rouge mat. Traces d'esquisse, assez détaillée dans le Silène. Style sévère de la première moitié du v⁰ siècle. Le vase recollé en plusieurs morceaux a subi des restaurations fort importantes. Haut., 0,355 ; diam. dans l'embouchure, 0,18.

Inventaire S 1299 (le numéro d'inventaire Campana a disparu). Cf. *Cataloghi Campana*, IV-VII, n° 862. Trouvé en Étrurie et entré en 1863. Vue d'ensemble publiée par Saglio, *Dict. des Antiq. grecq. et rom.*, IV. p. 1456, fig. 6565. Cf. Pottier, *Catal. vas. Louvre*, p. 952 ; Beazley, *Attic Vases*, p. 63, note 1, n° 10 (il le place dans le groupe du Peintre de l'amphore de Copenhague) ; Hoppin *Handbook redfig.*, 1, p. 201, n° 9.

Vue d'ensemble avec sujet A dans notre pl. 107.

G 115. Coupe signée par le potier Calliadès, par le peintre Douris, et portant le nom d'Hermogénès (vasque profonde à ressaut intérieur, anses horizontales, un peu arrondies du bout, pied court et trapu sur base assez épaisse et large). Un sujet à l'intérieur, un sur chaque revers. — Int. *A*. **Éos portant le cadavre de son fils Memnon.** Éos debout s'avance vers la droite, la tête baissée (cécryphale noué sur la nuque, orné de dessins en oves, cheveux massés sur le front avec boucles en relief, œil en cercle et petit point central dans ovale ouvert, boucle d'oreille en anneau d'où pend une petite spirale) ; le corps penché en avant (tunique transparente à rabat et à manches, double rang d'ailes à pennes et imbrications avec traits en noir délayé ou jauni et qui, autant que le laisse deviner une profonde cassure, devaient prendre naissance sur l'épaule même et non s'emmancher dans le dos), elle soulève de ses deux bras tendus le corps de Memnon. Celui-ci est entièrement nu, couché, vu de face, la tête (cheveux épars en mèches de noir jauni, barbe en pointe, œil fermé, bouche entr'ouverte) tournée de profil sur l'épaule gauche, les deux bras pendant du même côté, le droit ramené en avant par-dessus le torse (main gauche coupée par l'encadrement), la jambe gauche rigide, la jambe droite repliée avec une sorte de crispation dans l'orteil (musculature en noir jauni, légère indication de parties pileuses, blessures à la poitrine et aux deux cuisses laissant échapper des jets de sang en rouge mat). Dans le champ plusieurs inscriptions en rouge mat ; à droite, près d'Éos : HEOS ("Εως), ΔORIS EᄉRAⵔSEN (Δοῦρις ἔγραφσεν); près de Memnon : MEMᄂON (Μέμ[ν]ων), KAᄂIAΛES EΓOIESEN (Καλ[λ]ιάδης ἐποίεσεν); à gauche, ᖷENEMEKNERINE (inscription de sens encore douteux), HERMOᄉENES KAᄂOS ('Ερμογένης καλός). Les pieds d'Éos sont posés sur une ligne de terrain en forme de segment de cercle orné d'une bande d'oves allongés. — Rev. *B*. **Combat d'Ajax et d'Hector.** Ajax, barbu et casqué (cimier du casque presque entièrement caché par le rebord du haut et orné de denticules en noir et rouge réservé, paragnathides noires relevées, œil en cercle avec point central dans ovale fermé), s'élance au combat vers la droite, dardant sa lance de la main droite et tenant du bras gauche son bouclier dont on ne voit que l'intérieur (courroies et effilés noirs). Il est vêtu d'une tunique plissée à manches courtes, recouverte d'une cuirasse à lambrequins (grecque à l'encolure, petites lamelles rectangulaires surmontées d'une large bande noire) et porte des cnémides (presque tous les détails de musculature indiqués en noir jauni). En haut, à droite, au-dessus du bouclier, inscription en rouge mat : AIAI (Αἴας). Derrière Ajax, Athéna casquée (cimier à denticules caché par le rebord, cheveux à traits en relief massés sur le front et dans le dos, œil en cercle avec point central dans ovale fermé) et portant l'égide (imbrications, petites grecques et serpents noirs ondulés), vêtue d'une longue tunique transparente plissée et à manches, en partie recouverte d'un himation, lève la main gauche en signe de protection et porte sa lance de la main droite. En haut à droite, inscription en rouge mat : ΑΘΕΑΙΑ ('Αθη[ν]αῖα). En face d'Ajax, Hector, barbu et casqué (haut cimier à denticules, paragnathides noires baissées, cheveux à boucles en petits points saillants, œil mourant, en demi-cercle ramené sous la paupière supérieure dans ovale entr'ouvert, bouche entr'ouverte avec dents visibles), tombe blessé, la jambe droite étendue, la jambe gauche repliée ; il est entièrement nu (musculature en noir jauni, blessure avec jet de sang rouge mat près du sein gauche), tient du bras gauche son bouclier (armature en courroies de cuir avec effilés) et tend encore de la main droite son épée (large lame un peu recourbée, de forme asiatique) dont le fourreau pend à son côté gauche (baudrier en simple lien noir avec effilés, raies noires transversales sur le fourreau). En haut à droite, inscription en rouge mat : HEKLOR ("Εκ[τ]ωρ) ; à gauche dans le champ, en rouge réservé, le quartier de rocher qu'Ajax a lancé contre son ennemi. Derrière Hector Apollon (cheveux à boucles en petits points saillants, ceints d'une couronne de lauriers en rouge réservé, œil en cercle avec point central dans ovale entr'ouvert), vêtu d'une longue tunique plissée presque entièrement recouverte d'un himation drapé, avec manches longues retenues par des agrafes, lève la main droite en l'air et tient son arc de la main gauche ; le haut et le couvercle du carquois passent derrière l'épaule gauche. En haut à droite, inscription en rouge mat : ΑΓΠΟLLΟΝ ('Απ(π)όλλων). — Rev. *C*. **Combat de Ménélas et de Pâris**. Ménélas barbu et casqué cimier coupé à denticules, paragnathides noires levées ; œil en cercle avec point central dans ovale entr'ouvert, bouche entr'ouverte avec dents visibles), vêtu d'une tunique plissée recouverte d'une cuirasse sans lambrequins (ornement noir en volute, musculature indiquée) et portant dans le dos un himation dont les pans retombent en avant sur les épaules, s'élance en courant vers la droite, la jambe gauche levée, l'épée dans la main droite, le bras gauche protégé par le bouclier (même armature intérieure). En haut, à gauche, inscription en rouge mat : MENELEOS (Μενέλεως). Derrière, on voit Aphrodite (aucune inscription ne la désigne) ; cécryphale orné de points et de dessins en oves, cheveux à boucles en petits points saillants, œil en cercle avec point central dans ovale ouvert) qui retient l'épée de Ménélas par le simple attouchement de sa main droite ; de la main gauche elle tient une tige (rouge mat) dont elle semble respirer la fleur ; elle est vêtue d'une tunique fine à plis et à manches, presque entièrement recouverte d'un himation drapé sur l'épaule gauche. Devant Ménélas, Pâris (même casque, même type, même œil, bouche entr'ouverte) fuit vers la droite, la tête retournée, tenant de la main droite sa lance et du bras gauche son bouclier (mêmes détails d'armature) ; il est vêtu d'une tunique plissée recouverte d'une cuirasse à lambrequins (grecque, imbrications, large bande noire) et d'un himation (même disposition que celui de Ménélas ; musculature en noir jauni). En haut, à gauche, inscription rétrograde en rouge mat : ΑLΕΧSΑΝΛΡΟS ('Αλέξανδρος). Devant lui Artémis, tournée vers la gauche (même type, même œil, mêmes cheveux qu'Aphrodite, même cécryphale, en partie coupé par le rebord, boucle d'oreille en anneau), lève la main droite comme pour l'arrêter dans sa fuite et tient l'arc de la main gauche (même vêtement et même carquois qu'Apollon). En haut à gauche, inscription en rouge mat : ΑRΤΕΜΙS ("Αρτεμις).

Noir dans l'intérieur ; autour du sujet central grecque mêlée de petites croix et large filet en rouge réservé. Noir sur une partie des anses. Sous les sujets des revers, un filet en rouge réservé. Sous chaque anse, large motif floral composé d'une double palmette affrontée, accostée de deux palmettes simples, entourées de rinceaux et de volutes. En bas du fût, tore saillant entre deux filets rouges réservés. La tranche du pied en clair avec léger ressaut au milieu. Le dessous de la base en noir, sauf le pourtour en clair.

Terre rougeâtre. Emploi de la retouche rouge. Esquisse visible (surtout dans Éos). Beau style de la première moitié du v⁰ siècle.

Quelques morceaux recollés, mais sans restauration. Dans le sujet central large éraflure qui entame les bras d'Éos et le flanc de Memnon. Haut., 0,12 ; diam,. 0,26 ; avec les anses, 0,355.

(Inv. MNB 1698.) Trouvé en Italie, à Santa Maria di Capua. Acquis de la vente Paravey en février 1879. Publié par Froehner, *Musées de France*, pl. 10 à 12 ; *Wiener Vorlegeblätter*, VI, pl. 7 ; Harrison, *Greek vas. paintings*, pl. XVIII ; C. Robert, *Scenen der Ilias*, p. 7 et 12, fig. 6, 7 et 17 ; Pottier, *Catal. vases Louvre*, p. 954 ; *Douris*, fig. 8 à 10, p. 67 et sv. ; G. Geffroy, *Palais du Louvre*, III (*Mobilier, Objets*), p. 58 (sujet A); Perrot, *Hist. de l'Art*, X, p. 531 à 533, fig. 299, 301, 302, pl. XI, n° 2; Roscher, *Lexikon der Myth.*, I, p. 1265 (suj. A) ; Lœwy, dans *Neue Jahrbücher*, 1914, I, p. 87, fig. 2; Phot. Alinari, n°⁸ 23722, 23723, 23724; Elie Faure, *Hist. de l'Art. L'art antique*, p. 206 (sujet A). Décrit ou mentionné par Klein, *Meistersign.*, p. 160, n° 21 ; Brunn, *Troische Miscellen*, III, p. 201 ; Luckenbach, *Jahrb. für Class. Philol.*, XI, suppl., p. 517 ; C. Robert, *op. l.*, p. 99 ; Schneider, *Troischer Sagenkreis*, p. 145 ; Meier, dans *Arch. Zeit.*, 1883, p. 22 ; Rayet, *Etudes d'arch. et d'art*, p. 352 ; Hartwig, *Meistersch.*, p. 614 ; Furtwaengler, *Aegina*, p. 343 ; Nicole, *Corp. céram. gr.*, p. 25, n° 16 ; Beazley, *Attic Vas.*, p. 97 ; Hoppin, *Handbook redfig.*, I, p. 244, n° 19 (figure p. 245) ; C. Robert, dans Pauly-Wissowa, *Real-Encyclopaedie*, t. V, p. 1859, n° 24 ; Thieme, *Lexik. der bld. Künstler*, X, p. 217 (inexact pour le sujet B où il voit Achille et Memnon) ; H. Frucht, *Die sign. Gef. des Duris*, p. 16, n° 27, p. 65, n° 27.

Pour l'inscription de sens douteux (Int. A), voir Froehner, *op. l.*, p. 9 ; Dummler, dans *Philol. Wochensch.*, avril 1891, p. 469 (*Kleine Schriften*, III, p. 359) ; Hartwig, *op., l.*, p. 615.

Vue d'ensemble dans notre pl. 107 ; int. A et revers B et C dans notre pl. 108.

G 116. **Coupe signée par le peintre Douris** (vasque largement ouverte, anses un peu carrées du bout, pied et base refaits). — Un sujet dans l'intérieur et un sur chaque revers. — Int. *A*. **Poseidon et Amphitrite** (?). Le haut des personnages est seul antique. A gauche, Poseidon était assis tenant son trident ; mais il ne subsiste que le haut de sa tête et le haut du trident (ce dernier restauré) ; le reste est refait d'une façon très médiocre. Le dieu est barbu, les cheveux indiqués par des traits en relief sur le noir, ceints d'une bandelette en rouge mat (œil en petit cercle dans un ovale fermé). En face de lui, une déesse debout tient de la main droite une œnochoé pour verser une libation ; elle est voilée, vêtue d'une tunique à manches que recouvre un himation à plis archaïques ; elle porte un diadème orné d'une grecque sommaire (cheveux en traits noirs saillants sur le fond noir, même œil, boucle d'oreille en anneau rond visible par-dessus le voile) ; le bas du corps est très mal restauré. La signature de l'artiste est inscrite en rouge mat le long de l'encadrement à gauche ; les trois premières lettres subsistent dans un petit morceau antique : ΛΟR ....ιΡΑΘSΕΝ (Δοῦρ[ις ἔγ]ραφσεν). — Rev. *B*. **Enlèvement de Thétis par Pélée**. Le groupe central du héros enlevant la déesse est encadré entre deux groupes de personnages fuyant de chaque côté. Pélée sous les traits d'un éphèbe (cheveux et haut de la tête restaurés, bandelette en rouge mat, œil en point noir dans ovale entr'ouvert), le corps penché, saisit par la taille, en joignant les mains pour se donner plus de force, Thétis dont la tête (complètement et mal restaurée) dominait celle de son ravisseur ; il est vêtu d'une tunique courte serrée à la ceinture (galon en petits points autour du col) ; un petit lion, pour défendre la déesse (dont il indique conventionnellement une des transformations), descend sur le bras nu du héros pour le mordre (gueule ouverte et menaçante, crinière hérissée, tout l'arrière-train mal restauré). Thétis, vêtue d'une tunique à rabat que recouvrait un himation drapé dans le dos, étend le bras droit et ramenait le bras gauche levé vers sa tête (partie mal comprise et supprimée par le restaurateur). A gauche, deux Néréides s'enfuient, marchant à grandes enjambées, levant le bras droit (restauré), la seconde retournant la tête, toutes deux vêtues d'une tunique à manches et à petits plis (traits de noir jauni, galons à gros points autour du col) que recouvre un himation à plis archaïques dégageant le côté droit ou gauche ; un diadème orné de points noirs, rattaché par des liens de rouge mat, ceint leurs cheveux (traits de noir saillant sur fond noir, boucles d'oreilles en anneau rond, œil en point noir dans ovale ouvert). A droite, en arrière-plan, sur un autel à coin en volute était enroulé un dragon qui défendait aussi la déesse (la restauration mal comprise a fait de l'autel une table) ; du serpent ouvrant une gueule menaçante et dardant sa langue en traits noirs sur noir, les seules parties antiques sont le haut de la tête et la portion du corps tachetée de points noirs qui touche l'autel. Devant l'autel s'enfuit vers la droite une Néréide retournant la tête (même type et mêmes détails, avec cécryphale décoré d'un quadrillé en noir jauni ; restaurations nombreuses dans le haut du corps, les deux bras et les jambes). Plus loin, une quatrième Néréide court vers la droite, la main gauche levée (même type, mêmes détails, cécryphale sans décor ; restaurations importantes dans les deux bras et le bas du corps). — Revers *C.* Nérée et Doris accueillent les Néréides fuyant. Suite du précédent sujet ; les Néréides viennent avertir leurs parents du rapt commis sur leur sœur. A gauche, une Néréide marche vers la droite, levant la main gauche (bras restauré), tenant de la main droite par la queue un petit dauphin (même costume que les précédentes, toute la tête refaite). Devant elle marche une autre Néréide étendant le bras droit, relevant de la main gauche les plis de sa tunique sur sa jambe nue (même type, diadème à points et à lien de rouge mat, nombreuses restaurations dans le vêtement, le cou et les bras). La troisième court vers la droite, la jambe gauche levée, retournant la tête, étendant les bras de chaque côté (tête refaite, même costume, en partie restauré, main gauche refaite). La quatrième est sensiblement pareille à la seconde (tête refaite, importante restauration dans le vêtement). Dans le champ devant elle, un dauphin. Elle arrive devant le couple assis côte à côte sur des sièges ornés (pieds de trônes décorés de rosaces, palmettes, petite grecque, entrelacs, etc., et recouverts chacun d'un tapis à franges orné de bandes de gros points et de quadrillés en noir jauni). Assise en arrière-plan, Doris retourne la tête vers le dieu en soulevant de la main droite le voile qui couvre son cécryphale orné d'une petite grecque (même type, œil en petit cercle dans ovale ouvert ; même tunique à manches et himation dégageant le côté droit) ; de la main gauche elle tient un poisson. Nérée barbu (bandelette de rouge mat sur les cheveux en mèches frisées, gros sourcil saillant, œil en petit cercle dans ovale fermé) tend une main à sa fille accourant et tient de la main gauche un trident (tout le haut restauré) ; il est vêtu d'une tunique à manche très ornée (bordures en grecques, entrelacs et quadrillés) que recouvre un himation dégageant le côté droit. Dans le champ au-dessus de lui, un autre dauphin.

Noir lustré, cercle rouge réservé autour du sujet central. Sous les revers, filet rouge réservé.
Terre rougeâtre. Emploi de la retouche en rouge mat. Esquisse détaillée. Beau style de la première moitié du v⁰ siècle. Très brisée et très restaurée, avec des restitutions maladroites. Haut., 0,125 ; diam., 0,30 ; avec les anses, 0,385.
(Inv. Campana 981.) Trouvé en Étrurie et entré en 1863 ; cf. *Cataloghi Campana*, IV-VII, n° 702 (le revers C mal interprété comme Neptune et Amphitrite ; la signature de l'artiste n'avait pas été

reconnue). Publié par Conze, *Wiener Vorlegeblätter*, VII, pl. 2 (d'après un dessin communiqué par de Witte) ; E. Pottier, *Catalog. vas. Louvre*, p. 957 ; *Douris*, p. 64, fig. 13 (revers C ; Roscher, *Lexik. der Myth.*, III, p. 247, fig. 5 (détail du revers C) ; Perrot *Hist. de l'Art*, X, p. 539, fig. 307 (rev. C) ; Phot. Alinari, n° 23732. Mentionné par Klein, *Meistersignat.*, p. 158, n° 15 ; Hartwig, *Meistersch.*, p. 613 ; C. Robert, dans Pauly-Wissowa, *Real-Encyclopaedie*, V. p. 1859, n° 27 ; Thieme, *Lexikon der bld. Künstler*, X, p. 217 ; Graef, dans *Jahrb. Inst.*, 1886, p. 201 et suiv. ; H. Frucht, *Die sign. Gef. des Duris*, p. 13, n° 14 ; Nicole, *Corp. céram. gr.*, p. 25, n° 17 ; Hoppin, *Handbook redfig.*, I, p. 247, n° 20 (figure p. 246).
Revers C dans notre pl. 109.

G 117. Coupe signée par le peintre Douris (même structure, vasque assez profonde, pied refait). — Un sujet à l'intérieur et un sur chaque revers. — Int. *A.* Porteétendard perse terrassé par un hoplite grec. Le sujet, qui a une importance historique considérable, est malheureusement défiguré par une très mauvaise restauration de la partie supérieure de l'hoplite ; mais on possède avec le barbare une représentation authentique d'un guerrier perse ayant pris part aux Guerres Médiques, en 490 ou 480. Le guerrier est debout au premier plan, le corps et la jambe gauche de face (pied refait), vêtu d'une courte tunique transparente que recouvre une cuirasse à lambrequins ; la partie antique du coude droit montre que le bras était levé, tenant l'arme, et à droite subsiste la partie inférieure du bouclier, vu du côté intérieur (courroies et liens d'attache), avec le bout du fourreau de l'épée (décor en noir et traits obliques). Le Perse, en arrière-plan, à demi caché par les jambes de son adversaire, est renversé la tête en bas, les pieds en l'air comme s'il était tombé du haut d'une muraille ; la tête est de face (large barbe ronde, moustache tombante, bouche épaisse, bout de nez aplati, œil droit en petit cercle avec point central, le reste du visage refait). Dans l'ensemble, le type rappelle celui du Silène des vases de la même période ; il est coiffé de la tiare à bavolets (*kidaris*) ; le corps est serré dans un vêtement collant, richement orné de broderies, qui est porté aussi par les Amazones du même temps ; le justaucorps et les manches étroites sont couverts d'ornements en points, larges bandes noires dentelées et traits noirs ; sa taille est serrée dans une ceinture plissée dont les pans retombent sur ses jambes ; un carquois (décor en fond noir avec godrons en rouge réservé) pend le long du flanc ; sur les jambes, les anaxyrides sont décorées comme le reste (les pieds chaussés, mais refaits) ; de sa main droite ramenée sous sa tête il tenait probablement une *copis*, large épée recourbée dont l'extrémité subsiste (restauration mal comprise) ; la main gauche (refaite) serre le bout de la longue hampe d'un étendard oriental (voir l'article *Signa* du *Dict. des Antiq.* de Saglio, p. 1309), formé de deux pavillons carrés placés l'un derrière l'autre (décor en quatre triangles noirs et rouge réservé) ; une blessure est indiquée en rouge mat sur le haut du bras gauche. Dans le champ à gauche, signature en rouge mat : Λ...ΡΙΣΕΛ.ΑΦΣΕΝ (Δ[οῦ]ρις ἔγ[ρ]αφσεν). — Revers *B.* Combat de guerriers. Un groupe de deux combattants et un de trois. Le sujet se rapporte-t-il aussi aux Guerres Médiques? Il ne faut pas oublier que dans l'armée des Perses figurèrent des troupes grecques en assez grand nombre. A gauche, un guerrier barbu, blessé, s'affaisse, tombé sur le genou droit, retournant la tête à gauche, la main droite laissant choir l'épée (bras et main refaits ; le bout de l'épée antique pénétrant dans le motif floral sous l'anse). Il est coiffé d'un casque à cimier (double bande de points, paragnathides noires relevées, œil en cercle avec point central dans ovale fermé) et vêtu d'une tunique (restaurée), recouverte d'une cuirasse à lambrequins ornée d'une petite croix et autres détails (quelques petits traits en noir délayé sur la cuirasse, à l'épaule et au ventre, semblent indiquer des blessures ; baudrier en lien noir supportant l'épée dont on voit le fourreau dépassant à gauche) ; du bras gauche passé dans la courroie de cuir, il tient son bouclier (large armature noire intérieure, avec un effilé). Son adversaire, debout, se penche pour l'achever ; il est complètement nu (musculature en noir jauni), coiffé d'un casque à cimier (mêmes détails) coupé par le rebord (même type, même œil) et se protège du bras gauche invisible derrière le bouclier (circonférences au compas, épisème en forme de scorpion, noir opaque et noir délayé), en brandissant son glaive du bras droit passé devant le haut de sa tête (la lame de l'épée est indiquée par-dessus le bouclier). A droite, groupe de trois guerriers dont un hoplite blessé, barbu, tombe en arrière dans une attitude analogue à celle du premier, sans retourner la tête (même type, même équipement, visage endommagé, barbe indiquée par un simple trait sur la joue), la main droite en arrière tenant l'épée, les jambes seulement fléchies (baudrier en rouge mat), le bras et le côté gauche cachés par le bouclier de son adversaire. Celui-ci a toute la partie supérieure refaite, sauf la main droite avec une partie de la hampe de la lance qu'il tient ; du bouclier, il reste peu de morceaux antiques (épisème en noir opaque représentant un poulpe aux tentacules allongés, points de rouge mat indiquant les suçoirs) ; les jambes du guerrier et les lambrequins de la cuirasse sont antiques (tunique courte sur les cuisses). A côté de lui, en arrière-plan, marchait un archer, vu de dos et penché, qu'une restauration inepte a transformé en hoplite retournant la tête et tenant une épée de la main allongée en arrière (tous ces détails faux) ; l'archer porte une tunique courte serrée à la taille par une ceinture avec un lien en rouge mat et une sorte de courroie terminée en anneau qui sert à suspendre le carquois sur le flanc gauche (ornements analogues à ceux du sujet intérieur, mauvaise restauration du bout du carquois). — Revers C. Tout le groupe de gauche, représentant le combat de trois guerriers, est une très mauvaise restauration moderne, sauf un pied à gauche, près du motif floral et un morceau de cuirasse avec lambrequins dans le premier guerrier à gauche tenant sa lance basse. A droite, un groupe de deux guerriers combattant dont l'un s'affaisse, le genou droit en terre, dans une attitude analogue à celle des précédents, conserve des morceaux antiques. Du blessé restent le bas de la cuirasse, les jambes recouvertes d'une tunique courte (trace de blessure en rouge mat sur la cuirasse) et le bout de l'épée tenue dans la main droite. Son adversaire se penche pour l'achever, le bras droit levé, se couvrant du côté gauche avec son bouclier (circonférences incisées au compas, épisème en noir opaque représentant trois dauphins superposés) ; il porte une cuirasse à lambrequins (décor en grecque sommaire) qui recouvre une tunique courte ; il est coiffé d'un casque à cimier et panache (double bande de points) ; le reste de la tête et la lance sont restaurés ; sa jambe droite masque une partie du rinceau placé sous l'anse.

Noir dans l'intérieur et sur les revers ; pied refait. Grecque mêlée de croix autour du sujet central. Un filet rouge sous les revers. Sous chaque anse, deux palmettes opposées et accostées de rinceaux contenant d'autres palmettes.

Terre rougeâtre. Emploi de la retouche en rouge mat. Esquisse visible. Bon style de la première moitié du vᵉ siècle.

Beaucoup de morceaux recollés. Une grande partie de la vasque refaite avec des restaurations importantes. Haut., 0,12 ; diam., 0,31 ; avec les anses, 0,395.

(Inv. Campana 939.) Trouvé en Étrurie et entré en 1863 ; cf. *Cataloghi Campana*, IV-VII, n° 667 (inscription mal lue). Publié par Conze *Wiener Vorlegeblätter*, VII, pl. 3 ; P. Girard, *Peinture antique*, p. 197, fig. 111 ; E. Pottier, *Catal. vas. Louvre*, p. 958 ; *Douris*, p. 101 et fig. 20. Décrit ou étudié par Klein, *Meistersign.*, p. 159, n° 20 ; Michaelis, dans *Arch. Zeitung*, 1874, p. 7, note 76, n° 18 ; Dümmler, *Kleine Schriften*, III, p. 30 ; Hartwig, *Meistersch.*, p. 612 ; Lœwy, dans *Jahrb. Inst.*, 1888, p. 141 ; C. Robert, dans Pauly-Wissowa, *Real-Encyclopaedie*, V, 1905, p. 1858, n° 20 ; H. Frucht, *Die sign. Gefässe des Duris*, p. 15, n° 24 ; p. 61, n° 24 ; Nicole, *Corp. céram. gr.*, p. 25, n° 14 ; Hoppin, *Handbook redfig.*, I, p. 248, n° 21 (figure p. 249). Int. A dans notre pl. 109.

G 118. **Coupe signée par le peintre Douris et portant le nom de l'éphèbe Chairestratos** (vasque large et peu profonde, anses un peu relevées du bout ; le pied, rajusté à la vasque par une partie de plâtre, n'appartient sans doute pas à la coupe). — Un sujet dans l'intérieur et un sur chaque revers. — Int. *A*. **Jeune paidotribe** tenant sa baguette. Contrairement à l'usage, il est imberbe et marche vers la gauche en retournant la tête (cheveux en masse noire ceints d'une bandelette en rouge mat, œil endommagé), tenant de la main droite avancée (bras et main refaits) la longue baguette fourchue ; il est drapé dans un himation rejeté sur l'épaule gauche et dégageant le côté droit (sur la terre usée et rongée, les traits noirs tendent à disparaître et en plusieurs endroits on les a retouchés et refaits). A droite, dans le champ, sont suspendus, par un large lien en rouge mat, une grosse éponge et un petit aryballe. Inscription circulaire en rouge mat autour du personnage : Λ . . . Ρ . ΣΕΛΡΑΘΣΕΝ : + ΑΙΡΕΣΤΡΕΣ- ΤΡΑΤΟΣ (sic) ΚΑLΟΣ (Δ[οῦ]ρ[ι]ς ἔγραφσεν : Χαιρεττρέστρατος; = Χαιρέστρατος καλός). — Revers *B*. **Exercices dans la palestre.** La composition comprend deux groupes de trois personnages. A gauche, un éphèbe nu marche vers la droite, tenant de la main gauche une haltère et levant le bras droit (cheveux en masse noire sans bandelette, œil endommagé). Derrière lui, dans le champ, éponge et aryballe suspendus comme précédemment. Vers lui s'avance un second éphèbe nu (même type), le torse de face et retournant la tête, tenant de la main droite une haltère contre son corps et une autre élevée de la main gauche. Il regarde le paidotribe barbu qui le suit, baissant la tête (visage endommagé), tenant de la main gauche la baguette fourchue et avançant la main droite, vêtu d'un grand himation drapé sur l'épaule gauche et dégageant le côté droit. Dans l'autre groupe, un homme barbu (même type, même costume avec des traits retouchés), s'appuyant de la main droite sur une canne noueuse à bec recourbé, est debout entre deux éphèbes nus. Celui de gauche, marchant devant l'homme barbu, retourne la tête (même type, œil en cercle avec point noir dans ovale ouvert) et lève la main droite, tenant horizontalement de la main gauche une pioche. L'éphèbe de droite (même type, surface rongée) lève en l'air trois doigts de la main droite. Sous l'anse, un escabeau à pieds droits recouvert d'un coussin, sur lequel est déposé un ballot de vêtements (traits retouchés). — Revers *C*. **Même sujet.** La composition offre une variante du même agencement. Le paidotribe barbu (même type, même vêtement) est placé à gauche, levant la main gauche ouverte et tenant de la main droite sa baguette fourchue. Derrière lui, éponge et aryballe. Les deux éphèbes se font vis-à-vis (mêmes types, même structure de l'œil dans ovale fermé) ; l'un porte à deux mains un disque, l'autre, levant la main droite ouverte, tient de la gauche une haltère. Dans l'autre groupe, le paidotribe drapé (la tête manque), tenant la baguette fourchue de la main gauche et levant la main droite, est debout entre les deux éphèbes ; le premier, à gauche, est vu de face, tournant la tête à sa droite, étendant la main droite et levant l'autre main ; le second marche vers la gauche, levant la main droite et tenant de l'autre une haltère. Sous l'anse, même escabeau avec étoffes.

Noir dans l'intérieur, sur les revers et sur le pied. Encadrement en un seul filet rouge réservé autour du sujet central. Un filet sous les revers. Un cercle noir dans la dépression intérieure du pied. Terre rougeâtre. Emploi de la retouche en rouge mat. Pas d'esquisse visible. Bon style de la première moitié du vᵉ siècle.

Plusieurs morceaux recollés. Des traits noirs retouchés, mais pas de restauration. Haut., 0,11 ; diam., 0,27 ; avec les anses, 0,335.

Inv. Campana 576.) Trouvé en Étrurie et entré en 1863. Cf. *Cataloghi Campana*, IV-VII, n° 136. Publié par Conze, *Wiener Vorlegeblätter*, VI, pl. 9 ; Pottier, *Catal. vas. Louvre*, p. 960 ; *Douris*, p. 104 et fig. 6 (revers C); Perrot, *Hist. de l'Art*, X, p. 549, fig. 315. Mentionné par Klein, *Meistersign.*, p. 152, n° 2 ; Hartwig, *Meistersch.*, p. 204 ; H. Frucht, *Die sign. Gef. des Duris*, p. 11, p. 21, n° 3 ; C. Robert dans Pauly-Wissowa, *Real Encycl.*, V, p. 1858, n° 8 ; Reisch, dans *Röm. Mitth.*, 1890, p. 337 ; Nicole, *Corp. céram. gr.*, p. 25, n° 8; Hoppin, *Handbook redfig.*, I, p. 251, n° 22 (figure p. 250).

Int. A et rev. C dans notre pl. 107.

G 119. Fragment de coupe signé par le peintre Douris (morceau de la vasque, pied disparu). — Un sujet dans l'intérieur et un sur chaque revers, le tout incomplet. — Int. *A*. Personnage drapé (probablement un paidotribe). Il marche vers la gauche, la tête tournée à droite, (barbe, trace de bandelette rouge dans les cheveux, œil en petit cercle avec trait oblique central dans un ovale fermé) et tient une baguette dans la main droite. L'épaule droite est nue ; tout le profil et la partie antérieure du corps manquent, et on ne voit que les jambes drapées dans un himation. Dans le champ, inscription en rouge : ΛΟ...ϹΕΛ. (Δοῦ[ρι]ς ἔγ[ραφσεν]). Le sujet se retrouve presque identique dans une coupe du musée de Petrograd (Hoppin, *Handbook redfig.* I, p. 263). — Rev. *A*. Scène de palestre; on ne voit que les jambes de quatre éphèbes luttant deux à deux; entre eux le bas du corps d'un paidotribe drapé. — Rev. *B*. Sujet analogue, encore plus incomplet ; fragments de jambes nues et drapées.

Intérieur et revers d'un beau noir lustré. Cercle rouge réservé autour du sujet central et sous les personnages des revers.

Terre rosée ; dessin au trait noir lustré ; emploi de la retouche en rouge mat, traces de l'esquisse. Beau style de la première moitié du ve siècle. En huit morceaux recollés. Haut., 0,195 ; larg.,0,195. (Inv. S 1449.) Frag. Campana trouvé en Italie et entré en 1863. Publié dans les *Wiener Vorlegeblätter*, VII, pl. 4, n° 2. Mentionné par Frœhner, *Musées de France*, p. 38, note 2 ; Klein, *Meistersign.*, p. 153, n° 4 (qui a fait erreur, comme le remarque M. Hartwig, en identifiant ce fragment avec celui qu'avait mentionné Frœhner ; voir notre numéro G 120); Hartwig, *Meistersch.*, p. 204, n° 1 (qui le place dans le groupe de Chairestratos); Pottier, *Catol. vas. Louvre*, p. 961 ; C. Robert, dans Pauly-Wissowa, *Real-Encyclopaedie*, V, p. 1859, n° 22 ; Frucht, *Die sign. Gefaesse des Duris*, p. 11, n° 4; Nicole, *Corp. céram. gr.*, p. 25, n° 15 ; Hoppin, *Handb. redfig.*, I, p. 252, n° 23 (figure).

G 120. Fragment de coupe signé par le peintre Douris (morceau de vasque, pied cassé). — Un sujet seulement dans l'intérieur, en partie conservé. — **Éphèbe tenant une phiale.** Il est nu, debout, tourné à droite, la main gauche un peu relevée avec les doigts écartés, et tient dans la main droite une phiale ornée de godrons (œil en petit cercle avec point central dans un ovale fermé). Le haut de la tête manque, ainsi que la jambe gauche à partir du genou et un morceau de la jambe droite (l'organe viril est infibulé). Derrière lui, à gauche, on voit une partie d'escabeau recouvert d'un coussin (décor quadrillé en noir jauni avec gland pendant en rouge mat). Dans le champ, inscription en rouge mat : ΛΟΡΙϹΕΛΡΛ.... (Δοῦρις ἔγραφ[σεν]).

Intérieur en beau noir lustré. Cercle rouge réservé autour du sujet central.

Terre rosée ; dessin au trait noir lustré ; retouche en rouge mat ; pas d'esquisse visible. Beau style de la première moitié du ve siècle. Peinture bien conservée. Haut., 0,14 ; larg. max., 0,09. (Inv. Fragm. Campana 23.) Trouvé en Italie et entré en 1863. Mentionné par Frœhner, *Musées de France*, p. 38, note 2 ; Pottier, *Catal. vas. Louvre*, p. 962 ; Frucht, *Die sign. Gefaesse des Duris*, p. 11, n° 5 ; Nicole, *Corp. céram. gr.*, p. 25, n° 18 ; Hoppin, *Handb. redfig.*, I, p. 253, n° 24 (figure).

Int. dans notre pl. 107.

G 121. Coupe signée par le peintre Douris et le potier **Python** et portant le nom de l'éphèbe **Hippodamas** (vasque large et très peu profonde, anses solides un peu relevées du bout, fût du pied moyen, base en disque avec ressaut). — Un sujet dans l'intérieur, un sur chaque revers. — Int. *A*. **Éphèbe assis, tenant sur ses genoux un lièvre,** dans un encadrement formé par dix groupes de deux personnages, **Conversations d'hommes et d'éphèbes.** L'éphèbe du centre est assis, tourné à droite, sur un escabeau à pieds façonnés que recouvre un coussin ; il penche la tête (cheveux en masse noire ceints d'une bandelette en rouge mat, le haut du visage un peu endommagé par une cassure) et regarde un lièvre (pelage en noir délayé) posé sur ses genoux ; il est drapé dans un himation qui découvre le buste nu et retombe sur l'épaule gauche ; il ramène la main droite près du corps et s'appuie de la main gauche haute sur une longue canne à poignée en béquille ; les pieds (le droit endommagé) posent sur un segment en rouge réservé qui forme terrain. Dans le champ à droite sont suspendus par un lien en rouge mat (beau vermillon bien conservé) une grosse éponge et un petit aryballe (lien noué autour du col). Devant l'éphèbe, inscription en rouge mat (parties de vermillon bien conservées) : ΗΟΠΑΙϹΚΑLΟϹ (ὁ παῖς καλός). Derrière lui, signature rétrograde en rouge mat : ΛΟΡΙϹΕΛΡ.ΦϹΕΝ (Δοῦρις ἔγρ[α]φσεν). — Les dix groupes de personnages sont composés suivant une formule invariable, l'éphèbe étant assis sur un escabeau devant un homme barbu debout qui le regarde. Nous indiquerons seulement les variantes de ce motif, en commençant par le groupe placé au-dessus du personnage central. 1° Éphèbe complètement enveloppé, un pan de l'himation ramené sur la tête (cheveux ceints d'une bandelette rouge mat vermillon) ; escabeau à deux pieds façonnés avec ornements en languettes noires sur le siège ; bout du coussin visible. Devant la tête de l'éphèbe restes d'une lettre (?) peinte en rouge (Α?). Homme enveloppé de même, appuyé sur une canne noueuse, avec un pan du manteau ramené sur la tête (cheveux en masse noire ceints d'une bandelette rouge mat, œil en point noir dans ovale fermé par un trait vertical). Dans le champ, entre les deux, une paire de sandales, l'une de face (en partie disparue dans une cassure), l'autre de profil avec le réseau des liens en rouge mat. Derrière l'homme, éponge et aryballe comme dans le sujet central. — 2° Même figure d'éphèbe (même coiffure, œil en point noir dans ovale fermé), même escabeau ; homme analogue (tout le haut du personnage disparu dans une cassure). Entre les deux, une sandale de face dans le champ. — 3° Groupe analogue en partie disparu dans une cassure; il ne subsiste que le bas du corps et les jambes de l'éphèbe, l'escabeau (sans ornements), l'homme drapé (moins la tête et le buste), le bâton noueux et le bout d'une canne mince que tenait l'éphèbe. — 4° Même éphèbe (haut de la tête disparu, ornements sur l'escabeau) ; même homme. Entre les deux, la paire de sandales dans le champ. Derrière l'homme, éponge et aryballe. — 5° Même éphèbe (main disparue dans une cassure, escabeau sans ornement); homme vu de dos, la main droite sur la hanche ; himation ouvert sur le dos nu (main gauche disparue). Dans le champ, sandale de face (en partie disparue) et sandale de profil. Derrière l'homme, aryballe suspendu par un lien rouge mat. — 6° Même éphèbe, même escabeau (orné) ; même homme vu de dos. Entre les deux, inscription en rouge mat (peinte avec les lettres tracées en rétrograde et la tête en bas) : ΚΑLΟ. (καλό[ς]). — 7° Même éphèbe (tête endommagée, escabeau sans ornement) ; il tient une canne dont la poignée en béquille dépasse sa tête ; même homme (le haut du personnage disparu). Dans le champ, les sandales (en partie disparues). — 8° Même éphèbe (visage endommagé, jambes disparues) tenant une lyre sur ses genoux (sept cordes en relief, montant disparu) ; escabeau orné ; homme avec le pan du manteau sur la tête. Dans le champ, les sandales. Derrière l'homme, restes de l'éponge et du vase suspendus par un lien en rouge mat. — 9° Éphèbe drapé, le côté droit dégagé (tête endommagée); escabeau sans ornement ; il ne subsiste de l'homme que le bas du corps et le bout du bâton noueux ; dans le champ, restes d'une sandale de face. — 10° On ne voit de ce dernier groupe que les pieds de l'escabeau et le bas des personnages ; tout le reste a disparu. — Revers *B*. **Conversations d'hommes et d'éphèbes**. Trois groupes disposés comme ceux de l'intérieur. A gauche, éphèbe enveloppé, assis sur un escabeau sans ornements (haut de la tête disparu) ; homme debout devant lui, penché (cheveux ceints d'une bandelette en rouge mat, œil en point noir dans ovale fermé, visage endommagé), le manteau ramené sur la nuque ; le bras droit, qui devait tenir par les oreilles et présenter à l'éphèbe un petit lièvre (taches en noir délayé), a disparu dans une cassure. Dans le champ, entre les deux, est suspendue une lyre à moitié disparue. Au centre, même éphèbe (même type, cheveux ceints d'une bandelette en rouge mat, œil comme le précédent ; pieds nus et bas de la draperie endommagée, terre usée) ; la main gauche sort du manteau. Même attitude pour l'homme (la tête disparue, la main gauche avancée incomplète, les jambes grattées et endommagées). Dans le champ au-dessus, même lyre (sept cordes en relief, lien du plectre en rouge mat) et la paire de sandales de face et de profil. A droite l'éphèbe, le bras droit dégagé (la tête, le haut du corps disparus et tout le bas du personnage avec l'escabeau endommagés) ; de l'homme ne subsiste que la moitié inférieure (jambes endommagées). Plusieurs inscriptions en rouge mat (quelques parties de vermillon conservées) sont placées sur le rebord ou entre les personnages. En haut : ꓘA.OΣ.... OⱢAM.. (κα[λ]ός [Ηιππ]οδάμ[ας]); devant l'éphèbe du centre ꓘ.ⱢOΣ (κ[α]λός). — Revers *C*. **Même** sujet. Même disposition en trois groupes. A gauche éphèbe assis, drapé et encapuchonné (même type) ; l'homme debout devant lui (tête disparue) s'appuie sur une canne noueuse. Entre les deux, lyre suspendue dans le champ avec le lien du plectre en rouge mat (en partie endommagée). Au centre, éphèbe assis sur escabeau à siège orné (pieds endommagés) ; l'homme vu de dos (haut du corps nu dégagé par l'himation, même type que les précédents), la main droite sur la hanche, tient par les oreilles le lièvre (mêmes détails) qu'il pose sur les genoux de l'éphèbe. Au-dessus, dans le champ, deux paires de sandales (face et profil). A droite, éphèbe assis (mêmes détails, œil en point noir dans ovale entr'ouvert, siège orné) ; homme appuyé sur une canne noueuse (même type, œil en point noir dans ovale fermé). Au-dessus, sandales endommagées. Inscriptions en rouge mat dans le champ : devant l'éphèbe de gauche, traces du mot . AⱢO. ([κ]αλό[ς]) rétrograde ; au-dessus du troisième éphèbe.. ⌐⌐OꙘ.MA. ([Ι]Ι[]ππο δ[ά]μα[ς]). Sur la tranche claire du pied de la coupe, signature du potier en lettres noires : ⌐V⊙ON (Πύθων).

Noir dans l'intérieur, sur les revers et sur le pied, sauf un filet rouge réservé sur le ressaut et la tranche du disque en clair. Sous la base, tout le dessous en noir (refait). Grecque mêlée de croix autour du sujet central. Un filet rouge réservé sous les revers. Sous chaque anse, deux palmettes opposées et accostées de rinceaux contenant d'autres palmettes.

Terre rougeâtre. Emploi de la retouche en rouge mat avec restes du vermillon. Traces de l'esquisse. Bon style de la première moitié du v° siècle.

Beaucoup de morceaux recollés. Les restaurations étaient nombreuses. Nous les avons fait disparaître, après un nettoyage de la coupe. Il en résulte que toutes les reproductions antérieures à nos figures de la pl. 110 sont inexactes. Dans l'antiquité, un accident s'est produit pendant la cuisson, l'ouvrier ayant posé dans l'intérieur de la coupe le pied d'un autre vase qui a laissé une trace circulaire assez fortement marquée. Sur les accidents de ce genre voir les remarques de Reichhold, dans la *Griechische Vasenmalerei* de Furtwaengler, I, p. 154 et sv. et p. 286 ; cf. mon *Catalogue des Vases antiques.* p. 680 et 963. Haut., 0,125 ; diam., 0,335 ; avec les anses, 0,415.

(Inv. Campana 948.) Trouvé en Étrurie et entré en 1863 ; cf. *Cataloghi Campana*, IV-VII, n° 758. Publié par Conze dans les *Wiener Vorlegeblätter*, VI, pl. 8a et 8b ; Perrot, *Hist. de l'Art*, X, p. 531, fig. 300, et p. 550, fig. 316 ; Phot. Alinari, n°° 23728, 23729 ; E. Pottier, *Catalogue vas. Louvre*, p. 962; *Douris*, p. 109, fig. 21. Mentionné par Klein, *Meistersign.*, p. 156, n° 10 ; Hartwig, *Meistersch.*, p. 584 et sv. ; C. Robert, dans Pauly et Wissova, *Real-Encyclopaedie*, V, p. 1858, n° 15 ; Léonard, *Ibid.*, VIII p. 1522 ; H. Frucht, *Die sign. Gef. des Duris*, p. 15, n° 21 ; Nicole, *Corp. céram. gr.*, p. 25, n° 13; Hoppin, *Handbook redfig.*, I, p. 254, n° 25 (figures p. 255 et 257).

Int. A et revers B et C dans notre pl. 110.

G 122. **Coupe signée par le peintre Douris et portant le nom de l'éphèbe Chairestratos** (vasque assez profonde avec ressaut intérieur, anses un peu relevées du bout ; le pied, rajusté à la vasque par une partie de plâtre, peut ne pas appartenir au vase). — Un sujet à l'intérieur et un sur chaque revers. — Int. *A*. **Femme jouant de la lyre**. Elle marche vers la droite en chantant, la tête levée (refaite), vêtue d'une tunique à rabat et à manches que recouvre un court himation jeté en châle sur le dos et retenu en avant par une agrafe ronde (importantes restaurations dans les draperies) ; elle tient de la main droite (refaite) un des montants de la lyre (liens du plectre en rouge mat, corps de l'instrument en forme d'écaille de tortue, cordes noires en relief, restaurations) dont la main gauche pince les cordes. Au second plan et à demi caché par elle, marche un grand chien (gueule entr'ouverte, poils indiqués sur le cou, restaurations dans la queue et les pattes). Dans le champ, inscription en rouge mat : ΔO.IΣ... ..Σ. (Δο[ῦρ]ις[ἔγραφ]σ[εν]). — Revers *B*. **Éphèbe tenant un lièvre sur ses genoux**. Il est assis sur un escabeau (refait), tourné vers la droite, le torse de face, la tête légèrement baissée (cheveux en grosses boucles à contour ondulé, œil en point noir dans ovale fermé) ; de la main gauche élevée il s'appuie sur un long bâton noueux et pose la main droite sur sa hanche, le haut du corps est nu, les jambes drapées dans un himation (restaurations dans tout le bas du costume et dans le pied droit). Le lièvre posé sur ses genoux (pelage en noir délayé) lève la tête vers lui. — Revers *C*. **Éphèbe debout**. Il a le torse et la jambe droite de face, la jambe gauche infléchie, le haut du corps (tête refaite) et le bras droit (main restaurée) tournés à droite ; il s'appuie sur un bâton noueux et porte un himation rejeté sur l'épaule gauche et dégageant le torse et le côté droit (quelques restaurations dans la draperie). Dans le champ au-dessus de lui, inscription en rouge mat : +AI.EΣ......I (Χαι[ρ]έσ[τρατος]).

Noir dans l'intérieur, sur les revers et sur le pied, sauf un filet rouge réservé sur le ressaut et la tranche en clair. Grecque serrée autour du sujet central. Filet rouge réservé sous les revers. Sous la base, deux cercles noirs concentriques et sur le pourtour, graffite incisé.

Terre rougeâtre. Emploi de la retouche en rouge mat. Esquisse visible. Bon style de la première moitié du v° siècle.

Plusieurs morceaux recollés ; restaurations assez nombreuses. Haut., 0,10 ; diam., 0,22 ; avec les anses, 0,30.

(Inv. Campana 606.) Trouvé en Étrurie et entré en 1863 ; cf. *Cataloghi Campana*, IV-VII, n° 564. Ce vase n'a été signalé ni par Klein, ni par Hartwig, ni par C. Robert. Mentionné par H. Frucht, *Die sign. Gefaesse des Duris*, p. 11, n° 6. Cf. Pottier, *Catal. vas. Louvre*, p. 963 ; Beazley, *Attic Vas.*, p. 97, n° 1 ; Hoppin, *Handbook redfig.*, I, p. 259, n° 26 (style de Douris), figure p. 258.

Int. A et revers B et C dans notre pl. 111.

G 123. **Coupe attribuée au peintre Douris** (vasque large et peu profonde, pied moyen, anses assez minces et courtes, disque du pied refait). — Un sujet à l'intérieur et un sur chaque revers. — Int. *A*. **Zeus emportant dans ses bras une femme endormie (Héra?)**. Le dieu marche à grands pas vers la gauche en retournant la tête (cheveux en boucles à relief et longues mèches en noir délayé dont l'une pend sur la poitrine jusqu'à la taille, diadème fait de feuilles rigides en rouge réservé, œil en point noir dans ovale fermé par un trait vertical) ; il est vêtu d'une tunique fine à rabat (agrafe ronde sur l'épaule droite), recouverte d'un himation dégageant le côté droit (semis de petits points), et il tient de la main gauche son sceptre surmonté d'un bouton de lotus, le bras passé autour des épaules de la femme dont il soutient les jambes de la main droite (quelques restaurations dans le bras droit et dans le sceptre). La jeune femme endormie est couchée contre lui dans une attitude pleine de souplesse, la tête légèrement relevée (cheveux à contour ondulé en boucles à relief, avec mèches de noir délayé pendant sur les épaules, et ceints d'une bandelette en rouge mat, œil en un seul trait avec paupière fermée et indication des cils, bouche souriante), les jambes pendantes ; elle est vêtue seulement d'un long himation transparent à travers lequel on aperçoit la ligne du corps et le bras allongé reposant sur la cuisse (semis de petites croix sur le vêtement). En haut, à droite, près de la tête du dieu, inscription en rouge mat : IEYϟ (Ζεύς). A gauche, dans le champ, autre inscription en rouge mat : ΟΓΑΙϟ..ΙΟϟ ([η]ὸ παῖς [κα]λός). Peut-être le nom de la femme se trouvait-il dans le segment droit du fond restauré et endommagé par une cassure ? — Revers *B*. **Conversations d'hommes et d'éphèbes**. Cinq personnages. A gauche, groupe d'éphèbe et d'homme barbu. L'éphèbe, tourné à droite (cheveux en boucles ceints d'une bandelette en rouge mat, œil en cercle avec point central dans ovale fermé), lève la main gauche en l'air ; il est vêtu d'un long himation dégageant le côté droit (restaurations dans le bras droit, les pieds et la draperie). L'homme lui fait face, vu de dos, la tête de profil (même chevelure, même bandelette, œil en cercle avec point central dans ovale entr'ouvert), les jambes croisées, s'appuyant de tout son poids sur une longue canne noueuse (restaurée). Il est vêtu d'un himation qui dégage le dos (faux trait de restauration autour du cou), enveloppe le bras droit posé sur la hanche et laisse passer la main gauche (une restauration maladroite a renversé l'attitude de la main). Au centre, groupe analogue. L'éphèbe est de face, la tête tournée à droite (même type, même coiffure, œil en cercle avec point central dans ovale fermé par un trait vertical) ; il est vêtu d'un himation qui dégage le côté droit (sein indiqué en pointillé ; main droite refaite) et enveloppe le bras gauche posé sur la hanche. L'homme (même attitude, même type, même coiffure que celui du groupe précédent, œil en cercle avec point central dans ovale légèrement entr'ouvert), vêtu d'un himation qui dégage le dos et le côté droit, tient de la main droite un lièvre par les oreilles (pelage indiqué en noir délayé). Derrière lui un éphèbe (même type que les précédents, œil en cercle avec point central dans ovale fermé) lève la main droite en l'air ; il est vêtu d'un himation qui dégage le côté droit, enveloppe le bras gauche et dont un pan est ramené sur sa tête. — Revers *C*. Sujet analogue. Six personnages, groupés deux par deux. A gauche un personnage drapé (le haut du corps est entièrement refait et a été restauré en homme barbu), posé de face, la main droite basse sur le genou, retenant de la main gauche les plis de son himation, converse avec un éphèbe vu de dos, les jambes croisées, appuyé sur une canne noueuse, la tête tournée à gauche (même coiffure, œil en point noir dans ovale entr'ouvert, bouche ouverte), drapé dans un himation qui laisse le haut du dos nu. Au centre, groupe d'éphèbe et d'homme barbu (deux morceaux refaits dans le milieu des corps). L'éphèbe (même type, même

coiffure, même œil), drapé dans un himation qui dégage le côté droit, lève la main gauche tenant une fleur (rouge mat effacé). L'homme, vu de dos, est appuyé sur sa canne (même type, même pose, même vêtement que ceux du revers *B*, œil en cercle avec point central dans ovale entr'ouvert). A droite, groupe d'un éphèbe et d'un jeune garçon. L'éphèbe (même type, figure endommagée) est vu de face, la tête tournée à gauche, drapé dans un himation dégageant largement le côté droit, et lève les deux mains. Son petit compagnon (cheveux en mèches plates indiquées par des traits en relief et ceints d'une bandelette en rouge mat, œil en cercle avec point central dans le coin de l'ovale) est drapé dans un manteau court qui laisse nus les jambes et le côté droit et tient de la main gauche deux longues baguettes en étendant la main droite. Dans le champ, au-dessus des personnages, traces d'une inscription en rouge mat : .ϟΟV.. (?).

Noir dans l'intérieur, sur les revers et sur le pied. Grecque mêlée de croix autour du sujet central. Un filet rouge réservé sous les revers. Sous chaque anse, motif floral en deux palmettes opposées et accostées de rinceaux contenant d'autres palmettes (des parties restaurées).
Terre rougeâtre. Emploi de la retouche en rouge mat. Esquisse visible. Beau style de la première moitié du ve siècle.
Beaucoup de morceaux recollés et des parties restaurées. Le pied refait. Haut., 0,12 ; diam., 0,29 ; avec les anses, 0,365.
(Inv. Campana 959.) Trouvé en Étrurie et entré en 1863 ; cf. *Cataloghi Campana*, IV-VII, n° 696. Publié par Hartwig, *Meistersch.*, p. 616-619, pl. 68 (qui l'attribue à l'atelier de Douris) ; E. Pottier, *Catal. vas. Louvre*, p. 964 ; *Douris*, p. 121, fig. 24 ; G. Geffroy, *Palais du Louvre*, III (*Mobilier, Objets*), p. 58 ; Perrot, *Hist. de l'Art*, X, p. 601, fig. 342 ; Hœber, *Griech. Vasen*, p. 91, fig. 55 ; Buschor, *Griech. Vasenmal.*, p. 175, fig. 121. Mentionné par C. Robert, dans Pauly-Wissowa, *Real-Encyclopaedie*, V, p. 1859 ; Thieme, *Lexikon der bld. Künstler*, X, p. 216 ; Nicole, *Corp. céram. gr.*, p. 26, note 2 ; Hoppin, *Handbook redfig*, I, p. 286, n° 87 (style de Douris).
Int. A dans notre pl. 111.

G 124. Coupe attribuée à la fabrique de Douris. Un sujet dans l'intérieur et un sur chaque revers. — Int. *A*. **Conversation d'un homme et d'une femme.** A gauche, le personnage masculin, drapé dans un himation à bordure noire qui dégage le côté droit, appuyé de la main droite sur une haute canne, est fort incomplet (manquent la tête et le bas des jambes ; large et profonde éraflure sur la cuisse droite). En face de lui est debout une femme, mieux conservée (main droite, partie du front, coude gauche et partie de la draperie disparus) ; elle est coiffée d'un céryphale serré par un lien, décoré de traits ondulés et de points en noir jauni (cheveux en traits noirs saillants par-dessus le fond noir pour imiter des bandeaux ondulés, œil ovale avec la prunelle en petit cercle et point central, menton proéminent), vêtue d'une tunique fine à manches que recouvre un himation assez court, dégageant le côté droit, bordé de petites franges noires (détail rare) ; elle élève la main droite (qui tenait un accessoire?) et tient de la main gauche par le manche un miroir rond. Les pieds des deux personnages sont posés sur une ligne de terrain formant un court segment en rouge réservé. Dans le champ à gauche, inscription en lettres de rouge mat : .ΟΓΑΙϟ ΚΑL.([η]ὸ παῖς καλ[ός]). — Revers *B*. **Départ de guerriers.** Deux guerriers partant en campagne sont escortés et salués par leurs proches et amis. A gauche, un guerrier barbu (casque à panache, paragnathides relevées, coupé dans le haut par le rebord ; tunique courte à dessins noirs et clairs ; grand himation à bordure noire sur le dos ; ovale de l'œil ouvert d'un côté avec prunelle en petit cercle et point central), le corps de face, tient de la main droite basse sa lance posée en terre et porte sur le bras gauche un grand bouclier rond qui le cache en partie (épisème : dauphin en noir opaque ; cercles exécutés au compas) ; il retourne la tête vers le suivant, un homme barbu (cheveux relevés par une bandelette en rouge mat, grènetis saillant par devant pour imiter les boucles, ovale de l'œil ouvert d'un côté et prunelle en point noir) qui, vêtu d'une tunique fine à manches recouverte par un himation à bordure noire, dégageant le côté droit, lève la main droite en signe d'adieu et tient de la main gauche une longue canne ou sceptre. Derrière lui, au centre, un second guerrier barbu se présente dans une attitude semblable à celle du premier, mais il est endommagé (manquent le haut de la tête et le bas du corps); il s'appuie de la main droite haute sur sa lance et porte un grand bouclier rond qui le cache en partie (épisème : roue de char à quatre rayons, dessinée au trait noir ; cercles exécutés au compas). Il se retourne vers un second homme barbu, du même type que le précédent, élevant la main droite et tenant une canne (manque le bas du corps). A droite, le dernier personnage, fort incomplet, paraît être un homme barbu analogue aux autres, avançant le bras droit. — Revers *C*. **Retour des guerriers.** Le tableau est très endommagé, mais on devine que, comme dans d'autres compositions (cf. G. 108), le peintre a pensé à équilibrer les deux sujets et à représenter le retour après le départ. A gauche, un personnage drapé, dont il ne reste que les pieds et un morceau du corps (peut-être un vieillard, dont on voit la canne noueuse dans le fragment central?), tend la main droite à un guerrier barbu (bas du corps disparu; même type, œil en petit cercle avec point central), portant sur le bras gauche sa lance avec son grand bouclier rond qui le cache en partie (épisème : Silène? en noir opaque, dont la tête manque et dont la queue revient par devant). Derrière lui, dans le champ, est suspendue une coupe, en signe de réjouissance. A droite, un homme barbu (même type que les précédents, cheveux relevés par une bandelette de rouge mat, même œil) tient de la main droite sa longue canne et avance le bras gauche recouvert du pli de son himation ; il fait face à un second guerrier (tout le haut disparu), vêtu d'un himation court, qui porte un grand bouclier rond (épisème : lion bondissant en noir opaque, la gueule ouverte) ; il est suivi d'un autre homme (tout le haut disparu), vêtu d'une tunique fine et d'un himation, qui s'appuyait sur une canne.

Même technique. Encadrement intérieur en grecque mêlée de petites croix. Sous chaque anse, motif floral en deux palmettes adossées et accostées de rinceaux. Sous le pied toute la surface, sauf le centre, peinte en noir. Inscription incisée sur le pourtour: АТ.
Terre rougeâtre. Emploi de la retouche en rouge mat. Esquisse visible. Beau style de la première moitié du vᵉ siècle.
Ce sont les fragments d'une coupe qui ont été rajustés et remis en place avec des parties en plâtre ; les deux anses sont refaites ; les sujets sont incomplets. Haut., 0,11 ; diam. de la vasque, 0,295.
Inv. S 1448 (Retrouvé dans une caisse de fragments de la collection Campana). Trouvé en Italie et entré en 1863. Mentionné par Hartwig, *Meisterschalen*, p. 621, n° 5 (il l'attribue à Douris); cf. Pottier, *Catal. vas. Louvre*, p. 965 ; Hoppin, *Handbook redfig.*, II, p. 286, nº 88.
Int. A dans notre pl. 111.

G 125. Fragment de coupe attribuée à la fabrique de Douris (morceau de la vasque). — Un sujet à l'intérieur et un sur les revers. — Int. *A*. **Guerrier faisant une libation.** Restes d'un guerrier debout, tourné vers la gauche ; on ne voit que les jambes et le bas d'un long himation ; il tenait un bouclier prolongé par un tablier dont il ne reste que la partie inférieure (morceau de cuir orné de carreaux alternativement en noir et en rouge réservé avec point noir au centre ; languettes découpées dans le bas). A gauche, un autel sur deux degrés, avec volutes ioniques ; traces de rigoles avec le sang indiqué en rouge mat. Le guerrier devait faire une libation et tenait une lance dont on aperçoit la hampe près de l'autel. — Revers *B*. **Départ de soldats pour la guerre.** Trois personnages complets ; à gauche, un éphèbe marchant vers la gauche, la tête tournée à droite (bandelette rouge mat sur la chevelure, indiquée en petites boucles saillantes ; œil en petit cercle avec point central dans un ovale ouvert ; long himation revenant sur le bras et la main gauches entièrement cachés) ; le bras droit étendu tient une œnochoé ornée d'une bande de points. Derrière l'éphèbe un guerrier armé (imberbe, casque à grand cimier coupé par le bord du vase, orné d'une ligne brisée et de petits points ; tunique courte, long himation rejeté en arrière ; bouclier entièrement noir bordé d'un cercle rouge réservé; au centre, un point indique l'exécution au compas des circonférences) marche vers la gauche, la tête tournée à droite, et tient sa lance de la main droite. Vient ensuite un éphèbe debout, le corps de face, la tête tournée vers la droite (bandelette rouge sur la chevelure en boucles saillantes, long himation drapé sur l'épaule gauche); de la main gauche (supprimée par la cassure) il s'appuie sur une lance. Deux personnages incomplets : un guerrier dont on ne voit que le coude droit replié et les jambes (pied gauche disparu) tournées vers la gauche (tunique courte, himation long ; bouclier dont on aperçoit un reste d'épisème en forme d'oiseau ; lance à gauche); derrière lui, fragment de personnage drapé, tourné à gauche. Dans le champ, au-dessus des personnages, deux coupes retournées.

Intérieur et revers d'un beau noir lustré. Autour du sujet central grecque alternée de petites croix, filet près du bord en rouge réservé ; sous les personnages du revers et au bord du vase, cercle rouge réservé ; à gauche, palmette double accostée de rinceaux.
Terre rosée, dessin au trait noir lustré ; retouches en rouge mat, traces de l'esquisse. Beau style de la première moitié du vᵉ siècle, très probablement de la main de Douris. En sept morceaux recollés. Haut., 0,14 ; larg., 0,21.
(Inv. Fragm. Campana 29.) Trouvé en Italie et entré en 1863. Cf. Pottier, *Catal. vas. Louvre*, p. 966 ; Nicole, *Corp. céram. gr.*, p. 26, note 2 ; Hoppin, *Handb. redfig.*, I, p. 286, nº 89 (style de Douris). Rev. B dans notre pl. 111.

G 126. Coupe attribuée à la fabrique de Douris (vasque large et peu profonde, anses un peu relevées et carrées du bout, pied court refait, base en disque sans ressaut). Un sujet dans l'intérieur et un sur chaque revers. — Int. *A*. **Combat de Thésée contre Skiron.** Le héros est vu en arrière-plan, au centre, derrière son adversaire qu'il a terrassé et qu'il est en train de précipiter dans la mer. Il est imberbe (cheveux en masse noire avec grènetis saillant par devant pour imiter les boucles, serrés par un lien en rouge mat, mèches en noir délayé sur la nuque ; œil ovale avec prunelle en petit cercle et point central), un pétase rejeté dans le dos (traces des brides en rouge mat ; coupé à gauche par une cassure), vêtu d'une tunique courte sans manches (en partie refaite), que traverse en bandoulière un lien en rouge mat (baudrier qui soutient l'épée non visible) ; de la main droite placée sous la jambe droite de Skiron (partie restaurée), il le fait basculer pour le jeter en bas du rocher auquel celui-ci s'accroche de la main droite ; de sa main gauche Thésée s'efforce de faire lâcher prise à cette main. Skiron est barbu et nu (indication de villosités en noir jauni sur la poitrine) ; il est renversé la tête en bas (cheveux hérissés et dressés en petites mèches de noir délayé ; large barbe en éventail avec poils drus, gros nez camus, lèvres épaisses, yeux en ovale avec petit cercle et point central), agitant ses deux jambes en l'air (partie restaurée), le bras gauche pendant, l'autre noué autour du rocher qui a la forme d'un pic montueux et irrégulier (traits de noir jauni pour indiquer les contours et aspérités), s'étalant par le bas et formant un terrain sur lequel des ondulations en traits de noir jauni figurent probablement les flots de la mer ; sur le sol s'avance une grosse tortue de mer qui, d'après la légende, se repaissait de la chair des victimes du brigand (écaille à larges taches noires). Près des jambes de Thésée et à moitié caché par le rocher, on voit le bassin de métal à anses coudées et ornées (palmettes au trait et en noir opaque) dans lequel Skiron se faisait laver les pieds par les passants capturés, avant de les précipiter du haut de la falaise. Dans le champ, à droite, inscription en rouge mat : ϹΚΙΡΟΝ (Σκίρων). — Revers *B*. **Enlèvement de Thétis par Pélée.** Le centre est occupé par le groupe de Pélée qui, penché et enserrant la taille de Thétis de ses mains jointes fortement, s'efforce de l'enlever, tandis qu'elle étend les bras, appelant au secours, et qu'un lion rugissant, descendant le long de son bras droit étendu (pour symboliser les métamorphoses multiples de la déesse) vient attaquer le héros par derrière. Pélée (tête et haut du corps refaits) est vêtu d'une tunique fine, retroussée dans la ceinture (des parties restaurées), l'épée au côté gauche (extrémité seule visible et restaurée). Thétis est coiffée d'un cécryphale (décoré de traits ondulés en noir jauni, serré par une bandelette ornée de points), le corps de face et retournant la tête vers la gauche (cheveux à grènetis noir par devant, œil ovale avec prunelle en petit cercle et point central, boucle d'oreille ronde), vêtue d'une tunique fine à manches (restaurée), bouffant par-dessus la ceinture, et d'un grand himation à bordure noire posé sur le dos et les bras (des parties restaurées). A gauche, deux Néréides s'enfuient, l'une vue en arrière-plan, le pied droit en l'air, vêtue d'une tunique fine que recouvre un himation ajusté sur le corps sans plis (coiffure en cécryphale serré par des liens, cheveux en grènetis saillant, boucle d'oreille ronde), élevant la main droite (restaurée) et tenant de l'autre par la queue un petit dauphin (en noir opaque et ventre en rouge réservé) ; l'autre Néréide se retourne vers la précédente et élève de la main gauche un dauphin (en rouge réservé ; même type ; même coiffure, costume en tunique fine à manches que recouvre un himation à bordure noire dégageant le côté droit ; le pied droit refait). A droite du groupe central une troisième Néréide (même type ; boucle d'oreille à volutes serpentiformes ; même costume) se retourne, élevant la main droite (restaurée) et tenant de l'autre par la queue un dauphin (même technique). Derrière elle est debout Nérée barbu (cheveux en masse noire et longue boucle ondulée du côté gauche, grènetis saillant sur le devant ; barbe longue à traits noirs saillants ; œil ovale avec point noir), vêtu d'une tunique longue à manches (plis en traits de noir jauni) que recouvre un himation à bordure noire, dégageant le côté droit ; de la main droite il élève une canne avec poignée en béquille. — Revers *C*. **Fuite des Néréides, compagnes de Thétis.** C'est la suite du précédent sujet. Six Néréides s'enfuient ou expriment par leurs gestes la frayeur que leur cause le rapt. A gauche une Néréide fuit vers la droite, le pied gauche levé de terre, la main gauche avancée, retournant la tête coiffée d'un cécryphale décoré de traits ondulés en noir jauni (cheveux avec grènetis saillant par devant ; œil ovale avec petit cercle et point central) ; elle est vêtue d'une tunique à manches (traits de noir jauni) que recouvre un himation à bordure noire dégageant le côté droit. Près d'elle une seconde Néréide, un peu en arrière-plan, fuit aussi vers la droite (attitude analogue, le pied gauche soulevé ; même costume, tête en grande partie disparue dans une cassure). A sa rencontre vient une troisième Néréide étendant le bras droit (même type et même costume, boucle d'oreille ronde), ayant derrière elle une compagne dont on ne voit que le buste, la tête (même type) et les deux bras, la main droite portée en avant, l'autre élevée en l'air. A droite, tournant le dos, une cinquième Néréide (visage endommagé, cheveux serrés par une bandelette nouée en arrière) abaisse la main droite (le bas du corps gauchement restauré) et converse avec une compagne (dont il ne reste que le bras droit levé et un morceau de la poitrine ; le reste refait).

Même technique et mêmes ornements (les rinceaux du motif floral encadrent une palmette placée de chaque côté des attaches d'anse).

Terre rougeâtre. Emploi de la couleur en rouge mat. Très faibles traces de l'esquisse. Style de la première moitié du v⁵ siècle.

Plusieurs morceaux recollés et refaits ; restaurations importantes. Haut., 0,105 ; diam., 0,305 ; avec les anses, 0,38.

(Inv. Campana 947.) Trouvé en Étrurie et entré en 1863 ; cf. *Cataloghi Campana*, série IV-VII, n° 710. A cette époque le restaurateur, trompé par l'aspect du pétase rejeté dans le dos, l'avait pris pour l'amorce de deux ailes et avait fait de Thésée un génie ailé ; le véritable sujet fut expliqué par O. Benndorf, dans *Bullettino Inst. arch.*, 1865, p. 156. Mentionné par Hartwig, *Meisterschalen*, p. 623, n° 14 (qui l'attribue à Douris). Publié en vignette sommaire par Duranty dans *Gazette des Beaux-Arts*, I, 1883, p. 481. Cf. Pottier, *Catal. vas. Louvre*, p. 966 ; Nicole, *Corp. céram. gr.*, p. 26, note 2 ; Hoppin, *Handb. redfig.*, I, p. 287, n° 90 (style de Douris).

Int. A et revers B dans notre pl. 112.

G 127. Coupe portant le nom de l'éphèbe Chairestratos (vasque peu profonde, anses un peu relevées du bout, fût du pied moyen avec disque à ressaut). — Un sujet dans l'intérieur et un sur chaque revers. — Int. A. **Éphèbe jouant de la lyre.** Il marche vers la droite, la tête renversée en arrière et chantant, la bouche ouverte (cheveux en masse noire à contour ondulé, ceints d'une guirlande de feuillage en rouge mat ; petite barbe sur la joue en ton jaune rehaussé de noir délayé ; œil en gros point noir dans ovale fermé) ; il tient le plectre (traces des liens en rouge mat) et appuie les doigts de la main gauche sur les sept cordes de la lyre (montants endommagés et repeints, cordes en relief noir, corps de l'instrument en forme d'écaille endommagé et mal refait) ; au montant droit de la lyre (liens en rouge mat) est suspendu un étui en peau de panthère tachetée de noir. Le personnage est nu, avec un himation rejeté dans le dos et ramené par devant en longues pointes (quelques parties endommagées et refaites dans le corps). Derrière lui, à gauche, un cratère de la forme kélébé (coupé à gauche par l'encadrement), orné d'une guirlande de feuillage noir et jaune délayé, est posé sur une base. Dans le champ, inscription circulaire : +ΑΙΡΕϹΤΑΤΟϹ (*sic*) ΚΑ.ΟϹ (Χαιρέστ[ρ]ατος καλ[λ]ός). — Revers *B*. **Komos de jeunes gens avec une femme.** La composition montre un personnage central (joueur de flûte) entre deux groupes de compagnons. A gauche, un éphèbe nu, la tête baissée (même type, même chevelure) tient de la main droite (bras et main refaits) un skyphos et de la main gauche (bras refait) une outre de vin à moitié vide. Devant lui danse une femme nue (cheveux à contour ondulé, retenus par une grosse bandelette en rouge mat ; même œil) ; elle retourne la tête vers la droite en touchant ses cheveux de la main droite renversée et elle tient de la main gauche étendue une coupe à pied (corps, bras et mains restaurés) ; le mouvement de danse est très prononcé et la jambe droite (refaite) fortement relevée. Au centre, le joueur de flûte (même type, même coiffure sans feuillage, œil et visage refaits) est courbé, appuyé sur sa canne noueuse (en partie restauré), le corps nu avec un himation enroulé autour de lui et replié sur le haut du bâton (draperie restaurée) ; des deux mains avancées il tient la double flûte dont il joue, portant suspendus au bras gauche l'étui en peau de panthère tachetée (restauré) et la petite boîte à anches. A droite un éphèbe, dont peu de parties sont antiques et dont il reste la main droite étendue qui tenait un skyphos (refait), quelques parties de l'himation et de la jambe droite avec le bas d'une canne noueuse. Derrière lui s'avance un autre éphèbe, également refait, dont les parties antiques sont la tête (haut du visage restauré), une partie des jambes dont la gauche vue de face et la main gauche portant par ses attaches en rouge mat un grand panier à provisions (réseau de liens et larges bandes noires). Dans le champ, au-dessus des personnages, restes de l'inscription en rouge mat ...PA... (Chairestratos?). — Revers *C*. **Sujet analogue.** Même principe de composition. A gauche, un éphèbe marche vivement vers la droite, portant horizontalement de la main droite élevée sa canne noueuse et de la main gauche étendue un skyphos ; il retourne la tête (même type, même chevelure, même feuillage, même œil) ; le corps est nu, en très grande partie restauré, avec l'himation enroulé et revenant sur le côté gauche (restauré). Devant lui marche un autre éphèbe retournant et baissant la tête (même type, mêmes détails), les jambes fléchies et comme chancelantes, portant de la main droite basse une œnochoé à bec trilobé (tout le côté gauche, le bras et la main portant un skyphos, la plus grande partie de la draperie, le bas des jambes et le bas de l'œnochoé refaits). Dans le champ, à droite, est suspendu le panier à provisions avec son réseau de liens, ses attaches en rouge mat et le manche d'un accessoire qui en sort. Au centre, un éphèbe penché en avant (tête et bras droits refaits), drapé dans un himation (en grande partie restauré), incline vers le sol une grande amphore à base pointue décorée d'une guirlande de feuillage noir (parties restaurées). A droite s'avance vers lui un éphèbe retournant la tête (même type avec bandelette en rouge mat, visage restauré, tout le corps drapé et le bras droit mal refaits, la jambe gauche restaurée). Il est suivi d'un éphèbe (même type avec guirlande en rouge mat) brandissant de la main droite élevée sa canne noueuse à poignée recourbée (le corps drapé, le bras gauche et la plus grande partie des jambes refaits). Dans le champ, au-dessus des personnages, restes de l'inscription en rouge mat .....EΣ.Γ.ΤΟ. (Chairestratos).

Noir dans l'intérieur, sur les revers et sur le pied avec une ligne rouge au ressaut et la tranche en clair. Encadrement en grecque serrée autour du sujet central et sous les revers. Large bande noire sous la base.
Terre rougeâtre. Emploi de la retouche en rouge mat. Pas d'esquisse visible. Bon style de la première moitié du v⁰ siècle.
Plusieurs morceaux recollés avec d'importantes restaurations. Haut., 0,115 ; diam., 0,29 ; avec les anses, 0,365.
(Inv. Campana n° 920.) Trouvé en Étrurie et entré en 1863 ; cf. *Cataloghi Campana*, IV-VII, n° 719. Publié par Hartwig, *Meistersch.*, pl. XIX, n° 2 et pl. XX. Décrit par Klein, *Griech. Vas. mit Lieblingsinschr.*, p. 99, n° 11 ; Pottier, *Catal. vas. Louvre*, p. 967 ; Beazley, *Attic Vas.*, p. 98 ; Hoppin, *Handbook redfig.*, I, p. 287, n° 92 (style de Douris).
Int. A dans notre pl. 112.

G 128. **Fragment de coupe portant le nom de l'éphèbe Chairestratos** (morceau de la vasque). — Un sujet dans l'intérieur. Rien sur les revers. — **Int. Éphèbe jouant de la lyre et chantant.** Il est tourné vers la droite, la tête levée avec la bouche ouverte (bandelette rouge sur les cheveux à contour ondulé, œil en point noir dans un ovale fermé) et porte un himation jeté sur les deux épaules et passant derrière le bras droit replié ; la main gauche frôle les cordes de la lyre ; la main droite devait tenir le plectre. Il ne subsiste que la partie supérieure du corps, les montants et les cordes de la lyre (en noir saillant sur le fond noir). Dans le champ, inscription en rouge mat : ...ΡΑΤΟΣ ([Χαιρέστ]ρατος [καλός]).

Intérieur et revers d'un beau noir lustré ; reste de grecque autour du sujet central.
Terre rosée, dessin au trait noir lustré ; retouche en rouge mat ; esquisse visible. Beau style de la première moitié du v⁰ siècle. Les vases portant le nom de Chairestratos sont attribués en général à la fabrique de Douris ; cf. Hartwig, *Meistersch.*, p. 201 et sv. Haut., 0,08 ; larg., 0,12.
(Inv. Fragm. Campana 106.) Trouvé en Italie et entré en 1863. Cf. Pottier, *Catal. vas. Louvre*, p. 968 ; Beazley, *Attic Vas.*, p. 98 ; Nicole, *Corp. céram. gr.*, p. 26, note 2 ; Hoppin, *Handbook redfig.*, I, p. 287, n° 93. Il n'est pas mentionné dans la liste de Klein, *Die griech. Vasen mit Lieblingsinschr.*
Int. dans notre pl. 112.

G 129. **Fragment de coupe portant le nom d'éphèbe Panaitios** (morceau de la vasque). — Un sujet incomplet sur le revers. — **Silène et Ménade.** Le Silène barbu (couronne de feuillage en rouge mat sur les cheveux, œil en point noir dans ovale fermé) se penche vers la gauche en avançant les bras ; on ne voit que le torse, le haut des bras et un fragment de la queue. Devant lui à gauche, un bras de femme replié tenant un thyrse et sortant d'une large manche de tunique. Dans le champ, inscription en rouge mat : ΠΑΝΑΙΤΙΟ. (Παναίτιο[ς καλός].

Intérieur et revers d'un beau noir lustré ; filet rouge réservé au bord du vase.
Terre rosée ; dessin au trait noir lustré ; retouches en rouge mat ; pas d'esquisse visible ; beau style de la première moitié du v⁰ siècle. Le nom de Panaitios indique la fabrique d'Euphronios ou de Douris. En deux morceaux recollés. Haut., 0,045 ; larg., 0,13.
(Inv. Fragm. Campana 93.) Trouvé en Italie et entré en 1863. Cf. Pottier, *Catal. vas. Louvre*, p. 968.
Vue 'ensemble dans notre pl. 112.

G 130. **Fragment de coupe portant le nom de l'éphèbe Panaitios** (morceau de la vasque avec le pied court à large disque). — Un sujet à l'intérieur ; rien sur les revers. — **Int. Homme dansant et jouant des crotales.** — Il court vers la gauche (himation en partie relevé sur le bras droit ; cothurnes hauts), la jambe droite relevée dans l'attitude de la danse ; le bras droit est complètement rejeté en arrière et la main tient une paire de grands crotales. Il ne reste que le bras droit, le dos, la partie postérieure du corps et les jambes dont l'une est incomplète. Dans le champ, inscription en rouge mat : ...ΝΑΙΤΙΟΝ ([Πα]ναίτιο(ς) [καλός]).

Intérieur et revers en noir lustré ; grecque autour du sujet central ; léger ressaut avec filet rouge réservé sur le pied noir à tranche claire ; large zone noire sous la base.
Terre rosée, dessin au trait noir lustré, traces de l'esquisse. Bon style de la première moitié du v⁰ siècle ; voir le précédent. Haut. avec le pied, 0,06 ; larg de la vasque, 0,08 ; long., 0,13.
(Inv. Fragm. Campana 66.) Trouvé en Italie et entré en 1863. Cf. Pottier, *Catal. vas. Louvre*, *ibid.*
Vue d'ensemble dans notre pl. 112.

G 131. **Fragment de coupe portant le nom de l'éphèbe Aristagoras** (morceau du rebord). — Il ne reste qu'une partie du sujet d'un des revers. — **Scène de pugilat.** Deux éphèbes nus luttent, les lanières du ceste enroulées autour de leurs poings. Celui de gauche (chevelure en boucles saillantes à contour réservé, œil en point noir dans un ovale fermé, traces de sang en rouge mat sous l'œil) a le corps de face, la tête tournée à droite, les deux bras écartés (main droite et partie inférieure du corps disparues), le poing gauche levé. Celui de droite, dont on ne voit que la tête baissée tournée à gauche (même coiffure, même œil, traces de sang sur la joue), porte du bras droit tendu un coup dans la direction de son adversaire. Tout le reste du personnage a disparu. Entre les deux éphèbes et touchant celui de gauche, on aperçoit l'extrémité d'une longue baguette qui est sans doute celle du paidotribe. Dans le champ, inscription en rouge mat : ΑΡΙΣΣΤΑΛC (*sic*) ('Αρισ(σ)ταγό[ρας καλός]]).

Intérieur et revers d'un beau noir lustré ; cercle rouge réservé près du bord, au-dessus des personnages du revers.
Terre rosée, dessin au trait noir lustré, retouches en rouge mat ; pas d'esquisse visible. Bon style de la première moitié du v⁰ siècle. Le fragment peut être rapporté à une coupe de la fabrique de Douris. Haut., 0,045, long., 0,14.
(Inv. Fragm. Campana 34.) Trouvé en Italie et entré en 1863. Mentionné par E. Pottier, *Gaz. Arch.*, 1888, p. 174 ; *Catal. vas. Louvre*, p. 969 ; Hoppin, *Handbook redfig.*, I, p. 287, n° 94 (style de Douris) ; Klein, *Die Griech. Vasen mit Lieblingsinsch.*, p. 100, n° 2. Publié par Hartwig, *Meistersch.*, p. 226, fig. 31.
Sujet du revers dans notre pl. 112.

G 132. Fragment de coupe portant le nom de l'éphèbe Lachès (morceau de la vasque). — Un sujet à l'intérieur et un sur les revers. — *A.* **Personnage tenant une coupe et chantant.** On ne voit que la tête barbue (guirlande en rouge mat sur les cheveux en boucles saillantes avec contour incisé; œil en point noir dans un ovale fermé), levée avec la bouche ouverte, et le haut des épaules avec les plis d'un himation; une des mains, dont on ne voit que les doigts, tient une coupe par le pied. Derrière lui, une canne noueuse à long bec recourbé. Dans le champ, inscription en rouge mat : ᄂA+Eϟ ᖪAᄂOϟ (Λάχης χαλός). — Revers *B.* **Scène de palestre.** Trois personnages : au centre un éphèbe (bandelette rouge sur les cheveux en boucles saillantes, avec contour incisé, œil en point noir dans un ovale fermé) debout, le corps de face (long himation), le pied gauche croisé sur le pied droit, s'appuie penché à gauche sur un long bâton noueux et pose la main droite sur sa hanche. A gauche, un éphèbe nu (même coiffure à contour incisé, même œil), le corps de face, la tête tournée à gauche, la jambe gauche repliée, le bras gauche étendu avec la main retournée, se prépare à lancer le disque qu'il tient de la main droite (disparue). A droite, un autre éphèbe nu (tête et bras droit disparus), tourné à gauche, vu de dos, se penche en tenant une haltère de la main gauche ; l'autre main en tenait également une dont on voit l'extrémité. Dans le champ, à gauche, est pendu le grand sac qui sert à contenir les disques ; à droite, le bout d'un strigile. Au-dessus de l'éphèbe du centre, inscription en rouge mat : ᖪAᄂ... ([χαλός]).

> Intérieur et revers d'un beau noir lustré. Grecque alternant avec des denticules largement espacés autour du sujet central ; cercle rouge réservé sous les revers et au bord du vase.
>
> Terre rosée, dessin au trait noir lustré, retouches en rouge mat ; pas d'esquisse visible. On notera la présence de l'incision comme un retour à l'ancienne technique. Beau style de la première moitié du v° siècle. Haut., 0,10 ; larg., 0,215.
>
> (Inv. Fragm. Campana n° 31.) Trouvé en Italie et entré en 1863. Mentionné par Klein, *Die griech. Vasen mit Lieblingsinschr.*, p. 96, n° 4 ; Pottier, *ibid.* Publié par Hartwig, *Meistersch.*, p. 570, pl. 63, n° 2. M. Klein a attribué par erreur au Louvre une autre coupe avec le nom de Lachès (*op. l.*, p. 96, n° 6) ; elle est au Musée de Bruxelles (Hartwig, p. 572). Sur le groupe de Lachès, cf. Beazley, *Attic Vas.* p. 111 ; Hoppin, *Handbook redfig. vas.*, II, p. 169, n° 18.

G 133. Coupe portant le nom de l'éphèbe Lysis (vasque assez plate, anses un peu carrées du bout ; pied court sur disque large à léger ressaut). — Un sujet dans l'intérieur et un sur chaque revers. — Int. *A.* **Éphèbe puisant du vin dans un cratère.** Il est nu et marche vers la gauche (cheveux au contour ondulé, couronne de trois grosses feuilles en rouge mat, œil en petit point noir dans ovale fermé allongé), le bras gauche en arrière portant une coupe par l'anse, le bras droit étendu tenant par l'anse une œnochoé (restaurée), qu'il plonge dans un grand cratère (rebord restauré) posé à terre et décoré d'une guirlande de lierre. En haut, dans le champ, inscription en rouge mat : .Vϟlϟ ᖪAᄂOϟ ([Λ]ῦσις χαλός). — Revers *B.* **Scène de banquet.** Trois personnages couchés, le haut du corps nu, les jambes drapées. A gauche, un éphèbe (œil en point noir dans ovale fermé allongé, chevelure à contour ondulé, ceinte d'une large et longue bandelette nouée en rouge réservé), tourné à gauche, retourne la tête à droite et s'appuie du coude gauche sur le genou du personnage suivant et sur un coussin allongé (larges bandes noires transversales); des deux mains relevées il tient les bouts de sa bandelette qui se terminent par de longs effilés noirs. Au centre, un homme barbu (cheveux au contour ondulé avec couronne de deux grosses feuilles en rouge mat, même technique de l'œil), tourné vers la gauche, lève la tête en l'air en ouvrant la bouche et se tient le front de la main droite (bras et partie du visage refaits). Le coude gauche (drapé) s'appuie sur un coussin long (même décoration) et la main gauche tient un skyphos. Le long de la cuisse droite est dressé un long bâton noueux ; dans le champ (derrière la tête) sac à flûte en peau de panthère et récipient à anches attaché par un lien en rouge mat. A droite, un éphèbe (même technique des cheveux, bandelette nouée en rouge mat, œil en petit point noir dans ovale ouvert et allongé) joue de la double flûte, tourné vers la gauche, la joue gonflée par l'effort ; sous les reins un coussin long replié (même décoration). Dans le champ, au-dessus des personnages, inscription en rouge mat : HO...IOϟ...ᖪAᄂO (ὁ[παῖς χα]λός, χαλύ[ς]). — Revers *C.* **Même sujet.** Trois personnages couchés (mêmes draperies que les précédents). Celui de gauche, barbu (cheveux au contour ondulé, avec guirlande de points en rouge mat), a le corps et la tête de face, le bas du visage caché par un skyphos dans lequel il boit en le tenant de la main droite par l'anse ; le coude gauche s'appuie sur un coussin long replié (larges bandes noires longitudinales) ; un long bâton (restauré) est dressé près du bras droit. Au centre, un éphèbe (cheveux au contour ondulé, bandelette nouée en rouge mat avec effilés, œil en petit point noir dans ovale fermé), le torse de face, les jambes repliées et écartées (pied gauche visible), tourne la tête à droite et étend le bras droit en allongeant la main ; la main gauche tient par le pied une coupe ; le bras gauche, légèrement drapé, s'appuie du coude sur un coussin allongé replié (larges bandes noires transversales). A droite, un autre éphèbe tourné à gauche (même technique des cheveux, œil en point noir dans ovale allongé ouvert, guirlande de deux grosses feuilles en rouge mat) tient de la main gauche un skyphos, appuie le coude gauche sur un coussin replié (même forme, même décor) et porte l'index de la main droite (bras en partie refait) à ses cheveux, comme pour rajuster sa guirlande. Entre les deux éphèbes est suspendu le panier à provisions dans son filet (cordon et effilés en rouge mat). Dans le champ, au-dessus des personnages, inscription en rouge mat : HO ᒥAlϟ ᖪAᄂOϟ (ὁ παῖς χαλός.). Chez tous les personnages des deux revers, musculature au trait jauni.

> Intérieur noir. Grecque serrée autour du sujet central. Cercle en rouge réservé sur le rebord. Noir sur une partie des anses. Sous les personnages des revers, filet rouge réservé. Sur la base du pied filet saillant avec trait en rouge réservé. La tranche du pied en clair ; sous la base, large zone noire avec graffite incisé : ᗡΙV
>
> Terre rougeâtre ; emploi de la retouche en rouge mat ; trace de l'esquisse. Style de la première moitié du v° siècle. Recollé en plusieurs morceaux sans restaurations importantes. Haut., 0,09 ; diam., 0,24 ; avec les anses, 0,31.
>
> (Inv. Campana n° 992.) Trouvé en Étrurie et entré en 1863 ; cf. *Cataloghi Campana*, sér. IV-VII, n° 102. Mentionné par Klein, *Lieblingsinschr.*, p. 115, n° 10 ; Hartwig, *Meistersch.*, p. 650 et 651 ; Pottier, *Catal. vas. Louvre*, p. 970 ; Hoppin, *Handb. redfig. vas.*, II, p. 169, n° 19.
>
> Int. A et revers B et C dans notre pl. 113.

G 134. Fragment de coupe portant le nom de l'éphèbe Lysis (morceau de la vasque ; le pied est scié). — Un sujet dans l'intérieur et un sur chaque revers, ces derniers incomplets. — Int. *A.* **Éphèbe tenant une canne.** Il marche vers la gauche (bandelette rouge sur les cheveux à contour ondulé), tient de la main droite (invisible) une grosse canne noueuse à bec recourbé, et avance à grands pas, le bras et la main gauches enveloppés d'un court himation jeté sur l'épaule. Dans le champ, inscription en rouge mat : ᄂVϟlϟ ᖪAᄂOϟ (Λῦσις χαλός). — Revers *B* et *C*, séparés par les restes de deux boutons de lotus. On ne voit des sujets conservés, de part et d'autre, que les pieds de trois personnages drapés, l'un au centre et les deux autres s'appuyant sur des cannes.

> Dans l'intérieur, grecque autour du sujet central ; sous les personnages des revers, cercle rouge réservé.

Terre rosée ; dessin au trait noir lustré, retouches en rouge mat ;
pas d'esquisse visible. Style de la première moitié du ve siècle.
La surface de la terre dans le sujet intérieur est salie et endommagée. Haut., 0,12 ; long. max., 0,19.
(Inv. Frag. Campana 24.) Trouvé en Italie et entré en 1863.
Cf. Pottier, *ibid.*
Int. A dans notre pl. 113.

G 135. Coupe portant le nom de l'éphèbe Lysis (vasque largement ouverte, anses assez relevées avec bouts carrés, pied moyen sur disque à ressaut). — Un sujet dans l'intérieur et un sur chaque revers. — Int. *A.* **Homme sur un lit de banquet et joueuse de flûte.** L'homme est couché en arrière-plan, tourné vers la gauche, sur un lit de banquet à pied orné (volutes ioniques et bandes de gros points), coupé par l'encadrement à droite. Il a le dos appuyé sur un gros coussin (décor en bandes de points, zigzag, petites croix), le haut du corps nu (musculature au trait jauni, sein indiqué en pointillé), les jambes couvertes de l'himation (semé de petites croix) ; avec un geste de lassitude avinée, il pose son bras droit sur sa tête (cheveux à contour ondulé, ceints d'une guirlande en rouge mat et d'une longue bandelette ornée d'un pointillé noir dont les larges bouts retombent en draperies de chaque côté du cou ; œil en gros point noir dans ovale allongé fermé ; bouche entr'ouverte indiquant peut-être qu'il chante). Près de lui, sur une base portant le mot KALOS en noir jauni, est posée une coupe à pied dont le rebord porte l'inscription en noir jauni LVSIS KALOS (Λῦσις καλός). Devant lui, au centre et debout, tournée à droite, une joueuse de double flûte tient l'instrument des deux mains avancées, la joue gonflée par l'effort (cheveux à contour ondulé, ceints d'une large bandelette à bouts retombant en arrière, œil en cercle avec point noir dans un ovale maladroitement restauré en œil de profil, nez restauré) ; elle est vêtue d'une longue tunique à manches et à double rabat, semée de petites croix. Dans le champ à gauche, une canne noueuse à poignée recourbée, un étui à flûte en peau tachetée de points noirs, attaché par un lien de rouge mat avec la petite boîte à anches. Derrière la joueuse de flûte, inscription en rouge mat : HOΠAIS et devant elle : KALOS (ὁ παῖς καλός). — Revers *B.* **Dionysos ramène Héphaistos dans l'Olympe.** Dionysos marchant vers la droite, la tête retournée (surface endommagée et usée, cheveux à contour ondulé d'une couronne de feuillage en rouge mat), tient de la main gauche élevée un long cep de vigne d'où pendent trois grosses grappes noires à contour réservé bordé de gros grains (quelques feuilles en rouge mat) et de la main droite un canthare à pied et anses élevées ; il est vêtu d'une tunique (plis de noir jauni) que recouvre un himation rejeté sur l'épaule gauche (semis de petites croix). Il est suivi d'une Ménade qui marche en tenant de la main gauche levée (bras et main refaits) un thyrse et de la main droite rejetée en arrière des crotales ; elle est coiffée d'un cécryphale à raies (restauré), vêtue d'une tunique à rabat que recouvre en arrière une nébride aux pattes nouées par devant (quelques restaurations dans le costume). Devant lui, à droite, marche un Silène barbu, ithyphallique (longue chevelure dans le dos, le front dégarni et ceint d'une guirlande en rouge mat), le corps penché en arrière et jouant de la double flûte qu'il tient des deux mains avancées ; à son bras gauche est suspendu l'étui de peau à larges taches noires avec la petite boîte à anches ; le corps est nu et recouvert d'une nébride qui flotte en arrière. Devant lui s'avance une Ménade retournant la tête (restaurée), les cheveux épars en mèches courtes, ceints d'une guirlande en rouge mat, vêtue d'une tunique à manches et à plis de noir jauni (parties restaurées) ; les pattes d'une nébride reviennent par devant ; les deux mains écartées tiennent une paire de crotales. — Revers *C.* **Suite du même sujet.** Au centre, Héphaistos chevauchant le mulet

de Dionysos (tout le haut du personnage refait, sauf un morceau de la tête avec l'œil ; cheveux ceints d'une bandelette et de pampres en rouge mat), vêtu d'une tunique courte à rabat (plis de noir jauni) qui laisse les jambes nues (pieds refaits), retourne la tête en arrière, portant sur l'épaule droite sa masse de forgeron (refaite) et tenant de la main gauche un canthare à pied. Le mulet a les jambes tachetées de noir, le harnachement en traits de noir jauni et, en rouge mat, la partie de la bride que tient le Silène barbu qui précède le dieu et marche en retournant la tête (chevelure abondante, restaurations dans la tête), le corps nu, avec une nébride attachée par devant et rejetée dans le dos (semis de taches noires) ; de la main gauche, il tient par le pied un canthare dont la panse est ornée d'une guirlande de feuillages. Devant lui marche une Ménade retournant la tête (cheveux épars à mèches courtes, ceints d'une guirlande de feuillage en rouge mat, œil en point noir dans ovale ouvert) ; elle est vêtue d'une tunique à rabat et à manches (traits de noir jauni), semée de petites étoiles, avec une nébride nouée par devant et rejetée dans le dos (semis de points noirs) ; de la main droite élevée (restaurée) elle tient une torche (flamme en rouge mat ; main gauche restaurée tenant un accessoire restauré, peut-être une autre torche). Derrière le mulet d'Héphaistos marche un Silène tournant la tête (cheveux ceints de feuillages en rouge mat ; visage restauré à tort comme celui d'un éphèbe), le corps nu, avec une nébride dans le dos (restaurations importantes) et tenant de la main gauche élevée une corne à boire. Derrière lui marche un autre Silène (mal restauré en éphèbe), le corps nu avec une nébride dans le dos, portant sur l'épaule droite un thyrse et de la main gauche une torche (flamme en rouge mat ; nombreuses restaurations dans tout ce personnage).

Intérieur noir. Grecque serrée autour du sujet central. Sous les revers, filet rouge réservé. Sur le ressaut du disque, filet rouge réservé, a tranche du disque en clair. Sous la base, large zone noire.

Terre rougeâtre. Retouches en rouge mat. Traces de l'esquisse. Style de la première moitié du ve siècle, apparenté au groupe de Hiéron et Brygos. Beaucoup de morceaux recollés et nombreuses restaurations. Haut., 0,13 ; diam., 0,31 ; avec les anses, 0,39.
(Inv. N 3301 ; MN 63.) Trouvé en Étrurie et acquis en 1848. Ancienne collection du prince de Canino ; cf. *Notice d'une Collect. de Vases antiq.*, 1843, p. 72, n° 263. Publié par G. Geffroy, *Palais du Louvre*, III (*Mobilier, Objets*), p. 57 ; Phot. Alinari, n° 23731. Décrit par Klein, *Lieblingsinschr.*, p. 115, n° 9. Mentionné par Hartwig, *Meistersch.*, p. 652 ; Pottier, *Catal. vas. Louvre*, p. 971 ; Beazley, *Attic Vas.*, p. 81, n° 1 (groupe du peintre de la coupe de Colmar) Hoppin, *Handb. redfig.*, I, p. 198, n° 11.
Int. A dans notre pl. 113.

G 136. Coupe portant le nom d'Aristeidès (il n'y a qu'un fond de coupe ; le pied, les anses et les bords de la vasque sont refaits). — Un sujet dans l'intérieur. — **Guerrier dansant la pyrrhique et joueur de flûte.** Le guerrier a le corps de face, la tête tournée vers la gauche (imberbe, casque noir avec garde-joue, cimier en rouge réservé dont le haut est repeint ; œil en point noir dans ovale ouvert) ; il tient de la main droite sa lance horizontalement ; le bras gauche est caché sous le bouclier dont on aperçoit l'épisème (noir) représentant un canthare. A droite, un joueur de flûte (imberbe, guirlande rouge mat sur les cheveux au contour ondulé ; œil en point noir dans ovale ouvert ; flûte double, phorbeia retenue par un cordon rouge mat), vêtu de la longue tunique et tourné vers la gauche, lève la tête et tient son instrument des deux mains avancées. Dans le champ, à droite, inscription en rouge mat : APIS-TEIΔES (Ἀριστείδης) ; à gauche, autre inscription : EISVKA.... (εἴ συ κα[λός]?).

Noir lustré dans l'intérieur grecque (en partie repeinte autour du sujet central.

Terre rosée ; dessin au trait noir lustré retouches rouges, traces
de l'esquisse. Bon style de la première moitié du vᵉ siècle. Haut.,
0,08 ; diam. de la vasque, 0,21.
Inv. N 3427 ; MN 66,) Elle faisait partie de a collection du prince
de Canino et a été trouvée en Étrurie ; *Catalogue de 1845*, p. 32,
nº 102 ; *Corp. inscr. graec.*, nº 7799 ; Heydemann, *Pariser Antiken*,
p. 48, nº 25 (qui lit la seconde inscription NISVPO (Νισυρο[ς]
ou Νισύρου) ; Klein, *Griech. Vas. Lieblingsinsch.*, p. 90, nº 1 ;
Pottier, *Catal. vas. Louvre*, p. 972 ; Beazley, dans *Annual brit.
School Ath.*, 1911, p. 227 ; *Attic Vases*, p. 46 (groupe du Stamnos
au nom d'Eucharidès); Hoppin, *Handbook redfig.*, I, p. 358, nº 16.
Int. dans notre pl. 113.

**G 137. Amphore portant le nom de l'éphèbe Archi-
nos** (col mince, anses bifides, panse ovoïde, pied en disque
épais et peu débordant). — Un sujet isolé sur chaque côté
du col ; la panse en noir. — *A.* **Nikè volant et apportant les ustensiles de libation.** Elle est tournée vers la
droite et figurée en plein vol, les pieds ramenés en arrière,
les deux ailes déployées (semis de points noirs sur la partie
supérieure et double ligne transversale), tenant des deux
mains avancées une phiale à libation et une œnochoé ; elle
est drapée (tunique à manches et à plis fins, avec rabat ;
himation en écharpe sur le dos et sur les bras ; bracelets
aux deux poignets) et coiffée d'un cécryphale (cheveux
en masse noire, œil allongé et ouvert du côté de la tempe,
profil proéminent avec menton fort). Dans le champ, à
droite, inscription rouge mat : ΚΑΛΟΣ ΑΡΧΙΝΟΣ (Καλὸς
'Αρχῖνος). — *B.* **Nikè courant.** Même type que la précédente (même coiffure, mêmes ailes déployées, même tunique). Elle court vers la droite, le pied droit fortement
appuyé en terre avec le talon soulevé, le pied gauche en
l'air, et retourne la tête en arrière, en relevant des deux
mains sa tunique sur ses jambes pour mieux courir (l'étoffe
ainsi déployée est traitée en large surface unie, faisant
contraste avec les plis fins de la draperie sur le buste).
Dans le champ, inscription en rouge mat, à gauche
ΑΡΧΙΝΟΣ (rétrograde), et à droite ΚΑΛΟΣ ('Αρχῖνος
χαλός).

> Noir dans l'embouchure, sur le col sauf les sujets, les anses, toute la
> panse, sauf une bande de petits oves en collerette sur l'épaule et
> une palmette renversée, accostée de deux enroulements
> sous chaque anse, deux filets réservés en clair à la base et
> un filet en clair au bas du pied. Sur le pied graffite incisé :
> Terre rougeâtre, un peu jaune. Emploi de la retouche rouge pour les
> inscriptions. Traces de l'esquisse. Style fin de la premi.re moitié
> du vᵉ siècle.
> Des parties recollées et restaurées dans le vase, mais pas dans les
> sujets. Haut., 0,32 ; diam. dans l'embouchure, 0,10.
> (Inv. MNC 196.) Acquis en 1882 ; pas de provenance indiquée.
> Cf. Pottier, *Catal. vases Louvre*, p. 972 ; Hoppin, *Handbook redfig.*,
> I, p. 293, nº 10 (attribué au peintre de l'Œnochoé Dutuit).
> Vue d'ensemble avec le sujet B, et sujet A dans notre pl. 115.

**G 138. Coupe attribuée à l'atelier de Douris et
portant les noms de seize personnages** (même structure
que les coupes signées à vasque large et peu profonde). —
Un sujet dans l'intérieur et un sur chaque revers. —
Int. *A.* **Dionysos recevant une libation des mains d'un
éphèbe,** dans un encadrement formé par **Une procession
de vingt-huit personnages.** Dionysos barbu est debout à
droite (cheveux à contour ceints d'une grosse couronne de feuillage en rouge réservé, longue mèche pendante
sur le cou, œil en point noir dans ovale fermé), vêtu d'une
tunique fine à rabat, à manche rattachée par des agrafes,
que recouvre un himation orné de lignes de petits points
qui dégage le buste et revient sur le bras gauche (partie
restaurée) ; il porte de la main gauche un rameau de pampres
(feuilles en rouge mat) et tend de la main droite son canthare qu'il tient par une anse (vase à pied et à hautes anses
débordantes). Derrière lui un escabeau à pied façonné,
recouvert d'un coussin à bandes noires, est coupé à droite
par l'encadrement. A gauche l'éphèbe, le corps et la tête

de face (cheveux en masse noire et à mèches courtes, ceints
d'une bandelette en rouge réservé semée de petits points),
vêtu d'un himation (semis de petits cercles en noir délayé)
qui dégage le buste nu en revenant sur l'épaule gauche, tient
de la main droite l'anse d'une œnochoé à bec trilobé (partie
restaurée) dont il verse le contenu (liquide en rouge mat)
dans le canthare de Dionysos. Dans le champ à gauche, inscription rétrograde en rouge mat : ΗΟΓ..Σ (ὁ π[αῖ]ς) ;
à droite, ΚΑ.Ο. (χα[λ]ό[ς]). — Dans la zone d'encadrement, la procession est conduite par deux personnages :
le chef, qui est tourné vers ses compagnons, semble les
diriger, la main droite hors du manteau (tête refaite, ceinte
d'une bandelette à points, himation semé de petits cercles
en noir délayé, pieds chaussés de cothurnes). Derrière
lui, une inscription en rouge mat : ΧΙΛΙΑΙΚΟΣ (Χιλίαρχος)
les trois dernières lettres rétrogrades ; indique que ce
personnage a rang de chiliarque. Il fait face au joueur de
flûte barbu qui marche, la tête un peu levée, tenant son
instrument des deux mains avancées (même coiffure à
bandelette et à contour ondulé, joues serrées dans la
phorbeia, œil en point noir dans ovale fermé, cou et barbe
refaits) ; il est vêtu d'une longue tunique talaire à manches
que recouvre une courte casaque à franges, sorte de
kandys (double bordure de points, quadrillés avec points
au centre). Il est suivi de treize groupes de deux personnages
marchant l'un à côté de l'autre, dont nous indiquerons seulement les variantes essentielles. 1º Deux personnages entièrement enveloppés dont les têtes sont complètement refaites.
Devant eux, traces d'une inscription rétrograde en rouge
mat : Κ.... — 2º Autre groupe semblable, également
restauré (le haut des têtes avec la bandelette à points est
antique). Devant eux, inscription verticale en rouge mat
...ΙΑΣ. — 3º Le personnage du premier plan retourne
la tête et tous deux portent la bandelette à points, mais les
visages sont refaits. Inscription placée devant eux : ...ΟΝ.
— 4º Homme barbu au premier plan (œil en point noir
dans ovale fermé, même coiffure) ; le visage de son compagnon (même coiffure) est refait. Par devant, inscription
....ΛΟΝ. — 5º Deux éphèbes (mêmes coiffures, même
œil). Inscription placée de même : ΕΥΦΙΛΕΤΟΣ (Εὐφίλετος).
— 6º Éphèbe au premier plan et homme barbu (mêmes
détails). Inscription : Κ... ΙΜΑΧΟΣ (Κ[αλλ]ίμαχος). —
7º Personnage de premier plan à visage refait et éphèbe en
arrière-plan (mêmes détails, des parties restaurées). Inscription : ΛΕΟΔΙΚ.Σ (Λεόδιχ[ο]ς). — 8º Homme barbu à
tête de face au premier plan, éphèbe au second plan (mêmes
détails, des parties restaurées). Inscription : ΚΛΕΟ-
ΚΡΙΤΟΣ (Κλεόχριτος). — 9º Deux personnages, éphèbe en
arrière-plan (visages refaits, mêmes coiffures). Inscription :
Λ..ΘΕΜΙ. (Λ... θεμι[ς]. — 10º Éphèbe retournant la tête
et homme barbu au second plan (mêmes coiffures). Inscription : ΔΙΟΝΥΣΙΟΣ (Διονύσιος). — 11º Deux éphèbes
(mêmes coiffures). Inscription : ΟΥΤΙΜΙΛΕΣ (Οὐτιμίδης).
— 12º Homme barbu (bandelette sans points) et éphèbe
au second plan. Inscription : ΕΥ.Λ.Σ (Εὐ[χ]λ[η]ς). —
13º Deux éphèbes, celui du premier plan tournant la tête
et relevant derrière lui, de la main droite, les plis de son
manteau (mêmes coiffures, himations à bordure dentelée
surmontée d'une ligne de points). Inscription : ΑΝΡΙΣ-
ΤΟΤΕΛΕΣ (*sic*) ('Α(ν)ριστοτέλης). — Revers *B.* **Procession d'éphèbes et d'hommes barbus.** Quatre couples
précédés d'un joueur de flûte ; ce sont les mêmes personnages agrandis. A droite, marche en tête le joueur de flûte
(même type que celui de l'intérieur, même attitude,
même costume, les deux bras et l'extrémité des flûtes
refaits). Une inscription rouge mat (traces de lettres Σ . . Ι),
qui se prolonge sous l'anse, donnait sans doute le nom du
joueur de flûte. S'avancent ensuite : 1º Deux personnages
drapés ; celui de l'arrière-plan est un éphèbe (même type

que précédemment ; la tête et toute la partie supérieure de l'autre sont refaits). Devant eux, inscription rétrograde: EV....ΔEΣ (Εὐ[θυμί]δης). — 2º Un éphèbe et un homme barbu à l'arrière-plan (mêmes types, quelques restaurations dans les draperies). Inscription rétrograde : EVΦILETOΣ (Εὐφίλετος). — 3º Homme barbu et éphèbe en arrière-plan (mêmes types, indication d'une barbe légère sur la joue de l'éphèbe). Inscription rétrograde : ΦILON (Φίλων). — 4º Deux éphèbes (même type, même indication de barbe ; la bandelette que porte celui du premier plan est divisée par des traits noirs). Inscription rétrograde : KAΛIΦON (Κα[λ]λιφῶν). — Revers C. **Spectateurs de la procession.** Par leurs attitudes et leurs gestes, ils expriment qu'ils contemplent le défilé. A droite, en tête, est debout un paidotribe (rhabdophore), tenant de la main droite abaissée sa baguette fourchue, le corps de face, drapé dans un himation laissant le buste découvert (le haut du corps et la tête refaits). Derrière lui est un éphèbe penché, le corps appuyé sur sa canne, les pieds croisés, la main droite sur la hanche, la main gauche levée (même costume, même type d'éphèbe avec couronne de feuillage en rouge mat). Au centre, homme barbu (même pose, la main gauche dans le manteau, même costume, coiffure en guirlande de rouge mat, œil et point noir dans l'ovale ouvert). Derrière lui, éphèbe (même type, même pose et même geste que le second, musculature en noir jauni). A gauche, éphèbe vu de dos (himation dégageant le côté droit), s'appuyant de la main droite sur une canne à poignée en béquille (même type, même coiffure). Dans le champ, près du rebord et entre les deux premiers personnages, inscription en rouge mat : HOΠAIS et rétrograde KALOS (ὁ παῖς καλός).

Noir dans l'intérieur, sur les revers et sur le pied, sauf un filet rouge réservé sur le ressaut et la tranche en clair. Grecque étroite mêlée de croix autour du sujet central ; filet rouge réservé autour de la zone des personnages ; deux filets réservés sous les revers. Large bande noire sous le pourtour du pied et graffite incisé.
Terre rougeâtre. Emploi de la retouche en rouge mat. Esquisse visible. Bon style de la première moitié du vᵉ siècle.
Plusieurs morceaux recollés et restaurés. Haut., 0,12 ; diam., 0,295 ; avec les anses, 0,375.
(Inv. Campana 964.) Trouvé en Étrurie et entré en 1863 ; cf. *Cataloghi Campana*, IV-VII, nº 757. Publié par Hartwig, *Meistersch.*, p. 590-597, pl. 65 et 66 (qui l'attribue à l'atelier de Douris); Perrot, *Hist. de l'Art*, X, p. 787-789, fig. 417-419 ; Phot. Alinari, nº 23727. Pour les inscriptions, cf. Krestchmer, *Vaseninschr.*, p. 134, nº 5, p. 235. Klein avait fait figurer cette coupe dans la première édition des *Lieblingsinschr.*, p. 61 ; il la signale très brièvement dans la seconde, p. 117, au nom de Philon. Cf. Pottier, *Catal. vas. Louvre*, p. 973 ; Beazley, *Attic Vases*, p. 98, note 1, nº 15 (groupe du stamnos G 187) ; Hoppin, *Handb. redfig.*, I, p. 287, nº 95 ; p. 288, note 1 ; II, 160, nº 12 (style de Douris). Int. A et vue d'ensemble avec le rev. C dans notre pl. 114 ; revers B dans notre pl. 116.

G 139 et 140. Coupe en fragments portant les noms du peintre (?) Apollodoros et de l'éphèbe Euryptolémos. — Un sujet à l'intérieur et les restes des sujets des revers. — Int. *A.* Scène de banquet. Un éphèbe (œil et front disparus, cheveux ceints d'une longue bandelette blanche nouée, avec les bouts retombants, terminés par de longs effilés en rouge mat et portant en lettres rouges l'inscription : ΔΑΙS et en dessous, perpendiculairement à la lettre +, la fin du mot ALOS, ce qui donnerait la formule ὁ παῖς καλός, sous une forme un peu incorrecte) est couché sur un lit (le bas manque), tourné vers la gauche et s'appuyant du coude gauche sur deux coussins (bandes alternativement en noir et rouge réservé avec points noirs) ; le bras droit est étendu et la main tient par l'index une coupe (en rouge réservé portant dans l'intérieur l'inscription en noir KAL.., καλός) pour le jeu du kottabos ; la main gauche tient par le pied une autre coupe, avec la même inscription sur le rebord extérieur : KALOS. Le bas du corps et l'épaule gauche sont drapés d'un ample himation d'où sort la jambe gauche avec le pied vu à plat en raccourci (indications des phalanges et articulations en petits traits noirs) ; le pied droit nu sort de la draperie (incomplet dans une cassure). On voit, suspendus à gauche, un étui en peau de panthère pour la flûte et une boîte pour les anches. Dans le champ, inscription en rouge mat E.RVΠTO-LEM....LOS (Ε[ὐ]ρυπτόλεμ[ος κα]λός). Au-dessous de l'inscription est suspendu par un lien en rouge mat le panier à provisions dans son réseau de filet (brisé en bas : mais on voit les restes des effilés en rouge mat). — Revers *B.* **Même sujet.** A gauche, un éphèbe couché (deux bandelettes en rouge mat croisées sur les cheveux, œil en petit cercle noir dans le coin de l'ovale fermé) est étendu sur un lit de banquet, retournant la tête à droite, appuyé sur un coussin (traits et bande noire ; derrière lui, restes d'un étui à flûte en peau de panthère) ; il a, comme le précédent, le bras droit étendu et l'index passé dans l'anse d'une coupe qui porte extérieurement l'inscription KALE (καλή) ; de l'autre main il soutient un skyphos dont le rebord porte la même inscription KALE ; ses jambes sont recouvertes de l'himation. Dans le champ, au-dessus, inscription (du peintre?) en rouge mat : AΓOLLOΔ.... ('Απολλόδ[ωρος]). Contre les jambes de ce personnage se voit un pied nu à plat (même technique que précédemment) qui appartient à un autre éphèbe placé plus loin et dont il reste le buste nu avec l'amorce des deux bras étendus, ainsi que la tête ceinte d'une très longue bandelette blanche à longs effilés blancs, nouée en plusieurs volutes (sans inscription visible). Il est appuyé à un coussin (même décor que précédemment) contre lequel s'appuient les jambes d'un troisième éphèbe dont on ne voit qu'un pied et la draperie recouvrant le bas du corps. Dans le champ, au-dessus, les restes du panier à provisions avec ses effilés en rouge mat. — Revers *C.* **Même sujet.** Restes de deux éphèbes sur leurs lits de banquet ; on ne voit que le haut des personnages. Le premier étend le bras droit et retourne la tête (même technique de l'œil, grande bandelette en rouge mat nouée, avec très long bout flottant à gauche) ; dans le champ une coupe vue en raccourci par le fond et le panier à provisions avec ses effilés en rouge mat. L'autre éphèbe étend la main droite, tenant par l'anse une coupe, qui porte l'inscription KALE, et une grande cithare dont on n'aperçoit que les montants et sept cordes en relief noir. Sa tête (fragmentée) est ceinte d'une grande bandelette blanche avec inscription en rouge mat dont il reste quatre lettres : A..N...Δ...E. Dans le champ, restes d'un panier à provisions (effilés en rouge mat) et d'une œnochoé (décor en points noirs saillants sur l'épaule), portant l'inscription KALE. Tout le long du rebord, au-dessus de la scène, inscription : .VPVΠ..... TOLEM.. ([E]ὐρυπτόλεμ[ος]).

L'intérieur noir avec encadrement en deux filets rouges réservés. Sous les revers un seul filet rouge. Le pied absent a été scié.
Terre rougeâtre, beau lustre noir ; emploi des retouches en rouge mat ou en blanc crémeux ; traces de l'esquisse. Style soigné de la première moitié du vᵉ siècle. Brisé en plusieurs morceaux recollés et réunis par des parties de plâtre. Haut. actuelle, sans pied, 0,05 ; diam., 0,25.
(Inv. Fragm. Campana 117, 118, 119 et 120, et CA 1868.) Ce dernier fragment, retrouvé dans le commerce à Rome (tête de l'éphèbe à bandelette blanche du rev. B), a été donné au Louvre par M. Hartwig. De mon côté, j'ai recueilli dans une caisse de fragments Campana le morceau nº 120 qui complète l'éphèbe lyriste du revers C. C'est pourquoi ces morceaux ne figurent pas dans la pl. 69 de M. Hartwig ; notre planche complète les figures *b* et *d*. — Trouvé en Italie et entré en 1863.
Mentionné par Klein, *Griech. Vas. Lieblingsinschr.*, p. 105, nº 1. Publié par P. Hartwig, *Meisterschalen*, p. 630, pl. 69, qui l'attribue au peintre Apollodoros, mais j'ai fait les réserves nécessaires sur cette attribution dans mon *Catal. des Vases*, p. 975, puisque

nous n'avons pas le mot essentiel ἔγραψεν. Toutefois l'hypothèse est assez plausible. Cf. Hoppin, *Handbook redfig.*, I, p. 46, n° 2, et p. 47 (figure) ; les photographies données datent d'une époque où la coupe n'était pas encore reconstituée, et il est aujourd'hui certain que les fragments *b* et *c* de Hartwig s'adaptent au vase.

Int. et les deux revers dans notre pl. 115.

G 141. Coupe signée par le potier Hiéron (vasque large et peu profonde, anse un peu relevée, pied refait). — Un sujet dans l'intérieur et un sur chaque revers. — Int. *A*. Jeune garçon recevant en cadeau un lièvre apprivoisé. Un homme barbu, tourné vers la droite (cheveux au contour ondulé, ceints d'une guirlande en rouge mat, longue barbe en pointe à traits en relief, œil à point noir dans ovale fermé), élève de la main gauche un rameau fleuri (rouge mat) qu'il semble respirer et tient de la main droite laisse une longue laisse en rouge mat à laquelle est attaché un lièvre accroupi (indication du pelage en petits points et touches de noir délayé jauni) ; le haut du corps est nu et le reste drapé dans un himation qui couvre le côté gauche. (Derrière sa tête, une grosse tache de rouge mat, goutte de couleur tombée du pinceau de l'ouvrier.) En face de lui un jeune garçon (cheveux en masse noire avec mèches courtes, ceints d'une guirlande en rouge mat ; même œil) est complètement enveloppé dans un himation qui cache les deux bras (mouvement des mains visible sous la draperie); il regarde l'animal qui lui est offert en présent. — Revers *B*. Komos d'hommes et d'éphèbes avec une joueuse de flûte. Un personnage central entre deux groupes de compagnons. A gauche un homme (en partie disparu dans une cassure) marche vivement vers la droite, en retournant la tête (dont on ne voit que la nuque), le corps de face, nu avec un pan d'himation rejeté sur le bras gauche, brandissant du bras droit (absent) une canne noueuse et portant sur la main gauche ramenée contre lui un skyphos. Il est précédé d'un homme barbu (même type que dans l'intérieur), vêtu d'un himation qui dégage le côté droit, étendant la main droite et tenant de la main gauche par le pied une coupe. Au centre, une joueuse de flûte lui fait vis-à-vis (cheveux en masse noire, ceints d'une couronne de grosses feuilles en rouge mat, même œil, boucle d'oreille ronde, joue gonflée par l'effort) ; elle est vêtue d'une tunique fine et transparente à rabat et à manches (traits de noir jauni, ceinture à bouts pendants en rouge mat) et d'un hima, tion passé en écharpe sur le dos et les bras ; des deux mains avancées elle tient la double flûte dont elle joue. A droite, un éphèbe (cheveux en masse noire avec mèches courtes, ceints d'une guirlande en rouge effacé ; même œil), le corps nu avec himation en châle dans le dos et sur les bras, étend la main gauche et porte contre lui, de la main droite, un grand skyphos. Un homme barbu lui fait vis-à-vis (même type que les précédents), les jambes fléchies, comme aviné, le corps nu (musculature en noir jauni) avec un himation posé de la même façon ; il s'appuie de la main gauche sur une canne noueuse à poignée recourbée et tient par le pied une coupe de la main droite étendue. Sous l'anse, un chien tourné vers la gauche (poils en points de noir jauni et collier indiqué par un trait), la patte droite de devant levée. — Revers *C*. Sujet analogue. Cinq personnages (en grande partie disparus dans la cassure du rebord). A gauche, un homme barbu (même type, mêmes détails) s'avance vers la droite, le corps un peu rejeté en arrière, la main droite levée (absente) et tenant de la main gauche étendue un skyphos (on ne voit que le bout des doigts et la partie droite du vase) ; il est vêtu d'un himation dégageant tout le côté droit (musculature en noir jauni). Devant lui un autre homme barbu (même type, visage disparu) marche penché en avant, le bras gauche légèrement replié en arrière avec la main ouverte (tout le torse, vu de dos, manque

ainsi que le bras droit) ; le corps est nu (mêmes détails de musculature) avec un court himation jeté en écharpe sur les épaules et retombant par devant. Le personnage du centre faisait face aux deux précédents, en s'appuyant sur un long bâton noueux : on ne voit plus que la partie inférieure drapée d'un himation. A droite, deux autres hommes se dirigent de l'autre côté. Du premier (joueur de flûte), il ne reste que la partie inférieure drapée et les deux bras levés avec le bout de l'instrument. L'autre, barbu, retourne la tête (même type, mêmes détails), le torse vu de face, tenant de la main droite repliée un plectre avec ses liens en rouge mat ; le bras gauche (disparu) devait tenir une lyre ; le corps est nu (même musculature) avec l'himation en châle dans le dos. Derrière la jambe droite (en partie disparue), on aperçoit la queue et la patte de derrière d'un chien qui était placé sous l'anse (disparue). Signature du potier incisée sur l'anse qui subsiste : HIEPONEΓOIE-ϿEN ('Hιέρων ἐποίησεν).

Noir dans l'intérieur et sur les revers. Grecque serrée autour du sujet central. Un filet en rouge réservé sous les revers.
Terre rougeâtre. Emploi de la retouche en rouge mat. Esquisse visible. Bon style de la première moitié du v° siècle.
Plusieurs morceaux recollés, le reste réparé en plâtre, y compris le pied. Haut., 0,135 ; diam., 0,325 ; larg. max. avec l'anse, 0,36.
(Inv. Fragm. Campana, 13.) Trouvé en Italie et entré en 1863.
Décrit par Klein, *Meistersign.*, p. 167, n° 9 ; Hartwig, *Meistersch.*, p. 272, note 1 ; Pottier, *Catal. vas. Louvre*, p. 977 ; Fr. Leonard, *Ueber einige Vas. des Hieron*, p. 12, n° 14 ; et dans Pauly-Wissowa, *Real-Encyclop.*, p. 1524, n° 9 ; Nicole, *Corp. céram. gr.*, p. 31, n° 8 ; Beazley, *Attic Vas.*, p. 104, n° 36 style de Makron) ; Hoppin, *Handb. redfig.*, *vas.*, II, p. 71, n° 20.
Int. et rev. B dans notre pl. 115.

G 142. Coupe signée par le potier Hiéron (vasque large et peu profonde, anses assez fortes et un peu relevées, pied moyen sur large disque à ressaut). — Un sujet dans l'intérieur et un sur chaque revers. — Int. *A*. Homme conversant avec un éphèbe lyriste. L'homme est debout, barbu, tourné à droite (cheveux à contour ondulé en masse noire avec mèches courtes, ceints d'une guirlande de feuillage en rouge mat ; œil à point noir dans ovale entr'ouvert ; bouche entr'ouverte) ; il penche la tête en regardant l'éphèbe et tient de la main gauche élevée un rinceau fleuri (rouge mat) ; il est drapé dans un grand himation qui s'ouvre sur la poitrine (parties pileuses faiblement indiquées), le bras droit caché et la main posée sur la hanche (lien en rouge mat à l'une des chevilles) ; le dessous du bras gauche s'appuie sur une canne. A droite l'éphèbe, assis sur un escabeau (coupé à droite par l'encadrement), lui fait face, la tête légèrement inclinée (cheveux en masse noire avec mèches courtes, ceints d'une guirlande en rouge mat ; œil en point noir dans ovale entr'ouvert ; bouche entr'ouverte) ; le torse est nu (musculature en noir délayé ; une partie restaurée) ; le bas du corps est enveloppé d'un himation (lien rouge mat à la cheville droite) ; sa lyre (corps en écaille de tortue tachetée de points noirs ; sept cordes en relief sur le fond noir) est posée horizontalement sur sa jambe gauche et maintenue par le coude pendant que la main gauche pince les cordes ; de la main droite élevée il tient le plectre, réuni à l'instrument par un long lien (rouge mat) qui retombe sur le poignet gauche et vient se fixer à la base de la lyre. — Revers *B*. Conversations **d'hommes et d'éphèbes qui reçoivent des cadeaux.** Six personnages en trois groupes symétriques. A gauche, un homme penché, l'aisselle gauche appuyée sur sa canne noueuse, la main droite sur la hanche, regarde un éphèbe en lui présentant un petit sac à osselets ; il est barbu (même type que le précédent ; pas de contour ondulé, ovale de l'œil fermé) et drapé dans un grand himation qui laisse le torse nu (musculature en traits de noir jauni). Devant lui l'éphèbe (même type que celui du sujet *A*) est complètement enveloppé dans son himation qui cache les deux bras. Entre les deux personnages est suspendu dans le champ un sac à réseau quadrillé. Au centre, un homme barbu (même type), penché et appuyé sur sa canne à poignée horizontale (même attitude, même costume que dans le sujet *A*), regarde un éphèbe drapé debout devant lui (même type et même costume que le précédent). Entre eux sont suspendus dans le champ le même sac avec une grosse éponge et un strigile. A droite, un homme barbu (même type, même costume et même canne) lève la main droite (endommagée) et parle à un éphèbe qui marche vers la droite en retournant la tête (même type), la main droite portant un coq (crête et caroncule en rouge mat, indication du plumage en noir jauni) ; il est drapé dans un himation (en partie restauré) qui laisse le côté droit à peu près nu. — Revers *C*. **Même sujet. Même composition.** A gauche, un homme barbu (même type, même costume), appuyé sur sa canne du côté gauche, présente des deux mains, en le tenant par les pattes de derrière et par les oreilles, un lièvre (pelage en traits de noir jauni) à un éphèbe (même type, himation laissant le devant du buste nu) qui lève la main droite et tient de la main gauche un fruit rond (pomme?) ; derrière lui, dans le champ, grosse éponge et strigile suspendus. Au centre, un homme barbu (même type, même costume et même canne), la main gauche repliée sur la poitrine, tient de la main droite par les oreilles un lièvre (mêmes détails) qu'il présente à un éphèbe (même type) complètement drapé. A droite, un homme barbu (même type, même costume, même canne) parle à un éphèbe (même type) complètement enveloppé (partie de l'himation restaurée). Sur la partie externe d'une des anses, inscription incisée : HIERONEΠOIESEN ('Ἱέρων ἐποίησεν).

Noir dans l'intérieur. Autour du sujet central, grecque serrée entre deux filets noirs. Noir sur une partie des anses et sur les revers. Un filet rouge réservé sous les sujets des revers. Un autre filet rouge sur le ressaut du disque ; la tranche du pied en clair. Sur le pourtour ⌐ du fond, large bande noire et, en dessous, graffite incisé : ⌐ Pour les marques de ce genre, voir Hackl dans *Münchener Arch. Studien*, 1909, p. 22 et sv.

Terre rougeâtre. Emploi des retouches en rouge mat. Pas d'esquisse visible. Bon style, un peu rapide, de la première moitié du v⁰ siècle. Quelques morceaux recollés et restaurés. Une réparation antique réunit le pied à la vasque par un goujon de bronze qui fait saillie sous le pied et au milieu du sujet central. La surface, dans cette dernière partie, a subi quelques profondes éraflures. Haut., 0,12 ; diam. 0,325 ; avec les anses, 0,41.

(Inv. Campana 927.) Trouvé en Étrurie et entré en 1863 ; cf. *Cataloghi Campana*, série IV-VII, n⁰ 119   reproduction du graffite sous le pied à la pl. série IV, n⁰ 119. Détail de deux figures du revers B publié par Heuzey, *Mon. grecs de l'Assoc. des Ét. gr.*, 1876, p. 15. Décrit par Klein, *Meistersign.*, p. 164, n⁰ 3 ; cf. Hartwig, *Meistersch.*, p. 272, note 1 et p. 281; Pottier, *Catal. vas. Louvre*, p. 978 ; Beazley, *Attic Vas.*, p. 105, n⁰ 65 ; Hoppin, *Handbook redfig.*, II, p. 72-73, n⁰ 21 ; Nicole, *Corp. céram. gr.*, p. 31, n⁰ 3 ; Fr. Leonard, *Ueber einige Vas. des Hieron*, p. 14, n⁰ 20 ; et dans Pauly-Wissowa, *Real-Encyclopaedia*, VIII, p. 1523, n⁰ 3. Int. et les deux revers dans notre pl. 116.

G 143. Coupe signée par le potier Hiéron (même structure, le pied assez court sur base en disque à ressaut). — Un sujet dans l'intérieur et un sur chaque revers. — Int. *A*. **Réunion d'un homme et d'une femme.** L'homme barbu (cheveux en masse noire à contour ondulé, ceints d'une couronne de feuillage en rouge mat, barbe longue à traits en relief, œil en point noir dans le coin de l'ovale fermé), vêtu d'un himation qui dégage le côté droit (quelques traits retouchés dans la draperie), est appuyé sur une canne noueuse et, la tête penchée, il avance vers sa compagne la main droite qu'elle arrête d'un geste de sa main gauche posée sur le bras. La femme est assise sur un escabeau recouvert d'un coussin (décor en traits noirs, points et zigzags), coupé à droite par l'encadrement, et, mettant sa main droite sur la nuque de l'homme, elle

l'attire vers elle (cheveux en masse noire à boucles ondulées sur le front avec traits en relief et mèche pendante sur le cou, ceints d'une large bandelette en rouge réservé dont les bouts retombent sur son dos ; œil en cercle avec point central dans ovale fermé, bouche entr'ouverte, boucle d'oreille ronde) ; elle est vêtue d'une tunique à manches avec rabat et kolpos dont l'étoffe fine laisse transparaître le corps (une partie du rabat restaurée). — Revers *B*. **Réunion d'hommes et de femmes.** Six personnages disposés en trois groupes. A gauche, un éphèbe (cheveux en masse noire à contour ondulé, ceints d'une guirlande de feuillage en rouge mat, barbe légère en noir jauni, œil en point noir dans ovale allongé fermé), vêtu d'un himation qui dégage le côté droit (musculature en noir jauni), le corps appuyé sur une canne noueuse, tient de la main gauche élevée une bourse dont l'attache en rouge mat retombe dans sa main droite avancée et qu'il offre à une femme qui lui fait vis-à-vis. Celle-ci, la tête un peu baissée (cheveux en masse noire à chignon relevé et retenu par une double bandelette à pendants en rouge mat, même facture de l'œil, boucle d'oreille ronde), étend les deux bras en signe d'accueil ; elle est vêtue d'une tunique fine à manches retenues par des agrafes, que recouvre un himation rejeté sur l'épaule gauche. Au centre, un homme barbu (même type que dans l'intérieur), le corps de face (parties pileuses de la poitrine indiquées en noir jauni), vêtu d'un himation ouvert par devant, tient de la main gauche contre lui une canne à bec recourbé et retourne la tête vers le groupe précédent. Une femme s'avance vers lui (même type que la précédente), entièrement enveloppée dans un himation qui recouvre une tunique fine. A droite, un homme barbu (même type), vêtu d'un himation qui dégage le côté droit (musculature et parties pileuses comme chez le précédent), une canne à bec recourbé appuyée contre lui, avance la main droite et pose l'autre main sur la poitrine de la femme qui lui fait vis-à-vis. Celle-ci (cheveux blonds en noir jauni, ceints d'une double bandelette en rouge mat, boucle d'oreille, même type que les précédentes), vêtue d'une tunique fine et transparente avec manches et double rabat, étend les bras et touche de la main gauche la barbe de l'homme. — Revers *C*. **Même sujet.** Composition à cinq personnages (femme isolée, deux groupes d'hommes et de femmes). A gauche, une femme marche vers la gauche en retournant la tête (même type, cécryphale orné de points en noir délayé, boucle d'oreille, collier en points noirs), vêtue d'une tunique fine que recouvre un himation rejeté sur l'épaule gauche ; elle tient de la main droite élevée un pli de sa manche (bras droit restauré). Le groupe suivant comprend un homme barbu (tête refaite), vêtu d'un himation qui dégage le côté droit (même musculature), appuyé sur une canne noueuse ; il avance la main droite et touche la poitrine de la femme placée devant lui. Celle-ci (même type, cécryphale uni avec mèche de cheveux sortant par derrière, boucle d'oreille, pas de collier, même costume) tient de la main droite élevée un rameau fleuri en rouge mat, la main gauche sortant du manteau. A droite, un homme barbu (même type, mêmes détails, même costume), le corps appuyé sur sa canne, tient de la main gauche élevée une fleur et dans la main droite ouverte de menus objets ronds (pièces d'argent ou bijoux?) qu'il offre à la femme placée devant lui. Celle-ci est assise sur un siège à dossier et à pieds recourbés ; elle baisse un peu la tête (même type, cheveux blonds en noir délayé ceints d'un diadème et couverts d'un cécryphale à côtes orné de petits points en noir jauni d'où sort une mèche, boucle d'oreille ronde, même costume) et tient des deux mains avancées une couronne de feuillage en rouge mat. Sur la partie noire d'une des anses, signature incisée : HIERONEΠOESEN (*sic*) ('Ἱέρων ἐπο[ί]ησεν).

Noir dans l'intérieur, sur les revers et sur le pied, sauf un filet en rouge réservé sur le ressaut, avec la tranche en clair. Grecque serrée autour du sujet central, filet rouge réservé sous les revers. Large bande noire sous la base.

Terre rougeâtre. Emploi de la retouche en rouge mat. Esquisse visible. Beau style de la première moitié du ve siècle.

Plusieurs morceaux recollés. Très peu de restaurations. Haut. 0,125 ; diam. 0,325 ; avec les anses, 0,41.

(Inv. S 1450.) Trouvé en Étrurie dans les fouilles du prince de Canino (Lucien Bonaparte) ; *Notice d'une Collect. de Vas. ant.*, 1843, p. 73, n° 265. Mentionné par Klein, *Meistersign.*, p. 166, n° 8 ; Hartwig, *Meistersch.*, p. 272, n° 1 ; Pottier, *Catal. vas. Louvre*, p. 979 ; Beazley, *Attic Vas.*, p. 104, n° 59 ; F. Leonard, *Ueber einige Vas. des Hieron*, p. 13, n° 16 ; le même dans Pauly-Wissowa, *Real-Encyclop.*, VIII, p. 1524, n° 8 ; Nicole, *Corp. céram. gr.*, p. 31, n° 427 ; Hoppin, *Handb. redfig.*, II, p. 74-75, n° 22. Int. et les deux revers dans notre pl. 117.

G 144. Coupe signée par le potier Hiéron (même structure). — Un sujet dans l'intérieur et un sur chaque revers. — Int. *A.* **Silène saisissant une Ménade.** A droite, un Silène nu, ithyphallique (cheveux à contour ondulé ceints d'une guirlande en rouge mat, longue oreille de porc, visage camus, lèvres épaisses, œil en point noir dans ovale fermé, barbe à longues mèches ondulées), saisit de la main gauche la cuisse gauche de la Ménade sous sa draperie et, de la main droite posée sur sa nuque, l'incline vers lui pour l'embrasser ; il est chaussé de hautes endromides à revers de lanières découpées (parties restaurées le long du dos et de la jambe gauche). La femme marche vers la gauche, retournant la tête (cheveux à contour ondulé ceints d'une bandelette en rouge réservé dont les bouts flottent en arrière, longues mèches ondulées éparses sur l'épaule, boucle d'oreille ronde, œil en point noir dans ovale entr'ouvert) ; de la main gauche, passée par-dessus le cou du Silène, elle tient horizontalement son thyrse feuillu (lien en spirale autour de la hampe) et de la main droite (bras restauré) elle tient par la queue une petite panthère femelle (tête de face, pelage tacheté de gros points noirs) ; elle est vêtue d'une tunique à rabat et à manches (bouts de la ceinture en rouge mat). — Revers *B.* **Dionysos et son thiase.** Le dieu est placé au centre entre deux couples de Silène et de Ménade ; il est barbu (cheveux à longues boucles éparses, ceints d'une guirlande en rouge mat ; œil en point noir dans ovale fermé), vêtu d'une tunique fine à rabat (bouts de la ceinture en rouge mat) et à manches (retenues par une série d'agrafes) que recouvre un himation ramené sur le bras par devant ; il marche vers la gauche, retournant la tête, et porte de la main droite ramenée contre lui un canthare à hautes anses (large cassure à cet endroit) ; il tient de la main gauche élevée un grand cep de vigne (feuillage en rouge mat) dont les rameaux s'étendent autour de lui. A gauche, une Ménade (vêtue comme la précédente) étend la main gauche (tout le haut du personnage disparu) et tient horizontalement un thyrse (incomplet) de sa main droite. Derrière elle s'avance un Silène nu, ithyphallique (même type que dans le sujet central, même guirlande, crâne chauve, visage endommagé), jouant de la double flûte. A droite, un autre Silène nu (mêmes détails que dans le sujet central, mêmes chaussures) marche vers le dieu, tenant de la main droite élevée une œnochoé (partie restaurée) et de la main gauche une corne à boire. Derrière lui s'approche une Ménade (cheveux relevés, ceints d'une guirlande en rouge mat ; œil en point noir dans ovale allongé fermé) vêtue d'une tunique à rabat et à manches (mêmes détails) que recouvre une nébride (peau de faon tachetée de petits points, flottant dans le dos avec deux pattes nouées par devant) ; elle penche la tête et des deux mains écartées tient des crotales. — Revers *C.* **Même sujet.** A gauche s'avance un personnage drapé dont la tête manque (même costume que celui de Dionysos) ; il pose les doigts de la main gauche sur les cordes d'une cithare appuyée sur sa hanche

(sept cordes en relief noir ; deux yeux de face sur la base de l'instrument) et de la main droite il tient le plectre relié à la cithare par un long lien de rouge mat. Devant lui une Ménade échevelée, l'air aviné (cheveux à contour ondulé, mèches éparses ceintes d'une guirlande en rouge mat, même type et même costume, manche rattachée par six agrafes), tient horizontalement de la main droite un thyrse feuillu (mêmes détails) et se dirige vers la droite en retournant la tête et en étendant la main gauche. Un Silène nu (même type) vient à sa rencontre, le corps penché en arrière, retournant la tête, tenant de chaque main une flûte ; l'étui en peau de panthère tachetée est suspendu à son bras droit. A droite, groupe de deux Ménades (mêmes types, mêmes costumes), dont l'une porte de la main droite un skyphos et semble menacer de la main gauche étendue sa compagne, tandis que celle-ci, ramenant vivement son bras droit vers sa gauche, fait le geste énergique de lui lancer un soufflet (main disparue dans la cassure) ; de la main gauche elle tient horizontalement son thyrse (mêmes détails). Sur la partie claire d'une des anses, la signature en rouge mat : HIERON EΠOIESEN ('Ηιέρων ἐποίησεν).

Noir dans l'intérieur, sur les revers et sur le pied, sauf le ressaut du disque et la tranche en clair. Sous le pied, deux filets noirs sur le pourtour et deux filets noirs près du centre. Grecque serrée entre deux filets noirs et deux filets rouges réservés autour du sujet central. Un filet rouge réservé sous les revers. Sous chaque anse, motif floral en deux palmettes adossées et accostées de rinceaux ; un de ces motifs offre un rinceau orné de deux boutons de lotus épanouis.

Terre rougeâtre. Emploi de la retouche en rouge mat. Esquisse visible. Bon style de la première moitié du ve siècle.

Nombreux morceaux recollés, quelques-uns refaits. Haut., 0,12 ; diam., 0,315 ; avec les anses, 0,42.

(Inv. Fragm. Campana 8.) Trouvé en Italie et entré en 1863. Mentionné par Hartwig, *Meistersch.*, p. 270, n° 11 ; E. Pottier dans *Gaz. Archéol.*, 1888, p. 175 ; *Catal. vas. Louvre*, p. 979 ; Beazley, *Attic Vas.*, p. 103, n° 20 ; Hoppin, *Handbook redfig.*, II, p. 76-77, n° 23 ; Nicole, *Corp. céram. gr.*, p. 31, n° 17 ; F. Leonard, *Werkstatt des Hieron*, p. 10, n° 9 ; et dans Pauly-Wissowa, *Real-Encyclopaedie*, VIII, p. 1525, n° 15. Rev. C dans notre pl. 117.

G 145. Coupe signée par le potier Hiéron (même structure ; le vase extrêmement endommagé et recollé manque d'équilibre et présente un aspect bossué et irrégulier). — Un sujet dans l'intérieur et un sur chaque revers. — Int. *A.* **Deux Ménades dansant.** Elles se font vis-à-vis et se livrent à une mimique agitée, l'une à gauche élevant les deux mains en l'air, l'autre fortement penchée en avant et étendant sa main droite qui vient toucher la jambe de sa compagne (l'autre main non visible). La première a les cheveux épars (contour ondulé, masse noire et mèches en ton plus délayé, boucle d'oreille ronde) et son corps transparaît sous la tunique fine dont elle est vêtue (longues manches bouffantes, rabat sur la poitrine, pieds nus) ; la seconde a le même costume (tête disparue) et elle porte en plus une nébride, indiquée par des points noirs et une griffe de fauve (pieds nus à peine visibles). — Revers *B.* **Komos de six Ménades.** La première marche à droite (le haut du corps avec la tête disparu), tenant de la main droite avancée une crotale ; elle est vêtue d'une fine tunique (pieds nus) et porte sur le bras gauche une nébride (tachetée de gros points noirs). La seconde (cheveux à contour réservé, en masse noire et mèches éparses ; œil disparu dans une cassure) marche à droite et se retourne vers la précédente en levant la main droite, la paume renversée, et tient de la main gauche la hampe d'un grand thyrse enrubanné (sommet en feuillages) ; elle est vêtue d'une tunique fine à rabat double (pieds nus). La troisième (coiffure analogue, en partie disparue ; œil en petit point noir dans ovale allongé et ouvert) marche à droite, étendant la main gauche vers celle qui suit et porte sur son épaule droite un thyrse, terminé en grosse boule semée de points noirs (même tunique à rabat double ; corps visible sous l'étoffe ; pieds nus). La quatrième se retourne vers la précédente (coiffure en masse noire, boucle d'oreille ronde, œil dans ovale fermé) et tient un thyrse (même structure) de ses deux mains rapprochées ; elle est vêtue d'une fine tunique (sans rabat visible, corps très accusé sous l'étoffe, pieds nus) et porte comme un manteau dans le dos la nébride (semée de gros points noirs) qui revient s'attacher par devant. La cinquième rappelle le type de la première (cheveux à contour réservé en masse noire, œil disparu) ; la tunique à double rabat, dégrafée, laisse l'épaule et le côté droit nus, la nébride placée sur le bras gauche, la main droite étendue et gesticulant. La sixième, le corps de face, retourne la tête et danse, le pied gauche vu de face, les deux bras étendus et recouverts de la nébride (toute chargée de points noirs de formes irrégulières qui imitent le pelage de la panthère) ; elle est vêtue de la même tunique à double rabat (cheveux en masse noire éparse, à contour réservé ; œil disparu) ; elle tient de sa main droite le thyrse (même structure) dont le bouquet terminal se confond avec les points noirs de la nébride. — Revers *C*. **Même sujet avec sept Ménades.** La première est en partie cachée par une des attaches de l'anse et elle est, de plus, très endommagée. On voit le haut du corps drapé, la tête (cheveux en masse noire, boucle d'oreille ronde, œil dans ovale fermé, menton fort) et le thyrse (bouquet en feuillages) qu'elle tient de la main gauche et appuie sur son épaule gauche. La seconde porte le thyrse de la même manière (mêmes indications des cheveux, de la boucle d'oreille, de la tunique à rabat) et elle avance la main droite (le bas des jambes manque). La troisième a les deux mains avancées et joue de la double flûte (mêmes indications pour les cheveux, la boucle d'oreille ; tunique à double rabat qui laisse transparaître le corps ; œil disparu). La quatrième porte une grande cithare (à sept cordes en noir saillant et à montants découpés) dont elle joue de la main gauche (main droite disparue ; la tête est en grande partie effacée et de nombreuses cassures traversent le corps). La cinquième marche en retournant la tête vers les précédentes (cheveux en masse noire, ceints d'un lien et peut-être de feuillages en noir ; œil incomplet) et en levant la main gauche, la paume retournée (bras droit étendu vers la droite, mais incomplet) ; elle est vêtue de la tunique fine à double rabat et porte dans le dos une nébride dont les pattes viennent se nouer par devant (points noirs et griffes). La sixième penche un peu la tête (cheveux en masse noire, œil en point dans ovale fermé ; tunique à double rabat) et danse en levant la main droite et en abaissant la main gauche avec la paume ouverte. La septième (visage disparu, même indication pour les cheveux et la tunique) fait face aux autres, marchant à gauche, levant la main droite et tenant de la main gauche un thyrse (bouquet de feuillages). Sur une des anses, dans la partie noire, inscription incisée : HIEPONEΠOIESEN (᾽Ηέρων ἐποίησεν).

Noir dans l'intérieur et sur les revers. Grecque autour du sujet central. Un filet rouge réservé sous les revers. Large bande noire circulaire sur le fond du pied.

Terre rougeâtre. Pas de retouches en rouge mat. Pas d'esquisse visible. Bon style de la première moitié du vᵉ siècle.

Le vase, très endommagé, a été recollé en un grand nombre de morceaux, avec des recollages grossiers plutôt que des restaurations. Haut., 0,145 ; diam., 0,84 ; avec les anses, 0,425.

(Inv. CA 226.) Provenance inconnue.

Acquis en 1888 à la vente Geslin. Cf. Pottier, *Catal. vas. Louvre*, p. 960 ; *Gazette archéologiq.*, 1888, p. 175 ; Hartwig, *Meisterschal.*, p. 270-271, n° 3, p. 292 ; F. Leonard, *Werkstatt des Hieron*, p. 11, n° 10 ; Beazley, *Attic Vas.*, p. 103, n° 22 ; Nicole, *Corp. céram. gr.*, p. 31, n° 18 ; Hoppin, *Handbook redfig. vas.*, II, p. 78-79, n° 24. Les trois sujets reproduits par Hoppin, *l. c.*

G 146. Grand skyphos signé par le potier Hiéron (forme de grande jatte haute avec deux anses fortes un peu relevées ; base avec saillie légèrement débordante). — *Deux sujets sur la panse.* — *A*. **Enlèvement de Briséis.** Agamemnon barbu (cheveux ceints d'une bandelette en rouge réservé, barbe en mèches ondulées, œil en point noir dans ovale fermé) marche vers la gauche, en retournant la tête ; le torse, vu de face, est revêtu d'une tunique à plis recouverte d'une riche cuirasse (rosace et grecque sur les épaulières ; grecque, imbrications, losanges avec point noir central, série de petits carreaux sur le corps de la cuirasse ; lambrequins de cuir noir avec lignes en rouge réservé) ; par-dessus la cuirasse est jeté un himation dont les pans retombent sur les épaules et les bras ; un simple lien (rouge mat) sert de baudrier et se noue autour de l'épée (glands rouge mat ; poignée ornée d'une petite palmette en noir jauni, fourreau noir avec dessins en rouge réservé, probablement des incrustations de métal figurant une petite épée et que termine un mufle de lion) ; de la main droite (bras replié, lien rouge mat autour du poignet) il tient sa lance (dont l'*amentum* est indiqué par un réseau de petites lignes noires entrecroisées) ; de la main gauche (coude relevé en l'air) il prend le poignet droit de sa captive qu'il entraîne ; jambes et pieds nus (lien rouge mat autour de la cheville gauche). A gauche, dans le champ, inscription en rouge mat : AΛ.MESMO. (᾽Αγ[α]μέ[μν]ω[ν]). Briséis, la chevelure couverte d'un voile finement plissé (œil en cercle avec point noir central dans ovale fermé), vêtue d'une tunique longue à rabat, presque entièrement recouverte d'un himation largement drapé, marche vers la gauche, en relevant de la main gauche les plis de son voile (les pieds refaits). Derrière elle Thaltybios, coiffé d'un pétase aux bords retroussés (même type qu'Agamemnon, quelques traits restaurés dans l'œil et dans la barbe), marche vers la gauche, couvert d'un himation court, rattaché en avant par une fibule ronde et dont les plis cachent presque entièrement la tunique et l'épée analogue à celle d'Agamemnon (même fourreau avec ornements, même mufle de lion) ; de la main gauche, il porte sur son épaule un long caducée et lève la main droite, les doigts écartés ; ses pieds sont chaussés d'endromides noires à revers ornés d'une petite grecque sommaire et liées de rubans rouge mat. A droite, dans le champ, inscription en rouge mat : ΘALΘVBIOS (Θαλθύδιος). Diomède vient derrière lui, retournant la tête comme pour guetter (cheveux ondulés en noir jauni, bandelette en rouge mat avec petits glands, même type, même barbe, même œil) ; il marche vers la gauche, le torse vu de face, avec le pétase rejeté dans le dos, retenu par un lien rouge mat, et il porte un himation semblable au précédent, rattaché sur l'épaule droite et cachant la tunique (mêmes détails au fourreau de l'épée, semblable à celle d'Agamemnon ; liens rouge mat du baudrier visibles à la taille) ; il ramène la main gauche sur sa poitrine et porte deux lances de la main droite ; aux pieds, mêmes endromides noires à grecques et à revers avec rubans noués en rouge mat. Derrière lui un arbre, au tronc contourné (restauré), dresse ses branches grêles couvertes de petites feuilles rouge mat. A droite, dans le champ, inscription en rouge mat : ΔIOMEΔES (Διομέδης). — *B*. **L'Ambassade auprès d'Achille.** Au centre de la composition, Achille (cheveux en traits noirs formant relief sur fond noir jauni, bandelette en rouge réservé, indication d'une légère barbe blonde sur la joue, quelques restaurations dans le visage), entièrement enveloppé dans un himation drapé qui cache même ses bras (geste de la main droite ramenant les plis sous la draperie), est assis, tourné vers la gauche, sur un siège pliant richement décoré (rebord orné de quatre figures de lions et lionne, en silhouettes noires, dans de petites métopes ; rondelles d'attaches agrémentées d'ornements en rosaces et de petites grecques sommaires ; pieds en X figurant des pattes de lions, celui de gauche restauré, coussin avec bandes noires, grecques et zigzags de noir jauni) ; ses pieds (le droit restauré) sont chaussés de crépides rattachées par des liens rouge mat et noir jauni. Dans le champ sont suspendus, à gauche, son épée (poignée ornée d'une palmette noire, fourreau tout noir incrusté d'ornements de métal figurant une petite épée, liens rouge mat avec glands); à droite, son pilos de forme conique (liens pendants rouge mat) ; au-dessus, l'inscription en rouge mat : ...LLEVS (['Αχι]λλευς). Devant lui, Ulysse (cheveux au contour ondulé, bandelette rouge mat, petites boucles et barbe en points noirs formant relief, œil en point noir dans ovale ouvert, bouche entr'ouverte) se penche, le corps de face, les jambes réunies et croisées, s'appuyant de tout son poids sur deux grandes lances qu'il tient de la main gauche ; la main droite, aux doigts écartés, semble accompagner un discours persuasif ; son pétase (restauré, liens en rouge mat) est rejeté dans le dos ; il est vêtu d'une tunique courte plissée à rabat, avec un himation rattaché sur l'épaule droite et drapé sur le bras gauche entièrement recouvert ; à ses pieds, il porte des endromides noires à revers rattachées par des cordons rouge mat ; l'épée (endommagée), dont on aperçoit le bout, était décorée comme les précédentes. Au-dessus de sa tête, en rouge mat, l'inscription : OLVTTEVS ('Ολύττευς). Derrière lui, Ajax (barbe et cheveux blonds en mèches de noir jauni, bandelette en rouge mat, œil en cercle avec point noir central dans ovale ouvert, bouche entr'ouverte) s'appuie, dans une attitude analogue, sur une longue canne noueuse à poignée recourbée qu'il tient de la main gauche, la main droite posée sur la hanche. Il est vêtu d'une tunique à plis presque entièrement cachée par un long himation ; ses pieds sont nus. Derrière la tête, à gauche, inscription en rouge mat : ΑΙΑS (Αϊας). A droite, derrière Achille, Phœnix (mêmes détails de chevelure et de barbe que chez Ajax, même bandelette, œil en point noir dans ovale fermé) se tient posé de la même façon ; il est vu de dos, tient son bâton noueux de la main gauche (cachée par le corps, restaurations dans la draperie) et il appuie sa main droite en arrière de sa hanche ; sa tunique à rabat est en partie recouverte, ainsi que son bras gauche, par les plis d'un long himation ; son bras droit est libre, ses pieds sont nus. Derrière lui, l'inscription en rouge mat : ΦΟΙΝΙ. (Φοίν[ιξ]). Sous l'anse et séparant les deux sujets, est placé un siège pliant analogue à celui d'Achille (grecque noire sur le rebord, mêmes rondelles, mêmes pieds de lions en partie refaits, coussin restauré orné de points noirs dans un quadrillé en noir jauni). L'autre anse porte, incisée sur sa partie gauche, la signature du potier : ΗΙΕΡΟΝΕΠΟΙΕ. SΜΒ ('Ιέρων εποίη,σ[εν]).

Noir sur la panse et dans l'intérieur. Deux filets en rouge réservé sous les pieds des personnages. Une large bande noire sur le pourtour du fond et un filet noir encore visible sur la partie centrale, qui est brisée presque en totalité.

Terre rougeâtre ; peinture en noir lustré avec retouches de rouge mat. Esquisse visible. Bon style de la première moitié du vᵉ siècle.

Surface du vase un peu usée. Plusieurs morceaux recollés ; le fond manque. Le vase a été réparé dans l'antiquité avec des agrafes de bronze dont plusieurs subsistent et sont visibles près du coin de l'himation et sous le genou droit d'Agamemnon, près des jambes et près de la tête de Briséis, au-dessus d'une des anses et sur un des montants du siège pliant. Haut., 0,31 ; diam., 0,28 ; avec les anses, 0,40.

(Inv. Campana 952.) Trouvé dans la région de Nola, en Italie, et entré en 1863 ; cf. *Cataloghi Campana*, série XI, n° 84 ; Gerhard, *Arch. Zeit. Anzeiger*, 1859, p. 143, n° 154. Publié par Brunn, *Annali Inst.*, 1858, p. 352 ; *Monumenti Inst.*, VI-VII, pl. 19 (= S. Reinach, *Répert. des vases.*, I, p. 148, nᵒˢ 1 et 2) ; *Wiener Vorlegeblätter*, C, pl. 6 ; Baumeister, *Denkmäler*, fig. 776 ; Perrot, *Hist. de l'Art*, X, p. 484-485, fig. 274, 275 ; Duruy, *Hist. des Grecs*, I, p. 120 et 123 ; M. Laurent dans *Revue archéolog.*, 1898, II, p. 156, fig. 2 (détail) ; Phot. Alinari, n° 23692. Décrit ou mentionné par

Klein, *Meistersign.*, p. 170, n° 17 ; Rayet-Collignon, *Céramiq. grecq.*, p. 209 ; C. Robert, *Arch. Zeitung*, 1881, p. 140 ; *Bild und Lied*, p. 95 ; Hartwig, *Meisterschal.*, p. 282, 299, 302 ; Pottier, *Catalog. vas. Louvre*, p. 980 ; Beazley, *Attic Vas.*, p. 102, n° 3 (style de Makron) ; Leonard, *Werkstatt des Hieron* (1912), p. 9, n° 5 ; et dans Pauly-Wissowa, *Real-Encyclopaedie*, VIII, p. 1525, n° 20 ; Nicole, *Corp. céram. gr.*, p. 31, n° 27 ; Hoppin, *Handb. redfig.*, II, p. 80-81, n° 25. Pour les inscriptions, voir Krestschmer, *Griech. Vaseninschrift*, p. 99, 146, 150, 189, 231. Deux vues d'ensemble avec les deux sujets dans notre pl. 118.

G 147. Coupe attribuée au potier Hiéron (vasque profonde avec parois épaisses, formant ressaut, pied bas et trapu, anses courtes et fortes). — Un sujet à l'intérieur et un sur chaque revers. — Int. *A.* Procné et Philomèle avant le meurtre d'Itys. A gauche, Procné (cheveux en masse noire ceints d'une longue bandelette en rouge réservé dont les bouts retombent dans le dos, œil en point noir dans ovale fermé, boucle d'oreille ronde) s'avance vers la droite, les deux mains levées, les doigts écartés, en gesticulant ; elle est vêtue d'une tunique plissée à manches et à double rabat (bouffant autour des hanches, l'une des manches dégageant le bras droit jusqu'à l'épaule) et porte au côté gauche une épée dont on ne voit que la poignée (garde en noir). En face d'elle Philomèle le corps de face, la tête tournée à gauche (cheveux à contour ondulé avec mèches retombant sur le front et éparses sur les épaules, double bandelette en rouge mat, œil en point noir dans ovale fermé, boucle d'oreille ronde), est vêtue comme sa sœur (manche droite relevée, manche gauche longue et retenue par des agrafes) ; elle se recule vers la droite en tenant le petit Itys sous les deux aisselles en le soulevant de terre. L'enfant est nu, le corps de face, la tête tournée à gauche (cheveux en mèches courtes ceints d'une double bandelette en rouge mat, œil en ovale sans point noir). — Revers *B.* Conversations d'hommes et d'éphèbes. Sept personnages. A gauche, un éphèbe tourné vers la droite (cheveux ceints d'une guirlande de feuillage en rouge mat, tout le haut du personnage retouché), le corps un peu penché en avant, s'enveloppe étroitement dans un long himation qui cache les bras et dont un pan est relevé sur la tête. Devant lui, groupe d'homme barbu et d'éphèbe. L'homme (tête retouchée, ceinte d'une couronne en rouge mat) lève la main droite en présentant un lièvre (pelage en ton jauni) qu'il tient sa sa main gauche avancée ; il est drapé dans un grand himation qui dégage le côté droit et s'appuie sur une canne noueuse placée sous l'aisselle gauche. L'éphèbe lui fait face (tête refaite, mêmes détails), complètement enveloppé dans un himation qui cache les deux bras. Au centre, groupe semblable. L'homme barbu (même coiffure, œil en point noir dans ovale entr'ouvert) lève la main gauche, tenant un objet indistinct peint en rouge mat (bourse?), drapé dans un himation qui dégage presque tout le buste nu (traits retouchés dans la draperie et le corps) et il pose la main droite sur sa hanche, en s'appuyant sur sa canne dans une attitude analogue à celle du précédent. L'éphèbe (tête retouchée, même coiffure), drapé dans un himation qui dégage le devant du buste (traits retouchés), lève la main droite tenant une fleur (en rouge mat). Derrière lui, dans le champ, est suspendue une éponge. A droite, troisième groupe analogue. L'homme baisse la tête (cheveux à contour ondulé ceints d'une couronne en rouge mat, œil en point noir dans ovale entr'ouvert), drapé dans un himation ouvert par devant (traits retouchés), et s'appuie de la main gauche basse sur sa canne. L'éphèbe (tête refaite) lui fait face, entièrement drapé (traits retouchés). Entre eux, dans le champ, est suspendu un étui à flûte (refait). — Revers *C.* **Même sujet.** Composition analogue, à sept personnages. A gauche, homme barbu drapé, penché, un pan de son himation sur la tête, s'appuyant sur sa canne de la main gauche (en grande partie retouché ou restauré.) Devant lui, groupe d'un éphèbe et d'un homme barbu : le premier enveloppé (mais très refait ou retouché) ; l'homme (très retouché aussi), le corps appuyé sur sa canne, drapé dans un himation laissant le haut du buste nu, tient contre lui, par les oreilles et par les pattes, un lièvre (même pelage jauni) qu'une restauration inepte a cherché à transformer en petite panthère à tête de face. Au centre, groupe de deux éphèbes drapés, l'un la main gauche levée, l'autre se retournant et tenant une baguette qui n'est qu'une maladroite restauration (les deux personnages presque entièrement retouchés ou refaits). A droite, troisième groupe d'éphèbe et d'homme barbu, drapés, le premier levant la main gauche et tenant une baguette de la main droite (restaurations), l'autre penché, la main gauche sur la hanche et s'appuyant de la main droite sur sa canne (retouches et restaurations ; la tête antique avec cheveux en masse noire ceints d'une guirlande en rouge mat, l'œil en point noir dans ovale fermé). Sous chaque anse est posé un siège, l'un en escabeau recouvert d'un coussin orné de bandes noires dentelées et de points, l'autre en forme de pliant à pieds de lions (attaches en rondelles ornées de points, grecque et points sur le rebord), recouvert d'un coussin à décor analogue.

Noir dans l'intérieur, sur les revers et sur le pied, sauf deux filets incisés à la base du fût, la tranche du pied en clair. Sous le pied, large bande noire portant deux graffites incisés : (sur les graffites de ce genre, voir Hackl, dans *Münchener Arch. Stud.*, 1909, p. 22 et sv.). Grecque serrée autour du sujet central, un filet rouge réservé sous les revers.

Terre rougeâtre. Emploi de la retouche en rouge mat. Pas d'esquisse visible. Bon style de la première moitié du ve siècle.

Plusieurs morceaux recollés et restaurés. Comme nous l'avons vu sur d'autres vases, le restaurateur italien a employé un vernis noir donnant un relief, durci à la cuisson, dont il s'est servi malheureusement pour retoucher beaucoup des traits antiques des personnages, ce qui a dénaturé le style des peintures. Haut., 0,12 ; diam., 0,27 ; avec les anses, 0,365.

(Inv. Campana 929.) Trouvé en Étrurie et entré en 1863 ; cf. *Cataloghi Campana*, IV-VII, n° 713 (décrit par erreur comme vase à figures noires). Publié par Klügmann, *Annali Inst.*, 1863, p. 118. pl. C (= S. Reinach, *Rép. des Vases*, I, p. 308) ; Baumeister, *Denkmäler des klass. Altert.*, p. 1330, fig. 1484 ; Roscher, *Lexik. der Myth.*, II, p. 571 ; J. Harrison, *Greek Vases paintings*, pl. XXII, n° 1 ; A. Minto, dans *Rendiconti dell' Accademia dei Lincei*, XXIII, 1914, p. 16 et fig. 4, p. 19. Mentionné par Hartwig, *Meisterschal.*, p. 296 (qui l'attribue à l'atelier de Hiéron). Les divers éditeurs que nous venons de citer ont interprété, dans le sujet A, la femme armée d'un glaive et gesticulant comme étant Philomèle que Térèus avait rendue muette après lui avoir coupé la langue, pour qu'elle ne révélât pas l'attentat auquel il s'était livré sur elle ; elle gesticulerait pour se faire comprendre par gestes et Procné, la femme de Téreus, saisirait son fils Itys, soit pour le soustraire à sa sœur furieuse, soit pour venger sur l'enfant le crime commis. J'ai adopté une autre interprétation dans mon *Catalogue des vases*, p. 983, car il m'a semblé que la femme armée du glaive ne pouvait être que Procné, la mère elle-même. En effet, cette arme joue un rôle et elle est mentionnée dans la légende (article *Itys*, dans le *Lexikon der Myth.* de Roscher, p. 569). Une autre peinture de vase montre Procné elle-même se jetant sur son fils et le tuant avec une épée (*Journal of hell. stud.*, VIII, p. 440). Je crois que nous devons donc reconnaître Procné dans la femme armée ; la gesticulation n'indique pas qu'elle est muette, mais qu'elle explique son projet de vengeance, et sa sœur Philomèle, saisissant l'enfant, va l'aider à consommer le meurtre. Cf. Nicole, *Corp. céram. gr.*, p. 32, note 2 ; Beazley, *Attic Vas.*, p. 103, n° 14 (style de Makron) ; Hoppin, *Handb. redfig.*, II, p. 104, n° 91.

Int. A dans notre pl. 118.

G 148. Coupe attribuée au potier Hiéron (même type, anses disparues). — Un sujet à l'intérieur et un sur chaque revers. — Int. *A*. **Homme conversant avec un éphèbe**. Il est debout, barbu (cheveux et barbe en masse noire et petites mèches, couronne de feuillage en rouge mat, œil en point noir dans ovale fermé), le corps de face, la tête tournée à droite, les pieds croisés l'un sur l'autre, s'appuyant sur un bâton de la main gauche abaissée et,

de la main droite, tenant sur sa hanche, par l'un des montants, une lyre en écaille de tortue (taches noires et traits de noir jauni sur l'écaille, sept cordes en traits noirs formant relief, lien du plectre en rouge mat) ; il est vêtu d'un ample himation (semis de petits points disposés en groupes, bordure noire dentelée) qui laisse le haut du corps nu et dont les plis sont relevés en avant par la poignée de la canne, invisible sous l'étoffe. Dans le champ à gauche, inscription en rouge mat : ANTOMENES ('Αντομένης). Le jeune garçon est debout, tourné vers l'homme (même disposition de la chevelure, même guirlande, même œil), le bras droit abaissé et tenant de la main gauche un objet piriforme (bourse ou fruit?) ; il est vêtu d'un himation identique à l'autre (même bordure, mêmes ornements), drapé sur le bras gauche et dégageant le haut du corps. Près de lui, et semblant sortir de sa bouche, inscription rétrograde en rouge mat : TIMOKPITOS (Τιμόκριτος). — Revers *B*. **Entretiens d'hommes et d'éphèbes**. Six personnages groupés deux par deux. A gauche un homme barbu, le corps de face, la tête tournée à droite (même disposition de la barbe et des cheveux, même guirlande, œil endommagé), le buste nu (musculature en noir jauni), la main droite sur la hanche, les jambes croisées, s'arc-boute sur un bâton et tient de la main gauche élevée une fleur en rouge mat ; il est vêtu d'un himation (même bordure, même disposition de la draperie soulevée en avant par la poignée de la canne). En face de lui un éphèbe (même coiffure, même guirlande, œil en point noir dans ovale fermé) est posé debout, le corps nu avec un himation rejeté en arrière (même bordure) et revenant par devant sur les bras ; il tient une fleur dans chaque main, la main droite élevée à la hauteur de son visage. Au-dessus de lui, dans le champ, inscription en rouge mat : LVS... IΔES ('Λυσ[ιππ]ίδης). Au centre, groupe analogue ; l'homme barbu (pose identique, même type, sauf la barbe, en éventail au lieu d'être en pointe, mêmes détails de musculature, même bâton, même vêtement, même disposition et même bordure de l'himation) un lièvre (pelage en noir délayé) qu'il présente à un éphèbe. Celui-ci (même type que les éphèbes précédents), le haut du corps nu, porte un himation (même bordure) drapé par le bras gauche et tend la main droite (disparue) pour prendre l'animal. Entre les deux personnages, traces de l'inscription en rouge mat : STOM..S (Στόμ[ιο]ς). Le groupe de droite se compose de deux éphèbes (mêmes types que les précédents) ; celui de gauche, posé exactement comme les hommes barbus des autres groupes (même attitude, même vêtement, même disposition de l'himation et du bâton), la main gauche abaissée, cause avec celui de droite qui lui fait face, l'himation drapé sur le bras gauche, la main droite élevée tenant une fleur en rouge mat (pieds disparus dans la cassure). Entre les deux éphèbes, traces de l'inscription en rouge mat : APIS... ('Αριστ...). — Revers *C*. **Entretiens d'hommes et de femmes**. Trois groupes, très endommagés. A gauche, un personnage drapé, dont on ne voit que le manteau (même bordure), le bâton et les deux pieds, semble s'adresser à une femme (visage disparu, cheveux ceints d'une bandelette en rouge mat, boucle d'oreille en cercle, collier en petits points noirs) tournée vers lui, le bras droit levé (main disparue) et relevant de la main gauche un pli de sa draperie. Elle est vêtue d'une tunique à rabat et d'un himation ramené en avant par les bras (même bordure). Au-dessus d'elle, une inscription en rouge mat se rapporte à l'homme qui lui fait face : ... O.IΔES ([Ἀκεστ]ο[ρ]ίδες). Au centre, un homme barbu (même type, même attitude, même vêtement) tient de la main droite (bras disparu) ramenée contre lui une fleur en rouge mat et de la main gauche une bourse qu'il tend à la femme debout devant lui. Celle-ci (tête disparue), vêtue d'une tunique à rabat et à manches (deux agrafes), recouverte d'un himation (même bordure), tient de chaque main, la droite élevée, une fleur en rouge mat. Entre les deux personnages, inscription en rouge mat : ϟΑΛVΕϟ (?). Des deux personnages de droite il ne reste que les draperies et les pieds ; celui de droite a les pieds chaussés ; entre les deux revers, sous l'anse absente, inscription en rouge mat : ΑϟΟΓΟΚΛΕϟ ('Ασοπόκλης).

Noir dans l'intérieur, sur les revers et sur le pied, sauf un filet rouge sur le ressaut et la tranche en clair. Tout le dessous du pied en noir, sauf le pourtour clair. Grecque serrée entre deux filets noirs et deux filets réservés autour du sujet central. Sous les revers un filet rouge.

Terre rougeâtre. Emploi des retouches en rouge mat. Pas d'esquisse visible. Bon style de la première moitié du v⁰ siècle.

Grand nombre de morceaux recollés et importantes parties refaites. Haut., 0,115 ; diam., 0,315.

(Inv. Fragm. Campana 123.) Trouvé en Italie et entré en 1863. Décrit par Klein, *Lieblingsinschr.*, p. 153, n° 3 (il a omis le nom de Timokritos et lu : Akestoridès καλός, ce qui est inexact) ; Hartwig, *Meistersch.*, p. 295, n° 4 ; Pottier, *Catal. vas. Louvre*, p. 984 ; Nicole, *Corp. céram. gr.*, p. 32, note 2 ; Beazley, *Attic Vases*, p. 105, n° 68 (style de Makron) ; Hoppin, *Handb. redfig.*, II, p. 104, n° 92.

Int. A dans notre pl. 118 ; rev. B dans notre pl. 119.

G 149. Coupe attribuée à l'atelier de Hiéron (large vasque, anses à bouts un peu carrés, pied court réparé sur large disque à ressaut). — Un sujet dans l'intérieur et un sur chaque revers. — Int. *A*. Éphèbe faisant une libation sur un autel. Il est debout, tourné vers la gauche, la main droite étendue tenant une phiale (décor en traits ondulés et petits points) au-dessus d'un autel coupé en partie à gauche par l'encadrement (corniche à volutes, base à deux degrés, trois groupes de traits en rouge mat imitant les traînées de sang ; à la partie supérieure, un rameau de feuillage en rouge mat posé sur l'autel) ; de la main gauche il s'appuie sur un grand bâton noueux à poignée recourbée ; il est vêtu d'un himation rejeté sur le bras gauche et dégageant le côté droit nu (cheveux à contour ondulé, ceints d'une guirlande en rouge mat; œil en point noir dans ovale fermé ; indication d'une barbe très légère sur la joue en noir délayé) ; à droite, un siège à pied tourné recouvert d'un coussin à larges bandes noires (coupé à droite par l'encadrement). — Revers *B*. Réunion d'un homme barbu et de trois éphèbes. A gauche, groupe d'un jeune garçon avec un homme barbu. Le premier, tourné à droite (cheveux ceints d'une guirlande en rouge mat, même structure de l'œil), est vu de dos, drapé dans un himation rejeté derrière l'épaule gauche et dégageant le côté droit nu ; l'étoffe transparente laisse voir en partie le corps. Il lève la main droite en signe de surprise. Devant lui, dans le champ, est suspendue une grosse éponge de palestre avec un strigile. L'homme est penché, l'aisselle droite appuyée sur son bâton noueux qui retient les plis de son himation ; le haut du corps est nu (même coiffure, même facture d'œil) ; de la main droite avancée il tient un rameau feuillu (rouge mat) qu'il offre à l'enfant ; de la main gauche ramenée en arrière, il tient le manche d'un strigile auquel sont suspendus aussi une grosse éponge et un sac (décor en résille orné de gros points, ou osselets contenus dans le sac ?). L'autre groupe, à droite, comprend un jeune garçon et un éphèbe. Le premier, le corps nu avec un himation rejeté dans le dos, s'avance vers la gauche, la tête retournée à droite, le buste de face (cheveux à mèches courtes, même guirlande et même type) ; il lève la main droite et porte sur la main gauche étendue un grand coq (crête et caroncules en rouge mat, plumage en traits de noir jauni). Vers lui s'avance, le corps penché, la main droite levée, l'éphèbe qui vient de lui faire ce cadeau (même type, même guirlande, le haut de la tête réparé) ; il est vêtu d'un himation rejeté sur le bras gauche et dégageant le côté droit nu ; il porte de la main

gauche sa canne a manche en béquille. — Revers *C*. Même sujet. A gauche, groupe de jeune garçon et d'homme barbu. Le premier est nu, le corps de face (les seins en points de noir délayé, musculature en noir jauni), l'himation rejeté dans le dos et soutenu par la main droite levée. Il retourne la tête vers la droite (même type, même guirlande) et de la main gauche avancée il tient par les oreilles un gros lièvre (pelage en traits et en teintes de noir jauni). L'homme est penché (même type que celui du revers *B*), vêtu d'un himation rejeté sur le bras gauche, et il s'appuie des deux mains sur son bâton noueux à poignée recourbée. Dans le champ, derrière lui, un strigile et une grosse éponge. A droite, groupe d'un jeune garçon et d'un éphèbe entre lesquels on voit les mêmes accessoires. Le premier marche vers la gauche, retournant la tête à droite (même guirlande, même type), vêtu d'un himation qui dégage le côté droit (mêmes détails pour le sein) ; il lève la main droite avec un geste de surprise et porte de la main gauche abaissée une lyre (indication de l'écaille tachetée, lien de suspension en rouge mat, sept cordes en relief noir). L'éphèbe penché (mêmes détails), vêtu d'un himation rejeté sur le bras gauche, appuyé de la main sur sa canne noueuse, présente de la main droite, en le tenant par les oreilles, un gros lièvre (même technique).

Noir lustré. Grecque serrée autour du sujet central. Sous les revers, un filet rouge réservé. Sous la base, un cercle noir et un filet noir près du pourtour, un cercle noir autour du centre.

Terre rougeâtre. Emploi de la retouche en rouge mat. Esquisse visible. Bon style de la première moitié du v⁰ siècle.

Recollé en plusieurs morceaux sans restauration importante. Haut. 0,098 ; diam., 0,286 ; avec les anses, 0,361.

(Inv. MNB 1711.) Acquis en 1879 de la collection Paravey (*Cat.*, n° 87). Provenance Étrurie (Vulci). C'est probablement la même que la coupe de la collection du prince de Canino, *Notice d'une collect. de vases*, 1843, p. 59, n° 215. Mentionné par Hartwig, *Meistersch.*, p. 296, n° 9 ; Pottier, *Catal. vas. Louvre*, p. 985 ; Nicole, *Corp. céram. gr.*, p. 32, note 2 ; Beazley, *Attic Vas.*, p. 105, n° 85 ; Hoppin, *Handb. redfig.*, II, p. 104, n° 93.

Int. et les deux revers dans notre pl. 119.

G 150. Fragment de coupe attribuée à l'atelier de Hiéron (rebord de la vasque avec une anse carrée un peu relevée du bout). — Un sujet à l'intérieur et un sur chaque revers. — Int. *A*. Tout le fond a disparu ; on ne voit que les deux pieds nus d'un personnage debout, tourné à droite, et les restes d'un grand cratère (?) posé à terre, dont la panse était décorée d'une guirlande de lierre. — Revers *B*. Komos de danseurs et buveurs. Au centre, une joueuse de double flûte marche vers la gauche, le corps et la tête retournés à droite (coiffure courte ceinte d'une guirlande rouge mat, œil en point noir dans ovale fermé) et elle étend les deux bras, tenant de chaque main une des flûtes, l'étui en peau de panthère (taches noires) et la boîte à anches (effilés rouge mat) passés autour du bras gauche ; elle est vêtue d'une tunique transparente à manches et à rabat serrée par une ceinture, dont on voit les bouts en rouge mat. A gauche, un homme barbu, chauve (barbe et chevelure en mèches courtes, front ceint d'une bandelette avec grosses feuilles en rouge mat, œil en point noir dans ovale fermé, bouche entr'ouverte), s'avance vers elle en dansant, le bras gauche étendu, les mains ouvertes, le coude droit appuyé sur le genou gauche relevé ; il est nu (musculature en noir jauni) et porte un himation jeté dans le dos et sur le bras gauche. Derrière lui un éphèbe (même œil, cheveux ceints d'une guirlande en rouge mat), dont on ne voit plus qu'une partie, marche vers la droite, le corps nu de face (musculature en noir jauni), la tête retournée, le bras gauche levé sur lequel est jeté un himation. A droite, un autre éphèbe (même type, même guirlande) s'avance vers la gauche d'une démarche un peu avinée, le corps renversé en arrière, s'appuyant de la main gauche sur un bâton noueux et tenant de la main droite étendue une coupe par le pied ; il est nu (même musculature) et porte un himation rejeté dans le dos, ramené sur le bras droit et sur l'épaule gauche. Sous l'anse, entre les deux revers, est couchée une grande amphore à base pointue, la panse ornée d'une guirlande de feuillage (large restauration). — Revers *C*. **Suite du même sujet**. Il n'en reste qu'un homme barbu (cheveux ceints d'une guirlande en rouge mat, œil en point noir dans ovale fermé) marchant vers la droite ; il est nu (mêmes détails de musculature), chaussé de cothurnes, et porte un himation (même disposition que le précédent) ; il tient de la main droite, par un lien, une outre de vin à moitié vide ; la main gauche, qui a disparu, tenait une coupe dont on ne voit que l'anse.

Intérieur noir. Grecque serrée autour du sujet central. Filet en rouge réservé sous les revers.
Terre rougeâtre. Emploi de la retouche en rouge mat. Esquisse visible. Bon style de la première moitié du v⁰ siècle.
Grand fragment en plusieurs morceaux recollés. Diam., 0,28.
(Inv. Fragm. Campana n° 27.) Trouvé en Italie et entré en 1863.
Décrit par Hartwig, *Meistersch.*, p. 298, n° 12 ; Pottier, *ibid.* ; Nicole, *Corp. céram. gr.*, p. 32, note 2 ; Beazley, *Attic Vas.*, p. 104, n° 43 (style de Makron) ; Hoppin, *Handb. redfig.*, II, p. 105, n° 94.
Le rev. B dans notre pl. 119.

G 151. Coupe signée par le potier Brygos (vasque large et peu profonde, anses relevées du bout, fût mince, pied en disque plat avec ressaut). — Un sujet dans l'intérieur et un sur chaque revers. — Int. *A*. **Apollon et Artémis**. A gauche, Apollon imberbe (cheveux relevés en chignon, ceints d'un diadème à gros points et d'une bandelette en rouge mat dont les bouts pendants retombent par derrière ; œil en point noir dans un triangle), vêtu d'une longue tunique fine à manches que recouvre un himation rejeté sur l'épaule gauche, écarte le bras droit du corps en retournant le poignet et s'appuie de la main gauche (bras refait) sur un haut sceptre enrubanné, terminé par un fleuron. Au premier plan, devant lui, une biche est tournée vers la droite (pelage en mouchetures noires et hachures de ton brun délayé). A droite, Artémis leur fait face, coiffée d'un cécryphale orné de petits points de noir délayé (cheveux en bouclettes de noir saillant, ceints d'un diadème ; même facture de l'œil), vêtue comme son frère (large bordure noire à l'himation), avançant la main droite et tenant son arc de la main gauche (partie centrale de l'arc en ton brun délayé) ; le carquois avec son couvercle en cuir découpé apparaît dans le dos (décor en gros points noirs). Dans le champ sont dispersées quelques lettres sans signification apparente : Δ...Α...Ν..C. — Revers *B*. **Le Jugement de Pâris**. A droite, sur un rocher aux formes irrégulières qui lui sert de siège et contre lequel est appuyé un haut sceptre enrubanné, Pâris est assis et joue de la lyre (bas de l'instrument et barre transversale restaurés), en touchant les cordes de la main gauche (cordes noires en relief) et tenant de la main droite, près de son genou, le plectre à liens en rouge mat ; il est vêtu d'une tunique fine à manches que recouvre un himation à bordure noire jeté sur les genoux (épaule gauche et bras restaurés) et il renverse la tête en arrière en chantant (cheveux en masse noire à contour ondulé et à mèches courtes, ceints d'une bandelette en rouge réservé ; même facture de l'œil ; bouche ouverte avec les dents visibles). Devant lui et en arrière-plan se dresse un palmier à tronc quadrillé (noir jauni), avec six rameaux étalés (plusieurs restaurés). Hermès barbu s'avance vers Pâris, s'appuyant de la main gauche sur un haut caducée (restauré) et étend la main droite comme s'il parlait ; il est vêtu d'une courte tunique à manches serrée à la taille, recouverte d'une chlamyde à bordure noire (parties restaurées) qui s'ouvre sur le côté droit ; il est coiffé d'un pétase à large bord (cheveux en bouclettes

noires saillantes, barbe en pointe, même facture de l'œil) et chaussé (jambes restaurées) d'endromides munies de grands ailerons (restaurés). Derrière lui, Héra voilée (cheveux en mèches ondulées, ceints d'un diadème à points noirs ; œil en point noir dans ovale fermé), vêtue d'une tunique fine à double rabat (parties restaurées) que recouvre un himation placé en châle dans le dos, soulève de la main gauche (refaite) un pli de son voile (décor en petits points noirs) et porte de la main droite un haut sceptre enrubanné (restauré). (Le pied droit en arrière porte la trace d'une esquisse peinte en ton noir délayé qui le plaçait plus à gauche). Les deux autres déesses, Athéna et Aphrodite, marchent derrière elle, mais tout le haut de ces deux personnages a subi une très mauvaise restauration ; les parties antiques conservées sont : pour Athéna, les jambes avec le bas de la tunique et l'himation à large bordure noire (mêmes traces d'une esquisse peinte en noir délayé qui marquait les plis tombants du manteau ; à la partie supérieure de l'himation apparaissent les petits serpents ondulés de l'égide) ; pour Aphrodite, les mêmes parties de la draperie. — Revers *C*. **Retour de Pâris amenant Hélène à Troie** (?). Le sujet a été souvent discuté ; nous avons adopté l'interprétation la plus vraisemblable, due à C. Robert. A droite, Pâris arrive d'un pas rapide, suivi d'un personnage dont toute la partie supérieure a été très mal restaurée et qui pourrait être Hélène (bas de tunique fine, recouvert d'un himation à bordure noire ; trace d'une esquisse peinte en noir délayé dans le pied gauche). Pâris a le même type que l'Apollon du sujet intérieur (chignon relevé, diadème, bouclettes en noir saillant, même œil, même costume) ; il s'appuie de la main gauche (épaule et bras refaits) sur un sceptre enrubanné et il étend la main droite pour serrer celle de sa mère qui le reçoit. Hécube s'est levée précipitamment de son siège (chaise à dossier restauré et à pied recourbé, recouverte d'un coussin à lignes de gros points noirs et effilés, qui reste en arrière-plan entre elle et Pâris) ; elle est voilée (même type, même costume, sans himation, et même geste de la main gauche que l'Héra du revers *B*) ; elle avance la main droite qui rencontre celle de son fils (très mauvaise restauration de l'épaule et du bras droit ; dans le pied gauche et le bas de la tunique, mêmes traces d'une esquisse peinte en noir délayé). Dans le champ, derrière elle, est suspendue une draperie (ou un sac?) ornée de zigzags et terminée à la partie supérieure par des effilés en rouge mat (partie inférieure refaite). Vient ensuite Priam qui, de la main droite tournée vers l'intérieur du palais, fait un geste d'accueil ; il est vêtu d'une tunique à plis et d'un himation rejeté sur l'épaule gauche (restaurations dans les draperies) et s'appuie de la main gauche (refaite) sur un sceptre à fleuron ; il est barbu (cheveux à mèches courtes, ceints d'un diadème à points noirs ; même œil, restauration dans le nez et la joue). A gauche, dans l'appartement intérieur indiqué par une colonne dorique posée sur une base (haut du fût orné de gros points noirs) et portant un entablement, est assise, sur un siège semblable au précédent (décor en traits de noir jauni, coussin à raies en zigzags et effilés), une femme (Polyxène?). Dans le champ derrière, et au-dessus d'elle, on distingue les traces d'une inscription en rouge mat : Γ...Γ...ⵉ... ; elle lève la tête (cheveux en mèches séparées recouverts d'un cécryphale, boucle d'oreille en poire, œil en triangle) et des deux mains élevées (bras droit refait) elle tient un fuseau (traces de fils en ton mat dans le champ) et est occupée à filer ; elle est vêtue d'une longue tunique à double rabat et à manches retenues par des agrafes (parties restaurées). Derrière elle est debout une autre femme (Cassandre?), qui des deux mains étendues semble faire un geste de frayeur ou de menace (cheveux à chignon relevé maintenu par des liens en rouge mat, boucle d'oreille en poire, même facture de l'œil, nez restauré) ; son pied droit est dirigé vers la gauche comme si elle était prête à s'enfuir (même tunique recouverte d'un himation en châle ; parties restaurées). Sous l'anse, le haut panier à laine pour la fileuse ; dans l'intérieur on aperçoit une sorte de bâton long qui pourrait être une quenouille(?). Sur la partie claire d'une des anses, signature en lettres noires BRVΛOSE... (Βρύγος ἐ[ποίησεν]).

> Noir dans l'intérieur, sur les revers et sur le pied, sauf un filet en rouge réservé sur le ressaut ; la tranche du disque en clair. Grecque serrée, mêlée de petits carrés en damiers, autour du sujet intérieur. Deux filets en rouge réservé sous les revers. Sous la base une large bande noire.
>
> Terre rougeâtre. Emploi de la retouche en rouge mat. Esquisse détaillée pour plusieurs personnages et, en certaines parties, esquisse préliminaire au pinceau avec une couleur de noir délayé. Bon style de la première moitié du v° siècle.
>
> Plusieurs morceaux recollés et des parties importantes restaurées. Pied réparé. Une réparation antique est indiquée par un goujon de bronze oxydé qui consolide l'intérieur du pied. Haut., 0,125 ; diam., 0,31 ; avec les anses, 0,39.
>
> (Inv. Campana 1005.) Trouvé en Étrurie et entré en 1863 ; cf. *Cataloghi Campana*, IV-VII, n° 704. Publié par de Witte, *Monumenti e Annali Inst.*, 1856, p. 51, pl. 14 (— S. Reinach, *Répert. des vases*, I, p. 246) ; Conze et Benndorf, *Wiener Vorlegeblätter*, VIII, pl. 3 ; C. Robert, *Bild und Lied*, p. 90-91 ; Türk, dans *Lexikon der Mytholog.* de Roscher, article *Paris*, III, p. 1610 (rev. B) ; Perrot *Hist. de l'Art*, X, p. 559, fig. 369 (rev. C) ; p. 560, fig. 320 (int. A) ; p. 561, fig. 321 (détail du rev. B) ; Harrison, *Gr. Vas. Paint*, pl. 26, n° 1 (int. A). Décrit ou mentionné par Klein, *Gr. Vas. mit Meistersignat.*, p. 179, n° 3 ; Urlichs, *Der Vasenmaler Brygos*, p. 4 ; Dümmler, *Bonner Studien*, p. 72 ; J. Harrison, dans *Journal hell. Stud.*, VIII, p. 291 ; E. Pottier dans *Gazette arch.*, 1888, p. 175 ; *Catal. vas. Louvre*, p. 987 ; Nicole, *Corp. céram. gr.*, p. 22, n° 2 ; Hoppin, *Handbook redfig.*, I, p. 116 (figure), p. 117, n° 7 ; C. Robert dans Pauly-Wissowa, *Real-Encyclop.*, p. 922 ; P. Ducati, *Osservaz. sul ceram. Brigo*, p. 3 et p. 50.
>
> Vue d'ensemble avec le rev. B, int. A et le rev. C dans notre pl. 120.

G 152. Coupe signée par le potier Brygos (vasque large et peu profonde, anses relevées et un peu arrondies du bout, pied mince et élevé sur disque large et mince avec léger ressaut). — Un sujet dans l'intérieur et un sur chaque revers. — Int. *A*. **Briséis versant une libation à un vieillard assis (Phœnix ?).** A droite, le vieillard (chevelure et barbe en blanc crémeux très épais et en relief, front chauve ceint d'une bandelette double en rouge mat à bouts pendants, mèches de cheveux et de barbe en noir jauni, œil en cercle avec point central dans des paupières en traits plus droits qui indiquent une nouvelle manière de dessiner l'œil, bouche entr'ouverte) est assis, tourné vers la gauche, sur un siège à dossier (coupé par l'encadrement) (petits traits noirs en métopes sur le rebord, coussin orné de petits points noirs dans un quadrillé) ; de la main droite il tend une phiale (figurée en relief assez fort et qui devait être dorée) et il tient de la main gauche (articulations marquées sur le dessus ; traits de musculature en noir jauni) un long sceptre (lien noir enroulé en spirale) ; il est vêtu d'une tunique à plis (manches longues rattachées par des agrafes) dégageant largement le cou et le haut de la poitrine (parties pileuses indiquées en noir jauni) ; il porte un long himation (large bordure noire dentelée, semis de petits cercles), drapé sur l'épaule gauche, et tient les plis ramenés sur le bras gauche ; il est chaussé de cothurnes noués sur le cou-de-pied (petit ornement en cercle). Dans le champ, au centre, sont suspendus un bouclier rond (coupé par la bordure ; épisème noir opaque en forme de taureau) et une épée (pommeau en relief qui devait être doré, fourreau orné de traits noirs obliques séparés par des points, liens en rouge mat avec glands). Briséis, debout devant le vieillard (cheveux en noir jauni avec longue mèche pendante, massés sur le front, retenus en arrière par une bandelette et ceints par devant d'un diadème en rouge réservé pointillé de noir, boucle d'oreille piriforme, œil en cercle avec

point noir dans paupières analogues à celles du vieillard, mais dont l'ovale est entr'ouvert), tient de la main droite une œnochoé (noir opaque) très légèrement penchée au-dessus de la phiale (jet de vin rouge mat s'échappant du bec de l'œnochoé) et elle lève la main gauche vers son visage d'un geste gracieux ; elle porte une tunique à plis (manches longues retenues par des agrafes) et un himation drapé (même bordure, semis de petits points). Derrière elle, dans le champ, inscription en rouge mat : BRISEE (Βρισηΐς]). — Revers *B*. **Entrée des Grecs dans le palais de Troie.** La composition comprend trois groupes : un de trois personnages au centre, un de deux personnages de chaque côté. Au centre un Grec, qu'on pourrait prendre pour Néoptolème, mais qu'une inscription nomme Orsimès, tourné à droite, se penche sur le corps d'un Troyen qu'il vient de tuer et qui s'affaisse sur le sol ; le Grec a les traits d'un éphèbe (casque à cimier avec bande de pointillé noir, points de noir jauni sur ce cimier, coupé à sa partie supérieure par le rebord du vase, paragnathide noire relevée, boucles de cheveux en noir jauni sur la nuque et sur la joue, œil en point noir dans ovale coupé à droite par un trait vertical, barbe légère en noir jauni, bouche entr'ouverte) ; il est vêtu d'une fine tunique courte recouverte d'une cuirasse à lambrequins (baudrier en rouge mat avec effilés soutenant le fourreau de l'épée en noir et points noirs ; cinq points saillants dorés sur le casque, sur les épaulières, sur la cuirasse, ce dernier formant une sorte de médaillon suspendu à un lien en noir jauni ; cnémides aux jambes) ; il tient de la main droite (pommeau en point saillant doré) et porte du bras gauche étendu un grand bouclier rond (circonférences incisées au compas, armature intérieure en bandes noires, courroies que tient la main avec effilés). Le Troyen est barbu (chevelure au contour ondulé, ceinte d'une bandelette réservée rayée de traits noirs et fixée sur la nuque par un double lien en noir jauni ; tons de noir jauni sur le devant des cheveux et sur la barbe ; œil de mourant en point noir dans un petit cercle ramené sous la paupière supérieure, même structure de l'ovale ; bouche ouverte) ; il a la tête complètement rejetée en arrière, le bras gauche étendu s'appuyant sur le sol, la jambe gauche étendue et la droite repliée sous lui, et sa main droite, ramenée près du corps, laisse échapper l'épée qui tombe à terre ; il est vêtu d'un himation en chlamyde agrafé sur l'épaule droite (bordure noire dentelée, semis de petits cercles), recouvrant le buste et le bras gauche ; un baudrier en rouge mat soutient l'épée placé en travers des cuisses (ornements en larges bandes noires) ; il porte des blessures en rouge mat, une sur le haut du bras droit, l'autre à la cuisse gauche (gouttelettes de sang répandues) ; les parties pileuses du corps sont indiquées en noir jauni sur la poitrine et l'abdomen ; un travail en petites hachures du même ton révèle un essai de modelé sur les surfaces courbes. Entre les deux guerriers est placée l'inscription en rouge mat et en deux lignes : ORΣIMES (Ὀρσίμης). Derrière le Grec une femme (qu'on interprète comme Cassandre), échevelée, la bouche ouverte, se sauve vers la gauche en retournant la tête (cheveux blonds en noir jauni, ceints d'un double lien en rouge mat ; œil en cercle avec point central dans un ovale entr'ouvert ; boucle d'oreille en anneau) ; elle est vêtue d'une tunique fine à double rabat (traits ondulés de noir jauni) que recouvre un himation, ramené par devant sur les deux bras, dont la main droite saisit un pli (bordure noire dentelée, semis de points de noir jauni en petites raies transversales, bouts de ceinture en rouge mat flottant sur la tunique qui dégage la jambe droite nue) ; elle étend la main gauche, les doigts écartés, du côté d'Orsimès. Plus loin à gauche, le guerrier Hypéros, barbu (casque à cimier en crinière coupée par le rebord supérieur du vase, avec bande en pointillé noir, paragnathide noire relevée, œil en point noir dans ovale fermé), s'avance rapidement vers la gauche, tenant de la main droite son épée à lame recourbée et se couvrant de son bouclier (mêmes détails incisés au compas) avec épisème en forme de serpent (noir opaque) ; même travail de petites hachures en noir jauni pour indiquer une surface courbe sur le pourtour du bouclier) ; il est vêtu d'une tunique courte que recouvre un himation enroulé et solidement noué autour du corps (même bordure, semis de petits points noirs). En arrière-plan, une longue lance est jetée obliquement dans le champ ; entre la lance et la tête du guerrier se trouve l'inscription rétrograde en rouge mat effacé : HVΓEROS ("Υπερος). A ses pieds et sous l'anse, s'affaisse sur le sol un Troyen barbu, blessé (même type, même coiffure, sans tons jaunes, que le Troyen précédent ; œil en point noir dans ovale fermé ; même himation en chlamyde avec bordure et semis de petits points formant raies) ; l'attitude est symétriquement disposée : tête renversée en arrière, jambe gauche repliée avec le pied en l'air, jambe droite ramenée sous lui ; il tient l'épée recourbée levée de la main droite, le coude posé à terre, et de la main gauche sous le manteau, il enroule la draperie sur son poing pour se protéger (parties pileuses sur la poitrine, et blessure en rouge mat sur la jambe droite). A droite du groupe central et s'avançant rapidement vers la gauche, Andromaque élève des deux bras un pilon de cuisine au-dessus de sa tête (cheveux blonds en noir jauni ; œil et visage endommagés par une cassure) ; elle est vêtue d'une tunique fine à manches et à double rabat (traits ondulés de noir jauni, bouts de ceinture à effilés en rouge mat), la jambe gauche lancée en arrière et le pied solidement arc-bouté sur le sol. Au-dessus d'elle, dans le champ, inscription rétrograde en rouge mat effacé : AN.RoMA+E ('Αν[δ]ρομάχη) et en dessous, verticalement, l'inscription peu précise ...VMΛ⊥⌒ ([Εὐρ]ύμαχος ?) qui désigne le Troyen blessé, adversaire d'Orsimès. Derrière sa mère, en arrière-plan, à demi caché par elle, Astyanax s'enfuit vers la droite en retournant la tête (cheveux blonds à mèches courtes en noir jauni, ceints d'une bandelette en rouge mat ; œil en point noir dans ovale entr'ouvert ; bouche entr'ouverte) ; il allonge la jambe gauche nue et de la main droite ramène son himation rejeté dans le dos (bordure noire et raies de petits points en noir jauni) ; le pied gauche pénètre dans l'ornement en palmette placé sous l'anse. Dans le champ, derrière lui, et en deux lignes, inscription rétrograde en rouge mat effacé : AΣTVΛNA+ ('Αστυάναξ). — Revers *C*. **Néoptolème tuant Astyanax et Priam.** Le groupe central, avec Priam assis sur l'autel, s'équilibre entre deux groupes de deux personnages. Le vieux roi (cheveux en blanc crémeux et épais, ceints d'un double lien en rouge mat dont les bouts retombent sur le cou ; barbe blanche avec rehauts de ton jaunâtre ; œil en cercle avec point central dans ovale fermé par un trait vertical ; bouche ouverte, langue en rouge mat) étend les deux bras en suppliant ; il est vêtu d'une tunique fine à manches et à rabat que recouvre un himation dégageant le côté droit et ramené sur le bras gauche (même bordure et mêmes pointillés). Au-dessus de lui, dans le champ, inscription en rouge mat effacé : ΓPIAMO. (Πρίαμο[ς]). Il est assis sur la volute droite d'un autel qui occupe le centre, posé sur un degré (corniche ornée de longs oves et de points noirs ; quatre jets du sang des victimes en noir jauni sur la façade ; l'artiste a essayé de montrer en perspective la volute de la face postérieure). A gauche de l'autel, en arrière-plan, se dresse un grand trépied (trois grands anneaux coupés par le rebord supérieur ; traverses munies de pointes de fer pour embrocher les viandes (?) ; sur les pieds, deux saillies dorées et petits points noirs imitant les têtes de rivets). Devant Priam s'avance Néoptolème nommé par une inscription en rouge

mat effacé NEOΓTOL. (Νεοπτόλ.[εμος]) : il se couvre du bras gauche avec son bouclier rond, en faisant tournoyer de la main droite le corps d'Astyanax qu'il tient par le pied gauche et avec lequel il va assommer l'aïeul. Il est barbu (casque à cimier et panache, la calotte ornée d'imbrications, les paragnathides noires relevées ; restaurations dans le cimier et le panache ; œil en point noir dans ovale, bouche ouverte, cheveux en mèches ondulées s'échappant du casque), vêtu d'une tunique courte que recouvre une cuirasse à lambrequins sur laquelle est jeté un himation roulé en écharpe, orné de petits points, passant sur l'épaule gauche et sur les bras ; sur le flanc gauche, l'épée, avec fourreau orné de bandes noires et de petits points, est soutenue par un lien en rouge mat avec glands ; les jambes portent des cnémides (détails au trait jauni ; lien de rouge mat à chaque cheville) ; du bouclier pend un tablier en cuir à rebord de languettes découpées (restauré) ; le pourtour (circonférences au compas) est décoré de points noirs (indication de quelques hachures en noir jauni pour rendre la convexité ; le centre, en partie restauré, porte un épisème en forme de lion prêt à bondir (noir opaque) sur une base ornée de points noirs. Dans le champ est jetée obliquement la lance du héros. Le corps d'Astyanax est nu (musculature en noir jauni) ; les deux bras et la tête renversés pendent vers le sol (cheveux épars en noir délayé jauni ; œil fermé, en un seul trait horizontal ; bouche entr'ouverte). Derrière le trépied, Akamas emmène Polyxène. La jeune fille marche vers la gauche en retournant la tête (cheveux blonds en noir jauni, relevés en arrière par une bandelette en rouge réservé et ceints en avant d'un diadème orné de points noirs ; longue mèche ondulée pendant sur la poitrine ; œil en cercle avec point central dans ovale fermé ; bouche entr'ouverte ; boucle d'oreille dorée saillante ; restauration dans le bas du visage) ; elle est vêtue d'une tunique fine à double rabat recouverte d'un himation (semis de petits points formant raies) drapé sur le bras gauche ; sa main gauche tient une très longue bandelette ornée de points (peut-être pour indiquer qu'elle va être sacrifiée comme victime sur le tombeau d'Achille). Derrière elle, inscription rétrograde en rouge mat effacé : ΠOLV+ΣENE (Πολυξένη). Akamas marche devant elle sans la regarder ; il est barbu, baisse la tête (casque à cimier coupé par le rebord, avec bande ornée de points noirs, paragnathides noires relevées ; œil en point noir dans ovale fermé) et porte sa lance horizontalement derrière son bouclier rond (cercles au compas, épisème noir opaque en forme de serpent, traces de hachures en noir jauni), d'où sort seulement un coin de sa tunique plissée et des lambrequins de la cuirasse (il doit entraîner Polyxène par le bras droit) ; il porte un himation (semis de points formant raies) et des cnémides aux jambes (détails au trait jauni, lien de rouge mat à la cheville). En haut, à gauche, inscription rétrograde en rouge mat effacé : AKAMA ('Ακάμα[ς]). Sur la partie claire d'une des anses, signature du fabricant en lettres noires : BPVΛOS EΓOIESEN (Βρύγος ἐποίησεν).

Noir dans l'intérieur. Autour du sujet central, grecque mêlée de croix. Noir sur une partie des anses. Sous les sujets des revers, un double filet en rouge réservé. Sous l'une des anses, un motif floral en palmette accostée de rinceaux. En bas du fût, tore saillant avec mince filet rouge réservé. La tranche du pied en clair avec rainure centrale. Sur le pourtour du fond, large bande noire. Terre rougeâtre. Emploi des retouches en rouge mat et en blanc crémeux et de la barbotine saillante dorée. Esquisse visible. Beau style de la première moitié du ve siècle.

En plusieurs morceaux recollés, avec quelques restaurations. Haut., 0,135 ; diam., 0,325 ; avec les anses, 0,415.

(Inv. MNB 3047.) Trouvé en Italie. Acquis en 1881 de la collection de Bammeville (*Catalogue de vente*, n° 216). Publié par Heydemann, *Iliupersis auf einer Trinksch. des Brygos*, Berlin, 1866 ; Conze et Benndorf, *Wiener Vorlegeblätter*, VIII. pl. 4 ; Urlichs, *Beiträge zur Kunstgesch.*, p. 62, pl. 16 ; C. Robert, *Bild und Lied*

p. 64 ; Weizsäcker, dans *Lexikon der Mythologie* de Roscher, III, p. 173 ; Furtwaengler-Reichhold, *Griech. Vasenmalerei*, I, p. 116, pl. 25 ; Perrot, *Hist. de l'Art*, X, p. 569 à 571, fig. 328 à 330, pl. xii et xiii ; Hœber, *Griech. Vasen*, p. 94, fig. 58 ; Buschor, *Griech. Vasenmalerei*, p. 170, fig. 116, 117 ; pour la lecture des inscriptions fort effacées, cf. Meier, dans *Arch. Zeitung*, 1884, p. 250 ; Heydemann, *Pariser Antiken*, p. 60. Les publications où il a été question de ce vase célèbre sont très nombreuses ; signalons, outre les ouvrages précédents : Brunn, *Troische Miscellen*, II, p. 226 ; III, p. 207 ; Luckenbach, dans *Jahrb. für Klass. Philolog.*, 1880, p. 524 ; Klein, *Euphronios*, p. 171 ; *Meistersignat.*, p. 180, n° 4 ; Furtwaengler, *Coll. Sabouroff*, notice de la pl. 49 ; Noack, *Aus der Anomia*, p. 158 ; Ducati, *Osservazioni sul ceramista Brigo*, p. 53 et sv. ; C. Robert, *Bild und Lied*, p. 61 ; dans *Arch. Zeit.*, 1882, p. 44, 72 ; dans *Real-Encyclopaedie* de Pauly-Wissowa, III, p. 922 ; Thieme, *Lexikon der bild. Kunstler*, V, p. 169 ; Hartwig, dans *Arch. Epigr. Mith. aus Œst.*, 1893, p. 114 ; Rayet et Collignon, *Céramiq. grecq.*, p. 192, fig. 76 ; Rizzo, dans *Wiener Jahreshefte*, 1905, p. 225 ; Tosi, dans *Studi e materiali di arch.*, 1905, p. 159 ; E. Pottier, *Catal. vases Louvre*, p. 990 ; *Monuments et Mémoires de la Fondation Piot*, XVI, 1908, p. 127 à 129, 133 à 135 (avec attribution possible de la peinture à Onésimos ; hypothèse combattue par Perrot, *Hist. de l'Art*, X, p. 454, note 1 ; par Hauser, *Berl. phil. Woch.*, 1907, p. 693, et par Evelyn Radford, *Journ. of hell. stud.*, 1915, p. 133) ; Phot. Alinari, n° 23726 ; Nicole, *Corp. céram. gr.*, p. 22, n° 3 ; Hoppin, *Handbook redfig. vas.*, I, p. 118 (figure), p. 119, n° 8. Pour les interprétations diverses qu'on a données des personnages, et les corrections qu'on a proposées pour les inscriptions, voir notre étude dans le *Catalogue des vases du Louvre*, p. 990 ; cf. aussi Roscher, *Lexikon der Myth.*, s. v. Opsimédon. A propos du nom lu Hypéros, remarquer que Hypérochos est le nom d'un Troyen tué par Ulysse et que Hypérion est un fils de Priam ; Roscher, *s. v.*

Vue d'ensemble du vase, int. et les deux revers dans notre pl. 121.

G 153. Fragments de coupe attribuée à Brygos. — Un sujet à l'intérieur, un autre sur le revers. — Int. *A* (en deux fragments incomplets). **Scène de la rançon d'Hector.** Achille imberbe (œil en deux petits ronds concentriques dans ovale fermé, cheveux en mèches courtes et boucles saillantes, ceints d'une guirlande en rouge mat) est couché sur un lit de banquet, accoudé sur des coussins (larges raies noires, montants et bois du lit ornés de grecques et de volutes) ; on ne voit que le haut du corps nu et le bras gauche sur lequel passent les plis d'un himation. Dans le champ, en haut, à gauche, restes d'un bouclier rond suspendu. Un autre fragment de l'intérieur montre le pied du lit (en forme de balustre) sur lequel retombent les plis de l'himation largement drapé. Devant le lit, restes de la table (petits cercles ou clous et ornements noirs) et sous le lit, le cadavre d'Hector, couché à terre, dont on n'aperçoit plus que la tête barbue (œil de mort sans prunelle avec figuration de la paupière fermée, chevelure en mèches courtes et boucles saillantes, ceinte d'une bandelette en rouge mat ; barbe en traits de noir saillant). — Revers *B*. Il ne reste que les deux pieds nus d'un personnage appuyé sur un bâton ; plus loin à gauche, les restes d'un pied gauche vu de face. — Rev. *C*. (La minceur de la terre peut faire douter que ces morceaux appartiennent au même vase ?) Deux petits fragments. **La prise de Troie (?).** Sur l'un des morceaux, partie postérieure de la tête d'un guerrier casqué, tourné à droite, peut-être Néoptolème (cimier en crinière orné d'un quadrillé ; cheveux en mèches longues sortant du casque, boucle d'oreille ronde) ; l'épaule droite est recouverte d'une tunique (manche courte) et d'une cuirasse (ornement noir en rosace et bande de points) ; sur l'épaule gauche, trace d'un baudrier en rouge mat ; le geste du bras fait supposer que le guerrier se lançait à l'attaque. Dans le champ, à gauche, inscription en rouge mat : .... M O S ([Νεοπτόλε]μος ?). L'autre fragment porte les restes d'une femme fuyant (?) vers la droite, Polyxène (profil endommagé ; l'œil semble fait d'un petit cercle avec point central dans ovale fermé) ; elle est coiffée d'un voile serré autour de la tête et dont les plis retombent dans le dos (cheveux massés sur le front et les tempes, boucle d'oreille ronde), vêtue d'une tunique fine à

manches sur laquelle retombent les plis étagés d'un himation. On aperçoit le bras gauche replié ; tout le reste du corps manque. Dans le champ à droite, inscription en rouge mat rétrograde : ... Ο ＜Ο ＋ ΖΕ.. ([Π]ολοξέ[νε]) ; à gauche, traces d'une autre lettre : ∧ .

Intérieur noir. Grecque serrée autour du sujet central ; même grecque sous le revers.
Terre rougeâtre. Emploi de la retouche en rouge mat. Pas d'esquisse visible. Beau style de la première moitié du v° siècle. Quatre fragments non recollés, sans restaurations. Haut. du plus grand, 0,06 ; larg., 0,12. Pour les autres : larg., 0,06, 0,05 et 0,045.
(Inv. Fragm. Campana n°s 47, 48, 49 et 50.) Trouvés en Italie et entrés en 1863. Cf. Pottier, *Catal. vas. Louvre*, p. 999 ; Beazley, *Attic Vas.*, p. 102, n° 8 (style de Makron) ; Hoppin, *Handbook redfig.*, p. 105, n° 95.
Int. A dans notre pl. 122.

G 154. Coupe en fragments attribuée à l'atelier du potier Brygos (vasque plate, anse forte et courte un peu relevée du bout). — Un sujet dans l'intérieur et un sur chaque revers. — Intérieur *A*. **Priam (?) et un guerrier troyen.** On peut supposer qu'Hector ou quelque autre chef vient annoncer au roi la mort de Troïlos. Le vieillard est assis à gauche, probablement sur un autel dont on voit deux degrés dans le fragment inférieur, tenant de la main droite sa longue canne à manche en béquille et portant la main gauche à sa tête en signe de douleur (crâne chauve, rides sur le front en noir jauni, cheveux et barbe rasés, indiqués par des points en noir délayé, œil en gros point noir dans ovale fermé à droite par un trait vertical, bouche entr'ouverte) ; il est vêtu d'une tunique et d'un himation retombant sur les bras (traits en noir jauni) ; le reste du corps et les jambes manquent. Devant lui, à droite, est debout un guerrier barbu, casqué (cimier coupé par la bordure, double bande de points noirs, paragnathide noire relevée, œil en gros point noir dans ovale fermé) ; la main droite élevée s'appuie sur la lance ; le haut d'un bouclier (circonférences au compas) couvre le corps ; le reste du personnage manque, sauf, dans le fragment du bas, les pieds (lien de rouge mat à chaque cheville) et la partie inférieure, en lanières découpées, du tablier de cuir suspendu au bouclier. Dans le champ, entre les deux personnages, inscription en rouge mat, dénuée de sens et donnant les lettres N C N S. — Revers *B*. **Achille tuant Troïlos.** A gauche, un arbrisseau (petites feuilles en rouge mat) indique que la scène se passe en plein air. Deux chevaux (harnachement en rouge mat), se profilant l'un sur l'autre, galopent vers la gauche ; l'un est un cheval de rechange, l'autre est monté par Troïlos qui tient de la main gauche ses deux lances et de la main droite les rênes de son cheval (rouge mat) ; il est renversé en arrière par la main d'Achille qui le saisit aux cheveux (longue chevelure blonde en noir jauni, ceinte d'une bandelette en rouge mat, visage de face, les coins de la bouche relevés) ; son corps est nu (musculature en noir jauni) avec une chlamyde rejetée dans le dos et agrafée par devant (large bordure noire dentelée, grecques sommaires, petits points et autres ornements en noir souvent jauni). Sous le ventre des chevaux est tombée à terre l'hydrie de Polyxène (large bande noire, anse noire accostée de points en rosace, petits points noirs sur le rebord). Derrière lui court Achille barbu et casqué (cimier en crinière, paragnathide relevée, mèches de cheveux en noir jauni, œil en gros point noir dans ovale endommagé) ; il tient de la main gauche sa lance sous son bouclier qui le couvre (circonférences au compas, petites hachures sur le pourtour indiquant la convexité, épisème en noir opaque en forme de chien ou de renard, la queue relevée) ; de la main droite étendue, il saisit les cheveux de Troïlos. Il est vêtu d'une tunique courte que recouvre une cuirasse à épaulières ; il a des cnémides aux jambes. Un autre fragment montre Polyxène fuyant à droite, en retournant la tête (cheveux en masse noire et boucles de noir jauni, ceints d'une bandelette en rouge mat, œil en point noir dans ovale fermé, boucle d'oreille ronde, bouche entr'ouverte), les bras écartés, la main gauche élevée ; elle est vêtue d'une tunique que recouvre un himation ramené par devant ; un de ses pieds se trouve sur le fragment précédent, à côté d'une base faisant partie de l'architecture placée derrière elle ; tout le reste du corps manque. L'édifice représente la fontaine monumentale à laquelle Polyxène est venue puiser de l'eau : quatre triglyphes en noir opaque séparant des métopes en rouge réservé, un mufle de lion vu de face crachant l'eau (liquide en rouge mat), une colonnette ionique placée à droite (en partie cachée par l'anse), un arbrisseau dont les rameaux s'étendent à gauche et sous l'anse (petites feuilles en rouge mat) forment le décor du fond. Dans le champ, au-dessus de Troïlos et d'Achille, traces de lettres en rouge mat, irrégulières et dénuées de sens. — Revers *C*. **Les Troyens s'élancent au secours de Troïlos**. Une femme courant à toutes jambes vers la droite, que l'on peut supposer être Polyxène arrivée à la ville de Troie, vient prévenir les Troyens du danger que court le jeune prince ; elle est vêtue comme la précédente (pointillés sur le vêtement, ceinture en noir jauni avec glands sous la tunique, jambe gauche nue hors des draperies) et retourne la tête (même type avec les cheveux dénoués par la course et épars sur le dos en mèches de noir jauni) ; les bras écartés du corps font le même geste. A droite, devant elle, courent à la file trois guerriers barbus casqués (œil en gros point noir dans ovale fermé), portant de la main droite la lance, le bras gauche passé dans l'armature intérieure du bouclier et la main saisissant la poignée de cuir. Il y a peu de variantes dans le détail de ces divers types : casque à cimier (le premier orné d'un pointillé) avec double bande de points, paragnathides noires relevées (le troisième casque en noir avec points rouges réservés) ; tunique courte que recouvre une cuirasse semée de quelques points noirs et dont les épaulières sont décorées de petits ornements (le premier porte un baudrier en rouge mat, le second un baudrier en noir jauni et le troisième un himation par-dessus sa cuirasse) ; circonférences des boucliers au compas, armatures intérieures indiquant des parties métalliques, des courroies et des effilés (celui du premier avec un tablier à lanières découpées et bande de points noirs) ; jambes recouvertes de cnémides et lien rouge à chaque cheville (le corps du troisième guerrier est en partie endommagé par une large cassure). Dans le champ, au-dessus des personnages, une dizaine de lettres irrégulières en rouge mat ne donnent aucun sens : ∧ N N I E ⊏I = E I.

Noir dans l'intérieur et sur les revers. Grecque serrée autour du sujet central. Deux filets rouges réservés sous les revers.
Terre rougeâtre. Emploi de la retouche en rouge mat. Esquisse visible. Beau style de la première moitié du ve siècle.
Morceaux recollés ou fragmentés d'une coupe incomplète ; quelques parties refaites. Larg. des fragm. : 0,26, 0,19 et 0,175.
(Inv. Fragm. Campana 37, 38 et 39.) Trouvé en Italie et entré en 1863. Publié par E. Pottier, *Catal. vas. Louvre*, p. 1000 ; *Mon. et Mém. Fondation Piot*, t. XVI, p. 124-136, pl. xv à xvii (étude des détails qui permettraient de le rapprocher des œuvres d'Onésimos ; cf. la note de G. 152). J'ai modifié ici la description du bâtiment placé derrière Polyxène fuyant, d'après une remarque que je dois à M. Hauser ; il y a reconnu avec raison une fontaine avec la tête de lion crachant de l'eau. Cf. Nicole, *Corp. céram. gr.*, p. 23, note 2 ; Hoppin, *Handbook redfig.*, I, p. 137, n° 84 (attribué à Brygos).
Int. A et les deux revers dans notre pl. 122.

G 155. Fragment de coupe attribuée au potier Brygos (morceau de la vasque avec une anse à bout carré). — Un sujet dans l'intérieur et un sur le revers. — Int. *A*. **Éphèbe tenant une canne**. La partie supérieure de la tête et presque tout le corps ont disparu ; il était vu de dos, tourné vers la droite, la tête inclinée (œil en point noir dans ovale fermé), tenant une canne à poignée recourbée de la main gauche et élevant en l'air la main droite. Dans le champ à droite, les restes d'une équerre (endommagée). Au-dessus du personnage est disposée circulairement l'inscription en rouge mat : HOIAIS KALOS (ὁ [π]αῖς καλός). — Rev. *B*. **Hercule chez Nérée (?)**. J'ai préféré l'explication de M. Klügmann à celle de M. C. Robert (Hercule chez Syleus ; cf. plus bas l'amphore G 210). Ayant demandé au Vieillard de la Mer le chemin du Jardin des Hespérides, le héros se heurte à un refus, entre en fureur et, s'emparant du trident de Nérée, il saccage tout son mobilier ; scène sans doute empruntée à un drame satyrique. — Hercule est imberbe (cheveux à contour incisé, avec mèches courtes, ceints d'une bandelette en rouge mat ; œil en point noir dans ovale ouvert), coiffé de la peau de lion dont les pattes sont nouées par devant et qui forme manteau dans le dos (touches de noir délayé sur les pattes) ; son corps est nu (musculature en noir jauni), vu de face, la tête penchée, et il tient à deux mains le long trident de Nérée dont il le menace. Autour de lui et entre ses jambes sont assemblés des objets mobiliers en désordre : à gauche, une grande œnochoé (épaule ornée d'un pointillé noir) portant sur la panse l'inscription KAL et NAI (καλός, ναί), puis un tabouret ou une petite table brisée, une hydrie renversée, une grande amphore à base pointue, avec l'inscription KALOS (καλός), une œnochoé pansue. A droite Nérée accourt, le bras droit étendu avec un geste de menace ; il a les traits d'un vieillard chauve, à barbe et cheveux blancs (couleur d'un blanc épais et crémeux ; œil en point noir dans ovale ouvert, bouche entr'ouverte) ; il est vêtu d'une tunique à manches que recouvre un himation dégageant le côté droit et cachant le bras gauche. Derrière lui, d'autres objets du mobilier brisé : un pied de lit ou de table, un skyphos (en partie disparu).

Intérieur noir. Grecque serrée autour du sujet central. Large filet rouge réservé sous le revers.
Terre rougeâtre. Emploi de la retouche en rouge mat et en blanc. Esquisse visible. Bon style de la première moitié du ve siècle. Grand fragment composé de plusieurs morceaux restaurés et recollés. Diam. de la vasque, 0,22.
(Inv. Fragm. Campana n° 30.) Trouvé en Italie et entré en 1863. Publié par Klügmann, *Annali dell'Inst.*, 1876, p. 38, pl. E (= S. Reinach, *Répert. des Vases*, I, p. 339, n° 2) ; Hartwig, *Meistersch.*, p. 360 (qui croyait le fragment perdu) ; Ducati, *Osservaz. sul ceramista Brigo*, p. 79 ; C. Robert, dans l'*Encyclopaedie* de Pauly-Wissowa, p. 924 ; *Iliupersis*, p. 46 (interprété comme Hercule et Syleus) ; Roscher, *Lexik. der Myth.*, III, p. 245, fig. 3 et p. 249 ; Pottier, *Catal. vas. Louvre*, p. 1005 ; Nicole, *Corp. céram. gr.*, p. 23, note 2 ; Hoppin, *Handbook redfig.*, I, p. 137, n° 85, (attribué à Brygos) ; S.-B. Luce, *Americ. Journ.*, 1922, p. 175.
Rev. B. dans notre pl. 123.

G 156. Skyphos attribué au potier Brygos (forme de jatte haute à deux anses). — Deux sujets sur la panse. *A*. **Komos d'hommes et de femmes**. Deux couples d'un homme et d'une femme. A gauche, un éphèbe (cheveux au contour ondulé ceints d'une large bandelette nouée en rouge réservé, œil en point noir dans ovale ouvert, légère barbe blonde sur la joue) s'avance vers la droite avec une démarche avinée, le corps renversé en arrière, la main gauche étendue et s'arc-boutant de la main droite sur une longue canne noueuse ; il est nu, avec un ample himation (large bordure noire dentelée, lignes transversales de petits points) rejeté dans le dos et ramené sur les bras (la poitrine, l'épaule droite, le bras gauche avec la draperie, le devant du torse, une partie de la cuisse droite, toute la cuisse et la jambe gauches avec le pied, le pied droit ainsi qu'une partie de la jambe, et tout le bas du manteau du même côté sont complètement refaits). La femme marche également vers la droite en retournant la tête (cheveux blonds en traits noirs sur fond jauni, large bandelette en rouge réservé, œil restauré ainsi que la plus grande partie du visage) ;

des deux mains levées elle noue sa bandelette ; elle est vêtue d'une tunique à rabat recouverte d'un long himation (même bordure, semis de petits points noirs ; le bras droit, tout le bas du personnage et une partie du manteau refaits). L'autre couple marche devant ; l'homme barbu, la tête complètement renversée en arrière (cheveux au contour ondulé, grosse couronne en rouge réservé semée de petits points noirs, œil en point noir dans ovale ouvert), chante, la bouche largement ouverte ; il est nu (parties pileuses indiquées sur la poitrine et sur le ventre) avec un himation (même disposition dans le dos et sur les bras, bordure noire unie, lignes de points noirs) et joue de la lyre, tenant de la main droite le plectre qu'on aperçoit entre les cordes (longs montants restaurés, cordes noires en relief, cordon du plectre et attaches des cordes en rouge mat). Le bras et la main gauche qui tenait la lyre ont disparu en partie dans une restauration maladroite (partie du cou, jambe et pied droits également refaits). Au-dessus de lui, dans le champ inscription en rouge mat incomplète : Λ.Ε< (peut-être un nom d'éphèbe finissant en ης et suivi de καλός ?). La femme marche devant lui en étendant le bras gauche et en retournant la tête (cheveux en masse noire sur le front, recouverts d'un cécryphale ; œil en point noir dans ovale ouvert, bouche entr'ouverte) ; elle porte une tunique plissée recouverte d'un long himation (bordure noire dentelée, semis de points noirs ; restaurations sur l'épaule droite et dans les plis). Au second plan, petit arbre aux branches grêles, portant des feuilles en rouge mat. Sous l'anse, deux personnages : une fillette (tête refaite) vêtue d'une tunique plissée à rabat et d'un himation drapé sur les bras (restaurations dans l'himation et la tunique) porte deux flûtes dans la main droite et relève un pli de la tunique avec la main gauche. Devant elle un jeune garçon (guirlande en rouge mat sur les cheveux, œil en point noir dans ovale ouvert, bouche ouverte), le côté droit nu et dégagé, le reste du corps couvert d'un himation drapé, marche en tenant de la main droite une large coupe (les deux bras et une grande partie de la draperie grossièrement refaits). Ces deux figures servent de liaison entre la première scène et la suivante. — *B.* **Même sujet.** A gauche un homme barbu (même type, même barbe, même œil, même grosse couronne à petits points par-dessus laquelle passe une large bandelette en rouge réservé, posée sur le front et nouée par derrière avec un long bout pendant), le corps nu (mêmes détails) avec un himation (même disposition, même décoration en points), enlace tendrement par le cou avec son bras droit (long bâton noueux dans la main droite) et tient de la main gauche par le poignet droit une femme (chevelure blonde à traits noirs, large bandelette nouée en rouge réservé avec bordure noire aux bouts, même œil, boucle d'oreille en point noir dans un petit cercle) vêtue d'une tunique à rabat recouverte d'un himation (même bordure, semis de points noirs ; restaurations dans les plis et le bas de la draperie). L'autre couple comprend aussi un homme et une femme. L'homme (même type, même barbe, même œil, même coiffure, avec la bandelette posée sur la couronne au lieu d'être nouée par-dessus), le corps nu (mêmes détails) couvert d'un himation (même disposition, même bordure, semis de points), marche vers la droite, en tenant de la main droite une longue canne noueuse ; il passe son bras gauche (invisible) derrière la femme (même type, même boucle d'oreille ronde, mêmes cheveux blonds, bandelette analogue, avec franges au bout) qui tourne la tête vers lui ; elle est vêtue d'une tunique plissée recouverte d'un himation (même bordure, lignes de points noirs) qui la drape presque entièrement et recouvre le bras droit ; la main gauche relève au-dessus de l'épaule les plis du manteau (restaurations dans le manteau et les jambes de l'homme, avec un faux trait antique au talon droit ; le bras gauche, plusieurs

plis de l'himation et tout le bas du corps de la femme sont refaits). Devant eux, un jeune garçon (bandelette en rouge mat, œil en point noir dans ovale ouvert) marche vers la droite en retournant la tête, le torse vu de face, drapé dans un himation qui laisse nu le côté droit ; il tient de la main droite par le pied une grande coupe (large vasque, pied élancé, anse noire) et de la main gauche étendue une lampe allumée (flamme en rouge mat ; quelques restaurations dans le cou, la draperie et la jambe gauche). Au second plan, un petit arbre analogue à l'autre avec feuilles rouge mat. Sous l'anse une petite fille, vêtue d'une tunique à rabat, joue de la double flûte (la tête, une grande partie du vêtement et des flûtes sont complètement refaites).

Noir lustré sur la panse. Sous les personnages, un filet en rouge réservé.

Terre rougeâtre. Emploi de la retouche en rouge mat. Esquisse visible. Bon style de la première moitié du v⁵ siècle. Recollé en un très grand nombre de morceaux et fortement restauré ; sont refaits les deux anses, le rebord de la base et le fond sauf un morceau antique. Haut., 0,195 ; diam., 0,235.

(Inv. Campana 1061.) Trouvé en Italie dans la région de Nola et entré en 1863 ; cf. *Cataloghi Campana*, série XI, n° 75 ; Gerhard dans *Arch. Zeit. Anzeiger*, 1859, p. 143, n° 158. Reproduit par Elie Faure, *Hist. de l'Art* (*l'Art antique*), p. 201, sous le titre inexact de Canthare d'Epigénès ; Phot. Alinari, n° 23693. Mentionné par Hartwig, *Meistersch.*, p. 388 (la place de l'inscription mal indiquée) ; Pottier, *Catal. vas. Louvre*, p. 1006 ; Beazley, *Attic Vas.*, p. 90 ; Nicole, *Corp. céram. gr.*, p. 23, note 2 ; Hoppin, *Handbook redfig.*, I, p. 137, n° 86.

Vue d'ensemble avec le côté B et sujet A dans notre pl. 123.

G 157. Coupe attribuée à l'atelier de Brygos (vasque large, anses à bouts carrés un peu relevés, une refaite ; pied moyen sur disque plat à ressaut ; toute une partie de la coupe est refaite en plâtre). — Un sujet dans l'intérieur et un sur chaque revers. — Int. *A.* **Homme barbu et joueuse de flûte.** A droite, un homme barbu, la main droite posée sur la tête inclinée en arrière, dans une attitude avinée (cheveux à mèches courtes, ceints d'une guirlande en rouge mat, œil en point noir dans ovale ouvert, bouche entr'ouverte comme s'il chantait), s'appuie de la main gauche sur une canne noueuse ; il est vêtu d'un himation dont un pan est rejeté sur le haut de sa canne (bordure noire à petits denticules et semis de points noirs), dégageant le haut du corps nu, vu de face (semis de points noirs pour imiter des parties pileuses). A gauche lui fait face une joueuse de flûte, la tête renversée en arrière, la joue gonflée (coiffure courte ceinte d'une guirlande en rouge mat, œil en point noir dans ovale fermé), les deux mains avancées tenant l'instrument ; elle est vêtue d'une tunique fine à manches et à rabat (collier au cou en points noirs) et par-dessus est jeté un himation qui recouvre l'épaule et le bras gauche (même bordure et semis de points). Les deux personnages sont coupés aux jambes par une cassure. — Revers *B.* **Komos de buveurs et danseurs.** A gauche s'avance, le corps penché, la main droite basse, la main gauche tenant par le pied une coupe, un homme barbu (même type que précédemment) ; sur le corps nu est jeté un himation (même bordure), qui couvre l'épaule et le bras gauche avec un pan envolé dans le dos. Devant lui, le corps nu de face, la jambe droite levée et repliée, danse avec frénésie un homme barbu (même type), la tête penchée, jouant des crotales de ses deux mains écartées ; un himation (même bordure), jeté dans le dos, passe sur la jambe droite et sur le bras gauche. A droite une joueuse de flûte (même type que précédemment, même costume sans himation) marche vers la gauche, retournant le corps vers la droite, avec les deux mains tenant l'instrument. Elle regarde du côté d'un quatrième personnage dont la tête et la main gauche ont disparu ; c'est un homme au corps nu et pileux ; il s'avance en dansant, renversé en arrière, la main droite étendue, portant sur l'épaule gauche, suspendu à un bâton, le sac à provisions dans son réseau de liens terminé par des effilés rouge mat; un himation (même bordure) couvre son dos et revient sur les deux bras. Derrière lui court un chien poilu, la bouche ouverte et la langue tirée, dont le corps est coupé par une cassure. Sous l'anse, entre les deux revers, une chienne à poil ras, aux mamelles pendantes, marche vers la gauche, la bouche ouverte (dents visibles). — Revers *C*. **Suite du même sujet**. De ce revers il ne reste qu'un personnage, un homme barbu, la tête renversée en arrière (même type), marchant vers la gauche en dansant, le pied gauche levé, chaussé d'un cothurne, le corps nu avec un himation dans le dos (même bordure), qui revient sur les deux bras ; de la main gauche élevée il tient une coupe par le pied et porte de la main droite étendue un étui à flûtes. On voit encore devant lui, coupé par une cassure, le bout de l'instrument tenu par le personnage qui lui faisait vis-à-vis.

Intérieur noir. Grecque serrée autour du sujet central. Un filet en rouge réservé sous les revers, un autre sur le ressaut du pied. Tranche du disque en clair. Large bande noire sous la base.
Terre rougeâtre. Emploi de la retouche en rouge mat. Esquisse visible. Style soigné de la première moitié du v⁰ siècle. Nombreux fragments recollés et importantes restaurations en plâtre. Haut., 0,12 ; diam., 0,31 ; avec les anses, 0,40.
(Inv. Fragm. Campana n° 5.) Trouvé en Italie et entré en 1863. Mentionné et décrit par Hartwig, *Meistersch.*, p. 337-338 (il dit par erreur que l'homme du sujet intérieur est sur un lit); Pottier, *Catal. vas. Louvre*, p. 1007 ; Beazley, *Attic Vas.* p. 104, n° 87 (style de Makron) ; Nicole, *Corp. céram. gr.*, p. 23, note 2. Int. A et rev. B dans notre pl. 123.

G 158. Fragment de coupe attribuée à l'atelier de Brygos (morceau de la vasque, pied brisé). — Un sujet dans l'intérieur et un sur les revers. — Int. *A*. **Éphèbe dans la palestre**. On ne voit que le bas du personnage et, dans le champ derrière lui, une pioche pour remuer le sol de l'arène ; les jambes sont nues ; il marchait vers la droite et soutenait sans doute sur le bras un himation dont la partie inférieure subsiste (bordure noire à petits denticules). — Revers *B*. **Exercices dans la palestre**. Reste seulement le groupe de droite. Un paidotribe barbu (cheveux à contour ondulé ceints d'une guirlande de feuillage en rouge mat, œil en point noir dans ovale fermé), tenant de la main gauche deux petits rameaux en rouge mat et de la main droite une longue baguette fourchue, marche vivement vers la droite pour intervenir entre deux lutteurs ; il est vêtu d'un himation (bordure noire à denticules) qui dégage le côté droit. A droite, du groupe de lutteurs restent seulement quatre jambes nues entremêlées. Derrière eux, une colonnette cannelée sur une base rectangulaire sépare ce sujet du suivant. — Revers *C*. **Sujet analogue**. De ce côté il ne reste que le pied nu d'un lutteur, arc-bouté sur le sol.

Noir lustré. Grecque serrée autour du sujet central. Sous les revers, un filet en rouge réservé.
Terre rougeâtre. Emploi de la retouche en rouge mat. Esquisse visible. Bon style de la première moitié du v⁰ siècle.
Fragment recollé en deux morceaux. Haut., 0,17 ; larg., 0,14.
(Inv. Fragm. Campana 121.) Trouvé en Italie et entré en 1863. Pottier, *Catal. vas. Louvre*, p. 1007 ; Nicole, *Corp. céram. gr.* p. 23, note 2 ; Caskey, dans *American Journ. arch.* 1915, p. 132, note 2; Beazley, *Attic Vases*, p. 106, n° 99 (style de Makron) ; Hoppin, *Handb. redfig.*, p 205, n° 97.
Le rev. B dans notre pl. 124.

G 159. Fragment de coupe attribuée à l'atelier de Brygos (pied scié, vasque endommagée). — Un sujet à l'intérieur et un sur chaque revers. — Int. *A*. **Ménade fuyant**. Elle court vers la gauche, retournant la tête inclinée (cheveux épars à mèches noir en point noir jauni, ceints d'une bandelette en rouge mat ; œil en point noir dans ovale fermé, boucle d'oreille en anneau) ; elle est vêtue d'une tunique fine à rabat, recouverte par une nébride dont les pattes sont nouées par devant (peau de panthère semée de

taches noires) ; les mains sont enveloppées dans des manches longues. A gauche est planté en terre un thyrse autour duquel s'enroule un serpent (peau tachetée de points noirs), dont la tête plate s'élève vers le bras de la Ménade. De ce côté une roche aux formes irrégulières dessine l'entrée d'une sorte de caverne. — Revers *B*. **Dionysos entre un Silène et une Ménade**. A gauche, près d'un rocher aux formes irrégulières, un Silène (le haut du corps et la tête manquent) tient de la main droite étendue une grande amphore à base pointue ornée d'une guirlande de lierre, de la main gauche une œnochoé dont il verse le contenu dans le canthare que lui tend Dionysos. Le dieu barbu (le haut de la tête a disparu) marche vers la droite, retournant la tête, tenant de la main droite étendue un canthare à pied et anses hautes, de la main gauche (disparue) un cep de vigne à trois grosses grappes et petites feuilles en rouge mat ; il est vêtu d'une tunique fine que recouvre un himation serré à la taille. A droite s'avance vers lui une Ménade (le corps à moitié disparu), la tête inclinée (cheveux épars avec mèches en noir jauni, ceints d'une bandelette en rouge mat, œil en point noir dans ovale ouvert, boucle d'oreille en anneau, même costume que l'autre). — Revers *C*. **Ménade fuyant entre deux Silènes**. A gauche, un Silène barbu (haut de la tête et grande partie du corps disparus) court vers la droite, le bras gauche étendu, pour saisir la Ménade qui fuit. Celle-ci court en retournant la tête (même type et même costume que les autres, grand rabat de la tunique à manches sillonné de traits en noir jauni) ; elle étend le bras gauche enveloppé par l'étoffe et tient de la main droite un grand thyrse. A droite, il ne reste du second Silène que les deux jambes, la queue de cheval et la main gauche étalée sur la paroi d'une roche aux formes irrégulières.

Intérieur noir. Grecque serrée autour du sujet central. Deux filets en rouge réservé sous les revers.
Terre rougeâtre. Emploi de la retouche en rouge mat. Pas d'esquisse visible. Style fin de la première moitié du v⁰ siècle. Morceaux antiques enchâssés dans une reconstitution de plâtre. Anses et pied disparus. Haut. du fragm., 0,08 ; diam. de la vasque, 0,22.
(Inv. Fragm. Campana 134.) Trouvé en Italie et entré en 1863. J'ai rapproché (*Catal. des Vases*, p. 1008) le style de ce morceau de certaines œuvres du fabricant appelé par M. Hartwig « le Maître à la tête chauve », apparenté à Brygos. Cf. Nicole, *Corp. céram. gr.*, p. 23, note 2 ; Hoppin, *Handbook redfig.*, 1 p. 137, n° 87 (attribué à Brygos).
Intérieur A et revers C dans notre pl. 124.

G 160. Fragment de coupe attribuée à l'atelier de Brygos (reste du fond de la vasque et du pied). — Un sujet dans l'intérieur. — **Ménade courant et portant un faon**. Elle s'avance vers la droite (pieds chaussés de cothurnes), tenant de la main droite un thyrse (liens entortillés autour de la hampe) et de la main gauche élevée porte sur son dos, en le tenant par la patte de derrière, un faon (peau tachetée de points noirs) ; sa tête est penchée (cheveux épars, ceints d'une couronne de feuillage en rouge mat, œil en point noir dans ovale fermé) ; elle est vêtue d'une tunique transparente qui laisse voir le corps nu ; le rabat flottant est sillonné de traits d'un noir pâle jauni et recouvert d'une nébride à grosses taches noires. — Rien n'est conservé des revers, s'ils ont été peints.

Noir dans l'intérieur. Grecque serrée autour du sujet central. Emploi de la retouche en rouge mat. Traces de l'esquisse. Style fin de la première moitié du v⁰ siècle. Restes d'un goujon de bronze qui reliait le pied à la vasque (restauration antique). Haut. du fragm., 0,035 ; larg., 0,11.
(Inv. Fragm. Campana 22.) Trouvé en Italie et entré en 1863. Cf. Pottier, *Catal. vas. Louvre*, p. 1008 ; Beazley, *Attic Vas.*, p. 103, n° 26 (style de Makron) ; Hoppin, *Handb. redfig.*, 11, p. 105, n° 98. Int. dans notre pl. 125.

G. 161. Fragment de coupe attribuée à l'atelier de Brygos (morceau du revers de la vasque). — **Éphèbe**

dansant (?). Il est dans une pose très contournée et curieuse, les jambes tournées vers la gauche, le torse de face, la tête retournée à droite et regardant en l'air (coiffure à mèches courtes ceintes d'une bandelette en rouge mat qui retient une grosse fleur sur le sommet de la tête, œil en point noir dans le coin de l'ovale très allongé et fermé) ; la main droite est rapprochée du côté droit, le bras gauche levé et la main renversée avec les doigts touchant l'épaule gauche. Sur le corps nu est jeté un himation (bordure noire dentelée et semis de petits points), qui couvre l'épaule gauche et le bras droit. Le bas des jambes manque. A droite les restes d'un autre éphèbe dont on ne voit que le haut de la tête (même type et même coiffure) et qui lève la main droite vers sa couronne. A gauche, les restes d'un ustensile dans le champ (ou extrémités de deux baguettes?).

> Beau lustre noir. Emploi de la retouche en rouge mat. Esquisse visible. Haut., 0,06 ; long., 0,14.
> (Inv. Fragm. Campana 101.) Trouvé en Italie et entré en 1863. Cf. Pottier, *Catal. vas. Louvre*, p. 1008 ; Beazley, *Attic Vas.*, p. 96, n° 25 (style du peintre de la Gigantomachie) ; Hoppin, *Handb. redfig.*, I, p. 138, n° 88 *a* (attribué à Brygos).
> Revers dans notre pl. 125.

G 161 *bis*. Fragment de coupe attribuée à l'atelier de Brygos (morceau du rebord). — Reste du sujet placé sur un des revers. — **Femme nue, jouant des crotales.** Elle a le corps rejeté en arrière, la tête penchée sur l'épaule droite (cheveux à contour ondulé ceints d'une bandelette en rouge mat, œil en point noir dans ovale ouvert) ; elle tient de la main gauche avancée des crotales ; l'autre main (disparue) devait tenir l'autre paire. Un personnage était placé à droite ; on ne voit plus que son bras et sa main allongée, tendus vers le corps de la femme. Dans le champ à gauche, reste d'un objet indistinct dont une pointe se termine par des effilés en rouge mat. Au-dessus et à droite de la femme, inscription en rouge mat : . Ο ΠΑΙ𝖲 et ΚΑⱢΟ. (ὁ παῖς καλό[ς]).

> Noir lustré. Terre rougeâtre. Emploi de la retouche en rouge mat. Pas d'esquisse visible. Bon style de la première moitié du ve siècle. En plusieurs morceaux recollés. Haut., 0,04 ; larg., 0,095.
> (Inv. Fragm. Campana 82.) Trouvé en Italie et entré en 1863. Cf. Pottier, *Catal. vas. Louvre*, p. 1009 ; Nicole, *Corp. céram.. gr.* p. 23. note 2 ; Hoppin, *Handb. redfig.*, I, p. 138, n° 88 *b* (attribué à Brygos).
> Revers dans notre pl. 125 (sans le personnage de droite).

G 162. Grand cratère (forme de cloche, le bas de la panse en gros bourrelet, anses placées bas et relevées, large pied court à deux degrés). — Le sujet fait tout le tour de la panse, mais il se divise en deux scènes. — *A.* **Retour d'Héphaistos dans l'Olympe.** Héphaistos barbu, assis « en dame » et comme accroupi, les deux pieds nus ramenés sous lui, sur un grand mulet ithyphallique harnaché, est vu de face, retournant à gauche sa tête de profil, coiffé d'un pilos conique, ceint d'une couronne de lierre ; de la main droite il porte son marteau et ses tenailles de forgeron ; de la main gauche, passée derrière le cou du mulet, il tient un bout de la rêne (rouge mat) dont l'autre bout est aux mains d'Hermès qui conduit le dieu ; près de lui, à droite, en deux parties séparées par le cou du mulet, inscription en rouge mat ΗΕΦΑΙ𝖲ΤΟ. (tunique par-dessus laquelle est jeté le manteau, dégageant le côté droit et le bras nu ; œil refait dans une cassure). Il est suivi à gauche de deux Silènes barbus, dont le premier joue de la double flûte (tête chauve couronnée de lierre, cheveux et barbe hirsutes, œil rond et comme dilaté, restauration dans le torse) et dont le second, ithyphallique, le corps de face, retournant la tête (très restaurée et refaite), la main droite sur la hanche, soutient de la main gauche sur son épaule un long couvercle de pithos à vin (restauré). A droite d'Héphaistos et tenant de la main droite abaissée un des bouts de la rêne du mulet

(en rouge mat), marche Hermès barbu, portant le caducée de la main gauche relevée (refaite), coiffé d'un large pétase, avec de grandes talonnières ailées aux jambes (cheveux en grènetis saillant par devant ; deux traits incisés et ondulés semblent indiquer un lien qui enserre la chevelure par derrière; une longue boucle ondulée retombant sur l'épaule gauche ; pupille de l'œil placée dans le coin interne qui est ouvert ; courte tunique plissée et chlamyde agrafée sur l'épaule droite). Il amène Héphaistos devant Zeus drapé (tunique talaire et manteau), qui est assis à droite sur un trône en forme de siège de bois, aux montants découpés et ornés de palmettes et rosaces, tenant de la main gauche un long sceptre surmonté d'une palmette (tout le haut du personnage mal restauré et refait depuis la ceinture, en homme barbu, aux cheveux pendants, la tête ceinte d'un bandeau orné de feuillage). — *B.* **Dionysos et le thiase bachique, ramenant Héphaistos.** Cette composition s'enchaîne avec la précédente. On y voit au centre un groupe de Dionysos barbu, tenant de la main gauche (restaurée) un court rameau de lierre, de la droite abaissée un grand canthare (longue tunique à manches, manteau placé sur le dos et remontant sur la nuque comme un vêtement de femme ; pupille de l'œil en cercle placé dans le coin interne qui est fermé ; cheveux séparés du fond par un trait réservé ondulé, longue boucle pendant à droite le long du cou), ayant pour compagnon à sa gauche et en arrière-plan un Silène barbu (même coiffure que Dionysos, œil rond à pupille noire placée fort bas dans le coin externe fermé); celui-ci de la main gauche élevée porte deux marteaux et passe la main droite autour de la taille du dieu, en tenant à poignée de grandes tenailles et une longue hachette. Ce groupe est précédé à droite d'un Silène barbu retournant la tête (visage entièrement refait, tête chauve couronnée de lierre, organe viril infibulé), chaussé d'endromides (pied droit refait avec l'endromide), tenant de la main gauche une lyre dont il joue (lien pendant en rouge mat) et de la main droite relevée le plectre ; puis d'une Ménade drapée (tête refaite ; pointillé noir en collier sur le cou qui est antique), portant une courte pardalide ramenée par devant sur une longue tunique talaire à rabat, dont les deux manches cachent complètement les bras, l'un levé, l'autre abaissé, dans un mouvement de danse (manche gauche restaurée). Dans le champ, entre cette Ménade et le Silène au couvercle de pithos de la scène précédente, inscription en rouge mat : ΚΑⱢΟ𝖲 (καλός). Derrière Dionysos, à gauche, une autre Ménade semblable à celle-ci, dans la même pose (tête baissée, couronnée de lierre, aux boucles de cheveux éparses et ondulées; pupille de l'œil noire dans le coin externe ouvert ; pardalide dans le dos avec les pattes de la panthère nouées par devant), est suivie d'un Silène barbu (tête couronnée de lierre, œil rond et comme dilaté, organe viril infibulé), qui joue de la double flûte. Près de la tête de ce Silène une lettre peinte en rouge mat Κ paraît le début d'une inscription en grande partie disparue qui se prolongerait au-dessus de la Ménade (partie restaurée) et aboutirait à droite de sa main gauche aux lettres ΔΕ𝖲. On distingue, en plus, au-dessus des marteaux tenus par le compagnon de Dionysos, les lettres ΚΑ. Suivant M. Beazley, le vase serait, d'après le style, une œuvre faite dans l'atelier du potier Kléophradès (*Journal hell. studies*, XXX, 1910, p. 66) ; la distance des lettres avec le début Κ conviendrait bien à cette hypothèse. Mais d'autre part, comme le ΚΑ qui suit le nom propre suggère la restitution καλός, nous aurions plutôt ici un nom d'éphèbe, comme Κ (αλλιά) ΔΕ𝖲 ΚΑ (λός). Le nom qui a été inscrit reste, en somme, douteux.

> Noir dans tout l'intérieur avec deux filets rouges repeints près du rebord ; noir sur le rebord supérieur, sur la zone des personnages, sur la partie supérieure des anses, la base et le pied, sauf un filet

rouge réservé entre le plat du pied et la tranche. En haut du vase, sous le rebord, zone circulaire de palmettes obliquement couchées (rouge réservé). Sous les pieds des personnages une grecque noire serrée, semée de temps en temps de croix ; la bande est interrompue par les anses dont les attaches sont décorées d'une palmette surmontée de deux volutes ; entre les deux attaches d'anse un espace vide, de la couleur de l'argile.

Terre rougeâtre. De rares retouches de rouge mat pour quelques accessoires. Traces d'esquisse visible et détaillée sur presque tous les personnages. Style sévère de la première moitié du ve siècle. Le vase recollé en plusieurs morceaux a subi des restaurations importantes (notées aussi par M. Beazley, *l. c.*, p. 67). Haut., 0,425 ; diam. à l'embouchure, 0,48.

(Inv. Campana 754.) Trouvé en Étrurie (probablement à Vulci, dit le rédacteur des *Monumenti*, mais je ne sais pas d'après quel renseignement) et entré en 1863. Cf. *Cataloghi Campana*, série IV-VII, n° 870.

Publié dans les *Monumenti inediti dell'Inst.*, *Supplemento*, 1891, p. 4, pl. XXV ; cf. Wäntig, *De Vulcano in Olympum reducto* (Leipzig, 1877), p. 27 ; S. Reinach, *Répert. vases peints*, 1, p. 234 ; Pottier, *Catalog. vas. Louvre*, p. 1009 ; Beazley, dans *Journal hell. studies*, XXX, 1910, p. 66 ; *Attic Vas.*, p. 44 et p. 193 ; Hoppin, *Handb. redfig.*, II, p. 148, n° 40 ; Hartwig, *Meisterschalen*, p. 618 (décrit par erreur comme une coupe).

G 163. Grand cratère (forme de cloche, le bas de la panse en gros bourrelet, anses placées bas et relevées, large pied court à deux degrés). — Un sujet sur chaque côté de la panse et un sujet sur chaque côté de la base en bourrelet.

A. **L'Ambassade auprès d'Achille.** Achille, assis sur un tabouret recouvert d'une peau de panthère, se penche en avant, la main droite (refaite), posée sur sa tête dans une attitude douloureuse ; il est entièrement enveloppé dans un grand himation passé par-dessus une tunique talaire (restauration dans la partie inférieure), les pieds nus, les cheveux en mèches éparses sur le cou (restaurées comme le trait rouge séparant les cheveux du fond ; indication en noir jauni d'une barbe légère sur la joue ; l'œil de profil avec la pupille placée dans le coin interne qui est ouvert). Derrière lui, à droite, Diomède ꓷIOMEΔEꙄ (en lettres rétrogrades rouges pâlies) debout, la jambe gauche fléchie (pieds nus en partie restaurés), enveloppé dans un himation (des restaurations) couvrant l'épaule gauche, dégageant le bras (restauré) et l'épaule droite et une partie du dos nu ; la main droite (restaurée) est posée sur la hanche ; un baudrier noir passe en travers du dos et soutient une épée dont le fourreau noir dépasse le repli de l'himation ; il s'appuie de la main gauche (non visible) sur une longue canne noueuse dont le bout pose en terre entre les pieds du tabouret d'Achille (visage barbu avec faible moustache en noir rougi ; œil de face en ovale fermé avec pupille placée plus près de l'angle interne ; cheveux en masse noire séparée du fond par un trait rouge refait). Devant Achille et lui faisant face, Ulysse, OᒪⴸTEVꙄ (en lettres rouges pâlies) est assis sur un siège pliant à pieds en griffes de lion, tenant entre ses deux mains jointes le genou de sa jambe gauche passée par-dessus l'autre jambe (pieds chaussés d'endromides lacées jusqu'au-dessus du mollet) ; le corps nu est vêtu d'une courte chlamyde retombant dans le dos ; un baudrier noir soutient une épée dont le fourreau noir dépasse le dos en arrière ; un pétase retenu par un lien passé autour du cou est rejeté sur la nuque (l'intérieur du pétase offre lui-même des liens d'attache) ; cheveux en masse noire séparés du fond par un trait réservé rouge ondulé ; barbe longue et pointue (moustache refaite, œil refait). Dans le champ, au-dessus d'Ulysse et d'Achille, partie inférieure d'un grand bouclier rond (des restaurations) avec restes d'inscription en lettres noires jaunies ꓘO, une épée dans son fourreau suspendue par un lien et un arc (accessoires refaits et en partie ajoutés ; il n'y a d'antique que l'extrémité du fourreau). Derrière Ulysse, à gauche, un homme debout, drapé (Phœnix?), vu en partie de dos, s'appuie de la main droite sur une haute canne noueuse (le haut refait) ; il est vêtu d'une tunique talaire à grandes

manches (pieds nus refaits) et d'un long himation dont le pan est rejeté sur l'épaule gauche et retombe dans le dos (des traits jaunes très pâlis indiquaient les plis de l'étoffe sur la manche) ; cheveux en masse noire séparés du fond par un trait rouge refait ; longue barbe pointue, séparée du fond par un trait réservé ondulé (cou, visage, œil, oreille refaits). — *B.* **Transport du corps de Sarpédon par Thanatos et Hypnos.** Thanatos et Hypnos tiennent, l'un par les jambes, l'autre par la tête et le haut du corps, le cadavre gigantesque de Sarpédon, fils de Zeus (*Iliad.*, XVI, 667). C'est Hypnos qui tient le mort par le haut du corps, comme l'indique l'inscription en lettres rouges pâlies HⴸᒥNOꙄ ; il a l'aspect d'un éphèbe nu ailé ; le genou droit en terre, il passe sa main droite sous les reins du cadavre et soutient la tête de son bras gauche replié (indication des phalanges sur la main gauche en pointillé noir jauni) ; son visage tourné à gauche, des mèches de cheveux ondulés retombent sur ses épaules (œil de profil avec angle externe ouvert ; cheveux en masse noire, séparée du fond par un trait rouge ondulé refait) ; ses ailes à plumes en imbrications se déploient largement de face et semblent ombrager le mort (aile gauche très restaurée). On ne peut savoir quelle était la vraie physionomie de Thanatos, car tout le haut du corps, y compris la tête, est refait ; il n'y a d'antique que le haut de l'aile à droite, les deux jambes nues au-dessous de celles de Sarpédon (pieds nus refaits), et la main droite qui soutient le mort. Sarpédon a les traits d'un éphèbe aux longs cheveux épars (cheveux en masse noire, séparée du fond par un trait rouge refait ; œil mort et fermé, indiqué par un simple trait ; barbe légère sur la joue en noir délayé jauni) ; sa main gauche (un peu endommagée) est posée sur son ventre ; les jambes allongées sont restaurées, sauf la partie qui va du mollet au bout des pieds nus ; à la hauteur des chevilles deux ornements, en forme de courtes guêtres à galon noir dentelé, rappellent le décor souvent donné aux anaxyrides des Amazones et autres guerriers asiatiques ; il semble que par ce petit détail le peintre ait voulu marquer la nationalité de Sarpédon, roi des Lyciens. — *C.* Sur la base en bourrelet, au-dessous du sujet de l'Ambassade, un éphèbe drapé marche à droite, jouant de la double flûte (la tête, le vêtement sur l'épaule gauche, la plus grande partie des flûtes et les doigts des mains, la jambe gauche avec le bout du vêtement, le pied droit sont antiques, le reste refait) ; il est précédé par un éphèbe tenant de la main gauche étendue une corne à boire et s'appuyant sur une canne de la main droite rejetée en arrière, chlamyde recouvrant le bras gauche (antiques seulement la main gauche avec le bout du kéras, les jambes et le bout traînant de la chlamyde, le reste refait). — *D.* Sur la base en bourrelet, au-dessous du sujet de Sarpédon, un Silène barbu (oreille de porc, queue de cheval) danse, le pied gauche levé, les deux bras étendus ; il est précédé d'un autre Silène barbu (mêmes détails), qui marche à droite, retournant la tête et tendant vers son compagnon la main droite tenant une corne à boire ; de la main gauche étendue il porte une outre de vin (surface des deux personnages endommagée et en nombreuses parties restaurée, mais ensemble antique).

Noir dans tout l'intérieur, sur le rebord supérieur, sur les anses, le rebord inférieur du pied et la panse portant les personnages. En haut du vase, sous le rebord extérieur, zone de palmettes noires couchées (plusieurs restaurées), chacune entourée d'un trait en forme de cœur et accostée de petits pédoncules. Sous les pieds des personnages un trait rouge réservé (repeint) sépare la panse de la base en bourrelet ; un autre trait rouge plus court forme terrain sous les sujets C et D. La partie inférieure, à la jonction avec le pied, est ornée d'une zone de godrons noirs et rouges (plusieurs refaits). Pied noir, avec le premier degré à tranche claire.

Terre rougeâtre. Pas de retouches rouges sur les personnages. Traces d'esquisse visibles dans l'himation d'Achille, les jambes et le corps de Diomède, le corps et le bras du personnage de gauche (Phœnix?), dans les jambes d'Hypnos, les jambes de Thanatos, le bras de Sarpédon. Style sévère de la première moitié du vᵉ siècle. Le vase, cassé en beaucoup de morceaux, a été recollé avec de nombreuses restaurations. Haut., 0,475 ; diam. à l'embouchure, 0,51.

(Inv. Campana 757.) Trouvé en Étrurie et entré en 1863 ; cf. *Cataloghi Campana*, série IV-VII, nᵒ 877 (où le sujet est expliqué comme Ulysse et Pénélope ; on a pris Achille pour une femme). La même erreur d'interprétation a été commise par Luckenbach (*Jahrb. f. class. Philolog.* Suppl. Bd. XI, 1880, p. 619), et par F. Ravaisson qui y voyait Achille à Scyros, déguisé en jeune fille (*Mon. grecs relatifs à Achille*, p. 8, pl. I et 2, dans *Mém. Acad. Inscript.*, XXXIV, 1895). Brunn, dès 1858, avait bien expliqué le sujet (*Monumenti dell'Inst.*, VI, pl. XXI ; *Annali*, 1858, p. 363, pl. P ; cf. S. Reinach, *Répert. vases peints*, I p. 149, 299). Pour d'autres publications et notices, voir G. Geffroy, *Palais du Louvre*, III (*Mobilier, Objets*), p. 56 (vue d'ensemble du vase) ; C. Robert, *Bild und Lied*, p. 95 et sv. ; Marcel Laurent, *L'Achille voilé* dans *Revue archéolog.*, 1898, II, p. 155 et sv. — Pour le sujet B, on a discuté aussi sur le nom à donner au mort, Sarpédon ou Memnon? Brunn tenait pour Memnon ; C. Robert pour Sarpédon. Comme le sujet A est emprunté à l'*Iliade*, il paraît plus tentant de rapporter le sujet B à un épisode mentionné dans le même poème ; cependant il y a des raisons à faire valoir des deux côtés ; cf. mon *Catalogue des vases antiques du Louvre*, p. 1012. — M. Laurent y verrait une œuvre de Brygos ou de son école (*l. c.*, p. 162) ; les types me paraissent plutôt apparentés à l'école de Hiéron qui a traité le même sujet (G 146). M. Beazley (*Ann. brit. Sch. Ath.*, XVIII, p. 224, nᵒ 10) le place dans le groupe du Stamnos portant le nom d'éphèbe Eucharidès ; même attribution par Hoppin, *Handbook redfig.*, I, p. 359, nᵒ 17. Deux vues d'ensemble avec les deux sujets dans notre pl. 124.

G 164. Grand cratère (même forme, pied ordinaire à tranche un peu bombée). — Un sujet sur chaque côté de la panse. — *A.* **Apollon tue le géant Tityos en présence de Gê.** Apollon, sous les traits d'un éphèbe, s'avance rapidement vers la droite, le bras gauche tendu tenant l'arc, le bras droit ramené en arrière et brandissant une épée courte à large lame, le carquois dans le dos (couvercle ouvert) ; un mince baudrier en lien noir soutient le fourreau de l'épée dont on voit passer la poignée sur le côté gauche (trois liens en rouge pâle s'en détachent et retombent comme des effilés) ; il est vêtu d'une tunique à manches attachées par des fibules, relevée par deux ceintures (invisibles) en trois bouffants et dégageant complètement les jambes nues jusqu'aux cuisses (pieds nus, le droit soulevé de terre ; restaurations dans les jambes ; large cassure verticale restaurée dans la tunique), les cheveux ramenés en avant par mèches qui retombent par-dessus l'oreille et sur le cou, ceints d'une couronne de laurier en petites feuilles de rouge réservé ; le cou fort et large (indication des muscles en trait noir fin ou en noir délayé et jauni) ; l'œil de profil avec la pupille en petit cercle dans le coin interne qui est ouvert (paupières entièrement bordées de cils). Au-dessus de son bras gauche étendu, dans le champ, inscription ΑΠΟLLΟΝ (Ἀπόλλων), en rouge mat. Devant Apollon, à droite, le géant Tityos, barbu, le visage vu de trois quarts (des fautes dans le raccourci, la ligne du nez n'étant pas dans l'axe de la bouche), le corps de face, tombe en pliant le genou gauche, la jambe droite fortement portée à gauche (restauration dans cette jambe et dans le ventre), la main droite étendue comme pour implorer Apollon, la main gauche passée autour de la taille de sa mère Gê, comme s'il s'accrochait à elle ; son corps nu (musculature en trait noir jauni, poils en noir jauni tout le long de la ligne verticale du thorax, poils du pubis en grènetis noir saillant) est couvert d'une nébride qui, nouée par devant, couvre le dos et flotte en arrière ; chevelure en mèches noires séparées et relevée par derrière en chignon par un lien qui serre la tête ; barbe en mèches éparses ; bouche de face entr'ouverte avec indication des dents, la lèvre inférieure soulignée par de petits traits en noir délayé ; les yeux de profil avec la pupille en cercle dans le coin externe qui est ouvert, les paupières bordées de cils ; les pieds nus sommairement indiqués. La déesse Gê en femme drapée, vêtue d'une tunique à manches et d'un court himation retombant en plis ondulés (parties restaurées), marche vivement à droite comme si elle fuyait, retournant la tête et tendant le bras droit vers Apollon comme pour l'implorer ou l'arrêter, la main gauche haute et relevant d'un geste élégant la manche de sa tunique ; pieds nus sommairement indiqués et restaurés ; chevelure en mèches séparées, ceinte d'un bandeau surmonté d'une courte stéphanè, avec les bouts pendants qui retombent sur le cou et le bout des cheveux serré par un lien (oreille tout entière dessinée en noir par-dessus le noir des cheveux) ; œil de profil comme dans les précédents avec indication des cils. La particularité la plus curieuse de cette figure est la présence de trois flèches (évidemment lancées par Apollon) qui sont plantées dans la poitrine de la déesse comme sur une sorte de pelote en forme de cœur ou de fruit (restauration à la partie inférieure). Voir ci-dessous pour l'interprétation de cet objet. Derrière la déesse, à droite, se dresse un haut palmier au tronc noueux (restauré), avec huit rameaux symétriquement disposés (un restauré) ; il rappelle sans doute Latone et le palmier auprès duquel elle avait, dit-on, accouché à Délos. — *B.* **Nérée et une Néréide?** Une femme drapée marche vivement vers la droite, les deux bras étendus (restaurés) vers un vieillard barbu, qui marche aussi à droite, s'appuyant de la main gauche sur un haut sceptre surmonté d'une palmette, et qui se retourne vers la femme en élevant la main droite comme par un geste de surprise. Entre eux, dans le champ, inscription ΚΑLΟS (καλός) en rouge mat. La femme est vêtue d'une tunique à manches amples (quelques restaurations) et d'un himation rejeté dans le dos ; pieds nus sommairement indiqués ; bracelet noir au bras droit ; cheveux en masse noire serrés par un lien en rouge réservé et séparés du fond par un trait rouge ondulé ; œil de profil avec pupille en point noir dans l'angle interne qui est ouvert. L'homme est vêtu d'une tunique à manches attachées par des fibules (plis indiqués en noir jauni) que recouvre un grand himation ; pieds nus sommairement indiqués ; cheveux et barbe en ton gris mat formant relief (peut-être recouvert d'une autre couleur, du blanc? qui aurait disparu) ; l'œil de profil comme chez la femme. Le sujet paraît détaché d'une composition plus importante et souvent reproduite, où l'on voit les Néréides fuyant qui viennent raconter à Nérée et à sa femme l'enlèvement de Thétis par Pélée. Il serait moins vraisemblable de songer à Thétis venant implorer Zeus.

Noir dans tout l'intérieur avec un cercle rouge réservé près de l'embouchure ; noir sur le rebord supérieur, la partie supérieure des anses, toute la panse à personnages, la base et le pied (sauf un filet rouge réservé entre le plat du pied et la tranche). Trois clous de bronze (restauration ou consolidation antique) relient le dessous du pied à la base. — En haut du vase, sous le rebord, zone circulaire de palmettes en rouge réservé (deux palmettes, l'une droite, l'autre renversée, sont superposées et encadrées dans deux cercles accostés de volutes ; chacun de ces ornements alterne avec un autre composé de deux fleurons superposés de la même manière). Sous les pieds des personnages, un filet en rouge réservé et, en dessous, une bande de palmettes du même type qu'en haut, alternant avec un fleuron droit accosté de volutes ; cette bande est interrompue par les anses dont les attaches sont décorées d'une manchette de godrons en rouge réservé ; l'intervalle entre les deux montants de l'anse présente un espace vide, de la couleur de l'argile.

Terre rougeâtre. Pas de retouches rouges sur les personnages. Esquisse très visible et profondément creusée avec une pointe émoussée dans l'argile seulement séchée (avant cuisson), dessinant les bras, jambes et tête d'Apollon, le bras droit et le corps de Tityos (avec la jambe gauche repliée, qui a été ensuite recouverte par la draperie de Gê), la tête, les seins, le bras gauche de la déesse, le tronc du palmier. Esquisse semblable dans les plis de la draperie et les pieds de la Néréide, dans le bras droit et l'himation de Nérée. Style sévère de la première moitié du v⁰ siècle. Le vase, cassé en peu de morceaux, a été recollé ; les restaurations ne sont pas importantes. Haut., 0,505 ; diam. à l'embouchure, 0,51.

(Inv. Campana 751.) Trouvé en Étrurie et entré en 1863 ; cf. *Cataloghi Campana*, série IV-VII, n° 792 (où le sujet est expliqué comme Apollon perçant de trois flèches la nymphe Coronis que défend un homme barbu) ; *Monumenti e Annali*, 1856, p. 44, pl. XI (où Preller interprète Apollon tuant Tityos qui enlève Latone, mais il avoue ne pas comprendre l'objet placé sur la poitrine de la femme où sont fixées trois flèches) = S. Reinach, *Répertoire de vas.*, 1, p. 245 (qui suppose une plaque fixée à la poitrine de Gé) ; de Witte, *Étude sur les vases peints de la Coll. Campana* (Apollon, Tityos et Latone), p. 15 ; *Gazette des B.-Arts*, 1883, I, p. 489 (Duranty) ; Woltmann, *Geschichte der Malerei*, p. 76, fig. 13 ; Overbeck, *Atlas der Kunstmythologie*, pl. XXIII, n° 6 ; Springer, *Handbuch der Kunstgeschichte*, 7⁰ édition par Michaelis, 1904, p. 168, fig. 312 (Apollon, Tityos, Léto) ; Phot. Alinari, n° 23679. Il est groupé avec d'autres vases du même style par J. D. Beazley, dans *American Journal of arch.*, 1916, p. 147, note 1 (le maître du cratère de Bologne) ; Hoppin, *Handb. redfig.* I, p. 79, n° 7.

J'ai expliqué (*Catalogue des vases du Louvre*, p. 1014) l'objet percé de trois flèches sur la poitrine de la déesse comme le sein droit, déjà gonflé par les blessures, ce qui expliquerait sa position et son volume anormal par rapport au sein gauche indiqué sous la draperie. Remarquons que l'artiste a souligné par un semblable trait d'esquisse le sein gauche sous la draperie et le sein droit nu et que dans ce dernier il avait même figuré le mamelon du sein ; puis, avec le pinceau il a transformé et grossi ce sein sous la forme qu'il présente actuellement (sauf le trait inférieur qui est restauré). J'ai un peu plus d'hésitation, aujourd'hui que je connais le vase à figures noires où l'on voit Hercule tirant de l'arc contre Eurytos, roi d'Œchalie, et contre ses fils, et où Iole, debout à droite, a près de son cou une grosse boule percée de quatre flèches (évidemment lancées par Hercule) ; ce détail paraît être en étroit rapport avec celui de notre vase du Louvre, mais il est resté inexpliqué (cf. Bienkowski, dans *Jahreshefte* de Vienne, III, 1900, p. 64, fig. 6) et il jette un certain doute sur le sens que j'ai proposé (le même vase avait déjà été rapproché par Preller, qui publia le premier le cratère du Louvre, *Monumenti-Annali*, 1856, p. 44). Ce qui ne paraît pas douteux, c'est que la déesse est bien Gé, la Terre, mère du Géant, et non Latone, comme on l'avait cru d'abord. Cette interprétation que j'avais proposée dès 1887 dans l'ouvrage de Dumont-Chaplain, *Céram. de la Grèce propre*, I, p. 325, note 6, a été reprise et développée par A. Furtwaengler dans la *Griechische Vasenmalerei*, I, p. 277.

Deux vues d'ensemble avec les deux sujets dans notre pl. 165.

G 165. Grand cratère (forme de cloche, le bas de la panse en gros bourrelet, anses placées bas et relevées, large pied court à tranche un peu bombée). — Un sujet sur chaque côté de la panse. — A. **Départ du guerrier conduit en char par Athéna et précédé par Iris.** La déesse Athéna, tenant des deux mains étendues les rênes des chevaux, monte en char, tenant de la main droite sa lance ; casque à imbrications avec paragnathides relevées sur les cheveux et cimier en queue de cheval porté sur une haute armature qui se termine en tête d'oiseau vue à l'envers (le haut du cimier est coupé en deux par le rebord du vase et se continue dans les ornements en palmettes du rebord supérieur), boucle d'oreille, lien autour du cou (noir jauni), chevelure en bouclettes sur le front et la tempe droite, s'échappant du couvre-nuque et retombant dans le dos (le bout en noir délayé jauni) ; égide à imbrications avec enroulements symétriques de petits serpents sur le bord ; longue tunique talaire semée de petits points, dont le rabat descendant jusqu'aux genoux est serré à la taille par une ceinture (noir jauni) ; œil de profil à pupille en cercle avec point central et angle interne ouvert (trait double pour la paupière supérieure). Du char on voit la grande roue à rayons pointus, insérés dans les jantes qui renforcent le pourtour du cercle, une partie de la caisse ornée d'une croix noire cantonnée de quatre groupes de points, la petite rampe en forme de poignée oblongue, une partie du timon recourbée et une partie du joug reliée à une pièce verticale du char où s'enroule une corde. En avant et masquant la croupe des chevaux est debout un guerrier barbu, s'appuyant de la main droite sur une longue lance dont le bout pointu repose sur le sol derrière la roue du char ; il tient de la main gauche un bouclier rond dont il présente l'intérieur tout rempli par un cercle de renforcement central, par les deux attaches de métal dans lesquelles il passe le bras gauche (restauré), par une grande attache de cuir orné d'un dessin géométrique en dents de loup qui va en biais d'un bord à l'autre, par des liens disposés en guirlandes et retenus au moyen de nœuds dans l'espace libre entre les bords et le cercle central ; casque à panache posé sur la coiffe, avec paragnathides couvrant les joues ; cheveux (noir jauni) s'échappant de dessous le couvre-nuque ; cuirasse à imbrications et épaulières ornées d'un motif étoilé ; épée courte au côté gauche, à fourreau quadrillé ; tunique courte à plis fins, passant sous les lambrequins ; pieds nus dessinés en raccourci ; le corps vu de face, la tête tournée à gauche vers Athéna ; œil de profil comme précédemment. L'avant-train des quatre chevaux du char dépasse à droite le bouclier du guerrier et une colonnette ionique (abaque orné de groupes de petits points en noir jauni), qui de ce côté indique en arrière-plan la présence d'une habitation. Le peintre a figuré les seize jambes de chevaux qui s'entre-mêlent (plusieurs restaurées), les quatre têtes de profil, dont une est à peine visible, les mors, les brides, les courroies de poitrail ornées de petits points, les toupets de crinières ramenés en avant, les plis du ventre, des marques en groupe de petits points sur les cuisses. A droite, en avant des chevaux, voltige Iris de plus petite taille, tenant de la main droite (restaurée) un caducée (restauré), l'autre main ouverte et un peu élevée ; corps de face et tête de profil tournée à gauche ; œil de profil comme chez les autres ; grandes ailes déployées (une restaurée) à rebord en imbrications ; cécryphale orné de petits points (noir jauni) recouvrant les cheveux sauf une mèche sortant en arrière ; des mèches ramenées sur le front et des mèches sur la nuque (noir très jauni et comme doré) ; boucle d'oreille, lien avec pendeloque au cou ; tunique dorienne laissant les bras nus, à long rabat serré par une ceinture à la taille (noir jauni) et large galon noir horizontal sur les bords de l'étoffe (restaurations dans les deux bras et une partie de la tunique) ; pieds nus. — *B*. **Départ de l'éphèbe faisant ses adieux à son père et à sa mère.** Un homme chauve (barbe mal indiquée ; un faux trait du dessinateur passant par-dessus la place réservée à la barbe a dessiné un menton), s'appuyant de la main gauche sur une grande canne à poignée recourbée et tendant la main droite à un éphèbe debout devant lui, est assis sur un siège pliant à pieds courbés (viroles et jonctions du pliant indiquées en noir) ; corps nu avec musculature indiquée en noir jauni, enveloppé dans un himation qui couvre l'épaule gauche et les jambes. Entre les deux personnages, une colonne dorique (supportant un court entablement avec indication de trois triglyphes en noir), qui les sépare et cache en partie le bras du vieillard (restauration), indique que celui-ci se trouve dans l'intérieur de sa maison ou dans un vestibule. L'éphèbe debout, de profil et tourné vers son père, lui serre la main avec sa main droite et porte de la main gauche deux longues lances ; coiffure en peau de bête (mouchetures de noir jauni) à sommet pointu et couvrant la nuque (*alopéké*) ; œil de profil à pupille en point noir dans l'angle interne ouvert et deux traits pour la paupière supérieure ; tunique courte serrée à la taille et recouverte par un manteau (*zeira*) en chlamyde couvrant le dos et rattaché par devant avec ornements en pattes (noir et noir jauni, large galon noir sur le bord) ; pieds nus. A droite une femme (la mère), abaisse la main droite ouverte et élève l'autre main, le pouce très écarté ; cheveux en masse noire ceints d'une bandelette en rouge réservé ornée d'une double ligne de points noirs ; œil de profil comme chez les précédents ; lien au cou avec pendeloque ; tunique (restaurée et mal indiquée) recouverte d'un court himation à galons noirs ; pieds nus en raccourci ; elle est debout, le corps de face, la tête tournée à gauche, masquant en partie le corps d'un cheval tourné à gauche (le cheval de guerre de l'éphèbe) ; aucun harnachement n'est indiqué sur la bête.

Noir dans tout l'intérieur avec deux cercles en rouge réservé près du rebord ; noir sur le rebord supérieur, la partie supérieure des anses, toute la panse à personnages, la base et le pied (sauf un filet rouge réservé entre le plat du pied et la tranche, et un autre filet en bas de la tranche du pied). En haut du vase, sous le rebord zone circulaire de palmettes en rouge réservé alternativement droites et retournées, accostées de points en cercles de rouge réservé. Sous les personnages une bande de grecque noire, interrompue par des motifs en croix accostées de points noirs (bande allant d'une anse à l'autre ; intervalle libre, de la couleur de l'argile, entre les montants de chaque anse). Entre chaque sujet de la panse, beau rinceau ondulant dans le champ, avec palmette entourée de motifs en volutes, en feuilles et en bouton lancéolé.

Terre rougeâtre. Pas de retouches rouges sur les personnages. Esquisse visible dans les bras et les plis de la tunique d'Athéna, dans les roues et rayons du char (roues tracées à l'aide d'un compas dont la pointe a marqué profondément le centre du cercle), les bras et jambes du guerrier et le pourtour de son bouclier, dans les croupes des chevaux du char (qui ont été recouvertes par le dessin du guerrier et de son bouclier), dans les pieds de la Niké. Esquisse dans les corps du vieillard et de l'éphèbe. Style sévère de la première moitié du ve siècle.

En comparant les sujets avec ceux de la coupe G 108, on se convaincra qu'il y a correspondance entre les deux côtés du vase et que l'on a voulu équilibrer les deux scènes. Furtwaengler a supposé (*Griech. Vasenmal.*, I, p. 238) que les scènes de ce genre avaient pu être empruntées aux ex-voto peints, que l'on mettait dans les temples après les retours heureux de la guerre.

Vase en plusieurs morceaux recollés ; des restaurations assez nombreuses. Haut., 0,47 ; diam. sur l'embouchure, 0,505.

(Inv. Campana 750.) Trouvé en Étrurie et entré en 1863 ; cf. *Cataloghi Campana*, IV-VII, n° 793 ; Duruy, *Hist. des Grecs*, I, p. 79 ; Pottier, *Catal. vas. Louvre*, p. 1015 ; Beazley, *Attic Vas.*, p. 147, n° 9 (style du cratère des Niobides) ; Hoppin, *Handb. redfig.*, II, p. 242, n° 33.

Vue d'ensemble avec le sujet A et sujet B dans notre pl. 126.

G 166. Grand cratère à anses en volutes (large embouchure, col assez haut à deux registres séparés par un ressaut, grandes anses verticales plates, avec rebords saillants, et à volutes surplombant l'embouchure, la partie verticale de l'anse portée par une autre anse de forme ordinaire, horizontale, qui se soude en haut de la panse ; panse ovoïde sur pied assez étroit, porté par une large base plate à deux degrés). — Aucun décor sur la panse. Les quatre sujets sont placés en bandes étroites et superposées deux par deux, de chaque côté du col. — *A.* **Combat d'Hercule et des Grecs contre les Amazones**. Au centre, le héros barbu, coiffé de la peau de lion, portant la massue sur l'épaule droite (tout le corps et le bras gauche étendu sont des repeints), est suivi de quatre guerriers courant (tous refaits sans partie antique) et précédé de deux Amazones courant à grandes enjambées, en tenue d'hoplites grecs (casque, cuirasse, courte tunique et cnémides) ; l'une porte une lance sur l'épaule droite et l'autre tient une hachette de guerre de la main droite (type du visage assez particulier, nez gros, bouche fendue et souriante, œil allongé, et chez la dernière cheveux en noir jauni sortant du casque sur la nuque). A droite, un cheval harnaché, levé sur ses deux jambes, est retenu par une Amazone placée derrière lui, en arrière-plan (même costume, les mains sont cachées par le cheval). Tout ce groupe marchant vers la droite fait face à un autre groupe qui s'avance vers la gauche, composé de trois guerriers passant sur le corps d'un quatrième étendu à terre ; le premier souffle dans une trompette à long tuyau et court pavillon cylindrique qu'il tient de la main droite (costume d'hoplite, restauré dans les jambes et la tunique) ; derrière lui, les deux autres (costumes d'hoplites) marchent serrés côte à côte, couverts par un bouclier rond (restauré) ayant en épisème un Cen-

taure (figure noire restaurée) ; ils sont armés de lances dont l'une dépasse le guerrier précédent et menace le poitrail du cheval galopant ; sous leurs pieds est étendu le corps d'une Amazone (toute la partie supérieure refaite), qui gît la jambe droite repliée sous elle, ayant un carquois au côté. — *B.* **Nérée et les Néréides**. Registre placé sous le précédent. Le dieu Nérée assis, appuyé sur un sceptre noueux (toute la partie supérieure du personnage, le siège et les pieds sont refaits), voit accourir vers lui à grandes enjambées trois Néréides ; la première étend les deux bras en avant (ample tunique à manches et manteau passé en écharpe dans le dos, haut de la tête et bras gauche restaurés) ; la seconde tient de la main gauche un dauphin et relève de la main droite le pli du vêtement sur la jambe droite (même costume avec pointillé en noir jauni sur le devant de la poitrine, tête refaite) ; la dernière est entièrement repeinte, sauf la tête aux cheveux serrés par un lien de couleur rouge mat (œil un peu rond et comme dilaté). A droite, derrière Nérée, une figure de femme debout, diadémée, qui est complètement repeinte, sans partie antique. — *C.* **Quatre silènes agenouillés** s'appuient d'une main sur la terre, avec des gestes divers, et deux d'entre eux portent des ceps de vigne dont les feuillages s'étendent sur tout le champ ; mais cette bande entière est complètement repeinte, sans partie antique, et semble inspirée par une peinture de l'ouvrage de Gerhard (*Auserles. Vasenbilder*, pl. LIX). — *D.* **Scène de conversation**. Registre placé sous le précédent. A gauche, entre deux éphèbes debout et drapés, l'un étendant la main gauche comme s'il parlait, la main droite sur la hanche, une canne à l'aisselle gauche (couronne de feuillages en rouge mat sur les cheveux), l'autre en manteau qui dégage le côté droit du corps, la main gauche sur la hanche sous la draperie (couronne en rouge mat, bras droit refait), est assis sur un siège pliant (pieds en griffes de lion) un homme barbu, le haut du corps nu, le reste caché sous la draperie (couronne en rouge mat) ; il se retourne complètement vers la droite en posant sa main droite sur son bras gauche et en s'appuyant sur une haute canne (bras gauche et canne refaits). Derrière son siège est posé un récipient cylindrique qui paraît contenir un autre ustensile ; dans le champ, près de lui, un poêlon à manche ; derrière l'éphèbe de gauche un faisceau de longues javelines (restauré) est appuyé en terre et un instrument recourbé en crochet est suspendu à côté. A droite, un groupe analogue se compose d'un homme barbu assis (même siège restauré, même costume, les cheveux en mèches noir jauni, ceints d'une couronne en rouge mat) qui s'appuie de la main gauche sur une haute canne (tout le bras gauche, le pied droit et le haut de la canne refaits, restauration dans les genoux drapés) et d'un éphèbe drapé debout devant lui (même costume, même coiffure et même pose que le second éphèbe du groupe précédent).

Noir dans l'intérieur ; le rebord de l'embouchure en couleur d'argile ; grecque mêlée de croix en étoiles (fort restaurée) sur le pourtour extérieur. Dans l'espace qui sépare les sujets sur le col, de grandes palmettes rouges couchées (toutes repeintes) sur le registre supérieur ; une double rangée de palmettes et de boutons de lotus entourés d'entrelacs sur le registre inférieur. A la base du col godrons noirs. Aux attaches inférieures des anses, palmettes doubles accostées de volutes (restaurations) ; le long de l'anse verticale et sur les volutes supérieures, ornement en postes au trait noir (restauré dans l'anse gauche). Toute la panse noire, avec un large ornement floral sur chaque flanc, sous l'anse (entièrement repeint sans partie antique). Arêtes lancéolées noires dans une bande claire à la base de la panse. Noir sur le pied et la base, sauf sur la tranche qui sépare la base en deux degrés. Sous la base, deux cercles en noir jauni et une inscription en grandes lettres de noir jauni AP (cf. pour cette marque, Hackl, *Merkantile Inschriften* dans *Münch. arch. Studien*, 1909, p. 21).

Terre rougeâtre. Quelques retouches de rouge mat. Esquisse souvent détaillée (par exemple dans les Néréides). Style sévère de la première moitié du ve siècle. Haut. max., 0,81 ; diam. sur l'embouchure, 0,50.

Inv. Campana (n° disparu). Trouvé en Étrurie et entré en 1863 ;
cf. *Cataloghi Campana*, IV-VII, n° 494. Reproduit en vue d'ensemble par C. Gaspar, dans *Mémoires et Monuments Piot*, IX,
p. 59 fig. 10. Cf. Pottier, *Catal. vas. Louvre*, p. 1016 ; Beazley,
Attic Vas., p. 40 (style de l'amphore de Berlin) ; Hoppin, *Handb.
redfig.*, I, p. 64, n° 39.
Vue d'ensemble avec les sujets A et B dans notre pl. 127.

G 174. Cratère à oreillettes (forme se rapprochant du
genre dit stamnos, avec base rétrécie sans pied, et deux
anses d'une forme particulière, rappelant l'oreillette à
tablette rectangulaire des cratères corinthiens du vi^e siècle,
mais placées plus bas, sous le bord du vase et avec une
pente oblique de façon à présenter aux doigts une prise plus
commode). — Une seule figure se détachant sur le fond
noir, de chaque côté du vase, sans ligne de terrain. —
Le repos d'Hercule. *A.* Le héros barbu (chevelure en
masse noire séparée du fond par un trait réservé ondulé,
grènetis saillant sur le contour de la tête, le devant des
cheveux et la nuque, la moustache et la barbe ; pupille
de l'œil en point noir entouré d'un cercle placé dans l'angle
interne qui est ouvert ; les deux paupières bordées de cils
courts), couronné d'une guirlande de feuillages (rouge mat
épais), la bouche entr'ouverte comme s'il parlait, est étendu
sur un lit de repos figuré par une planche horizontale
(restaurée à droite) ; le torse vu de trois quarts est nu, le
bas du corps caché sous une draperie d'où sortent les deux
pieds nus, le droit relevé ; de la main gauche il tient par le
pied un grand canthare (restauré) et étend la main
droite devant lui, semblant s'adresser au Silène placé de
l'autre côté du vase (musculature indiquée en noir
délayé et jauni sur les bras et le cou). Derrière lui, à droite,
est dressée dans le champ sa massue (repeinte) ; au-dessus
de lui, son arc et son carquois liés ensemble, suspendus
par un double lien (rouge mat) ; plus loin, à gauche, l'épée
et la peau de lion (quelques parties restaurées). — *B.* Un
Silène barbu (tête et bras refaits, torse et queue du cheval
restaurés) marche vers la droite, tenant de sa main droite
étendue une œnochoé, de sa main gauche une lyre à
sept cordes (restaurations dans les montants) qu'il apporte
au héros.

Pour la forme, voir la liste des vases de ce type publiée par Beazley
dans *J. of. hell. Studies*, XXXI, 1911, p. 283, pl. 10, et la forme
un peu différente des anses du vase d'Alcée et Sapho
(Furtwaengler-Reichhold, *Griech. Vas.*, pl. 64).
Noir dans l'intérieur avec deux filets rouges (refaits) en
dessous et sur le pourtour de l'embouchure ; noir sur
la panse aux personnages, les anses et la base. Sur le fond,
grand monogramme incisé.
Terre rougeâtre. Emploi des retouches rouges. Traces de l'esquisse.
Style sévère de la première moitié du ve siècle.
Vase cassé en plusieurs morceaux et recollé. Haut., 0,325 ; diam.
dans l'embouchure, 0,34.
(Inv. Campana 743.) Trouvé en Étrurie et entré en 1863 ;
cf. *Cataloghi Campana*, IV-VII, n° 80 (le monogramme est inexactement rendu dans la planche annexée) ; Pottier, *Catal. vas.
Louvre*, p. 1016. Attribué par Beazley, *Journ. hell. Stud.*, 1911,
p. 283, n° 23, à la fabrique du « Maître de l'amphore de Berlin
n° 2160 ». L'amphore de Berlin a été attribuée par Furtwaengler à
Brygos, puis à Kléophradès, et par Winter à Euphronios. Cf. Hoppin,
Handb. redfig., I, p. 64, n° 40.

G 175. Cratère à oreillettes (même forme que G 174).
— Une seule figure se détachant sur le fond noir, de chaque
côté du vase, avec une petite bande d'ornements formant
ligne de terrain. — **Zeus poursuivant Ganymède.** *A.* Zeus
barbu (chevelure en masse noire, sauf la partie sur la nuque
et sur le front qui est en noir jauni imitant le blond doré,
la barbe et la moustache en noir jauni ; musculature en
noir jauni ; pupille en point noir placé dans l'angle interne
de l'œil qui est fermé ; indication de cils courts sur les
deux paupières), couronné (guirlande de feuillages en rouge
mat), marche vivement vers la droite, étendant la main
droite (refaite) et tenant horizontalement de la main gauche

(invisible) un sceptre terminé en bouton de lotus (hampe
restaurée) ; il est vêtu d'un himation qui couvre l'épaule
gauche et dégage le côté droit nu (détails de plis en noir
jauni très effacé). — *B.* Ganymède sous les traits d'un
éphèbe nu (longue chevelure en noir jauni imitant le blond
doré, œil comme le précédent, mais avec l'angle interne
ouvert, même indication des cils), couronné (feuillages en
rouge mat), marche à droite, le corps de face (musculature
au trait noir jauni), retournant la tête à gauche. Sur la
main gauche tendue en avant il porte un coq (plumage
finement détaillé) ; de la main droite ramenée en arrière
il tient un petit bâton et appuie ses doigts sur un grand
cerceau qu'il s'apprête à mettre en mouvement.

Même technique que dans le précédent ; une courte ligne de terrain
est indiquée sous les personnages par une bande en rouge réservé, ornée d'une grecque noire entre quatre filets noirs.
Terre rougeâtre. Emploi du rouge mat pour les accessoires.
Sur les jambes de Ganymède traces du dépôt rougeâtre qui provient, croit-on, du lustre avivant l'ensemble du décor (cf. mon
Catal. des vases du Louvre, p. 682). Style sévère de la première
moitié du ve siècle.
Vase cassé en plusieurs morceaux et recollé sans restaurations
importantes. Haut., 0,33 ; diam. sur l'embouchure, 0,39 ; dans
l'embouchure, 0,33.
(Inv. Campana 740.) Trouvé en Étrurie et entré en 1863 ; cf. *Cata-
loghi Campana*, IV-VII, n° 81. Publié par Kœrte, *Annali dell' Inst.*,
1876, pl. C, p. 51, G (= S. Reinach, *Répert. des vas.*, I, p. 335) ; Saglio,
Dict. des Antiq. gr. et rom., V, p. 492, fig. 7099 (le sujet B) ;
Beazley, *Journal of hell. Studies*, XXXI, 1911, p. 284, fig. 6 (style
de l'amphore de Berlin) ; *Attic Vas.*, p. 114 ; Pottier, *Catal. vas.
Louvre*, p. 1016 ; Hoppin, *Handb. redfig.*, I, p. 65, n° 41.

G 177. Hydrie (col court, épaule aplatie, une anse verticale reliant le col à la panse en arrière, deux anses horizontales sur les côtés et un peu relevées, placées en dessous de
l'épaule du vase, pied en disque peu débordant). — Un
sujet sur l'épaule dans un encadrement. — **Hercule et le
lion de Némée.** Le héros imberbe (cheveux en masse noire
séparée du fond par un trait rouge réservé, œil rond et
comme dilaté avec grosse prunelle noire, l'angle externe
de l'œil indiqué par deux petits traits, le trait du menton
en double ligne comme par une correction du peintre),
couronné (guirlande de feuillages en rouge mat), a posé
en terre le genou gauche et s'arc-boute sur le pied en relevant la jambe droite ; des deux mains, le bras gauche
pesant sur la tête de l'animal, il saisit avec force les
mâchoires du lion de Némée (gueule ouverte à crocs
visibles, langue en rouge mat, œil rond à pupille noire
énorme (restaurée), crinière en imbrications régulières de
noir délayé et jauni) comme pour les briser. Sa massue
noueuse est posée debout, dans le champ, derrière lui.
Le lion résiste, les pattes de devant fortement appuyées
contre terre, la patte gauche d'arrière levée et touchant la
tête d'Hercule, dans un mouvement de distorsion fort
expressif ; la queue ondule derrière la patte droite et se
termine en gros bout ovoïde, semée de points noirs imitant
les poils (restaurations de cassures dans la jambe droite,
le ventre, le bras gauche du héros ; dans la tête, l'épaule
gauche et la patte droite du lion). Un sujet très semblable,
sur une hydrie similaire, et sans doute emprunté au même
modèle, a été publié par Inghirami, *Pitt. d. vasi etruschi*
I, pl. 63.

Noir dans l'embouchure, sur le col, les anses, le pied et toute la surface du vase en dehors des personnages et ornements. Le sujet
est enfermé dans un encadrement de rouge réservé, limité en haut
par une grecque noire entre quatre filets noirs, à droite et à gauche par une bande verticale de zigzags accostés de gros points
noirs, en bas par une bande d'oves soulignée de petits points
noirs entre quatre filets. Sous le sujet, allant d'une anse à l'autre,
une bande plus large de rouge réservé contient une série de boutons de lotus la pointe en bas, reliés par de fines tiges entrecroisées.
Terre pâle, avivée par un rouge assez vif. Emploi des retouches
en rouge mat. Traces de l'esquisse. Style sévère de la première

moitié du ve siècle. Le vase, recollé en beaucoup de morceaux, est très restauré dans les parties qui n'intéressent pas le tableau, celui-ci a moins souffert. Haut., 0,31 ; diam. sur l'embouchure, 0,12.
Inv. N 3483 (LP 2024). Acquis sous le règne de Louis-Philippe. Cf. Pottier, *Catal. vas. Louvre*, p. 1017.
Vue d'ensemble avec le sujet dans notre pl. 126.

G 179. **Hydrie** (même forme que la précédente). — Un sujet sur l'épaule du vase. — **Trophée d'armes.** Sur le terrain figuré par une bande d'ornements sont posés quatre accessoires composant l'armure d'un hoplite. A droite, sur le bouclier étendu par terre, à échancrure de côté et couvert d'imbrications, est posé un casque surmonté de deux hauts panaches en crinières vues de profil, dont l'extrémité retombe sur le bouclier (paragnathide baissée et décorée d'un petit lion marchant en figure noire, imbrications en noir jauni sur le timbre du casque garni par devant d'une frange imitant les cheveux ; les panaches ornés à la base de deux bandes de pointillés noirs, la matière des crinières imitée par des traits rayonnants de noir jauni). Vers l'extrémité gauche du bouclier, en arrière-plan, est plantée debout une épée (fourreau orné d'une large bande noire verticale, poignée au bout arrondi). A gauche est posée debout une armure comprenant la tunique à courtes manches (en cuir?), avec le hausse-col (orné d'une bande de pointillés noirs), une courte cuirasse à imbrications protégeant le bas du torse (bande supérieure ornée d'une grecque entre quatre filets noirs) et les lambrequins (extrémités décorées d'une petite grecque sommaire).

Même technique que dans le vase précédent. Un filet en rouge mat (effacé) autour du col. La bande d'ornements, formant terrain, comprend une large grecque mêlée de croix dans un carré noir ; deux filets rouge en mat (effacé) par-dessus le noir, en dessous de cette bande, font tout le tour du vase. Pas de réserve d'argile sur les anses ni sous les anses ; seulement une bande réservée autour du disque du pied. Sous le pied, grande marque incisée ; cf. Hackl, *op. l.*, p. 46.
Terre un peu jaunâtre. Emploi du rouge mat pour des ornements. Traces de l'esquisse. Style sévère de la première moitié du ve siècle. Vase recollé en plusieurs morceaux ; anse gauche refaite. Haut., 0,365 ; diam. sur l'embouchure, 0,145.
Inv. N 3368 (MN 52). Acquis en 1848 à la vente Cornetti (350 fr.). Signalé par Heydemann, *Pariserantiken*, p. 54, n° 55 ; Hartwig, *Meisterschalen*, p. 368, note 1 ; Pottier. *Catal. vas. Louvre*, p. 1017.
Vue d'ensemble avec le sujet dans notre pl. 126.

G 180. **Cratère de la forme dite stamnos** (col assez haut, embouchure moyenne, anses horizontales courtes et bifides vers le milieu de la panse, base en disque peu débordant avec tranche bombée). — Un sujet de chaque côté du vase. — **A. Dispute du trépied de Delphes entre Apollon et Hercule.** Entre Athéna, protectrice d'Hercule, et Latone, placée derrière son fils Apollon, Hercule emporte le trépied du temple de Delphes et lève son bras droit armé de la massue contre Apollon qui, tenant de la main gauche étendue son arc et une flèche, saisit de la main droite l'extrémité de la massue de son adversaire; à leurs pieds, en arrière-plan, une biche retourne la tête. Au-dessus des personnages, dans le champ et en lettres rouge mat largement espacées, inscription ΚΑΛΟSΙ (pour καλός [ε]! ; cf. G. 182). A gauche Athéna (cheveux en masse noire ceints d'une bandelette ornée d'un pointillé ; œil allongé un peu ouvert au côté externe ; égide sur la poitrine avec deux serpents dressés sur les épaules et deux autres à la bordure inférieure, une tête de Gorgone tirant la langue au centre, et des mouchetures en noir jauni indiquant le poil de chèvre ; tunique longue à rabat et à manches aux plis ondulés en noir jauni ; himation posé en châle sur le dos et ramené sur les bras ; un bracelet en serpent sur chaque bras) lève le bras gauche ; elle tient de la main gauche (invisible) son casque à visière levée et à panache en crinière flottante (décor en double ligne de pointillé noir entre le timbre et

la crinière) et de la main droite basse sa lance appuyée contre son épaule droite. Hercule barbu (œil de profil de forme triangulaire avec la pupille indiquée en petit cercle, la prunelle en point noir, bouche entr'ouverte aux dents visibles) est vêtu d'une peau de lion dont la tête forme coiffure, les deux pattes nouées par devant, le reste en justaucorps serré à la taille par une ceinture (bande noire entre quatre filets), dans laquelle sont passées les pattes de derrière et la queue de l'animal ; il marche rapidement vers la gauche, retournant la tête, portant de la main gauche le grand trépied (pieds en griffes, le haut des montants décoré d'une palmette en noir délayé, deux grandes anses en anneaux ronds) et il brandit de la droite sa massue noueuse. Une biche au pelage ocellé (en noir délayé) est vue en arrière-plan, derrière sa jambe gauche, et retourne la tête vers Apollon. Celui-ci, sous les traits d'un éphèbe imberbe (œil allongé avec coin interne ouvert, chevelure en masse noire, chignon en mèches légères ondulées au trait noir jauni), couronné (guirlande de laurier sur les cheveux), le corps nu en partie recouvert par un himation posé en châle dans le dos avec les deux bouts ramenés par devant, étend les deux bras, la main gauche tenant l'arc (lien enroulé sur la partie médiane, la corde en rouge mat par-dessus le noir) et une flèche, la main droite saisissant l'extrémité de la massue d'Hercule, pour l'arrêter. A droite Latone (ou Artémis?) élève la main droite qui tient une fleur (rouge mat), avec le bras gauche replié (œil allongé et un peu ouvert dans l'angle interne ; chevelure en masse noire avec des mèches plus détaillées passant par-dessus l'oreille gauche et une mèche longue ondulée retombant sur la poitrine ; la tête ceinte d'un diadème à bandeau orné d'un pointillé noir et surmonté de dix feuilles droites) ; elle est vêtue d'une tunique longue à manches formant rabat à la ceinture (plis fins en noir jauni) et d'un himation posé en châle dans le dos avec les deux pans ramenés par devant (bracelet en serpent de couleur noire jaunie sur chaque bras). — **B. Persée fuyant la Gorgone.** A droite, Persée se sauve, emportant dans son sac la tête de Méduse qu'il a coupée et remettant son épée au fourreau ; sa fuite est protégée par Athéna qui s'interpose, la lance haute, entre lui et une des Gorgones, sœur de Méduse, qui s'est lancée à la poursuite du héros en agitant deux serpents. Persée a les traits d'un éphèbe, coiffé d'un pilos conique à rebord retroussé (œil de face ; cheveux en noir délayé débordant sur le front, jugulaire du chapeau en rouge mat) ; il est vêtu d'une tunique courte à manches et à rabat autour de la taille (plis fins en noir jauni), portant suspendu sur le côté gauche un sac gonflé (qui contient la tête de Méduse), fermé par un lien qui pend en lacis et en effilés (rouge mat) sur sa jambe gauche ; il court à longues enjambées, les pieds nus munis de grandes talonnières ailées (attachées sur le devant du pied ; celle du pied gauche est coupée par l'encadrement) et il tient de la main droite son épée nue qu'il va remettre au fourreau (orné d'une bande noire dans la longueur, coupée par de petits traits perpendiculaires) saisi par sa main gauche (baudrier en trait noir passant obliquement sur le torse). Athéna casquée, marchant en sens inverse vers la gauche (œil allongé et ouvert ; casque à visière levée et ornée d'une grecque en noir jauni ; cheveux restaurés, s'échappant en mèches ondulées du bas du casque), vêtue d'une tunique et d'un himation court, portant sur le bras gauche un bouclier rond (tracé au compas avec point central marqué), orné d'un triskèle noir comme épisème, brandit de la main droite sa lance, la pointe baissée vers la jambe de son adversaire. La Gorgone, le corps et la tête de face (yeux de face, gros nez épaté, joue droite restaurée, langue rouge tirée, six petits serpents dressés sur le pourtour des cheveux en masse noire), ailée (forme d'ailes orientale, recoquillée ;

plumage au trait noir jauni ; l'aile droite et le pied droit coupés par l'encadrement), s'élance vivement vers la droite, tenant de la main droite un serpent qui s'enroule autour de son bras et, de la main gauche (invisible derrière le bouclier d'Athéna). un autre serpent dont le corps est droit et long (pointillé noir sur le dos des deux serpents) ; elle est vêtue d'un péplos sans manches, formant rabat double sur la poitrine et à la taille (traits horizontaux en noir jauni vers le bas du costume), serré aux hanches, en guise de ceinture, par les corps de deux serpents ondulant (même pointillé sur les corps).

Noir dans l'intérieur, sur le col, le dessus des anses bifides, la panse aux personnages et ornements, le pied sauf un cercle réservé en rouge au bas de la tranche. Léger bourrelet saillant au bas du col ; zone de godrons en haut de la panse.

Encadrement de chaque tableau formé en haut par une ligne de rouge réservé, de chaque côté par une bande verticale ornée de gros points noirs unis deux à deux, en bas par une grecque serrée, mêlée de croix en X. Sur le fond, deux marques incisées ; sur le pourtour : A) et en face, sur le même pourtour : ⊢ (cf. Hackl, dans *Münch. arch. Studien*, 1909, p. 21)

Terre un peu jaunâtre. Emploi des retouches en rouge mat. Le lustre est beaucoup plus vif sur le côté A. L'épiderme de l'argile. a souffert et s'est décoloré en B où il a pris un ton jaune mat ; les traits noirs sont usés ou enlevés par places, laissant une dépression assez profonde dans l'argile (cf. mon *Catalogue des vases*, p. 670). Esquisse détaillée des personnages. Style sévère de la première moitié du vᵉ siècle.
Vase recollé en plusieurs morceaux, sans restaurations importantes. Haut., 0,365 ; diam. dans l'embouchure, 0,16.
(Inv. MND 1696.) Trouvé en Étrurie, à Vulci. Acquis en 1879 à la vente Paravey (Catalogue de vente. nᵒ 41) ; cf. de Witte, *Description Coll. vas. peints* (vente Canino), 1837, nᵒ 87 ; *Coll. Beugnot*, nᵒ 34 ; Pottier, *Catal. vas. Louvre*, p. 1017-1018.
Vue d'ensemble avec le sujet B dans notre pl. 127, et sujet A dans notre pl. 128.

G 182. Cratère de la forme dite stamnos (col court, embouchure large, anses horizontales et courtes vers la moitié de la panse, base non rétrécie et simple bourrelet saillant pour le pied). — Un sujet sur chaque côté du vase. — *A*. **Réunion de Zeus, Héra, Poseidon.** A gauche, Poseidon barbu (cheveux en masse noire ceints d'un bandeau en rouge mat, mèches sur le front en noir jauni, moustache en noir délayé ; œil de profil à pupille en petit cercle, prunelle en point noir, angle interne ouvert), drapé (tunique talaire et grand himation recouvrant tout le corps ; restaurations en plusieurs parties), élève la main droite sortant du manteau (restauré) et s'appuie de la main gauche sur un haut trident, les pointes en l'air (hampe restaurée) ; il a des chaussures serrées par un lien sur le cou-de-pied. Au centre, de face et tournant la tête de profil vers la gauche, Zeus barbu (même coiffure, le chignon des cheveux en deux torsades superposées avec ton noir jauni et hachures de traits noirs ; œil restauré) tient de la main droite contre sa poitrine un grand foudre enflammé (flammes en noir jauni et en rouge mat) et s'appuie de la main gauche sur un haut sceptre surmonté d'une palmette (hampe décorée d'une ligne ondulée de noir jauni, accostée de points) ; il est vêtu d'une tunique talaire à manches (plis fins en noir jauni), ornée dans le bas de points, de petits zigzags, de grecques sommaires entre deux traits (noir délayé), indiquant les broderies d'un riche vêtement, et d'un himation posé en châle sur le dos avec les deux pans ramenés par devant (quelques parties restaurées) ; ses pieds nus sont de profil vers la droite. A gauche, Héra (cheveux en masse noire ceints d'une grande bandelette dont les bouts retombent sur les épaules et qui est ornée d'une double ligne de pointillé en noir jauni ; une mèche ondulée en noir jauni ; œil de profil comme celui de Poseidon) se tourne vers Zeus, élevant du bout des doigts de la main droite le pli du

manteau au-dessus de son épaule droite et tenant de la main gauche un long sceptre (hampe ornée de traits obliques en noir jauni), surmonté d'un bouton sortant d'une double volute (ton noir jauni recouvert de rouge mat) ; elle est vêtue d'une tunique talaire à manches, ornée dans le bas d'une grecque sommaire (noir délayé) entre deux galons de pointillé noir, et d'un himation posé en châle sur le dos avec les pans ramenés par devant (quelques morceaux restaurés) ; ses pieds sont nus. — *B*. **Scène de palestre.** Au centre, un éphèbe nu (cheveux en masse noire ceints d'une couronne de feuillages en rouge mat ; visage restauré) lève le coude droit en mettant sa main derrière sa tête et étend le bras gauche en l'air (torse de face, musculature en traits de noir jauni ; jambes restaurées ; organe viril infibulé) ; ses deux bras sont liés avec de grandes bandelettes en rouge mat (repeint) ; son poignet gauche est serré avec le lien noir du ceste et son poing est fermé ; c'est donc un vainqueur au concours du ceste. Au-dessus de lui, dans le champ, inscription en rouge mat : ΚΑΛΟS ΕΙ (καλὸς εἶ, tu es beau). A gauche, un homme barbu, le paidotribe (cheveux en masse noire, ceints d'une couronne en rouge mat ; œil comme dans les précédents). tient de la main droite abaissée une longue baguette fourchue (toute cette partie restaurée, ainsi que la main gauche tenant maladroitement la draperie) ; il est vêtu d'un grand himation qui l'enveloppe (importante restauration), dégageant le côté droit nu. A droite, tourné vers l'éphèbe, un joueur de flûte (imberbe, même coiffure ceinte d'une couronne en rouge mat ; œil comme les précédents) a la bouche cachée par la bande de cuir qui est l'accessoire de son métier (la *phorbeia*) et tient dans ses deux mains la double flûte, dont il assujettit le bout (l'anche) sur un des tuyaux avec la main droite ; il porte la livrée ordinaire, le grand manteau qui tombe droit et rigide comme une chape, orné sur l'ouverture latérale d'un double galon noir (des parties restaurées).

Noir dans l'intérieur, sur le col .la panse sauf les personnages et la partie placée entre les attaches des anses, sur le dessus des anses et la base. Zone de petits oves noirs, soulignés par des points sur le rebord extérieur de l'embouchure ; zone de godrons noirs en haut de la panse ; bande de terrain sous les personnages figurée par une grecque entre quatre filets. Un filet en clair réservé sur la tranche de la base.
Terre rougeâtre. Emploi des retouches en rouge mat. Pas d'esquisse visible. Style sévère de la première moitié du vᵉ siècle.
Vase recollé en plusieurs morceaux. Haut., 0,315 ; diam. sur l'embouchure, 0,20.
(Inv. Campana 948.) Trouvé à Nola et entré en 1863 ; cf. *Cataloghi Campana*, sér. XI, nᵒ 120 ; Pottier, *Catal. vas. Louvre*, p. 1019 ; Beazley, *Journal hell. Stud.*, XXXII, p. 171 et sv., nᵒ 6 (style de l'hydrie de Trollos) ; Hoppin, *Handb. redfig.*, II, p. 457, nᵒ 9. Vue d'ensemble avec le sujet B dans notre pl. 127.

G 182 *bis*. Cratère de la forme dite stamnos (forme analogue à G 182, avec le col plus haut, restauré). — Un sujet sur chaque côté du vase. — *A*. **Concours musical.** Au centre, un éphèbe, la tête un peu levée (cheveux en masse noire bordée de petits traits, œil en petit cercle avec point central dans ovale fermé), drapé dans un long himation ouvert en manche sous le bras droit (long galon orné de points noirs, descendant de l'ouverture de la manche jusqu'aux pieds ; restauration dans le bas du visage, dans les bords du manteau et les pieds nus), s'avance à droite, portant une grande cithare (sept cordes en relief noir), à large caisse carrée et à montants découpés (décor sur le côté en spirale formant œil ; petits carrés en rouge mat aux points d'attache des cordes ; le haut des montants pénètre dans les ornements du haut) ; il tient de la main droite le plectre (attaché par un long lien en rouge mat) et de la main gauche touche les cordes ; de l'instrument pend une étoffe (décor en quadrillé avec points) qui est l'enveloppe de la cithare. A gauche, un autre éphèbe marche derrière le musicien (même type de tête ; œil en point noir dans le coin de l'ovale fermé), à demi drapé dans un himation qui laisse le haut du corps nu, sauf l'épaule et le bras gauche (restaurations); la main gauche, cachée sous la draperie, serre les plis du manteau ; le bras droit est replié contre le corps (doigts de la main écartés; restaurations au coude et dans quelques parties du manteau ; pieds nus refaits) ; il baisse la tête comme s'il écoutait la musique avec recueillement. A droite un éphèbe drapé, vu de dos (même type de tête, bouche entr'ouverte), vêtu d'un manteau ajusté dans le dos obliquement et laissant visible le haut de la tunique (restauration dans la draperie, pieds refaits), baisse la main gauche (refaite) et lève la main droite avec les doigts écartés, faisant un geste d'admiration. — *B.* **Trois éphèbes dans la palestre.** A gauche un éphèbe nu (même type de tête ; œil en point noir dans l'angle de l'ovale fermé) marche en tenant deux haltères (mal refaites), le pied droit soulevé (fortes restaurations dans les bras, les cuisses, les pieds). Au centre un éphèbe drapé, vu de dos (même ajustement de manteau oblique. comme dans le tableau A), tourne la tête vers le précédent (même type de tête ; œil en point noir dans ovale fermé); c'est un paidotribe, car il tient de la main droite une baguette fourchue ; de la main gauche cachée sous la draperie, il retient les plis de son manteau (fortes restaurations). A droite un éphèbe (même type que le premier) s'avance vers les précédents en élevant la main droite (fortes restaurations dans l'épaule et le bras gauche, le coude droit, les pieds nus).

Noir dans l'intérieur, sur le col et la panse, sauf les personnages et les ornements, sur les anses sauf l'intervalle clair entre les attaches. Sur le haut de l'épaule, zone de godrons noirs serrés. Encadrement de chaque tableau formé en haut par ces godrons, de chaque côté par une bande verticale de zigzags, semée de points noirs ; bande claire (refaite) sous les pieds des personnages ; cercle en rouge mat (refait) sur le bas de la panse ; arêtes noires lancéolées près du pied (restauration). Sous le pied, graffite incisé : A||||
Terre rougeâtre. Emploi des retouches en rouge mat. Pas d'esquisse visible. Style de la première moitié du vᵉ siècle.
Vase recollé en plusieurs morceaux, avec restaurations assez nombreuses. Haut., 0,38 ; diam. sur l'embouchure, 0,19.
(Inv. S 1306. Coll. Campana, numéro disparu.) Trouvé en Italie (région de Nola) et entré en 1863. Cf. *Cataloghi Campana*, XI, nᵒ 23, avec fac-simile du graffite placé sous la base dans la planche annexe XI, 23 ; Pottier, *Catal. vas. Louvre*, p. 1017.
Vue d'ensemble avec le sujet B dans notre pl. 127.

G 183. Cratère de la forme dite stamnos (col court et embouchure moyenne, anses horizontales, courtes et fortes, en haut de la panse ; base peu débordante à tranche un peu bombée). — Un sujet de chaque côté du vase. — *A.* **Zeus poursuivant Ganymède.** Le dieu barbu (chevelure en masse noire, ceinte d'un bandeau en rouge réservé, trois longues mèches ondulées pendant sur le cou et les épaules ; coin interne de l'œil un peu ouvert), drapé (torse et jambes nues, himation posé en châle sur le dos et les bras ; quelques restaurations), marche vers la droite, les deux bras tendus, et saisit par le bras droit Ganymède, éphèbe nu (chevelure en mèches ondulées d'un noir jauni, le torse de face (quelques restaurations), les jambes de profil, marchant vers la droite, retournant la tête à gauche et tenant de la main gauche baissée un coq (noir jauni sur le plumage et sur la crête). A gauche, derrière Zeus, une femme s'enfuit (la mère du jeune homme ?), marchant à gauche et retournant la tête en portant la main droite à sa tête (chevelure noire à cinq mèches ondulées retombant sur l'épaule droite et sur la poitrine ; bandeau en rouge réservé sur les cheveux ; bras droit restauré) ; elle est vêtue d'une tunique talaire à grandes manches (plis en noir jauni) et d'un himation qui dégage le côté droit (quelques restaurations). A droite, derrière Ganymède, un vieillard (son père Laomédon ?), la barbe et les che-

veux blancs (teinte rosée sur le crâne par-dessus le blanc pour indiquer la calvitie ; bandeau en rouge mat sur les cheveux), drapé (tunique à longue manche restaurée et himation dégageant le côté droit), tient de la main gauche baissée une longue canne terminée en béquille et étend la main droite derrière la tête de Ganymède, comme pour le protéger. — *B.* **Départ de l'éphèbe pour la guerre.** A droite, un éphèbe coiffé du bonnet plat à pointes retombantes appelé *alopéké* (restauré ; pupille noire au centre de l'œil de face, lèvre inférieure pendante), le corps de face drapé dans un grand manteau de cavalerie décoré de zigzags, de pointillés, de grecques au trait noir (parfois jauni), les pieds chaussés de grandes endromides à revers en trois pointes (restaurées), porte deux grandes lances serrées contre lui (fers en losanges aux deux extrémités ; restaurations dans celles du haut) et se tient debout devant son cheval harnaché (bride pendant des naseaux et indiquée en blanc) qui lève le pied gauche de devant (restaurations partielles). Derrière le cheval, en arrière-plan, est debout un vieillard (le père de l'éphèbe), la barbe et les cheveux blancs (lien en noir jauni entourant la chevelure), drapé (tunique à manche aux plis de noir jauni, himation dégageant le côté droit), la main droite élevée vers la tête du cheval, comme pour le tenir. A gauche un autre homme barbu, drapé (himation enveloppant le corps nu et dégageant le côté droit, restaurations partielles), couronné (guirlande de feuilles en blanc), vu de dos, s'appuie de la main droite sur une haute canne coudée au milieu, à poignée recourbée.

Noir dans l'intérieur, sur le col, le dessus des anses, la panse sauf les personnages, sur la base et le pied sauf deux cercles réservés en rouge en haut et en bas de la tranche. Sur le rebord, au-dessous de l'embouchure, zone de godrons soulignés par des points. En haut de la panse, zone de godrons. Sous les personnages, zone circulaire de grecque mêlée de petites croix inscrites dans un carré noir.
Terre rosée, un peu jaunâtre. Emploi des retouches en rouge mat et en blanc. Esquisse visible et souvent très détaillée dans les personnages. Style sévère de la première moitié du vᵉ siècle.
Vase recollé en plusieurs morceaux, avec restaurations cachant les cassures. Haut., 0,36 ; diam. dans l'embouchure, 0,17.
(Inv. Campana 691.) Trouvé en Étrurie et entré en 1863 ; cf. *Cataloghi Campana*, XI, nᵒ 34. Publié par Kœrte (le côté A), *Annali dell' Inst.*, 1876, pl. B, p. 52 L (= S. Reinach, *Répert. des vas.*, I, p. 335). Cf. Pottier, *Catal. vas. Louvre*, p. 1018 ; Beazley, *op. l.*, nᵒ 7 ; Hoppin, *Handb. redfig.*, II, p. 457, nᵒ 10.

G 185. Cratère de la forme dite stamnos (col court, embouchure moyenne, anses trifides horizontales vers le haut de la panse, base amincie sur un pied à deux degrés). — Un sujet de chaque côté de la panse. — *A.* **Dionysos couché sur un bouc.** Le dieu barbu (cheveux en masse noire avec une longue boucle pendant sur le cou, deux mèches plus courtes sur la nuque ; barbe hérissée de petits traits en noir jauni ; œil de face et les deux coins de l'œil légèrement ouverts), couronné (guirlande de feuillages en rouge mat), est étendu, les genoux un peu relevés, le pied droit nu dépassant la croupe de la bête, l'autre pendant sur le côté, sur le dos d'un grand bouc qui marche vers la droite (crinière, longue barbe et flocons de poils aux jambes en traits noirs séparés; toison sur la tête et sur les joues en noir jaune doré ; bouche ouverte montrant les dents ; restaurations dans les jambes). Dionysos de la main gauche s'accroche à une des cornes du bouc ; du bras droit étendu il tient un canthare à grandes anses (la base et une anse restaurées) ; il est vêtu d'une tunique à manches (plis ondulés en noir jauni ; hachures en noir jauni sur le bas du vêtement) et d'un himation qui enveloppe le bas du corps et laisse le côté droit libre (parties restaurées). Il est précédé d'un Silène barbu qui porte sur son épaule gauche un grand pithos de vin (tête, bras et majeure partie du pithos [qui serait une outre?] restaurés) et marche vivement à droite, cambrant la taille, le revers de la main droite sur la hanche (restaurations dans les jambes et les pieds). A gauche, derrière le bouc, un autre Silène barbu (tête chauve ceinte d'une couronne en rouge mat) marche, tenant des deux mains un cratère à base pointue (restauré ; forme de stamnos), qui est ceint d'une couronne de feuillages noirs pendant sur la panse (restaurée). Le corps du Silène est restauré en plusieurs parties ; on a maladroitement ajouté la queue de cheval à gauche, tandis que l'extrémité antique en est visible en bas, entre les jambes (musculature en traits jaunis très faibles). — *B.* Hermès couché sur un bélier. Dans la même attitude, la jambe droite relevée (restaurée), le pied chaussé d'un grand cothurne à aileron court par devant, la jambe gauche repliée, Hermès est étendu sur le dos d'un fort bélier (laine en mouchetures de noir jauni ; toison sur la tête en ton jauni semé de points noirs ; sous le menton, traits ombrés de noir jauni ; grande corne enroulée et divisée par des traits de rouge mat ; bouche entr'ouverte avec un trait rouge mat). Hermès, comme Dionysos, est porté à reculons, vers la droite, tenant de la main droite étendue une fleur de lotus (rouge mat), de la main gauche un grand canthare ; du bras gauche il maintient serré contre lui un grand caducée (hampe restaurée). Il est barbu (œil de face, coin interne de l'œil en peu ouvert ; barbe en noir jauni sur la joue, en ton brun endommagé sur le bas ; cheveux en masse noire avec petites mèches ondulées terminant le chignon en arrière), couronné (feuillages en rouge mat), drapé (chlamyde laissant les jambes nues, agrafée au centre de la poitrine ; quelques restaurations dans les plis, un grand pétase rejeté dans le dos (en rouge mat, les brides sur les épaules et un lacis sur la coiffe). Il est précédé d'un Silène barbu (bas de la barbe restauré ; cheveux en masse noire avec courtes mèches restaurées sur le cou ; couronne de feuillages en rouge mat effacé), qui marche vivement vers la droite, retournant la tête, soutenant des deux bras élevés sur son épaule gauche un grand skyphos couronné d'une guirlande de feuilles (noir délayé ; restaurations dans les bras et dans le torse ; musculature en traits de noir jauni); de son épaule droite pend suspendue une grande outre à moitié vide sur laquelle on lit l'inscription en lettres de couleur noire jaunie : ... ΛΟϟ ([κα]λός). A gauche, derrière le bélier, marche un autre Silène barbu (chauve avec les cheveux en masse noire et, dans le dos, l'extrémité des cheveux en mèches ondulées de noir jauni), couronné (feuillages en rouge mat) ; des deux mains élevées il tient une double flûte dont il joue en marchant (restauration dans le torse et le bras droit ; musculature en traits de noir jauni ; queue de cheval restaurée) ; l'étui des flûtes est attaché à son bras gauche et pend devant lui (mouchetures de noir jauni).

Noir dans l'intérieur, sur le col, les anses, la panse sauf les personnages, sur la base et le pied sauf un filet réservé en bas de la tranche. En haut de la panse, zone de godrons. Sous les personnages, un filet rouge réservé tout autour du vase.
Terre un peu jaunâtre. Emploi des retouches de rouge mat. Pas d'esquisse visible. Style sévère de la première moitié du ve siècle. Vase recollé en plusieurs morceaux et assez restauré. Graffite moderne incisé sur le skyphos que porte le Silène en B. Le fond présente un trou circulaire qui peut être antique, car on remarque cette particularité sur plusieurs vases. On est en droit de supposer qu'en certains cas ils ont été employés au même usage que nos pots de fleurs, avec un trou pour l'écoulement de l'eau pénétrant dans la terre ; cf. Saglio, *Dict. des antiq. grecq. et rom.*, article *Popiarius* (Lafaye). Haut., 0,305 ; diam. dans l'embouchure, 0,18.
(Inv. Campana 944.) Trouvé en Étrurie et entré en 1863 ; cf. *Cataloghi Campana*, IV-VII, n° 52. Publié par Gargallo-Grimaldi dans *Monumenti dell'Inst.*, VI-VII, pl. 67 ; *Annali*, 1862, p. 121 (= S. Reinach, *Répert. des vas.*, 1, p. 159). Cf. Pottier, *Catal. vas. Louvre*, p. 1018 ; Beazley, dans *Journ. hell. Stud.*, XXXI, p. 276 et sv., n° 19 (style de l'amphore de Berlin) ; Hoppin, *Handbook redfig.*, 1, p. 65, n° 42.

G 186. Cratère de la forme dite stamnos (col court embouchure large, base rétrécie sur pied en disque peu débordant). — Un sujet de chaque côté du vase. — *A.* **Pélée amène Achille enfant au Centaure Chiron.** A gauche, Pélée barbu (cheveux en masse noire avec lien en rouge mat qui maintient le reste de la chevelure en chignon sur la nuque ; bout du chignon en traits de noir jauni ; œil de profil et coin interne ouvert, mais endommagé), un grand pétase rejeté dans le dos (brides du chapeau sous le cou et lacis sur la coiffe en rouge mat), vêtu d'une tunique courte à manches (restaurée ; plis en traits de noir jauni), d'une pardalide passée par-dessus la tunique (peau indiquée en mouchetures de noir délayé), et d'une chlamyde couvrant le dos (quelques parties restaurées), chaussé de hautes endromides à courts ailerons par devant (pointillé en noir jauni indiquant le cuir ; pieds restaurés), tenant deux javelots de la main gauche (invisible), étend le bras droit (musculature détaillée en traits de noir jauni sur les bras et les jambes) et semble parler, en présentant à Chiron son fils Achille. Le jeune garçon, nu, se présente de profil, les deux bras pendants et un peu écartés du corps (musculature en noir jauni ; restaurations dans les jambes) ; une abondante chevelure d'un ton jaune doré, ceinte d'un bandeau en rouge mat, s'étale sur ses épaules (œil de face, le coin interne un peu ouvert). Devant lui, un grand arbre chargé de fruits blancs (feuilles en rouge mat), aux rameaux tordus, le sépare de Chiron ; on doit comprendre que cet arbre, placé en arrière-plan, représente la campagne devant la maison du Centaure. Chiron a l'aspect d'un homme auquel on aurait accolé un arrière-train de cheval ; il est barbu (œil de face avec le coin interne un peu ouvert ; chevelure en masse noire avec quatre mèches séparées de noir délayé retombant sur l'épaule gauche), couronné (feuillages en rouge mat effacé), drapé (tunique à manche restaurée, himation dégageant le côté droit et laissant les jambes nues) ; de la main gauche (refaite) il porte une grande branche de pin à six rameaux, à laquelle sont suspendus deux lièvres comme butin de chasse (épiderme de l'argile endommagé ; hachures en noir jauni pour le pelage) et il étend la main droite vers l'enfant comme pour l'accueillir (musculature en traits de noir jauni sur le bras droit et sur les jambes un peu restaurés ; quelques traits de noir jauni sur la croupe chevaline un peu restaurée). — *B.* Réunion de trois éphèbes. A gauche, un éphèbe, le corps de face, les pieds de profil vers la droite, la tête retournée vers la gauche (épiderme de la terre complètement rongé à l'endroit de la tête ; cheveux en masse noire), s'appuyant de la main gauche sur une haute canne (sans nœuds), est complètement enveloppé dans un himation qui cache le bras droit, mais laisse sentir la main droite sur la hanche (argile endommagée de même sur plusieurs parties du vêtement et sur les pieds nus). Au centre, un autre éphèbe (cheveux en masse noire, œil de face comme précédemment), couronné (feuillages en rouge mat), incline la tête en s'appuyant sur le bout d'une grande canne noueuse placé au creux de son aisselle gauche et pose sa main droite (restaurée) sur sa hanche, étendant la main gauche, l'index allongé ; le haut du corps est nu (musculature en trait de noir jauni très pâle) et le bas enveloppé dans un himation dont le pan (restauré) retombe sur le haut de la canne. A droite, un troisième éphèbe fait face au précédent (coiffure semblable), le haut du corps nu (musculature en traits jaunis sur le bras droit et le cou), le reste enveloppé dans un himation qui remonte jusqu'au cou par derrière, cachant le bras gauche dont on sent le coude sous la draperie ; de la main droite (restaurée) il s'appuie sur une haute canne noueuse (le bout restauré).

Noir dans l'intérieur, le rebord et le col, sur le dessus des anses et la panse sauf les personnages et une partie réservée entre les deux attaches d'anse, sur la base et le pied sauf un filet réservé en bas de la tranche. Pas d'autre ornement qu'un filet circulaire en rouge réservé sous les   pieds des personnages. Sous le fond grande marque incisée :   cf. comme analogue Hackl, *Merkantile Inschriften*, dans   *Münch. arch. Studien*, p. 35.

Terre rouge un peu jaunâtre. Emploi des retouches de rouge mat. Pas d'esquisse visible. Style de la première moitié du v⁰ siècle.

Vase recollé en peu de morceaux ; l'épiderme de la terre a souffert en B. On remarque sur le côté A une dépression en forme de cercle qui occupe la croupe du Centaure Chiron et une partie du fond ; cette marque provient du fond d'un autre vase qui, pendant la cuisson, a été appuyé sur celui-ci ; une autre raie horizontale (entre le petit Achille et Chiron) décèle une pression analogue d'un autre objet. Pour les accidents de ce genre, voir Reichhold dans la *Griechische Vasenmalerei* de Furtwaengler, I, p. 152-158. Haut., 0,345 ; diam. dans l'embouchure, 0,19.

(Inv. MNB 1303.) Acquis en 1878 de la Collection Albert Barre (*Catalogue de vente*, n⁰ 329). Publié *ibid.*, pl. V, et par Sidney Colvin dans *Journ. hell. Stud.* 1880, p. 138, fig. 4. Cf. Pottier, *Catal. vas. Louvre*, p. 1019 ; P. Baur, *Centaurs in anc. art* (1912), p. 105, n⁰ 252 ; Hoppin, *Handb. redfig.*, I, p. 65, n⁰ 43 (attribué au maitre de l'amphore de Berlin, d'après Beazley, *Journ. hell. Stud.* 1911, p. 282, n⁰ 18).

G 187. Cratère de la forme dite stamnos (col bas, embouchure moyenne à large rebord, base amincie sur pied en disque peu débordant avec tranche en pente). — Un sujet sur chaque côté de la panse. — *A.* **Le Départ de Triptolème.** A gauche Déméter, coiffée d'un cécryphale fait d'une étoffe en damier, serré par une bandelette ornée de points noirs et terminé en pointe par derrière, un diadème sur le devant des cheveux (prunelle de l'œil dans le coin interne légèrement ouvert ; boucle d'oreille en rondelle), drapée (tunique talaire et himation dégageant le côté droit), tient de ses deux mains, les doigts écartés, une couronne (feuillages en rouge mat) ; devant elle une courte colonne (pas de chapiteau ; corniche droite ornée de gros points noirs), posée sur une base rectangulaire, indique que la scène se passe près d'un temple ou d'un édifice. Au centre, Triptolème sous les traits d'un éphèbe (cheveux en masse noire relevés par derrière en chignon terminé par de petites mèches ondulées ; une mèche isolée en noir délayé retombant sur le cou ; œil comme dans le précédent), couronné (feuillages en rouge réservé), drapé (tunique à grandes manches rattachées par des agrafes ; himation dégageant le côté droit et couvrant les jambes), est assis sur un char ailé (grandes ailes attachées en arrière au moyeu des roues qui sont faites au compas avec le centre marqué par un trou ; rampe ornée de petits zizags en noir délayé), traîné par deux serpents (vus en arrière-plan derrière les roues et la caisse ; peau tachetée de points noirs) ; il tient de la main droite étendue une phiale (bord décoré de folioles accostées de points) et il s'appuie de la main gauche sur un sceptre surmonté d'une palmette (hampe ornée d'une bandelette s'enroulant à intervalles réguliers et décorée de points noirs entre quatre filets) ; ses pieds nus sont posés sur une planchette formant support à l'avant du char. Dans le haut du champ, devant lui, inscription en rouge mat : KALOS (καλός). A droite, lui faisant face, Perséphone, coiffée d'un cécryphale simple, serré par un lien, sans diadème (cheveux en ondulations sur le front ; boucle d'oreille en rondelle), drapée (tunique à grandes manches ; himation couvrant le côté gauche et ajusté en manche sur le bras gauche avec des agrafes faites de petits cercles), tient de la main gauche une gerbe d'épis (en rouge mat) et de la main droite une œnochoé, dont elle verse le contenu (jet du liquide en rouge mat) dans la phiale de Triptolème, pour une libation. Dans le champ, obliquement et passant à travers la gerbe d'épis, inscription en rouge mat : K.LOS (κ[α]λός). Derrière elle, séparant les deux sujets et placé dans l'intervalle que recouvre l'anse, un grand palmier élève symétriquement six rameaux feuillus (tronc lisse, évasé par le bas). — *B.* **Le roi Kéléos (?) entre les deux déesses.** — Le personnage au centre a l'aspect de Zeus, mais si l'on veut le mettre en relations avec les deux déesses qui l'accompagnent et avec le sujet précédent, on peut admettre l'interprétation courante, qui y voit le roi d'Éleusis, père de Triptolème ; il est naturel de penser qu'à ce roi mythique l'artiste a voulu donner une physionomie de dieu. A gauche, Déméter (même draperie et même coiffure que dans l'autre tableau ; le décor de l'étoffe du cécryphale en points réunis par des traits est un peu différent) tient de chaque main une torche allumée (flammes en rouge mat) ; devant elle un autel rectangulaire (angles en volutes ; corniche ornée de gros et de petits points noirs superposés ; trois groupes de bandelettes en noir délayé ou en rouge mat accrochés au flanc) sur lequel brille la flamme (en rouge mat). Au centre, Kéléos barbu (chevelure comme celle de Triptolème ; même forme d'œil), vêtu d'une tunique à amples manches (galon en trois filets sur la couture et sur les bords de l'étoffe) et d'un himation couvrant tout le côté gauche, tient de la main droite abaissée au-dessus de l'autel une phiale à bords découpés et à fond orné d'une rosace en feuilles cantonnées de points ; il s'appuie de la main gauche sur un haut sceptre surmonté d'une palmette ; son corps est vu de face, la tête tournée vers la droite, le pied droit vers la gauche et le pied gauche de face en raccourci. Près de lui, à droite, un second autel semblable au premier (les autels des deux grandes déesses. d'Eleusis), sur lequel Perséphone (même coiffure que dans l'autre tableau ; quelques petites différences dans le décor du cécryphale ; même ajustement de tunique et de manteau, mais sans manche agrafée et avec un large galon noir soulignant le bord de l'étoffe) verse le contenu d'une œnochoé qu'elle tient de la main droite (jet du liquide en rouge mat). Dans le champ, au-dessus de l'autel, inscription en rouge mat : KALOSEΓ (καλός ε[ἶ], tu es beau). Derrière elle grand palmier, pareil à l'autre et disposé de la même façon dans l'intervalle séparant les deux sujets.

Noir dans l'intérieur, sur le col, sur les anses et la panse, sauf les personnages et les ornements, sur la base et le pied, sauf un mince filet de rouge réservé au bas de la tranche. Le rebord de l'embouchure divisé par une double rainure, avec la partie centrale ornée de courtes languettes noires. En haut de la panse, zone de godrons. Sous les pieds des personnages zone circulaire en grecque mêlée de carrés noirs, entre quatre filets noirs et deux en rouge réservé. Terre rougeâtre. Emploi des retouches de rouge mat. Esquisse parfois détaillée des personnages ; en particulier chez le roi Kéléos les plis et la forme de la tunique serrée à la taille ont été indiqué puis recouverts par le manteau. Coup de flamme oxydante donnant un ton rouge orangé au noir dans les parties qui avoisinent, en A, la colonnette, la roue du char ailé et la planchette qui supporte les pieds de Triptolème. Style de la première moitié du v⁰ siècle. Bon état de conservation. Haut., 0,355 ; diam. sur l'embouchure, 0,205.

(Inv. N 3416.) Trouvé en mars 1829, à Canino, en Étrurie, au lieu dit Cavalupo, près de la Cucumella (hypogée appartenant à la famille Minuca) ; cf. le *Museum Etrusque* de Lucien Bonaparte, prince de Canino (1829), p. 115, n⁰ 1878 (il interprète le sujet comme une jeune divinité sur un char ailé entre deux prêtresses, et le roi pontife entre deux autres prêtresses). Publié par Inghirami, *Pitture dei vasi etruschi* (1852), I, pl. 36 et 37 (Triptolème, Cérès et Proserpine ; le prêtre et Triptolème entre les deux déesses) ; Lenormant et de Witte, *Elite des monum. céramographiques*, III (1858), p. 173, pl. 59 et 60 (Triptolème entre sa mère Métanire et sa sœur ; Céléus entre ses deux filles) ; Overbeck, *Kunst mythologie*, II, p. 537, n⁰ 21, et *Atlas*, pl. XV, fig. 16. Cf. Pottier, *Catal. vases Louvre*, p. 1019 ; Beazley, *Attic Vas.*, p. 98, note 1 (il a pris ce beau vase comme base de groupement pour une série de 18 exemplaires attribués au même artiste) ; Hoppin, *Handb. redfig.*, II, p. 160, n⁰ 13.

G 192. Grande amphore à forme d'hydrie (il suffirait à ce beau vase d'avoir une anse verticale en arrière pour être une hydrie ; par une anomalie qui reste une rareté, les deux anses horizontales sur les côtés divisent la panse en deux parties comme dans une amphore ; la forme générale rappelle celle du vase appelé stamnos, mais avec une embouchure bien plus étroite : col assez haut, embouchure petite à rebord saillant, panse haute, amincie dans le bas avec pied en bourrelet à peine débordant). — Un sujet sur chaque côté de la panse. — *A*. **Hercule enfant tue les serpents envoyés par Héra.** Sur un grand lit de repos (coussin orné de filets noirs et de petits pointillés sur le chevet ; bout du matelas orné d'un galon et de lignes de points ; pied de bois découpé et orné de palmettes et de rosaces en étoiles, sommet en double volute surmontée d'une palmette ; traverse supérieure ornée de motifs imitant des incrustations de métal, des appliques, des clous disposés en cercle, une croix gammée (svastika) ; traverse inférieure en barre de bois surmontée de motifs floraux découpés, bouton et palmette accostée de volutes) sont couchés deux petits garçons. L'un, **Iphiclès**, fils d'Alcmène et d'Amphitryon, frère jumeau d'Hercule (cheveux en masse noire, œil de face avec le coin interne ouvert), est vu de dos, nu, les jambes cachées par une couverture, retournant la tête à gauche et levant les bras pour se réfugier avec terreur dans les bras de sa mère debout en arrière-plan derrière le lit. A sa gauche, le fils de Zeus, Hercule, le torse nu de face, la tête vers la droite (cheveux en ton jaune doré et petites retouches noires ; pupille dans le coin interne ouvert), les jambes sous la couverture du lit ornée de groupes de petits points, saisit de la main droite élevée et de la main gauche abaissée deux longs serpents qu'il étrangle ; le corps des reptiles (pointillé en deux bandes dans le sens de la longueur, yeux saillants) se débat et ondule, enveloppant de leurs replis le corps et les bras de l'enfant. Alcmène, au pied droit du lit, saisit à deux mains le jeune Iphiclès par les épaules pour le tirer à elle (cheveux en noir jauni sortant du cécryphale noué sur la tête ; pupille noire dans le coin interne de l'œil un peu ouvert ; boucle d'oreille en rondelle ; bracelet en rouge mat à chaque bras). Elle est vêtue du péplos dorien à rabat, laissant les bras nus et, tournant la tête vers la gauche, elle avance le pied gauche vers la droite, l'autre soulevé et en raccourci. A droite, Amphitryon barbu (chevelure en masse noire d'où s'échappent des boucles ondulées en noir jauni ; même ton doré sur la barbe ; bandelette en rouge mat ceignant les cheveux) a le torse nu (musculature en traits jaunis) et le reste du corps drapé dans un himation qui dégage le côté droit (pan rejeté sur le bras gauche) ; il élève la main droite avec un geste de surprise et tient de la main gauche un long bâton noueux. A gauche du lit, la déesse Athéna sans casque (chevelure en masse noire, avec boucles en noir délayé sur le devant, le bout du chignon retombant dans un gros nœud serré par une bandelette en rouge mat ; œil comme précédemment), l'égide sur le haut de la poitrine (semis de petites mouchetures noires ; en bas, quinze petits serpents noirs ondulant), tunique en masse noire (plis fins en traits de noir jauni) que recouvre un court himation à plis symétriques, lève la main gauche au-dessus d'Hercule en signe de protection et tient de la main droite (bracelets en rouge mat à chaque bras) sa longue lance appuyée sur l'épaule droite (la pointe entre dans la zone d'ornements du haut). Derrière elle une femme drapée lève aussi la main gauche en signe d'étonnement et tient son bras droit replié (chevelure en masse noire, ceinte d'un bandeau en rouge réservé, bout des cheveux épars dans le dos en mèches séparées) ; elle est vêtue du péplos dorien à rabat, avec les bras nus (bracelet en rouge mat à chaque bras). — *B*. **Zeus avec ses deux messagers, Hermès et Iris.** Au centre Zeus barbu (chevelure en masse noire avec mèches en noir délayé et jauni par devant et trois longues boucles ondulées retombant sur l'épaule gauche ; pupille dans le coin interne de l'œil un peu ouvert), une bandelette (rouge mat) sur les cheveux, tient de la main droite levée un foudre enflammé (les deux bouts en fleurs de lotus, flammes en rouge mat)

et de la main gauche un haut sceptre surmonté d'un fleuron (pointe inférieure du sceptre en fer de lance) ; il a le corps de face, la tête de profil vers la gauche, le pied droit de face en raccourci, le pied gauche avancé vers la droite ; il est vêtu d'une tunique à longues manches (plis fins en noir jauni) et d'un himation dégageant le côté droit, avec pan rejeté sur le bras gauche. A gauche, Hermès marche rapidement, s'éloignant et retournant la tête vers Zeus, comme s'il avait reçu ses ordres ; il est barbu (œil comme précédemment, chevelure en masse noire avec boucles en noir délayé et jauni par devant et mèches retombant dans le dos), vêtu d'une tunique courte à manches (ornée de pointillés et de raies transversales en noir jauni) que recouvre une chlamyde attachée sur l'épaule droite, et dans son dos est rejeté un pétase (brides sous le cou et lacis sur la coiffe en rouge mat) ; ses pieds sont chaussés d'endromides de cuir (pointillé en noir jauni), munies d'un aileron recourbé par devant et d'une aile par derrière (musculature des jambes et des bras en noir jauni) ; il lève la main droite, l'index en l'air, et tient de la main gauche abaissée son caducée renversé. A droite, Iris ailée part en volant, tournant le dos à Zeus (chevelure en masse noire, retombant en arrière et terminée par un gros nœud que serre un lien enroulé ; diadème en bandeau de rouge réservé, surmonté de trois feuilles pointues ; œil comme précédemment) ; sa grande aile se déploie en arrière (un peu endommagée) ; elle est vêtue d'une tunique ornée de petits groupes de points (noir jauni), à larges manches (plis fins de noir jauni), que recouvre un himation court à longs plis symétriques ; elle baisse la main gauche et tient de la main droite son caducée renversé (bracelet en rouge mat à chaque bras).

Noir dans l'embouchure, sur le col, la panse sauf les personnages et les ornements, sur les anses, la base et le pied. Zone de godrons autour du rebord de l'embouchure et en haut de la panse ; manchettes en oves autour des attaches des anses. Au-dessous de l'anse, sur la panse, grand motif floral composé d'une palmette en rouge réservé, accostée de quatre rinceaux ; au-dessous de l'anse, autre motif analogue en palmette accostée de trois rinceaux et d'un personnages, zone circulaire en posée horizontalement, accostée bouton lancéolé. Sous les grecque mêlée de croix. Sous le fond, grande marque incisée. Cf. Hackl, *op. l.*, p. 25.

Terre rougeâtre. Emploi des retouches de rouge mat. Esquisse souvent détaillée (la tunique de Zeus indiquée sous son himation). Style de la première moitié du ve siècle.

Bon état général de conservation, mais l'épiderme de la terre a souffert en maintes parties et s'est soulevé en écailles qu'on a recollées. Haut., 0,51 ; diam. sur l'embouchure, 0,20.

Inv. N 3294 (L. P. 1264). Trouvé à Vulci en Étrurie. Acquis de la vente Durand en 1836 ; cf. de Witte, *Catalogue de vente du Cabinet Durand*, 1836, p. 86, n° 264. Publié par F. Lenormant, dans *Gazette archéologique*, I, 1875, p. 63, pl. 14 et 15 (planches en couleurs) ; il a interprété comme Héra la femme placée derrière Athéna, mais cette opinion semble erronée, car le personnage ne porte aucun des attributs qui conviendraient à la déesse. Voy. aussi Duruy, *Hist. des Grecs*, 1, p. 773 (le côté B). Cf. Hoppin, *Handb. redfig.*, 1, p. 72, n° 84 (attribué au maître de l'amphore de Berlin).

Vue d'ensemble avec le sujet A dans notre pl. 127.

G 194. Anse colossale de grand cratère (partie plate, incurvée vers le haut, comprise entre deux forts rebords saillants, dont un seul est conservé à droite. On a rapproché cette forme d'anse de celles du célèbre *Vase François* de Florence ; la structure en est, en effet, très semblable (Furtwaengler-Reichhold, *Griech. Vasenmalerei*, pl. 3) ; cf. aussi l'anse de cratère G 343, d'époque plus récente, et celles du cratère d'Arezzo (Furtwaengler, *ibid.*, pl. 61) ; on doit imaginer un vase ayant entre 0,60 et 0,80 de hauteur ; c'était une pièce hors ligne dont il ne reste ici qu'un débris). — Deux sujets superposés sur le plat de l'anse. — *A*. **Registre supérieur. Thésée et Skiron.** Le haut des personnages manque. De Thésée on ne voit que le torse vêtu d'une tunique courte, relevée à la ceinture, le bras gauche et les jambes nues (musculature en trait noir jauni) ;

il est debout et tourné vers la gauche, faisant face à Skiron dont il ne subsiste que les jambes nues (même musculature) ; il était assis, le pied gauche plus haut que l'autre, sur une éminence rocheuse au pied de laquelle est posé le bassin de métal (pieds noirs à griffes de lion) dans lequel le brigand forçait les voyageurs à lui laver les pieds. — *B*. Registre inférieur. **Lutte de Thésée et de Kerkyon**. Du héros, debout à gauche, on ne voit que la tête penchée, l'épaule et le bras droit passé sous le cou de son adversaire courbé en deux (visage d'éphèbe à cheveux en masse noire, avec mèches en noir délayé par devant ; lien en rouge mat sur les cheveux ; prunelle de l'œil dans le coin interne de l'œil qui reste fermé). De Kerkyon on ne voit que le corps nu, plié en deux (musculature en traits jaunis), un bout des cheveux (noir délayé) qui passe sous le bras droit de Thésée et l'extrémité de la barbe en mèches ondulées (organe viril infibulé). Dans le champ, au-dessus des deux lutteurs, inscription en rouge mat... ΚVΛΝΕVΣ, pour (Κερ)κυανεύς, doublet du nom de Κερκυών, l'adversaire de Thésée (le même nom se retrouve sur une coupe du Cabinet des Médailles de Paris ; J. Harrison, *Journal hell. Stud.*, X, 1889, p. 235, pl. 2 ; de Ridder, *Vas. de la Bibl. nat.*, p. 403, n° 536 ; Hoppin, *Handbook redfig. vases*, II, p. 147, n° 36).

Noir sur la partie postérieure de l'anse, sur la partie antérieure sauf les personnages et les ornements, sur la tranche sauf les ornements. Sous le premier registre bande de palmettes en rouge réservé, de forme lancéolée, placées obliquement entre deux filets en rouge réservé. Sous le second registre la bande manque ; il n'en reste qu'un bout de palmette.
Terre rougeâtre. Emploi des retouches en rouge mat. Esquisse détaillée. Style de la première moitié du v⁰ siècle.
Les parties conservées sont en bon état. Il y a trace d'un arrachement à la base de la partie postérieure, à l'endroit où cette partie incurvée venait se souder sur une anse ronde (cf. la forme du vase François). Cassure irrégulière à gauche des sujets. Haut., 0,335 ; larg. max., 0,13.
(Inv. MNB 256.) Don de M. H. de Villefosse, en 1871 ; acquis dans le commerce en Italie (sans provenance connue). Publié par K. Wernicke, *Jahrbuch arch. Inst.*, 1892, p. 209. Signalé par Heydemann, *Pariser Antiken*, p. 58, n° 62 (avec l'indication inexacte de vase de la Grèce propre et la lecture erronée ['Αλ]κυανεύς) ; J. Harrison, *Journ. hell. Stud.*, X, 1889, p. 235 ; Pottier, *Catal. vas. Louvre*, p. 1020. Pour l'inscription, cf. P. Kretschmer, *Die griech. Vaseninschrift.*, p. 203 et 238.
Vue d'ensemble avec les deux sujets dans notre pl. 128.

G 195. Fragment de vase (peut-être d'un grand skyphos?). — Le sujet placé sur la panse est très analogue au précédent et procède du même modèle, dans un style un peu plus sévère. — **Lutte de Thésée et de Kerkyon**. A droite, restes du groupe des deux lutteurs ; de Thésée sont conservés la tête et les bras. Après avoir courbé sous sa tête le corps de son adversaire, le héros est en train de le « ceinturer », en croisant ses deux mains sous la taille de Kerkyon, pour l'enlever de terre (visage d'éphèbe ; cheveux en masse noire avec chignon relevé par un lien en rouge mat et terminé en petites mèches ondulées ; œil de face avec prunelle en cercle et point noir pour la pupille). De Kerkyon est conservé le corps nu, avec la tête et le bas des jambes ; il est courbé en deux sous l'effort de son vainqueur. Un grand arbre (dont le tronc porte des touches de noir jauni pour imiter le bois), placé à gauche, se divise en trois branches et huit rameaux feuillus (feuilles en rouge mat), qui s'étendent au-dessus de la scène ; un de ces rameaux porte suspendue l'épée de Thésée (fourreau décoré de petits ornements en Σ ; lien en rouge mat). A gauche se trouve une femme dont on ne voit que le côté gauche, couvert d'une tunique et d'un himation, et la moitié de la tête tournée à gauche (cheveux en traits de noir délayé et jauni, serrés par un lien en rouge mat). Il s'agit sans doute d'un personnage faisant partie d'un autre épisode

des Exploits de Thésée (cf. la nymphe de Krommyon dans la capture de la laie par Thésée : *Journal hell. Stud.*, 1889, pl. 2).

Noir dans l'intérieur (ce qui prouve qu'il ne s'agit ni d'une amphore ni d'une hydrie, mais d'un vase à large ouverture). Noir sur la panse sauf les personnages et les accessoires.
Terre rougeâtre. Emploi de retouches rouges. Traces de l'esquisse. Le rebord du vase est conservé en haut. Cassure irrégulière sur le reste. Haut., 0,152 ; larg. max., 0,10. Style de la première moitié du v⁰ siècle.
Fragment retrouvé dans les caisses de la collection Campana (n° 97). Provenant d'Étrurie et entré en 1863. Cf. Pottier, *Catal. vas. Louvre*, p. 1021.
Vue d'ensemble avec le sujet dans notre pl. 128.

G 197. Grande amphore à couvercle (col court et trapu surmonté d'un rebord épais, anses en larges rainures bordées d'arêtes saillantes, pied en disque épais avec ressaut). — Un sujet isolé sur chaque côté. — **A. Le roi Crésus sur le bûcher**. Il est assis sur un trône de belle architecture, qui comprend deux pieds à chapiteaux ioniques en bois découpé, portés par deux bases et décorés de rosaces et de palmettes ; une traverse supérieure réunit les deux pieds et forme le bras du siège (décor en double ligne de points noirs saillants) ; sur le siège est posée une peau de bête tachetée (petits cercles en noir délayé). Le roi est barbu (cheveux à contour ondulé avec chignon relevé en arrière et maintenu par une guirlande de feuillage en rouge réservé ; longue barbe pointue à petites mèches, œil en point noir dans ovale fermé avec indication des cils à chaque paupière) et vêtu d'une longue tunique à rabat et à manches retenues par des agrafes rondes (décor en petites étoiles sur la draperie); ses pieds nus reposent sur un petit tabouret à tranche ornée d'oves noirs ; de la main gauche élevée il s'appuie sur un haut sceptre enrubanné (les liens indiqués par des lignes de petits points noirs saillants), surmonté d'un fleuron en bouton de lotus épanoui ; de la main droite étendue, il tient une phiale dont on voit le fond extérieur richement décoré (grande rosace centrale entourée d'une zone de pétales) et dont il verse le contenu (filet de liquide en rouge mat) sur le bûcher allumé. Le trône est placé sur un échafaudage de dix rangées de poutres et de rondins (larges touches brunes de noir jauni imitant le bois), vus alternativement par le côté et par l'extrémité sciée ; dans les intervalles et par-dessous on voit jaillir la flamme sous forme de languettes en rouge mat ; d'autres parties, peintes en blanc recouvert d'un rouge vineux, représentent des tisons incandescents ; le tout repose sur une base, sans doute une levée de terre, décorée de traits noirs se coupant en quadrillé comme pour imiter des branchages (ou peut-être une sorte de grille métallique). Devant le roi est inscrit son nom en rouge mat : ΚΡΟΕΣΟΣ (Κρο(ι)σος). A droite un serviteur, le corps nu penché et tenant deux torches (on a voulu à tort les expliquer comme des éventails pour activer le feu), est en train d'allumer le bûcher ; il est barbu (cheveux à contour ondulé, ceints d'une guirlande en rouge mat, œil en point noir délayé dans ovale entr'ouvert), vêtu d'une draperie roulée en pagne autour des reins (restaurations dans les bras, le corps et les jambes) ; les deux torches en rouge mat, avec quelques touches de blanc, se terminent par un pinceau de flamme. Au-dessus du personnage, inscription en rouge mat : ΕVΘVΜΟΣ (Εὔθυμος). — *B*. **Thésée et Peirithoos enlevant l'Amazone Antiope**. A gauche, Thésée imberbe, casqué (cheveux à courtes mèches sous le casque et longue mèche noire retombant sur l'épaule droite, barbe légère en noir délayé, œil en point noir dans ovale ouvert avec cils aux deux paupières ; casque à cimier et long panache avec bande ornée d'un zigzag en rouge réservé, fleuron en volutes sur le timbre, paragnathide noire relevée), vêtu d'une tunique courte à manches (décor en petites étoiles) que recouvre une cuirasse à large ceinturon et à imbrications avec épaulières ornées (rosace en étoile noire sur l'épaule droite, rosace en étoile rouge réservé sur l'épaule gauche ; baudrier en double trait noir soutenant l'épée dont le fourreau est décoré de cercles), chaussé de grandes cnémides (décor en volutes), court vers la gauche, le pied droit levé, en retournant la tête, et porte dans ses bras l'Amazone Antiope. Au-dessus de lui, dans le champ, inscription en rouge mat : ⊕ΕΣΕVΣ (Θησεύς). Antiope, couchée dans les bras de son ravisseur, retourne la tête (haute tiare asiatique à bavolets pendants, avec retouches brunes pour imiter le cuir, décor en palmettes et en volutes ; cheveux à mèches courtes répandus dans le dos, bandeaux ondulés sur le front ; œil en point noir délayé dans ovale entr'ouvert avec cils ; boucle d'oreille ronde) et tend le bras droit comme pour appeler du secours ; de la main gauche, elle tient sa hachette de guerre à long manche ; sur son côté gauche est suspendu, par un baudrier en rouge réservé, un grand carquois richement décoré (deux larges bandes de suspension forment ceintures avec tons bruns imitant le cuir, imbrications en plumes, bande de postes et, dans l'embouchure, têtes de flèches en noir ; couvercle ouvert en large bande de cuir découpé et orné de volutes) ; l'arc, fixé contre le carquois, est figuré en rouge mat. Elle porte le costume des Amazones : justaucorps ajusté à longues manches (décor en bandes de traits parallèles et lignes de petits points), ouvert par devant avec deux larges galons noirs, laissant paraître une tunique de dessous à plis fins ; anaxyrides collantes sur les jambes (décor mi-partie en traits parallèles et lignes de petits points, mi-partie en petits cercles). Près de la tête, inscription en rouge mat : ΑΝΤΙΟΓΕ ('Αντιόπη). A droite, Peirithoos barbu s'avance à grandes enjambées, retournant la tête (casque à cimier et panache, double bande de points, imbrications sur le timbre, longues mèches éparses dans le dos, œil en point noir dans ovale entr'ouvert, longue barbe à petites mèches ; costume analogue à celui de Thésée, l'épaulière droite ornée de petits cercles et fixée sur la cuirasse à imbrications par une patte décorée d'une large bande noire ; retouches brunes imitant le cuir, ceinturon orné de denticules noirs, fourreau d'épée décoré de points, de bandes et de petits traits noirs et terminé en tête de panthère vue de face) ; il porte sur le bras gauche (invisible) un bouclier rond (circonférences tracées au compas, le centre peint en noir avec épisème en rouge réservé : un taureau en marche sur une base en petits oves), et de la main droite ramenée contre lui il tient obliquement une longue lance, munie d'une pointe à chaque extrémité (au centre, une poignée indiquée par un quadrillé). A droite, dans le champ, inscription en rouge mat : ΓΕΡΙ⊕ΟΣ (Πε(ι)ριθο(ο)ς).

Bande noire dans l'embouchure. Noir sur le rebord, le col et la panse, sauf une zone en clair à la base, sur les anses sauf les arêtes, sur le pied sauf la tranche du ressaut. Guirlande en feuillages noirs sur les tranches des anses ; à l'attache inférieure de chaque anse, palmette renversée en rouge réservé sous une petite bande, celle de gauche en grecque mêlée de croix, celle de droite en denticules ; sous chaque sujet, large ligne de terrain en grecque mêlée de croix ; sur la zone claire de la base, arêtes noires rayonnantes.

Sur le couvercle, bouton en forme de grenade en noir avec petit ore saillant en clair à la base (décor de cercle en rouge mat) ; en dessous, sur le plat, zone d'arêtes rayonnantes et cercles noirs sur fond clair ; large bande noire et, sur le rebord clair, guirlande de feuillage noir ; la tranche en rouge mat.

Terre rougeâtre. Emploi des retouches en blanc crémeux et en rouge mat. Esquisse très visible. Beau style de la première moitié du ve siècle.

Sauf quelques morceaux recollés du pied, quelques recollages et fissures bouchées, la conservation de ce beau vase, avec son couvercle intact, est remarquable. Haut., 0,595 ; avec le couvercle, 0,68 ; diam. dans l'embouchure, 0,25.

(Inv. Nap. 3407 ; LP 1266). Trouvé en Italie, vers 1829, peut-être à Vulci, d'après Gerhard (*Annali Inst.*, 1833, p. 263). Autrefois dans le Cabinet du chevalier Durand (de Witte, *Catalog. Durand*, 1836, p. 157, n° 421), puis au Louvre. Publié par Gerhard, *Annali*, 1831, p. 41 ; *Monumenti Inst.*, 1, pl. 54 (= S. Reinach, *Répert. des vas.*, I, p. 85) ; Millingen, dans *Suppl. au vol. II des Transactions of the royal Soc. of literat.*, 1834, p. 28, pl. 1 ; Inghirami, *Vasi fittili*, IV, pl. 319, 320 ; Welcker, *Alte Denkmaeler*, III, p. 481, pl. 33 ; Baumeister, *Denkmaeler*, II, p. 796, fig. 860 ; Woltmann, *Gesch. der Malerei*, p. 79, fig. 15 ; Duruy, *Hist. des Grecs*, I, p. 680 ; A. H. Smith, dans *Journal hell. Stud.*, 1898, p. 268 ; E. d'Eichthal et Th. Reinach, *Bacchylide*, p. 25 ; Maspero, *Hist. anc. des peuples de l'Orient*, III, p. 619 ; Hauser, dans la *Griech. Vasenmalerei* de Furtwaengler, II, p. 277, pl. 113 (c'est la meilleure reproduction) ; Perrot, *Hist. de l'Art*, X, p. 639, fig. 355 ; Saglio, *Dict. des antiq.*, fig. 2904 (détail de la torche allumée). Décrit ou mentionné par de Luynes, *Annali*, 1833, p. 237 ; Stephani, *C. rendu Saint-Pétersb.*, 1866, p. 169 ; Klügmann, *Die Amazonen*, p. 24 ; Crusius, dans *Philologus*, 1898, p. 154 ; Heydemann, *Pariser Antiken*, p. 48, n° 23 ; Pottier, *Catal. vas. Louvre*, p. 1021 ; Beazley, *Attic Vas.*, p. 52, n° 29 (style de Myson) ; Hoppin, *Handb. redfig.*, II, p. 209, n° 16. Pour les inscriptions, cf. *Corp. inscr. graec.*, n° 7756 ; Kretschmer, *Vaseninschrift.*, p. 129 ; *Jahreshefte des österreich. Inst.*, III, p. 134 ; L. Curtius, dans *Athen. Mittheil.*, 1900, p. 157.

Vue d'ensemble avec le sujet A, et sujet B dans notre pl. 128.

G 198. Grande amphore (un ressaut dans l'intérieur de l'embouchure, rebord saillant extérieur, anses larges et verticales en dos d'âne, panse ovoïde allongée, pied à deux degrés). — Un sujet sur chaque côté de la panse. — *A.* Niké ailée, portant une phiale et un brûle-parfums. La déesse vole vers la gauche, tenant de la main gauche abaissée une phiale (rebord orné d'un pointillé noir) et de la main droite avancée un grand thymiatérion (support en chandelier à large pied, deux tores saillants au centre ; récipient pour l'encens en forme de boîte ovoïde ornée de traits noirs horizontaux). Elle est coiffée d'un diadème surmonté de cinq folioles dressées (cheveux en masse noire sur le front et la nuque, en mèches et traits de jaune doré sur le dessus du crâne (endommagé) ; traits ondulés en jaune doré sur la tempe ; grande mèche en noir délayé retombant sur le cou ; boucle d'oreille en rondelle ; œil de face avec prunelle en cercle et un point noir central) ; elle est vêtue d'une tunique à manches par-dessus laquelle est drapé un péplos dorien à rabat (bracelet en rouge mat à chaque bras) ; grandes ailes déployées en arrière (mouchetures de noir jauni sur les plumes ; quelques restaurations). — *B.* Éphèbe drapé. Il est tourné vers la droite, le bras droit étendu (main restaurée), comme pour accueillir la Niké qui vole de l'autre côté, la main gauche appuyée sur le haut d'une canne irrégulièrement infléchie, à poignée coudée (cheveux en masse noire, ceints d'une couronne de feuillages en rouge mat ; œil de profil avec coin interne ouvert) ; il est drapé dans un himation (cassures restaurées), qui dégage le côté droit nu (musculature en traits de noir jauni).

Noir dans l'embouchure, sur le rebord, le col et tout le vase, sauf la place des personnages et des ornements. Une bande ornée d'une grecque entre quatre filets noirs forme terrain sous les pieds des personnages. A l'attache inférieure de chaque anse, motif floral composé de deux palmettes superposées (droite et renversée), accostées de deux rinceaux ou volutes.

Terre jaunâtre assez pâle et friable. L'épiderme a souffert en partie, surtout du côté B, de style plus rapide et lâché que l'autre. Le lustre noir est beau du côté A et avivé par un ton rouge qui a disparu ailleurs. Emploi des retouches en rouge mat. Peu de traces de l'esquisse. Style de la première moitié du ve siècle.

Vase brisé et recollé en beaucoup de morceaux. Haut., 0,565 ; diam. sur l'embouchure, 0,19.

Inv. N 3288 (LP 2307). Trouvé en Étrurie dans les fouilles faites par le prince de Canino ; cf. *Notice d'une collection de vases antiques* 1843, p. 2, n° 3. Acquis sous le règne de Louis-Philippe. Cf. Pottier, *Catal. vas. Louvre*, p. 1023 ; Beazley, dans *Journ. of hell. Studies* 1911, p. 292 (style de l'amphore de Berlin, n° 2160) ; Hoppin, *Handb. redfig.*, I, p. 72, n° 85.

Sujet A dans notre pl. 128.

G 199. Grande amphore à anses cordées (forme analogue à la précédente, rebord ordinaire, anses verticales simulant une poignée en grosse corde tressée). — Un sujet sur chaque côté de la panse. — *A.* **Niké ailée portant un brûle-parfums.** La déesse est vue tout entière de face et vole, les pieds un peu inclinés vers la gauche (chaussures fermées et lacées sur le cou-de-pied par un triple cordon), portant de la main droite un grand thymiatérion allumé (large pied, tore saillant au centre, récipient à encens en forme de pyxis ovoïde, décorée de petites zones en dents de loup, cercles, traits ondulés, pointillés, et munie d'un bouton à la partie supérieure ; du sommet s'échappent des flammes figurées par des traits en rouge mat) et relevant de la main gauche le pli pendant de sa tunique ; ses deux longues ailes déployées (mouchetures en noir délayé sur la partie supérieure ; large trait noir transversal sur les plumes un peu restaurées) encadrent la figure. La tête vue de face est diadémée (ampyx orné à la base d'un pointillé noir) et les cheveux noirs forment sur le front des ondulations (yeux allongés, prunelle en cercle avec pupille en point noir et le coin interne de l'œil légèrement ouvert ; la bouche droite trop rapprochée du nez ; le menton long et lourd) ; six longues tresses pendent symétriquement sur chaque épaule (boucles d'oreille en rondelles ; autour du cou, collier en trait de noir jauni avec petites pendeloques noires). Elle est vêtue d'un péplos dorien à rabat, souligné par un large galon noir qui forme aussi un kolpos (traits ondulés en noir jauni) sur le ventre ; le nœud de la ceinture (cachée) apparaît par-dessous ; bracelet en rouge mat à chaque bras (grande partie restaurée dans le bas du péplos). — *B.* La figure tout entière, femme drapée, tenant une coupe et une œnochoé, est refaite sans partie antique.

Noir dans l'embouchure et sur tout le vase, sauf la place des personnages et des ornements. Sous les pieds de la Niké une bande en rouge réservé, contenant une grecque mêlée de croix entre quatre filets noirs.
Terre rosée. Emploi des retouches de rouge mat. Traces de l'esquisse. Style de la première moitié du ve siècle.
Le vase recollé en nombreux morceaux a été fortement restauré ; une grande partie de la panse, avec la figure B, a été refaite. Une figure toute pareille à A et sans doute du même peintre, sur une œnochoé de Vulci, a été publiée par Lenormant et de Witte, *Élite des mon. céramograph.*, I, pl. 93. Haut., 0,48 ; diam. sur l'embouchure, 0,19.
Le couvercle à gros bouton orné de cercles noirs, à disque orné de deux zones de godrons, ne paraît pas lui appartenir. La terre en est de couleur un peu différente. Haut., 0,075 ; diam., 0,19.
(Inv. Campana 957.) Trouvé en Étrurie et entré en 1863 ; cf. *Cataloghi Campana*, série IV-VII, n° 29 (interprété comme l'Aurore tenant un candélabre allumé) ; Pottier, *Catal. vas. Louvre*, p. 1023 ; Hoppin, *Handb. redfig.*, I, p. 72, n° 86 (attribué au maître de l'amphore de Berlin, n° 2160).
Vue d'ensemble avec le sujet A dans notre pl. 128.

G 201. Petite amphore (forme de l'amphore dite de Nola ; un ressaut dans l'intérieur de l'embouchure, anses verticales trifides, base mince sur pied en disque saillant, tranche assez haute). — Un sujet sur chaque côté de l'épaule du vase. — *A.* **Le repas de Dionysos et de Silène.** Le dieu est étendu, les jambes cachées sous son himation et tournées vers la gauche ; deux gros coussins (ornés de pointillés et raies noires) près de ses pieds et un troisième derrière lui pour s'accouder ; il n'y a pas de lit visible ; son compagnon, aux formes grasses, dans lequel on peut reconnaître Papposilène, plutôt qu'un Silène ordinaire, est étendu à ses pieds, le dos appuyé sur les deux coussins, et joue de la double flûte. Dionysos barbu (cheveux en masse noire avec longue boucle retombant sur le cou ; prunelle de l'œil en point noir dans le coin interne un peu ouvert), couronné (feuillages en rouge mat), est vêtu d'une tunique à manches (plis fins en noir délayé), avec un himation entourant le bas du corps ; il étend la main droite, comme s'il parlait ou chantait, et soutient de sa main gauche un grand skyphos à base pointue. Silène barbu et chauve (oreille de porc, œil rond et comme dilaté avec le

coin interne un peu ouvert), couronné (guirlande de feuillages en rouge mat sur les cheveux en masse noire et sur la partie chauve), est nu, la jambe droite un peu relevée (musculature détaillée en noir délayé), et souffle dans les deux flûtes qu'il tient des deux mains élevées avec les doigts écartés. — *B.* **Silène puisant du vin.** C'est la suite du précédent sujet. Un Silène, qui joue le rôle de serviteur, vient puiser du vin avec un cyathos qu'il plonge dans un grand cratère à anses en forme de poignées courtes, à profil triangulaire (voir la forme des vases G 174, 175), posé devant lui sur le sol ; un autre vase plus petit (en forme de skyphos et vu de profil avec son anse en noir et en raccourci) est posé plus près de lui, derrière son pied droit ; c'est dans ce skyphos qu'il va transvaser le vin contenu dans le grand vase. Il est barbu (extrémité de la barbe en noir délayé) et chauve (oreille et œil comme dans le précédent), avec une couronne posée sur ses cheveux en masse noire et sur la partie du crâne dénudée (feuillage en rouge mat). Il s'accroupit en repliant la jambe gauche sous lui (musculature en noir jauni) et en tendant la jambe droite ; le bras gauche est replié sur le côté gauche, le droit vivement étendu pour puiser le vin.

Noir dans l'embouchure et sur tout le vase, sauf la place des personnages et des ornements. Sous chaque anse une large feuille de lierre isolée, en rouge réservé. Une zone de palmettes doubles, posées obliquement entre trois filets de rouge réservé (deux en bas, un en haut), fait le tour du centre de la panse et forme terrain sous les personnages. Double filet incisé autour de la base. Un filet rouge réservé au bas de la tranche du pied. Sous le fond, marque incisée. ⋏⋎
Terre rougeâtre. Emploi des retouches en rouge mat. Esquisse détaillée, pour les accessoires comme pour les personnages. Style du milieu du ve siècle.
Vase en bon état de conservation. Haut., 0,30 ; diam. sur l'embouchure, 0,13.
(Inv. Campana 775.) Trouvé à Nola et entré en 1863. Cf. *Cataloghi Campana*, sér. XI, n° 27, et le fac-simile du graffite dans la planche annexe ; Pottier, *Catal. vas. Louvre*, p. 1024 ; Beazley dans *Journ. hell. Studies*, 1911, p. 286 (style de l'amphore de Berlin, n° 2160) ; Hoppin, *Handb. redfig.*, I, p. 65, n° 44.
Vue d'ensemble avec le sujet B dans notre pl. 129.

G 202. Petite amphore (même série, col haut, anses verticales en dos d'âne, munies à l'attache d'une partie saillante en longue douille, imitation d'un rivet de métal ; base amincie sur pied en disque débordant, tranche bombée). — Un sujet sur chaque côté de l'épaule du vase. — *A* et *B.* **Silène poursuivant une Ménade.** Bien que les figures soient séparées, le sens de la composition les réunit en un seul sujet. Un Silène barbu et chauve, couronné (guirlande de feuillages en rouge mat ; longs poils de barbe hérissés ; oreille de porc ; pupille de l'œil en point noir dans l'angle interne un peu ouvert), nu et ithyphallique (musculature en traits de noir jauni), court vers la droite à toutes jambes, le bras droit ramené en arrière, le bras gauche étendu, les doigts écartés ; sous ses pieds est étendu le thyrse qu'il a jeté pour courir plus vite (lien enroulé obliquement autour de la hampe, feuilles massées en pomme de pin) et devant lui, dans le champ, une peau de panthère (pardalide) vue de face (semis de petits cercles sur la peau, large bande en noir délayé hérissé de traits pour figurer la crinière, queue pointillée de noir, pattes pendantes et mufle de face). De l'autre côté, une Ménade couronnée (cheveux en masse noire, flottant par derrière en petites mèches de noir jauni ; guirlande de feuillages en rouge mat ; œil comme dans le précédent), vêtue d'une tunique à manches (plis fins en noir jauni) sur laquelle est drapé un court himation qui dégage la manche gauche (bracelet en rouge mat à chaque bras), court de toutes ses forces vers la droite en retournant la tête, la main gauche étendue, la main droite tenant en arrière une double torche enflammée

(liens en traits noirs réunissant les deux torches ; flamme
en rouge mat) ; la jambe gauche, dégagée de la tunique,
est nue. Dans le champ, devant elle, un thyrse (semblable
au précédent) qu'elle vient de jeter pour fuir plus vite.

Noir dans l'embouchure, sur les anses, sur le col et tout le vase,
sauf la place des figures et des ornements. Le décor floral est abon-
dant : de chaque côté du col un grand motif composé, en A, d'une
grande palmette renversée, à pointe lancéolée, et accostée de deux
rinceaux en volutes, entre quatre boutons de lotus ; en B, de
deux palmettes opposées et accostées de rinceaux à volutes, placées
en haut entre deux boutons de lotus et deux rinceaux, en bas entre
deux palmettes obliques entourées de rinceaux ; autour de l'attache inférieure des anses, autre motif composé de deux palmettes
placées obliquement et encadrées dans un rinceau qui se termine
par un bouton de lotus. A la base du col, soulignée par un filet
saillant recouvert d'un ton rouge mat, une zone de petits godrons.
Sous les personnages, à mi-hauteur de la panse, une bande de
palmettes opposées deux à deux et couchées horizontalement,
accostées de petites feuilles et de points en rouge réservé, entre
trois filets rouges (deux en bas, un en haut). A la partie inférieure
de la base, autre zone semblable, plus étroite, entre quatre filets
de rouge réservé. Deux filets incisés à la base au point d'attache avec le pied ; filet rouge réservé en bas de la tranche du pied.
Sous la base, petite marque incisée.
Terre rosée. Beau lustre noir. Emploi des retouches de rouge mat.
Traces de l'esquisse. Style du milieu du v° siècle.
Bon état de conservation. Haut., 0,32 ; diam. sur l'embouchure,
0,125.
(Inv. Campana 595.) Trouvé en Étrurie et entré en 1863. Cf. Pottier,
Catal. vas. Louvre, p. 1024 ; Beazley, dans Ann. brit. school. Ath.,
XVIII, 1911, p. 222, fig. 4 (attribué à « the Eucharides Painter ») ;
Hoppin, Handb. redfig. I, p. 359, n° 18.
Deux vues d'ensemble dans notre pl. 129.

G 203. Petite amphore (même type, un ressaut dans
l'embouchure, anses verticales trifides, base amincie sur
pied en disque avec tranche assez haute ; sous la base,
appendice en courte quille, restes du tournage). — Un
sujet de chaque côté de la panse et en partie sur l'épaule
du vase. — *A*. **Athéna versant à boire à Hercule.** C'est
une variante du sujet connu de l'apothéose du héros,
introduit dans l'Olympe et y jouissant de la félicité céleste.
A droite, la déesse sans casque (chevelure en masse noire
retombant sur le cou, serrée par un bandeau en rouge
réservé ; œil allongé, un peu ouvert au coin interne) tient
de la main gauche sa lance contre l'épaule et élève la main
droite portant une œnochoé dont elle verse le contenu (jet
en rouge mat) dans le canthare d'Hercule ; elle est vêtue
d'une tunique à manches que recouvre l'himation court à
longs plis symétriques et l'égide portant au centre le
Gorgoneion à langue tirée (endommagé) et bordée en bas
par une bande de pointillés noirs (bracelet en rouge mat
à chaque bras ; pied gauche disparu dans une restauration).
Devant elle Hercule barbu (cheveux et barbe en masse
noire recouverte d'un grènetis saillant ; restauration dans
la joue et le cou ; œil un peu rond avec le coin interne
entr'ouvert ; bouche entr'ouverte), vêtu, par-dessus une
tunique courte, de la peau de lion serrée en justaucorps
au moyen d'une ceinture ornée d'un pointillé noir et dans
laquelle la queue est passée et maintenue en boucle (touches en
noir jauni et pointillé en noir délayé pour figurer le pelage),
la tête de lion rejetée dans le dos comme un pétase, est
penché en avant, la jambe gauche fléchie, et appuyé du
bras et de la main gauche sur une longue massue noueuse ;
de la main droite il tient un canthare à grandes anses.
Entre lui et la déesse, dans le champ, une inscription verticale en rouge mat qui paraît reproduire d'une façon incorrecte et sommaire la formule connue ἡ παῖς (καλή), I Ϡ F Π Λ S. —
B. **Hermès en marche.** C'est la suite du précédent sujet ;
Hermès, introducteur du héros dans l'Olympe, semble lui
faire un signe d'adieu et le quitter ; il marche vers la droite
et retourne la tête en arrière avec le bras droit étendu,
l'autre bras allongé et tenant le caducée. Le dieu est barbu
(cheveux en masse noire, ceints par un lien en rouge mat ; œil

disparu dans une partie endommagée), vêtu d'une tunique
courte que recouvre une chlamyde attachée sur l'épaule
droite, le pétase rejeté dans le dos (brides en rouge mat
autour du cou), des ailerons recourbés en avant des pieds
chaussés. Derrière lui, dans le champ, inscription analogue
en rouge mat, Π Ξ ο π Ι Ξ ο, encore plus incorrecte et
n'offrant pas de sens certain.

Noir dans l'embouchure, sur le col, les anses et tout le vase, sauf
la place des personnages et des ornements. Autour de l'attache
inférieure de chaque anse, grand motif floral analogue à celui de
G 202 : deux palmettes placées horizontalement et accostées de
boutons de lotus; en dessous, une troisième palmette accostée en
bas de deux angles en rouge réservé. Sous les personnages, une
bande de palmettes opposées deux à deux et couchées horizontalement, accostées de petites feuilles et de points en rouge réservé
entre trois filets. A la partie inférieure de la base, autre zone plus
étroite contenant une grecque mêlée de croix. Deux filets incisés à
la base, de chaque côté d'un petit tore saillant; filet en rouge
réservé en bas de la tranche du pied.
Terre rouge. Beau lustre noir. Emploi des retouches en rouge mat.
Traces de l'esquisse dans la silhouette d'Hercule. Style du milieu
du v° siècle.
Nombreux morceaux recollés ; quelques petites restaurations.
Haut., 0.325 ; diam. sur l'embouchure, 0,15.
Inv. N 3316 (AC 15). Ancien fonds. Trouvé à Nola. Ce vase est très anciennement connu et figurait déjà dans la collection Hamilton de
Naples en 1767 ; il a fait partie des collections du peintre allemand
Raphaël Mengs, mort à Rome en 1779 ; le vase passa ensuite à
la Bibliothèque Vaticane, d'où il vint à Paris avec les conquêtes
de Napoléon (Visconti, Notice des dessins du Musée, an X, n° 519,
p. 19). Il a été publié par d'Hancarville, Antiq. Cab. Hamilton,
III (1767), pl. 49 ; Winckelmann, Monumenti Inediti, p. 212,
n° 159 (interprété comme Ulysse transformé en vieillard par
Minerve) ; Millin, Peint. de vas. antiq. (1808), II, pl. 41 (= S. Rei-
nach-Millin, p. 67, pl. 41) ; Inghirami. Mon. Etruschi, V, pl. 37, p. 390 ;
Welcker, Alte Denkmäler, III, pl. 4, p. 31. Pour les mentions
diverses, voir la bibliographie d'Heydemann, Pariser Antiken, p. 50,
n° 34, et de S. Reinach, op. l., p. 68. Visconti, approuvé par Millin
et par Inghirami, avait lu les inscriptions ΔΕΠΑΣ (nom de
vase) et ΠΕΠΑΥΣΟ (repose-toi), faisant allusion à la libation
que le héros reçoit de la déesse. Dans le Corp. inscr. græc.,
n° 7641, on pense à καλός. Toutes ces lectures sont fantaisistes.
L'hypothèse la plus acceptable serait celle de R. Rochette et Heydemann (l. c.), qui restituent : ἡ παῖς. Mais les simulacres d'inscriptions
tracés par des ouvriers illettrés, sont fréquents (cf. Catalogue des
vases du Louvre, p. 696) et c'est sans doute ici le cas. M. Beazley
(Journ. hell. Studies, 1913, p. 103, n° 10 ; p. 106 et 107, fig. 1 et
2), range ce vase parmi les œuvres à attribuer au fabricant de
l'œnochoé Dutuit (Musée du Petit-Palais, à Paris) et il le rapproche
de deux œnochoés du musée Britannique E 510, 511 (Ibid., pl. 8
et 9) et des vases du Louvre G 137, 239, 240. Cf. Hoppin, Handbook
redfig., I, p. 293, n° 11 ; Pottier, Catal. vas. Louvre. p. 1024.

G 204. Petite amphore (même forme que la précédente).
— Un sujet sur chaque côté de la panse. — *A*. **Zeus fou-
droyant.** Le dieu barbu (chevelure en masse noire avec
quatre boucles séparées retombant sur ses épaules ; œil
aux deux coins légèrement ouverts), couronné (feuillages
en rouge mat), marche vivement vers la droite (pied droit
vu de face en raccourci), brandissant du bras droit élevé
en arrière le foudre enflammé (les flammes en traits noirs
et en traits de rouge mat), et tient sur sa main gauche
étendue l'aigle battant des ailes (de petite taille ; plumage indiqué en traits noirs et de pointillés de noir délayé) ; il est
vêtu d'une très longue tunique (quelques plis restaurés),
relevée par des ceintures (invisibles) en deux rabats qui
s'étagent sur le torse, et il porte en arrière sur les épaules et
les bras l'himation plié en écharpe, qui retombe en plis
symétriques. — *B*. **Un Géant, adversaire de Zeus.** Il a l'aspect d'un hoplite nu et barbu (cheveux dépassant le pro-
tège-nuque ; œil dans le coin interne ouvert), casqué
(paragnathides baissées, panache en crinière à longue
queue pendant en arrière, décor en double pointillé entre
le timbre du casque et le panache) ; il est vu de dos et de
trois quarts et marche vers la gauche, la jambe gauche en
arrière (cuisses restaurées), la lance en arrêt dans la main
droite, le corps en partie caché par un grand bouclier rond

qu'il porte sur le bras gauche (épisème en figure noire non incisée : aigle volant et emportant dans son bec un serpent).

Noir dans l'embouchure et sur tout le vase, sauf la place des personnages et des ornements. Sous les pieds de Zeus une bande en rouge réservé contenant une grecque noire ; sous les pieds du Géant, bande semblable contenant des feuilles de lierre juxtaposées, la pointe en bas. Un petit tore saillant à la partie inférieure de la base. Un filet rouge réservé en bas de la tranche du pied.
Terre rougeâtre. Emploi des retouches en rouge mat. Traces de l'esquisse ; le bouclier du Géant exécuté au compas dont la pointe a marqué un trou au centre. Style du milieu du vᵉ siècle.
Recollé en plusieurs morceaux ; quelques restaurations. Haut., 0,31 ; diam. sur l'embouchure, 0,135.
(Inv. Napol. III 2527.) Acquis en 1865 de la collection Pourtalès ; *Catalogue de vente*, p. 27, n° 132. Cf. O. Jahn, *Annali Instit.*, 1869, p. 181 ; Müller-Wieseler, *Denkmal.*, 4ᵉ éd. pl. 2, n° 9 ; Overbeck, *Griechische Kunstmythologie*, I, p. 365, n° 19 ; Pottier, *Catal. vas. Louvre*, p. 1024 ; Beazley, *Attic redfig. Vas.*, p. 38 (style de l'amphore de Berlin) ; Hoppin, *Handb. redfig.*, I, p. 65, n° 45.
Vue d'ensemble avec le sujet B, et sujet A dans notre pl. 129.

G 206. Petite amphore (même type, anse en dos d'âne avec un large rivet horizontal à la base, pied à deux degrés). — Un sujet de chaque côté de la panse. — *A.* **Silène surprenant une Ménade endormie.** A droite une Ménade repose, endormie, sur un monticule rocheux qui lui sert de siège (quelques touches brunâtres sur le rocher) ; elle a le bras droit posé sur le sommet de sa tête, dans l'attitude de la statue d'Ariane du Vatican (œil fermé, figuré par un trait en arc de cercle ; coiffure en cécryphale orné d'un pointillé en noir délayé, d'où s'échappent sur la tempe gauche des mèches de cheveux en ton noir délayé ; petite boucle d'oreille ronde) ; elle est vêtue d'une longue tunique à plis fins, à larges manches et à rabat sur les jambes ; de la main gauche elle tient un grand thyrse (ton brunâtre sur la hampe pour imiter le bois) autour duquel s'enroule un lien (tête du thyrse en boule de feuillages arrondie). Dans le champ, au-dessus d'elle, inscription incorrecte et sommaire, en rouge mat, où l'on pourrait peut-être reconnaître la formule : ὁ παῖς (καλός), ΕΟϹΠΑϹϽΜ. A gauche, un Silène nu et barbu, ithyphallique (musculature en traits clairs effacés, traces du ton rougeâtre sur le corps, touches de brun sur la queue de cheval), chauve (couronne de feuillages en rouge mat sur le crâne, cheveux en masse noire avec trois boucles pendantes sur le cou et dans le dos, œil de profil et coin interne ouvert), s'avance et met le pied gauche sur le rocher où repose la Ménade ; il pose ses mains sur le bras droit de la dormeuse et sur son côté gauche pour la saisir. Entre ses jambes, dans le champ, une inscription de neuf lettres en rouge mat, dénuée de sens : ΤΕΝΤϹϽΗϹΤ. — *B.* **Une femme drapée.** Elle marche vers la droite, enveloppée dans un grand himation qui recouvre sa tunique talaire (le pied droit est soulevé en arrière ; plusieurs plis en noir délayé et jauni) ; elle est coiffée d'un cécryphale (cheveux en masse noire par devant, prunelle en gros point noir) ; on sent le coude droit ramené en arrière sous la draperie et la main gauche un peu avancée.

Beau lustre noir dans l'embouchure et sur tout le vase, sauf la place des personnages et des ornements ; trois cercles incisés à la partie inférieure de la base ; un mince filet en rouge réservé autour du premier degré du pied ; un autre filet plus large en bas de la tranche du pied. Sous chaque sujet, une bande en rouge réservé contenant une grecque entre quatre filets noirs. Traces du dépôt rougeâtre sous le pied.
Terre rouge. Emploi des retouches en rouge mat. Esquisse assez détaillée. Style du milieu du vᵉ siècle ; celui du sujet B est rapide et un peu négligé ; on sent qu'il est traité comme un revers.
Bon état de conservation. Haut., 0,335. Diam. sur l'embouchure, 0,13.
(Inv. CA 1352.) Trouvé à Santa Maria di Capua (Italie méridionale). Acquis en 1901 de l'ancienne collection Bourguignon de Naples (*Catalogue de vente*, n° 34, mal expliqué comme Ariane). Publié par Furtwaengler, *Annali dell' Inst.*, 1878, p. 93, pl. I, n° 1 (=S. Rei-

nach, *Répert. des vas. peints*, I, p. 340, n° 1). Cf. Pottier, *Catal. vas. Louvre*, p. 1025.

G 210. Petite amphore (même type, anses trifides, pied en disque à tranche haute). — Un sujet sur chaque côté du vase. — *A.* **Hercule détruit la maison de Syleus.** C'est un épisode assez peu connu de la vie du héros qui avait servi de sujet à des drames satyriques, en particulier à une pièce d'Euripide, dont on possède des fragments (O. Jahn, *Arch. Zeitung*, 1861, p. 157, pl. 149-150 ; cf. notre fragment de coupe G 155). Syleus, redoutable par sa force, oblige les passants à travailler à sa vigne ; Hercule, pour expier le meurtre de ses enfants tués par lui pendant sa folie, devient son esclave ; mais dans sa violence, au lieu de bêcher les vignes, il les arrache. Une querelle étant survenue, il démolit la maison du maître et le tue, mais il console sa fille Xénodiké, qui se montrait bonne et charitable pour les étrangers ; d'après d'autres variantes, Xénodiké lui dérobe ses armes pour secourir son père et il la tue aussi (cf. Klügmann, *Annali Inst.*, 1878, p. 34, pl. C, D, E). A droite Syleus, sous l'aspect d'un homme un peu âgé, barbu, chauve (cheveux en masse noire et partie dénudée sur le crâne ceint d'un lien en rouge mat, mèches pendantes en noir délayé des cheveux et de la barbe ; œil de profil en petit cercle dans le coin interne ouvert), s'avance d'un pas rapide, soulevant de la main gauche élevée le pan de l'himation qui couvre son dos et son côté droit, laissant le corps nu (musculature en traits jaunis effacés) ; la main droite enveloppée ramène l'étoffe contre le corps ; un lien noir serre la cheville du pied gauche soulevé et vu en raccourci. A gauche, Hercule nu, barbu (cheveux en masse noire serrés par un lien en rouge mat ; œil rond de profil comme le précédent), est penché en avant, le pied gauche posé sur le fût d'une colonne dorique abattue par terre (elle représente la maison de Syleus), et il tient des deux mains une hache à double tranchant avec laquelle il frappe sur le chapiteau de la colonne (musculature en traits jaunis effacés). Derrière lui, dans le champ, sont suspendues ses armes, l'arc (la corde en trait de rouge mat) et le carquois (le centre orné par une bande de pointillé, le couvercle en cuir découpé avec une bande contenant une grecque sommaire en noir délayé). Entre les deux personnages, une inscription en rouge mat où est tracée en caractères assez incorrects la formule ΗΟΠΑΙϹ et, au-dessus de la tête d'Hercule, autre inscription peu correcte ΚΑΛΟVϹ (ὁ παῖς καλός). — *B.* **Xénodiké, fille de Syleus, accourant.** C'est une femme drapée qui s'avance vivement vers la gauche, étendant la main droite en avant (cheveux en masse noire avec des parties en noir délayé, serrés par un large bandeau en rouge réservé ; œil en petit cercle et coin interne entr'ouvert) ; elle est vêtue d'une tunique à grandes manches (plis fins en noir jauni) que recouvre un himation dégageant le côté droit, avec le pan rejeté sur l'avant-bras gauche (des traits en noir délayé). Devant la tête de la femme, inscription en rouge mat, rétrograde, de même nature que les précédentes : ΚΑΛΟϹ (καλός).

Noir dans l'embouchure et sur tout le vase, sauf la place des personnages et des ornements. Sous l'attache de chaque anse une palmette renversée, en rouge réservé, accostée d'une double volute. Sous les pieds des personnages, bande circulaire contenant une grecque mêlée de croix entre cinq filets noirs (deux en haut, trois en bas). A la partie inférieure de la base, deux filets incisés. Mince filet de rouge réservé en haut de la tranche du pied et filet plus large en bas. Sous le fond, deux grandes lettres incisées, l'une en face de l'autre sur le pourtour de la base.
Terre rougeâtre. Emploi des retouches en rouge mat. Esquisse assez détaillée. Style du milieu du vᵉ siècle.
Bon état de conservation. Haut., 0,335 ; diam. sur l'embouchure, 0,145.

(Inv. MNB 1149.) Trouvé en Italie et acquis en 1876 de la collection Eug. Piot. Cf. Pottier, *Catal. vas. Louvre*, p. 1025 ; S.-B. Luce, *Americ. Journ.*, 1922, p. 176.
Vue d'ensemble avec le sujet A dans notre pl. 129.

G 211. Petite amphore (même forme que la précédente). — Un sujet sur chaque côté de la panse. — *A.* **Éros lyriste et chien.** Eros nu, volant, les deux pieds inclinés verticalement, le corps droit encadré entre deux larges ailes déployées, tient de la main droite le plectre, retenu par un lien (rouge mat) à la lyre qu'il appuie horizontalement contre son côté gauche, avec la main gauche étendue. Devant lui un chien au museau pointu, la queue en trompette, le cou serré dans un lien (rouge mat), est arrêté et regarde vers la droite (chevelure d'Éros en masse noire avec boucles ombrageant la tempe droite ; lien en rouge mat sur les cheveux ; œil à large pupille noire et le coin interne un peu ouvert ; musculature en noir jauni très effacé ; sur l'aile gauche le peintre en travaillant a laissé tomber deux grosses gouttes de couleur noire qui ont cuit avec le reste ; lyre à sept cordes en noir saillant sur le fond noir ; les clefs du haut en rouge mat). Devant l'Éros et au-dessus du chien, inscription en rouge mat, tracée assez négligemment : ΚΑΛΟΣ (καλός). — *B.* **Éphèbe drapé.** C'est à lui que se rapportent sans doute l'hommage musical de l'Éros et le chien offert en cadeau. Il est tourné vers la droite et complètement enveloppé dans un himation qui enserre le cou et cache les deux bras ; on sent la position de la main gauche un peu avancée sous l'étoffe (cheveux en masse noire et boucles sur le front, serrés par un lien en rouge mat ; touche jaunâtre sur la joue pour indiquer une barbe naissante, œil comme dans le précédent). Devant lui, inscription en rouge mat assez effacé : ΚΑΛΟΣ (καλός).

Même technique que dans le précédent et mêmes palmettes sous les anses. Une bande courte en rouge réservé forme ligne de terrain sous les sujets, contenant une grecque de facture négligée.
Terre un peu jaunâtre. Emploi des retouches de rouge mat. Esquisse assez détaillée. Style du milieu du vᵉ siècle (le côté B plus négligé que l'autre et traité comme un revers).
Bon état de conservation. Haut., 0,335 ; diam. sur l'embouchure, 0,14.
(Inv. CA 304.) Provenance exacte inconnue (Nola?). Ancienne collection de Witte. Légué par M. le baron de Witte et entré en 1890 ; cf. *Bulletin des musées*, 1890, p. 108, nᵒ 5. Le sujet A publié par Lenormant et de Witte, *Elite des monuments céramograph.*, IV, p. 180, pl. 50 (amphore de Nola, mais le mot est peut-être entendu ici comme terme de série, et non de lieu de trouvaille). Cf. Pottier, *Catal. vas. Louvre*, p. 1025 ; Beazley, *Attic vas.*, p. 76, nᵒ 6 (attribué au « Charmides Painter ») ; Hoppin, *Handbook redfig.*, I, p. 181, nᵒ 8 (même attribution).

G 214. Petite amphore (même forme que les deux précédentes). — Un sujet sur chaque côté de la panse. Les deux figures forment un ensemble qu'on a interprété comme un épisode de la course en armes (hoplitodromie), soit que le guerrier attende le signal pour s'élancer dans l'arène, soit qu'il arrive au but devant l'arbitre et s'arrête brusquement ou termine sa course par un saut en avant. — *A.* **Hoplitodrome dans le concours.** Il est barbu, nu et armé en hoplite, le casque sur la tête (barbe en traits noirs et jaunis, œil rond comme dilaté par l'effort, avec prunelle en gros point noir dans le coin interne ; paragnathides du casque baissées, bande en pointillé noir reliant la calotte au panache noir avec queue qui retombe en arrière dans le dos), de hautes cnémides aux jambes (détails en traits de noir jauni) ; le type du visage est curieusement réaliste. Il est courbé en avant, le bras droit étendu (musculature du corps en traits jaunis) et il tient de la main gauche par une poignée interne un grand bouclier rond qui déborde sur tout son flanc gauche et qui est vu par l'intérieur (circonférences exécutées au compas avec trou au centre ; plusieurs attaches en liens suspendus

dans l'intérieur du bouclier et une grosse poignée, sans doute de métal, en noir opaque). — *B.* **Le juge du concours.** C'est un homme barbu, couronné, drapé dans un himation qui dégage le côté droit ; il étend la main droite avec les doigts relevés, comme pour faire signe au guerrier de s'arrêter (cheveux en masse noire, ceints d'une guirlande de feuillages en rouge mat ; barbe en traits noirs et jaunis ; prunelle de l'œil en point noir dans le coin interne ouvert ; musculature du bras en traits jaunis très marqués).

Beau lustre noir. Même technique que dans le précédent, sans palmettes aux anses. Une bande courte en rouge réservé forme ligne de terrain sous les personnages ; celle de A contient une grecque mêlée de croix ; celle de B une grecque simple.
Terre rougeâtre. Emploi des retouches en rouge mat. Esquisse assez détaillée en A. Style du milieu du vᵉ siècle. La figure B est traitée plus rapidement, comme un revers.
Bon état de conservation. Haut., 0,335 ; diam. sur l'embouchure, 0,145.
(Inv. Campana 783.) Trouvé en Italie (Nola?) et entré en 1863 ; cf. *Cataloghi Campana*, sér. XI, nᵒ 31. Ce vase avait fait partie de la collection Raffaele Barone où il se trouvait en 1858, quand il fut publié par Minervini, *Bullettino archeolog. Napoletano*, nouv. série, VI, p. 89, pl. 7, qui proposait d'y voir une représentation de Ménélas. Le vrai sens du sujet a été expliqué par Fr. Hauser, *Jahrbuch des deut. Instituts*, 1887, p. 99-100 ; cf. S. Reinach, *Répert. des vas.*, I, p. 494 ; Hoppin, *Handb. redfig. Vas.*, I, p. 65, nᵒ 46 (il l'attribuait au peintre de l'amphore de Berlin, mais voy. son *Add.*, II, p. 488, où il rectifie d'après Beazley qui y verrait une œuvre tardive de l'époque d'Hermonax).

G 220. Amphore (forme trapue, col très court, anses verticales et rondes, pied à tranche bombée). — Un sujet sur chaque côté de la panse. — *A.* **Homme en promenade,** s'abritant sous un parasol. Il est barbu (rangée de boucles sur le front ; œil en point noir dans le coin interne ouvert) et vêtu à la façon des vieillards de l'ancienne mode, un cécryphale couvrant la tête (plis superposés de la coiffe formant une sorte de bonnet de femme), drapé dans une longue tunique à manches larges (plis fins en noir jauni) que recouvre un himation dégageant le côté droit ; le bras gauche est abaissé contre le flanc. Il marche vers la gauche, la tête un peu baissée, tenant de la main droite avancée un parasol à manche court (couverture ronde soutenue par quatre supports partant du manche) ; les pieds paraissent être chaussés (le pied gauche soulevé, restauré inexactement comme nu). — *B.* **Homme revenant du banquet,** tenant une lyre. Il est barbu et chauve (cheveux en masse noire sur la nuque), le crâne ceint d'une large bandelette qui forme un nœud à deux grandes pointes en arrière (œil comme dans le précédent), vêtu d'une tunique à plis fins (traits de noir jauni sur le torse), formant rabat sur le ventre, avec un himation porté en écharpe dans le dos et sur les deux bras. Il marche vers la droite, la tête levée, comme s'il chantait ; sur la main droite il porte un skyphos et de la main gauche (restaurée) il touche les cordes (sept cordes en noir saillant sur le fond noir) d'une grande lyre à laquelle est suspendu le lien d'attache du plectre (en rouge mat ; retouches de rouge mat sur les clefs de la traverse du haut) ; les pieds sont nus.

Noir dans l'embouchure, sur les anses et sur toute la surface du vase, sauf la place des figures et des ornements. Une ligne en rouge réservé, entre deux traits noirs, forme terrain sous les pieds des personnages (mal restaurée en A). Un trait incisé sépare le bas de la panse et le pied. Un mince filet rouge réservé à la base de la tranche du pied. Sous le fond marque incisée en grandes lettres : Cf. sur ce genre de marque, Hackl, *Merkantile Inschrift.* dans *Münch. arch. Studien*, 1909, p. 42, nᵒ 457 a.
Terre rougeâtre. Emploi des retouches de rouge mat. Style du milieu du vᵉ siècle.
Recollé en plusieurs morceaux, sans restaurations importantes. Haut., 0,40 ; diam. sur l'embouchure, 0,155.
Inv. S 1309 (le numéro de l'inv. Campana a disparu). Trouvé en Étrurie et entré en 1863 ; cf. *Cataloghi Campana*, sér. IV-VII,

n° 160 (avec le fac-simile de la marque incisée dans la planche annexe); Pottier, *Catal. vas. Louvre*, p. 1025.
Vue d'ensemble avec le sujet B, et sujet A dans notre pl. 130.

G 222. Amphore à anses cordées (col haut, panse ovoïde, anses verticales en cordes tressées, pied en pente). — Un sujet sur chaque côté de la panse. — *A.* **Homme sur une estrade, devant un juge de concours** (concours littéraire? ou concours des *Kallisteia* dans la fête des Panathenées?). Le sujet est rare et curieux ; le sens n'en est pas certain. Est-ce un poète qui récite? est-ce un candidat qu'on examine dans le concours des *Kallisteia*, où le prix était décerné à la beauté et à la force du corps, même chez des hommes mûrs ? (Dans ce cas le candidat ne devait-il pas être nu?) En tout cas, l'estrade et l'attitude du second personnage semblent bien indiquer un concours. Sur une estrade à trois degrés est debout un homme barbu (cheveux en masse noire, ceints d'une bandelette en rouge mat, moustache et bout de la barbe en noir jauni ; œil en point noir dans l'angle interne ouvert), drapé dans un himation qui l'enveloppe complètement et dont le pan est rejeté dans le dos (le bras droit replié sous la draperie avec la main portée un peu en avant) ; il est tourné vers la droite et, dans l'attitude d'un homme qui pose, la tête un peu levée, il regarde un autre personnage qui lui fait face et qui l'examine. Celui-ci est beaucoup plus grand (en vertu de la loi d'*isoképhalie* qui veut que les deux têtes soient mises au même niveau) ; il est barbu (coiffure, barbe, œil comme dans le précédent) et vêtu d'un himation (quelques restaurations) qui l'enveloppe complètement, un pan rejeté sur l'épaule gauche (bordure en noir jauni) ; il se penche en avant, en s'appuyant sur une grande canne noueuse, le pied droit soulevé en arrière. — *B.* **Éphèbe drapé.** Il est tourné vers la droite, complètement enveloppé dans un himation qui remonte par derrière contre la nuque et cache les deux bras, un peu rejeté dans le dos (cheveux en masse noire ; œil en point noir avec les deux angles ouverts).

Noir dans l'embouchure, sur le col et les anses, sur tout le vase, sauf la place des personnages et des ornements. A la base du col, un filet saillant. En haut de la panse, une zone de godrons. Sous les pieds des personnages, une bande étroite en rouge réservé entre des filets noirs forme ligne de terrain.
Terre rougeâtre. Emploi des retouches de rouge mat. Esquisse visible. Style du milieu du v° siècle ; le côté B plus négligé que l'autre.
Recollé sans restaurations importantes ; une anse refaite. Haut., 0,39 ; diam. sur l'embouchure, 0,17.
Inv. S 1310 (le numéro de l'inv. Campana a disparu). Trouvé en Italie et entré en 1863 avec la collection Campana ; cf. *Cataloghi Campana*, sér. IV-VII, n° 232 (donné par erreur comme amphore à figures noires) ; Pottier, *Catal. vas. Louvre*, p. 1025 ; Beazley, dans *Journ. hell. Stud.*, XXXVI, 1916, p. 128 et suiv., n° 19 (style de l'œnochoé Harrow) ; Hoppin, *Handb. redfig.*, II, p. 6, n° 21.
Vue d'ensemble avec le sujet A dans notre pl. 130.

G 223. Amphore de la forme dite péliké (moyenne embouchure, anses fortes et plates, attachées verticalement assez haut, panse ovoïde très renflée par le bas, pied en disque peu débordant). — Un sujet dans un encadrement, de chaque côté du vase. — *A.* **Zeus servi par Niké.** (Un sujet tout semblable, de plus beau style, attribué à Douris, et sur un vase de même forme, a été publié dans l'*Arch. Zeitung*, 1875, pl. 10 ; les personnages y sont nommés par des inscriptions.) Le dieu barbu, d'aspect très simple (cheveux en masse noire ; barbe longue à poils saillants ; œil de face, prunelle noire avec un point clair au centre), drapé (tunique à larges manches que recouvre un himation dégageant le côté droit ; quelques plis en traits de noir jauni), est assis sur un siège pliant à pieds en griffes de lion (des parties restaurées) ; de la main gauche levée il s'appuie sur un haut sceptre (hampe restaurée) surmonté d'une palmette (restaurée) et de la main droite avancée (restaurée), il tient une phiale décorée de languettes noires dans laquelle Niké s'apprête à verser le contenu d'une œnochoé. La déesse debout (jeune visage à cheveux massés sur le front ; œil en point noir dans le coin interne entr'ouvert), coiffée d'un cécryphale formant une sorte de casque sur le haut de la tête et dont les plis retombent sur la nuque (boucle d'oreille en pendeloque de trait noir jauni), ses grandes ailes déployées dans son dos (partie supérieure en semis de points et large bordure médiane à languettes de noir jauni), vêtue d'une tunique à larges manches fixées par des fibules, ornée de broderies à dessins géométriques (petites grecques sommaires et pointillés de noir jauni entre des filets), que recouvre un himation dégageant le côté droit et retombant en longues pointes (traits en noir jauni), abaisse sa main gauche sur son côté et tient de la main droite élevée une œnochoé (en noir opaque). — *B.* **Silène poursuivant une Ménade.** Il est barbu et chauve (cheveux en masse noire ; couronne de feuillages en rouge mat sur le crâne dénudé ; oreille de porc ; œil en gros point noir dans l'angle interne ; bouche entr'ouverte), ithyphallique, le corps nu (musculature en traits de noir jauni) avec une pardalide jetée sur le dos et nouée par devant (grosses mouchetures noires pour imiter la peau de panthère) ; il court vers la droite, la jambe gauche levée et des deux mains avancées il saisit par son vêtement une Ménade qui fuit. Celle-ci, la tête tournée vers l'assaillant (cheveux en masse noire retombant sur le cou ; œil en point noir dans le coin interne), se sauve vers la droite en élevant la main droite comme pour repousser l'attaque et, de sa main gauche abaissée, elle tient par la queue une petite panthère (restaurée ; peau tachetée en mouchetures noires) ; elle est vêtue d'une tunique à longues manches (plis fins en noir jauni) que recouvre un himation à longues pointes dégageant le côté gauche (des restaurations).

Noir dans l'embouchure avec un cercle réservé en rouge sur le pourtour intérieur ; noir sur les anses et sur tout le vase, sauf la place des personnages et des ornements. Chaque tableau est encadré en haut par une bande de palmettes noires horizontales accostées de petites volutes, à droite et à gauche par une bande verticale de gros points noirs reliés entre eux par des traits, en bas par une grecque noire semée de petits carrés contenant une croix. A l'attache inférieure de chaque anse une palmette rouge renversée, accostée de quatre petites volutes. A la base de la panse, filet saillant entre deux lignes incisées. Cercle en rouge réservé en bas de la tranche du pied. ⌐Λ Sous le fond, marque incisée en grandes lettres grêles ; cf. Hackl, dans *Münch. arch. Studien*, 1909, p. 42.
Terre rougeâtre. Emploi des retouches en rouge mat. Esquisse visible. Style de la première moitié du v° siècle.
Recollé et restauré en plusieurs parties, mais non dans les détails essentiels. Haut., 0,385 ; diam. dans l'embouchure, 0,135.
Inv. Campana 699. Trouvé en Étrurie et entré en 1863 ; cf. *Cataloghi Campana*, IV-VII, n° 44, avec le fac-simile de la marque incisée dans la planche annexe (interprété à tort comme Zeus avec Hébé) ; Pottier, *Catal. vas. Louvre*, p. 1026.
Vue d'ensemble avec le sujet A dans notre pl. 130.

G 224. Amphore de même forme (même technique). — Un sujet sur chaque côté de la panse, dans un encadrement. — *A.* **Zeus servi par Ganymède.** Assis à droite sur un siège à dossier vu de profil, Zeus barbu (cheveux en masse noire retombant dans le dos, avec deux longues boucles sur l'épaule gauche ; œil en petit cercle avec point central dans l'angle interne triangulaire), couronné (feuillages en rouge réservé), vêtu d'un himation qui cache les bras (parties restaurées) et les genoux et recouvre la tunique (pieds restaurés), tient de la main gauche (le petit doigt très allongé) le foudre en forme de grandes fleurs de lotus opposées (une restaurée) d'où sortent des flammes (traits de rouge mat) et en même temps un sceptre à longue hampe surmonté d'une boule sur laquelle est posé l'aigle aux ailes déployées, retournant la tête vers la gauche (sur cet assemblage du foudre et du sceptre, cf. *Arch. Zeitung*, 1870, pl. 33) ; de la main droite il tend une phiale dans laquelle son jeune échanson va verser le contenu d'une œnochoé (trace de dépôt rougeâtre sur la phiale). Debout à gauche devant le dieu, Ganymède sous les traits d'un éphèbe (cheveux en masse noire, serrés par un large bandeau en rouge réservé ; mèches courtes sur le front ; œil en point noir dans angle interne triangulaire et angle externe un peu ouvert), drapé dans un himation qui dégage le côté droit du corps nu (pieds restaurés), tend de la main droite une œnochoé à bec trilobé d'où coule le liquide (peint en rouge mat ; dépôt rougeâtre sur l'œnochoé). — *B.* **Artémis punit Actéon dévoré par ses chiens** (un sujet presque identique figure sur un vase de Canino ; Micali, *Monumenti per serv. alla storia*, pl. 100, n° 1). A gauche, Artémis (cheveux en masse noire ondulés sur le front ; œil en petit cercle avec point central dans l'angle interne triangulaire et angle externe entr'ouvert), coiffée d'un cécryphale (étoffe à rayures quadrillées en noir délayé ; boucle d'oreille en pendeloque), vêtue d'une tunique ionienne à manches et à rabat tombant sur les genoux (broderies en raies transversales et zigzags de noir délayé), tient de la main droite une flèche (mal restaurée), de la main gauche une autre flèche et son arc à extrémités recourbées (corde en trait noir saillant sur le fond noir en partie restauré). A droite, lui faisant face, Actéon s'affaisse et se débat contre ses chiens ; il est barbu (cheveux en masse noire avec quatre mèches retombant sur la nuque et l'épaule gauche ; lien en rouge mat effacé sur les cheveux ; œil de mourant, avec le cercle de la prunelle remonté vers la paupière supérieure), le corps nu (musculature en traits effacés) avec une peau de cerf sur le dos, les deux pattes nouées par devant (partie restaurée) ; touches jaunâtres pour figurer le pelage de la bête) ; sa jambe gauche est repliée et la droite étendue ; de la main droite élevée il brandit un bâton, sorte de courte massue, pour se défendre. Quatre chiens ont sauté sur lui ; un mord le bras droit au coude, un autre l'épaule gauche (tête de face restaurée), un troisième le ventre ; le quatrième, qu'il empoigne par le corps de la main gauche, s'attaque au mollet gauche. Tout le groupe pyramidant est d'une composition fort remarquable. Il est dû à une tradition ancienne (coupe à figures noires archaïques, *Elite Mon. céramograph.*, II, pl. 103 C. ; cf. aussi le beau cratère à figures rouges, Furtwaengler-Hauser, *Griech. Vasenmal.*, pl. 115).

Même technique et même décor que dans le précédent, sauf pour l'encadrement des tableaux : en haut, une grecque mêlée de croix, en bas une bande en rouge réservé ; sur les côtés, la bande verticale à gros points. Parties rougies à la cuisson en B.
Terre rougeâtre. Emploi des retouches en rouge mat. Traces de l'esquisse. Style de la première moitié du v⁵ siècle.
Recollé en plusieurs morceaux, sans restaurations importantes. Haut., 0,355 ; diam. dans l'embouchure, 0,14.
(Inv. Campana 1062.) Trouvé en Étrurie et entré en 1863 ; cf. *Cataloghi Campana*, sér. IV-VII, n° 781 (mentionné par erreur comme vase à figures noires) ; Pottier, *Catal. vas. Louvre*, p. 1026 ; Beazley, *Attic redfig. Vases*, p. 57, n° 1 (placé parmi les œuvres du peintre de l'amphore de Géras, G 234) ; Hoppin, *Handbook redfig.*, I, p. 467, n° 9.
Vue d'ensemble avec le sujet B, et sujet A dans notre pl. 130.

G 226. Amphore de même forme (même technique). — Un sujet dans un encadrement, sur chaque côté du vase. — *A.* **Cortège nuptial.** A gauche, une femme s'avance vers la gauche tenant deux torches (la tête, le cou et les épaules, le haut des torches sont des restaurations) de ses deux mains avancées ; elle est vêtue d'une tunique que recouvre l'himation posé en châle dans le dos et ramené sur les deux bras (pointillés noirs sur la tunique). Derrière elle marche une femme portant une torche et tenant par le poignet la mariée ; mais tout ce personnage est une restauration, sauf les deux pieds nus et le bas du vêtement ; on doit plutôt supposer ici le marié qui emmène sa femme avec le geste rituel, ἐπὶ καρπῷ (cf. les fragments de coupe attribués à Euphronios, *Jahrbuch arch. Inst.*, 1888, pl. 2). La jeune femme, dont le bras droit est étendu (la main et le poignet restaurés), tient de la main gauche une grenade, fruit symbolique du mariage (en noir opaque) ; sa tête est recouverte d'un voile qui pend sur le cou (κρήδεμνον) et qui laisse voir les cheveux massés par devant et ondulés sur le front (œil allongé avec point noir dans l'angle interne fermé) ; elle est vêtue d'une tunique talaire à plis très fins et porte l'himation en châle sur le dos, avec les pans à longues pointes ramenés sur les bras. A droite, la procession est suivie par Apollon sous les traits d'un éphèbe (traitement particulier des cheveux détaillés en traits noirs saillants par-dessus le fond noir et relevés par un lien figuré aussi en trait noir saillant ; œil comme chez le précédent), jouant de la lyre (caisse en écaille de tortue, sept cordes en traits noirs saillants sur le fond noir) ; sa main gauche, appuyée sur les cordes, est passée dans une sorte de bretelle qui sert à porter l'instrument ; sa main droite avancée tient le plectre (d'où pendent des liens en traits noirs saillants) ; il est vêtu d'un grand himation qui l'enveloppe entièrement et dont la partie haute repliée forme une sorte de pèlerine dans le dos (facture particulière des pieds nus, très allongés, avec les doigts indiqués par des traits en faisceau). A sa droite, en arrière-plan, galope une biche aux grandes oreilles dressées (quelques parties du corps restaurées). — *B.* **Dionysos entre deux Silènes.** Au centre le dieu barbu (toute la tête refaite, sauf le bas de la barbe et des six mèches de cheveux pendant sur son épaule) marche vers la droite, retournant la tête et tenant de la main gauche élevée (restaurée) un cep de vigne (les branches restaurées), de la main droite abaissée un canthare à grandes anses (pied refait) ; il est vêtu d'une tunique à manches que recouvre un himation dégageant le côté droit (des parties restaurées). Il est précédé d'un Silène nu et chauve (oreille de porc ; œil en point noir dans l'angle interne entr'ouvert) qui, la tête penchée, marche en jouant de la double flûte (les mains, le corps à partir de la taille sont refaits, sauf le pied gauche et une partie de la queue de cheval). A gauche, derrière le dieu, marche un autre Silène barbu avec peau de panthère qui est entièrement refait (sauf les pieds et une griffe de la pardalide).

Même technique que dans les précédents. L'encadrement des tableaux comprend : en haut, une bande de palmettes noires posées obliquement dans des rinceaux et inversées, avec semis de petites folioles ; en bas, une grecque serrée, alternant avec de larges carrés en damiers ; sur les côtés, une bande verticale de doubles points noirs.
Terre jaunâtre. Pas d'emploi des retouches de rouge mat, qui partout sont remplacées par l'application du noir saillant. Esquisse assez détaillée. Style de la première moitié du v⁵ siècle.
Beaucoup de morceaux recollés ; nombreuses et importantes restaurations ; le fond est brisé et ouvert. Haut., 0,455 ; diam. dans l'emchure, 0,165.
(Inv. Campana 739.) Trouvé en Étrurie et entré en 1863 ; cf. *Cataloghi Campana*, série IV-VII, n° 63. Le sujet A publié (sans nom d'auteur) dans le *Supplemento* des *Monumenti dell'Instituto* (Berlin, 1891), pl. 25, avec une courte notice (p. 4). L'auteur du texte ignorait où se trouvait le vase et il n'a pu le commenter que d'après le dessin ; aussi n'a-t-il pas tenu compte des restaurations qui sont nombreuses et modifient le sens de l'interprétation à donner (par exemple, il a considéré comme une Héra νυμφαγωγός la femme complètement restaurée qui conduit la mariée). Cf. S. Reinach, *Répert. des vas. peints*, I, p. 234 (qui ne mentionne pas non plus où se trouve le vase). Le sujet B est donné sous forme très réduite dans la vue d'ensemble du vase (même planche du *Supplem.*). Je ne crois plus qu'il y ait lieu de mettre en relation les deux tableaux ni d'y voir les noces de Dionysos et Ariane, comme je l'avais admis dans mon *Catalog. des vas. du Louvre*, p. 1026,

G 227. Amphore de même forme (même technique, le dessus du pied creusé en forme de caniveau circulaire). — Un sujet dans un encadrement sur chaque côté de la panse. — *A.* **Deux Silènes faisant offrande à une idole de Dionysos.** A gauche, sur une poutre à base équarrie, terminée en haut par une échine de chapiteau dorique (partie restaurée, mais à rétablir ainsi d'après les représentations similaires), est adaptée une idole de Dionysos, sans bras, habillée d'un himation qui l'enveloppe (décor en raies transversales, en zigzags, en mouchetures de noir délayé et jauni), la tête barbue (cheveux en petites mèches sur le front, quatre boucles de noir délayé retombant sur le côté gauche ; œil en point noir et angle interne triangulaire). Devant elle et lui tournant le dos, est agenouillé, les deux genoux en terre, un Silène barbu, tête de face (crâne chauve, oreilles de porc dressées ; petite caroncule lacrymale indiquée à l'angle interne de chaque œil ; larges sourcils en noir et en ton noir délayé) ; il est placé en arrière-plan d'un grand cratère à anses basses verticales (en partie restauré ; anses indiquées en noir opaque), placé par terre devant l'idole comme une offrande, et il élève la main droite en l'air, les doigts écartés, comme par un geste de surprise. A droite un second Silène debout, élevant les deux mains, est entièrement refait et n'a d'antique que les deux jambes et le bout de la queue de cheval. — *B.* Trois éphèbes drapés, dont deux avec des cannes noueuses, sont entièrement refaits dans un style détestable et n'offrent aucune partie antique, sauf quelques traits de la draperie de l'éphèbe placé au centre.

Même technique et même décor que dans les précédents. Dans les encadrements, les bandes du haut en palmettes noires horizontales sont refaites ; sur les côtés, bandes verticales en doubles points noirs ; en bas, grecque mêlée de croix.

Terre rougeâtre. Pas d'emploi des retouches rouges. Peu de traces d'esquisse. Style de la première moitié du Vᵉ siècle.

Très endommagé et réparé ; une anse refaite ; toute la partie du revers refaite et repeinte. Haut., 0,385 ; diam. dans l'embouchure, 0,145.

(Inv. Campana 696.) Trouvé en Étrurie et entré en 1863 ; cf. *Cataloghi Campana*, sér. IV-VII, nᵒ 244. Publié par O. Jahn, *Annali dell' Inst.*, 1862, p. 68, note 2, pl. C (sans tenir compte des restaurations) ; S. Reinach, *Répert. des vas. peints*, I, p. 307 (décrit par erreur comme cratère) ; J. Harrison, *Prolegomena to the study of greek religion*, p. 429, fig. 133 ; Frickenhaus, *Lenäenvasen* (72ᵉ *Winckelmanns Programm*, 1912), p. 7, 35, pl. II, nᵒ 12, avec une étude sur la série des vases similaires. O. Jahn a supposé que le sujet faisait allusion à la fête des Anthestéries et, en général, aux rites des fêtes bachiques. M. Reinach pense qu'il s'agit peut-être d'une déconvenue des Silènes qui trouveraient leur cratère vide (?). M. Frickenhaus le range parmi les vases se rapportant à la fête des Lénéennes ; hypothèse critiquée par M. Carl Robert (*Götting. gelehrte Anzeiger*, 1913, p. 366) qui y verrait plutôt une allusion aux Iobaccheia. Cf. Pottier, *Catal. vas. Louvre*, p. 1026.

G 228. Amphore de même forme (même technique, le pied en disque peu débordant). — Un sujet dans un encadrement, sur chaque côté de la panse. — *A.* **Hercule combat Kyknos avec l'assistance d'Athéna.** A droite, Kyknos s'affaisse, la jambe droite repliée, la gauche étendue, cherchant à tirer son épée du fourreau. Il en est empêché par Hercule s'avançant vivement au centre, le bras gauche étendu et tenant l'arc (en rouge mat) qui dépasse le corps de Kyknos par derrière. A gauche, la déesse Athéna, marchant d'un pas rapide, porte assistance au héros en posant la main gauche sur le bras droit de Kyknos pour l'arrêter et en dardant contre lui sa longue lance. La déesse est coiffée d'un casque dont le haut cimier entre dans la bande d'ornements de l'encadrement (la calotte du casque et le visage refaits, sauf le nez et l'œil qui sont antiques ; prunelle en point noir dans l'angle interne fermé) ; l'égide (en grande partie restaurée), bordée en bas par des petits serpents noirs, couvre la poitrine et le bras gauche étendu (costume en tunique à manches recouverte par le court himation à longues pointes flottantes ; facture des pieds particulière, très allongés avec les doigts indiqués par un faisceau de traits noirs parallèles, même style que dans l'amphore G 226). Hercule barbu (cheveux et barbe en masse noire ; œil arrondi avec pupille en cercle et point noir central) est vêtu de la peau de lion, serrée en justaucorps au moyen d'une ceinture par-dessus une tunique courte, dont la tête forme casque et les pattes retombent de chaque côté du corps (touches en noir jauni et délayé) ; il porte au côté gauche l'épée soutenue par un double lien (rouge mat). Kyknos barbu (mèches détaillées en noir délayé ; œil de mourant en ovale sans point central dans l'angle interne triangulaire) a l'aspect d'un hoplite ; grand casque remonté sur le haut de la tête (le timbre séparé du cimier par un dessin en dents de loup et pointillé) ; cuirasse à lambrequins et à épaulières ornées d'un serpent ondulant (en noir opaque), posée par-dessus une courte tunique ; épée au fourreau suspendue à un double lien qui descend de l'épaule droite et du flanc gauche (en noir délayé et rouge mat) ; grand bouclier vu de profil (restauré), dont on aperçoit l'intérieur avec ses poignées et ses cordelettes ; sur la convexité de l'extérieur l'inscription ΚΑΛΟ en noir délayé (καλός). — *B.* **Quatre éphèbes réunis autour d'une colonne funéraire surmontée d'un Sphinx.** Pour composer le tableau, l'artiste a évidemment pensé au sujet ancien du Sphinx proposant ses énigmes, mais c'est une erreur que de ne pas voir ici la transformation du motif mythologique en un sujet familier (cf. l'amphore péliké de Vienne signée par Hermonax, *Monumenti Inst.*, VIII, pl. 45, et la coupe du Vatican, Hartwig, *Meisterschal.*, pl. 73). C'est une adaptation, et l'absence d'Œdipe suffit à le prouver. Au centre se dresse une large colonnette (restaurée) à fût cannelé, surmonté d'un chapiteau dorique à volutes ; sur l'abaque servant de plate-forme est posé un Sphinx, symbole funéraire connu, tourné vers la droite (tête de femme aux cheveux épars sur le cou ; œil en point noir dans l'angle interne triangulaire ; grandes ailes déployées, avec bande médiane ornée d'un pointillé noir, entrant dans les ornements de l'encadrement du haut ; la queue relevée et ondulant. De chaque côté sont assis symétriquement, l'un sur une base de pierre quadrangulaire, l'autre sur un siège pliant à griffes de lion, deux éphèbes, la tête inclinée, complètement enveloppés dans un himation qui cache leurs bras (chez celui de gauche, tête et poitrine refaites ; chez celui de droite, tête et corps refaits, sauf le bas du manteau et les pieds). A gauche et à droite sont debout symétriquement deux autres éphèbes, la tête inclinée comme les précédents, dans une attitude de rêverie triste ; celui de gauche, appuyé sur une canne, pose la main gauche sur son bras droit (cheveux en masse noire, œil endommagé par une cassure) ; la main gauche placée trop bas s'appuie sur la canne ; il a le haut du torse nu et le reste du corps enveloppé dans un himation, le pied gauche vu de face en raccourci, l'autre soulevé ; celui de droite, faisant face au Sphinx, tient de la main droite avancée une fleur (rouge mat) qu'il regarde (cheveux en masse noire ; œil en point noir placé tout à fait dans le coin interne) ; il est vu de dos (de trois quarts) ; même ajustement que le précédent (les pieds fort longs avec les doigts exprimés sommairement comme dans G 226, le pied droit soulevé).

Même technique que dans les précédents et même décor. Chaque encadrement est fait, en haut par une bande de palmettes noires horizontales et opposées, avec semis de petites folioles, en bas par une grecque serrée alternant avec de larges carrés en damiers, sur les côtés par une bande verticale de gros points noirs doubles. Terre rougeâtre. Emploi des retouches en rouge mat. Esquisse très détaillée. Style de la première moitié du Vᵉ siècle.

Recollé en plusieurs morceaux ; quelques restaurations importantes ; le pied ébréché. Haut., 0,46 ; diam. dans l'embouchure, 0,175.

(Inv. Campana 736.) Trouvé en Étrurie et entré en 1863 ; cf. *Cataloghi Campana*, sér. IV-VII, n° 59 (interprété comme le Sphinx posant des énigmes). Publié, sans description, par F. Ravaisson (le côté B) dans ses *Monuments grecs relatifs à Achille*, p. 9, pl. iii (*Mémoires de l'Acad. des Inscript.*, XXXIV, 1895, p. 313), avec une interprétation inexacte (les jeunes Grecs méditent sur une énigme que le monstre vient de leur proposer); il reconnaît d'ailleurs que rien n'indique ici qu'il soit question de l'histoire d'Œdipe, mais il en conclut que l'artiste a sans doute voulu figurer par ce tableau « une des occupations du loisir élyséen ». Cf. Pottier, *Catal. vas. Louvre*, p. 1026.

Vue d'ensemble avec le sujet B dans notre pl. 131.

G 229. Amphore de même forme (même technique, le pied en disque plat assez saillant et la tranche bombée). — Un sujet dans un encadrement, sur chaque côté de la panse. — *A*. **Hercule et sa famille sous la protection d'Athéna.** A gauche, la déesse casquée (le haut cimier pénètre dans la bande d'ornements de l'encadrement et est coupé par le filet supérieur ; paragnathide relevée et formant visière ornée de points noirs, palmette noire sur le timbre du casque ; double pointillé en bas du panache ; œil allongé et pupille en point noir sur la paupière inférieure ; cheveux en masse noire sur le front et six boucles éparses sur son égide) est vêtue d'une tunique à manches (plis en noir délayé) recouverte d'un himation court à longues pointes qui est passé sur l'épaule gauche et dégage la poitrine recouverte de l'égide (Gorgoncion tirant la langue au centre, écailles en pointillé noir, petits serpents dressés sur le bord inférieur) ; elle tient de la main gauche ramenée vers elle une fleur (en rinceau rouge mat) et de la main droite une longue lance appuyée sur son épaule (la pointe entre dans la bande d'ornements ; bracelets en serpents aux deux bras). Devant elle et lui tournant le dos, Hercule barbu (œil rond accosté de deux traits à la manière corinthienne, prunelle noire sur le bord de la paupière supérieure ; barbe et cheveux en masse noire rehaussée de points saillants imitant les poils frisés), enveloppé dans un himation qui dégage le côté droit (l'ouvrier a laissé tomber une goutte de couleur noire qui a fait une traînée sur le pli du manteau, sous le bras droit) et laisse voir une tunique à manches recouverte par la peau de lion (traits de noir jauni effacé) qui revient sur la tête et la coiffe en casque (tons jaunâtres et traits de noir délayé), tient de la main gauche son arc et de la main droite sa massue, qu'il appuie sur l'épaule droite (pieds longs et conformés comme dans G 226, 228). Il regarde le jeune Hyllos, que sa mère Déjanire tient dans ses bras et qu'elle présente à son époux ; l'enfant nu, le corps long et formé comme celui d'un éphèbe, tourne son corps en arrière et tend les bras vers son père avec un geste de tendresse qui conduit sa main droite vers le visage du héros (lèvre inférieure proéminente ; œil en point noir dans ovale fermé ; cheveux en masse noire rehaussée de traits saillants et couronnés d'une guirlande en rouge mat). Déjanire, la tête inclinée (cheveux en masse noire avec une boucle pendante ; diadème orné de points noirs et fixé sur la tête par des liens en rouge mat ; œil en point noir sur le bord de la paupière supérieure et angle interne ouvert), vêtue d'une tunique à manches (plis fins en traits jaunis) que recouvre un himation en châle dans le dos avec les pans ramenés par devant sur les bras (bracelet en noir délayé), porte son fils dont elle soutient la cuisse droite avec sa main gauche et le bras droit avec sa main droite. Elle est suivie de son père Oineus, barbu et couronné (cheveux en masse noire avec une boucle pendante ; œil en point noir dans losange fermé ; guirlande en rouge mat), vêtu d'un himation qui dégage le côté droit nu (le peintre a pourtant figuré un trait de tunique autour du cou) ; il lève la main droite vers sa tête en signe de salutation et d'accueil et tient de sa main gauche, avec les doigts très écartés, une canne noueuse à poignée en béquille. Les noms des personnages sont inscrits au-dessus d'eux, dans le champ, en rouge mat : ΗΕΡΑΚLΕ ϟ, ΗVLL.ϟ, ϟΑΙΑΝΕΙΡΑ (rétrograde), ΟΙΝϜVϟ. — *B*. **Hermès tuant Argus (en présence de Zeus ?).** A gauche, Hermès barbu (cheveux en masse noire, œil en point noir sur le bord de la paupière supérieure dans ovale fermé), le pétase rejeté dans le dos (bride en noir délayé passant dans le cou et lacis dans la coiffe intérieure), vêtu d'une tunique courte (plis fins en traits jaunis; des restaurations) et se servant de son himation posé sur le torse et sur le bras gauche étendu comme d'un bouclier pour parer, s'avance rapidement vers la droite, le pied gauche levé (larges ailerons placés en avant des chaussures qui enferment le pied) ; le fourreau de l'épée pend par derrière entre ses jambes ; de la main droite il tient l'épée nue. Devant lui, Argus Panoptès s'affaisse déjà, fuyant à droite, les jambes fléchissantes ; son corps et sa tête sont vus de face (large barbe bordée de mèches ondulées ; cheveux en masse noire avec cinq boucles pendantes ; gros sourcils ; yeux en points noirs dans ovales fermés) ; il est blessé à la tempe droite d'où coule le sang (tache et filets en rouge mat) ; son torse, ses bras, ses jambes sont couverts de nombreux yeux (figurés en points noirs dans un ovale fermé ou entr'ouvert aux deux bouts) et de taches jaunâtres, de forme irrégulière, imitant une peau tigrée (noir délayé jauni; poils en traits noirs au pubis). A droite, encourageant Hermès du geste de sa main droite étendue, un homme barbu, dans lequel on a proposé de reconnaître Zeus, couronné (feuillages en rouge mat), drapé dans un himation qui laisse le côté droit nu, s'appuie de la main gauche sur une canne noueuse à poignée en béquille (il est comme un doublet de l'Oineus du côté A ; mais la barbe et la chevelure sont faites différemment, en mèches de noir délayé). Deux inscriptions en rouge mat dans le champ nomment les personnages : ΗΕ... ('Ἑρμῆς) et ΠΑΝΟΠ. (Πανόπτης, surnom d'Argus).

Même technique et même décor ; beau lustre noir. Les encadrements, comme dans les précédents, mais ayant dans le bas, en A une grecque serrée, en B une grecque de forme ionienne mêlée de carrés qui contiennent des X accostés de points.
Terre rougeâtre. Emploi des retouches en rouge mat. Esquisse visible. Style de la première moitié du ve siècle.
Recollé en plusieurs morceaux, sans restaurations importantes. Haut., 0,495 ; diam. dans l'embouchure, 0,18.
(Inv. N III 2627.) Trouvé à Vulci. Acquis en 1866. Ce beau vase faisait partie de la collection Campanari en 1832, où il fut décrit par Bröndsted (cf. Panofka dans *Annali Inst.*, 1832, p. 365) ; il était en 1836 dans la collection du chevalier Durand (*Catalog. de vente* par de Witte, p. 110, n° 318) et il aurait passé ensuite dans la collection Hope en Angleterre pour 3 550 francs (Gerhard, *Auserl. Vasenbilder*, II, p. 114, note 1). Publié par Panofka, *Argos Panoptès*, pl. iii, n° 2 (sujet B) ; *Annali Inst.*, 1838, p. 253 (Grimaldi-Gargallo) ; *ibid.*, p. 317 (Secchi) ; *Monumenti Inst.*, II, pl. 59, n° 5 (sujet B) ; Gerhard, *Auserl. Vas.*, II, pl. 116 (sujets A et B) ; Lenormant et de Witte, *Élite céramographiq.*, III, pl. 100 (sujet B) ; Overbeck, *Kunstmythol.*, I, p. 478, n° 16, et *Atlas der Kunstmyth.*, pl. vii, n° 12 (sujet B) ; Duranty, dans *Gazette des B.-arts*, 1883, I, p. 485 (détail de B) ; S. Reinach, *Répert. des vas.*, I, p. 111, n° 3; p. 62, n°s 6 et 7 (sujets A et B). Cf. Pottier, *Catal. vas. Louvre*, p. 1026. La liste des vases représentant le sujet B a été donnée par Engelmann, *Jahrb. arch. Inst.*, 1903, p. 51. Sur l'inscription Panoptès, cf. Kretschmer, *Die griech. Vaseninschriften*, p. 202, n° 185.
Deux vues d'ensemble avec les deux sujets dans notre pl. 131.

G 230. Amphore de même forme (même technique ; le pied en disque débordant, un peu creusé comme pour une rainure à la partie plate supérieure ; un tore saillant entre la base et le pied). — Un sujet, sans encadrement, sur chaque côté du vase. — *A*. **Eos poursuivant Céphale.** La déesse ailée (tête restaurée, cheveux en masse noire retombant dans le dos, serrés par un bandeau en rouge réservé, surmonté d'un diadème et dont les deux bouts retombent en arrière ; larges ailes dont le haut est restauré), vêtue d'une ample tunique à manches et à bouffant sur les jambes (constellée de petites croix en noir jauni), s'avance d'un pas rapide vers la droite et de ses deux mains avancées saisit par l'épaule et par le bras droit le jeune Céphale. L'éphèbe, allant à droite, retourne la tête (visage restauré, cheveux en masse d'un noir rougi, serrés par un bandeau en rouge réservé), le pétase rond (restauré) rejeté sur le cou ; il est vêtu d'une chlamyde agrafée sur l'épaule droite (grosse agrafe ronde) qui retombe par devant en pointe et recouvre une tunique courte à plis fins, serrée par une ceinture à la taille ; il lève la main gauche, les doigts écartés, et tient de la main droite (restaurée) deux javelots de chasse. Derrière son pied droit, en arrière-plan, un chien court vers la déesse, comme pour défendre son maître. — *B.* **Deux éphèbes à la palestre.** Tous deux sont nus, de proportions puissantes et massives, et tiennent un strigile de la main droite. Chez celui de gauche, les cheveux ont disparu et il ne reste qu'un trait noir qui séparait la masse noire de la chevelure des petites boucles rassemblées sur le front (œil en point noir dans l'angle interne ouvert) ; il tient baissée la main droite avec le strigile et pose les doigts de la main gauche sur l'épaule droite de son camarade. Celui-ci, marchant vers la droite, retourne la tête (cheveux en masse d'un noir rougi ; trace d'un bandeau en rouge mat ; œil comme dans le précédent), le torse de face (musculature très détaillée en noir jauni ; poils du pubis en ton jauni), le pied droit soulevé en arrière (restaurations dans les jambes) ; il tient la main gauche abaissée et avance vers son compagnon sa main droite avec le strigile.

Même technique. Tout le vase est remarquable par les effets de l'oxydation de la couleur noire qui s'est produite pendant la cuisson (sur ces accidents, voir mon *Catalogue des vases du Louvre*, p. 679). La surface entière a tourné au rouge-corail et ne laisse paraître en noir que les endroits où le coup de pinceau avait été épais ou posé en double, par exemple dans les contours des personnages et des ornements. C'est une pièce précieuse pour étudier ce genre d'altération qui n'est pas dû à un coup de feu, mais à l'introduction de l'air dans le four. En haut de chaque sujet, une bande de palmettes opposées et placées obliquement, réunies par des rinceaux ; en bas, une bande de grecque mêlée de croix en X. Sous le fond, grande marque incisée : sur ce genre de marques cf. Hackl dans *Münchener arch. Studien*, 1909, p. 36 et suiv.

Terre jaunâtre. Emploi des retouches en rouge mat. Esquisse visible. Style de la première moitié du vᵉ siècle.

Recollé en plusieurs morceaux. L'épiderme de la terre sur plusieurs figures était endommagé et a été restauré. Haut.. 0,455 ; diam. sur l'embouchure, 0,19.

Inv. N 3509 (ED 207). Trouvé en Italie, à Nola, et entré avec la collection Durand en 1825. Il avait fait partie de la collection Coghill, publiée par Millingen en 1817 (*Peint. antiq. de vases grecs*, p. 17, pl. XIV et XV, avec des remarques de J. Gh. de Rossi, p. V, sur la fabrication ; il voyait à tort dans ce vase un travail non achevé). Cf. S. Reinach, *Répert. de vas.*, II, p. 5 (nᵒˢ 4, 5, 6) ; Pottier, *Catal. vas. Louvre*, p. 1026.

G 231. Amphore de même forme (même technique, le pied en pente, mais provenant peut-être d'un autre vase). — Un sujet sur chaque côté du vase, sans encadrement. — *A.* **Achille poursuivant Troïlos.** A droite, le héros barbu (cheveux en masse noire et en petits traits jaunis dépassant sous le casque ; œil en point noir vers l'angle interne entr'ouvert), coiffé du casque (presque en entier restauré), tenant de la main gauche (invisible) sa lance, portant sur le bras gauche un bouclier rond dont l'orbe est orné de gros points noirs et dont l'épisème figure un Pégase ailé (la tête, le cou, les ailes refaits ; circonférences du bouclier tracées au compas ; tout le haut restauré), s'élance vers la gauche à grandes enjambées (jambes et pieds nus), la main droite étendue, prête à saisir le fugitif ; il est vêtu d'une courte tunique à plis fins et porte un himation rejeté par derrière en écharpe sur les bras. Sous ses pieds une éminence rocheuse (large trait noir transversal) indique que la scène se passe au dehors et une colonne ionique, en arrière-plan, symbolise l'emplacement du temple d'Apollon Thymbræos où Troïlos fut tué. Troïlos, monté sur un cheval qui fuit au galop et ayant à côté de lui un second cheval de rechange (en arrière-plan), serre dans ses deux mains les rênes du coursier avec ses deux javelots (restaurés) et il retourne la tête en arrière vers le poursuivant (haut de la tête restauré ; œil comme dans le précédent ; cheveux en masse noire avec boucles pendantes en noir jauni sur la joue et le cou) ; il est vêtu d'une tunique courte à plis fins (restaurations) et porte dans le dos un grand manteau de cavalier (décor de raies transversales et de points noirs jaunis) ; le pied est chaussé d'une endromide à revers (restaurée). A gauche, Polyxène s'enfuit, retournant la tête et levant la main gauche (restaurée) en signe de frayeur ; elle est vue en arrière-plan, derrière les deux chevaux courant qui cachent en partie son visage (cheveux en masse noire restaurée, œil de profil avec point noir dans angle interne ouvert) ; elle est vêtue d'un péplos à manches et à rabat (le bas restauré). La cruche d'eau qu'elle a laissée tomber gît à terre sous les chevaux ; elle a la forme d'une grande œnochoé (restaurée). — *B.* **Persée emportant la tête de la Gorgone.** A gauche, Persée, sous les traits d'un éphèbe (cheveux en masse noire, ceints d'une couronne de feuillages en rouge mat ; œil de profil comme précédemment), vêtu d'une tunique courte à plis fins serrée à la taille et portant sur le dos l'himation en châle avec les pans ramenés par devant (restaurations dans les deux vêtements), chaussé d'endromides munies à la partie supérieure de deux ailerons opposés, court à grandes enjambées vers la droite, tenant de la main droite basse deux javelots, la pointe en bas, et portant de la main gauche étendue le bout d'une sacoche suspendue par l'autre bout à son cou ; dans la poche entr'ouverte on aperçoit les cheveux et le front de la tête de Méduse coupée (restaurée dans le haut). Au centre, Athéna, le corps de face, le pied droit vu en raccourci, retourne la tête vers Persée et tient de la main droite élevée (restaurée) son casque (paragnathides baissées, bande de points noirs entre le timbre et le panache à longue queue, coupé par les ornements de l'encadrement supérieur) ; de la main gauche élevée elle s'appuie sur sa lance (le haut coupé par la bande d'ornements) ; elle est diadémée (cheveux en noir avec quelques mèches éparses, œil comme précédemment, bandelette en rouge réservé, avec trois feuilles piquées droit sur le haut et les deux bouts retombant dans le dos) et porte sur la poitrine l'égide (restaurée ; imbrications, petits enroulements noirs au bord inférieur) ; elle est vêtue d'une tunique à manches que recouvre un himation dégageant le côté droit. A droite, guidant la fuite du héros, Hermès court, la tête retournée et tendant le bras droit en arrière (la main antique, mais le bras, la main gauche, la plus grande partie du visage, le haut du torse sont refaits) ; il est couronné (feuillages en rouge mat sur les cheveux en masse noire, avec mèches de noir jauni), le pétase dans le dos (bride en rouge mat ; une partie restaurée), tenant de la main gauche élevée son caducée (le haut refait, le bas terminé en pointe de flèche) ; il est chaussé de crépides (restaurées) à liens lacés autour du pied et de la jambe et est vêtu d'une tunique courte que recouvre une chlamyde retombant en pointe par devant (fortes restaurations).

Même technique, très larges palmettes aux attaches des anses. Les encadrements sont remplacés, en haut par une bande de palmettes droites en rouge réservé, en bas par une zone de grecque mêlée de carrés qui contiennent une croix en X. Sous le fond marque incisée sur le pourtour : A (sur ce genre de marque, cf. Hackl dans *Münchener arch. Studien*, 1909, p. 24). La partie inférieure de la base est fort endommagée, restaurée, et il n'est pas certain que ce pied ait appartenu au vase.

Terre rougeâtre. Emploi des retouches en rouge mat. Esquisse visible. Style de la première moitié du vᵉ siècle.

Très endommagé et recollé ; restaurations importantes. Haut., 0,44 ; diam. dans l'embouchure, 0,16.

(Inv. Campana 742.) Trouvé à Nola et entré en 1863 ; cf. *Cataloghi Campana*, sér. XI, n° 11, avec fac-simile de la marque incisée dans la pl. annexe. Côté A publié par Th. Schreiber, *Annali Inst.* 1875, p. 188 ; *Monumenti Inst.*, X, pl. 22, n° 1 = S. Reinach, *Répert. des vas.*, I, p. 203 ; *Lexikon der Mythologie* de Roscher (article sur *Polyxena* par Türk), III, p. 2731, fig. 7. Cf. Pottier, *Catal. vas. Louvre*, p. 1027.

G 232. Amphore de même forme (même technique, le pied en disque plat peu débordant). — Un sujet sans encadrement, de chaque côté du vase. — *A.* **Éos emporte le corps de son fils Memnon.** La déesse ailée (larges ailes déployées de chaque côté du corps, la partie supérieure avec pointillé noir et bande médiane horizontale de petits traits noirs), le corps de face, retournant la tête (entièrement refaite avec le haut de la tunique), marche vers la droite, le pied droit soulevé en arrière, portant dans ses bras le cadavre de son fils Memnon. Elle est vêtue d'un péplos dont le rabat forme de longues pointes symétriques par devant (des restaurations). Memnon est nu, avec un visage d'éphèbe (cheveux en masse noire surmontée de mèches en noir délayé ; œil de mort fait d'un seul trait droit) ; la tête pend, renversée en arrière, le bras droit passé par-dessus l'épaule et la main pendante ; le corps (musculature en traits jaunis) porte plusieurs blessures (en noir jauni), une sur la cuisse gauche, une sur le côté gauche à la hauteur du cœur, une sur le bras gauche pendant (facture des pieds nus comme dans G 226). — *B.* **Tithon, père de Memnon, reçoit les cendres de son fils (?).** L'interprétation n'est pas certaine ; elle permettrait de relier les deux tableaux. A gauche, un homme barbu (cheveux en masse noire ceints d'une guirlande en rouge mat ; œil en petit cercle à point central dans l'angle interne), drapé dans un himation dont le pan retombe dans le dos et qui dégage le côté droit nu (bordures en noir délayé), le corps appuyé sur une canne noueuse (pied droit soulevé en arrière), la main gauche pendante, la droite tendue en avant, regarde une hydrie (anse en noir opaque) que lui présente une femme drapée, le corps penché, tenant à deux mains le vase ; elle est coiffée d'un cécryphale (cheveux en masse noire, œil comme dans le précédent ; petite boucle d'oreille en pendeloque) et vêtue d'un péplos à manches formant rabat autour de la ceinture (pieds nus très longs). Dans le champ, entre les deux personnages, inscription en rouge mat ... ΚΟΣ (καλός ?).

Même technique. Pas d'encadrement ; en A, une grecque mêlée de carrés contenant des croix forme terrain sous les personnages ; en B, une grecque simple. Quelques parties rougies à la cuisson.

Sous le fond, une marque incisée : ΔΟ·
et sur le pourtour : ΕΝΛΕ

Sur ce genre de marques, voir Hackl dans *Münchener arch. Studien*, 1909, p. 31 et suiv.

Terre jaunâtre. Emploi des retouches en rouge mat. Traces de l'esquisse. Style de la première moitié du ve siècle.

Assez bon état de conservation, malgré une restauration importante (tête d'Éos). Haut., 0,33 ; diam. dans l'embouchure, 0,13.

(Inv. MNB 1152.) Trouvé en Étrurie à Chiusi. Acquis de la collection Eug. Piot en 1876. Publié en 1865 par Gargallo Grimaldi dans *Rendiconto dell' Accademia di arch. di Napoli*, 1865 (il reconnaissait Héméra, sœur de Memnon, dans la femme du sujet B) ; par Heydemann, *Griechische Vasenbilder*, p. 13, Hilfstafel, n° 1 (il pense qu'on pourrait voir une servante ou Éos elle-même dans la femme du sujet B, les ailes ayant été supprimées faute de place). Cf. Pottier, *Catal. vas. Louvre*, p. 1027 ; Beazley, *Attic Vases*, p. 66, fig. 41 ; p. 67, n° 8 (style du Stamnos de Syleus) ; Hoppin, *Handb. redfig.*, II, p. 439, n° 12.

Deux vues d'ensemble avec les deux sujets dans notre pl. 131.

G 234. Amphore de même forme (même technique, le pied en disque assez débordant). — Un sujet sans encadrement sur chaque côté du vase. — *A.* **Hercule combat Géras, symbole de la vieillesse déchue et débauchée.** — C'est une des plus anciennes peintures allégoriques que la peinture de vases grecque nous ait laissées. Hercule barbu (cheveux et barbe en points noirs sur un fond de noir délayé, tourné au jaune ; œil en petit cercle avec point central dans l'angle interne fermé), vêtu d'une tunique courte (décor en petits traits transversaux), serrée à la taille par une ceinture (en trois traits noirs), porte sur le bras gauche étendu la peau de lion (touches de noir jauni imitant le pelage) dont la tête le coiffe comme un casque ; son arc et son carquois sont attachés dans son dos par un lien (rouge mat) qui fait le tour du torse ; son épée est suspendue au côté gauche par un lien qui passe en baudrier sur le corps (rouge mat). Il s'avance vers la droite, brandissant de la main droite élevée une massue noueuse hérissée de piquants, et de la main gauche il saisit fortement par la nuque le petit et faible Géras qu'il se prépare à assommer. Celui-ci est nu, le corps long et maigre, avec une apparence grotesque et débile ; sa tête est traitée en caricature avec le nez crochu, la bouche ouverte et la lèvre pendante, quelques poils de barbe au menton pointu, la moustache rare, quelques cheveux indiqués sur le crâne (œil en petit cercle à la paupière supérieure, grande oreille ; les côtes saillantes, musculature en trait jauni, le phallus gros et pendant) ; il marche vers la gauche en s'appuyant de la main gauche sur une canne à poignée en béquille et il lève la main droite vers Hercule avec un geste de supplication. Entre les deux personnages, inscription en rouge mat ΛΕΡΑΣ (rétrograde), Γῆρας. — *B.* **Poseidon tenant le trident.** Le dieu barbu (cheveux en masse noire avec une boucle pendante ; œil rond avec grosse pupille noire), couronné (feuillages en rouge réservé), vêtu d'une tunique à larges manches (plis en traits jaunis) que recouvre un himation dégageant le côté droit, s'appuie de la main droite élevée sur son trident (les pointes barbelées).

Même technique ; pas d'encadrement. Sous chaque sujet un filet en rouge réservé forme ligne de terrain. Du côté A, on distingue sur le fond noir, autour de Géras, la trace faite par le contact d'un autre vase qui à la cuisson touchait cette partie de la panse et y a laissé une marque circulaire ; sur ce genre d'accidents de fabrication, voir Reichhold dans Furtwaengler-Reichhold, *Griechische Vasenmalerei*, I, p. 154 et suiv., et mon *Catalogue des vas. du Louvre*, p. 680.

Terre jaunâtre. Emploi des retouches en rouge mat. Esquisse très cherchée en A dans l'Hercule. Style de la première moitié du ve siècle.

Bon état de conservation. Haut., 0,35 ; diam. dans l'embouchure, 0,13.

(Inv. MNC 193.) Trouvé en Italie (aux environs de Capoue?) et acquis en 1882. Ce vase faisait partie de la collection Doria à Capoue, en 1878, où M. Lœschcke le vit et le signala (*Arch Zeitung*, 1881, p. 40, note 32) en le mentionnant par erreur comme vase à figures noires (j'en avais fait la remarque dans *Nécropole de Myrina*, p. 481, note 2) ; cf. aussi Cecil Smith, *Journal of hell. Studies*, IV, 1883, p. 105, note 1, qui a étudié les monuments relatifs au mythe de Géras. Furtwaengler l'a mentionné (*Lexikon der Mythol.*, I, p. 2234), mais il paraît croire à l'existence de deux vases semblables. M. Hartwig a rétabli la vérité en publiant le vase du Louvre, dans le *Philologus*, t. 50, 1891 (N. F. IV), p. 185, pl. 1 (sujet A en développement, sujet B dans la vue d'ensemble). Cf. Pottier, *Catal. vas. Louvre*, p. 1027 ; Beazley, *Attic Vas.*, p. 57 (liste de onze vases attribués à ce même artiste) ; Hoppin, *Handbook redfig.*, I, p. 467, n° 10.

Vue d'ensemble avec le sujet A dans notre pl. 131.

G 240. Œnochoé à bec trilobé (grande anse débordante, rondelles imitant les têtes de rivets à l'attache avec l'embouchure, pied en disque à deux degrés). — Un sujet sur le devant du vase. — **Dionysos servi par une Ménade.** Le dieu barbu (chevelure en masse noire retombant dans le dos avec longue boucle isolée, grande barbe en pointe, œil allongé avec point noir central), couronné (feuillages en rouge réservé), vêtu d'une tunique à manches (plis fins, en partie restaurés) que recouvre un himation dégageant le côté droit (un pan restauré), s'appuie de la main gauche (refaite) sur un grand thyrse (extrémité en boule semée de points noirs), à hampe (restaurée) serrée par un lien ; de la main droite il tend un canthare (grandes anses débordantes) dans lequel une Ménade s'apprête à verser le contenu d'une œnochoé. Celle-ci, faisant face au dieu, est coiffée d'un cécryphale pointu en arrière (œil allongé avec point central, cheveux sur le front en noir délayé) et vêtue d'une tunique à manches (plis fins) que recouvre un himation dégageant le côté droit ; de la main droite élevée elle tient une œnochoé à bec trilobé ; de la main gauche dégagée de la draperie, une branche de feuillage (en rouge réservé).

Très beau lustre noir sur tout le vase, sauf la place réservée aux personnages et aux ornements. Palmette double, accostée de rinceaux, sur la partie de l'anse qui s'attache à l'embouchure et palmette simple à l'attache inférieure. Tout le revers du vase est occupé par un grand motif floral composé de sept palmettes reliées par des rinceaux et accostées de trois boutons de lotus. A la base du goulot une bande de petits oves entre deux filets noirs. Sous les personnages une zone circulaire en grecque mêlée de croix en X accostées de points noirs. Deux filets incisés à la base de la panse ; le bas de la tranche du pied en rouge réservé. Sous le fond une petite marque incisée sur le pourtour : M ; comme marque similaire, cf. Hackl, *Münchener arch. Studien*, 1909, p. 42.
Terre rougeâtre. Pas de retouches en rouge mat. Esquisse visible. Style de la première moitié du vᵉ siècle.
Recollé en plusieurs morceaux ; quelques petites restaurations peu importantes. Haut. avec l'anse, 0,315.
(Inv. MNB 1697.) Trouvé à Nola et acquis en 1879 de la collection Paravey (*Catalogue de vente*, n° 50). Publié par Beazley, dans *Journal of hell. Studies*, 1913, p. 108, n° 3, pl. X (attribué à un maître anonyme, « The master of the Dutuit œnochœ », avec treize autres vases, parmi lesquels G 137, 203, 239 du Louvre). Cf. Pottier, *Catal. vas. Louvre*, p. 1028 ; Hoppin, *Handbook redfig.*, I, p. 294, n° 13.

G 241. Petite œnochoé (elle est refaite avec une embouchure ronde et une anse courte dont la partie inférieure seule est antique ; base ronde à très faible saillie). — Un sujet sur le devant du vase. — **Éphèbe jouant avec un singe.** Le sujet est rare, bien qu'on ait des représentations du singe dès l'époque corinthienne du viiᵉ siècle. Un éphèbe vu de face (cheveux en masse noire, ceints d'une couronne en rouge mat ; œil ovale avec point noir central), le pied droit vu en raccourci et le pied gauche soulevé en arrière, appuyant le côté gauche sur une canne qui l'étaye, le bras droit replié avec la main près de la ceinture, tient de la main gauche un fruit (pomme ou grenade) ; il est vêtu d'un himation qui dégage le côté droit nu ; il tourne la tête vers la gauche et regarde un singe debout à côté de lui, fait comme un petit homme, le corps long et efflanqué, sans queue, la tête poilue à museau allongé, qui tend ses deux mains vers lui pour attraper le fruit. Dans le champ à droite, inscription en rouge mat : ΗΟΠΑLΟΣ et à gauche ΚΑLΟΣ (rétrograde). C'est un exemple de la rapidité négligée du tracé des inscriptions. Il semble bien que l'ouvrier ait voulu écrire ὁ παῖς καλός et, entraîné par l'idée de καλό;, il a écrit ὁπαλός.

Noir sur tout le vase, sauf la place réservée aux personnages et aux ornements. Palmette en rouge réservé à l'attache inférieure de l'anse. Sous les personnages, dans une bande formant terrain, grecque entre quatre filets noirs.
Terre rougeâtre. Emploi des retouches en rouge mat. Traces de l'esquisse. Style de la première moitié du vᵉ siècle.
Le haut du vase brisé et restauré, anse refaite. Haut., 0,13.
(Inv. Campana 3477.) Trouvé en Étrurie et entré en 1863 ; cf. *Cataloghi Campana*, sér. IX-X, n° 120 (interprété comme un érastès avec son éroménos, ce dernier étant exprimé caricaturalement avec une tête simiesque !). Publié dans le *Dictionnaire des Antiquités grecques et romaines* de Saglio, article *Bestiæ* (Cougny et Saglio), I, p. 693, fig. 830. Cf. Pottier, *Catal. vas. Louvre*, p. 1028.
Vue d'ensemble avec le sujet dans notre pl. 132.

G 243. Œnochoé à bec vertical en biseau (anse courte et plate, base ronde sans saillie). — Un sujet sur chaque flanc du vase. — *A*. **Éphèbe lançant le javelot.** Il est nu, de profil, allant vers la droite, la jambe droite levée, la main gauche ramenée vivement en arrière avec les doigts écartés, la main droite levée au-dessus de la tête et brandissant le javelot qu'il va lancer (cheveux en masse noire, œil de profil avec point noir dans angle interne largement ouvert ; musculature détaillée au trait noir ; bas des jambes restauré). — *B*. **Éphèbe jouant de la double flûte.** Il accompagne les exercices de son compagnon auquel il fait face. Il est vêtu d'une longue tunique à manches et à large bordure noire verticale qui couvre tout le corps et les bras ; les deux mains avancées, avec les doigts écartés, tiennent la double flûte (le haut restauré) ; il a autour des joues, ajustée par un lacet sur la tête, la bandelette de cuir appelée *phorbeia* (en bande noire restaurée) ; sa tête est ceinte d'une couronne de feuillages en rouge mat (cheveux en masse noire ; œil refait). Son pied droit est soulevé en avant, comme s'il battait la mesure sur le sol. Entre les deux personnages une inscription incisée qui paraît apocryphe : ὁ παῖς καλός.

Noir sur tout le vase, sauf la place réservée aux personnages et aux ornements. Sous les personnages, en ligne de terrain, un filet circulaire incisé. Autre trait circulaire incisé à la base du goulot. Sous le fond, en incision très légère, la marque Α.
Terre rougeâtre. Emploi du rouge mat. Traces de l'esquisse. Style de la première moitié du vᵉ siècle.
Bon état de conservation. Haut. 0,20.
(Inv. Campana 812.) Trouvé à Nola et entré en 1863 ; cf. *Cataloghi Campana*, sér. XI, n° 51. Publié par Perrot, *Hist. de l'art*, IX, pl. 17 (vue d'ensemble et sujet A, en couleurs). Cf. Pottier, *Catal. vas. Louvre*, p. 1028 ; Beazley, *Attic Vases*, p. 139 (groupé avec d'autres vases).

G 246. Fragment de coupe (il avait été inséré par le restaurateur de la Collection Campana au centre d'un grand plat de fabrication campanienne). — **Éphèbe tenant une lyre.** A gauche une courte colonnette ionique posée sur une base rectangulaire (coupée à gauche par l'encadrement) indique la présence d'un autel ou d'un piédestal d'ex-voto religieux. A droite, un éphèbe complètement enveloppé dans un himation qui revient en voile sur le sommet de sa tête, les deux bras cachés, tient de sa main gauche dégagée une lyre qu'il saisit par le montant gauche (caisse en écaille de tortue, sept cordes en noir saillant sur le fond noir ; les clefs en rouge mat) ; sous la draperie, le bras droit replié fait saillie et la main ramène l'étoffe vers le cou ; la tête est inclinée et pensive ; très jolie silhouette qui semble annoncer les attitudes des terres cuites tanagréennes (cheveux en masse noire, avec mèches isolées sur la tempe droite ; lien en rouge mat autour de la chevelure ; œil en gros point noir dans l'angle interne ; pied droit vu de face en raccourci). Dans le champ, à droite, en rouge mat très effacé, inscription ΚΑLΟΣ (καλός).

Je me suis laissé prendre à la supercherie du restaurateur de la Collection Campana et j'ai eu le tort, dans mon *Catalogue des vases du Louvre*, p. 1028 et p. 1098, de croire à l'existence d'une série spéciale qu'expliquerait l'installation de potiers attiques travaillant en Campanie. M. Beazley a eu raison d'affirmer l'intention frauduleuse et il a signalé d'autres faux du même genre au musée de Pétrograd (*Attic Vases*, p. 106, n° 102). Nous n'avons donc ici qu'un beau fragment de coupe attique.
Terre rougeâtre. Emploi des retouches en rouge mat. Pas d'esquisse visible. Style du milieu du vᵉ siècle.
Diam., 0,095.
(Inv. Campana 3212.) Trouvé en Italie et entré en 1863 ; cf. *Cataloghi Campana*, sér. IX-X, salle 1, n° 246 ; Pottier, *Catal. vases Louvre*, p. 1028 ; Beazley, *Attic Vases*, p. 108, n° 5 (style du vase de Télèphe) ; Hoppin, *Handb. redfig.*, II, p. 453, n° 10.
Int. dans notre pl. 132.

G 247. Grand skyphos à grosses anses en anneaux (corps pansu, pied en disque peu saillant, anses horizontales et haut placées en larges anneaux). — Un sujet sur chaque côté du vase. — *A*. **Thésée tuant le Minotaure**. Le héros, sous les traits d'un éphèbe (cheveux en masse noire avec sept longues boucles retombant autour du corps ; bandeau en rouge mat ; œil de profil en cercle à point central dans l'angle interne ouvert et cils aux deux paupières), vêtu d'une courte tunique à plis fins (restaurés), agrafée sur l'épaule gauche et dégageant le côté droit nu (bordure de l'étoffe en points noirs espacés), le fourreau de l'épée suspendu au côté gauche (double lien en rouge mat formant baudrier), s'avance d'un pas rapide vers la droite, tenant de la main droite l'épée nue à large lame et saisissant de la main gauche étendue (restaurée) la corne droite de son adversaire. Le Minotaure, le corps nu et la tête de face (large mufle, gros yeux saillants bordés de petits cils, toison noire triangulaire sur le front, cornes courtes, les seins entourés d'un pointillé noir ; ventre et jambes restaurés), déjà blessé d'un coup au pectoral droit d'où le sang coule à flots (traînées en rouge mat), s'affaisse, la jambe gauche fléchie, l'autre tendue en arrière (restaurée ; petits traits et points noirs sur le bout du pied nu ; cf. les pieds de Patrocle dans la coupe de Sosias, Furtwaengler, *Griech. Vasenmalerei*, pl. 123) ; il porte la main gauche à sa tête, en étendant la main droite vers le héros, comme pour le supplier. A gauche, dans le champ, est suspendu le bonnet de Thésée (forme de pilos conique, surmonté d'une houpette avec petite bride en noir délayé). Le style et les détails de ce tableau sont à comparer avec un cratère stamnos du musée Britannique (E 441) qui représente aussi les Exploits de Thésée et qui pourrait être du même atelier (*Journal hell. Studies*, XXX, 1910, pl. II). — *B*. **Femme et éphèbe tenant une lyre (Sapho et Alcée?)**. A gauche une femme drapée (cheveux en masse noire serrés par un bandeau en rouge réservé, avec deux longues boucles pendantes ; petite touffe sur le front en grènetis noir saillant ; œil comme dans le sujet A), vêtue d'une longue tunique à manches et à plis fins (des restaurations) que recouvre un voile posé en châle sur le dos et remontant sur la nuque en arrière, tient la main droite avec les doigts écartés et la main gauche avancée avec les doigts pendants (on supposerait qu'un objet allait de l'une à l'autre main, bandelette? guirlande? jeu du *iunx*? ; mais il n'y a pas trace d'accessoire). En face d'elle, un éphèbe, le corps de face, tournant la tête vers la gauche (même coiffure avec les boucles et bandelette en rouge mat, même facture d'œil), vêtu d'un himation dégageant le côté droit nu et rejeté sur l'avant-bras gauche (pied droit de face en raccourci), étend la main gauche (restaurée) et de la main droite élevée tient une lyre (caisse en écaille de tortue, sept cordes en noir saillant), d'où pend une longue bandelette (en rouge mat) terminée en grosse pendeloque. Entre les deux personnages, inscription (rouge mat) en deux lignes : HOΓΛΙS ΚΑLΟS (ὁ π[α]ῖς καλός). On pourrait penser au sujet d'Alcée et Sapho, déjà connu par le beau vase du Musée de Munich (Furtwaengler et Reichhold, *Griech. Vas.*, pl. 64), mais les détails seraient beaucoup moins précis ici.

Noir dans l'intérieur et sur toute la surface du vase, sauf la place des personnages et des ornements. Une palmette en rouge réservé sur le plat de chacune des anses (une refaite). Sous chaque anse, large motif floral composé de six palmettes réunies par des rinceaux et accostées de deux boutons de lotus (fortes restaurations dans ces ornements). Autour de l'embouchure, une bande de denticules carrés (restaurée). Sous le fond, une marque légèrement incisée et un cercle noir sur le pourtour de la base (bord ébréché) ; comme marque analogue, cf. Hackl, *Münchener arch. Studien*, 1909, p. 23.
Terre rougeâtre. Emploi des retouches en rouge mat. Esquisse assez détaillée. Style de la première moitié du vᵉ siècle (apparenté au style d'Euphronios et de Sosias).
Nombreux morceaux recollés et restaurés. Haut., 0,20 ; diam. dans l'embouchure, 0,23.

(Inv. Campana 954.) Trouvé à Nola et entré en 1863 ; cf. *Cataloghi Campana*, sér. XI, nᵒ 87 ; Pottier, *Catal. vases Louvre*, p. 1028. Vue d'ensemble avec le sujet A dans notre pl. 132.

G 249. Fragments de vase cylindrique à fond blanc (canthare? cyathos ou skyphos? La partie supérieure est seule conservée, sans anses). — Un sujet de chaque côté du vase. — *A*. **Dionysos entre un Silène et une Ménade**. Scène d'omophagie, rite du culte dionysiaque qui consistait à dépecer des victimes vivantes et à manger leur chair crue. Au centre, Dionysos barbu (chevelure en masse noire retombant dans le dos, œil en point noir dans ovale ouvert à l'angle interne), vêtu d'une tunique à manches et à plis fins en traits jaunis (les jambes paraissent nues, mais en réalité elles sont vues en transparence sous l'étoffe), que recouvre un himation court posé en casaque sur le torse jusqu'aux cuisses (ton rouge brun rehaussé de petits traits blancs figurant des ornements géométriques, grecques, denticules, frange de petits effilés en noir jauni au rebord inférieur), marche vers la droite, les bras étendus de chaque côté et tenant dans ses mains les deux moitiés déchirées d'un jeune faon (pelage en rouge brun, rehaussé de points blancs) ; la jambe gauche et le bas de la jambe droite ont disparu. Devant lui, à droite, une Ménade lève la main droite vers sa bouche (cheveux en masse noire ; des traits en noir délayé sur la joue gauche et dans le dos indiquent peut-être une bandelette qui, fixée sur la tête, retenait une guirlande de grosses fleurs rouges (?) dont il reste des traces ; ou bien voudra-t-on y voir l'aspersion de sang projetée par la partie coupée de la victime que la Ménade recevait sur sa tête?) ; elle est vêtue d'une tunique à plis fins (traits jaunis) et à manche large qui enveloppe complètement le bras gauche tendu ; le corps nu se dessine sous l'étoffe ; le bas des jambes a disparu. A gauche, un Silène vu de dos (crâne chauve, cheveux en masse noire avec quatre boucles pendantes ; œil en point noir dans un ovale fermé) s'éloigne, retournant la tête (en partie cachée par son épaule droite) et étendant le bras droit (main disparue) ; le bras gauche est abaissé (main disparue) ; le bas des jambes manque (queue de cheval en noir lustré et en traits de noir jauni, musculature en traits noirs et en traits jaunis effacés). Près de sa tête, dans le champ, inscription ΚΑ... (καλός) en noir sur le fond blanc ; autre inscription (rétrograde) entre Dionysos et la Ménade : ΚΑLΟ (καλός). — *B*. **Deux femmes dans le gynécée**. Cet autre fragment paraît former pendant avec le précédent. A droite une femme est assise sur un siège sous lequel est placée une corbeille à laine (en grande partie disparue) ; elle est coiffée d'un cécryphale semé de quelques points noirs (œil en point noir dans un ovale fermé) et vêtue d'une tunique à larges manches (en rouge brun rehaussé de lignes blanches) que recouvre un himation dégageant le côté droit (tout le bas du personnage et une partie du dos manquent) ; de la main droite étendue elle tient un miroir à manche dont l'extrémité inférieure se termine en palmette. Devant elle, à gauche, est debout une autre femme, la suivante? (cheveux en masse noire avec traits de noir délayé ; œil comme le précédent) ; elle est drapée comme la précédente et étend la main gauche, comme si elle parlait ; le bas manque. Dans le champ, derrière elle, inscription en noir (rétrograde) ΚΑL... (καλός) et devant la tête de la femme assise, même inscription (rétrograde) ΚΑLΟS (καλός).

Noir dans l'intérieur. Couverte blanche sur toute la surface extérieure ; par-dessus, un dessin au trait noir, rehaussé de tons en rouge brun avec retouches de blanc. Un filet noir tout autour du rebord.
Terre rougeâtre. Peinture en trois couleurs, noir, rouge, blanc. Pas d'esquisse visible. Style du milieu du vᵉ siècle.
Fragments d'un vase dont la forme reste indéterminée. Haut. max., 0,07 ; diam. intér., environ 0,115.
(Inv. KL, c 20.) Retiré d'une caisse de fragments de la collection

Campaña. Trouvé en Italie et entré en 1863. Mentionné par Hart-
wig, *Meisterschalen*, p. 430, note 1 (à propos du manteau à franges).
Cf. Pottier, *Catal. vas. Louvre*, p. 1029.
Vue d'ensemble des deux fragments dans notre pl. 132.

G 250. Coupe (vasque large, anses solides et arrondies
du bout, pied moyen avec base en disque à léger ressaut
saillant). — Un sujet dans l'intérieur et un sur chaque
revers. — Int. *A*. **Silène saisissant une Ménade**. A gauche,
un Silène ithyphallique (barbe à mèches pendantes, cheveux en masse noire avec couronne de feuillages en rouge
mat sur le front dégarni, musculature en noir jauni, œil
en point noir dans ovale entr'ouvert ; queue de cheval
coupée par l'encadrement) bondit, la jambe droite levée
(toute restaurée sauf la cuisse), et se jette sur une Ménade
qu'il saisit à bras le corps (bras droit refait) ; son nez
touche presque celui de la femme qui se retourne vers lui en
marchant vers la droite et en étendant le bras droit (main
seule visible, dépassant le corps du Silène) ; son bras gauche
abaissé (restauré) tient un thyrse renversé (gros bouquet de
feuilles ; hampe restaurée). La Ménade, coiffée d'un cécryphale d'où sort une houppe de cheveux en arrière (en
partie restaurée), avec couronne en rouge mat (restaurée), est vêtue d'une tunique (restaurée) que recouvre une nébride pointillée de noir (fortement restaurée).
Dans le champ, près de la main droite de la Ménade,
subsiste une seule lettre en rouge mat de l'inscription Κ...
(rétrograde), καλός? — Rev. *B*. **Dionysos et son thiase
de Ménades**. Au centre Dionysos barbu (cheveux en masse
noire, couronnés de feuilles en rouge réservé (restaurées) ;
œil en point noir dans angle interne entr'ouvert), marche
vers la droite en retournant la tête, tenant de la main
gauche un grand cep de vigne qui ombrage le champ
(feuilles en rouge mat) et de la main droite étendue derrière
lui un canthare à grandes anses (une restaurée) ; il est vêtu
d'une tunique avec manches à plis fins (en traits jaunis)
et semée de points noirs, que recouvre un himation à large
bordure noire, dégageant le côté droit. Derrière lui marche,
la tête inclinée, une Ménade coiffée d'un cécryphale d'où
sort une houppe de cheveux (restauré ; tête en partie
refaite) ; elle lève la main gauche, les doigts écartés, et tient
un thyrse renversé (boule ronde avec feuillages sommairement exprimés dans un cercle) ; elle est vêtue d'une tunique
à double rabat sur le ventre et sur la poitrine (plis fins en
traits jaunis et pointillé noir sur la partie centrale, ceinture
en liens de rouge mat). Elle est suivie d'une autre Ménade
de visage et de costume semblables, qui marche à droite en
retournant la tête, tenant des crotales de la main droite
étendue en arrière et de la main gauche abaissée (main
refaite). A droite, devant le dieu, une Ménade tenant de la
main droite une œnochoé et portant sur l'épaule gauche
un thyrse (type du précédent), est vêtue du même costume,
à un seul rabat sur le ventre. Derrière elle, une quatrième
Ménade, du même type et de même costume (fortes restaurations dans la manche gauche et le bas de la tunique), marche
vers la droite en retournant la tête et porte de la main
gauche abaissée (bras et mains refaits) un thyrse semblable
aux précédents (hampe refaite) ; de la main droite elle
tient par la queue une panthère qui agite les pattes (tête
de face, pelage en pointillé noir). Dans le champ, entre les
Ménades de gauche et Dionysos, plusieurs lettres disséminées en rouge mat Ι Ο Ϟ (rétrograde), Ι Ι Ο Γ, où l'on reconnaît les restes de la formule ὁ παῖς καλός. — Revers *C*. **Suite du
thiase. Cinq Ménades**. En allant de gauche à droite : Ménade
du même type que les précédentes, marchant vers la gauche
en retournant la tête, tenant de la main gauche élevée des
crotales (bras droit supprimé par l'attache de l'anse du
vase), vêtue du même costume (tout le bas du corps
refait) ; Ménade semblable, même pose, le bras gauche
étendu, la main droite tenant le thyrse renversé (refait),

vêtue du même costume avec une nébride dans le dos,
nouée par devant (restaurations dans le rabat de la tunique ;
tout le bas du corps refait) ; Ménade semblable de type
et de costume, même pose, tenant de la main droite un
thyrse (même type que les précédents) et de la main gauche
étendue une panthère à tête de face qu'elle a saisie par la
queue (restaurations dans le centre et le bas du personnage ;
pattes de l'animal refaites) ; Ménade semblable, marchant
vers la gauche, le bras droit avancé, tenant de la main
gauche un thyrse (même type) ; Ménade semblable, allant
dans le même sens, la tête retournée et baissée, tenant de
la main droite élevée un thyrse (même type) passé derrière
sa tête, le bras gauche étendu et caché par la nébride
qui le recouvre (restaurée). Dans le champ, entre les personnages, lettres disséminées en rouge mat : ϏΟϜ, ΟϜ
sans signification précise.

> Intérieur noir, sauf le sujet central encadré dans une grecque circu-
> laire. Sous les revers, double cercle en rouge réservé. Intervalle
> laissé en rouge entre les attaches et sur la moitié des anses. Filet
> en rouge réservé sur la tranche du pied ; le dessous en noir. Le pied
> est assujetti à la vasque par un goujon de fer dont l'extrémité
> est noyée dans un paquet de résine ; cette consolidation pourrait
> être antique (cf. *Monuments Piot*, XX, p. 104).
> Terre rougeâtre. Emploi des retouches en rouge mat. Traces de
> l'esquisse. Style de la première moitié du ve siècle (à comparer le
> style d'une coupe du Cabinet des médailles, attribuée à Brygos
> par Hartwig, *Meisterschalen*, p. 309, pl. 32).
> Nombreux morceaux recollés et restaurés. Haut., 0,13 ; diam. int.,
> 0,335.
> Inv. S 1313 (le numéro d'inventaire de la collection Campana
> a disparu). Trouvé en Étrurie et entré en 1863 ; cf. *Cataloghi
> Campana*, sér. IV-VII, n° 698 ; Pottier, *Catal. vas. Louvre*, p. 1030 ;
> Beazley, *Attic Vas.*, p. 98, note 1, n° 12 (style du stamnos de
> Triptolème, G 187) ; Hoppin, *Handbook redfig.*, II, p. 161, n° 14.
> Vue d'ensemble avec le revers B, et intérieur dans notre pl. 132.

G 252. Coupe (vasque à ressaut intérieur, anses fortes
un peu arrondies, pied court et trapu). — Un sujet dans
l'intérieur et un sur chaque revers. — Int. *A*. **Éphèbe
jouant au kottabos**. Il est couché sur un lit de banquet
et adossé à un grand coussin (décor en raies parallèles et
en bande de pointillé), retournant la tête à droite (cheveux
en masse noire à contour réservé ; couronne de feuillages
en rouge mat ; œil en point noir dans l'angle interne entr'ouvert), couvert d'un himation à large bordure noire et semé
de petits points qui dégage le côté droit nu (les pieds sont
coupés par l'encadrement) ; de la main droite il élève une
coupe en passant l'index dans une des anses, avec le geste
du joueur de kottabos ; de la main gauche il tient un
skyphos (noir opaque) ; devant le lit est dressée une petite
table rectangulaire à trois pieds (sorte de tiroir à gauche et
quatre tablettes verticales à droite) sur laquelle sont posées
deux tiges accostées de fruits ronds (en rouge mat, grappes?
fruits?). Dans le champ, à gauche, est suspendu l'étui
à mettre les flûtes (peau tachetée de gros points noirs). —
Revers *B*. **Trois Silènes jouant**. A gauche, un Silène barbu
marche penché, levant la main gauche, rejetant la main
droite en arrière (front dégarni et cheveux en masse noire,
couronne de feuillages en rouge mat ; œil rond à prunelle
noire dans le coin interne). Au centre, un Silène semblable
fléchit les jambes, posant le genou gauche en terre, le bras
droit levé, le gauche étendu, retournant la tête vers un
troisième Silène (même type) qui s'approche, penché, la
main droite tendue, comme pour le saisir par sa queue de
cheval, les deux mains ramené en arrière. — Revers *C*. **Trois
Silènes jouant**. C'est une variante du même sujet avec les
mêmes personnages. A gauche, même Silène penché ; au
centre, Silène mettant le genou droit en terre et se
retournant vers le précédent, les deux bras élevés ; à
droite, Silène s'approchant, la main droite élevée, les
doigts écartés. Le type et les expressions des personnages
tendent au burlesque.

Beau noir lustré, surtout sur les revers. Noir dans l'intérieur, sauf le sujet et l'encadrement en grecque serrée. Sous les revers, un filet circulaire en rouge réservé. Un autre filet circulaire a été tracé sur la vasque, par-dessus le noir, à mi-hauteur des personnages qu'il coupe à travers les jambes ; il est de couleur rouge pulvérulente et l'on n'en comprend pas bien la destination. A la base du pied, léger tore saillant entre deux filets incisés ; la tranche de la base en clair ; large bande noire sous la base.

Terre rougeâtre. Emploi des retouches en rouge mat. Esquisse visible. Style de la première moitié du v° siècle (apparenté à celui de Brygos, mais plus négligé ; cf. Hartwig, *Meisterschalen*, p. 319, pl. 35).

Bon état de conservation. Haut., 0,105 ; diam. int., 0,22 ; avec les anses, 0,30.

N 3491 (AC 36). Trouvé en Italie et entré en 1810. Publié par Millin, *Peintures de vases antiq.*, II, pl. 63 (cf. S. Reinach, réédition de Millin, p. 79) ; Inghirami, *Monumenti Etruschi*, V, p. 373, pl. 36. Mentionné par Heydemann dans *Annali Inst.*, 1868, p. 222 ; O. Jahn, dans *Philologus*, XXVI, p. 236 ; Stephani, dans *C. rendus Saint-Pétersb.*, 1869, p. 227, n° 29 ; Pottier, *Catal. vas. Louvre*, p. 1030 ; Beazley, *Attic Vas.*, p. 96, n° 29 (style de la coupe de la Gigantomachie) ; Hoppin, *Handbook redfig.*, I, p. 138, n° 89 (attribué à Brygos).

G 264. Coupe (même type que G 250). — Un sujet dans l'intérieur et sur chaque revers. — Int. *A*. **Homme et éphèbe jouant de la lyre.** L'homme est debout à droite, barbu (barbe restaurée ; cheveux en masse noire à contour hérissé de bouclettes, ceints d'une guirlande de feuillages en rouge mat ; œil en point noir dans ovale fermé), drapé dans un himation à bordure noire dégageant le côté droit nu et cachant le bras gauche (des restaurations dans la draperie) ; il lève la main droite (bras restauré) qui tient un petit rameau feuillu (en rouge mat) ; la bouche est entr'ouverte, comme s'il chantait pendant que le musicien l'accompagne. En face de lui est assis un éphèbe sur un tabouret à pieds tournés (un restauré) ; sa tête est un peu inclinée (visage restauré ; cheveux en masse noire ceints d'une bandelette en rouge mat) ; il est vêtu d'un himation qui dégage le bras droit nu (restaurations dans la draperie) ; il appuie sur sa cuisse le socle d'une cithare dont il joue en pinçant les cordes (sept en noir saillant) de la main gauche, pendant que la main droite les touche avec le plectre. Dans le champ à gauche, inscription en rouge mat (lettres assez irrégulières) : HOΓAIΣ KALOΣ (ὁ παῖς καλός). — Revers *B*. **Délibération des chefs grecs (?).** On a beaucoup différé d'avis sur le sens de ce sujet. A notre avis, ce serait peut-être le premier acte de l'épisode connu de l'Ambassade auprès d'Achille, les chefs de l'armée grecque délibérant sur les moyens de fléchir la colère du héros (cf. le skyphos de Vienne, *Monumenti Inst.*, VIII, pl. 27). Mais, si l'hypothèse est admissible, les traits donnés aux princes rendent leur personnalité très indécise ; ce sont trois hommes barbus assis de face sur des sièges à dossier ; un quatrième à gauche est un jeune homme, assis sur un escabeau (Agamemnon, Diomède, Nestor et son fils Antilochos?). Ce dernier a les traits d'un éphèbe et la tête inclinée (cheveux en masse noire, ceints d'une bandelette en rouge mat ; flot de mèches sur la joue droite ; œil en point noir dans ovale entr'ouvert), vêtu d'un himation qui l'enveloppe entièrement et remonte dans le cou (restaurations dans la draperie) ; de sa main gauche enveloppée sous l'étoffe il s'appuie sur une haute canne noueuse à bout en crosse. A côté de lui est assis un homme barbu de proportions massives, vu de face (cheveux en masse noire, ceints d'une guirlande de feuillages en rouge mat ; barbe restaurée ; œil en point noir dans ovale fermé ; musculature en traits jaunis), vêtu d'un himation qui laisse tout le torse nu (restaurations dans la draperie) ; il tourne la tête vers l'éphèbe et lève la main gauche comme s'il parlait ; il s'appuie de la main droite élevée sur le haut d'une canne (même structure). A sa gauche est assis de face (mais sans siège visible) un autre homme barbu, tournant la tête à droite (même technique ; bandelette en rouge mat sur les cheveux), vêtu d'une tunique à plis fins (traits jaunis, restauration dans le bas) que recouvre un himation posé sur les genoux et remontant par derrière ; la main droite relève le pan de cette draperie sur l'épaule et la main gauche s'appuie sur une haute canne (même aspect). Le quatrième, assis, tourne vers le précédent sa tête sur laquelle il pose sa main droite (bras restauré) dans une attitude de réflexion (même type que le précédent) ; il est vu de face aussi, les pieds en raccourci, vêtu d'un himation qui dégage le côté droit et dont la main gauche ramène les plis à la ceinture ; son coude droit s'appuie sur le dossier du siège. Dans le champ sont suspendues, au centre et à droite, deux tablettes à écrire, serrées par des liens (en noir jauni). Le long du rebord, inscription en rouge mat : HO ΓAIΣ KAL INAI (ὁ παῖς καλός ναι). — Revers *C*. **L'Ambassade auprès d'Achille.** Le héros est assis à gauche et les autres personnages lui tournent le dos ; ce défaut d'arrangement implique une faiblesse générale de composition qui est sensible dans les deux tableaux. Achille imberbe est assis sur un siège que recouvre l'étoffe de son himation, qui l'enveloppe lui-même tout entier et remonte en voile sur la tête inclinée, le corps penché, dans une attitude de tristesse (cheveux en boucles noires peu saillantes, ceints d'une bandelette en rouge mat ; œil en petit cercle dans ovale fermé) ; dans le champ, au-dessus de lui, son casque (décor en postes sur la calotte, bande de points noirs à la partie inférieure, pas de cimier) est suspendu à une patère en forme de potence. Devant lui et lui tournant le dos, Eurybate (ou Thalthybios), assis sur un siège pliant, tenant le caducée des hérauts, a la tête penchée et est coiffé du pétase (cheveux en masse noire ; œil en point noir dans ovale entr'ouvert), vêtu d'une courte tunique à plis fins que recouvre une chlamyde, chaussé de crépides dont les liens s'enroulent autour de ses jambes (traits noirs et traits de noir délayé et jauni) ; des deux mains il tient, avec le caducée, son genou gauche, la jambe soulevée (attitude ordinairement donnée à Ulysse dans les peintures relatives à l'Ambassade). Devant le précédent et lui tournant le dos, Phœnix, la barbe et les cheveux blancs (ceints d'un double lien en rouge mat dont les bouts retombent en arrière ; œil en point noir dans ovale fermé), est assis sur un escabeau aux pieds découpés et s'appuie de la main gauche élevée sur une canne à béquille (bras restauré) ; il est vêtu d'une tunique à plis fins (traits jaunis) que recouvre un himation dégageant la poitrine ; sa main droite retient les plis à la ceinture. A côté de lui et retournant la tête pour lui parler, est assis de face un homme barbu (Ulysse ou Ajax?), du même type que les personnages assis du revers B (cheveux en masse noire ceints d'une bandelette en rouge réservé ; œil en point noir dans l'angle interne fermé), vêtu d'une tunique à plis fins (traits jaunis) que recouvre l'himation dégageant le côté droit ; la main gauche tient les plis à la ceinture ; la main droite s'appuie sur le haut d'une canne à crosse. Le long du rebord, inscription en rouge mat : HO ΓAIΣ KALOΣ IAI (ὁ παῖς καλός ναι).

Même décor que dans G 250 et, en plus, une petite feuille isolée, en rouge réservé, sous chaque anse ; sous la base un cercle noir. Terre rougeâtre à surface un peu jaune. Emploi des retouches en rouge mat. Traces de l'esquisse. Style de la première moitié du v° siècle (attribué à l'atelier d'Hiéron par Hartwig, *Meisterschalen*, p. 299, n° 16).

Nombreux morceaux recollés sans restaurations importantes. Haut., 0,145 ; diam. int., 0,32 ; avec les anses, 0,40.

(Inv. CA 305.) Trouvé à Vulci et légué en 1890 par le baron de Witte. Ce vase avait fait partie de la collection Durand (*Catalog. de vente*, 1836, n° 204, où Charles Lenormant interprétait les trois tableaux comme l'ombre d'un jeune mort, en compagnie d'Hadès, conduit dans les Enfers par Hermès Psychopompe et reçu par les trois Juges des Enfers). Publié par Gerhard, *Auserlesene Vasenbilder*, III, p. 102, pl. 239 (avec la même explication) ; S. Reinach, *Répert. des vas.*, II, p. 121 (il voit dans le revers C Hermès, Phœnix, Odysseus, et dans le revers B une autre représentation de la même scène). Mentionné par C. Robert, dans *Arch. Zeitung*,

1881, p. 140 (F), p. 151 (il voit dans le revers B une allusion à la scène de la dispute entre Achille et Agamemnon au chant I de l'*Iliade*, en présence de Nestor et Calchas ; dans le revers C la scène de l'ambassade avec Achille, Thaltbybios, Phœnix, Agamemnon, ce dernier s'étant introduit jusque dans la tente du héros, comme dans le skyphos de Hiéron) ; cf. Heydemann, *Pariser Antiken*, p. 89, n° 11 (où il critique l'hypothèse de C. Robert sur B ; il admettrait une scène familière ou une répétition modifiée de la scène de l'Ambassade) ; Hartwig, *l.c.* ; M. Laurent, dans *Revue archéolog.* 1898, II, p. 158, n° 5 (il nomme dans C Achille, Hermès, Phœnix). Cf. Pottier, *Catal. vas. Louvre*, p. 1031 ; Hoppin, *Handb. redfig.*, II, p. 106, n° 100 (style de Makron).

G 265. Coupe (type analogue à G 252 ; cercle en saillie légère sur la base du pied). — Un sujet dans l'intérieur et un sur chaque revers. — Int. *A.* **Pâris emmenant Hélène** (ou Thésée emmenant Hélène, si l'on croit à une relation entre l'intérieur et les revers). Le héros, sous les traits d'un éphèbe (cheveux en masse noire avec mèches séparées retombant sur le front et sur le cou, serrés par un bandeau en rouge réservé, mais dont les extrémités nouées sur la nuque sont en rouge mat ; œil en gros point noir dans un ovale fermé), marche vers la droite en retournant la tête, vêtu d'une tunique courte à plis fins que recouvre un himation dégageant largement le côté droit (partie du vase dégradée) ; il s'appuie de la main gauche sur une haute canne autour de laquelle s'enroule un lien noir ; de la main droite il saisit par le poignet (geste nuptial, ἐπὶ καρπῷ ; cf. G 226) une femme qui marche près de lui et sort d'une maison représentée par un demi-vanteau de porte (indication de boiserie avec des clous reproduits par de gros points noirs), posé sur un seuil rectangulaire et dominé par une corniche de même aspect (l'encadrement coupe en partie ce décor). La femme est drapée et voilée comme une mariée (cheveux en masse noire, serrés par un double lien en rouge mat ; œil en gros point noir posé dans l'angle interne), vêtue d'une tunique à plis fins qui forme rabat sur les jambes, la tête recouverte d'un voile qui retombe dans le dos et couvre à moitié les deux bras (parties dégradées et endommagées). Tout autour, dans le champ, série de lettres en rouge mat sans signification : ƧOIΛⱢOIΛꓤΛIDⱢ. ΛTⵔOƧIΛⱢI. — Revers *B.* **Deux exploits de Thésée ; combats contre le taureau de Marathon et contre Sinis.** A gauche une roche haute, à laquelle est accrochée la massue du héros, indique que la scène se passe en pleine campagne. Thésée imberbe (cheveux en masse noire et mèches sur le front, serrés par un bandeau en rouge mat, œil en gros point noir dans ovale fermé) s'avance d'un pas rapide vers la droite, et saisit de la main gauche (restaurée) la patte de devant (restaurée) du taureau qui fond sur lui (son bras droit a disparu ; bras gauche refait) ; il porte le pétase rejeté dans le dos (en partie disparu) et est vêtu d'une tunique courte serrée par une ceinture (partie restaurée) ; le fourreau de son épée suspendue au côté dépasse à gauche (sa jambe droite est dessinée par inadvertance en arrière-plan entre la massue et le rocher). Le taureau, à puissante encolure, se précipite, la queue enroulée au-dessus de sa croupe (extrémité en noir délayé) ; mais il est retenu par un Silène placé en arrière-plan, qui pose sa main gauche sur le flanc de la bête et s'accroche de l'autre main à la corne (tête du Silène chauve avec couronne de cheveux en mèches ondulées, ceinte de feuillages en rouge mat à surface blanche pulvérulente, barbe hérissée en noir délayé ; œil comme précédemment). La présence exceptionnelle d'un Silène indique quelque *contaminatio* venant d'un drame satyrique. Au-dessus, dans le champ, lettres en rouge mat sans signification : ΛVIOƧI et ΛVIOI. A droite, Thésée penché (cheveux ceints d'un bandeau en rouge mat) lève le bras droit, armé d'un lourd marteau, sur le brigand Sinis renversé à ses pieds ; il est vêtu d'une courte tunique à plis fins que paraît recouvrir une sorte de casaque unie (ou une cuirasse

de métal ?) ; son visage disparaît en grande partie sous son bras droit ; il a le pied gauche levé et saisit de la main gauche Sinis par l'épaule droite. Celui-ci (barbe hérissée de mèches, cheveux en masse noire à petites mèches ondulées ; œil endommagé), le corps nu et allongé de face, tombe sur une éminence rocheuse sur laquelle il s'appuie de la main gauche et étend le bras droit (restauré) comme pour implorer. Derrière lui, en arrière-plan, se dresse le pin aux branches feuillues (feuilles en rouge mat) auquel il attachait ses victimes. Dans le champ, près du rocher, lettres en rouge mat : OƧΛVI — Revers *C.* **Deux exploits de Thésée ; combats contre la laie de Crommyon et contre Skiron.** A gauche une éminence rocheuse, derrière laquelle débusque en courant la laie, la tête dressée, une patte de devant levée (tête endommagée) ; en arrière-plan, restes du bas de la draperie et les pieds nus de Phaia, la vieille femme qui a nourri la laie ; plus haut, restes de son corps avec un bras étendu et le sommet de sa tête. En face s'avance Thésée en tenue de chasseur, coiffé d'un pilos conique (visage endommagé), vêtu d'une chlamyde qui l'enveloppe, les pieds chaussés d'endromides ; il lève le bras droit tenant le bout d'une grosse massue noueuse (jonction mauvaise et négligée entre ce bout et le reste de la massue ; le gros bout restauré) ; de la main gauche il porte deux longs javelots (endommagés). A droite, groupe de Thésée et de Skiron ; le héros coiffé du pilos (visage endommagé ; exécution négligée du haut de la coiffure où le noir a coupé la partie conique du sommet ; bride pendante en noir saillant) est penché, la main droite sur le fourreau de son épée (ornée de traits noirs obliques), vêtu d'une chlamyde qui pend par devant et s'appuyant sur deux larges javelots de la main gauche très basse. Dans le champ, une épée dans son fourreau orné de bandes noires obliques est suspendue par des liens en rouge mat et en traits de noir saillant. Un arbrisseau à branches feuillues (petites feuilles en rouge mat) le sépare de Skiron qui, assis sur un rocher taillé en forme de siège à dossier (restaurations), s'appuie de la main gauche sur une haute massue et tend la main droite comme s'il parlait (cheveux en masse noire et petites mèches de noir jauni, barbe hirsute en mèches de noir délayé ; œil en point noir dans ovale fermé).

Même décor que dans G 250 ; la grecque circulaire est mêlée de croix ; sous les revers, un seul cercle.
Terre rougeâtre. Emploi des retouches en rouge mat. Esquisse parfois très détaillée (sur les revers), dont les traits recouverts ensuite par le noir sont encore visibles. Style de la première moitié du v° siècle (apparenté au maître étudié par Hartwig, *Meistersschal.*, p. 421 ; cf. les planches 41 et 42).
Nombreux morceaux recollés, sans restaurations importantes Haut., 0,13 ; diam. int., 0,285.
Inv. N 3464 (L. P. 2594). Entré sous le règne de Louis-Philippe et trouvé à Vulci dans les fouilles du prince de Canino ; cf. *Notice d'une collection de vases*, 1843, p. 52, n° 196 ; Pottier, *Catal. vas. Louvre*, p. 1031 ; Beazley, *Attic Vases*, p. 111 (style de la coupe de Briséis) ; Hoppin, *Handbook redfig.*, I, p. 103 n° 13.
Int. A dans notre pl. 133.

G 266. Coupe (type analogue à G 250, parois légères et fines). — Un sujet dans l'intérieur et un sur chaque revers. — Int. *A.* **Guerrier s'armant.** Il est debout, tourné vers la gauche, barbu, la tête un peu penchée (cheveux en masse noire et petites mèches, ceints d'un bandeau en rouge mat noué sur la nuque ; œil en point noir dans ovale fermé), vêtu d'une tunique courte que recouvre une cuirasse de métal à ceinture ornée de petits traits (partie du torse et des jambes endommagée et restaurée) ; les pieds nus sont serrés aux chevilles par un lien noué (en rouge mat) ; sur un tabouret devant lui est déposée et pliée une étoffe ornée de petites bandes de zigzags (son manteau de guerre). De la main gauche il soutient son casque (sur le haut du casque décor en double bande de damier ; paragnathide ornée d'un petit personnage noir opaque ; sur la calotte un serpent en noir opaque ; autour du rebord série de bouclettes imitant les cheveux ; pour ce détail voir Hauser, *Jahreshefte des oesterr. Instituts*, IX, 1906, p. 97) ; de la main droite il assujettit le panache en crinière (restaurée) à longue queue pendante. Derrière lui est posé par terre (vu de profil) un bouclier rond orné au centre d'un Gorgoneion (chevelure en serpents hérissés) et sur le pourtour de petits serpents dressés. — Revers *B*. **Le Sphinx et les jeunes Grecs**. Le peintre semble s'être diverti à combiner le vieux sujet du Sphinx posant des énigmes avec une scène familière (cf. l'amphore G 228) ; peut-être pour railler les sophistes et pédagogues, il l'introduit dans une palestre ou une école. Il faut ajouter que dans une des variantes de la légende, le Sphinx venait jusque dans l'assemblée des Thébains proposer une énigme, et, si elle n'était pas résolue, il emportait un des assistants et le dévorait (*Dict.* Saglio, article *Sphinx*, p. 1422). Au centre, perché sur une haute colonne à chapiteau ionique, le Sphinx à tête de femme (cheveux en masse noire ceints d'une bandelette en rouge mat ; œil en point noir dans ovale fermé, longue queue en volute ; les ailes et le haut du corps coupés par le rebord du vase) se penche en avant, les pattes pendantes, et semble interpeller et interroger un jeune éphèbe assis à gauche au pied de la colonne sur un siège carré ; celui-ci se retourne vivement, comme surpris par l'apparition qu'il regarde (cheveux en masse noire et petites mèches, ceints par une bandelette en rouge mat ; œil comme dans le précédent) ; il est complètement enveloppé dans un himation qui cache les bras. Un autre éphèbe s'enfuit vers la gauche, retournant la tête vers le Sphinx et le montrant de sa main droite, les doigts écartés (tête analogue à l'autre) ; il est vêtu d'un himation dégageant le côté droit nu. A droite, un homme barbu (le pédagogue?) est assis sur une chaise à dossier recouverte d'un coussin (décor en large bande noire et en zigzags de noir délayé) et il tourne la tête en arrière, comme surpris, pour regarder le Sphinx ; il s'appuie de la main gauche sur une canne noueuse à poignée en crosse ; il est vêtu d'un himation qui l'enveloppe et cache le bras droit (cheveux comme dans les précédents). En face de lui un éphèbe, sans doute l'élève qu'il était en train d'interroger, est debout, penché (tête, épaule gauche, partie du dos et bras droit restaurés), vu aux trois quarts de dos, et il avance la main gauche, vêtu d'un himation qui laisse le torse nu et dont l'étoffe est serrée en tapon sous l'aisselle gauche. — Revers *C*. **Suite du précédent; quatre hommes courant**. A gauche, un éphèbe, sans doute porteur de la nouvelle et semant l'alarme, marche d'un pas rapide, tenant de la main droite une canne à poignée en béquille (même type, même coiffure que les précédents ; musculature en traits jaunis) ; il est vêtu d'un himation posé en châle dans le dos qui laisse voir le devant du corps et les jambes nues ; de la main gauche avancée il maintient sous l'étoffe les plis de la draperie. Devant lui court un homme barbu, retournant la tête (cheveux en masse noire ceints d'une guirlande en rouge mat ; œil en point noir dans ovale allongé) ; les deux mains avancées, il tient sous l'étoffe les plis de son himation posé comme dans le précédent. Il est précédé d'un autre homme barbu et chauve (rares cheveux en mèches de noir délayé, couronne de feuillages en rouge mat ; œil comme précédemment ; nez gros et aquilin ; musculature en noir jauni), vêtu d'un himation qui dégage le côté droit nu ; il tient de la main droite une canne noueuse à poignée en crosse et lève la main gauche, les doigts écartés, avec un geste de surprise. A sa rencontre accourt un autre homme barbu (cheveux en masse noire avec petites mèches jaunies sur le front, ceints d'une bandelette en rouge mat nouée sur la nuque), vêtu d'un himation dégageant le côté

droit nu (parties endommagées par des cassures) ; il tient de la main gauche une canne (même aspect que l'autre) et avance la main droite.

> Même décor que G 250 ; sous les revers, un seul cercle ; sous le fond, un large cercle noir.
> Terre rougeâtre. Emploi des retouches en rouge mat. Très peu de traces de l'esquisse. Style de la première moitié du v⁰ siècle (à rapprocher des œuvres de Hiéron et à comparer avec Hartwig, *op. l.*, pl. 40).
> Plusieurs morceaux recollés, sans restaurations importantes. Haut., 0,09 ; diam. int., 0,23.
> (Inv. MNB 1708.) Trouvé à Vulci, en Étrurie, et acquis en 1879 de la collection Paravey (*Catalog. de vente*, n° 77). Il avait fait partie de la collection du prince de Canino ; cf. *Notice d'une collection de vases*, 1843, p. 51, n° 189. Publié par G. Geffroy, *Palais du Louvre*, III (*Mobilier, Objets*), p. 50, planche. Cf. Pottier, *Catal. vas. Louvre*, p. 1032 ; Beazley, *Attic Vas.*, p. 103, n° 16 (style de Makron); Hoppin, *Handb. redfig.*, II, p. 106, n° 101.
> Le revers B dans notre pl. 133.

G 267. Coupe (type analogue à G 266). — **Un seul sujet dans l'intérieur**. — **Éros tenant une caille**. La caille apprivoisée était un présent amoureux, qui figure dans les scènes éphébiques (cf. G 271). Éros ailé (grande aile de profil, divisée par des lignes et des bandes transversales, l'autre aile en arrière-plan), la tête inclinée (cheveux en masse noire avec petites mèches, ceints d'une guirlande de feuillages en rouge mat ; œil en point noir dans ovale entr'ouvert), est accroupi, le genou gauche plus haut que l'autre, le pied droit relevé en arrière ; de la main gauche, entre le pouce et l'index, il tient un long rinceau (en rouge mat ; bracelet en noir jauni autour du poignet) et sur la main droite avancée (partie endommagée) il porte une caille qui dresse la tête. Les pieds sont posés sur un segment de rouge réservé qui forme terrain. Dans le champ, à droite, lettres en rouge mat, sans signification précise : ϟΛΙΕΑ𐌋Ϟ.

> Noir sur tout le vase, sauf le sujet intérieur et l'encadrement, sauf la moitié des anses avec l'espace réservé entre les attaches et la tranche de la base. Sous la base, large bande noire. Encadrement intérieur en grecque.
> Terre rougeâtre. Emploi des retouches en rouge mat. Traces de l'esquisse. Style de la première moitié du v⁰ siècle.
> Quelques morceaux recollés. Haut., 0,085 ; diam. int., 0,195.
> (Inv. Campana 976.) Trouvé en Étrurie et entré en 1863 ; cf. *Cataloghi Campana*, sér. IV-VII, n° 583 ; Pottier, *Catal. vas. Louvre*, p. 1083.
> Int. dans notre pl. 133.

G 270. Coupe (type analogue à G 250, G 266). — **Un sujet dans l'intérieur et un sur chaque revers**. — **Int.** *A*. **Homme apportant ses armes**. Il est barbu et, marchant vers la gauche, retourne en arrière la tête (cheveux en masse noire à contour hérissé de bouclettes, ceints d'un bandeau en rouge mat ; œil restauré) ; il a le corps nu avec un himation posé sur le dos et revenant sur les deux bras en longues pointes (forte restauration dans le torse et les cuisses) ; sur le bras gauche il porte un bouclier rond (restauré) avec épisème en oiseau volant (noir opaque, tête disparue), et de la main droite baissée il tient par le nasal un casque (panache à longue queue, bordée en bas d'un pointillé noir ; couvre-nuque mal restaurés). Dans le champ, en caractères négligés, inscription en rouge mat : .ΟΓΑΙϟ et en dessous (rétrograde) ΚΑ𐌋Οϟ (ὁ παῖς καλός). — Revers *B*. **Combat de trois guerriers**. Au centre, un guerrier barbu (casque à panache relevé sur le haut de la tête ; cheveux en masse noire ; œil en point noir dans ovale fermé) s'affaisse le genou gauche à terre, tenant de la main droite basse son épée et portant sur le bras gauche son bouclier à double échancrure, avec épisème en panthère ou lionne (noir opaque) ; il est blessé à la poitrine et le sang coule (rouge mat). A gauche, son adversaire, la lance en

arrêt dans la main droite, l'attaque vivement ; c'est un
guerrier imberbe (même casque ; visage et œil restaurés), la
taille entourée d'un himation roulé en ceinture (restauration)
et retombant en deux pointes ; de la main gauche étendue
il porte le bouclier rond dont on voit l'armature intérieure, le bras passé dans une bande de métal (en noir
opaque, petites palmettes aux deux bouts), la main dans
une bride de cuir (quatre autres pendeloques en effilés).
A droite un troisième guerrier (même type, même casque ;
œil en point noir dans ovale fermé), vu de dos, marche le
bras droit levé tenant la lance (cachée derrière la tête et
le bouclier) et porte sur le bras gauche un bouclier rond
avec épisème en oiseau volant qui emporte un serpent dans
son bec (noir opaque) ; il est vêtu du même himation enroulé
autour des reins avec deux pointes pendantes. Il n'y a pas
d'indication des musculatures en traits plus faibles dans
aucun des personnages. Dans le champ, le long du rebord,
en lettres assez irrégulières et espacées, inscription en rouge
mat : . OΠAISKALOI (ὁ παῖς καλός) et devant le guerrier
blessé : KALO (rétrograde). — Revers *C*. **Combat de trois
guerriers.** C'est une variante du même motif. Au centre
un guerrier s'affaisse ; même attitude que l'autre, mais il
retourne la tête en arrière ; même blessure en rouge mat,
mais il lève vers sa tête le bras droit tenant une épée
courbe (*copis*) ; le fourreau pend sur son côté gauche.
suspendu à un baudrier fait d'un lien mince (en rouge
mat) ; sur le bras gauche il porte un bouclier vu de profil
(restauré ; on voit une palmette noire de l'attache intérieure). A gauche le guerrier en attaque est barbu ; il porte
sur le bras gauche un bouclier vu de profil (restauré ;
même détail de palmette), même casque et même himation
enroulé. A droite, le troisième guerrier est semblable
à la figure correspondante du revers B (restaurations dans le
dos et dans les jambes) ; son bouclier a pour épisème
une picuvre (en noir opaque). Pas d'indication des musculatures. Dans le champ, le long du rebord, en lettres irrégulières et espacées, inscription en rouge mat : CΠ.
ISK..O. (ὁ παῖς καλός).

Noir sur tout le vase, sauf la place des personnages et des ornements,
sauf la moitié des anses et l'intervalle compris entre les attaches
d'anses, la tranche de la base. Encadrement intérieur en simple
cercle de rouge réservé ; un cercle sous les sujets des revers ;
large bande noire sous la base.

Terre rougeâtre. Emploi des retouches en rouge mat. Esquisse visible.
Style de la première moitié du ve siècle (cf. les coupes de Phintias
ou attribuées à cet atelier par Hartwig, *Meisterschalen*, p. 180,
pl. 18).

Quelques morceaux recollés et restaurés. Haut., 0,105 ; diam. int.,
0,255 ; avec les anses, 0,34.

(Inv. Campana 990.) Trouvé en Étrurie et entré en 1863 ; cf. *Cataloghi Campana*, sér. IV-VII, n° 636 ; Pottier, *Catal. vas. Louvre*,
p. 1033.

Rev. B dans notre pl. 133.

G 271. Coupe (type analogue à G 250). — Un sujet
dans l'intérieur et un sur chaque revers. — Int. *A*. **Éphèbe
tenant une caille.** Voir le sujet de G 267. L'éphèbe marche
vers la droite, tournant la tête en arrière (cheveux en
masse noire, ceints par un lien en rouge mat ; œil en point
noir dans ovale allongé ; musculature en traits jaunis très
pâles) ; il tend la main droite derrière lui, les doigts écartés,
comme s'il faisait signe à un compagnon, et de la main
gauche abaissée il tient une caille (queue en éventail,
pattes ramassées sous le ventre) ; il est vêtu d'un himation
posé sur le dos avec les pans ramenés en avant sur les bras
et laissant le corps nu ; les pieds nus sont posés sur un
segment en rouge réservé, formant terrain (cf. G 267). —
Revers *B*. **Scène d'armement.** Le sujet est rare et curieux ;
il montre comment les soldats se servaient de leurs armes
polies et reluisantes pour s'y regarder comme dans un
miroir de métal et veiller aux détails de leur toilette.

A gauche un éphèbe (même type que le précédent), vêtu
d'une courte tunique à plis fins et à rabat, sur laquelle est
appliquée une cuirasse (de cuir ou de métal?) qui protège le
torse, la jambe gauche couverte d'une cnémide, présente
avec ses deux mains avancées son autre cnémide à son compagnon, un guerrier barbu, qui, se mirant dans cette surface
réfléchissante, coupe avec son épée (ou lisse et peigne avec
son épée?) une longue mèche de ses cheveux qu'il saisit
de la main gauche (ton jaune doré imitant le blond et
mèches de noir délayé ; œil comme chez les précédents) ;
il est vêtu d'une courte tunique que recouvre une cuirasse de métal à lambrequins, à ceinture et à épaulières
ornées de bandes de zigzags (en noir délayé) ; à son côté
gauche est suspendu le fourreau de l'épée (en rouge mat
avec des raies transversales d'un ton blanc jaunâtre
pulvérulent). A droite, autre groupe d'un éphèbe (chevelure en blond doré comme le précédent, même œil),
vêtu d'une tunique et d'une cuirasse (comme le premier) qui, dans une pose élégante, l'himation sur le bras
gauche, tenant de la main droite élevée un coin du rabat
de sa tunique, dispose de son mieux les plis de son vêtement, en se mirant dans une cuirasse de métal vue de
face (décor en volutes et palmette noire sur le torse,
musculature en traits jaunis, points noirs sur la ceinture,
lambrequins) que présente des deux mains avancées un
autre éphèbe (même type et même costume que le premier,
même lien dans les cheveux, un peu de barbe en jaune
doré sur la joue), ayant au côté gauche une épée dans
son fourreau (en noir, décoré d'une bande en zigzag),
suspendue à un baudrier en simples liens (rouge mat) ; sa
lance est plantée derrière lui (une pointe à chaque
extrémité) et son bouclier est posé par terre (vu de
profil ; décor en trois petits cercles avec point central sur
le pourtour) et adossé à une sorte de borne carrée. —
Revers *C*. **Départ en char de guerre.** C'est la suite du précédent sujet. A gauche, un guerrier barbu (casque enfoncé
sur les yeux, avec crinière à longue queue, coupé dans
la partie supérieure par le rebord du vase ; tunique et
cuirasse de métal comme chez l'homme qui coupe ses
cheveux) s'appuie de la main gauche sur sa lance
et de la main droite tend à son compagnon un manteau
(chlamyde?). Celui-ci, barbu (sans casque, les cheveux
ceints d'un lien en rouge mat ; œil comme chez les précédents), marche vers la droite en retournant la tête et tient
de la main droite élevée le baudrier (en liens de rouge mat)
de son épée qu'il a saisie de la main gauche par le milieu
(garde et fourreau en noir) ; il est vêtu de la tunique à rabat
recouverte par une cuirasse comme plusieurs des précédents.
A droite, un char à quatre chevaux attend les arrivants ;
les têtes des chevaux se masquent les unes les autres en
arrière-plan ; le poitrail du premier porte un harnais en
bande ornée d'une grecque sommaire et de petites pendeloques ; les rênes sont en rouge mat et vont s'attacher de
la tête saillante du joug au tablier du char d'où elles retombent en flot serré ; une autre rêne vient s'enrouler autour
de la rampe du char (roue à quatre rayons), derrière lequel
se dresse une borne carrée. En arrière-plan, un troisième
guerrier barbu (casque à paragnathide relevée, cimier coupé
par le bord supérieur du vase et relié à la calotte par une
double bande de points noirs ; cheveux à longues mèches
passant sous le casque et s'étalant sur l'épaule gauche ;
cuirasse à épaulières ornée de bandes en grecques et de
points en noir en quadrillé), marchant vers la droite et
retournant la tête, s'appuie de la main gauche sur une lance
et de la main droite tendue semble appeler ses compagnons
pour le départ.

Beau lustre noir. Décor semblable à G 250 ; un seul cercle sous
les revers ; large cercle noir sous la base. Une trace circulaire
blanchâtre, visible sur les revers à mi-hauteur, indique le contact

d'un autre vase pendant la cuisson; sur ces accidents cf. G 234. Terre rougeâtre. Emploi des retouches en rouge mat. Esquisse visible. Style de la première moitié du ve siècle (à comparer pour le sujet et la composition avec la coupe de Douris, au musée de Vienne = Pottier, *Douris*, fig. 19, et la coupe d'Euphronios au musée de Pérouse = Hartwig, *Meistersch.*, pl. 58). Assez bon état de conservation, sauf le pied endommagé et recollé en plusieurs morceaux. Haut., 0,095 ; diam. int., 0,225 ; avec les anses, 0,285.

[Inv. MNB 1710.] Trouvé dans l'Italie méridionale et acquis en 1879 de la collection Paravey (*Catalog. de vente*, n° 81). Publié par G. Geffroy, *Palais du Louvre*, III (*Mobilier, Objets*), p. 50, planche. Cf. Pottier, *Catal. vas. Louvre*, p. 1033 ; Beazley, *Attic Vas.*, p. 73 (il cite d'autres peintures reproduisant l'attitude du guerrier qui coupe ses cheveux; mais, d'après lui, c'est le geste de lisser et peigner ses cheveux, comme les Spartiates aux Thermopyles ; style de Makron, p. 103, n° 17) ; Hoppin, *Handb. redfig.*, II, p. 106, n° 102.

Vue d'ensemble avec le revers B dans notre pl. 133.

G 276. Coupe à zone blanche intérieure (vasque peu profonde, fortes anses relevées du bout, pied court, disque mince sans ressaut). — Un sujet à l'intérieur et un sur chaque revers. — Int. *A*. **Réunion d'un éphèbe et d'un jeune garçon.** A gauche, l'éphèbe, vêtu d'un court himation rejeté sur l'épaule gauche qui laisse le côté droit nu (musculature en traits pâles effacés, large restauration dans le bas de la draperie et les jambes, pied droit dessiné de face), le côté gauche appuyé sur une canne noueuse (restaurée), penche la tête (cheveux noirs à contour ondulé, ceints d'une couronne de feuilles ou de fleurs au trait noir maintenues et reliées par un lien en rouge mat dont les bouts noués retombent sur la nuque, œil en point noir dans ovale fermé) et saisit par le coude droit (main restaurée) un jeune garçon debout devant lui. Celui-ci est nu (surface endommagée et écaillée, poitrine et bras droit restaurés) et pose la main droite sur l'épaule gauche de son compagnon (haut de la tête mieux conservé, cheveux à contour ondulé avec couronne analogue) ; le bras gauche a disparu et une mauvaise restauration a restitué en bâton noueux un accessoire qu'il portait de ce côté ; un lien noir est attaché à la cheville gauche. Les pieds des personnages reposent sur une ligne de terrain en rouge réservé, formant un très petit segment. Dans le champ, inscription circulaire en rouge mat : . ƆΓΑ . ϞΚ / . Ο . ([η]ό πα[ῖ]ς κα[λ]ό[ς]). — Revers *B*. **Éphèbe poursuivant un jeune garçon.** Il marche à grands pas vers la droite, la main gauche étendue (bras restauré) et de la main droite ramenée en arrière (bras restauré), il tient par les oreilles un lièvre (pattes restaurées) ; son visage (quelques traits noirs refaits), sa coiffure (couronne et bandelette) et son vêtement (des plis refaits) sont semblables à ceux du précédent (jambe et pied droits restaurés). L'enfant se sauve en courant à grandes enjambées, retournant la tête (même type, même coiffure) et étendant le bras (refait) en arrière ; il est vêtu d'un himation complètement repeint. Dans le champ, au-dessus des personnages, restes d'une inscription en rouge mat : . ΑΙ . (sans doute παῖς). — Revers *C*. **Scène d'intérieur.** La composition, fortement restaurée, montre une servante apportant une sorte de panier à sa maîtresse assise et tenant un alabastre ; mais le personnage de gauche est complètement refait et pouvait être un éphèbe. Dans la femme de droite, quelques parties sont antiques : la tête, le buste vêtu d'une tunique à manches, les jambes recouvertes d'un himation ; mais tous les traits ont été retouchés, y compris les liens rouges de la coiffure, et le reste, y compris le siège, a été refait.

Dans l'intérieur, centre noir, entouré d'un cercle en rouge réservé, tout le pourtour en blanc crémeux entre deux filets de noir jauni ; le rebord noir. Les revers et le pied en noir, sauf un filet réservé en rouge sous les personnages, un autre sur le disque de la base et la tranche en clair. Sous le pied, large bande noire.

Terre rougeâtre. Emploi du blanc crémeux et de la retouche en rouge mat. Pas d'esquisse visible. Style de la première moitié du ve siècle.

Morceaux recollés et restaurations importantes. Haut., 0,09 ; diam., 0,23 ; avec les anses, 0,30.

(Inv. Campana 973.) Trouvé en Italie et entré en 1863 ; cf. *Cataloghi Campana*, IX-X, salle 1, n° 141 ; Pottier, *Catal. vas. Louvre*, p. 1035 ; Hartwig, *Meisterschal.*, p. 502, n° 2 (où sont réunis les vases de cette technique) ; Hoppin, *Handb. redfig.*, I, p. 288, n° 96 (style de Douris).

Int. et revers B dans notre pl. 133.

G 277. Coupe (type analogue à G 250). — Un sujet dans l'intérieur et un sur chaque revers. — Int. *A*. **Jeune garçon vainqueur aux jeux.** A gauche, un jeune garçon nu est coiffé du haut bonnet à pointe (étoffe à quadrillé semé de points), d'où pend une longue bandelette (rouge mat), qui est l'apanage des athlètes vainqueurs dans les concours (cf. l'amphore des *C. rendus de Saint-Pétersbourg*, 1874, pl. 7) ; son corps est vu de face, la jambe gauche passée par-dessus la jambe droite fléchie, et il tourne la tête vers la droite (cheveux en petites mèches courtes dépassant le bonnet ; œil en point noir dans ovale fermé) ; des deux mains abaissées il tient un long rameau de feuillages (rouge mat), emblème de sa victoire. A droite et lui tournant le dos, la tête levée comme s'il regardait le ciel, un homme barbu (le paidotribe ou le père?) s'appuie de la main gauche basse sur la hampe de sa canne et pose sa main sur son flanc droit ; il est vêtu d'un himation à bordure noire qui passe sous l'aisselle gauche et dégage le haut du torse nu (contour des cheveux en masse noire ondulée, couronne de feuillages en rouge mat, œil comme chez le précédent). — Revers *B*. **Le kômos bachique.** Défilé après le banquet de trois convives suivis d'une joueuse de lyre. A droite, marche en tête un éphèbe retournant la tête vers ses compagnons (cheveux en masse noire ceints d'une couronne de feuillages en rouge mat ; œil en point noir dans ovale entr'ouvert), vêtu d'un himation jeté sur le dos et laissant le corps nu, le torse de face, tenant de chaque main étendue une crotale. Il est suivi d'un homme barbu, retournant la tête (mêmes détails), vêtu de même, levant la main droite en l'air vers ses compagnons et portant de la main gauche une coupe. Puis vient un éphèbe (même attitude et même costume), portant sur la main gauche étendue un skyphos (bras restauré) et tenant de la main droite basse une canne (même couronne sur les cheveux, œil en point noir dans ovale fermé). A gauche, une femme clôt la marche, appuyant la main gauche sur les cordes d'une lyre (caisse en écaille ronde, sept cordes en noir saillant) ; elle tenait de la main droite (bras restauré) le plectre (qui a disparu dans une cassure restaurée, mais dont subsistent les liens en rouge mat) ; elle est vêtue d'une tunique à manches et à rabat sur laquelle est jeté un himation posé en châle dans le dos et ramené sur les bras (chignon relevé en arrière par un lien en rouge réservé ; un lien en rouge mat ceint la chevelure et retombe noué par derrière ; œil comme chez le précédent). Derrière elle, dans le champ, l'étui à flûte en peau tigrée de grosses taches noires, avec effilés en rouge mat. — Revers *C*. **Suite du kômos.** Trois hommes et une joueuse de flûte. A droite, un homme barbu conduit la marche (cheveux ceints d'une couronne de feuillages en rouge mat ; œil comme chez les précédents), retournant la tête, le torse de face, portant sur sa main gauche étendue un skyphos et de la main droite élevée une canne à poignée en béquille (restaurée) ; même himation laissant le corps nu. Il est suivi de la joueuse de flûte qui retourne complètement le corps vers les autres compagnons, en soufflant dans la double flûte qu'elle tient des deux mains (cheveux ceints d'un lien en rouge mat ; œil en point dans ovale entr'ouvert ; joue gonflée par l'effort ; boucle d'oreille en anneau) ; même costume que pour la joueuse de lyre (parties restaurées ; corps nu visible sous la draperie). Derrière elle s'avance un éphèbe (contour des cheveux ondulé, couronne en rouge mat, visage restauré), s'appuyant de la main gauche sur une canne à béquille (restaurée) et portant de la main gauche (restaurée) un skyphos (en noir opaque) ; même himation laissant le corps nu (restauration dans les jambes). A gauche s'avance en dernier un éphèbe (même coiffure, restaurations dans la tête) qui danse, la jambe gauche levée, tenant de ses mains avancées (bras gauche restauré) une paire de crotales, vêtu d'un himation jeté en châle sur le dos ; sa canne (restaurée) est plantée dans le champ derrière lui.

Même décor que dans G 266 ; encadrement intérieur en grecque serrée.
Terre rougeâtre. Emploi des retouches en rouge mat. Traces de l'esquisse. Style de la première moitié du ve siècle apparenté à la fabrique de Hiéron ; cf. Hartwig, *Meisterschalen*, pl. 29).
Recollé en plusieurs morceaux, sans restaurations importantes. Haut., 0,115 ; diam. int., 0,285 ; avec les anses, 0,37.
(Inv. Campana 1001.) Trouvé en Étrurie et entré en 1863 ; cf. *Cataloghi Campana*, sér. IV-VII, n° 653 ; Pottier, *Catal. vas. Louvre*, p. 1035 ; Beazley, *Attic Vas.* p. 104, n° 38 (style de Makron) ; Hoppin, *Handb. redfig.*, II, p. 100, n° 103.
Revers B dans notre pl. 134.

G 278. Coupe (type analogue à G 250 ; la partie inférieure du pied rajusté ne paraît pas faire partie du même vase et provient sans doute d'une coupe à figures noires du type appelé les coupes des « Petits Maîtres »). — Un sujet dans l'intérieur et un sujet sur chaque revers. — Int. *A.* **Homme barbu embrassant un jeune garçon.** Le caractère équivoque de la scène avait fait croire à Adrien de Longpérier que l'on pourrait reconnaître ici deux personnages connus, le tyran de Samos Polycrate et son esclave Bathylle ; mais les nombreux spécimens de vases représentant des sujets éphébiques nous montrent qu'il ne faut voir ici qu'une scène familière et un épisode trop fréquent des mœurs athéniennes (cf. la coupe de Peithinos, Hartwig, *Meisterschalen*, pl. 25, et la coupe de Gotha, Furtwaengler, *Griech. Vasenmalerei*, III, p. 18, fig. 7). A gauche, une colonne cannelée dorique, posée sur une base rectangulaire et supportant un entablement double (coupé à gauche par l'encadrement), indique l'entrée d'une maison. Un homme barbu (cheveux en masse noire et courtes mèches de noir jauni, relevés en chignon par un double lien en rouge mat noué sur la nuque, avec bouts pendants en arrière ; œil en point noir dans un ovale fermé), vêtu d'une tunique à manches et à plis fins que recouvre un himation dégageant le côté droit, chaussé de cothurnes fermés par un lien sur le dessus du pied, s'appuie de la main gauche basse sur la hampe d'une canne noueuse à poignée en bec et se penche en avant pour embrasser son petit compagnon, debout devant lui, dont il approche la tête de sa bouche avec la main droite. Le jeune garçon, de taille plus petite (cheveux en masse noire et petites mèches, serrés par un lien en rouge mat ; œil en point noir dans l'angle interne fermé), entièrement enveloppé dans un himation qui cache le bras gauche et laisse la poitrine découverte, lève la tête et tend sa bouche, en appuyant sa main droite sur le haut des cheveux de son compagnon. Derrière lui est placé un siège à dossier haut (restauré ; pieds coupés par l'encadrement) sur lequel est posé un coussin à raies noires. — Revers *B.* **Éphèbe vainqueur, orné de bandelettes par deux Nikès.** Au centre un éphèbe nu, le corps de face, retournant la tête vers la droite (cheveux en masse noire et petites mèches de noir jauni, ceints par un lien en rouge mat ; œil en gros point noir dans ovale entr'ouvert), tend le bras droit qu'une Nikè ailée volant (mêmes détails de coiffure et d'œil), vêtue d'une tunique à double rabat sur la ceinture et sur le ventre, en train de parer d'une longue bandelette (effilés en rouge mat) qu'elle attache au-dessus du coude, tandis qu'une autre

Nikè volant de l'autre côté (mêmes détails, même costume) pose une bandelette semblable sur le haut du bras gauche ; un autel de sacrifice (base rectangulaire ; corniche à double volute ornée de gros points et de petits points noirs ; trois taches de rouge mat sur la face pour indiquer les trous d'écoulement du sang des victimes) est placé entre l'éphèbe et la seconde Nikè. De chaque côté de la scène un assistant : à gauche un personnage drapé, fort restauré (sont antiques les cheveux en masse noire avec lien en rouge mat, le bras gauche étendu, le bout d'une canne ou bâton porté sur le bras droit, le bas de la draperie avec les pieds chaussés) ; à droite, un vieillard (le père de l'éphèbe, ou le paidotribe?), chauve avec les cheveux et la barbe indiqués par un semis de points jaunis, la tête ceinte d'un bandeau en rouge mat (œil en gros point noir dans ovale fermé), vêtu d'une tunique que recouvre un himation cachant le bras gauche, la main droite appuyée sur la poignée recourbée d'une canne à tige ondulée (l'ouvrier chargé de poser le fond noir a laissé trop de rouge en bas et a omis de remplir l'espace entre le bout de la canne et le pied de la Nikè volant). — Revers *C.* **Scène analogue.** Le centre est complètement restauré et mal refait. De l'éphèbe nu reste seulement le bas des jambes, à côté d'un autel rustique en gros bloc de rocher irrégulier. Des deux Nikès volant de chaque côté, celle de gauche n'a d'antique que la tête (cheveux en masse noire pendante, ceints d'un lien en rouge mat ; œil en point noir dans ovale largement ouvert), l'aile déployée (ornée d'une ligne noire transversale et de gros points noirs), le haut de la tunique à plis fins. Derrière elle, restauration inexacte d'un cippe posé sur une haute base ; le haut du cippe seul est antique. A gauche, une femme drapée (la mère de l'éphèbe ; milieu du corps et bras droit restaurés) lève le bras gauche avec un geste d'admiration (tunique à rabat orné d'une bordure noire ; tête endommagée). A droite, la seconde Nikè n'a d'antique que le sommet de la tête ceint d'un bandeau (en rouge mat), l'aile déployée (comme la précédente), le torse et les jambes drapés dans une tunique à plis fins (comme la précédente ; à remarquer dans le bas la faute du coup de pinceau qui a troublé la rectitude des tracés parallèles). Derrière, à droite, un autre assistant mal restauré ; il n'y a d'antique que le bas des jambes drapées et le bout du bâton sur lequel il s'appuyait (sans doute le père de l'éphèbe ou son paidotribe, comme dans le revers B). Derrière lui, sous l'anse, un autre bloc de pierre de forme un peu irrégulière.

Même décor que G 250. Terre rougeâtre. Emploi des retouches en rouge mat. Traces de l'esquisse. Style de la première moitié du ve siècle.
Recollé en plusieurs morceaux, avec des restaurations importantes. Haut., 0,12 ; diam. int., 0,26 ; avec les anses, 0,34.
Inv. N 3423 (MN 62). Trouvé en Étrurie, à Canino, et acquis en 1848. Le sujet A publié par A. de Longpérier, dans la *Revue archéolog.*, VIII, 1851-52, II, p. 621-630, pl. 168 (= *Œuvres*, édit. Schlumberger, II, p. 275, pl. VI ; il voyait dans le sujet A Polycrate et Bathylle, dans les revers B et C une scène funèbre). Cf. Pottier *Catal. vas. Louvre*, p. 1035 ; Beazley, *Attic Vas.*, p. 110, n° 13 (style de la coupe de Briséis) ; Hoppin, *Handbook redfig.*, I, p. 103, n° 14.
Int. A dans notre pl. 133.

G 285. Coupe (type analogue à G 250). — Un sujet dans l'intérieur seulement. — Int. **Homme à la promenade.** Il est barbu et coiffé à la mode ancienne (cf. G 220) d'un cécryphale en étoffe ornée de petites croix ; marchant vers la gauche, il tourne la tête à droite (œil en point noir dans le coin de l'ovale entr'ouvert), vêtu d'une tunique à larges manches (plis fins en traits jaunis) que recouvre un himation dégageant le côté droit ; de la main droite il s'appuie sur la poignée en béquille de sa canne et il tient horizontalement de la main gauche basse, par le manche, un parasol (à deux supports et couverture vue de profil).

Même décor que G 267. Encadrement en grecque serrée et semée de croix dans des carrés cantonnés de quatre gros points noirs.
Terre rougeâtre. Pas de retouches en rouge mat. Traces de l'esquisse ; on distingue aussi une série de cercles concentriques qui avaient été tracés au compas au centre de la coupe et qui ont été recouverts en partie par le noir. Style de la première moitié du v⁰ siècle.
Plusieurs morceaux recollés, sans restauration importante. Haut., 0,085 ; diam. int., 0,21.
Inv. N 3425 (MN 65). Trouvé en Italie et acquis en 1848. Cf. Pottier, *Catal. vas. Louvre*, p. 1036.
Int. dans notre pl. 134.

G 291. Coupe (type analogue à G 250). — Un sujet dans l'intérieur et un sur chaque revers. — Int. *A*. **Éphèbe à sa toilette dans la palestre**. Il est debout et nu, le corps de face, la jambe droite vue de face, en raccourci, et passée par-dessus l'autre, la tête fortement inclinée sur l'épaule gauche et de face (cheveux en masse noire à contour ondulé, ceints d'une bandelette en rouge mat ; oreilles ramenées de face ; yeux en points noirs dans ovale fermé et placés vers le coin interne, ce qui donne l'aspect d'un strabisme léger ; bouche à lèvre inférieure pendante ; menton carré très lourd ; musculature détaillée en traits jaunis) ; des deux mains réunies il presse une éponge au-dessus d'un bassin de métal posé à terre (coupé à droite par l'encadrement ; anse verticale et recourbée, pieds en griffes rattachés à la vasque par une armature ornée de godrons) sur lequel on lit l'inscription en lettres noires : Κ . LΟϹ (καλός). Dans le champ plusieurs accessoires sont suspendus : à gauche, une canne noueuse à poignée en bec, un alabastron pansu retenu par un lien (rouge mat) à une sorte de bride (en rouge réservé ; incomplet) ; à l'alabastre est attaché un strigile à manche en col de cygne ; à droite, une paire de sandales munies de liens qui servent à les suspendre. Près de l'éphèbe, obliquement, inscription en rouge mat : ΕΡ+ΕΤΑΙ (ἔρχεται, il vient ; allusion au compagnon, à l'ami qu'il attend). — Revers *B* (très fragmenté). **Éphèbes puisant de l'eau**. Le sujet faisait allusion aussi aux soins de toilette et aux ablutions usitées dans la palestre ; on ne voit plus que le bas des personnages. Au centre, à l'arrière-plan, le rebord d'un grand pithos enfoui en terre devant lequel un éphèbe nu, vu de dos, est debout pour puiser de l'eau ; de la main droite il tient une longue corde dont le bout s'enroule à ses pieds à droite et de la main gauche il prend l'anse d'un kados à laquelle est attachée la corde et qu'il va plonger dans le réservoir (cf. pour ce sujet un intérieur de coupe : Duruy, *Hist. des Grecs*, II, p. 457). A gauche un autre éphèbe nu, vu de dos, dont les jambes et le bras droit sont seuls conservés, se penchait fortement, la main droite près de sa cheville droite (le poignet est entouré d'un lien en rouge mat). A droite, on voit les jambes nues et la main étendue d'un troisième éphèbe qui s'approchait, tenant (?) une éponge attachée avec un lien (en rouge mat) ; une canne noueuse est posée derrière lui, en arrière-plan. — Revers *C* (encore plus endommagé). **Scène analogue**. Au centre, le pied cannelé d'une vasque posée sur une base rectangulaire, auprès de laquelle se tenait un éphèbe dont on ne voit plus que le pied et le bas de la jambe gauche nue ; à gauche, la jambe gauche et le pied droit nu d'un autre éphèbe, vu de dos, avec le bout d'une canne noueuse ; à droite, deux pieds nus et le bout d'une canne.

Même décor que dans G 266.
Terre rougeâtre. Emploi des retouches en rouge mat. Malgré le soin détaillé du dessin, l'esquisse n'est pas visible. Style de la première moitié du v⁰ siècle (époque d'Euphronios-Douris ; cf. un fragment de Naucratis, avec type analogue à A, dans *Journal of hell. Studies*, XXV, 1905, pl. 7, n° 4.
Coupe recomposée avec des fragments incomplets ; les anses et une grande partie de la vasque refaites en plâtre. Haut., 0,09 ; diam. int., 0,235.
(Inv. Fragm. Campana, n° 9.) Trouvé en Italie et entré en 1873. Publié par Hartwig, *Meisterschalen*, p. 285, fig. 36 *a* et 36 *b* ;

Sudhoff, *Aus dem antiken Badewesen*, Berlin, 1910, p. 17, fig. 11 ; G. Geffroy, *Palais du Louvre*, III (*Mobilier, Objets*), p. 54. Cf. Pottier, *Catal. vas. Louvre*, p. 1036.
Int. A dans notre pl. 134.

G 292. Coupe (type analogue à G 250). — Un sujet dans l'intérieur et un sur chaque revers. — Int. *A*. **Discobole**. Éphèbe nu, marchant vers la gauche (cheveux en masse noire, ceints d'un lien en rouge mat ; œil en gros point noir dans ovale entr'ouvert ; musculature très détaillée en traits jaunis) ; il porte en avant la main droite, les doigts écartés, et ramène en arrière la main gauche tenant le disque (il va se mettre en position, mais il ne fait pas le geste du lancer, puisqu'il tient le disque de la main gauche) ; au centre du disque, une marque en barre noire horizontale terminée à chaque bout par un crochet et quatre points noirs symétriquement placés près du rebord ; en arrière-plan est posée par terre une pioche (pour ameublir le sol de l'arène). Dans le champ, à gauche, inscription en rouge mat : ΗΟΠΑΙϹ (ὁ παῖς (καλός)). — Revers *B*. **Éphèbes s'exerçant dans la palestre**. A gauche, un éphèbe nu, marchant vers la gauche, retournant la tête, le bras droit levé, porte sous son bras droit un grand disque (cheveux en masse noire restaurée ; œil comme chez le précédent). Au centre un éphèbe nu, lancé à toutes jambes, court vers la droite, les bras étendus de chaque côté (même type). A droite, en face de lui, un éphèbe nu, penché, la jambe droite fléchie, s'exerce avec des haltères qu'il tient dans ses deux mains (même type ; lien en rouge mat sur les cheveux). Dans le champ, près du coureur, deux lettres en rouge mat : ΚΑ. . (καλός). — Revers *C*. **Même sujet**. A gauche, un éphèbe nu s'apprête à remettre son himation à bordure noire qu'il déploie devant lui et qu'il étale sur son bras gauche étendu ; il a le corps penché et la jambe droite de face, en raccourci, passée par-dessus l'autre (même type ; lien en rouge mat sur les cheveux). Au centre, un éphèbe nu, le corps penché vers la gauche, fait effort pour enfoncer en terre un bâton sur lequel il pèse de tout son poids, en tenant le bas de la hampe avec la main droite et le haut avec la main gauche (même type). A droite, un éphèbe nu s'avance vers la gauche, le bras droit tendu, tenant de la main gauche rejetée en arrière une pioche ; il vient aider son compagnon pour ameublir le sol (même type). Dans le champ, près du rebord, inscription en rouge mat : ΚΑLΟϹ, ΚΑLΟϹ (deux fois καλός).

Même décor que dans G 265 ; la grecque circulaire est mêlée de larges métopes en rouge réservé, cantonnées de quatre petits carrés en noir opaque.
Terre rougeâtre. Emploi des retouches en rouge mat. Traces de l'esquisse. Le noir est posé dans beaucoup d'endroits en traits tremblés ou baveux, et peu conformes au système antique ; bien qu'il ait le relief nécessaire, il a un aspect moderne. Un examen attentif fait voir que l'épiderme du vase avait souffert et fait disparaître en grande partie les traits noirs antiques qui, suivant l'habitude, avaient laissé une dépression dans l'argile. Le restaurateur a cherché à repasser, assez maladroitement, sur ces traits ainsi marqués et creusés un noir moderne ; à la loupe on suit assez aisément son travail ; certains traits noirs antiques avaient subsisté. Je doute aussi de l'authenticité de l'inscription étrusque ΛΤV, mal incisée dans la bande noire qui garnit le dessous du pied. Style de la première moitié du v⁰ siècle..
Bon état de conservation pour le vase lui-même. Haut., 0,09 ; diam. int., 0,23 ; avec les anses, 0,305.
(Inv. Campana 986.) Trouvé en Étrurie et entré en 1863 ; cf. *Cataloghi Campana*, sér. IV-VII, n° 108. Publié par G. Geffroy, *Palais du Louvre*, III (*Mobilier, Objets*), p. 54. Cf. Pottier, *Catal. vas. Louvre*, p. 1036.
Int. et les deux revers dans notre pl. 134.

G 294. Fragment de coupe. — Partie du rebord supérieur d'un des revers. — **Scène de lutte au pancrace**. Les deux athlètes sont conservés jusqu'au haut des jambes ; le bas manque. A gauche, un éphèbe nu (cheveux en masse noire, œil en petit cercle avec point central dans le coin interne ouvert), dans la position d'attaque, lève son bras droit entouré des liens du ceste (réseau en rouge mat), avec le poing fermé, et il allonge son bras gauche (même réseau de liens en rouge) avec le poing fermé vers son adversaire ; il a déjà reçu des coups et les blessures sont indiquées en rouge mat, sous l'œil droit, sur la joue droite ; il saigne du nez et des gouttelettes se répandent sur le torse nu. L'autre éphèbe, parant le coup, recule, la main gauche élevée avec les doigts écartés (même réseau en rouge mat des liens du ceste autour du bras et de la main gauche), le bras droit allongé (mêmes liens du ceste en rouge mat) sous le bras gauche de l'adversaire (ses cheveux en masse noire ceints d'une bandelette en rouge mat ; œil en point noir dans ovale fermé ; musculature en traits jaunis) ; il a reçu aussi des coups et le sang est marqué en rouge mat sous l'œil gauche et la joue ; le nez saigne de même, avec gouttelettes répandues sur le torse. Derrière lui, dans le champ, restes de la baguette fourchue du paidotribe qui surveillait le combat.

Terre rougeâtre. Emploi des retouches en rouge mat. Esquisse visible. Style de la première moitié du vᵉ siècle (cf. G 131, scène analogue avec le nom d'Aristagoras).
Composé de plusieurs morceaux recollés. Haut., 0,055 ; long., 0,16. (Inv. Fragm. Campana, nᵒ 33.) Trouvé en Italie et entré en 1863.
Cf. Pottier, Catal. vas. Louvre, p. 1037.
Vue du revers dans notre pl. 184.

G 296. Fragment de coupe (type analogue à G 250). — Un sujet dans l'intérieur et un sur chaque revers. — Int. *A*. **Éphèbe vainqueur remerciant les dieux.** Il est nu, le corps incliné, et s'avance vers la droite, les mains étendues d'où tombent des petits rameaux de feuillages (en rouge mat), dont deux sont déjà déposés sur un autel (coupé à droite par l'encadrement ; forme carrée avec corniche à volute, bandeau orné de godrons noirs, base rectangulaire formant degré). Le haut de la figure est coupé par la cassure, mais on voit encore une partie de la tête (cheveux en masse noire avec petites mèches sur le front ; œil en point noir dans l'angle interne entr'ouvert ; deux petits rameaux de feuillage en rouge mat dans les cheveux) ; de larges bandelettes (à effilés en rouge mat) sont attachées en haut de chaque bras, aux deux cuisses et flottent en arrière ou pendent par devant, symboles de la victoire remportée dans un concours ; une canne noueuse, à bec recourbé, traverse le champ obliquement, par devant. A droite, dans le champ, inscription en rouge mat : ΚΑΛΟϹ, (καλός, la dernière lettre sous la quatrième). — Revers *B* et *C*. **Scènes de palestre.** Ils sont très endommagés et l'on ne voit plus que le bas des personnages ; les attitudes et les accessoires indiquent des scènes éphébiques dans la palestre : large fût de colonne cannelée sur une base rectangulaire ; à gauche la jambe nue d'un éphèbe, à droite les quatre pieds nus emmêlés de deux éphèbes luttant ; à leur droite éphèbe drapé, sans doute assistant à la lutte et appuyé sur une canne dont on voit le bout posé en terre. Une pioche jetée dans le champ séparait ce sujet du suivant, dont il ne reste que les deux pieds chaussés et le bas de l'himation d'un personnage drapé.

Même décor que dans G 266 pour es parties conservées.
Terre rougeâtre un peu pâle. Emploi des retouches en rouge mat. Pas d'esquisse visible. Style de la première moitié du vᵉ siècle.
Un seul morceau. Épiderme frotté et endommagé aux revers. Long. max., 0,18 ; larg., 0,15.
(Inv. Fragm. Campana, nᵒ 95.) Trouvé en Italie et entré en 1863. Cf. Pottier, Catal. vas. Louvre, p. 1037 ; Hoppin, Handbook red fig., I, p. 418, nᵒ 25 (attribué à Onésimos).
Int. dans notre pl. 184.

G 297. Fragments de coupe (type analogue à G 250). — Un sujet dans l'intérieur et un sur chaque revers. — Int. *A*. **Éphèbe à sa toilette dans la palestre (?).** Les deux morceaux conservés ne se rejoignent pas et la lacune est trop grande pour reconstituer avec sûreté les détails du sujet ; mais il est analogue à celui de G 291 (cf. aussi Hartwig, *Meisterschal.*, pl. 67, nᵒ 1) ; c'est sans doute un éphèbe penché au-dessus d'un bassin de métal posé à terre (pieds en griffes rattachés au bassin par une armature ornée de godrons) ; on ne voit que le dos incliné et les deux jambes nues. A gauche, dans le champ, est posée une canne noueuse à poignée en bec et un aryballe pansu, suspendu par un lien en rouge mat à une sorte de bride en rouge réservé (mêmes détails dans G 291) ; au-dessus, inscription en rouge mat, restes du παῖς καλός : ϹΙΑΛ. — Revers *B*. **Éphèbes se frottant avec leurs strigiles (apoxyoménoi).** A droite, une demi-colonne cannelée sur une base rectangulaire indique que la scène se passe dans la palestre. Au centre, un éphèbe nu (œil en point noir dans ovale fermé), la tête coiffée du petit bonnet plat en cuir des athlètes (deux raies noires sur le pourtour, un lien vertical pour l'assujettir sur les oreilles), est tourné vers la droite, le buste un peu penché en avant, le bras droit rejeté en arrière (en partie disparu), le bras gauche abaissé et la main tenant un strigile avec lequel il frotte le genou de sa jambe droite avancée et vue de trois quarts ; derrière lui, par terre, est posée une pioche (pour ameublir le sol de l'arène). Devant lui, près de la colonne, un éphèbe nu, vu de dos, la tête tournée à gauche (cheveux à contour ondulé et courtes mèches ; œil comme le précédent), se penche et tient de la main gauche un strigile avec lequel il racle son mollet gauche, le pied soulevé (le bras droit disparu dans la cassure). Dans le champ, entre les deux personnages, un aryballe pansu et une éponge suspendus comme dans le tableau A ; inscription en rouge mat : ΗΟΓΑϹ (ὁ πα[ῖ]ς). A gauche, les restes d'un troisième éphèbe nu, vu de face, se penchant vers la droite et raclant de la main gauche basse avec son strigile la jambe gauche, le pied soulevé (le haut du corps, la tête et le bras droit disparus dans la cassure). Il est remarquable que tous les personnages se servent de leur main gauche pour faire cette opération. — Revers *C*. **Sujet analogue.** Il ne reste que le bas d'un éphèbe nu, levant la jambe gauche vue par derrière, qu'il racle avec la main basse tenant le strigile ; à gauche, le pied nu d'un autre personnage ; à droite, dans le champ, est suspendu le sac contenant un disque (point noir au centre).

Décor analogue à G 266. Terre rougeâtre. Emploi des retouches en rouge mat. L'esquisse n'est pas apparente. Style de la première moitié du vᵉ siècle (pour les types de ce genre, cf. la coupe de Munich au nom de Panaitios, *Arch. Zeitung*, 1878, pl. 11, et Hartwig, *Meisterschalen*, pl. 62, nᵒ 3).
Plusieurs morceaux recollés, formant deux parties qui ne se rejoignent pas. Longueur de B, 0,17 ; longueur de C, 0,08.
Inv. S 1412 (fragm. Campana, nᵒ 99). Trouvé en Italie et entré en 1863. Cf. Pottier, Catal. vas. Louvre, p. 1037 ; Beazley, Attic Vas., p. 89, nᵒ 10 (style d'Onésimos) ; Hoppin, Ibid. (voir G 296).
Revers B dans notre pl. 184.

G 298. Fragment de coupe (analogue aux précédents ; morceau du revers). — **Éphèbe se frottant avec son strigile (apoxyoménos).** Il est nu, vu de dos, la tête tournée vers la gauche et à demi cachée par l'épaule gauche (cheveux en mèches courtes ; œil en petit cercle dans un ovale fermé) ; il lève le bras droit par-dessus sa tête et, ramenant la main vers le bras gauche tendu, en racle le revers avec son strigile (les jambes manquent). Dans le champ, à gauche, est suspendue une sandale vue de profil avec les liens (en rouge mat) tout préparés pour y glisser le pied ; une seconde sandale, faisant la paire, devait être suspendue à côté, car on voit une partie des mêmes liens (en rouge mat). Derrière le bras tendu de l'éphèbe, le haut d'un ustensile qui pourrait être le haut d'une pioche à remuer le sol (cf. les sujets de G 292 et G 297).

Terre rougeâtre. Emploi des retouches en rouge mat. L'esquisse n'est pas apparente. Style de la première moitié du vᵉ siècle.
Long., 0,06 ; haut., 0,03.
(Inv. fragm. Campana, n° 103.) Trouvé en Italie et entré en 1863. Pottier, *Catal. vas. Louvre*, p. 1037 ; Beazley, *Attic Vas.*, p. 89, n° 11 (style d'Onésimos) ; Hoppin, *Ibid.* (voir G 296).
Vue du revers dans notre pl. 134.

G 311. Coupe (type analogue à G 250). — Un sujet dans l'intérieur et un sur chaque revers. — Int. *A.* **Jeune garçon dansant et accompagné par un joueur de flûte.** C'est un παῖς nu et dansant de toutes ses forces, le bras gauche jeté en l'air, la main droite claquant la plante du pied gauche rejeté en arrière ; le corps est vu de face (pied droit en raccourci), la tête de profil inclinée vers la droite (visage endommagé par une cassure, cheveux restaurés ; restaurations partielles dans le corps et les jambes). A gauche, le joueur de flûte, imberbe, la joue droite gonflée par l'effort, souffle dans sa double flûte qu'il tient de ses deux mains avancées (œil en point noir dans ovale entr'ouvert ; cheveux restaurés, reste de feuillage en rouge mat) ; un himation à bordure noire est jeté sur son épaule gauche et laisse tout le côté droit nu (restaurations dans les jambes et le pied gauche). Dans le champ, derrière l'éphèbe, est jetée une grande canne qui coupe obliquement le tableau ; au sommet de la canne est attaché l'étui à flûte, en peau tigrée de grosses taches noires et de points, qui pend à droite. En haut, traces d'une ou deux lettres en rouge mat, appartenant sans doute à une inscription disparue. — Rev. *B.* **Le kômos bachique.** Quatre éphèbes dansant et jouant. A gauche, un éphèbe marche vers la droite, penchant la tête (cheveux en masse noire, ceints d'une grosse couronne de feuillages en rouge mat ; œil en point noir dans ovale entr'ouvert) ; il tient de ses deux mains avancées une paire de crotales dont il joue ; son corps est nu, avec un himation plié et posé en écharpe dans le dos et sur les deux bras (des parties restaurées). Devant lui un autre éphèbe marche en retournant la tête (mêmes détails ; le bout de la bandelette serrant les cheveux s'étale en large ruban qui retombe sur l'épaule gauche), le torse de face, le corps penché en arrière, les deux bras étendus de chaque côté ; même himation en écharpe (restaurations dans la draperie, le torse et les jambes). A droite, un autre groupe comprend un éphèbe qui s'avance vers la gauche en dansant, le bras droit levé, la main gauche étendue vers le compagnon qui suit, l'himation en écharpe dans le dos, le corps de face, la tête retournée vers la droite (même type et même couronne en rouge mat ; fortes restaurations dans les draperies et dans les jambes), et un quatrième éphèbe nu qui marche vers la gauche, la main droite levée (une restauration mauvaise lui a mis dans la main une courte baguette ou une flûte qu'il approche de sa bouche) ; de la main gauche appuyée contre son corps il tient un vase en forme de gobelet à boire, sans anses (que l'ouvrier a peut-être oublié de peindre en noir opaque). — Rev. *C.* **Suite du kômos.** Quatre hommes et une femme. A gauche, un groupe d'attitude obscène ; un jeune garçon nu, penché en avant (tête restaurée), la main gauche portée vers son front, avance la main droite (restaurée) vers le ventre nu de l'éphèbe qui lui fait face (fortes restaurations dans le corps et les jambes). Celui-ci, de taille plus grande, étend les deux bras de chaque côté et regarde le jeune garçon en se rejetant un peu en arrière ; un himation posé sur son dos et ramené sur les bras laisse le corps nu (fortes restaurations dans les jambes, un pan de la draperie, le bras gauche). Au centre, un personnage maladroitement restauré sous les traits d'une femme drapée n'a d'antique que le bas d'une tunique que recouvrait en partie un himation à bordure noire ; on voit la jambe en transparence sous la draperie (peut-être une joueuse de flûte comme celles de G 277). Devant elle s'avance un homme barbu, nu (tête endommagée), qui danse (restauration dans les jambes), le bras droit étendu, le bras gauche élevé (restauré). Derrière lui un éphèbe nu (cheveux ceints de feuillages en rouge mat ; tête et torse endommagés) se penche en s'appuyant sur une canne (restaurée) dont le bout est placé sous son aisselle droite, la jambe gauche de face avec le pied en raccourci, la main gauche posée sur la hanche (parties endommagées) ; de la main droite basse il tient une œnochoé dont le contenu (rouge mat) se répand à terre.

Même décor que dans G 250 ; encadrement intérieur en grecque mêlée de croix.
Terre rougeâtre. Emploi des retouches en rouge mat. Esquisse visible. Style de la première moitié du vᵉ siècle.
Beaucoup de morceaux recollés, avec fortes restaurations. Haut., 0,115 ; diam. int., 0,285 ; avec les anses, 0,36.
(Inv. Campana 1034.) Trouvé en Étrurie et entré en 1863 ; cf. *Cataloghi Campana*, sér. IV-VII, n° 714 ; Pottier, *Catal. vas. Louvre*, p. 1037 ; Hoppin, *Handbook redfig.*, II, p. 106, n° 105.
Int. A dans notre pl. 134.

G 313. Coupe (type analogue à G 250). — Un sujet dans l'intérieur seulement. — Int. *A.* **Joueur de flûte.** C'est un éphèbe complètement enveloppé dans un himation qui remonte en voile sur sa tête ; une grosse couronne de fleurs (en rouge mat) orne ses cheveux (en masse noire) ; sa joue gonflée indique l'effort, pendant qu'il souffle dans la double flûte qu'il tient de ses deux mains avancées (œil en point noir dans le coin interne entr'ouvert) ; ses pieds sont chaussés de cothurnes fermés ; il marche vers la droite, tournant le dos au lit de banquet figuré à gauche (pied tourné et traverse coupés par l'encadrement), qui porte un coussin orné de larges bandes noires parallèles et d'un galon vertical, et auquel est accotée une canne noueuse à poignée coudée. Dans le champ est suspendue la corbeille entourée d'un filet qui contient les provisions du banquet, recouverte d'une étoffe à pointillé (en noir délayé et jauni) qu'assujettit une bandelette (rouge mat) et d'où pendent des effilés (rouge mat). Dans le champ devant l'éphèbe, inscription en rouge mat : ΗοΠΛΙϚ et derrière lui : ΚΛΛΟϚ (ὁ παῖς καλός).

Même décor que dans G 267 ; l'encadrement en grecque serrée.
Terre rougeâtre. Emploi des retouches en rouge mat. Esquisse visible. Style de la première moitié du vᵉ siècle.
Plusieurs morceaux recollés, sans restauration importante. Haut., 0,08 ; diam. int., 0,20 ; avec les anses, 0,265.
Inv. N 3429 (MN 151). Trouvé en Italie et acquis en 1850. Signalé par Heydemann, *Pariser Antiken*, p. 48, n° 24 (il croit que l'éphèbe porte sur son dos la corbeille).
Int. dans notre pl. 135.

G 318. Coupe (type analogue à G 250). — Un sujet dans l'intérieur et un sur chaque revers. — Int. *A.* **Éphèbe allant au banquet.** Il se dirige vers la droite et un skyphos (coupé à droite par l'encadrement), posé par terre, indique qu'il se rend à quelque réunion bachique. Il a le corps nu, avec un himation plié en écharpe, jeté sur l'épaule gauche et le bras droit ; il est vu de dos, de trois quarts, mais la tête penchée est ramenée de profil par un mouvement de distorsion exagérée (cheveux en masse noire à contour ondulé ; œil endommagé) ; de la main gauche il serre la hampe d'une grande canne noueuse à poignée en bec et il étend la main droite en avant, comme vers un compagnon invisible. De son côté gauche sort une poignée d'instrument (?) qui pourrait passer pour une poignée d'épée, si cet accessoire ne paraissait hors de propos dans une telle scène. Dans le champ à droite, inscription en rouge mat : ΚΑΛΟL et ΚΑL.Ϛ (deux fois καλός). — Rev. *B.* **L'arrivée à l'école.** A gauche, une colonne lisse à chapiteau dorique indique que la scène se passe dans l'intérieur d'un bâtiment. Un éphèbe arrive, nu, portant sur son épaule gauche le filet qui contient ses provisions, auquel est suspendu son strigile et un autre ustensile non déterminé (cage?) ; la main droite avancée, l'index levé, il semble parler (cheveux en masse noire à contour ondulé, ceints par un lien en rouge mat ; œil en point noir dans l'angle interne ouvert). Au centre, un éphèbe plus grand et plus âgé (peut-être le moniteur de la classe?) est assis sur un escabeau à pieds tournés ; il a le haut du corps nu, les jambes enveloppées dans un himation et s'appuie de la main droite avancée sur une grande canne noueuse à bec courbé (même type que le précédent). Devant lui, à droite, se tient debout et penché, comme un élève interrogé ou comme un compagnon qui cause, un autre éphèbe vu de dos, le bas du corps enveloppé dans un himation et s'appuyant de la main gauche basse sur une canne noueuse (même type) ; derrière lui, dans le champ, une sandale. Dans le champ, le long du rebord, inscription en rouge mat : ΟΓΑΙΣ (ὁ παῖς). Sur le fût de la colonne en petites lettres noires : ΚΑL.. et en dessous ΚΑL... (deux fois καλός). — Rev. *C*. **La leçon chez le professeur de géométrie (?).** Sujet rare et précieux par les détails de la représentation ; toutefois il faut remarquer que dans la palestre même on se servait du compas pour mesurer les distances, et qu'il pourrait s'agir ici d'une réunion d'éphèbes avec le paidotribe, mais les traits donnés au maître conviennent mieux à la première hypothèse. C'est un homme gros, chauve et barbu, la tête tournée de face (large barbe encadrant le visage, moustaches en simple trait ; les yeux en gros points noirs dans les angles internes, ce qui donne un effet de strabisme, les oreilles de face ; un lien en rouge mat passé sur le front chauve et les cheveux); il est assis sur un siège à dossier, complètement enveloppé dans un himation qui cache les bras ; la saillie du vêtement indique un personnage ventru ; au-dessus de lui, dans le champ, une sandale d'où pend un effilé (en rouge mat, sans doute la sandale qui sert à fustiger les mauvais élèves) et les restes d'un accessoire endommagé, non déterminé (effilés en rouge mat). A gauche, derrière le maître, un éphèbe, le torse appuyé sur une canne noueuse, se penche en avant et tient des deux mains avancées un compas dont il ouvre les deux branches en les prenant par les pointes (cheveux en masse noire et contour ondulé ; œil en point noir dans l'angle interne ouvert) ; il est vêtu d'un himation qui laisse le côté droit nu. Derrière lui un arbrisseau à branches feuillues (petites feuilles en rouge mat) indique que la scène se passe en plein air ou dans un préau d'école. A droite, devant le maître, un autre éphèbe, dans la même attitude respectueuse, le corps penché et s'appuyant de la main gauche sur une canne qui passe sous son aisselle gauche, lève la main droite en l'air, comme s'il parlait ou récitait sa leçon (même type, couronne de feuillages en rouge mat) ; il est vêtu d'un himation passé en châle sur le dos, qui laisse le corps nu par devant. Dans le champ, le long du rebord, inscription en rouge mat : ΚΑLΟ. (καλός).

Même décor que G 250 ; un simple cercle sous les revers.
Terre rougeâtre. Emploi des retouches en rouge mat. Esquisse visible. Style de la première moitié du vᵉ siècle.
Quelques morceaux recollés ; pas de restauration importante. Haut., 0,09 ; diam. int., 0,23 ; avec les anses, 0,295.
(Inv. Campana 967). Trouvé en Étrurie et entré en 1863 ; cf. *Cataloghi Campana*, série IV-VII, n° 156 (le sujet du rev. C n'a pas été compris). Le sujet du rev. C publié par Paul Girard, *L'éducation athénienne au vᵉ siècle*, p. 205, fig. 25 (il voit dans le sujet B une scène de bain et explique comme une haltère la sandale suspendue dans le champ). Cf. Pottier, *Catal. vas. Louvre*, p. 1038 ; Hoppin, *Handbook redfig.*, I, p. 288, n° 97 (style de Douris). Vue d'ensemble avec le rev. C dans notre pl. 135.

G 333. Lécythe (col court, anse peu élevée, assez épaisse, pied en disque épais à tranche un peu bombée). —

Un sujet sur le devant du vase. — **Ephèbe jouant de la lyre et homme barbu.** L'éphèbe est assis sur un escabeau à pieds carrés, recouvert d'un coussin plat ; il retourne sa tête de face (cheveux en masse noire, ceints d'une bandelette en rouge réservé qui maintient verticalement une sorte de pédoncule planté au centre ; yeux en ovale entr'ouvert aux angles internes ; bouche mal placée par rapport à l'axe du nez ; menton fort) ; il a le haut du corps nu (musculature en traits jaunis) et les jambes enveloppées dans un himation ; de la main gauche il touche les cordes d'une lyre appuyée sur son côté gauche (caisse en écaille arrondie) et il saisit de la main droite le montant supérieur (qui porte les clefs indiquées en rouge mat). Devant lui, à droite, est debout un homme barbu (cheveux en masse noire ; œil en point dans ovale fermé ; ride sur la joue gauche en trait jauni ; sur tout le cou indication de hachures parallèles en ton jauni), penché en avant, la main droite un peu avancée et s'appuyant de la main gauche basse sur une canne noueuse ; il est vu de dos, de trois quarts, le haut du corps nu, le bas enveloppé dans un himation, la jambe gauche fléchie et dessinée sous la draperie. Dans le champ, derrière l'éphèbe, est suspendu un instrument qui offre beaucoup d'analogie avec l'étui de métal qui sert aujourd'hui aux Orientaux à mettre les plumes et l'encre (fourreau vertical avec couvercle conique auquel est accolé un autre fourreau semblable et plus petit) ; plus haut, un aryballe pansu (sur la panse, décor en cercle contenant une croix), suspendu par un lien (en rouge réservé).

Beau lustre noir. Col et anse restaurés. En bas du col zone de godrons allongés. Sur l'épaule, palmettes et rinceaux en rouge réservé. En haut de la panse, une bande en grecque serrée, alternant avec des croix en X. Bande semblable, plus étroite, sous le sujet. Sous le fond, saillie peinte provenant du tournage.
Terre rougeâtre. Emploi des retouches en rouge mat. Esquisse visible. Style de la première moitié du vᵉ siècle.
Bon état de conservation. Haut., 0,205.
(Inv. Campana 820.) Trouvé en Étrurie et entré en 1863 ; cf. *Cataloghi Campana*, série IX-X, n° 27. Publié par G. Geffroy, *Palais du Louvre*, 11 (*Mobilier, Objets*), p. 56. Cf. Pottier, *Catal. vas. Louvre*, p. 1039. Publié par G. Blum dans *Revue archéologique* 1913, I, p. 270, fig. I.
Vue d'ensemble avec le sujet dans notre pl. 135.

G 335. Lécythe (même type). — Un sujet sur le devant du vase. — **Femme apportant à un éphèbe les vases de libation.** A droite, un éphèbe blond (cheveux en masse noire serrés par une bandelette en rouge réservé, entourés d'une couronne de mèches en jaune doré et noir délayé, œil en point noir dans l'angle interne entr'ouvert), enveloppé dans un himation qui cache les bras (des parties restaurées) et d'où sort la main droite élevée en l'air, est debout devant une femme (cheveux en masse noire relevés en chignon par une bandelette en rouge réservé ; œil comme le précédent), vêtue d'une tunique à manches et à plis fins que recouvre un himation dégageant le côté droit (parties restaurées) ; elle tend de la main gauche une phiale et tient de la main droite (bras restauré) une œnochoé (panse restaurée) ; derrière elle, à gauche, une colonne dorique entièrement refaite.

Décor semblable à G 333 ; bande en grecque serrée.
Terre un peu jaunâtre. Pas de retouches en rouge mat. Traces de l'esquisse. Style du milieu du vᵉ siècle.
Reconstitué avec plusieurs morceaux et fortement restauré. Haut., 0,27.
Inv. N 3349 (LL 623). Trouvé en Sicile et acquis sous le règne de Louis XVIII. Cf. Pottier, *Catal. vas. Louvre*, p. 1038 ; Beazley, *Attic Vas.*, p. 138, note 1, n° 9 (style de Nikon) ; Hoppin, *Hand book redfig.*, II, p. 223, n° 11.
Vue d'ensemble avec le sujet dans notre pl. 135.

G 336. Cratère de la forme dite stamnos, signé par le peintre **Hermonax** (large embouchure, col court, panse ovoïde, deux anses à mi-hauteur du vase, accostées de saillies imitant des rivets métalliques, pied peu débordant à deux degrés). — Le sujet fait tout le tour de la panse, sans interruption. — **Kômos d'éphèbes et d'hommes barbus, accompagnés par une joueuse de flûte.** Quoique disposé en zone ininterrompue, le tableau comporte pourtant deux groupes symétriques de trois personnages placés de chaque côté de la panse, avec un personnage coupé à mi-corps par chaque anse, qui forme liaison entre les deux ensembles. Un de ces groupes comprend une femme jouant de la double flûte entre deux hommes barbus. Celui de gauche marche vivement vers la droite, retournant la tête (cheveux et barbe en masse noire et petites mèches de noir délayé ; bandelette en rouge mat accostée de feuilles formant guirlande et exécutées en blanc épais et jauni, peut-être autrefois doré (?) ; œil de profil) ; il est nu (musculature en traits de noir jauni) avec un himation qui couvre le dos, l'épaule et le bras gauche étendu ; de la main droite il tient horizontalement une canne droite et lisse. Dans le champ, auprès de sa tête, inscription en rouge mat : HERMONΛI. et en-dessous : EΛRA.SEN (Ἑρ-μόνα[ξ] ἔγρα[φ]σεν). Il est précédé d'une joueuse de flûte (cheveux pendants en mèches ondulées dans le dos, couronne de feuillages comme dans le précédent; boucle d'oreille ronde; œil de profil dilaté par l'effort, avec une ride indiquée près de la bouche ; cou et menton restaurés) ; elle marche vers la droite, les deux mains avancées tenant la double flûte (avant-bras restaurés), vêtue d'une longue tunique à rabat et à plis fins qui laisse transparaître le corps sous la draperie. Devant elle marche, en retournant la tête, un homme barbu (même type que le premier), portant sur sa main gauche étendue un skyphos et s'appuyant de la main droite sur une canne à tige tout à fait tordue et noueuse ; même corps nu, même himation dans le dos et retombant sur le côté et le bras gauche (quelques parties restaurées) ; le rivet saillant d'une des anses vient s'insérer dans la partie flottante de l'himation. Dans l'anse, et coupé à mi-corps par l'intervalle laissé vide entre les deux attaches de cette anse, un éphèbe marche à droite, retournant la tête et levant la main droite vers ses compagnons (cou et partie inférieure du visage restaurés ; couronne de feuillages comme précédemment ; œil de profil) ; il est vêtu d'un himation qui dégage une partie du côté et le bras droit, la main gauche un peu portée en avant sous la draperie. — L'autre groupe se compose d'un éphèbe entre deux hommes barbus. Celui de gauche (même type que les précédents) s'avance vers la droite, étendant la main droite (refaite) ; il est vêtu d'un himation qui dégage l'épaule et le côté droit (parties restaurées) ; le rivet saillant de droite de la même anse vient s'insérer dans le dos du personnage. L'éphèbe vient à sa rencontre, dans un mouvement de danse, mais en retournant la tête (même type que les précédents, figure féminine, très léger duvet sur la joue rendu en noir délayé) et en présentant le torse de face (des parties restaurées) ; il a le corps nu, avec un himation plié en large écharpe qui retombe dans le dos et couvre l'épaule gauche ; de la main gauche il soutient le pli tombant (restauré) et l'étend en arrière ; de la main droite il tient horizontalement une canne droite et lisse. A droite s'avance avec un mouvement de danse un homme barbu (même type que les précédents), le corps nu, vu de dos, tendant son bras gauche recouvert par l'himation (des parties restaurées) ; le rivet saillant de l'anse vient s'insérer dans son corps, le bras droit rejeté en arrière disparaît sous l'attache de l'anse. Dans l'anse et coupé à mi-corps par l'intervalle libre entre les deux attaches de cette anse, un éphèbe marche vers la droite (même type que les autres), vêtu d'un himation qui dégage le côté droit et étendant le bras droit en avant (quelques restaurations).

Noir dans l'intérieur, sur le col, sur la panse sauf la place des ornements et des personnages, sur le pied sauf la tranche inférieure en clair. Sur le rebord de l'embouchure laissée en clair, zone de godrons. Sur le col, guirlande de feuillages et de petites fleurs en blanc et blanc rosé ou jauni. En haut de la panse, zone de godrons ; autour de chaque attache d'anse, manchette de godrons. Sous les pieds des personnages, une grecque tout autour de la panse. Sous le fond, deux lettres incisées en forme de N ; mais elles ne me semblent pas antiques.
Terre rouge. Emploi des retouches en rouge mat, en blanc et en blanc rosé ou jauni. Pas d'esquisse visible. Style du milieu du vᵉ siècle.
Les cassures du vase sont adroitement dissimulées, et les restaurations nombreuses. Haut., 0.33 ; diam. sur l'embouchure, 0.20.
(Inv. Campana 692.) Trouvé à Nola et entré en 1863 ; cf. *Cataloghi Campana*, série XI, n° 46. Phot. Alinari, n° 23701 ; Hoppin, *Handbook redfig.*, II, p. 24, n° 4. Cf. Klein, *Meistersignaturen*, p. 200, n° 1 ; Kœrte, dans *Arch. Zeit.*, 1878, p. 112 ; Leonard, dans la *Real Encyclopædie* de Pauly-Wissowa, VIII, p. 900, n° 1 (article *Hermonax*) ; Pottier, *Catal. vas. Louvre*, p. 1080 ; Beazley, *Attic Vas.*, p. 124, n° 1 (liste de 49 vases attribués à ce peintre).
Deux vues d'ensemble avec les deux sujets dans notre pl. 135.

G 337. Petite amphore portant les noms des éphèbes Charmidès et Teisias (type analogue à G 201 et suivants, forme dite de Nola). — Un sujet sur chaque côté du vase. — *A.* **Éros faisant libation sur un autel.** Éros nu, volant, le corps de face, la tête tournée vers la gauche (cheveux en masse noire et mèches légères, ceints d'un bandeau en rouge mat ; œil en petit point noir dans un grand ovale fermé), les ailes déployées largement de chaque côté (pointillé noir à la partie supérieure, bandes transversales et irrégulières en noir délayé et jauni), tient de chaque main une phiale à libation ; celle de droite laisse couler le liquide (en rouge mat) ; l'autre est penchée au-dessus d'un autel à corniche droite, sur base rectangulaire (sur la face antérieure deux taches de noir délayé indiquant des flammes ou des trous d'écoulement). Dans le champ, au-dessus de l'autel, inscription en rouge mat +ΛΡΜΙΔΕS et plus bas, à gauche : KΛLOS (Χαρμίδης καλός). — *B.* **Homme barbu à la promenade.** Il marche vers la droite, la main droite tenant une canne à poignée en béquille et à tige ondulée (cheveux en masse noire, ceints d'un bandeau en rouge mat ; œil en gros point noir dans ovale largement ouvert) ; il est vêtu d'un himation à bordure noire qui. dégage le côté droit nu et dont le pan est rejeté dans le dos Dans le champ à droite et verticalement, inscription en rouge mat : TEISIAS, et à gauche : KΛIOS (Τεισίας καλός).

Noir dans l'embouchure et sur tout l'ensemble du vase, sauf les sujets, les ornements, et un filet circulaire en bas de la tranche du pied. Sous les personnages une bande formant terrain, ornée d'une grecque entre quatre filets (noir délayé). A la base de la panse, deux filets incisés forment un tore qui sépare la panse du pied. Une dépression dans l'argile et une tache rouge de flamme oxydante à gauche du sujet A.
Terre rougeâtre. Emploi des retouches en rouge mat. Esquisse visible. Style du milieu du vᵉ siècle.
Plusieurs morceaux recollés, sans restaurations importantes. Haut., 0,34.
N 3309 (ED 544). Trouvé à Nola, dans l'Italie méridionale, ce vase faisait partie en 1822 de la collection Bartholdy, à Rome, et fut publié (sujet A) par Millingen, *Ancient unedited Mon.*, p. 79, pl. 31 ; il passa dans la collection Durand, d'où il vint au Louvre en 1825. Le sujet B a été publié par A. de Longpérier, *Revue archéologique*, t. VIII, 1852, II, p. 626, pl. 167 (= *Œuvres*, édit. Schlumberger, II, p. 281, pl. V), où il explique Teisias comme le nom de l'orateur venu à Athènes avec le sophiste Gorgias ; cette explication a été admise par de Witte, en republiant le vase (sujet A) dans *Élite des monuments céramographiques*, IV, p. 177, pl. 47 ; M. Fr. Cumont a pensé que le nom de Charmidès pourrait être identifié avec le Charmide de Platon (*Collection Warocqué*, p. 48, n° 83). Nous avons rejeté ces assimilations dans notre *Catalogue des vases du Louvre*, p. 1081. Les deux noms désignent des éphèbes du milieu du vᵉ siècle ; cf. Klein, *Vasen mit Lieblingsinschriften*, p. 145, n° 16 et p. 24. Beazley a réuni les vases portant le nom de Charmidès (*Attic Vas.*, p. 75) et n'y a pas fait figurer celui-ci ni le suivant ; Hoppin, *Handbook redfig.*, 1, p. 181, ne les cite pas non plus.

G 338. Petite amphore portant le nom de l'éphèbe

Charmidès (même type que G 337). — Un sujet sur chaque côté du vase. — *A.* **Deux éphèbes accompagnés d'un chien.** A gauche un éphèbe (cheveux en masse noire, ceints d'une guirlande de feuillages en rouge mat ; œil de profil avec paupière supérieure bien indiquée ; menton restauré), vêtu d'un himation qui laisse le haut du corps nu, la main droite sur la hanche, le corps penché, et s'appuyant sur une canne noueuse de la main gauche enveloppée sous la draperie (une goutte de couleur noire tombée sur le bras droit nu), tient en laisse (rouge mat) un chien attaché par son collier (rouge mat) qui saute vers l'autre éphèbe debout et faisant face à son camarade (cheveux en masse noire ceints d'un lien en rouge mat ; œil en point noir dans ovale entr'ouvert), vêtu d'un himation qui l'enveloppe entièrement et cache les deux bras. Entre les deux personnages, inscription en rouge mat : ΚΑΛΟΣ et en dessous : +ΛΡΜΙΔΕΣ (καλὸς Χαρμίδης). — *B.* **Éphèbe drapé.** Il est complètement enveloppé dans un himation qui remonte par derrière sur sa tête (cheveux en masse noire, ceints par un lien en rouge mat ; œil en point noir dans ovale entr'ouvert) et, tourné vers la gauche, il se penche en s'appuyant sur une canne lisse.

> Beau lustre noir. Même décor que dans G 337. Terre rougeâtre. Emploi des retouches en rouge mat. Pas d'esquisse apparente. Style de la seconde moitié du vᵉ siècle.
> Bon état de conservation. Haut., 0,33.
> (Inv. MNC 194). Trouvé en Italie et acquis en 1882. Cf. Pottier, *Catal. vas. Louvre*, p. 1081 ; Klein, *Vasen mit Lieblingsinschriften*, p. 145, nᵒ 18 ; omis par Beazley, *l. c.*, et par Hoppin, *l. c.*
> Vue d'ensemble avec le sujet A, sujet B dans notre pl. 136.

G 341. Grand cratère à anses basses, dit cratère d'Orvieto (forme en cloche avec haut rebord à ressaut extérieur, fortes anses relevées du bout, large base à ressaut). — Un sujet sur chaque côté formant une zone circulaire non interrompue. — *A.* **Réunion d'Hercule et des Argonautes (?).** L'interprétation du sujet n'est pas certaine ; pour la discussion et les autres hypothèses émises, voir mon *Catalogue des Vases*, p. 1082. Nous avons adopté l'explication qui nous paraît la plus vraisemblable et qui est due à M. Paul Girard. La composition consiste en deux zones inégales, superposées et dissociées. Au centre, Hercule barbu, le corps nu de face (musculature très détaillée, parties pileuses du ventre en noir jauni), tournant la tête à gauche (cheveux et barbe en masse noire et mèches courtes, couronne de feuillages en rouge réservé, œil de profil avec indication de la paupière supérieure, rides marquées sur le front et sur la joue, bouche entr'ouverte et dents visibles), tient de la main droite abaissée sa massue noueuse (petite partie restaurée) et de la main gauche l'arc recourbé (corde en trait noir saillant) ; il porte sur son bras gauche la peau de lion (petits détails du pelage incisés, touches de brun jaune imitant la peau) ; on voit le haut du carquois (ornements en points noirs et en petits cercles ; mêmes touches), suspendu sur le côté gauche à un baudrier en trait noir ; les pieds dessinés de face reposent sur une ligne blanche qui représente un pli du terrain où la scène est située. A droite, un jeune homme dont le haut de la tête a disparu (barbe légère en noir jauni), le corps nu de face (mêmes détails), avec une chlamyde jetée en écharpe dans le dos et revenant sur les bras (bout de la draperie endommagé), tient de la main droite étendue son casque (cimier à panache décoré de traits noirs, bande de points, damier sur le timbre, paragnathides imbriquées relevées) ; de la main gauche il porte une lance à deux pointes (partie supérieure pénétrant en haut dans la bordure), le bras passé dans l'attache interne du bouclier (décor en points jaunis), son épée suspendue sur le côté gauche à un baudrier en trait noir (décor du fourreau en traits obliques) ; sous ses pieds, la ligne de terrain sinueuse indiquée en blanc).

Une seconde lance passe en diagonale derrière lui et vient effleurer le bord d'un bouclier placé au niveau inférieur. Vient ensuite, à droite, un personnage barbu, vu de trois quarts et coiffé d'un pétase à grands bords relevés ; ses traits sont ceux d'un homme plus âgé (cheveux et barbe en collier avec mèches saillantes en désordre, paupières supérieures indiquées, deux rides près du nez) ; il est vêtu d'une tunique courte serrée à la taille, sur laquelle est jeté en écharpe un court himation ramené sur l'épaule gauche ; le bout de l'épée, soutenu par un baudrier semblable, est visible derrière sa jambe gauche (bas de la jambe restauré) ; il relève la jambe droite, le pied posé sur un pli du terrain (même détail en ligne blanche sinueuse), étendant la main droite et s'appuyant de l'autre sur sa lance à deux pointes. Au-dessus de l'anse, un éphèbe, debout derrière un cheval, le corps nu de face (musculature détaillée), la tête tournée vers la gauche (coiffure en pétase rond avec petit bouton saillant et liens d'attache sur la coiffe ; cheveux en mèches courtes, œil de profil), porte deux lances sur le bras gauche entouré d'une draperie (retouches brunes, épée suspendue au baudrier comme précédemment) et tient sa monture par la bride. Le cheval est vu de trois quarts, les quatre sabots posés sur une ligne de terrain blanche, placée à un niveau inférieur à celui du cavalier pour rendre la perspective (musculature détaillée, mèches de poil sur le front avec touches jaunies, ornement de harnais en petite palmette avec cercle).

A gauche d'Hercule et lui faisant face, un guerrier casqué, le visage à demi caché par les paragnathides baissées (casque à cimier et crinière, décor en palmettes sur le timbre, longues mèches de cheveux ondulés s'échappant du couvre-nuque, œil de profil), vêtu d'une tunique fine (décor en moucheture de petites croix) serrée à la taille par une ceinture (petits points noirs). avec un himation roulé en écharpe et ramené sur l'épaule gauche, chaussé de hautes cnémides, pose le pied gauche sur une éminence du terrain (ligne blanche sinueuse), s'appuyant de la main droite élevée sur une grande lance, la pointe en bas (extrémité supérieure de la hampe pénétrant jusque dans les ornements du rebord), et mettant la main gauche sur un bouclier posé à terre (partie interne visible avec les attaches et liens en rouge réservé sur fond noir). Derrière lui, à un niveau inférieur (ligne de terrain blanche), est debout Athéna, tournée à droite, la tête un peu penchée (casque à cimier en crinière, bande de petits points, petits cercles sur le timbre, paragnathide noire relevée de forme découpée, cheveux pendants et noués sur le cou, ceints d'un diadème en rouge réservé décoré de petites croix, œil de profil, petite boucle d'oreille) ; elle est vêtue d'une tunique fine à manches rattachées par des agrafes rondes, que recouvre un himation drapé en péplos avec rabat (bordure noire) et serré à la taille par une ceinture dont les bouts noués retombent par devant ; la poitrine est couverte de l'égide imbriquée (touches de noir jauni), avec bordure de petits serpents enroulés et tête de Méduse centrale (cheveux en masse noire, langue tirée en noir jauni) ; elle ramène contre elle la main droite (bras restauré) et tient de la main gauche avancée sa lance, la pointe fichée en terre (partie centrale de la hampe en traits de noir jauni). Près d'elle, à droite, la ligne sinueuse du terrain remonte jusqu'à son épaule et se prolonge en arrière, formant un vallonnement derrière lequel se cache en partie le personnage suivant. C'est un guerrier imberbe, vu de dos, levant la main droite avec un geste de surprise, la tête tournée vers les précédents (casque sans cimier, palmette et volute sur le timbre, paragnathide relevée, cheveux en mèches de noir jauni, œil de profil) ; son corps est couvert d'une cuirasse en imbrications avec épaulières (décor en bande de petits points et ornement central en étoile, baudrier en trait noir, bouclier sur le bras gauche et haut de la lance dépassant le casque). Rappelons qu'on a assimilé au Boutès de Mikon ce personnage qui semble regarder par-dessus une levée de terrain. Au-dessus de l'anse, un éphèbe, le corps nu de face (mêmes détails de musculature), les pieds posés au même niveau qu'Athéna (ligne de terrain en blanc), la tête de trois quarts tournée à droite (cheveux à contour ondulé et à mèches courtes, rides en noir jauni sur le front, lèvre épaisse et dents visibles, pétase rond à petit bouton saillant rejeté sur le dos), l'épée jamb soutenue par un baudrier, pose la main droite sur sa hanche et, portant sur le bras gauche une chlamyde roulée, s'appuie de la main élevée sur sa lance fichée en terre. Il semble s'adresser à un compagnon placé plus bas que lui qui, debout sur une ligne sinueuse du terrain, lève la tête et le regarde. C'est un guerrier barbu (cheveux et barbe en noir jauni, casque à cimier en crinière, timbre à imbrications, fronteau orné de petites croix, paragnathide noire relevée), le corps nu (musculature détaillée) et vêtu d'une chlamyde retenue en avant par une agrafe ronde ; il porte sur le bras gauche un bouclier dont le centre est peint en blanc crémeux, portant un épisème en rouge réservé (serpent enroulé sur lui-même, marqué de petits points) ; la main droite basse s'appuie sur une lance passée sous le bras et dont la pointe dépasse le casque.

Au-dessous d'Hercule, vers la droite, est assis, sur un repli de terrain recouvert par sa chlamyde, un éphèbe vu de trois quarts (cheveux à contour ondulé, le haut restauré, avec mèches noires saillantes et en désordre ; double ride en noir jauni sur le front, indication des paupières supérieures et inférieures, expression douloureuse, lèvre épaisse avec les dents visibles, le corps nu (musculature détaillée, mamelons des seins en étoiles), l'épée suspendue au côté gauche par un baudrier en liens noirs (fourreau orné de bandes d'oves et de traits noirs) ; il tient de ses deux mains sa jambe droite relevée, dans l'attitude que Polygnote avait donnée à l'Hector de la *Nékyia*. Son pied gauche repose sur la jambe du compagnon placé au-dessous de lui. Celui-ci est un éphèbe, allongé sur le sol et assis sur sa chlamyde, appuyant sa main droite écartée sur la terre et tenant de sa main gauche élevée une double lance ; son corps est nu (musculature détaillée, sein droit entouré de points en noir jauni, sein gauche saillant entouré de points noirs), le genou gauche relevé, la jambe droite étendue dans une attitude nonchalante ; une épée est suspendue au côté gauche (fourreau orné de traits obliques, baudrier en lien noir) ; il regarde le personnage précédent en levant la tête (cheveux en masse noire avec deux mèches ondulées pendantes, œil de profil) ; un pétase est rejeté dans son dos. Derrière lui, son bouclier est posé sur le sol, vu de face (circonférences tracées au compas, ornement central à huit pétales noirs en rosace entouré d'une large bande noire). Contre son pied droit reposent un casque et un bouclier (casque sans cimier, à paragnathide noire baissée, ornements en volute, palmette et petits points noirs ; du bouclier posé obliquement on voit la partie interne en noir, avec l'armature centrale ornée de chevrons et les liens circulaires en rouge réservé) ; la lance jetée obliquement dont il a été parlé plus haut, vient toucher le haut de ce bouclier. Le terrain dessine ses courbes blanches à droite et à gauche du personnage couché.

— *B.* **La mort des Niobides.** Le paysage (pentes du mont Sipyle) est indiqué comme précédemment par des lignes blanches sinueuses sur lesquelles est planté, à droite, un arbrisseau de six branches bordées de feuillages en points blancs. A gauche de l'arbre, sur un plan inférieur, Apollon marche vers la droite, tirant de l'arc (corde en noir saillant) ; il est nu (musculature détaillée, parties pileuses du ventre en noir jauni) ; sur le flanc gauche est suspendu à un baudrier en lien noir un car-

quois fermé (décor en oves et en petits points, couvercle à lanières découpées) ; son himation est enroulé sur le bras gauche étendu ; il baisse un peu la tête (cheveux en masse noire avec mèches blondes de noir jauni, ceints d'une couronne de laurier en rouge réservé, deux rides en noir jauni sur le front, œil de profil). Derrière lui, Artémis, le corps de face, la tête tournée à droite (cheveux en bandeaux ondulés, couverts d'un cécryphale à bouts retombant sur la nuque et orné de petits points noirs ; œil de profil avec indication de la paupière supérieure ; collier avec petite pendeloque centrale), étend la main gauche qui tient l'arc (même détail) et lève la main droite en prenant une flèche dans le carquois ouvert, fixé derrière son épaule (décor en oves et en bandes noires, couvercle abaissé) ; elle est vêtue d'une tunique dorienne à rabat (bordure noire), serrée à la taille par une ceinture (bouts noués par devant) et retenue sur les épaules par deux grandes épingles saillantes ; les pieds nus de face sont posés sur la ligne de terrain. Un des Niobides, déjà percé d'une flèche dans le flanc droit, s'affaisse à gauche, le genou droit en terre (jambe en raccourci), sur un des replis du terrain ; une grande partie du corps lui est effacée ; une draperie revient sur le bras gauche ; la jambe gauche s'écarte, avec le pied posé en arrière-plan d'Artémis, vers laquelle il retourne la tête (cheveux en mèches courtes, œil de profil, double ride en noir jauni sur le front). A l'autre extrémité du tableau, un second Niobide nu, vu de dos (musculature détaillée), s'enfuit devant Apollon, le flanc gauche percé d'une flèche (filet de sang en retouche blanche), et gravit les pentes du terrain, le bras droit pour appeler au secours ; il lève la tête (cheveux en masse noire à mèches courtes, le nez, l'œil et le haut de la tête restaurés). Sous les pieds des précédents personnages, à un plan inférieur, sont étendus deux cadavres de Niobides. A gauche une jeune fille, le dos percé d'une flèche, vue de face (cheveux épars en mèches ondulées de chaque côté du visage, ceints d'un diadème en rouge réservé avec trois feuilles en pointe, yeux clos en double ligne noire, lèvre épaisse et dents visibles, collier avec petite pendeloque centrale) ; elle repose, le corps allongé vers la gauche, le bras gauche étendu sur le sol, le bras droit replié contre elle ; elle est vêtue d'une tunique fine que recouvre un himation ramené sur l'épaule gauche (liens croisés en bretelles sur la poitrine). A droite, un éphèbe, en partie caché par un repli du terrain sur lequel il s'accroche de la main gauche, est étendu sur le ventre, le corps relevé obliquement, le dos percé d'une flèche ; devant lui une autre flèche égarée est fichée en terre ; il est nu (musculature détaillée) et ses jambes sont recouvertes par un himation ; son visage est vu de trois quarts, sa joue gauche s'appuie sur un coin élevé de l'éminence (cheveux en masse noire à mèches ondulées, haut du crâne restauré, yeux clos en un seul trait, lèvre épaisse et bouche entr'ouverte).

Intérieur noir, avec deux filets en rouge réservé près du rebord. Noir sur l'ourlet extérieur, avec une bande claire en dessous. Noir sur la panse, sur la base et le pied, sauf une tranche en clair sur le ressaut et en bas du disque. Zone de palmettes et de boutons de lotus et bande d'oves sur la partie claire du rebord. A la partie saillante de la base, bande d'oves et bande de palmettes alternant avec des fleurons accostés de rinceaux. Manchettes de godrons noirs autour de chaque attache d'anse. Deux filets incisés en clair à la jonction de la base et du pied.

Terre rougeâtre. Emploi de la retouche blanche. Esquisse préalable peinte en ton brun ou rougeâtre Je dois rectifier sur ce point ce que j'avais noté dans mon *Catalogue des Vases*, p. 1086 ; il n'y a pas d'esquisse en creux dans l'argile. Beau style du milieu du ve siècle.

Bel état de conservation, sauf quelques trous et fissures bouchés ; peu de restaurations. Haut., 0,53. Diam. sur l'embouchure, 0,55. (Inv. MNC 511.) Trouvé en Italie, en 1860, par M. Mancini près d'Orvieto, dans une chambre funéraire, et passé dans la collection Tyskiewicz ; acquis par le Louvre en 1883. Publié par C. Robert, dans *Annali Inst.*, 1882, p. 273, et *Monumenti Inst.*, XI, pl. 38 à 40 (= S. Reinach, *Répertoire des vases*, I, p. 226) ; Sauer, dans le *Lexikon der Mytholog.* de Roscher, III, p. 399, fig. 2 (sujet B) ; P. Girard, dans *Monum. Assoc. des Etudes grecq.*, 1895, p. 19 à 23, fig. 4 à 10 (détails des têtes) ; p. 26, fig. 12 (sujet A) ; G. Geffroy, *Palais du Louvre*, III (*Mobilier, Objets*), p. 54 (sujet A) ; C. Robert, *Die Nekyia des Polygnot.*, p. 40 (sujet A) ; Schreiber, *Wandb. des Polygnotos*, p. 126, fig. 11 (sujet A) ; Engelmann, *Bilderatlas zu Homer*, I, pl. 20, n° 111 ; Springer-Michaelis, *Handb. der Kunstgesch.*, p. 190, fig. 346 (sujet A) ; Buschor, *Griech. Vasenmalerei*, p. 183, fig. 127 (sujet A) ; Hœber, *Griech. Vas.*, p. 99, fig 61 (sujet A) ; Baumeister, *Denkmaeler*, III, p. 1990, fig. 2135 (sujet B) ; P. Gardner, dans *Journ. hell. Stud.*, X, 1889, p. 118 (sujets A et B) ; Winter, *Jüng. att. Vas.*, p. 17, fig. 5 (sujet B) et p. 44 ; Hauser, dans la *Griech. Vasenmalerei* de Furtwaengler et Reichhold, II, pl. 108 (sujet A), p. 244 et 251 (sujet B) ; Phot. Alinari, n° 23684 (sujet A). Mentionné ou étudié par Heltz, *Bullettino Inst.*, 1881, p. 278 (sur les circonstances de la découverte) ; Benndorf, *Das Heroon von Gjölbaschi*, p. 166 ; C. Robert, *Die Marathonschlacht*, p. 61 ; Dümmler, dans *Jahrb. Inst.*, 1887, p. 170 ; Benndorf, dans *Ephéméris arch.*, 1887, p. 128 ; Milchhöfer, dans *Jahrb. Inst.*, 1894, p. 74 ; P. Girard, dans *Revue Etud. grecq.*, 1894, p. 300 ; Pottier, *Catal. vas. Louvre*, p. 1082 ; Weizsäcker, dans *Philologus*, 1898, p. 521 ; Furtwaengler, dans *Lexikon* de Roscher, 1, p. 2234 ; *Griech. Vasenmal.*, 1, p. 134 ; Rizzo, dans *Monumenti Antichi Accad. Lincei*, XIV, p. 45, 48 ; Beazley, *Attic Vas.*, p. 142, 145, 147, n° 8 (liste de 46 vases attribués au même peintre) ; Hoppin, *Handb. redfig.*, II, p. 242, n° 34. Deux vues d'ensemble avec les deux sujets dans notre pl. 136.

G 342. Grand cratère (forme de cloche, anses basses et fortement relevées, pied à deux degrés ; forme dérivée de G 48, G 103). — Un sujet sur chaque côté du vase. — *A.* **Combat d'Achille et de Memnon en présence d'Athéna.** Au centre la déesse Athéna préside au combat, entre les deux guerriers, et tourne la tête vers Achille comme pour l'encourager (pas de casque ; bandeau orné de petites croix noires et surmonté de deux protomes de chevaux ailés, souvenir du casque de l'Athéna de Phidias ; cf. le fragment de vase avec une tête d'Athéna semblable, publié par Tischbein, V, pl. ııı = S. Reinach, *Répert. des vas.*, II, p. 364 ; cheveux en masse noire et grènetis de points noirs saillants, mèches pendantes en arrière et réunies dans un petit chignon en pelote enfermé dans une étoffe à ornements linéaires ; œil grand, de profil, en cercle avec point central noir ; boucle d'oreille en anneau) ; l'égide couvre la poitrine (bordure à double ligne de points noirs, petites écailles et Gorgoneion de face au centre, serpents dressés sur le pourtour) ; elle est vêtue d'une tunique fine semée de petites croix que recouvre un himation (large bordure noire et ornements linéaires) ; de la main droite baissée elle s'appuie sur la lance (parties restaurées) et lève la main gauche du côté de Memnon (bracelet en serpent au poignet). A gauche Achille, la main droite armée de l'épée (refaite), s'avance, portant sur son bras gauche le bouclier (refait), d'où pend un grand tablier de cuir orné et découpé (restauré) ; sa tête (œil de profil comme le précédent ; mèches de cheveux en noir délayé s'échappant du casque sur la joue droite et sur l'épaule) est coiffée d'un casque orné (petites écailles, palmettes, lignes de points noirs, cimier en grande partie refait) ; il porte une cuirasse ornée (oves aux entournures, palmettes et volutes sur le thorax ; tout le bas refait avec les lambrequins) par-dessus une tunique fine (partie restaurée) ; les jambes sont couvertes de cnémides ornées d'un Gorgoneion (jambe droite refaite, l'autre restaurée). La lance de Memnon, brisée par le milieu, a la pointe enfoncée en terre entre ses deux pieds. Devant sa tête, en lettres très pâlies de couleur rouge mat, inscription Λ+.ԼԼΕѴΣ ('Αχ[ι]λλεύς). Derrière lui une femme drapée apporte une bandelette (décor de petites croix) pour le couronner, mais elle est entièrement refaite, sauf le bras droit (bracelet en noir jauni), la main tenant la bandelette, le pied gauche avec le bas de la tunique. A droite Memnon s'affaisse en arrière, le genou gauche en terre, la jambe droite étendue, en

s'appuyant sur le haut bouclier qu'il porte sur le bras gauche et dont on voit l'armature intérieure ; il a un casque à cimier, une cuirasse ornée par-dessus une tunique qui recouvre le justaucorps asiatique à manches ornées de galons noirs et de zigzags ; ses jambes sont couvertes des anaxyrides orientales (même décor) et les pieds chaussés de brodequins fermés (les ᾰϱϐύλαι), qui le caractérisent comme roi des Ethiopiens d'Asie ; mais les restaurations sont très importantes dans ce personnage qui n'a d'antique qu'une partie du cimier et le protome de griffon ailé qui surmonte son casque, le bas du bras gauche avec la moitié du bouclier, les deux jambes et les pieds (sur l'attitude et le costume des deux personnages, cf. un vase du musée de Palerme, hoplite grec et Amazone, Furtwaengler-Reichhold, *Griech. Vasenmalerei*, I, p. 128-129). Derrière lui, à droite, un guerrier barbu et casqué (paragnathide couvrant la joue, cheveux et barbe en mèches de noir jauni s'échappant du casque ; œil de profil ; calotte du casque et cimier refaits), le torse couvert d'une cuirasse ornée de petits personnages en noir opaque jauni (deux hommes gesticulant devant un cheval qui arrive au galop et dont on ne voit que l'avant-corps ; bas de la cuirasse refait), étend le bras droit (refait) qui passe au-dessus du casque de Memnon, en arrière-plan, et ramène le bras gauche en arrière (l'avant-bras et la main tenant une pierre sont refaits et mal restaurés, comme si le personnage était vu de dos) ; sous la cuirasse il porte une tunique courte semée de petites croix noires (un pan seulement antique sur la cuisse gauche ; le reste de la jambe refait) ; il porte sur le côté gauche une épée (le bout seul antique ; le reste mal restauré). Un himation plié en écharpe (bordure noire et frangée) passait dans le dos et revenait sur les deux bras (mal restauré, comme si le personnage était vu de dos ; le pan à droite est seul antique, avec le bout du panache du casque). Dans le champ, entre sa tête et le casque de Memnon, vole un oiseau (pattes disparues) tenant dans son bec un serpent, présage de malheur (cf. *Iliad.*, XII, v. 200 et sv.). Derrière lui, à droite et en partie caché par l'anse, un autre guerrier, marchant vers la droite et tenant une lance, se retourne et saisit le précédent par la crinière de son casque ; mais c'est une restauration de fantaisie, car il n'y a d'antique dans ce personnage qu'une partie de l'avant-bras droit, la cuisse droite avec le bout de la tunique courte et la hampe de la lance, le talon du pied droit soulevé, le contour de la nuque avec les mèches de cheveux en noir jauni et le fer de la lance. Le personnage qui le suit, sous forme de vieillard, se retournant vers la droite et tenant gauchement de la main droite un bâton ou sceptre, est encore plus imaginaire ; il n'y a d'antique que l'avant-bras droit et la main droite tenant la hampe de cet accessoire qui devait être une lance. La colonnette qui, à droite, sépare ce sujet du suivant, est également une restauration. — *B.* **Philoctète mordu par un serpent devant l'idole de Chrysé, dans l'île de Lemnos** Ce tableau, très précieux par l'importance du sujet, est encore plus restauré que le précédent. Il ne reste que les linéaments d'une scène qui peut se reconstituer, mais où les morceaux antiques sont noyés dans les réfections. Ces morceaux sont : la tête, le pan et le milieu de l'himation, la main gauche et le haut du sceptre, le dessus du pied gauche d'un homme barbu (Agamemnon? Calchas?), qui s'avance vers la droite (cheveux en masse noire restaurée, ceints d'une couronne de feuillages en rouge réservé ; œil de profil) ; la main droite, l'oreille droite et le côté droit du visage, l'œil droit, le bas de la tunique et les pieds vus de face de l'idole en xoanon de Chrysé debout sur un autel en borne haute, avec corniche ornée de gros et petits points noirs ; les sinuosités du rocher et le haut du corps du serpent qui mord Philoctète au mollet droit et le dessus du pied gauche du héros (le reste refait et imaginé, ainsi que la colonne derrière lui) ; le milieu de la jambe droite du guerrier barbu qui s'avance vers la gauche (tout le reste refait et imaginé). Pour le sujet plus complet, voir G 143.

Noir dans tout l'intérieur avec deux cercles rouges (refaits). Noir sur l'extérieur, sauf les personnages et les ornements, sur la totalité des anses (restaurées), sur le pied sauf la tranche du degré supérieur. Sous le rebord, zone de palmettes horizontales en rouge réservé, groupées deux par deux et opposées, encadrées dans des rinceaux et des folioles (restaurations nombreuses d'après les parties subsistantes). Sous chaque sujet, une bande de palmettes droites ou renversées dans des rinceaux (mêmes restaurations). Terre rosée. Pas d'emploi visible des retouches rouges. Traces de l'esquisse. Style du milieu du ve siècle.

Nombreuses parties recollées et restaurées, mais habilement dissimulées. Ce cratère était très incomplet, surtout en B. On a refait un vase complet et l'on s'est appliqué avec beaucoup de soin à imiter la technique antique ; on a employé un noir épais, qui laisse un relief assez sensible, mais qui est plus terne et comme charbonneux. On reconnaît aussi les parties restaurées à l'aspect de l'épiderme de l'argile qui est tout fendillé et craquelé dans les morceaux refaits. Mais, en général, il faut rechercher avec beaucoup d'attention les restes antiques, dont les limites sont souvent difficiles à déterminer. Aussi les indications des restaurations sur les planches publiées sont-elles le plus souvent fautives. Haut., 0,62. Diam. sur l'embouchure, 0,57.

Inv. N 3151 (ED 178). Trouvé dans la région d'Agrigente, en Sicile, et entré en 1825 avec la collection Durand. Publié en 1813 par Millingen, *Peint. de vases grecs tirées de diverses collect.*, p. 72, pl. 49 et 50 (avec indication des parties restaurées, mais d'une façon souvent inexacte) ; S. Reinach, *Peint. de vas. antiq.* (2e édition de Millingen), 1891, p. 117-118 ; Gerhard, dans l'*Arch. Zeitung*, 1845, pl. 35 et 36, p. 168, 180 (cf. S. Reinach, *Répert. des vas. peints*, I, p. 358, n°s 5 et 10) et dans *Antike Bildwerke*, pl. 309, n° 7 (l'idole seule et le serpent) ; Overbeck, *Gallerie heroischer Bildwerke*, pl. 22, n° 8 (avec une restauration différente pour le bras droit de Memnon auquel on a donné une épée) ; Milani, *Il mito di Philottete*, p. 70, pl. 1 ; Phot. Alinari, n° 23673 (sujet A). Pour les diverses mentions du vase, voir S. Reinach, édition de Millingen, p. 118, et ajouter : Carl Robert, dans *Monumenti antichi*, 1899, p. 24 ; Furtwaengler-Reichbold, *Griech. Vasenmalerei*, I, p. 184 ; et Hauser, *Ibid.*, II, p. 308, note 1 (liste des vases attribués d'une façon tout arbitraire à une femme peintre de vases) ; Pottier, *Catal. vas Louvre*, p. 1086 ; Beazley, *Attic Vas.*, p. 144, n° 3 (style du cratère d'Altamura) ; Hoppin, *Handbook redfig.*, I, p. 24, n° 19.
Vue d'ensemble avec le sujet A dans notre pl. 137.

G 343. Grand cratère à anses en volutes (large embouchure, col court, anses courtes et droites supportant une grande volute soudée au-dessus et dépassant le rebord du vase, panse ovoïde, base à deux degrés). — Sur le col deux sujets séparés, de chaque côté. Sur la panse deux sujets distincts, mais décorant tout le pourtour, sans interruption. — Sur le col : *A.* **Chasse à la biche par six éphèbes.** A gauche un éphèbe (cheveux en masse noire, ceints d'une bandelette blanche ; œil de profil), le pétase rejeté dans le dos, vêtu d'une chlamyde attachée sur le devant par une grosse agrafe ronde, court vers la droite, la main gauche avancée sous la draperie, tenant de la main droite basse deux javelots. Devant lui court un second éphèbe (même type, même pétase dans le dos), le corps nu, portant sur son bras gauche sa chlamyde qui traîne, le bras droit étendu et tenant de la main gauche basse une courte massue et deux javelots. Le troisième court, le bras droit rejeté en arrière, prêt à lancer une pierre, et il porte de la main gauche une courte massue (même type et même pétase) ; il est vêtu d'une tunique courte serrée par une ceinture ornée de points et d'une chlamyde, rejetée dans le dos, qui est attachée sur le devant par une agrafe ronde. Le quatrième (même type et même pétase) est vêtu d'une chlamyde qui, fixée par devant de la même manière, est rejetée sur le côté gauche, laissant la plus grande partie du corps nue ; ses pieds sont chaussés de crépides à lacets montant sur le mollet ; le bras gauche étendu est recouvert par la draperie et de la main droite il tient le double javelot qu'il enfonce dans le flanc droit d'une biche blessée à mort,

assise sur son train de derrière, levant une patte de devant et la tête (pelage exprimé par des points noirs). Les deux autres chasseurs viennent en sens inverse et font face à l'animal blessé. Le premier lui enfonce dans l'épaule droite une sorte de trident de chasse ; il est vu de dos, marchant à gauche (même type et même pétase), le corps nu, avec la chlamyde portée sur le bras gauche étendu et traînant à terre. Le second accourt à la suite, tenant de la main gauche basse deux javelots, étendant le bras droit (même type, même pétase, mêmes crépides lacées) ; sa chlamyde est ramenée en deux pointes par devant et fixée par une grosse agrafe ronde. — *B.* Le départ de Triptolème assisté des divinités et des héros d'Eleusis. Triptolème, sous les traits d'un éphèbe (cheveux en masse noire, couronnés d'une guirlande de feuillages en rouge réservé, œil endommagé), est assis, au centre, sur un char ailé (cercle de la roue profondément creusé au compas ; caisse du char formant trône avec montants en colonnettes ioniques ; planchette en escabeau sous les pieds), attelé de serpents dont un seul est visible (queue fourchue, double dard sortant de la bouche, peau tachetée de points noirs) ; il est vêtu d'une tunique à manches et d'un himation qui dégage le côté droit ; de la main droite il tient une phiale (rebord orné de points noirs), de la main gauche un sceptre terminé en palmette et la tige d'un bouquet qui s'épanouit en deux gros épis de blé, entourés de rinceaux blancs. A droite, devant lui, une femme drapée (Coré?) tient de la main droite basse une œnochoé d'où coule un liquide (rouge mat) et de la main gauche ramenée en arrière une torche allumée (flamme en blanc) ; elle est posée de face, vêtue d'une tunique dorienne à rabat serrée par une ceinture, et tourne vers Triptolème sa tête de profil (cheveux en masse noire, ceints d'une bandelette en rouge réservé que surmontent quelques feuilles dressées ; boucle d'oreille en anneau ; œil de profil). Derrière elle se tient une femme (même type, mêmes parures) vêtue d'une tunique à large manche, que recouvre un himation dégageant le côté droit; elle tient de la main gauche basse un épi double (tiges et feuilles en blanc) et sur la main droite avancée une phiale (rebord orné de points noirs). Derrière le char de Triptolème se tient une femme semblable à la précédente, tournée vers la droite, tenant de la main droite basse un bouquet d'épis semblable et de la main gauche avancée une torche allumée (vue en arrière-plan, derrière les ailes du char, flamme en blanc). Elles pourraient représenter les deux filles du roi d'Éleusis, Kéléos, servant de parèdres et de prêtresses aux Grandes Déesses, avec les symboles du culte éleusinien. Nous verrions le roi lui-même, Kéléos, dans l'homme barbu qui suit, à gauche, richement vêtu, appuyé sur un sceptre (le haut en bouton de lotus) et tenant de la main gauche un rameau de feuillage (cheveux en masse noire, ceints d'une couronne de feuilles en rouge réservé ; œil de profil) ; il est vu de face, vêtu d'une tunique ornée de bandes de points noirs, que recouvre un himation dégageant le côté droit ; il tourne la tête vers la gauche, la main droite levée, comme pour parler à la femme qui termine le tableau à gauche et que nous supposons être la reine Métaneira (même type que ses filles, même costume), tenant de la main gauche basse le double épi et de la main droite avancée une phiale ; derrière elle une colonne cannelée, supportant un court entablement à triglyphes tracés sommairement, indique un édifice, palais ou temple. A droite, en pendant avec le groupe précédent et terminant la scène de ce côté, une femme voilée (Déméter? même stéphané sur les cheveux, même boucle d'oreille), tenant de la main gauche écartée le bord de son voile (orné d'un pointillé noir), vêtue comme Coré d'une tunique dorienne à rabat et à ceinture, se tient debout devant un autel à corniche en volute, orné d'une bande de points noirs et de quatre raies verticales (cannelures? bandelettes?), posé sur quatre marches, sur lequel est allumé le feu du sacrifice (flamme en blanc); et elle tient de la main droite avancée le bouquet à double épi. Derrière elle un homme barbu (type semblable à Kéléos), vêtu d'une tunique ornée de points noirs, que recouvre un himation cachant le côté et le bras gauche, s'appuie sur un sceptre surmonté d'une palmette; on pourrait y voir un autre personnage du cycle éleusinien (comme Eumolpos?). Derrière lui une raie verticale en rouge réservé forme encadrement au tableau, qui se prolonge au-dessus des personnages et se répète de l'autre côté par une autre raie verticale. — Sur la panse : *C*. **Combat de deux guerriers entourés d'assistants.** On a voulu y voir le combat d'Achille et de Memnon, par comparaison avec le cratère G 342 qui offre des analogies de composition; mais le guerrier vaincu n'a rien d'asiatique dans son costume et les scènes de ce genre sont si nombreuses qu'il faut, en l'absence d'indication précise, leur laisser leur anonymat; on pourrait plutôt penser au combat d'Achille et d'Hector, si la scène suivante se rapporte à Achille et Patrocle, ce qui n'est pas sûr. Au centre, un guerrier aux traits d'éphèbe (cheveux en mèches s'échappant du casque sur la joue et le cou ; grand œil de profil ; musculature en traits jaunis ; casque à cimier dont le panache se relève en arrière, orné de rinceaux et d'imbrications, paragnathides relevées), vêtu d'une tunique courte que recouvre une cuirasse indiquant la musculature (ornée de volutes et de palmettes, de bandes de points noirs, lambrequins indiqués et larges godrons noirs), le côté gauche protégé par un bouclier dont on voit seulement la partie supérieure et l'armature intérieure (noire lanière et bride d'attache), marche rapidement vers la droite, tenant de la main droite basse son épée, le bras gauche étendu (en partie caché par le bouclier de l'adversaire). Devant lui, vu de dos et à demi affaissé, la jambe droite fléchie, la gauche vue par derrière et tendue (talon soulevé et dessous du pied en raccourci), un guerrier barbu (cheveux et barbe en mèches s'échappant du casque, œil de profil), coiffé d'un casque à cimier et à panache, orné de rinceaux et de bandes de points noirs, les paragnathides baissées (ornement en noir opaque), vêtu d'une tunique courte que recouvre une cuirasse à lambrequins (ornée de points noirs, avec des petites divisions carrées indiquant des parties métalliques qui se recouvrent les unes les autres), s'abrite de la main gauche derrière un grand bouclier portant en épisème un serpent (en noir opaque) et, retournant la tête vers la gauche, il tient de la main droite élevée sa lance qu'il pointe contre l'adversaire qui le presse. Entre les deux combattants apparaissent, dans le haut, les rameaux feuillus d'un arbuste dont on voit le tronc entre leurs jambes. A droite de ce guerrier s'avance, pour lui porter secours, un éphèbe coiffé d'un pétase à larges bords (cheveux en mèches s'échappant de dessous la coiffure, œil de profil), vêtu d'une tunique courte, serrée à la ceinture et toute semée d'ornements géométriques (petits cercles, points et denticules) ou formant de larges bordures sur le devant de l'étoffe et sur les rebords ; il marche la tête un peu levée et tient de la main gauche basse une lance (qui se perd en arrière-plan derrière les combattants, ainsi que son bras droit). Il est suivi d'un homme drapé qui termine de ce côté le tableau : celui-ci est barbu (cheveux en masse noire, ceints d'un lien blanc, œil de profil), vêtu d'une tunique à larges manches, semée de petits points et de mouchetures (en noir jauni), que recouvre un himation à bordure en denticules noirs, dégageant le côté droit ; il lève la main droite comme s'il parlait et tient de la main gauche une longue canne ou sceptre. A gauche, derrière le **premier combattant**, arrive une Niké ailée qui apporte un rameau feuillu dont elle se prépare à le couronner ; ses grandes ailes sont de profil

(semis de **points** à la partie supérieure, lignes de points et raies transversales sur le reste) ; elle lève un peu la tête (cheveux en masse noire, ceint d'une stéphané en rouge réservé avec ligne de points noirs et quelques feuilles dressées verticalement ; œil de profil) ; elle est vêtue d'une tunique dorienne à rabat semée de petits cercles, serrée par une ceinture à la taille (bordure du vêtement en denticules noirs). Derrière elle et terminant le tableau marche un éphèbe (cheveux en mèches s'échappant sous la coiffure, œil de profil), coiffé du pilos (brides indiquées en traits noirs sur la coiffe), vêtu d'une chlamyde (fixée sur le devant par une grosse agrafe ronde) qui couvre le côté gauche et laisse une grande partie du corps nue; sur son flanc gauche un bouclier dont on voit le haut et l'armature intérieure (en noir opaque) ; de la main droite ramenée en arrière il brandit sa lance et se porte au secours du premier combattant. — *D*. **Départ en char et adieux de guerriers.** Le sujet s'enchaîne au précédent, sans séparation. S'il fallait reconnaître un exploit d'Achille dans le premier, on pourrait voir dans le second tableau le départ d'Achille et de Patrocle disant adieu à leurs pères, Pélée et Ménétios. A gauche un éphèbe, le pétase rejeté dans le dos (cheveux en masse noire et courtes mèches, ceints d'une couronne de feuillages en rouge réservé rehaussée de points blancs; grand œil de profil ; musculature en traits jaunis), monte du pied gauche sur la caisse d'un char (roue à quatre rayons, cercles exécutés au compas et creusés; ornement en volute et palmette sur la caisse ; rampe légère formant un long coude) attelé de quatre chevaux (crinières coupées droites, rênes avec rondelle par où passent les brides; harnais de poitrail ornés de galons à pointillés noirs, de pendeloques en demi-cercles et de groupes de points noirs ; sous-ventrière indiquée par une étroite bande noire ; des repeints et restaurations dans les jambes) ; de la main gauche étendue il rassemble les rênes et de la main droite abaissée il tient une lance la pointe en bas ; il est vêtu d'une tunique courte, serrée à la taille, richement ornée d'un semis de petits cercles à point central et de bordures en arêtes lancéolées ; une épée à longue garde apparaît en arrière-plan sur son flanc gauche. Devant lui et tournant le dos, debout entre la roue et la caisse du char, un second éphèbe sans pétase (même type, même couronne, tunique analogue ornée de traits en zigzag et de points, le bord inférieur à petites franges) avance la main gauche, comme s'il parlait à son compagnon, et tient de la main droite sa lance, la pointe en bas. Un troisième éphèbe, le corps de face (même type, même couronne, musculature en traits jaunis) retourne la tête vers le précédent et, s'appuyant de la main gauche élevée sur le haut de sa lance, la pointe en bas, il tient sur sa main repliée son casque aux paragnathides abaissées (timbre orné de volutes, rinceaux et palmettes; cimier en crinière) ; il est vêtu d'une tunique courte, semée de petites croix et de points, que recouvre une cuirasse à lambrequins richement ornée (parties métalliques en petits carrés se recouvrant l'un l'autre, imbrications, rinceaux et palmettes, larges rosaces dans un rectangle de noir opaque sur les épaulières). Ce groupe central est encadré, à gauche et à droite, par des assistants. A gauche, un homme barbu (le père d'un des guerriers? même couronne, œil de profil) est assis sur un socle rectangulaire (ou un autel?), à corniche ornée d'une bande de points ; il est vêtu d'une tunique ornée de traits en zigzags et de pointes et le bas du corps est recouvert d'un himation jeté sur les genoux ; il avance la main droite, comme s'il parlait, et lève un peu la tête, en s'appuyant de la main gauche élevée sur le haut d'une canne ou sceptre (main et bras restaurés). Derrière lui, penché et appuyé sur une canne, regardant la scène, un éphèbe (cheveux ceints d'une mince bandelette blanche ; œil de profil ; musculature en traits jaunis) porte la main droite en avant ; il a le bas du corps enveloppé dans un himation, le pied gauche soulevé en arrière (des repeints et restaurations). A droite, en pendant, un éphèbe debout (même type), coiffé d'un casque richement orné (paragnathides relevées, imbrications, quadrillés de points, cimier à queue de cheval), porte sur le bras gauche, avec la lance la pointe en bas, un bouclier dont on voit l'armature intérieure (cercles, traverse, brides et liens pour points d'appui de la main, en rouge réservé sur un fond noir) et d'où pend le tablier de cuir frangé dans le bas, orné de zigzags, de points et d'un grand œil pophylactique ; il est vêtu d'une tunique courte, serrée à la taille, semée d'ornements géométriques (losanges à point central, points, petites franges dans le bas), et donne la main droite, en signe d'adieu, à un homme barbu assis devant lui, qui la lui serre avec sa main droite (le père de l'éphèbe?), en levant la main gauche, comme s'il parlait (cheveux ceints d'une mince bandelette blanche, œil de profil, rides sur le front et musculature en traits jaunis) ; il a le haut du corps nu (restaurations et repeints ; mamelon du sein gauche entouré de points), les jambes couvertes d'un himation qui fait beaucoup de petits plis brisés ; ses pieds sont chaussés de cothurnes fermés et attachés par devant ; il est assis sur un siège pliant (pieds en sabots d'animal) entre deux colonnettes cannelées à chapiteau dorique, supportant un entablement divisé sommairement en triglyphes (interrompu par les attaches de l'anse), ce qui indique l'intérieur ou l'entrée d'une maison ou d'un palais.

Noir dans l'embouchure, sur le plat et l'arcade des anses, sur la panse sauf la place des ornements et des personnages, sur le pied sauf une bande claire près de la base et la tranche inférieure. En haut, sur le rebord extérieur, une bande d'oves et, en dessous par bandes superposées, des palmettes disposées obliquement dans des rinceaux, une guirlande de feuillages, une série de petits oves. Sur les volutes des anses, une guirlande en noir de feuilles de lierre ; à chaque attache d'anse, en manchettes, des godrons noirs et rouges. Sur l'épaule de la panse, une bande de godrons semblables. Sous les personnages et faisant tout le tour, une zone de palmettes disposées obliquement dans des rinceaux. Sur la bande claire de la base, des arêtes lancéolées. Entre la base et le pied, un filet en rouge réservé.

Terre rougeâtre. Emploi des retouches de blanc et peu de retouches en rouge mat. Traces de l'esquisse. Style du milieu ou de la seconde moitié du vᵉ siècle (le traitement des draperies en petites lignes brisées, la grandeur du vase et des personnages, la forme et la composition annoncent la céramique d'où sortiront les œuvres des potiers de l'Italie méridionale).

Bon état de conservation avec un petit nombre de restaurations. Haut., 0,83 ; diam. sur l'embouchure, 0, 52.

(Inv. N 3155.) Trouvé en Italie et placé d'abord dans la collection du cardinal Gualtieri, ce vase passa au Vatican et ensuite, au temps de Napoléon, au Musée du Louvre. Il a été publié par Montfaucon, *Antiq. expliq.*, suppl. III, pl. 29 ; Dempster, *Etruria regalis*, 1, pl. 47-48 ; d'Hancarville, *Vases du Cab. Hamilton*, 11, pl. 106 et 129, 110 et 128 ; Dubois-Maisonneuve, *Introduction à la peint. de vas.*, pl. 9 (sujet C) ; Millingen, *Ancient unedited Monum.*, pl. 20 à 24 ; Inghirami, *Pitture di vasi etruschi*, pl. 8 à 10, et *Galleria Omerica, Iliade*, pl. 120 (sujet D) ; Panofka, *Vasi di premio*, pl. 1 et 2 ; Lenormant et de Witte, *Élite des monuments céramograph.*, III, pl. 63 B (sujet B) ; Overbeck, *Atlas Kunstmythologie*, pl. XV, nᵒ 18 (sujet B). Il est mentionné dans la *Notice du Musée central des arts*, 2ᵉ partie, an X de la République, p. 115, nᵒ 515 ; par Ch. Lenormant, dans la *Revue française*, II, 1828, p. 75 ; par Gerhard, *Trinkschal. und Gefaesse, Berlin*, 1, p. 21 et note 17 ; par Heydemann dans *Pariser Antiken*, p. 40 (avec la bibliographie). Furtwaengler l'a rapproché du cratère des Amazones, de Naples (nᵒ 2421), et l'a groupé avec d'autres peintures de la même époque (*Griechische Vasenmalerei*, I, pl. 26, p. 130, note 3, et 133). F. Hauser l'a rangé, comme G 342, dans la série des grands vases qu'il attribue arbitrairement à un peintre-femme (*Ibid.*, II, p. 308, note 1, nᵒ 5). Cf. Pottier, *Catal. vas. Louvre*, p. 1089 ; Beazley, *Attic Vas.*, p. 147, nᵒ 7 (attribué à l'auteur du cratère des Niobides, G 341) ; Hoppin, *Handb. redfig.*, II, p. 243, nᵒ 35. Vue d'ensemble avec les sujets A et C dans notre pl. 137.

G 345. Fragment du col d'un grand cratère (le vase complet devait être analogue à G 343). — Une frise de personnages courait tout autour du col ; quelques-uns seulement sont conservés. — **Scène de banquet.** A droite, le haut d'une colonne cannelée dorique, supportant un entablement (ligne de gros points noirs), indique que la scène se passe dans l'intérieur d'une maison. Un homme barbu, debout près de la colonne, complètement enveloppé dans un himation qui remonte en arrière sur sa tête, la main droite relevée, le bras gauche pendant (incomplet), regarde les convives, la tête un peu levée (cheveux et barbe en masse noire semée de petits points saillants ; œil en petit cercle teinté de noir délayé et passé au jaune avec un point central noir, ovale de l'œil ouvert dans l'angle interne) ; outre l'himation qui remonte par derrière, la tête est couverte d'une sorte de bonnet en étoffe pliée (le bas du personnage manque). Devant lui, au centre, sur un grand lit de banquet, deux hommes sont étendus et une femme est assise sur le pied du lit. Le premier, barbu, couronné (cheveux et barbe en masse noire et mèches de noir jauni ; œil de profil ; couronne en bandelette large semée de points et de traits en noir jauni), est accoudé sur le chevet du lit, un coussin dans le dos (décor en large bande noire, traits et zigzags en noir jauni) ; vêtu d'un himation qui enveloppe le coude gauche et laisse nus la poitrine et le côté droit, il tient sa main gauche repliée près de sa poitrine et élève dans sa main droite un objet indistinct (il semble que l'ouvrier ait par inadvertance coupé, en posant le fond noir, une partie de cet objet et le bout des doigts ; ce qui subsiste dans la main fermée ressemble au bout d'un os d'animal?) ; sur le bord du lit, contre le corps de ce convive est posée sur la tranche une coupe (en noir opaque). Son compagnon est un homme barbu, le torse vu de face, la tête tournée vers la droite et levée avec une expression un peu hagarde ou avinée (mêmes détails de coiffure et d'œil ; une partie de la tête disparue dans une cassure avec l'épaule droite) ; il est vêtu d'un himation qui laisse le torse nu et, étendant le bras droit levé vers la gauche, les doigts écartés, il se retourne vers son compagnon en tenant de la main gauche un viscère d'animal, probablement un foie (touches de pinceau en noir jauni). Masquant les jambes de ce personnage et assise sur le pied du lit (coussin en noir opaque recouvert d'une étoffe qui retombe à gauche), une femme drapée (cheveux en masse noire, ceints d'une triple bandelette ornée de points en noir jauni, chignon relevé et rond en noir délayé ou jauni ; œil de profil à gros point noir, lèvre pendante, nez fort et long) tient des deux mains avancées (bracelets en noir jauni) une sorte d'osier flexible qu'elle façonne en couronne (un lien ou une fleur en rouge mat fixée à la partie inférieure) ; elle est vêtue d'une tunique à plis fins et à manches amples, le bas du corps recouvert d'un himation (le bas des jambes manque). On voit devant elle le haut de la table qui portait des mets figurés sous forme de pains ou de gâteaux ronds (?) (tache de noir opaque sur le dessus). Derrière elle, à gauche, commençait un autre groupe, sans doute couché sur un lit ; il ne reste qu'une partie du premier convive, barbu, la tête de face curieusement faite et posant sa main gauche sur sa tête avec un geste d'homme aviné (cheveux en masse noire, ceints d'une couronne de feuilles en rouge réservé ; yeux en demi-cercle avec un point central ; bouche entr'ouverte avec les dents visibles, barbe en favoris sur les joues et barbiche en pointe au menton) ; il est vêtu d'une tunique que maintient une sorte de bretelle (décor en pointillé noir) sur l'épaule gauche ; le bas du corps est enveloppé d'un himation (le reste manque). — Du sujet placé de l'autre côté, faisant pendant avec le précédent, subsiste seulement le bras nu tendu en avant d'un personnage dont on voit le profil tourné vers la gauche (cheveux en noir et ton jauni ; œil de profil ; style plus négligé que celui du précédent revers).

Noir dans l'embouchure avec deux cercles en rouge réservé. Noir sur le reste du vase, sauf les personnages et les ornements. Sous le rebord, une zone d'oves entre deux filets noirs. Le vase avait été cassé dans l'antiquité et réparé ; plusieurs morceaux sont percés de trous, deux à deux, pour passer une agrafe de plomb ; on compte une dizaine de trous. Sur ces réparations voir mon *Catalogue des vases du Louvre*, p. 610.

Terre rougeâtre. Emploi des retouches en rouge mat. Traces de l'esquisse. Plusieurs morceaux recollés et complétés avec du plâtre teinté, sans restaurations. Larg., 0,465 ; haut., 0,18.

(Inv. Fragments Campana, n° 44.) Trouvé en Italie et entré en 1863. Cf. Pottier, *Catal. vas. Louvre*, p. 1090 ; Beazley, *Attic Vas.*, p. 122, n° 6 (style du vase de Nausikaa) ; Hoppin, *Handb. redfig.*, II, p. 213, n° 9.

Vue d'ensemble avec le sujet dans notre pl. 137.

G 347. Cratère à oreillettes (de la forme dite cratère à colonnettes ; anses en oreillettes plates, portées par deux hautes tiges qui viennent se souder à l'épaule du vase ; fort rebord saillant, col court et large ; panse ovoïde, pied à deux degrés). — Un sujet sur chaque côté de la panse, dans un encadrement. — *A.* **Kômos de quatre Silènes**. A gauche, un Silène nu, barbu (visage endommagé ; parties du corps nu restaurées ; organe viril infibulé ; cheveux en masse noire, barbe à mèches hirsutes en noir jauni ; queue de cheval entrant dans l'encadrement de gauche), s'avance vers la droite, levant la main gauche ramenée vers son front, tenant sur la main droite un skyphos (en noir opaque). Devant lui, marchant à sa rencontre, mais retournant la tête, un Silène (même type, bandelette blanche sur les cheveux ; œil en point noir dans l'angle interne ouvert ; parties du corps nu restaurées) lève la main gauche en arrière et tient de la main droite basse un thyrse, la tête en bas (bouquet de feuillages en masse ronde sans détails). Suit un troisième Silène, tourné vers la droite (même type, même œil), le corps penché (des restaurations), et jouant de la double flûte qu'il tient des deux mains avancées. A droite, un quatrième Silène (même type, même œil, corps restauré, queue de cheval refaite) marche vers la droite en retournant la tête et levant la main droite ; de la main gauche abaissée il tient une corne à boire (kéras), dont la pointe entre dans l'encadrement de droite. — *B.* **Éphèbe et homme conversant**. A gauche, un éphèbe (cheveux en masse noire ; œil en point noir dans l'angle interne ouvert ; visage endommagé), drapé dans un himation qui dégage le côté droit nu (épiderme de l'argile picoté et endommagé), se tient debout, appuyé de la main droite avancée sur une haute canne à bec relevé. Devant lui est debout un homme barbu (cheveux en masse noire, visage endommagé), drapé de la même façon, s'appuyant de la main droite sur une haute canne à bec relevé (mêmes parties endommagées).

Noir dans l'intérieur, sur le rebord plat et sur les anses ; bande claire sur le rebord extérieur et sur le col, mais seulement du côté de la face A ; noir sur l'autre côté du col, sur la panse en dehors des ornements et des personnages ; zone claire à la partie inférieure de la panse ; noir sur le pied, sauf la tranche. Sur le rebord extérieur, guirlande formée d'un trait entre deux lignes de petites feuilles noires ; sur la bande claire du col (en A), boutons de lotus la tête en bas, avec entrelacs et points. Encadrement des tableaux par une bande de godrons en haut et, sur les côtés, par une ligne verticale de feuillages formée d'un trait entre deux rangées de petites feuilles ; sous les pieds des personnages une ligne en rouge réservé formant terrain. Dans la bande claire du bas de la panse, arêtes noires lancéolées. Sous le fond, quelques signes gravés, indiquant une marque de fabrique ou une commande :

Terre rougeâtre un peu foncée. Emploi des retouches blanches. Esquisse visible. Style de la seconde moitié du ve siècle, rapide et assez négligé, surtout au revers B.

Assez bon état de conservation ; la terre, un peu endommagée par l'humidité, a été picotée et trouée et quelques parties ont été rebouchées par des restaurations. Le vase a servi d'ossuaire ; on l'a trouvé rempli des débris calcinés du défunt qui y sont conservés encore (même usage fait de la célèbre hydrie de Vivenzio, à Naples ; Furtwaengler-Reichhold, *Griech. Vasenmal*,. I, p. 182). Haut., 0,37 ; diam. dans l'embouchure, 0,255.

Inv. N 2601 (ED 619). Trouvé à Agrigente, en Sicile, et entré en 1825 avec la collection Durand. Il avait fait partie de la collection de sir John Coghill et Millingen l'a publié en 1817, *Peintures antiq. des vases grecs de la collection Coghill*, pl. 24 (= S. Reinach, *Répertoire des vases peints*, II, p. 8). Cf. Pottier, *Catal. vas. Louvre*, p. 1091.

G 351. Cratère à oreillettes (même forme que G 347, le col plus haut). — Un sujet sur chaque côté de la panse dans un encadrement. — *A.* **Kômos de trois éphèbes accompagnés d'une joueuse de flûte**. A droite un éphèbe drapé ouvre la marche (cheveux en masse noire et petites mèches sur la tempe et la joue en traits jaunis, ceints d'une étroite bandelette en blanc ; œil de profil) ; il est vêtu d'un himation qui dégage l'épaule droite (gouttes de couleur tombées du pinceau du peintre et cuites avec le reste) et se retourne vers ses compagnons, en levant la main droite en signe de commandement ; de la main gauche dégagée de la draperie il tient une canne à bec recourbé. Il est suivi d'une femme (cheveux en masse noire et chignon rond, ceints d'une triple bandelette en blanc dont les bouts retombent par derrière ; œil de profil), vêtue d'une tunique dorienne à rabat sur la ceinture (quelques restaurations), qui marche en jouant de la double flûte qu'elle tient des deux mains avancées. Derrière elle vient un éphèbe (même type que le premier), le corps nu (mauvaise structure des pectoraux ; quelques restaurations ; organe viril infibulé), avec un himation porté en écharpe sur les épaules ; il lève la jambe gauche (qui disparaît derrière la joueuse de flûte) et tient de la main droite basse une canne à bec recourbé. A gauche, un troisième éphèbe ferme la marche, levant la main droite avec l'air d'interpeller ses camarades (même type que les deux autres) ; il est drapé dans un himation qui dégage le côté droit nu (les pans du manteau entrent dans l'encadrement vertical de gauche). — *B.* **Trois éphèbes drapés**. C'est le commencement de l'emploi des *figure mantellate*, indiquant le revers en style plus négligé, qui devient si fréquent sur les vases de la décadence du ive siècle. A gauche, un éphèbe drapé marche vers la droite en s'appuyant de la main droite sur une canne à bec recourbé (même type) ; il est vêtu d'un himation qui dégage le côté droit nu (même observation pour les plis du manteau). Au centre, un éphèbe (même type et même costume), le corps de face, le pied gauche de face et en raccourci (très grossièrement exécuté), tourne la tête vers le précédent et met la main droite sur sa hanche. Le troisième, à droite, s'appuie de la main droite sur une canne à bec recourbé (même type et même costume).

Noir dans l'intérieur. Le rebord en clair. Bande claire sur le col, mais seulement au-dessus du sujet A ; noir de l'autre côté (qui est le revers). Noir sur les anses et sur la panse, sauf la place des ornements et des personnages ; sur le pied, sauf le bas de la tranche en clair. Sur le plat du rebord, boutons de lotus avec entrelacs ; sur les oreillettes, une palmette noire accostée de deux volutes. Sur le rebord extérieur, guirlande composée d'un trait entre deux lignes de points noirs. Sur le col, dans la bande claire du côté A, boutons de lotus à entrelacs. Autour de chaque tableau, encadrement en godrons dans le haut, en deux lignes de points verticales et trois traits noirs sur les côtés.

Terre rougeâtre un peu brune. Emploi des retouches blanches. Esquisse visible. Style de la fin du ve ou du ive siècle ; exécution rapide et négligée dans les deux tableaux.

Assez bon état de conservation, sans restaurations importantes. Le vase a été réparé dans l'antiquité ; les cinq agrafes de plomb qui rattachent le pied à la panse paraissent bien un travail ancien (sur les réparations, voir mon *Catalogue des vases du Louvre*, p. 610). Haut., 0,375 ; diam. dans l'embouchure, 0,22.

Inv. N 2611 (ED 620). Trouvé à Agrigente, en Sicile, ce vase avait fait partie de la collection de la Malmaison, donnée par Napoléon à l'impératrice Joséphine et dispersée après la mort de celle-ci ; il revint aux collections nationales en 1825 après avoir fait partie du cabinet Durand. Publié par Millin, *Peint. de vases antiq.*, 1, pl. 17 (réédité par S. Reinach, *Peint. vas.*, 1891, p. 14, pl. 17 ; il est certain que Millin se trompait en prenant pour des flambeaux les cannes des éphèbes). Mentionné par Heydemann, *Pariser Antiken*, p. 38 ; Pottier, *Catal. vas. Louvre*, p. 1091.

G 356. Cratère à oreillettes plates (fort rebord, col court et large, panse ovoïde, anses en tablettes plates, portées par deux hautes tiges qui se soudent sur l'épaule du vase, pied à deux degrés). — Un sujet sur chaque côté de la panse dans un encadrement. — *A.* **Départ du guerrier sur son char de guerre.** A gauche, un éphèbe (cheveux en masse noire et petites mèches de noir jauni, œil de profil) coiffé d'un casque relevé sur le haut de sa tête (le haut du cimier coupé par l'encadrement, long panache flottant), vêtu d'un manteau jeté sur le dos et laissant le corps nu (baudrier en double trait noir passant sur le corps, sans épée visible ; un bracelet ou triple lien en noir jauni autour du bras gauche), monte du pied gauche sur son char (roues à quatre rayons laissant voir en perspective les quatre rayons de l'autre roue, caisse petite à double rampe ajourée, une sur le côté, l'autre sur le tablier du char ; tête du joug émergeant vertical entre les chevaux et, en noir opaque, le coussinet interposé qui empêche les frottements ; cf. *Dict. des Antiq.* de Saglio, fig. 2220) ; de la main droite il porte la lance inclinée en avant et tient en même temps, des deux mains avancées, les rênes des quatre chevaux (brides et traits, harnais de poitrail garni de pendeloques en points noirs, crinières coupées droites sans indication de poils) dont trois sont vus en arrière-plan, le second inclinant la tête (qui entre dans l'encadrement du côté droit). En arrière-plan, entre le char et les chevaux, est debout un archer en costume asiatique ; il est coiffé de la tiare, appelée χυρβασία, sorte de bonnet phrygien aplati avec bavolets pendants (entrant dans les ornements du haut ; touches en noir jauni pour imiter des ornements ou pour rendre la matière de l'étoffe) ; il a un type exotique, menton allongé, barbe grêle et pointue (en noir jauni ; œil de profil, bouche ouverte) ; il est vêtu d'une tunique courte à plis fins, qui dégage l'épaule et le bras droit, serrée à la taille par une large ceinture en étoffe pliée et roulée sur laquelle repose la main droite, et de la main gauche il tient l'arc (corde disparue dans une cassure). Devant lui et le regardant, un guerrier barbu, coiffé d'un casque (cheveux et barbe en masse noire et petites mèches de noir jauni ; œil de profil ; casque relevé sur le haut de la tête, à panache ondulant et entrant dans l'encadrement du haut), est en grande partie caché par la croupe des chevaux derrière lesquels il se tient debout ; le corps paraît nu, mais on aperçoit en bas le bout pendant de sa chlamyde ; le côté gauche est couvert par un bouclier portant en épisème un cheval (noir opaque, le haut seul visible) ; de la main droite élevée (entrant dans l'encadrement du haut) il s'appuie sur la hampe de sa lance. — *B.* **Trois éphèbes drapés.** A gauche, un éphèbe drapé (cheveux en masse noire, très légère barbe en noir jauni sur la joue, œil de profil) marche vers la droite, s'appuyant de la main droite sur une canne noueuse à poignée recourbée, vêtu d'un himation qui dégage le côté droit nu (en arrière, le pan de son manteau entre dans l'encadrement vertical). Au centre, un second éphèbe (même type, pas de barbe), vêtu de la même façon, est vu de dos et retourne la tête vers le précédent, en tenant de la main droite basse une canne noueuse. A droite, un troisième éphèbe (même type), drapé de même, s'avance vers la gauche, étendant la main droite comme s'il parlait, tenant de la main gauche sous sa draperie une canne noueuse à poignée recourbée.

Noir dans l'intérieur, mais pas sur le rebord ni sur le plat des anses. Noir sur le col, sauf une large bande claire, et sur la panse sauf la place des personnages et des ornements ; bande claire sur le bas de la panse ; noir sur le pied. Sur le plat du rebord, bande de boutons de lotus avec entrelacs et points ; sur le plat des anses grande palmette noire accostée de deux volutes. Sur le rebord extérieur, un trait noir entre deux lignes de petites feuilles formant guirlandes. Sur le col, dans la bande claire, boutons de lotus la tête en bas avec entrelacs et points. Encadrement de chaque

tableau fait d'une bande de godrons en haut, d'une double ligne de points verticale entre trois filets noirs sur les côtés. Sous les personnages, une bande étroite réservée en clair. A la base, une zone d'arêtes lancéolées sur la bande claire.

Sur la bande claire, en dessous du sujet A, on a gravé à la pointe l'inscription ΠΟΛΕѠϹ qui, d'après la gravure et la forme des lettres semblables à des caractères d'imprimerie me paraît être une inscription moderne, plutôt qu'un graffite de basse époque qui aurait pu être placé sur ce vase. Il en est autrement de l'inscription gravée en grandes lettres irrégulières sous le fond même du vase, que personne n'a signalée et qui paraît bien antique. Ordinairement on trouve à cette place une marque de fabrique. Je ne sais s'il faut exceptionnellement supposer ici une formule comme εὖν Μαία(ι) (nom propre?), indiquant une collaboration ou quelque souvenir amoureux. Le sens reste douteux.

Terre rosée. Pas de retouches. Esquisse détaillée (en A, le guerrier au bouclier est dessiné à travers la croupe du cheval). Style de la seconde moitié du ve siècle.

Assez bon état de conservation. On remarque sur la surface du vase et dans l'intérieur les nombreuses traces d'agrafes de métal qui ont servi à réparer le vase et à maintenir solidement les morceaux brisés. Mais cette réparation n'est peut-être pas antique ; elle pourrait dater du temps où le vase a été trouvé cassé. Une solide armature consolide aussi les parois à l'intérieur. Haut., 0,52 ; diam. dans l'embouchure, 0.31.

Inv. N 2626 (AC 6). Le vase se trouvait autrefois au Vatican (Visconti, *Opere varie*, IV, p. 262, n° 6); il est venu au Louvre sous Napoléon Ier et il est mentionné dans la *Notice du Musée central des arts*, 2e partie, an X de la République, p. 119, n° 520. Il a été publié en 1810 dans le second tome de l'ouvrage de Millin, *Peintures de vases antiques*, II, pl. 22 (réédité par S. Reinach dans sa *Bibliothèque de monum. figurés*, 1891, p. 55, pl. 22). Millin lisait l'inscription πσλεμος et la jugeait fausse. S. Reinach la croit antique. Notons qu'elle n'est pas tracée au revers, mais sous le sujet principal ; les éphèbes n'ont pas des lances, mais des cannes. Plusieurs savants ont pensé à donner au tableau principal un sens mythologique : Rhésos venant au secours de Priam, avec ses chevaux ; Priam se rendant auprès d'Achille pour réclamer le corps d'Hector (Overbeck conjecturait Πρίαμος pour l'inscription ; *Gallerie heroisch. Bildw.*, p. 457). Toutes ces hypothèses sont peu vraisemblables ; le départ des guerriers en char est fréquent, de même que la présence de l'archer scythe à côté de l'hoplite grec. La planche de Millin a été répétée par Inghirami, *Galleria Omerica* (*Iliade*), II, pl. 228 ; Panofka, dans *Arch. Zeitung*, 1852, p. 481, pl. 44 (= S Reinach, *Répert. des vases*, I, p. 376); Ginzrot, *Die Wagen*, I, pl. 22 E. Cf. aussi Stephani, *C. Rend. Saint-Pétersb.* pour 1874, p. 190, n° 4 ; Heydemann, *Pariser Antiken*, p. 39, 46, (il croit la réparation du vase antique) ; Pottier, *Catal. vas. Louvre*, p. 1091.

Vue d'ensemble avec le sujet A dans notre pl. 187.

G 363. Cratère à oreillettes (même type que les précédents). — Un sujet sur chaque côté de la panse dans un encadrement. — *A.* **Guerrier poursuivant une femme.** Le prototype du sujet est la poursuite de Thétis par Pélée, mais le motif a subi ensuite toutes sortes de variantes et a pris une forme plus générale et plus banale. A gauche, une femme drapée s'enfuit, allant vers la gauche et retournant en arrière la tête (cheveux et chignon en masse noire, retenus par une bandelette en rouge réservé, qui maintient quelques feuilles en rouge réservé ou en rouge mat ; œil de profil) vers le ravisseur qui la poursuit ; elle est vêtue d'une tunique à manches et d'un court himation, agrafé sur l'épaule droite (agrafe ronde), ne dépassant pas les cuisses et dégageant le côté gauche ; elle avance les deux mains comme pour se protéger. Elle est suivie d'un guerrier qui court vers elle à grandes enjambées (tête d'éphèbe, œil de profil, cheveux en masse noire ceints d'une large bandelette en rouge réservé, qui maintient par derrière une autre partie de la même bandelette rep[iè]e, retombent sur la nuque ; il est nu, avec un himation roulé en écharpe sur les bras et passant dans le dos ; de la main gauche il tient sa lance et porte sur le bras son bouclier (vu de trois quarts), orné d'un épisème en étoile rayonnante (rayon en noir opaque) ; il étend vers la femme qui fuit sa main droite pour la saisir (la main et le bras soulignés par des traits du pinceau qui ont tourné au rougeâtre). A droite, une autre femme s'enfuit, les deux bras levés (la main gauche entre dans l'encadrement), en retournant la tête (œil de profil, cheveux et chignon en masse noire relevés par une bandelette en rouge réservé qui maintient quelques feuilles en rouge réservé formant diadème). — *B*. **Trois éphèbes drapés**. Cf. G 351, 356. A gauche, un éphèbe (œil de profil, cheveux en masse noire), vêtu d'un himation dégageant le côté droit nu, lève la main droite et s'appuie de la main gauche sur une canne noueuse. Au centre, un éphèbe (même type, même costume), le corps de face, la main droite sur la hanche, tourne la tête vers la droite et lève la main gauche comme s'il parlait au suivant. A droite, un éphèbe symétriquement opposé au premier (bandelette en rouge mat sur les cheveux, même type et même costume) a le bras gauche caché sous la draperie et s'appuie de la main droite sur sa canne.

Même décor que dans G 356. Terre un peu foncée, brune. Emploi des retouches en rouge mat. Esquisse visible. Style de la seconde moitié du vᵉ siècle. Haut., 0,385 ; diam. dans l'embouchure, 0,21.

Inv. N 2604 (ED 621). Trouvé à Agrigente, en Sicile. Entré en 1825 avec la collection Durand. Publié par Raoul Rochette, *Monuments inédits d'antiquité figurée*, 1833, p. 14, pl. 10, nº 2 (il interprète le sujet A comme Pélée et Thétis) ; cf. Pottier, *Catal. vas. Louvre*, p. 1091.

G 364. Cratère à oreillettes plates (même type que G 356). — Un sujet sur chaque côté de la panse dans un encadrement. — *A*. **Le repas du roi Phineus**. On sait que le roi aveugle Phineus, assailli par les Harpyes qui lui dérobent ses mets, est défendu par les Boréades, faisant partie de l'expédition des Argonautes, qui poursuivent les oiseaux ravisseurs (cf. la coupe de Wurzbourg, Furtwaengler-Reichhold, *Griech. Vasenmalerei*, I, p. 209, pl. 41). Dans mon *Catalogue des Vases du Louvre* (p. 1091) j'avais pensé qu'une confusion s'était faite dans l'esprit de l'industriel chargé de décorer ce vase et qu'il avait mis un Boréade ailé à la place d'une Harpye. Mais il vaut mieux expliquer la variante de notre composition, comme l'a fait M. Jatta (*Annal. Inst.*, 1882, p. 90), en s'appuyant sur un texte de Servius (*Ad Aeneid.*, III, 209) rapportant que le *ventus Aquilo* (= Borée) aveugla Phineus pour le punir d'avoir crevé les yeux aux deux fils qu'il avait eus de Cléobula, fille de Borée et d'Orithyie, et mit à ses trousses les Harpyes. On peut donc admettre qu'ici le dieu ailé remplace les Harpyes et vient lui-même railler la détresse du roi aveugle. Phineus (tête chauve, barbe indiquée par un simple trait de contour, lèvre pendante, rides près du nez, œil d'aveugle dessiné par un trait arqué) est assis sur un trône à dossier (montants terminés en volutes ioniques, dossier surmonté d'une palmette) ; il est vêtu d'un himation à bordure noire, qui laisse le côté droit nu (indication des côtes) et, s'appuyant de la main gauche sur un haut sceptre surmonté d'un bouton de lotus (bandelette enroulée autour de la hampe), il avance la main droite vers une table chargée de mets et de viandes (sorte de pain arrondi, longs boyaux débordant de chaque côté) qui est placée devant lui (deux montants et une traverse horizontale). A droite, Borée barbu, ailé (cheveux en masse noire, ceints d'une mince bandelette en rouge mat ; petites mèches en jaune doré ; barbe en longue pointe à touches de noir jauni et doré ; œil en point central jauni dans ovale ouvert, ligne ondulée et transversale en noir jauni sur l'aile), vêtu d'une tunique courte à manches, bordée de noir, avec rabat descendant à la taille, ornée d'un galon central en pointillé noir, le pied gauche chaussé d'une endromide à grand aileron par devant (jambe droite en partie cachée par la table), s'avance vers la gauche et, penché, tend les mains comme pour saisir les mets. A gauche, derrière le roi, un éphèbe (un des Argonautes ?) s'avance pour protéger Phineus et son repas

(cheveux en masse noire, épars en arrière, avec deux longues boucles descendant sur chaque épaule ; œil comme dans le précédent) ; il est vêtu d'une tunique courte, bouffant sur la ceinture, dégageant la poitrine nue, et il porte sur le bras gauche sa chlamyde formant bouclier ; il tient de la main gauche avancée un javelot et il brandit de la main droite un second javelot ; il est chaussé de crépides dont les lacets s'enroulent autour de la jambe jusqu'au mollet (bordure du haut en pointillé noir ; traits de noir jauni). — *B*. **Trois éphèbes drapés**. Cf. les nᵒˢ G 351, 356, 363. A gauche, un éphèbe (cheveux en masse noire ; œil de profil), le corps de face, la tête tournée vers la droite et les pieds vers la gauche, vêtu d'un himation qui dégage le côté droit nu, élève les mains de chaque côté. Au centre, un second éphèbe (même type) marche vers la droite, vêtu de la même façon, et s'appuie de la main droite sur une canne noueuse à poignée en bec. Un troisième éphèbe (même type), la tête baissée, s'avance vers le précédent, le bras élevé comme s'il parlait, drapé de la même façon dans un himation qui couvre le bras gauche (pan inférieur de la draperie entrant dans l'encadrement).

Même décor que sur G 356.

Terre rosée. Emploi des retouches en rouge mat. Esquisse visible. Style du milieu ou de la seconde moitié du vᵉ siècle.

Assez bon état de conservation, sans restaurations. Vase réparé dans l'antiquité : huit trous, deux par deux, dans le sujet A, quatre trous dans l'espace intermédiaire, dix trous dans le sujet B étaient destinés à recevoir des agrafes de plomb (sur ces réparations voir mon *Catalogue des vases du Louvre*, p. 610). Haut., 0,41 ; diam. dans l'embouchure, 0,27.

Inv. MNC 478. Trouvé dans la région d'Altamura, en Italie méridionale, et acquis en 1883. Publié par G. Jatta, dans *Annali dell' Inst.* LIV, 1882, p. 90, pl. O (= S. Reinach, *Répert. des vas.*, I, p. 346) ; W. H. Roscher, *Lexikon der griech. und röm. Mythologie*, article *Phineus*, p. 2366, fig. 1 (il croit à une contamination de deux œuvres d'art, l'une empruntée au sujet de Phineus et les Boréades, l'autre dérivée de la légende de Phineus puni par Borée). Pour les autres peintures de vases avec le sujet de Phineus, voir l'énumération de Rizzo, dans *Monumenti antichi dei Lincei*, 1904, p. 90 (mais le vase du Louvre est omis). Cf. Pottier, *Catal. vas. Louvre*, p. 1091 ; Beazley, *Attic Vas.*, p. 118 (style du cratère de Pan).

Vue d'ensemble avec le sujet A dans notre pl. 138.

G 365. Cratère à oreillettes (même type que les précédents). — Un sujet sur chaque côté de la panse, dans un encadrement. — *A*. **Combat d'Hercule et du fleuve Achéloos**. Hercule barbu (œil de profil, cheveux et barbe en noir délayé), au centre, brandit de la main droite sa massue (qui passe derrière sa tête) et de la main gauche saisit par une de ses longues cornes le fleuve Achéloos ; il marche à grandes enjambées, le pied gauche levé ; il est coiffé de la peau de lion (les poils indiqués par de petits traits noirs) dont les pattes se nouent par devant sur sa poitrine et qui forme un justaucorps (quelques parties restaurées), serré à la taille par une ceinture ornée de points noirs, les deux autres pattes retombant par devant ; sous la peau de lion on voit le bas de sa tunique courte. Achéloos barbu a la forme d'un taureau à tête humaine (œil de profil, pupille en deux cercles concentriques avec point noir central ; cheveux et longue barbe en coups de pinceaux de lustre noir et de noir délayé) ; on ne voit que l'avant-corps (coupé par l'encadrement à droite) avec la patte droite avancée ; il a déjà reçu les coups de son adversaire et de sa bouche s'échappe à flots le sang (figuré par des traits en rouge mat, qui forment par terre une mare s'élevant au-dessus du pied du taureau) ; sa corne, arrachée par Hercule, gît par terre entre les jambes du héros (comme dans la légende cette corne est échangée contre celle d'Amalthée, le peintre lui a donné l'aspect d'une corne d'abondance). A gauche est debout un personnage drapé qui regarde la scène ; on l'a interprété comme une femme ; mais il n'est pas impossible que ce soit un vieillard, un roi, au front chauve (œil de profil), dont le manteau remonte par derrière sur le sommet de la tête et qui s'appuie de la main gauche sur un haut sceptre (hampe enrubannée d'une bandelette noire), vêtu d'une tunique que recouvre l'himation (grosse tache de couleur tombée du pinceau de l'ouvrier) ; dans ce cas, ce serait Phineus, roi de Calydon, père de Déjanire pour qui Hercule combat contre Achéloos. Si l'on pense que le type est plutôt féminin et que l'aspect volumineux de la draperie derrière la tête indique un chignon de femme, ce serait Déjanire elle-même. — *B*. **Trois éphèbes drapés.** Cf. les n°s 351, 356, 363, 364. Le premier, à gauche (cheveux en masse noire, œil de profil), est drapé dans un himation qui l'enveloppe entièrement et remonte dans le cou ; il est tourné vers la droite et avance la main gauche, comme s'il parlait. Le second lui fait face (même type et même costume), les deux bras cachés sous la draperie. Le troisième, à droite (même type et même costume), s'appuie de la main droite sur une canne à bec recourbé.

Même décor que G 356 (les bandes d'encadrement verticales sont composées de petites feuilles formant guirlandes de lierre).

Terre un peu brune. Emploi des retouches en rouge mat. Esquisse visible dans le sujet A. Style de la seconde moitié du ve siècle (négligé en B).

Assez bon état de conservation. Haut., 0,385 ; diam. dans l'embouchure, 0,24.

(Inv. CA 306.) Trouvé à Agrigente, en Sicile, et légué en 1890 par M. le baron de Witte (cf. *Bulletin des Musées*, 1890, p. 108, n° 8). Publié par Millingen, dans *Transact. of the royal Society of litt.*, II, 1, p. 95 ; O. Jahn, dans l'*Archæologische Zeitung*, 1862, p. 323, pl. 168, n° 1 (le type du personnage drapé n'est pas rendu exactement et n'a pas l'aspect aussi féminin) ; S. Reinach, *Répertoire des vases peints*, I, p. 393 ; Duruy, *Hist. des Grecs*, I, p. 181 ; Saglio, *Dict. des antiquités*, article *Achelous* (de Ronchaud), I, p. 26, fig. 49 ; Baumeister, *Denkmäler des klass. Alterth.*, I, p. 2, fig. 4 ; J. Harrison, *Prolegomena to the study of greek religion*, p. 435, fig. 135. Mentionné par Heydemann, *Pariser Antiken*, p. 89, n° 7 ; Pottier, *Catal. vas. Louvre*, p. 1092.

Vue d'ensemble avec le sujet A dans notre pl. 138.

G 366. Cratère à oreillettes (même type que les précédents). — Un sujet de chaque côté de la panse. — *A*. **Rhéa apporte à Kronos une pierre emmaillotée qui représente Zeus enfant.** Le subterfuge auquel la déesse eut recours pour tromper Kronos qui dévorait ses enfants est un curieux sujet dont nous ne connaissons pas d'autre représentation dans la peinture céramique. A gauche, Kronos, sous les traits d'un homme à longue barbe en pointe (cheveux recouverts d'une teinte un peu sombre qui semble indiquer une couleur disparue, peut-être du blanc, ceints par un lien fait d'un simple trait noir ; la barbe indiquée par un contour au trait, mais sans couleur ; œil en point central dans un ovale fermé), vêtu d'un grand himation qui l'enveloppe et forme autour du cou plusieurs plis d'un aspect peu usuel (les traits sont bien antiques), comme si l'on avait voulu donner au vieux dieu, par sa coiffure, sa barbe et son vêtement, une physionomie particulière (pieds nus et sommairement indiqués) ; il s'appuie de la main droite sur un haut sceptre, enrubanné d'une bandelette et surmonté d'un bouton de lotus. Devant lui est debout Rhéa (chevelure en masse noire, retenue par trois liens en rouge mat ; œil endommagé), vêtue d'une tunique, enveloppée dans un himation qui cache les bras et d'où sort, portée comme un enfant et emmaillotée, la pierre qu'elle présente au dieu comme étant Zeus nouveau-né. Derrière elle, le corps de face, retournant la tête vers la précédente, est debout une femme drapée (cheveux en masse noire, serrés par un lien en rouge mat qui est noué par derrière, avec deux boucles en noir délayé qui retombent sur la poitrine et sa chevelure répandue sur l'épaule gauche ; œil de profil), qui des deux mains élevées tient un pli du manteau recouvrant une tunique à manches. A droite est debout en

spectatrice, regardant la scène, une troisième femme (même type, coiffure serrée par un lien en rouge mat), enveloppée dans un himation à bordure noire en dents de loup qui cache complètement les bras. — *B*. **Kronos, Rhéa et Iris (ou Niké?).** Le sens du sujet est moins précis. On pourrait supposer que cette scène précède en réalité la précédente et que Rhéa reçoit l'ordre de Kronos de lui apporter le nouveau-né ; la messagère Iris (ou Niké) se disposerait à l'aller chercher, après avoir reçu les instructions secrètes de Rhéa (?). A gauche, Kronos, reconnaissable à sa physionomie particulière, semblable à celle du tableau précédent (l'œil est dessiné autrement, un peu de profil ; le sceptre est remplacé par une haute canne à poignée en béquille). Devant lui est debout Rhéa (même coiffure et mêmes liens entrecroisés en rouge mat ; œil en point dans ovale fermé), drapée dans un himation qui recouvre une tunique talaire et cache les bras ; elle détourne la tête inclinée de l'autre côté, comme si elle parlait à Iris (ou Niké) qui s'en va vers la droite en retournant la tête ; la déesse est ailée (grandes ailes déployées de chaque côté, traits en zigzags à la partie supérieure, coiffure semblable à celle de la suivante de Rhéa dans le sujet A ; œil de profil), vêtue d'une tunique et d'un himation, les deux bras cachés et les mains relevant l'étoffe pour marcher plus aisément.

Décor semblable à celui de G 351 (les points noirs des guirlandes ont ici la forme de petites feuilles de lierre).

Terre assez brune. Emploi des retouches en rouge mat. Faibles traces d'esquisse. Style du milieu du ve siècle ; exécution rapide et souvent négligée.

Assez bon état de conservation. Le vase a été réparé dans l'antiquité ; la base et le pied portent des trous où sont encore insérées les agrafes de plomb ; cf. G 351. Haut., 0,44 ; diam. dans l'embouchure, 0,29.

(Inv. MNB 1289.) Trouvé en Sicile et acquis en 1878 de la collection de M. Edmond de Pourtalès ; il faisait partie antérieurement de la collection du baron Roger, vendue en 1842. Publié par de Witte (sujet A) dans *Gazette archéologique*, 1875, p. 30, pl. 9 ; par E. de Chanot (= F. Lenormant) dans *Gazette archéologique*, 1877, p. 116, pl. 18 (sujet B). De Witte reconnaît dans les deux suivantes de Rhéa les nymphes Ida et Adrastée, qui avaient reçu de Rhéa l'ordre d'emporter le nouveau-né pour le soustraire à Kronos ; il explique que les pieds insuffisamment dessinés font songer à la statue de Saturne, à Rome, avec les jambes liées ; que les cheveux et la barbe du dieu sont restés de la même couleur que l'argile pour exprimer le feu qui rougissait ses statues (!). F. Lenormant a interprété le sujet B comme Rhéa détournant la tête pour que son vieil époux ne puisse pas lire sur son visage la joie du succès de sa ruse, tandis que Niké s'éloignant va rejoindre le jeune dieu sauvé (?). On doit à M. Maximillian Mayer un article très complet sur *Kronos* (*Lexikon der Mythologie* de Roscher, II, p. 1452) où il a reproduit ce vase (p. 1551, fig. 3) et émis sur l'authenticité du tableau B des doutes non justifiés et non vérifiés, car il n'avait pas examiné l'original. Cf. Pottier, *Catal. vas. Louvre*, p. 1092.

G 367. Cratère à oreillettes (même type que les précédents). — Un sujet sur chaque côté de la panse. — *A*. **Combat des Lapithes et des Centaures.** Le tableau se compose de deux groupes, dont chacun rappelle l'agencement des métopes sculptées du Parthénon, représentant le même sujet. Mais, comme l'a remarqué O. Jahn, si l'influence sculpturale doit être prise en considération (voir notre *Catalogue des Vases du Louvre*, p. 630), il faut ajouter qu'une composition picturale célèbre avait pu aussi bien servir de modèle au décorateur industriel, comme au grand sculpteur. A gauche, un jeune Lapithe sous les traits d'un éphèbe (cheveux en masse noire, ceints d'un lien en rouge mat ; œil de profil et paupière supérieure indiquée ; musculature en noir jauni), un pétase rejeté dans le dos, le corps nu couvert d'une chlamyde fixée par-devant au moyen d'une grosse agrafe ronde, chaussé de crépides dont les lacets montent autour des jambes (tons du noir tournés au jaune et à l'orange), le pied gauche posé sur une éminence rocheuse, le pied droit entrant dans l'encadrement de gauche, s'avance vers la droite, tenant de la main droite une grosse hache à double tranchant et posant sa main gauche sur la tête du Centaure qui lui fait face et qu'il saisit par les cheveux ; lui-même est saisi à la gorge par la main gauche de son adversaire. Le Centaure barbu est vu de dos, sa croupe de cheval en raccourci hardi (queue en traits de noir jauni), la jambe gauche de devant levée, se cabrant sous l'effort, saisissant de la main gauche le col du Lapithe et essayant de la main droite d'écarter la main qui le saisit aux cheveux ; sa tête tournée à gauche (front dégarni, cheveux en masse noire et petites mèches de noir jauni ; œil rond et comme dilaté, oreille pointue) disparaît en partie derrière l'épaule gauche soulevée (musculature du corps en traits jaunis). A droite, un second Lapithe coiffé de son pétase à larges bords (cheveux en masse noire et mèches jaunies ; œil de profil avec paupière supérieure marquée), vêtu comme le précédent, marche à droite, en tenant de la main droite élevée et de la main gauche enveloppée sous sa chlamyde une lance qu'il enfonce dans le flanc droit de son adversaire. Le Centaure barbu (même type que l'autre) galope vers la droite (même queue de cheval en traits jaunis), retournant son buste vers l'ennemi qui le presse et levant avec les deux mains au-dessus de sa tête son arme rustique, une branche de pin (d'où se détache un rameau avec feuilles en couleur blanc rosé) ; son coude gauche, l'extrémité de son arme sont coupés à droite par l'encadrement ; la jambe gauche et le sabot de la jambe droite entrent dans la bande verticale de droite. — *B.* **Trois éphèbes drapés.** Cf. le n° G 351. A gauche, un éphèbe (cheveux en masse noire, œil en point noir devant un demi-cercle et paupière supérieure indiquée), drapé dans un grand himation qui l'enveloppe (traits de noir jauni), étend le bras droit comme s'il parlait. Au centre, un éphèbe (même type, petites mèches de cheveux en noir jauni) lui fait vis-à-vis et l'écoute, penché et appuyé de la main gauche sur une canne, la main droite sur la hanche ; l'himation qui l'enveloppe laisse nus l'épaule et le flanc droits. A droite, un troisième éphèbe (même type que le premier), enveloppé dans son himation, étend la main droite comme pour parler (des traits de noir jauni).

Même décor que dans G 351. Le décorateur n'a pas pris la peine d'indiquer la ligne de terrain sous les sujets.

Terre rougeâtre. Emploi des retouches en rouge mat et en blanc rosé. Esquisse visible dans le sujet A. Style de la seconde moitié du ve siècle ; exécution très négligée dans le revers.

Bon état de conservation. Le vase a dû être réparé dans l'antiquité, la base et le pied portant quelques trous pour des agrafes; cf. G 351. Haut., 0,43 ; diam. dans l'embouchure, 0,26.

(Inv. Campana 683.) Trouvé en Italie, à Nola, et entré en 1863; cf. *Cataloghi Campana*, série XI, n° 125 ; Pottier, *Catal. vas. Louvre*, p 1092. Publié par O. Jahn dans *Annali dell' Inst.*, 1860, p. 20, pl. A (= S. Reinach, *Répert. des vases peints*, I, p. 302 ; il renvoie pour le motif du Centaure vu de dos à la peinture d'un cratère de même époque, au musée du Collège Harrow, représentant le combat de Kaineus contre les Centaures : *Journal of hell. studies*, 1897, pl. 6) ; Beazley a pris ce cratère comme point de départ d'une série de 13 vases attribués au même artiste, *Attic Vas.*, p. 158 160, n° 6 ; Hoppin, *Handb. redfig.*, II, p. 157, n° 9.

G 370. Cratère de la forme dite stamnos (col court, moyenne embouchure, panse ovoïde, deux fortes anses horizontales en dessous de l'épaule du vase, pied en disque peu débordant). — Le sujet fait tout le tour de la panse. — **Réunion de divinités dans l'Olympe.** Une colonne non cannelée, à chapiteau dorique (quelques filets noirs en haut du fût) supportant un court entablement, indique le palais des dieux ; elle est placée dans l'anse du vase et interrompue en son milieu par l'intervalle libre laissé entre les deux attaches de l'anse. Le groupe qui suit comprend Zeus et Niké, Apollon et Héra, groupés deux par deux, l'un assis et l'autre debout. A gauche, Zeus barbu (cheveux en masse

noire et trois longues boucles pendantes, ceints d'une couronne de laurier en rouge réservé ; œil en point noir dans ovale ouvert), vêtu d'une tunique à manches (plis fins en traits jaunis) que recouvre un himation dégageant le côté droit, est assis sur une chaise aux pieds courbes et à dossier, dont le siège est recouvert d'une draperie à bord dentelé, ornée de filets noirs, de petites croix et de points (noir jauni) ; de la main gauche il s'appuie sur un sceptre terminé en fleur de lotus, tenant en même temps le foudre ailé en forme de deux fleurs de lotus opposées (celle du bas refaite) d'où sortent des flammes (traits de rouge mat) ; de la main droite avancée, il tient une phiale dans laquelle la déesse ailée verse une libation. Niké est vue de face, les deux pieds en raccourci, vêtue d'une tunique dorienne à double rabat sur les jambes et sur la poitrine (quelques parties restaurées) ; les ailes largement déployées derrière elle (petites mouchetures en noir jauni sur la partie supérieure, traits noirs et traits jaunis transversaux), elle verse la tête (cheveux en masse noire recouverts du cécryphale ; œil en point noir dans ovale un peu ouvert) vers Zeus et tient de la main droite basse (restaurée) l'œnochoé (bec trilobé, zone de languettes en noir jauni sur l'épaule) dont elle verse le contenu ; de la main gauche abaissée elle tient le pli de sa tunique qu'elle relève pour dégager les pieds. A droite, Apollon est debout, le corps tourné de trois quarts vers la gauche et les pieds de profil dans le même sens, tandis que la tête se retourne vers la droite (cheveux et chignon en masse noire retenus par une couronne de laurier en rouge réservé, petites mèches sur le front et sur la tempe en jaune doré ; œil comme chez les précédents) ; il est vêtu d'une tunique à manches et à plis fins que recouvre un himation dégageant le côté droit (partie restaurée dans le bas) ; il appuie les doigts de la main gauche sur les cordes (sept traits en noir saillant sur le fond noir) d'une grande cithare (montants découpés, ornés de volutes ; points d'attache des cordes en retouches de rouge mat; clef saillante pour serrer les cordes), d'où pend l'étoffe ornée de petits losanges (en noir jauni) qui sert d'étui à l'instrument ; de la main droite abaissée il tient le plectre (en retouche rouge) rattaché à la cithare par un long cordon (en rouge mat). Il semble parler à Héra diadémée (cheveux en masse sombre et en bandeaux striés, avec une longue boucle pendant sur la poitrine ; diadème en large cercle orné de petites croix en noir jauni et surmonté d'une série de petits oves; œil semblable à ceux des autres), assise sur un siège pliant (pieds en griffes de lion) sur lequel est posée une mince étoffe qui déborde ; elle est vêtue d'une tunique à manches et à plis fins (traits de noir jauni) et elle porte un himation placé en châle sur le dos et sur les bras ; de la main droite élevée elle tient une fleur (en rouge mat) et porte de la main gauche un sceptre terminé en bouton de lotus ; ses pieds sont posés sur une sorte de grand escabeau formant degré. Dans l'intérieur de la seconde anse, qui interrompt ici la zone circulaire, est placé Hermès barbu, le pétase dans le dos (cheveux en masse noire, ceints d'une couronne de feuillages en rouge mat ; même œil), coupé à mi corps par l'intervalle laissé libre entre les deux attaches de l'anse. Il a le corps vu de face, la jambe gauche en raccourci, et tourne la tête vers la droite, la main droite approchée de sa poitrine, le bras gauche caché sous la chlamyde qui couvre le haut du corps ; il est chaussé d'endromides (aileron recourbé et saillant au pied droit). — La scène continue sur l'autre côté du vase par un groupe de deux divinités qui sont symétriquement tournées l'une vers l'autre, Athéna et Plouton, entre deux autres qui les regardent, Poseidon et Proserpine. A gauche Poseidon barbu (cheveux et chignon en masse noire retenus par une guirlande de feuillages en rouge mat ; même œil), vêtu d'une tunique à manches et à plis fins (traits de noir jauni) que recouvre un himation dégageant le côté droit (quelques parties restaurées), tient de la main droite par la queue un gros poisson (dauphin) et s'appuie de la main gauche sur un haut trident (deux volutes en haut de la hampe, traverse horizontale). Vient ensuite Athéna (cheveux en masse noire, ceints d'une bandelette en rouge réservé, pendant sur le cou et terminés en bourse ronde en rouge réservé ; même œil) ; elle est vue de face, les pieds dirigés vers la gauche, la tête tournée dans l'autre sens ; l'égide couvre sa poitrine (petites mouchetures en noir jauni ; partie restaurée ; huit serpents en volutes sur le bord inférieur), et on en voit un coin qui revient par derrière (quatre serpents en rouge réservé) ; elle est vêtue d'une tunique à manches (celle de droite ornée de petites croix en noir jauni) que recouvre un himation ; de la main droite abaissée elle tient par le garde-joue son casque à cimier et à panache (bande de points entre la calotte et le cimier) ; de la main gauche abaissée (restaurée) elle porte la lance. Elle semble se tourner pour parler à Plouton, dieu des Enfers et dieu de l'Abondance, tenant une corne d'abondance sur son bras gauche ; il est barbu (cheveux en masse noire, ceints d'une guirlande de feuillages en rouge mat, épars sur le cou avec deux longues boucles pendantes ; même œil), vêtu d'une tunique à manches (plis fins en noir jauni) que recouvre un himation dégageant le côté droit ; marchant vers la droite, il se retourne vers Athéna, comme pour la saluer d'un geste amical, la main droite levée (poignet restauré). Il est suivi d'une déesse drapée qu'on a interprétée comme Aphrodite, mais qui, à côté du Plouton des Enfers, serait plutôt Perséphone (cf. la coupe du Musée Britannique, *Monumenti Inst.*, V, pl. 49) ; elle a le corps de face, le pied droit en raccourci et retourne la tête vers la gauche (cheveux en masse noire, ceints d'une bandelette en rouge réservé, épars sur le cou avec longue boucle pendante ; même œil) ; elle est vêtue d'une tunique à manches (plis en noir jauni) que recouvre un himation dégageant le côté gauche (parties restaurées) ; le bras droit est abaissé (restauré) avec la main ouverte et avancée ; la main gauche est levée en arrière.

G 371. Cratère de la forme dite stamnos (même type que le précédent). — Le sujet fait tout le tour du vase. — **Départ de Triptolème en présence des divinités et des personnages mythiques d'Eleusis.** A gauche, Triptolème sous les traits d'un éphèbe (cheveux en masse noire avec trois boucles pendantes, ceints d'une guirlande de feuillages en rouge mat ; œil de profil, menton proéminent), vêtu d'une tunique à manches et à plis fins (traits de noir jauni), que recouvre un himation dégageant le côté droit, est assis sur un char ailé, les pieds posés sur une planchette formant escabeau (une seule roue à quatre rayons, caisse du char en banquette étroite avec rampe rectangulaire, grande aile attachée au moyeu de la roue et relevée en arrière,

mouchetures en noir jauni sur la partie inférieure de l'aile, traits transversaux en noir délayé sur la partie supérieure) ; il s'appuie de la main gauche sur un haut sceptre terminé en bouton de lotus et tient de la main droite avancée une phiale dans laquelle tombe le liquide (en rouge mat) contenu dans l'œnochoé que tient Déméter debout devant Triptolème. La déesse est diadémée (cercle en rouge réservé ceignant les cheveux en masse noire avec mèches en noir jauni sur le front et quatre longues boucles pendantes, œil de profil, bouche entr'ouverte et menton proéminent) et porte à son cou une amulette en croix suspendue à un lien (en trait jauni) ; vêtue d'une tunique à manches et à plis fins (traits de noir jauni), que recouvre un himation dégageant le côté droit, elle tient de la main droite l'œnochoé à libation et porte de la main gauche une torche allumée (flamme en rouge mat). Derrière elle est debout une autre déesse, à peu près semblable comme aspect, qui doit être Coré (Perséphone), tenant dans ses mains deux torches allumées (mêmes flammes), l'une horizontale, l'autre verticale ; elle est vêtue du même costume (coiffure diadémée, les cheveux épars sur le cou avec l'extrémité enfermée dans une sorte de petite bourse en rouge réservé ; œil de profil, lèvre et menton proéminents). A droite, une partie du corps cachée sous l'attache de l'anse qui est insérée à cet endroit, est debout un homme barbu, sans doute le roi d'Éleusis Kéléos, sous les traits d'un vieillard (cheveux en mèches de jaune doré, ceints d'une guirlande de feuillages ; barbe en traits de noir délayé ; œil de profil, bouche entr'ouverte), vêtu d'une tunique à manches et à plis fins (traits jaunis) que recouvre un himation dégageant le côté droit ; il s'appuie de la main droite sur un haut sceptre surmonté d'un bouton conique (mal formé). Derrière lui, engagée dans l'anse et coupée à moitié par l'intervalle laissé libre entre les deux attaches, est debout une femme, peut-être la femme du roi Kéléos, Métaneira (type analogue à celui de Coré, le diadème moins large, même costume, collier à amulette), le corps de face, les pieds vers la gauche, la tête tournée vers la droite, levant les deux mains et regardant un héraut tenant le caducée, qui la suit et semble lui parler. C'est un homme barbu (cheveux en masse noire avec longue mèche pendante, ceints d'une guirlande de feuillages en rouge mat ; œil de profil, lèvre proéminente), le pétase rejeté dans le dos, vêtu d'une tunique courte à petits plis que recouvre une chlamyde agrafée sur l'épaule droite, chaussé d'endromides à haute tige, munies d'ailerons recourbés en avant ; il tient la main droite baissée et ouverte, en parlant, et porte de la main gauche le caducée horizontalement (musculature en traits jaunis) ; il pourrait représenter dans le personnel éleusinien la famille des Kérykès, à côté d'Eumolpos représentant les Eumolpides. Suivent deux jeunes filles avec un homme barbu qu'on pourrait interpréter comme les filles de Kéléos avec Eumolpos (cf. G 343, B, et le skyphos signé de Hiéron, *Catal. British Museum*, III, E 140). La première marche vivement vers la droite, retournant la tête en arrière (diadème sur les cheveux en masse noire à petites mèches sur le front et à trois longues boucles pendantes ; même type de visage et même costume que les femmes précédentes) ; elle rapproche sa main droite de sa taille et porte de la main gauche baissée une torche (non enflammée). L'autre jeune fille (même type avec le bout des cheveux enfermé dans une bourse en rouge réservé, même collier, même costume) tient de la main droite une torche allumée (flamme en rouge mat) et retourne la tête en arrière. L'homme barbu (même type que Kéléos, avec cheveux noirs et trois longues boucles pendantes, des parties restaurées, même costume) rapproche sa main droite du corps en relevant les doigts verticalement et s'appuie de la main gauche sur un haut sceptre terminé en bouton conique : sur son corps vient s'insérer l'attache de l'anse. Devant lui, en partie cachée par l'autre attache et engagée à mi-corps dans l'anse, marche une troisième femme drapée (même coiffure que la précédente; simple lien en rouge mat sur les cheveux; même collier, même costume avec quelques petites croix et mouchetures noires sur la tunique), qui rapproche sa main droite de son corps et porte de la main gauche une torche allumée (flamme en rouge mat qui déborde sur les ornements du haut) ; on pourrait peut-être y voir la nymphe locale Éleusis, comme dans le skyphos de Hiéron cité ci-dessus.

Mêmes remarques que dans G 370 pour le décor, l'argile, les retouches, l'esquisse et le style.
Assez bon état de conservation avec quelques cassures recollées. Haut., 0,36 ; diam. sur l'embouchure, 0,21.
(Inv. Campana 738.) Trouvé en Étrurie et entré en 1863 ; cf. *Cataloghi Campana*, série IV-VII, n° 56. Publié par Strube, *Suppl. zu den Studien über Bildw. von Eleusis*, pl. 1; Overbeck, *Griechische Kunstmythologie*, II, p. 542, n° 45; *Atlas*, pl. XV, n° 20. Mentionné par Stephani, *C. rendus de Saint-Pétersbourg pour 1859*, p. 53, n° 11 ; Gerhard, *Bilderkreis von Eleusis*, p. 389, n° r⁴ (il nomme Triptolème, Déméter, Kora, peut-être Hadès, Hermès ou un hiérokéryx, Kéléos ou un hiérophante) ; Strube, *Studien über d. Bilderkreis von Eleusis*, p. 12, n° r⁴; Pottier, *Catal. vas. Louvre*, p. 1093; Beazley, *Attic Vas.*, p. 89 (école du peintre de l'amphore de Berlin) ; Hoppin, *Handb. redfig.*, I, p. 72, n° 89.

G 372. Skyphos (large embouchure, anses fortes et horizontales au rebord du vase, panse presque cylindrique, pied en disque peu débordant). — Un sujet sur chaque côté du vase. — Les deux tableaux sont fort curieux et prennent place parmi les représentations importantes et rares de la céramique attique ; mais on a de la peine à en démêler le sens. — *A.* **Géant occupé par la déesse Athéna à la construction de l'Acropole** (?). A gauche, un homme barbu (cheveux et barbe en masse noire et en mèches hirsutes ; œil rond et comme dilaté, dessiné de profil avec indication de la paupière supérieure ; deux rides sur le front indiquées en clair sur un fond un peu rougeâtre), le corps nu avec un himation plié en écharpe et posé sur l'épaule gauche pour servir de coussinet (musculature en traits clairs sur le fond un peu rougeâtre, parties viriles infibulées), marche vers la droite, les jambes légèrement fléchies sous le poids, en portant sur son épaule gauche et en soutenant de la main droite un gros rocher (traits curvilignes pour indiquer les aspérités; touches de noir délayé pour rendre l'aspect de la pierre) ; c'est un Géant d'après l'inscription en rouge mat placée le long du rebord, au-dessus de lui, en lettres espacées : ΓΙΓΑΣ (il est probable, mais non certain, que la première lettre représente un Γ). Il est séparé de la déesse par une grande hampe plantée en terre; on peut supposer que c'est la lance d'Athéna (ou un jalon fixé pour délimiter l'enceinte sacrée?) ; l'extrémité inférieure pénètre dans la ligne de terrain sur laquelle reposent les pieds des personnages. A droite et tournant le dos au précédent, la main droite étendue comme pour indiquer la direction à prendre, Athéna casquée (boucles de cheveux s'échappant sous le casque ; œil de profil avec indication de la paupière supérieure ; cimier séparé du casque par une double bande de points noirs, paragnathide baissée de forme arrondie) se tourne vers la droite, vêtue d'une tunique à manches et à plis fins que recouvre un himation dégageant le côté droit (les deux pieds vus de face en raccourci). — *B.* **Réunion de Phlégyas et de Phorbas dans les Enfers** (?). Phlégyas est l'ancêtre éponyme de la race thessalienne des Phlégyens et il incendia le temple de Delphes pour se venger d'Apollon, ravisseur de sa fille Coronis, qui fut la mère d'Esculape; Phorbas est aussi un Phlégyen qui faisait du brigandage sur la route de Delphes et fut tué par Apollon. D'après M. Hauser, tous deux seraient représentés ici dans les Enfers

comme ennemis d'Apollon ; mais il reste des points douteux, comme le lien que Phorbas tient dans sa main et qu'il regarde fixement. Il y a des détails de la légende ici représentée que nous ne comprenons pas bien ; M. Rossbach l'interprète comme la découverte du fil à plomb par la déesse Athéna construisant l'Acropole; les deux Phlégyens considèrent avec étonnement cet instrument qu'ils ne connaissent pas ; mais cette explication nous semble des plus hasardeuses. Elle a été combattue par M. Hauser. A gauche, un homme barbu (cheveux et barbe en mèches saillantes sur le fond de noir opaque ; œil rond et comme dilaté, semblable à celui du géant de l'autre sujet), vêtu d'un himation qui dégage le côté droit nu (musculature en traits clairs), se penche en s'appuyant sur un double bâton, la main droite avancée. Au-dessus de lui, le long du rebord du vase et en lettres espacées de rouge mat : ΦΙΛΛΥΑΣ. Devant lui un tronc d'arbre dépouillé de feuilles avec trois branches saillantes (traits obliques et touches de noir délayé pour rendre le bois de l'arbre). A droite, un autre homme barbu (même type et même costume, le front dégarni avec des mèches ramenées en avant) s'appuie aussi de la main gauche sur une double perche et tient de la main droite avancée un lien (en rouge mat ; replié en boucle avec chaque extrémité ornée de trois points) qu'il semble considérer d'un œil hagard.

Noir dans l'intérieur, sur tout l'extérieur sauf la place des personnages et des ornements ; le fond en couleur rougeâtre avec un point central dans trois petits cercles concentriques.
Sous chaque anse, grand motif floral composé de deux palmettes opposées d'où se détachent des rinceaux chargés de palmettes plus petites et de boutons allongés ; les ornements envahissent même le tableau, auprès des personnages. En ligne de terrain, une grecque circulaire mêlée de croix.
Terre rosée. Emploi des retouches en rouge mat. Pas d'esquisse visible. Style du milieu du vᵉ siècle.
Bon état de conservation. Haut., 0,205 ; diam. dans l'embouchure 0,225.
(Inv. Campana 768.) Trouvé en Italie, dans la région de Nola, et entré en 1863 ; cf. *Cataloghi Campana*, série XI, n° 72. Publié par Rossbach, dans *Neue Jahrbücher für class. Philolog.*, 1901, p. 390 ; G. Geffroy, *Palais du Louvre*, III (*Mobilier, Objets*), p. 54. Cf. Fr. Hauser, dans *Strena Helbigiana*, p. 116-117 ; *Griech. Vasenmal.* III, p. 30, note 8 ; Pottier, *Catal. vas. Louvre*, p. 1093.
Vue d'ensemble avec le sujet A, et sujet B dans notre pl. 138.

G 373. Amphore de la forme dite péliké (cf. G 233 et suiv. ; moyenne embouchure, col assez étroit, anses plates et verticales, attachées à la base du col et aux deux tiers de la panse ovoïde, fortement renflée en bas, pied en disque épais et assez débordant). — Le sujet fait le tour de la panse, sans être interrompu par les anses. — **Enlèvement de Thétis par Pélée, en présence des Néréides et de la famille de la déesse.** Le sujet est divisé en deux groupes par les deux faces du vase. — *A.* Dans le premier groupe, Pélée enlevant Thétis forme le centre entre deux Néréides. Le héros, sous les traits d'un éphèbe (cheveux en masse noire et répandus dans le dos en boucles de noir délayé, avec quatre boucles de noir jauni sur la joue, le cou et l'épaule droite, ceints d'une couronne de laurier en rouge réservé ; œil de profil, lèvre inférieure pendante ; barbe légère indiquée en quelques traits noirs), le corps nu (un triple trait noir passant en baudrier sur le corps semble indiquer le soutien d'une épée qu'on ne voit pas), avec un himation plié en châle, posé sur le dos et revenant sous les bras (quelques gouttes noires tombées du pinceau de l'ouvrier), se penche et saisit à bras-le-corps, sa main droite serrant fortement son poignet gauche, la déesse Thétis qui, marchant vers la droite, le corps de face, la tête tournée vers la gauche, lève les deux bras en l'air comme pour appeler au secours (ses deux mains pénètrent profondément dans l'encadrement du haut) ; elle est diadémée (bandeau en rouge réservé, orné d'une bande de petits points, posé sur les cheveux en masse noire ; œil de profil, lèvre pendante ; boucle d'oreille en disque soutenant une pendeloque, collier de perles en points de noir jauni), vêtue d'une grande tunique brodée à nombreux plis horizontaux et à manches (galon orné d'entrelacs et de lignes de points à la ceinture, sept galons en bordures noires sur le bas de la tunique ; quelques parties en noir jauni) et d'un himation posé en écharpe dans le dos et ramené par devant. A ses pieds ondule un grand serpent au corps tacheté (points en noir et noir jauni, tête plate marquée de quatre gros points noirs avec langue pendante en fibrilles séparées) dont la tête se pose sur la jambe gauche de la déesse ; une petite panthère (tête de face, corps tacheté de points noirs ou jaunis, la queue en l'air) défend Thétis en grimpant sur le dos de Pélée et en lui mordant la nuque ; ces animaux représentent symboliquement les transformations de la déesse elle-même pour échapper à l'étreinte du héros. A gauche, une Néréide s'enfuit, le corps de face, retournant la tête (cécryphale recouvrant les cheveux, boucle d'oreilles ronde, œil de profil, grosse figure avec bouche à peine indiquée), vêtue d'une tunique à manches que recouvre un court himation dégageant le côté droit (goutte de noir tombée du pinceau de l'ouvrier). A droite une autre Néréide s'enfuit, retournant la tête (même type, même coiffure, les cheveux sortant par derrière en mèche de noir jauni ; même costume) ; elle tient de la main droite par la queue un petit dauphin ; sa main gauche avancée est en partie cachée par le tronc d'un arbre dont on ne voit pas le haut (coupé par l'attache de l'anse) et qui se dresse en avant d'une petite éminence représentant l'entrée d'une grotte d'où sort, lové et enroulé sur lui-même, un autre serpent (même type que l'autre), s'élançant au secours de Thétis. — *B.* Le second groupe de personnages représente les **Néréides venant annoncer le rapt aux parents de Thétis**, l'Océanide Doris et Nérèus. Une des Néréides est en partie cachée par l'attache de l'anse et les ornements floraux s'étalent jusque sur son corps ; son visage est très sommairement indiqué (cheveux en masse noire, œil de profil, bouche à peine formée) ; vêtue d'une tunique à manches, elle court vers la gauche en retournant la tête ; son bras droit n'est pas dessiné. Une autre Néréide (type analogue, cheveux noirs à mèches jaunies, ceints d'un lien en rouge mat) s'avance vers la droite, la main gauche étendue, comme si elle parlait, relevant de la main droite le pli de sa tunique à grandes manches. Au centre se dresse un autel rectangulaire, à coinsen volutes, posé sur deux degrés (sur la face antérieure quatre touches en noir jauni indiquent la place de l'écoulement du sang des victimes), qui semble montrer que l'enlèvement a eu lieu pendant la célébration d'une fête. Derrière l'autel, Doris, le corps et la tête de face (cheveux en masse noire divisée en deux bandeaux, avec boucles éparses sur les épaules ; diadème en bandeau demi-circulaire de rouge réservé ; oreilles de face dont une avec boucle d'oreille en disque rond ; yeux en point noir jauni dans ovales ouverts), le pied gauche visible à droite de l'autel et soulevé comme dans un mouvement de course, lève le bras en l'air (le gauche en partie caché par Nérèus) en signe de surprise et de désolation. A côté d'elle, à droite, son époux Nérèus barbu (cheveux en masse noire, épars dans le dos, ceints d'une guirlande en rouge mat), vêtu d'une tunique à manches que recouvre un himation dégageant le côté droit, tient de la main gauche (invisible) un long sceptre (dont l'extrémité est coupée sous l'anse) et lève la main droite en signe d'étonnement. Il est placé en arrière-plan, derrière le corps de cheval du Centaure Chiron (qui figure souvent dans ces sujets et est favorable à Pélée), dont le torse humain est peint sur le plat de l'anse même, tandis que son bras droit est dessiné sur le flanc du vase (il en résulte une

distorsion bizarre) ; tout le corps par devant, y compris les jambes, est celui d'un homme à longue barbe (cheveux en masse noire à contour ondulé, ceints d'une guirlande de feuillages en rouge mat ; œil de profil), vêtu d'un himation qui dégage le côté droit nu (goutte de couleur noire tombée du pinceau de l'ouvrier) ; il pose la main droite sur sa hanche et tient de la main gauche le bout d'une branche de pin (dont le reste se perd derrière lui).

Dans l'embouchure un large cercle noir. Noir sur le rebord, le col, les anses et la panse, sauf la place des personnages et des ornements, sur le pied sauf le bas de la tranche en clair. En haut de chaque tableau, une bande de boutons de lotus, la pointe en bas, reliés par des entrelacs où alternent des points. Sous les pieds des personnages, une grecque circulaire entre quatre filets noirs. Sur le plat d'une des anses (opposée à celle où est peint le Centaure), un grand motif floral en palmette accostée de deux volutes ; en-dessous, un disque en rouge réservé, coupé d'une croix, et une bande courbe semée de petits points de noir jauni. Le fond des tableaux, surtout dans le sujet A, offre plusieurs taches de noir jauni.

Terre rougeâtre. Emploi des retouches en rouge mat. Pas d'esquisse visible. Style du milieu du ve siècle ; celui du sujet B plus négligé.

Bon état de conservation. Haut., 0,39 ; diam. dans l'embouchure, 0,13 ; sur l'embouchure, 0,16.

(Inv. Napoléon III, 2528.) Acquis en 1865 de la collection Pourtalès. Le vase a été trouvé vers 1831 en Étrurie, à Bomarzo (*Bullettino dell' Inst. arch.*, 1831, p. 6 et 90). Gerhard l'a signalé dans son *Rapporto Volcente* (*Annali Inst.*, 1831, p. 153, note 406) sous le nom de péliké, mais en le disant trouvé à Viterbe. De Witte dans les *Annali* de 1832, p. 109, n° X, le décrit comme « hydrie panathénaïque » trouvée à Bomarzo, et il voit au revers Thétis faisant une libation. Ces variantes de désignation et de provenance ont pu faire croire qu'il y avait deux vases différents, portant le même sujet ; j'estime avec M. Graef (*Jahrbuch Inst.*, 1886, p. 203, n° 73) qu'il s'agit bien d'un seul vase, mais il a tort de dire que Gerhard (*Auserlesene Vasenbilder*, III, p. 68, note 10, d) admettait l'identité des deux vases, puisque Gerhard cite un autre vase tout à fait semblable, mentionné par Vittori (*Bomarzo*, p. 55), — ayant au revers la Douleur de Thétis qui pleure la mort d'Achille, et il est évident que c'est une mauvaise interprétation du revers de notre amphore ; voy. aussi Overbeck, *Heroische Galerie*, p. 186, note 65. En 1847 Gerhard se doutait que de la collection Magnoncourt (De Witte, *Cab. Magnoncourt*, n° 58), le vase avait passé chez le comte Pourtalès (Dubois, *Description des antiques Pourtalès-Gorgier*, p. 41, n° 205), d'où il vint au Louvre (*Catalogue de vente de la coll. Pourtalès*, 1865, p. 54, n 217) Pottier, *Catal. vas. Louvre*, p. 1094. Il est curieux que ce vase, si anciennement connu et souvent signalé, n'ait jamais été reproduit.

Deux vues d'ensemble avec les deux sujets dans notre pl. 139.

G 374. Amphore de même forme (même technique, le plat de l'anse formant un dos d'âne assez marqué, le pied en disque peu saillant). — Un sujet sur chaque côté du vase, mais les personnages forment une zone non interrompue par les anses. — *A.* **L'ambassade auprès d'Achille.** Cf. pour le sujet G 163 et 264. A gauche un chef grec (Ajax ou Diomède) est debout, le pied gauche soulevé en arrière et le corps un peu penché, s'appuyant sur une canne ; il est barbu (cheveux en masse noire, œil de profil), drapé dans un himation qui cache les bras et dégage le devant de la poitrine (plis ondulés, quelques parties restaurées). Derrière lui, un éphèbe drapé (très restauré, la tête et le haut du corps refaits), peint en partie sur le plat de l'anse et sur le flanc du vase, paraît se rattacher à cette composition comme figure de remplissage. Devant Ajax, Ulysse barbu (cheveux en masse noire à contour ondulé, visage restauré), le pétase rejeté dans le dos, vêtu d'une chlamyde fixée sur l'épaule droite par une grosse agrafe (des morceaux restaurés), est assis sur un siège pliant (pieds en sabots d'animal, montants renforcés de gros anneaux ornés de traits en croix et de points) et tient son genou gauche (jambe passée par-dessus l'autre) dans ses deux mains réunies (crépides à lacets montant sur les mollets, en bandelettes ornées de points, décor en noir jauni). En face de lui est assis sur un tabouret rectangulaire, à pieds tournés, Achille sous les traits d'un éphèbe (cheveux blonds en mèches de noir délayé et jauni, ceints d'un lien en noire délayé ; indication en trait jauni d'une barbe légère ; œil de profil), enveloppé dans un himation aux plis ondulés qui cache les bras et d'où sort sa main droite qu'il porte à son front baissé, dans une attitude de tristesse. En arrière-plan de ce groupe central est debout Phœnix, vieillard à barbe et à cheveux blancs (blanc épais et crémeux, peut-être retouché, car le visage est restauré et l'on a repeint en blanc le sourcil et les paupières), vêtu d'une tunique que recouvre un himation drapé sur l'épaule gauche et revenant sur le bras droit, puis cachant le bras gauche ; il s'appuie de la main droite (bras restauré) sur une haute canne à béquille. A droite, une femme drapée (une captive qui ne peut pas être Briséis) est debout et lève la main droite (refaite) en signe d'étonnement (tête et haut du corp refaits) ; elle est vêtue d'une tunique à manche (plis fins et galon bordé de petits points ; des parties refaites) que recouvre un himation dégageant le côté droit (les plis portés par la main gauche sous l'étoffe sont une restauration). Elle est suivie d'une autre femme dont la tête (refaite) est peinte sur le plat de l'anse, le corps vêtu d'une tunique que recouvre un himation (fortes restaurations). — *B*. **Réunion d'éphèbes**. On pourrait croire que c'est la suite du précédent tableau, avec une réunion des compagnons d'Achille ; mais la présence d'un thyrse terminé en bouquet de feuilles, d'où se détache un petit rameau portant une grappe de raisin, et celle d'un petit Éros volant dans le champ lui donnent plutôt le sens d'une réunion éphébique. D'ailleurs, toutes les têtes et le haut des personnages sont refaits, de sorte qu'il est difficile de déterminer comment le restaurateur a usé des parties antiques subsistantes, et le sujet reste incertain. A gauche, deux éphèbes drapés conversent, l'un à gauche, appuyé de la main droite basse sur une canne, le corps de face, l'autre levant la main droite en parlant et s'appuyant de la main gauche sur une canne ; le thyrse, au-dessus, dans le champ, ne se raccorde pas à ce personnage. A droite, deux autres éphèbes drapés, dont l'un, le corps de face, s'appuie de la main droite sur une canne à tige ondulée, dont l'autre, s'avançant vers la gauche, s'appuie aussi sur une canne noueuse (les corps et les draperies présentent de nombreuses restaurations). Au-dessus de ce groupe voltige un Éros (feuilles dans les cheveux et quelques taches blanches, ailes à pointillé noir dans la partie supérieure ; bas des jambes restauré).

Noir dans l'intérieur, sur le col et les anses, sur la panse sauf la place des personnages et des ornements, sur le pied sauf une tranche claire en bas. Zone d'oves (restaurés) sur le rebord extérieur. Bande d'oves entre quatre filets noirs au-dessus de chaque tableau. Sous les personnages, une grecque circulaire..

Terre rougeâtre. Emploi des retouches en blanc. Quelques traces de l'esquisse. Style du milieu du vᵉ siècle.

Le vase a été recollé en beaucoup de morceaux et fortement restauré, surtout en B. Haut., 0,39 ; diam. sur l'embouchure, 0,18.

(Inv. Campana 735.) Trouvé en Étrurie et entré en 1863 ; cf. *Cataloghi Campana*, série IV-VII, nᵒ 859. Publié par H. Brunn dans les *Annali dell' Instituto*, 1858, p. 361 et p. 369 ; *Monumenti Inst.*, VI, pl. 20 (il nomme Ajax le chef debout derrière Ulysse et, sous réserve des restaurations apportées aux autres personnages, il propose de voir Patrocle dans l'éphèbe qui suit Ajax, dans les deux femmes derrière Achille les captives préférées des deux amis ; au revers serait un chœur des Myrmidons, à la façon d'une tragédie d'Eschyle, mais il reconnaît qu'il y a des restaurations considérables et qu'on ne sait quel sens donner à l'Éros et au thyrse). Cf. Pottier, *Catal. vas. Louvre*, p. 1094 (attribué à l'atelier d'Hermonax) ; M. Laurent dans *Revue archéologique*, 1898, II, p. 160 (fig. 7 reproduisant seulement le groupe d'Ulysse et Achille) ; S. Reinach, *Répertoire des vases peints*, I, p. 148, nᵒˢ 3 et 4 ; Beazley, *Attic Vas.*, p. 126, nᵒ 20 (style d'Hermonax) ; Nicole, *Corp. céram. gr.*, nᵒ 87, note 2, nᵒ 3 ; Hoppin, *Handbook redfig.*, II, p. 33, nᵒ 22 (style d'Hermonax).

G 375. Amphore de même forme (même technique, les anses à dos large et divisé en trois arêtes, pied en disque épais et saillant). — Un sujet sur chaque côté de la panse. — *A*. **Apollon tue Tityos, ravisseur de Latone**. A gauche, la déesse Latone assiste au châtiment du Géant ; elle est voilée et diadémée (cheveux en retouches de noir délayé, ceints d'un diadème en bandeau de rouge réservé, surmonté de trois feuilles blanches ; indication de grecque sommaire en trait jauni sur le diadème ; œil de profil avec la paupière supérieure indiquée, nez fort, menton pointu), vêtue d'une tunique à petits plis (rabat mal indiqué dans une restauration) que recouvre un himation placé dans le dos et remontant en voile sur la tête ; elle approche sa main droite (doigts refaits) de sa poitrine et soulève de la main gauche élevée un pli de son himation. Devant elle Apollon imberbe (cheveux en masse noire épars sur le dos, avec mèches en noir jauni sur le front et cinq boucles pendantes en traits jaunis ; même type et œil que chez le précédent personnage), vêtu d'une tunique relevée par une ceinture et bouffante autour de la taille (des parties restaurées), marche vers la droite, l'épée nue à la main (bras droit et main, poignée de l'épée restaurés) ; il est chaussé de grandes endromides en peau piquetée de points de noir délayé, ouvertes et lacées par devant, serrées sur la jambe par deux bandelettes et ornées chacune d'un œil prophylactique (des parties restaurées) ; sur le bras gauche il porte son himation plié, à bordure noire, dont les pans flottent entre ses jambes, et de la main gauche avancée il tient l'arc (la corde indiquée par un trait noir saillant sur le fond noir) ; à son côté gauche est suspendu par un double lien, qui passe en bandoulière sur le torse, le fourreau de l'épée dont on voit seulement le haut (restauré). Le Géant Tityos lui fait face, barbu et nu, la tête de trois quarts (cheveux en masse noire avec grosses mèches sur le front ; les yeux en point central sur fond noir délayé dans un ovale ouvert ; ride verticale sur le front ; bouche ouverte et dents visibles ; barbe à mèches hirsutes en noir jauni ; musculature en traits jaunis) ; il recule et semble s'affaisser, les jambes fléchissantes, le corps de face (des parties restaurées), le bras gauche étendu comme pour supplier, le bras droit levé et essayant d'arracher la flèche qui lui a transpercé la nuque (flèche en rouge par-dessus le noir, mais retouchée et mal refaite) ; près du genou gauche du Géant qui s'affaisse est indiqué en traits blancs un terrain montueux. Au-dessus de chaque personnage le nom est tracé en lettres de rouge mat : ΛΕLΟϹΑ (on a lu ΜΕLΟϹΑ qui est probable, mais la première lettre n'est pas complète), épithète de Latone (expliquée avec le sens de « très honorée » par Preller et Overbeck) ; ΑΠΟLLΟΝ et ΓΙΤVΑϹ (*sic*) pour ΤΙΤVΟϹ. — *B*. **Apollon de Delphes entre deux femmes**. Le dieu sous les traits d'un éphèbe à longue chevelure éparse sur le dos (cheveux en masse noire et mèches pendantes, ceints d'une guirlande de lauriers en rouge réservé ; œil de profil ; nez fort, menton pointu), vêtu d'un himation drapé sur l'épaule gauche et dégageant l'épaule droite nue (draperie fortement restaurée), s'appuie de la main droite avancée sur une tige de laurier feuillu, en guise de sceptre (la tige restaurée). Devant lui, à droite, une femme drapée lui offre une libation (cheveux en masse noire avec un court bandeau en rouge réservé ; œil de profil) ; vêtue d'une tunique que recouvre un himation drapé sur l'épaule gauche (restaurations dans la draperie), elle présente de la main droite (restaurée) une phiale (godrons indiqués par des taches noires et des points). Derrière lui, à gauche, une femme drapée (cheveux en masse noire, coiffés d'un cécryphale ; œil de profil), vêtue d'une tunique que recouvre un himation dégageant le côté droit (des traits noirs jaunis ; parties restaurées dans la draperie), pose la main droite sur sa hanche et lève la main gauche comme pour parler ou adorer.

Noir dans l'intérieur, sur le col et les anses, sur la panse sauf la place des ornements et des personnages. Bande de palmettes droites, en rouge réservé, alternant avec des boutons de lotus, au-dessus du sujet A ; bande de palmettes obliques et opposées deux à deux, au-dessus du sujet B. Sur le bas des anses et le côté du vase, grand motif floral composé de sept palmettes, droites ou couchées, opposées ou reliées par des entrelacs et accostées de petites folioles (des parties restaurées). Sous les personnages, une grecque circulaire, mêlée de croix cantonnées de points noirs.

Terre rougeâtre. Emploi du rouge mat et du blanc. Traces de l'esquisse. Style du milieu du ve siècle.

Le vase était cassé en beaucoup de morceaux et a été fortement restauré. Haut., 0,445 ; diam. sur l'embouchure, 0,205.

(Inv. Campana 744.) Trouvé en Étrurie et entré en 1863 ; cf. *Cataloghi Campana*, série IV-VII, n° 61. Le sujet A publié par Preller, *Annali — Monumenti dell' Inst.*, 1856, p. 43, pl. X,51 (= S. Reinach, *Répertoire des vases*, I, p. 244, n°s 5 et 6); Overbeck, *Kunstmythologie*, III, p. 63 (n° 18) et p. 390 ; *Atlas*, pl. XXIII, n° 5. Cf. Pottier, *Catalog. vas. Louvre*, p. 1095. Sur l'épithète μέλοσσα ou μέλουσα désignant Latone, cf. Höfer et Klügmann, dans *Lexikon der Mythol.* de Roscher, s. v. *Melosa* et *Melusa*, p. 2649 et 2652. Le sujet B n'a pas été publié et a été mal interprété par les précédents éditeurs qui y voient seulement une suite de personnages drapés, sans signification.

G 381. Lécythe (ressaut dans l'embouchure, col mince, anse plate attachée au bas du col et sur l'épaule, pied en disque épais). — Une seule figure sur le devant du vase. — **Éos tenant deux hydries.** On interprète généralement le sujet comme la déesse de l'Aurore répandant la rosée sur la terre. Elle est ailée (grandes ailes déployées, débordant sur l'épaule du vase, pointillé sur la partie inférieure), le corps de face, les jambes vers la droite, les pieds nus ramenés en arrière dans un mouvement de vol ; elle retourne vers la gauche sa tête (cheveux et chignon en masse noire, ceints d'une bandelette en rouge mat dont les bouts retombent sur le cou ; boucle d'oreille ronde ; œil de profil) ; elle est vêtue d'une tunique à long rabat retombant jusqu'aux genoux, avec manches, décorée de petites mouchetures noires ; un himation plié en écharpe est posé sur l'avant-bras droit et passe dans le dos ; de la main droite élevée elle tient une hydrie par l'anse verticale (anse horizontale en noir et sur la panse inscription en lettres noires : ΚΑLΕ [καλή]) ; de l'autre main abaissée elle tient une seconde hydrie dont elle semble vider le contenu sur le sol. A gauche, dans le champ, inscription mal tracée en rouge mat : ΛΥϚ ('Εὔς = 'Εώς), qu'on a voulu lire ΑΥϚ, mais la première lettre n'est pas certaine.

Rebord plat de l'embouchure en clair. Noir sur l'embouchure, le col, l'anse, la panse sauf les ornements et le personnage, sur le pied sauf la tranche en clair. Bande d'oves autour de la base du col. Sous le personnage, en ligne de terrain, une grecque serrée entre deux filets de noir délayé.

Terre jaunâtre. Emploi des retouches en rouge mat. Traces de l'esquisse. Style du milieu du ve siècle.

Les cassures sont habilement dissimulées, mais le vase a été recollé en beaucoup de morceaux, le col refait. Toute la figure a subi des restaurations nombreuses : dans la plus grande partie des ailes, sur la joue et le cou, sur la poitrine et le bras gauche, sur la tunique, dans le corps et le col des deux hydries. Haut., 0,315.

Inv. N 3322 (ED 767). Trouvé en Italie et attribué à la fabrique de Nola ; entré en 1825 avec la collection Durand. Publié par Millingen, *Ancient unedit. monum.*, p. 16, pl. VI ; Gerhard, *Akademische Abhandlungen*, pl. VIII, n° 9 ; Panofka, *Griech. und Griechinnen*, pl. I ; Lenormant et de Witte, *Élite des monuments céramographiq.*, II, p. 368, pl. 108 A ; Saglio, *Dict. des antiq. grecq. et rom.*, I, p. 573, fig. 667 ; Roscher, *Lexikon der Mytholog.*, I, p. 1256 et figure, p. 1257. Cf. Heydemann, *Pariser Antiken*, p. 40 ; Pottier, *Catal. vas. Louvre*, p. 1095.

G 382. Coupe (large vasque, anses allongées et presque carrées du bout, pied refait). — Un sujet dans l'intérieur et un sur chaque revers. — Int. *A.* **Adieux d'un éphèbe à son père.** Il est possible que le sujet se rapporte à un épisode héroïque (Achille et Pélée? Antilochos et Nestor?), car le peintre a essayé de donner une couleur assez tragique à ces adieux ; mais le départ de l'éphèbe pour la guerre est devenu aussi à cette époque un motif courant, non précisé.

A gauche se dresse une colonne cannelée (restaurée) dont le chapiteau (avec volute ionique) supporte une partie d'entablement (un triglyphe en noir), indiquant l'entrée ou le portique d'un palais. Contre la colonne, sur un siège pliant (pieds en griffes de lion dont l'un entre profondément dans l'encadrement circulaire ; anneaux dessinés en noir sur les montants) est assis un vieillard à barbe, sourcils et cheveux blancs (retouches en blanc épais et crémeux ; rides sur le front chauve ceint d'un bandeau rouge ; œil rond et comme dilaté par l'émotion ; nez aquilin ; lèvres épaisses ; physionomie curieuse et expressive) ; vêtu d'une tunique que recouvre un himation remontant dans le dos et voilant le derrière de la tête, puis passant sous le bras droit et cachant les jambes, il tient de la main droite le côté du siège sur lequel il est assis, comme s'il cherchait un soutien, et de la main gauche il s'appuie sur l'extrémité en béquille d'une haute canne à tige ondulée ; ses genoux sont saillants et les pieds retirés sous le siège. Au-dessus, dans le champ, est suspendue une épée dans son fourreau (restauré), retenue par un lien plusieurs fois replié (restauré). Devant lui, marchant vers la droite et s'éloignant, mais retournant vers lui la tête, avec un geste de salutation de la main droite levée, un éphèbe (cheveux en mèches noires séparées ; œil en point central dans ovale ouvert), coiffé du pilos conique (gros point noir au-dessus du rebord ; traces en clair d'un lien sur le sommet), vêtu d'une tunique à plis fins que recouvre une chlamyde (bordure noire semée de points noirs ; lignes en clair indiquant les plis) fixée sur le devant par une agrafe ronde ; il tient de la main gauche deux javelots horizontalement (coupés à droite par l'encadrement) ; son pied gauche entre profondément dans l'encadrement circulaire. Dans le champ, à droite, inscription en couleur rouge mat : ΗΟΠΑΙϚ et en dessous ΚΑLΟϚ (ὁ παῖς καλός). — Rev. *B.* **Scène de gynécée ; présents d'un éphèbe à une femme.** C'est le type qui apparaît de « revers à cinq personnages » (cf. *Catalogue*, p. 1096). A gauche se dresse une colonnette cannelée (restaurée), à chapiteau ionique supportant une partie d'entablement (deux triglyphes indiqués en noir). A gauche, derrière ce portique ou entrée de maison, est suspendu dans le champ un objet qui semble la réunion de deux petits vases liés ensemble et ajustés à une bandelette qui pend. Devant la colonne et sous le portique, sur un escabeau de forme rectangulaire (pieds à extrémité pointue insérée dans une base carrée ; traits noirs parallèles sur le côté du siège), est assise une femme (cheveux en masse noire, ceints d'un bandeau en rouge réservé, petites mèches sur le front ; œil en point noir dans ovale ouvert), vêtue d'une tunique à plis fins et à manches (restaurée) que recouvre un himation qui dégage le côté droit ; des deux mains avancées (bras droit refait) elle tient une parure (un lien en rouge mat, sans doute un collier) qu'elle considère. Au-dessus d'elle, une large bandelette en rouge réservé (restaurée) est suspendue dans le champ. Devant elle, le corps et les jambes de face, la tête tournée pour la regarder (cheveux en masse noire avec petites mèches ; œil de profil), un éphèbe vêtu d'un court himation, qui laisse le côté droit et les jambes nues, pose sa main droite (restaurée) sur sa hanche et baisse la main gauche un peu écartée, en s'appuyant du corps sur une canne (restaurée) ; à côté de lui, dans le champ, une inscription en rouge mat : ΗΟΠΑ.. et en dessous ΚΑLΟϚ (ὁ παῖς καλός); dans le champ, à la suite, une corbeille en forme de cloche surmontée d'un anneau (traits noirs en croix, lignes de points noirs pour décor). Au centre une femme (cheveux en masse noire ceints par un bandeau en rouge réservé, petites mèches sur le front et chevelure éparse sur le dos ; œil de profil), vêtue d'une tunique fine à manches que recouvre un himation dégageant le côté droit, regarde du côté de la femme tenant une parure et lève la main droite en signe d'admiration ; derrière elle, dans le champ, un miroir en disque à manche et à anneau de suspension. A droite, deux personnages profondément restaurés (le bas du corps seul est antique) ; l'un devait être un éphèbe (pieds nus dont un de face et bas d'un himation sans tunique), mal restauré en femme ; l'autre, une femme drapée (tunique que recouvre un himation), très mal restaurée. — *C. Réunion de femmes et d'hommes barbus.* A gauche, une femme drapée (cheveux en masse noire avec mèches ondulées sur la tempe, ceints d'une bandelette en rouge réservé ; œil de profil), vêtue d'une tunique fine que recouvre un himation ramené sur le derrière de la tête (forte restauration dans le milieu du corps), est tournée vers un homme barbu, vêtu d'un himation dégageant le côté droit nu (pieds et corps de face), qui, la tête penchée (cheveux en masse noire ceints d'un lien en rouge mat ; œil de profil), tient de la main droite basse (bras et main restaurés) et présente un objet de forme imprécise (ressemblant à un pétase, mais plutôt un sac d'étoffe?) qui doit être un cadeau destiné à la femme. Dans le champ, de chaque côté de la tête de la femme, un lécythe et un miroir en disque (tous deux refaits, sans parties antiques visibles). Dans le champ, derrière la tête de l'homme, inscription en rouge mat : .ΟΠΑΙϹ, et en dessous : ΑⳐ.Ϲ (ὁ παῖς καλός). Au centre, une femme drapée (visage restauré ; coiffure en cécryphale orné d'un galon dentelé et d'un petit cercle ; mèches en noir délayé sur la tempe), vêtue d'une tunique fine à manches attachées par des agrafes rondes, que recouvre un himation dégageant le côté droit, le corps de face (quelques restaurations), tourne la tête en levant la main droite et de la main gauche retient les plis de sa draperie à la taille. Elle regarde un autre couple dont elle est séparée par une colonnette cannelée à chapiteau ionique, supportant un entablement avec trois triglyphes en noir. Près de cet édifice ainsi indiqué (entrée de maison ou portique) est debout une femme (cheveux en masse noire pendant sur le cou avec boucles sur le front, ceints d'un bandeau en rouge réservé ; œil de profil), vêtue d'une tunique fine, à manches attachées par des agrafes, que recouvre un himation dont un pan est jeté sur l'épaule gauche, l'autre pan soulevé par la main droite élevée ; le corps et les pieds de face, elle a la main gauche levée et elle tourne la tête vers un homme qui lui fait face et semble lui parler ; il est barbu (tête restaurée et refaite en grande partie), vêtu d'un himation qui recouvre le côté gauche, et il s'appuie de la main droite (bras et mains refaits) sur une canne noueuse.

Intérieur en noir, sauf le sujet central encadré dans une grecque circulaire serrée et mêlée de croix. Noir sur les revers, sauf la place des ornements et des personnages, et sur le pied (le bas refait). Sous les revers, grecque circulaire. Intervalle laissé en clair entre les attaches et sur la moitié des anses. Sous chaque anse, un motif floral en palmette double et opposée, accostée de deux volutes (deux folioles en rouge réservé à côté d'un des motifs). Le pied incomplet est refait en grande partie (bas du fût et disque).
Terre rougeâtre. Emploi des retouches en rouge mat. Pas d'esquisse visible. Style de la seconde moitié du ve siècle (dernière partie). Nombreux morceaux recollés et restaurés. Haut., 0,11 ; diam. int. 0,335. (Inv. Campana 941). Trouvé en Étrurie et entré en 1863 ; cf. *Cataloghi Campana*, série IV-VII, n° 649. La tête du vieillard, dans le sujet A, a été publiée par Hartwig, *Meisterschalen*, p. 438, fig. 57, comme type caractéristique. Cf. Pottier, *Catal., vas. Louvre*, p. 1096 ; Beazley, *Attic Vas.*, p. 132 (style de la coupe de Penthésilée) ; Hoppin, *Handb. redfig.*, II, p. 346, n° 37.
Int. A dans notre pl. 139.

G 384. Coupe (même technique). — Un sujet dans l'intérieur et un sur chaque revers. — Int. *A.* **Éphèbe dans la palestre.** A gauche, une colonne tronquée, cannelée, posée sur une base (coupée à gauche par l'encadrement), indique l'intérieur d'une palestre. Au centre, un éphèbe nu (cheveux en masse noire, ceints d'un lien en rouge mat ; œil de profil), de proportions très allongées, s'avance vers la droite, s'appuyant de la main gauche sur une javeline mince et tenant de la main droite baissée la courroie repliée, *amentum* (en rouge mat), dont il va entourer le javelot pour le lancer. Devant lui une autre javeline est plantée en terre (soit comme but, soit comme arme de rechange). — Rev. *B.* **Les préparatifs du lancement du javelot.** Ce sujet fait suite au précédent. Deux éphèbes sous la surveillance d'un paidotribe s'apprêtent à lancer le javelot. A gauche, colonne tronquée comme dans le sujet *A*. Devant elle un éphèbe nu (même coiffure, même type que le précédent) tient de la main gauche le bout du javelot ; de la main droite étendue il enroule la courroie de l'*amentum* (rouge mat) aux deux tiers de la hauteur de son arme. Au centre est debout, le corps et le visage de face, un paidotribe barbu (cheveux en masse noire, ceints d'une guirlande de feuillages en rouge mat, les yeux en point noir dans le coin des ovales entr'ouverts et donnant un aspect de strabisme ; la barbe forte avec mèches en noir jauni) ; il est vêtu d'un himation qui dégage le côté droit nu et qui recouvre le bras et la main gauches ; de la main droite rapprochée de sa poitrine il tient une longue baguette. A droite, un second éphèbe nu (même type que le premier), le corps de face, la jambe gauche de profil, tourne la tête vers le paidotribe et tient le bout de la javeline avec sa main gauche, en posant sa main droite sur l'endroit de la hampe où il a enroulé la courroie (rouge mat) ; c'est la dernière phase avant le lancer du javelot. Entre les deux, dans le champ, est suspendue une paire d'haltères par un lien en rouge mat. — Rev. *C.* **La lutte du pancrace dans la palestre.** Un autre exercice de la palestre est ici représenté. A gauche est suspendu dans le champ un sac contenant le disque (gros nœud des liens fermant l'ouverture ; le haut du disque apparaît dans l'entrebâillement). Deux éphèbes nus luttent l'un contre l'autre, les poignets et les mains garnis des lanières du ceste ; celui de gauche (cheveux en masse noire ; œil de profil ; ride sous l'œil pour indiquer un endroit tuméfié) va vers la droite, le bras gauche tendu vers son adversaire, et ramène son bras droit vers son front, comme s'apprêtant à frapper (sa main droite, qui devrait être visible, n'a pas été dessinée) ; le sang coule le long de sa joue et de sa poitrine (filets en rouge mat) ; celui de droite, dans une posture analogue (même type, même ride), étend les deux mains comme pour parer (même filet de sang). Derrière lui, une colonne tronquée (comme les précédentes). A droite, un paidotribe barbu, le visage à demi caché par la draperie (couronne de feuillages en rouge mat, œil de profil), est enveloppé dans son himation que recouvre le bras gauche, et de la main qui sort de la draperie il tient une longue baguette fourchue à son extrémité (quelques cassures restaurées).

Noir dans l'intérieur, sauf un cercle en clair sur le rebord, la place des ornements et du personnage. Noir sur les revers, sauf la place des ornements et des personnages, sur la moitié des anses, avec un intervalle en clair entre les deux attaches, sur le pied sauf un cercle en clair autour du ressaut et la tranche en clair. Autour du sujet intérieur, encadrement circulaire en grecque mêlée de croix accostées de points noirs. Sous les revers, un cercle en rouge réservé. Sous chaque anse, une palmette accostée de rinceaux et de petites volutes. Sous le pied un large cercle noir.
Terre rougeâtre. Emploi des retouches en rouge mat. Pas d'esquisse visible. Style de la première moitié du ve siècle (dernière partie). Assez bon état de conservation ; quelques morceaux recollés ; le pied détaché et rajusté. Haut., 0,08 ; diam. int. 0,23. (Inv. MNB 1712.) Trouvé en Étrurie, à Vulci. Acquis en 1879 de la collection Paravey (*Catalogue de vente*, n° 89). Cf. Pottier, *Catal. vas. Louvre*, p. 1096 ; Beazley, dans *Americ. Journal. Arch.* 1921, p. 331, note (attribué à l'école de Macron).
Int. et les deux revers dans notre pl. 139.

G 385. Fragment de coupe (sans doute de type analogue à G 384). — Un sujet dans l'intérieur et un sur chaque revers. — Int. *A*. **Préparatifs de la lutte du pancrace.** Un éphèbe nu (cheveux en masse noire ; œil à demi caché par une ride qui indique une bosse tuméfiée sur la joue ; physionomie expressive), le corps de face (musculature en traits clairs), tourne la tête vers la droite en élevant la main gauche déjà garnie des liens du ceste et tient de la main gauche le bout du lien qu'il va achever d'enrouler autour du poignet ; la cassure a fait disparaître les jambes. A gauche, dans le champ, est suspendu par un lien en rouge mat un sac vide et noué (le sac qui contenait les courroies?) ; à droite s'élève une stèle (coupée en bas par la cassure), sur laquelle est posé un rameau de feuillage (en rouge mat). — Du revers il ne reste que le bas d'un des sujets qui devait figurer une scène de palestre: à gauche, on voit le reste d'une base rectangulaire ; au centre, le bas des jambes d'un éphèbe debout et la jambe, repliée sur le sol, d'un autre éphèbe, sans doute tombé dans la lutte ; à droite, le bas d'un homme drapé dans un himation à bordure noire, qui s'approchait du groupe précédent (le paidotribe intervenant?). Voir, pour des sujets de ce genre, Hartwig, *Meisterschalen*, pl. 16 et 64.

Même technique que précédemment. Encadrement du sujet intérieur en grecque mêlée d'étoiles (4 rayons et 5 points noirs). Sous les revers un cercle rouge réservé ; près du sujet encore visible, le bas d'une palmette.
Terre rosée. Emploi des retouches en rouge mat. Pas d'esquisse visible. Style de la première moitié du vᵉ siècle. Haut. du fragment, 0,09 ; larg., 0,115.
(Inv. Fragm. Campana 107.) Trouvé en Italie et entré en 1863 avec la collection Campana. Cf. Pottier, *Catal. vas. Louvre*, p. 1096 ; Beazley, *Attic Vas.*, p. 108, nᵒ 7, fig. 67 (style de la coupe de Télèphe) ; Hoppin, *Handb. redfig.*, II, p. 458, nᵒ 11.
Int. A dans notre pl. 140.

G 391. Fragment de coupe (même type que les précédents). — Un sujet dans l'intérieur ; pas de revers visibles. — Int. **Éphèbe et oiseau** (?). Assis sur un siège à dossier sommairement indiqué, une canne noueuse posée dans le champ par derrière (couleur enlevée), un éphèbe (cheveux à contour ondulé, couleur noire enlevée ; œil endommagé) tient de la main gauche étendue un objet qui ressemble à un oiseau sommairement dessiné (pas de pattes, long col, tête non indiquée ; peut-on penser à une sorte de vase à long bec? à un sac à osselets?) ; le geste de la main droite levée, l'index en l'air, semble bien s'adresser à un animal familier ; le haut du corps est nu ; un himation roulé autour des reins couvre les genoux (peu de plis indiqués). L'épiderme du vase est enlevé, ce qui a sans doute supprimé bien des détails ; mais l'ensemble donne plutôt l'impression d'un vase esquissé, non terminé entièrement (cf. *Catalogue*, p. 925, G 92).

Même technique que précédemment. Encadrement intérieur et grecque circulaire.
Terre rosée. Pas de retouches ni d'esquisse visible. Style de la première moitié du vᵉ siècle. Haut. du fragment, 0,14 ; largeur, 0,12.
(Inv. Fragm. Campana 115.) Trouvé en Italie et entré en 1863 avec la collection Campana. Cf. Pottier, *Catal. vas. Louvre*, p. 1097.
Int. dans notre pl. 140.

G 392. Fragment de coupe (même type que les précédents). — Un sujet dans l'intérieur ; pas de revers visibles. — Int. **Conversation de deux éphèbes.** A gauche, un éphèbe assis (le bas du corps et le siège manquent) est complètement enveloppé dans un himation qui remonte le cou et cache le bas du visage (cheveux en masse noire avec longue mèche en noir délayé et une série de bouclettes en noir saillant sur le front, ceints d'un double lien en rouge mat ; œil de profil) ; il est penché en avant, les deux bras cachés, et semble réfléchir. Debout devant lui, un compagnon du même âge (même type, même coiffure), enve-

joppé dans son himation qui remonte dans le cou et cache les bras, semble parler, la main droite ouverte et sortant de la draperie (le bas des jambes manque). A gauche, dans le champ, est suspendue une paire de sandales (une en partie disparue dans la cassure), munie de liens en rouge mat : en haut et à droite, deux lettres en rouge mat d'une inscription incomplète : ΑL.. (καλός ?).

Même technique que précédemment. Encadrement intérieur en grecque mêlée de croix.
Terre épaisse et rosée. Emploi des retouches en rouge mat. Pas d'esquisse visible. Style de la première moitié du vᵉ siècle (dernière partie). Haut. du fragment, 0,11 ; larg., 0,105.
(Inv. Fragm. Campana 110.) Trouvé en Italie et entré en 1863 avec la collection Campana. Cf. Pottier, *Catal. vas. Louvre*, p. 1095 et sv.
Int. dans notre pl. 140.

G 399. Coupe (forme plus archaïque, ressaut dans l'intérieur, anses fortes et un peu carrées du bout, pied court et fort avec tore inférieur, base en disque épais avec rainure en haut de la tranche). — Un sujet dans l'intérieur et un sur chaque revers. — Int. **A. Thétis annonce à Achille qu'il va combattre Memnon** (?). Le décor complet du vase serait tiré du poème cyclique l'*Aithiopis* d'Arctinos, d'après M. Schmidt. A gauche, la déesse Thétis diadémée (cheveux en masse noire avec mèches sur le front en noir délayé et jauni, ceints d'un bandeau en rouge réservé orné de petits points noirs ; œil en point noir dans ovale allongé ; tête forte sur corps petit), le corps de face, vêtue d'une tunique fine que recouvre un himation semé de petits cercles, remonté en voile derrière la tête et drapé sur le côté droit du corps (côté gauche dégagé avec manche de la tunique flottante ; bracelets aux deux bras ; gros point noir sur le cou pour indiquer un médaillon ou pendant de collier), tient de la main droite basse le pli traînant de sa tunique ; elle rapproche sa main gauche de son corps et tourne la tête vers son fils pour lui parler. Achille nu, le corps de face, tourne la tête vers la précédente ; d'abondantes boucles de cheveux (en noir délayé et jauni) encadrent son visage d'éphèbe (cheveux en masse noire ; œil comme précédemment) ; de la main droite basse il tient une œnochoé à libation et lève en arrière son bras gauche, le coude en l'air (coupé par l'encadrement), comme s'il plaçait sa main sur sa nuque (tête forte pour le corps ; musculature en traits jaunis). A droite, un autel à base rectangulaire et à coin en volute (corniche ornée de raies noires) rappelle le sacrifice auquel Achille est en train de prendre part ; il est en partie coupé par l'encadrement circulaire (deux traits en noir jauni sur le face, indiquent l'écoulement du sang des victimes). — Rev. **B. Hermès pèse les âmes d'Achille et de Memnon (Psychostasie).** Au centre, Hermès barbu, tourné vers la droite (cheveux en masse noire, barbe en mèches de noir délayé, œil comme précédemment), le pétase dans le dos, le corps nu (jambe gauche restaurée), avec un court himation sur le dos, chaussé d'endromides munies de petites ailes, tient de la main droite une balance dont chacun des deux plateaux, soutenu par deux cordes, porte une petite figure nue de guerrier imberbe, armé, casqué, tenant la lance et le bouclier, toutes deux pareilles et marchant vers la droite ; de la main gauche Hermès étend son caducée vers Thétis, lui faisant signe que son fils sera vainqueur. La déesse s'en va vers la droite à pas rapides, retournant la tête (même type et même costume que dans A ; pas de décor sur son manteau) ; sa main droite est rejetée en arrière et de la main gauche elle relève un pli de son himation. A gauche, la déesse Éos, mère de Memnon, s'enfuit (cheveux en masse noire, ceints d'un bandeau en rouge réservé, orné de points noirs, qui serre un court voile pendant en arrière sur la nuque ; même facture de l'œil); elle est ailée (pointillé noir sur le haut des ailes), vêtue d'une tunique ornée (petits cercles, bande verticale en traits ondulés) avec un manteau plié en écharpe et passé dans le dos, dont elle soutient un pli de la main droite élevée (bracelet au poignet). Tous les personnages, comme ceux des autres tableaux, ont des proportions courtes avec des têtes fortes ; le style en est très particulier. — Rev. *C.* **Combat d'Achille et de Memnon.** A gauche, un arbre aux branches pendantes et dénudées indique que la scène se passe au dehors. Thétis, placée derrière son fils, les bras étendus comme pour le protéger, marche rapidement vers la droite (cheveux en mèches de noir jauni, même diadème que dans l'autre sujet, même facture de l'œil), vêtue d'une tunique fine que recouvre un himation court. Devant elle Achille barbu, casqué (paragnathide noire baissée, cimier à panache retombant en arrière), vêtu d'une tunique que recouvre une cuirasse (épaulière ornée d'une étoile) à lambrequins, l'épée au côté gauche (baudrier en double lien de noir jauni), marche à grands pas vers la droite (cnémides aux jambes avec bourrelet noir sur le cou-de-pied, la jambe gauche restaurée), tenant de la main droite basse sa longue lance horizontalement et portant sur le bras gauche son bouclier dont l'armature intérieure est visible (lacets, appliques de métal pour poser la main). En face de lui, Memnon barbu (cheveux épars dans le dos en mèches de noir délayé ; grosse barbe noire ; œil comme chez les précédents), casqué (paragnathides relevées, cimier à panache retombant), vêtu d'une tunique que recouvre une cuirasse à lambrequins (décor en points noirs, raies et angles, baudrier en double lien de noir jauni), portant aux jambes des cnémides (bourrelets noirs aux cous-de-pied), darde de la main droite sa longue lance vers Achille et se couvre du bras gauche avec un bouclier à épisème (bouc ou chèvre mal dessinée en noir délayé) et à tablier orné (lignes de points noirs, de petits angles, deux gros poissons en forme de dauphins et un troisième plus petit en noir opaque), découpé en dents à la partie inférieure.

Même technique que précédemment ; deux cercles en clair autour du tore saillant du pied ; large bande noire sous le pied. Encadrement du sujet intérieur en grecque mêlée de croix. Un cercle en rouge au-dessus de la zone des personnages du revers et en dessous une grecque circulaire mêlée de croix. Sous chaque anse une palmette en rouge réservé, accostée de deux volutes surmontées d'un bouton de lotus.

Terre rosée. Pas d'emploi des retouches ; pas d'esquisse visible. Style de la seconde moitié du ve siècle.

Assez bon état de conservation, avec quelques cassures restaurées ; pied un peu ébréché. Haut., 0,095 ; diam. intérieur, 0,215.

(Inv. Campana 980.) Trouvé en Étrurie et entré en 1863 ; cf. *Cataloghi Campana*, série IV-VII, n° 701. Publié par L. Schmidt, dans *Annali dell'Instituto*, 1857, p. 118 ; *Monumenti Inst.*, VI-VII, pl. 5 a (= S. Reinach, *Répert. des vas. peints*, 1, p. 144, n° 1) ; O. Waser, article *Psyche* dans *Lexikon* de Roscher, III, p. 3225, fig. 14 (sujet B) ; F. Studniczka, dans *Jahrbuch Inst.*, 1911, p. 133 c et p. 134, fig. 56 (sujet B) ; il a réuni, p. 131 et suiv., les monuments sur la Psychostasie. Cf. Pottier, *Catal. vas. Louvre*, p. 1097.

Vue d'ensemble avec le rev. C., int. A et rev. B dans notre pl. 140.

G 401. Coupe portant le nom de l'éphèbe Euaion (vasque large et peu profonde, anses fortes et un peu relevées, pied refait). — Un sujet dans l'intérieur et un sur chaque revers. — Int. *A.* **Silène et Ménade.** A gauche, une Ménade drapée, inclinant légèrement la tête (cheveux en masse noire retenus par un triple lien en rouge réservé, œil de profil avec indication de la paupière supérieure, boucle d'oreille ronde), tient de la main droite abaissée une œnochoé à bec trilobé (main gauche refaite) ; elle est vêtue d'une tunique à rabat laissant les bras nus (tête de fibule plantée dans le pli attaché sur l'épaule droite) ; ses pieds sont posés sur une ligne de terrain en rouge réservé, formant un court segment à la base. En face d'elle est nonchalamment étendu, sur un repli de terrain indiqué par des lignes blanches irrégulières, un Silène nu, barbu (crâne chauve, cheveux et barbe en mèches ondulées, couronne de feuillages

en rouge réservé, oreille de porc, œil arrondi de profil et indication de la paupière supérieure) ; il tient dans la main droite élevée le pied d'un canthare à hautes anses et laisse retomber le bras gauche le long du corps, la main posée sur sa queue de cheval, la jambe gauche repliée sous lui, l'autre étendue, le pied disparaissant derrière la Ménade (musculature en noir jauni ; parties viriles infibulées). Dans le champ, au-dessus de lui, inscription en couleur effacée (probablement blanche) : ΕΥΑΙΩ.ΚΑΛΟΣ (Εὐαίω[ν] καλός). — Rev. *B.* **Kômos de Silènes et de Ménades.** Composition à cinq personnages, un au centre entre deux groupes. A gauche, un Silène nu, barbu (même type, guirlande de couleur blanche), marche vers la droite et tient par le pied, de la main gauche avancée, un canthare à hautes anses (musculature en noir jauni, jambe droite refaite, parties viriles infibulées). Il est précédé d'une Ménade se dirigeant à droite et retournant vers lui sa tête inclinée, vue de trois quarts (cheveux en masse noire, ceints d'une large bandelette en rouge réservé) ; elle porte horizontalement son thyrse de la main droite et avance la main gauche (même costume que la précédente ; quelques plis restaurés). Au centre, un Silène nu, barbu (même type, pas de couronne, mêmes détails), marché vers la droite en jouant de la double flûte (restaurée). A droite, une Ménade fuit vers la gauche, vue de dos, tenant des crotales de chaque main, les bras écartés, retournant la tête (longue chevelure dénouée et flottante, couronne de feuillage en rouge réservé, même structure de l'œil), vêtue d'une tunique fine (plis restaurés) à rabat et à manches, que recouvre une nébride (mouchetures en noir délayé), serrée à la taille par une ceinture. Elle est poursuivie par un Silène nu barbu (même type, poitrine restaurée) qui cherche à la saisir de la main droite. — Rev. *C.* **Même sujet.** Même composition. A gauche un Silène (tête refaite, bras droit restauré, parties viriles infibulées) marche vers la droite en tenant sur sa main gauche une œnochoé à bouche ronde. Devant lui une Ménade (même type avec cécryphale surmonté d'un petit nœud saillant et décoré de points noirs), vêtue d'une tunique fine à manches que recouvre un chitonisque court, orné d'un galon formé de petits cercles au col et à la partie inférieure, tient de la main droite une œnochoé à bec trilobé et porte de la main gauche son thyrse placé obliquement. Au centre, un Silène barbu, vu de face (visage en partie refait), marche vers la droite, la main gauche avancée (refaite), la main droite posée sur sa cuisse (musculature en noir jauni). A droite marche une Ménade se dirigeant vers la gauche et retournant la tête (même type avec triple lien de bandelettes en rouge réservé), tenant de la main gauche son thyrse et vêtue d'une tunique à rabat (tout le buste, le bras et la main gauche, le bras droit, une grande partie des draperies restaurés). Vers elle s'avance un Silène nu, vu de dos, les deux mains avancées (très mauvaise restauration de la tête retournée en arrière).

Noir dans l'intérieur et sur les revers. Grecque serrée, mêlée de petites croix dans larges métopes autour du sujet central et sous les revers. Motif floral autour des anses (petite palmette accostée de volutes et de longs rinceaux encadrant d'autres palmettes). Terre rougeâtre. Emploi de la retouche blanche. Pas d'esquisse visible. Bon style de la seconde moitié du ve siècle.

Plusieurs morceaux recollés avec des restaurations. Le pied refait. Haut., 0,125 ; diam., 0,84, avec les anses, 0,48.

(Inv. Campana 935.) Trouvé en Étrurie et entré en 1863. Cf. *Cataloghi Campana*, IV-VII, n° 697 ; Klein, *Die griech. Vas. mit Lieblingsinschr.*, p. 133, n° 9 ; Pottier, *Catal. vas. Louvre*, p. 1098 ; Beazley, *Att. Vas.*, p. 157, n° 1 (huit coupes attribuées au peintre de la coupe Euaion) ; Hoppin, *Handbbok redfig.*, I, p. 353, n° 19. Int. et rev. B. dans notre pl. 141.

G 402. Œnochoé portant le nom d'éphèbe Pythodélos (bec trilobé, anse plate en dos d'âne, attachée au

rebord et à la moitié de la panse, base peu débordante).
— Un sujet sur le devant du vase dans un encadrement.
— **Scène de sacrifice.** A gauche un éphèbe couronné (cheveux en masse noire, ceints d'une guirlande de feuillages en rouge réservé ; œil de profil), drapé dans un himation qui dégage le côté droit nu, le pied gauche soulevé en arrière, s'appuie des deux mains sur une canne noueuse et contemple la scène. Au centre un éphèbe, le corps et le visage de trois quarts (même type et même couronne), drapé de la même façon, lève la main gauche et tient de la main droite une coupe (en partie restaurée), dont il verse le contenu sur un autel allumé. Cet autel, de forme rectangulaire, posé sur une base (perspective en lignes fuyantes bien indiquée), supporte à la partie supérieure un quartier de viande dont l'os se dresse recourbé, environné de flammes qui le consument (touches en noir délayé sur le morceau de viande pour exprimer la matière ; les mêmes touches en noir délayé se voient sur la face verticale de l'autel ; flammes en blanc jaunâtre et bruni). A droite un jeune garçon nu, de taille plus petite (même type et même couronne), vu de dos, penche la tête et soutient avec effort un faisceau de trois ou quatre grandes broches où sont piquées des viandes (partie supérieure restaurée), qu'il présente au feu de l'autel (zigzags de flammes dont la couleur a disparu). Dans le champ, au-dessus du personnage central, inscription en petites lettres de couleur blanc rosé : Γ . ΦΟΔΗΛΟΣ ΚΑΛΟΣ (Πυθόδηλος καλός).

Noir dans l'embouchure, sur le col, sur l'anse, sur la panse sauf la place des ornements et des personnages, sur la base sauf un filet réservé entre le bas de la panse et le pied et la tranche en clair. Encadrement du sujet formé en haut par une bande d'oves dessinés en minces traits rouges réservés sur le noir, sur les côtés par une bande verticale de longs angles superposés, en bas par une grecque serrée, mêlée de croix en damier noir et rouge.
Terre rougeâtre. Emploi des retouches en blanc rosé et en blanc jauni. Esquisse visible. Style fin de la seconde moitié du vᵉ siècle. Recollé en plusieurs morceaux, avec quelques restaurations. Haut., 0,215.
(Inv. MNB 1705.) Trouvé en Étrurie, à la Cucumella, en 1829 ; cf. le *Muséum Etrusque* du prince de Canino, 1829, p. 62, n° 537 (fac-similé inexact de l'inscription, pl. vɪɪɪ); *Réserve étrusque*, 1838, p. 18, n° 11 (inscription mal lue) ; *Notice d'une collect. de vas.*, 1843, p. 36, n° 127 (id.). Acquis de la collection Paravey en 1879 (*Catalog. de vente*, n° 65). Publié par L. Couve dans *Bull. Corr. hellénique*, 1895. p. 100, fig. 5. Cf. Klein, *Lieblingsinschriften*, p. 134 ; Pottier, *Catal. vas. Louvre*, p. 1099.

G 403. Cratère à anses basses (large embouchure, forme de cloche renversée, anses attachées au bas de la panse, pied mince et base en disque épais). — Un sujet sur chaque côté de la panse. — *A*. **Adieux de Néoptolème à son aïeul Lycomède et à sa mère Déidamie.** C'est le sujet banal du départ pour la guerre, rehaussé par des noms mythologiques ; Déidamie, fille de Lycomède, roi de Skyros, a eu d'Achille Néoptolème pour fils. A gauche, le roi Lycomède barbu (cheveux et barbe en mèches de noir délayé ; couronne de feuillages en rouge réservé ; œil de profil), vêtu d'un himation (restauré) qui laisse le haut du corps nu, est assis sur un siège à dossier, aux jambes infléchies (restaurées), et s'appuie de la main droite sur un haut sceptre (enrubanné d'un lien noir) qui se termine en fleuron. Au-dessus de lui, dans le champ, inscription en rouge mat : ΛΥ . ΟΜΕΔΕΣ (Λυ[κ]ομήδης). Au centre, Néoptolème sous les traits d'un éphèbe nu, le corps de face (musculature en traits jaunis, épaule droite et genoux restaurés), retournant sa tête penchée vers Lycomède (cheveux en masse noire et mèches de noir délayé ; œil de profil), une épée sur le flanc gauche soutenue par un baudrier en double trait (noir délayé et points noirs ; traits noirs obliques sur le fourreau de l'épée), une chlamyde posée sur l'épaule gauche (les plis restaurés), s'appuie de la main gauche (refaite) sur la hampe d'une longue lance, la pointe en terre,

et, le bras droit abaissé, il semble parler au roi pour prendre congé ; à droite, dans le champ, inscription en ton mat : ΝΕΟΠΤΟΛΕΜΟΣ (Νεοπτόλεμος). A droite, une femme (dont toute la partie supérieure est refaite), vêtue d'une tunique que recouvre un himation, est nommée par une inscription placée au-dessous d'elle : ΔΑΙΔ... (Δαιδ[άμεια]); de la main gauche (en partie refaite) elle présente une grande phiale (en partie refaite et trop grande) pour la libation des adieux. — *B*. **Scène analogue.** C'est comme une imitation du précédent sujet, mais l'éphèbe est sans armes ; on pourrait imaginer le départ d'Antilochos, quittant Nestor et sa mère Anaxibia, ou Télémaque reçu chez Ménélas et Hélène, ou tout autre épisode du même genre. Roulez a cherché à mettre en rapport les deux tableaux en voyant ici Achille reçu chez Lycomède. A gauche un homme barbu, sans doute un roi, appuyé de la main droite sur un haut sceptre surmonté d'un fleuron (bandelette noire s'enroulant autour de la hampe restaurée), vêtu d'un himation qui dégage le côté droit nu (restaurations dans les draperies), est debout et tourné vers la droite (cheveux et barbe en masse noire avec mèches détaillées ; œil de profil). Tourné vers lui, au centre, debout et le corps de face, un éphèbe (cheveux en masse noire avec mèches détaillées, ceints d'une bandelette en ton mat ; œil de profil), vêtu d'un himation qui laisse tout le côté droit nu et dont le pli est rejeté sur le bras gauche caché, pose la main droite sur sa hanche (quelques restaurations dans les plis et dans le bras droit). A droite, une femme (cheveux en masse noire retenus par des liens croisés en ton mat ; œil de profil), vêtue d'une tunique fine à manches que recouvre un himation dégageant le côté droit, tient de la main droite avancée (restaurée) une fleur (en ton mat) ; le bras gauche est caché sous l'étoffe (restaurations dans plusieurs parties de la draperie).

Noir dans l'intérieur avec deux cercles en rouge réservé (restaurés) près de l'embouchure. Noir sur la panse, sauf la place des ornements et des personnages, sur la moitié des anses, avec intervalle en clair entre les deux attaches, sur la base et le pied sauf la haute tranche verticale. Sur le haut de la panse, sous le rebord, zone de palmettes opposées deux à deux, reliées par des entrelacs et obliquement couchées. Sous chaque sujet, une bande en grecque entre quatre filets noirs. Sous le pied et sur la tranche verticale de la base, dépôt de couleur rougeâtre (cf. *Catalogue*, p. 682 ; voy. aussi le dos de Lycomède).
Terre un peu grise. Pas de retouches de couleur ; des inscriptions, la première semble tracée en rouge mat, mais les deux autres ont plutôt l'aspect de lettres qui auraient été tracées en blanc et dont la couleur enlevée aurait laissé sur le fond un ton mat. Pas d'esquisse visible. Style de la seconde moitié du vᵉ siècle (plus négligé en B).
Recollé en plusieurs morceaux et restauré. Haut., 0,36. ; diam. sur l'embouchure, 0,38.
(Inv. Campana 749.) Trouvé en Étrurie et entré en 1863 ; cf. *Cataloghi Campana*, sér. IV-VII, n° 51. Publié par J. Roulez dans *Annali dell' Inst.*, 1860, pl. J et K, p. 293 (= S. Reinach, *Répertoire des vas.*, I, p. 304); Weizsäcker, article *Néoptolémos* du *Lexikon* de Roscher, III, p. 170, fig. 1 (sujet A) ; cf. Engelmann, dans *Verhandlung. der 40ᵉ Versammml. deutscher Philolog. in Görlitz*, 1889, p. 290 et suiv. ; *Arch. Studien zu den Tragikern*, 1900, p. 84, fig. 11, et p. 89 ; Pottier, *Catal. vas. Louvre*, p. 1100. Vue d'ensemble avec le sujet A dans notre pl. 141.

G 404. Cratère à anses basses (même type que le précédent, la base en gros disque épais à tranche en bourrelet). — Un sujet sur chaque côté du vase. — *A*. **Retour d'Héphaistos dans l'Olympe.** A gauche, Héphaistos sous les traits d'un bel éphèbe couronné (cheveux en masse noire et petites mèches détaillées, ceints d'une guirlande de lierre en rouge réservé à baies blanches ; œil de profil avec indication de la paupière supérieure), vêtu d'une courte tunique serrée à la ceinture et décorée de traits, de points, de lacis (noir jauni), avec un himation plié en écharpe et maintenu dans le dos par les deux bras, les jambes nues (sans déformation apparente), tenant de la main droite un thyrse terminé en boule de feuillage agrémentée de points blancs saillants et de fleurettes (même décor floral en un point de la hampe), chevauche un mulet ithyphallique (jambes zébrées de traits noirs), dont il tient de la main gauche (invisible) les rênes (en blanc) ; auprès de lui dans le champ, inscription en ton mat, mais avec trace du blanc qui remplissait les lettres : ΚΑΛΟΣ (καλός). Il est précédé par Dionysos barbu, qui marche vers la droite en retournant vers lui la tête (cheveux en masse noire retombant sur le cou avec quatre longues boucles en noir délayé ; bandeau en rouge réservé, entouré de petites fleurettes blanches, formé par un large lemnisque dont les bouts retombent sur le cou ; longue barbe en pointe ; même facture de l'œil), vêtu d'une tunique fine à manches que recouvre un himation dégageant le buste (le pied droit soulevé en arrière par la marche ; pointillé noir sur le bas de la tunique) ; de la main droite ramenée en arrière il tient un canthare dont le contenu (en filets blancs) se répand sur le sol ; de la main gauche il s'appuie sur un haut thyrse, terminé en bouquet de feuillages accosté de pistils et fleurettes blanches ; de la hampe se détache aussi un rameau de feuillages avec tige en blanc et fleurettes blanches. A gauche, précédant le dieu, un Silène barbu, nu et chauve (couronne composée d'une tige blanche accostée de feuilles en rouge réservé et de fleurettes blanches ; cheveux et barbe en masse noire et petites mèches de noir jauni ; œil de profil ; indication de poils noirs sur le pubis ; poils de la queue de cheval en touches de noir jauni), marche en jouant de la double flûte qu'il tient des deux mains avancées ; au poignet gauche est suspendu l'étui de l'instrument, en peau tachetée de raies et touches de noir jauni (extrémités munies de petits effilés blancs), avec un accessoire en forme de pyxis (à demi cachée par l'étui) qui pourrait être la boîte où l'on mettait les anches de la flûte (cf. l'article *Tibia*, pl. 307, du *Dict. des antiq.* de Saglio). — *B.* Trois femmes drapées. Elles pourraient représenter trois Ménades faisant partie du cortège de Dionysos, puisque l'une tient un thyrse ; mais c'est un simple revers avec le motif convenu et banal des trois personnages drapés. A gauche, une femme (cheveux et chignon en masse noire, ceints de liens blancs entrecroisés ; œil de profil ; une tache noire sur la joue, goutte de couleur tombée du pinceau de l'ouvrier ; une autre sur le manteau), vêtue d'une tunique à manches que recouvre un himation dégageant le côté droit (traits en noir jauni), étend la main droite au-dessus de laquelle est placé un fruit rond (en blanc). Au centre, une autre femme (même type, même coiffure, même costume et même pose) s'appuie de la main droite sur un thyrse noueux, terminé en bouquet de feuillages piqué de points blancs, d'où se détache un petit rameau de fleurettes blanches. A droite, tournée vers elle comme pour lui parler, une troisième femme drapée (semblable aux autres) étend la main droite ouverte (grossièrement dessinée).

Même technique et même décor que dans G 403 ; deux filets en rouge réservé de chaque côté du tore placé à la partie inférieure du pied ; un large filet en creux sur le plat de la base ; le bas de la tranche en clair. Sous chaque sujet, la bande en grecque est mêlée de croix droites, de croix en X, de croix en damier noir et rouge.

Terre rougeâtre. Retouches en blanc un peu épais. Esquisse visible. Style de la seconde moitié du ve siècle (négligé en B).

Bon état de conservation. Haut., 0,405 ; diam. sur l'embouchure, 0,39.

Inv. N 3382 (ED 181). Trouvé en Italie et entré en 1825 avec la collection Durand. Il avait fait partie de la collection de la Malmaison, appartenant à l'impératrice Joséphine. Publié par Millin, *Galerie mythologique*, pl. 85, n° 338 ; *Peintures de vases antiq.* (1808), II, pl. 66 (cf. la réédition de S. Reinach, 1891, p. 80, pl. 66) ; par Lenormant et de Witte, *Élite des monum. céramographiques*, I, p. 139, pl. 46 ; Guigniaut, *Religions de l'antiquité*, pl. 145, n° 478 ; Inghirami, *Pitture di vasi etruschi*, III, p. 117, pl. 267. Mentionné par Gerhard, *Auserles. Vasenbilder*, I, p. 215 ; Stephani, *C. rendus Saint-Pétersbourg pour 1868*, p. 101, n° 2 ;

Ibid. pour 1873, p. 123, n° 1 ; Wäntig, *De Vulcano in Olympum reducto* (1877), p. 43 ; Heydemann, *Pariser Antiken* (1887), p. 52, n° 50 ; voir Salis dans *Jahrbuch Inst.*, 1910, p. 135 ; Pottier, *Catal. vas. Louvre*, p. 1100. A. Frickenhaus, *Lenäenvasen* (72^e *Programm zum Winckelmannsfeste*, 1912), p. 35, attribue ce vase avec plusieurs autres (comme G 408) au même artiste anonyme. Cette opinion est combattue par Beazley, *Attic Vas.*, p. 154, qui le range dans le groupe du vase de la villa Giulia ; cf Hoppin, *Handb. redfig.*, II, p. 409, n° 30.

G 405. Cratère à oreillettes (forme dite à colonnettes ; cf. G. 347 et suiv.). — Un sujet sur chaque côté du vase. — Un sujet en figures noires non incisées sur chaque côté du rebord. — *A.* **Ménade entre deux Silènes.** A gauche un Silène nu, chauve et barbu (cheveux et barbe en masse noire avec petites mèches ; œil de profil avec indication de la paupière supérieure) s'avance vers la droite (musculature en noir jauni), les deux bras étendus, pour saisir une Ménade qui s'enfuit vers la droite. Elle est coiffée d'un bandeau en rouge réservé, qui maintient le chignon et le relève (indication de quelques feuilles en rouge réservé au-dessus du bandeau ; cheveux en masse noire ; œil de profil), vêtue d'un péplos dorien qui laisse les bras nus et forme un rabat sur la poitrine (traits en noir jauni); elle retourne la tête vers le précédent, le bras droit plié avec la main droite près de la taille, s'appuyant de la main gauche sur un haut thyrse à hampe noueuse, le haut en boule de feuillages sommairement indiqués. A droite, un second Silène nu (même type que l'autre) s'avance vers elle (la jambe gauche en arrière coupe l'encadrement vertical et le supprime), le bras gauche replié, la main droite étendue. — *B.* **Trois éphèbes drapés.** Motif banal indiquant le revers ; cf. G 351. et suiv. A gauche un éphèbe (cheveux en masse noire ; œil de profil), complètement enveloppé dans un himation qui cache les bras et remonte dans le cou, est tourné vers la droite et regarde le compagnon qui lui fait face. Celui-ci (même type ; œil rond et comme dilaté) est penché en avant, un pied croisé sur l'autre, et s'appuie sur une canne (même costume). A droite un troisième éphèbe (même type ; même œil) est tourné vers les précédents (même costume que le premier auquel il fait pendant ; le bas de son himation coupe l'encadrement vertical et y forme des dents). — Sujets du rebord en figures noires : Quatre groupes d'animaux. *C.* A gauche, lion bondissant faisant face à un sanglier ; à droite, même sujet. — *D.* A gauche même sujet ; à droite, lion bondissant, faisant face à un oiseau aux ailes déployées (tous ces animaux tracés du bout du pinceau, avec des parties de noir jauni ou délayé, et très sommairement exécutés, sans incisions).

Noir dans l'intérieur et sur le plat du rebord ; le rebord extérieur en clair avec les sujets en figures noires entre deux filets. Sur le col, bande de boutons de lotus allongés, la tête en bas, reliés par des entrelacs semés de petits points noirs, au-dessus du sujet A ; pas de décor au-dessus du sujet B. Encadrement de chaque tableau formé en haut par une bande de godrons, sur les côtés par une bande verticale de deux lignes de points entre trois filets (indication sommaire de branche de feuillage) ; en bas, sous les pieds des personnages, par une ligne en rouge mat. Deux filets en clair retouchés de rouge mat de chaque côté du tore saillant sur la base ; le bas de la tranche en clair.

Terre un peu grise. Emploi du rouge mat, mais pas sur les personnages. Esquisse visible en A. Style de la fin du ve siècle (très négligé en B).

Bon état de conservation. Haut., 0,38 ; diam. dans l'embouchure, 0,215 ; sur l'embouchure, 0,30.

Inv. N 2491 (ED 635). Trouvé à Girgenti (Agrigente), en Sicile. Entré en 1825 avec la collection Durand. En 1817 il faisait partie de la collection de Sir John Coghill. Publié par J. Millingen, *Peintures antiq. de vas. grecs de la collection Coghill Bart*, pl. 18 (= S. Reinach, *Répertoire des vases*, II, p. 6, n°s 1, 2). Cf. Pottier, *Catal. vas. Louvre*, p. 1101 ; Beazley, *Attic Vas.*, p. 160, n° 7 (groupe du vase de la Centauromachie, G 367) ; Hoppin, *Handb. redfig.*, II, p. 157, n° 10.

G 406. Cratère de la forme dite stamnos (embouchure

moyenne, col bas, anses horizontales courtes et fortes, de structure carrée, attachées vers le haut de la panse, base en disque peu débordant à tranche bombée). — Un sujet sur chaque côté du vase. — *A*. **Dionysos et son thiase.** A gauche un Silène nu, barbu et chauve (cheveux et barbe en masse noire avec petites mèches ondulées ; œil en point noir dans cercle, avec indication d'une poche sous la paupière inférieure ; guirlande en blanc et feuillages en rouge réservé sur le front) s'avance vers la droite (jambes refaites, parties du corps nu et du crâne restaurées ; organe viril infibulé), touchant de la main gauche les cordes d'une cithare (caisse carrée par le bas, arrondie en haut ; six cordes en relief sur le fond noir ; quelques restaurations dans les montants), tenant le plectre de la main droite (les liens du plectre en ton mat sur le fond noir, sans doute en couleur blanche disparue). Devant lui et lui tournant le dos, Dionysos barbu (cheveux en masse noire avec trois longues boucles pendantes, ceints d'un bandeau en large lemnisque dont le bout forme un nœud par derrière et que surmontent quatre feuilles en rouge réservé ; longue barbe en pointe ; œil restauré) est assis sur un siège à dossier (dont on voit encore la partie supérieure dans son dos, mais le bas mal restauré a été refait en siège pliant) ; il est vêtu d'une tunique à large manche (galons en pointillé noir entre quatre filets ; tout le bas du corps refait) et d'un himation dégageant le côté droit ; de la main droite avancée il tient un canthare (pied refait) et de la main gauche un haut thyrse dont le bout se termine en bouquet de feuillages. Debout devant lui, le corps de face, la tête inclinée et tournée vers le dieu, une Ménade coiffée d'un cécryphale (visage, cou et épaule droite restaurés) présente de la main droite une œnochoé vue de face et penchée (bec trilobé, pointillé en noir jauni sur l'épaule, pied restauré) ; elle est vêtue d'une tunique dorienne qui laisse les bras nus et forme rabat sur la poitrine (galon en denticules noirs ; le bas du corps refait). A droite un second Silène nu s'approchant (même type que l'autre, sans couronne) lève la tête avec le bras droit en l'air et saisit avec sa main gauche (restaurée) le bras gauche pendant de la Ménade (main refaite) ; le bas des jambes du Silène est refait (musculature en traits jaunis ; organe viril infibulé ; indication du poil sur le pubis). — *B*. **Trois Ménades.** C'est au revers une suite du précédent sujet. A gauche une Ménade (tête refaite sauf le nez), vêtue d'une tunique à manche que recouvre un himation dégageant le côté droit (nombreuses parties restaurées), soutient de la main gauche cachée les plis de la draperie pendante et présente de la main droite avancée une œnochoé. Au centre, une Ménade (cheveux en masse noire, ceints d'un large bandeau en rouge réservé ; œil de profil ; visage restauré) marche vers la droite, vêtue de même (quelques parties restaurées), et s'appuie de la main droite sur un haut thyrse (hampe restaurée), dont le bout se termine en bouquet de feuillage. A droite une troisième Ménade coiffée d'un cécryphale (même type, même costume ; le bas du corps restauré ; grosse goutte de couleur noire tombée du pinceau du peintre) s'approche, tenant de la main droite (restaurée) une torche allumée (liens noirs enroulés autour de la torche, avec effilés pendants en noir jauni).

Noir dans l'embouchure et dans l'intérieur, sur le col, sur la panse sauf la place des ornements et des personnages, sur les anses, sur le pied avec la tranche en partie barbouillée, sous le pourtour de la base avec deux cercles noirs et un point central sur le fond. Décor en zones de godrons sur le rebord extérieur, en haut de la panse, autour des attaches d'anses ; grand motif floral au-dessus et au-dessous de chaque anse, en palmettes accostées de rinceaux et de volutes. Zone circulaire de grecque semée de croix sous les pieds des personnages.

Terre rougeâtre. Emploi des retouches en blanc. Traces de l'esquisse. Style du milieu du ve siècle.

Recollé en plusieurs morceaux, avec des restaurations assez importantes. Haut., 0,41 ; diam. dans l'embouchure, 0,305.
(Inv. Campana 685.) Trouvé en Étrurie et entré en 1863 ; cf. *Cataloghi Campana*, série IV-VII, n° 66. Cf. Pottier, *Catal. vas. Louvre*, p. 1102. Vue d'ensemble avec le sujet A dans notre pl. 141.

G 407. Cratère de même forme (même type que le précédent). — Un sujet sur chaque côté du vase. — *A*. **Offrandes et libations à l'idole de Dionysos.** Au centre se dresse, sur une base rectangulaire, l'idole de Dionysos barbu et couronné (cheveux en masse noire, répandus dans le dos et sur la tempe en mèches ondulées de noir délayé, ceints d'un large lemnisque en rouge réservé, plusieurs fois replié et entrecroisé, serrant des feuilles en rouge réservé qui forment couronne ; longue barbe en pointe ; œil en point rond dans ovale ouvert avec indication de la paupière supérieure), sans bras visibles, vêtu d'une tunique ornée d'un pointillé noir, que recouvre un himation rejeté sur l'épaule gauche (des traits en noir délayé). Au-dessus de la tête du xoanon s'élève une masse de feuillages (lierre ou pampres en traits jaunis) qui semble appliquée sur le fond ; un trait horizontal noir dans cet ensemble indique un entablement formant édicule près de l'idole, qui est ainsi abritée dans une sorte de sanctuaire rustique. A gauche, devant l'idole est posée une table en partie cachée par le xoanon ; on en voit deux pieds (indication de clous en noir) avec une traverse horizontale et une espèce de tiroir de côté, orné de raies noires obliques ; sur la table sont entassés des pains ronds, mêlés à de longs morceaux de pâte (?) pendants (touches de couleur délayée sur les pieds de la table et sur les pains ; quelques restaurations). A gauche, faisant face à l'idole, une Ménade drapée se penche en avant et tient des deux mains avec soin, pour ne pas en renverser le contenu, un canthare dont elle soutient le pied de la main gauche et qu'elle prend par l'anse de la main droite (cécryphale en étoffe ornée de zigzags jaunis, ceint d'une couronne de feuillage en rouge réservé ; boucle d'oreille ronde ; œil de profil avec indication de la paupière supérieure) ; elle est vêtue d'une tunique fine à manches et l'himation qui a glissé des épaules s'arrête aux hanches (quelques parties restaurées). A côté d'elle est planté en terre le thyrse qu'elle a déposé pour un moment (lien noir à la poignée ; rameau en blanc partant de la hampe ; extrémité en bouquet de feuillages de noir jauni). A droite une autre Ménade (visage endommagé ; cheveux en noir et en mèches ondulées, ceints de feuillages en rouge réservé et à tige en ton mat qui indique du blanc disparu), vêtue d'une tunique (deux larges galons noirs verticaux en noir délayé) que recouvre un himation dégageant le côté droit et la poitrine (des parties restaurées), s'approche de l'idole, tenant de la main droite une œnochoé (panse et pied refaits) et portant sur la main gauche une sorte de plateau à trois grandes cornes dressées (en vannerie (?) ; quadrillé indiqué en clair sur chacune des cornes ; quelques parties restaurées) dont on constate la présence dans plusieurs scènes de sacrifice, mais dont la destination n'est pas encore bien fixée (voir sur cet accessoire les exemples réunis par Edith H. Hall, dans *The Museum Journal of Philadelphia*, décembre 1913, p. 162 ; Heydmann (p. 53) et Frickenhaus (p. 15) y voient une corbeille à sacrifice). — *B*. **Homme drapé entre deux femmes.** Motif banal indiquant le revers ; cf. G 351 et suiv. A gauche, une femme coiffée d'un cécryphale (touffe de cheveux en noir délayé sur la tempe droite ; œil en point noir dans ovale ouvert) enveloppée entièrement dans un himation qui laisse voir le bas de la tunique, remonte dans le cou et cache le bas du visage ; la main gauche sous la draperie retient le pli de l'étoffe. Au centre et lui faisant face, un homme barbu (cheveux et barbe en masse noire avec petites mèches en noir délayé ; œil de profil), enveloppé dans un himation qui cache le bras gauche, s'appuie de la main droite sur une grosse canne à tige ondulée. Derrière lui, à droite, s'approche une seconde femme (visage restauré ; cheveux en masse noire ; œil de profil), enveloppée dans un himation qui cache les bras et laisse passer le bas de la tunique (traits en noir jauni).

> Même décor que dans le précédent (la tranche de la base et le dessous du fond en clair ; trait en rouge séparant du pied le bas de la panse).
> Terre rougeâtre. Emploi des retouches en blanc. Esquisse détaillée dans le sujet A. Style de la seconde moitié du v⁰ siècle (soigné en A ; négligé en B).
> Plusieurs morceaux recollés et quelques restaurations. Haut., 0,395; diam. dans l'embouchure, 0,195.
> Inv. N 3418 (LP 2308). Trouvé dans les fouilles du prince de Canino, faites à Vulci en 1828-1829. Entré au musée sous le règne de Louis-Philippe, après 1848. Il est mentionné en 1837 par de Witte dans *Description d'une collection de vases peints de l'Etrurie*, p. 28, n⁰ 61 ; dans la *Réserve étrusque* du prince de Canino, Londres, 1838, p. 13, n⁰ 47 ; dans la *Notice d'une collect. de vas. antiq.*, Paris, 1843, p. 9, n⁰ 83. Il a été publié (sujet A) par A. Frickenhaus, *Lenäenvasen* (72ᵉ *Programm zum Winckelmannsfeste*, 1912), p. 39, n⁰ 27, pl. V, n⁰ 27, qui l'explique comme représentant les fêtes des Lénéennes dans les Dionysies champêtres (de Witte avait déjà désigné l'idole comme celle du dieu des Lénéennes), en donnant la liste des vases similaires. M. Carl Robert a critiqué ces conclusions (*Götting. gelehrt. Anzeiger*, 1913, n⁰ 6, p. 366) et propose d'y voir la fête des Iobaccheia. Cf. Heydemann, *Pariser Antiken*, p. 53, n⁰ 51 ; Pottier, *Catal. vas. Louvre*, p. 1101.
> Vue d'ensemble avec le sujet A dans notre pl. 141.

G 408. Cratère de même forme (même type que le précédent, les anses plus arrondies, le pied en pente à deux degrés). — Un sujet disposé circulairement tout autour de la panse avec des personnages placés dans les anses. — **Libations et offrandes à l'idole de Dionysos.** — *A.* Au centre se dresse le xoanon du dieu, barbu, vu de face (visage restauré ; cheveux en masse noire couronnés de six feuilles en rouge réservé, dont quelques-unes sont restaurées ; barbe longue à mèches hirsutes), sans bras, vêtu d'une tunique fine que recouvre une autre tunique (parties restaurées) ; à ses épaules sont fixés deux disques ronds qui doivent représenter des gâteaux d'offrandes ou des rayons de miel apportés en cadeaux (cf. la coupe d'Hiéron avec la bacchanale des Ménades devant l'idole de Dionysos, Perrot, *Hist. de l'art*, X, fig. 280, et le cratère de Naples, Furtwaengler-Reichhold, *Griech. Vasenmalerei*, pl. 36) ; il est appliqué ou suspendu à une poutre de bois dont le bas s'enfonce dans le sol, dont le haut porte un entablement architectural (restauré) ; au-dessus de la tête de l'idole s'épanouit en berceau (cf. G 407) un bouquet de rameaux de vigne dont les feuilles sont figurées, les unes en rouge réservé sur le fond noir (celles de gauche mal restaurées en couleurs d'applique), les autres en noir sur le fond rouge d'argile. Devant le xoanon est installée une table (à deux pieds seulement visibles), à traverse horizontale et à deux coins solides, ornés de raies noires obliques, sur laquelle sont empilés des pains ronds (restaurés) ; à chaque extrémité de la table est posé un cratère de la forme dite stamnos (celui de droite restauré aux deux anses). A gauche une femme drapée (cheveux en masse noire retenus par des liens en blanc ; œil de profil), vêtue d'une tunique fine que recouvre un himation dégageant le côté droit et rejeté sur l'avant-bras gauche (des parties restaurées), les pieds de face, rapproche sa main droite (doigts restaurés) de sa poitrine et porte sur sa main gauche un skyphos (pas d'anses visibles), rempli du vin qu'elle vient offrir au dieu. A droite, une autre femme penchée (cheveux serrés par un bandeau en rouge réservé ; œil de profil), vêtue d'une tunique fine à manches (des parties restaurées), tient de la main gauche (mal refaite) un canthare (restauré) qu'elle se prépare à remplir, en puisant du vin dans le cratère posé

sur la table, à l'aide d'un cyathos qu'elle tient de la main droite (restaurée). Cette scène forme la face du vase et, bien que la zone se déroule sans interruption, les autres personnages appartiennent au tableau qui forme revers sur le côté opposé. — *B.* **Cinq femmes drapées forment une procession se rendant au sanctuaire champêtre.** A gauche, dans l'anse, mais non coupée par elle, une femme drapée (sur les cheveux traces d'une guirlande en blanc ? ; œil de profil) marche vers la droite, la tête un peu inclinée, vêtue d'une tunique à manches (restaurée), que recouvre un himation (des parties restaurées) ; elle approche sa main droite (refaite) de son corps et tient sur la main gauche avancée (bras refait) un skyphos (sans anses). Elle est précédée par une femme drapée qui marche en levant la tête (cheveux retenus par un bandeau en rouge réservé ; œil de profil) ; même costume, même geste, même accessoire dans la main gauche (restaurations dans les draperies). Devant elle une femme dont la coiffure plus ornée indique un rang supérieur (même type, cheveux en masse noire avec chignon pendant en boucles ondulées, ceints d'un bandeau orné d'un pointillé noir et surmonté de cinq feuilles en rouge réservé), vêtue de même, se retourne vers la précédente en tenant de la main droite un skyphos et porte de la main gauche élevée une petite baguette (?) (restaurée aux deux bouts ; peut-être le manche d'un cyathos à puiser le vin?). A droite la procession se termine par une femme, la tête levée (même type, bandeau en rouge réservé sur les cheveux), vêtue de même (parties restaurées dans les draperies), qui ramène en arrière le bras droit (refait) et tend de la main gauche un skyphos (refait) dans lequel la cinquième femme, qui lui fait face (debout dans l'anse) s'apprête à verser le contenu de l'œnochoé qu'elle tient du bras droit étendu (personnage presque entièrement refait ; parties antiques dans la tête, le milieu du corps, le bas de la draperie, les pieds de face).

> Décor analogue à G 406 ; pas de motif floral auprès des anses ; grecque circulaire sous les pieds des personnages ; large filet rouge (refait) entre le bas de la panse et le pied.
> Terre grisâtre. Emploi des retouches en blanc. Traces de l'esquisse. Style du milieu du v⁰ siècle.
> Recollé en beaucoup de morceaux, avec des restaurations importantes. Haut., 0,40; diam. dans l'embouchure, 0,225.
> (Inv. Campana 728.) Trouvé en Étrurie et entré en 1863 ; cf. *Cataloghi Campana*, série IV-VII, n⁰ 70, et *Arch. Zeitung*, 1859, *Anzeiger*, p. 104, n⁰ 47 ; Pottier, *Catal. vas. Louvre*, p. 1102. Publié par O. Jahn, *Annali dell' Inst.*, 1862, p. 67 ; *Monumenti Inst.*, VI-VII, pl. 65 (= S. Reinach, *Répertoire des vases*, I, p. 157, n⁰ˢ 3 et 4) ; A. Frickenhaus, *Lenäenvasen* (72ᵉ *Programm zum Winckelmannsfeste*, 1912), p. 36, n⁰ 17, pl. III, n⁰ 17 ; Saglio, *Dict. des antiq. grecq. et rom.*, I, p. 361, fig. 449 (sujet A) ; Schreiber, *Bilderatlas*, pl. 14, n⁰ 8 (*Ibid.*). Cf. Hauser, dans *Griechische Vasenmalerei*, II, p. 308, note 10, n⁰ 1, qui voudrait l'attribuer, avec d'autres vases, à un peintre femme. Sans adopter cette théorie, Frickenhaus, *op. l.*, p. 35, a attribué au même atelier les vases qu'il fait figurer sous les n⁰ˢ 16 à 22. Beazley le rapporte au groupe du vase de la villa Giulia ; *Röm. Mitth.*, 1912, p. 288, n⁰ 15; Hoppin, *Handb. redfig.*, II, p. 469-470, n⁰ 31.
> Vue d'ensemble avec le sujet A dans notre pl. 142.

G 409. Cratère de même forme (même type ; le col mal refait en plâtre ; une anse refaite, le pied en disque épais avec un filet saillant sur le plat). — Un sujet sur chaque côté du vase. — *A.* **Préparatifs d'une fête bachique.** Le sujet est expliqué par les tableaux des vases précédents ; des femmes se préparent à porter des libations et des offrandes au sanctuaire de Dionysos. A gauche, une femme coiffée d'un cécryphale (étoffe à pointillé en noir jauni ; cheveux en masse noire rehaussée de gouttelettes saillantes ; trois feuilles indiquées au trait noir par-dessus le cécryphale, petite boucle d'oreille ronde, œil endommagé), vêtue d'une tunique fine à ample manche (restaurée), qui déborde par-dessus l'himation découvrant le côté droit, se penche et tient des deux mains (la gauche restaurée) le manche d'un cyathos plongé dans un cratère de la forme dite stamnos à deux anses, qui, avec un second vase pareil (parties restaurées), est posé sur une table (une traverse horizontale, tiroir à gauche orné de raies noires obliques, un pied mince en griffe de lion, l'autre plus large en patte de bois avec trois clous et touches de noir jauni pour imiter la matière ligneuse). Au centre, derrière la table, est debout de face une femme (cheveux en masse noire avec long chignon à petites mèches ondulées ; trace mate des liens en blanc ou en rouge qui retenaient la coiffure ; œil de profil), vêtue d'une tunique fine que recouvre un himation dégageant le côté droit (parties restaurées) ; elle tourne la tête vers la précédente et semble parler, la main droite étendue (bras et main restaurés) ; c'est sans doute la maîtresse de maison donnant ses instructions. A droite est assise sur une chaise à dossier (mal refait) et à pieds cambrés une femme (tête refaite), vêtue comme les précédentes (parties restaurées), tenant de chaque main une fleur (en rouge mat, mais sans doute refaite ou restaurée). Dans le champ, au-dessus d'elle, est suspendu un alabastron (en rouge réservé) sous un rectangle allongé (en rouge réservé) qui pourrait représenter la patère (?) à laquelle est pendu le vase. — *B. Trois femmes drapées.* Le motif banal du revers (cf. G 407) peut passer pour un prolongement de la scène précédente. A gauche une femme (cheveux en masse noire, œil de profil), vêtue d'une tunique que recouvre un himation, la main gauche avancée sous la draperie (traits en noir jauni), fait face à une autre femme vêtue de même (même type, mêmes détails). A droite une troisième femme s'approche (même type, même costume et mêmes détails), relevant de la main droite (refaite) le pli de son himation.

Même décor que dans G 407. Beaucoup de restaurations dans les ornements.

Terre rougeâtre assez pâle. Emploi des retouches en rouge mat (et en blanc, couleur disparue?). Esquisse visible. Style du milieu du ve siècle.

Beaucoup de morceaux recollés, le col entièrement refait, restaurations nombreuses. Haut., 0,38.

(Inv. Campana, 678.) Trouvé en Étrurie et entré en 1863 ; cf. *Cataloghi Campana*, série IV-VII, n° 62. Publié par O. Jahn, *Annali Inst.*, 1862, p. 70, note 1, pl. D (= S. Reinach, *Répertoire des vases*, I, p. 307, n° 2). Cf. Pottier, *Catal. vas. Louvre*, p. 1102 ; Frickenhaus, *Lendenvasen* (72° *Programm zum Winckelmannsfeste*, 1912), p. 12, n° 24, et p. 38, n° 24.

Vue d'ensemble avec le sujet A dans notre pl. 142.

G 410. Cratère de même forme (même type que G 406). — Un sujet sur chaque côté du vase. — *A. Procession de femmes dans une fête bachique.* Le sujet est emprunté comme les précédents à la célébration d'une fête en l'honneur de Dionysos. A gauche, une femme couronnée de pampres (cheveux en masse noire ceints de liens en blanc, dont la couleur est effacée, avec quelques feuilles en rouge réservé formant couronne ; visage endommagé), vêtue d'une tunique fine à longues manches et d'un himation (des parties restaurées) qui, laissant le buste découvert, est rejeté sur le bras gauche, tient de la main droite horizontalement un thyrse (rameau coupé avec deux branches feuillues au bout et un rejet près de la base de la tige) et de la main gauche élevée le pied d'un canthare à deux anses (qui doit être rempli de vin). Devant elle marche une femme jouant de la double flûte qu'elle tient des deux mains avancées (même coiffure en rouge réservé et quelques feuilles plus petites en blanc, retenue par des liens en rouge réservé et des liens en blanc dont la couleur a disparu ; œil de profil avec indication de la paupière supérieure et des cils à la paupière inférieure ; joue gonflée par l'effort) ; elle est vêtue d'une tunique fine sans manches, formant rabat sur les jambes, que recouvre une courte nébride

(partie restaurée sur la poitrine, petits cercles et mouchetures en noir jauni sur la peau de panthère). A droite une troisième femme précède les autres (même coiffure avec pampres, petites feuilles blanches, liens en blanc et en rouge réservé ; œil de profil avec indication de la paupière supérieure ; petite boucle d'oreille ronde), vêtue comme la première (des parties de draperies restaurées), tenant aussi de la main droite (bras et main refaits) un thyrse semblable et sur la main gauche un canthare rempli de vin. Malgré la pureté du dessin, les pieds nus des personnages sont massifs et indiqués sommairement. — *B.* **Trois femmes avec des accessoires bachiques.** C'est, dans un style plus négligé qui indique le revers (cf. G 409), la continuation du même sujet. A gauche, une femme s'avance (même coiffure en pampres mêlés à une guirlande de petites feuilles en blanc ; visage endommagé), vêtue de la tunique à manches et de l'himation, levant la main droite et portant sur la main gauche avancée un skyphos. Au centre, une femme se retourne vers la précédente, le corps de face (même coiffure, même œil de profil, même costume), s'appuyant de la main droite sur un thyrse analogue (le haut se termine en bouquet de feuilles ; hampe endommagée). A droite une troisième femme s'approche des précédentes (même coiffure, petite boucle d'oreille ronde ; même type et même costume), la main droite tendue et ouverte (restaurée), le pied gauche soulevé en arrière (des parties restaurées dans les draperies).

Même décor que dans G 407 (avec abondance de folioles isolées dans le grand motif floral autour des anses).

Terre rougeâtre. Emploi des retouches blanches. Esquisse détaillée (une première esquisse plaçait la première femme, en A, beaucoup plus à gauche ; elle mettait au centre, à la place de la joueuse de flûte, la femme, le bras droit ramené en arrière, tenant le thyrse et portant le canthare qui est actuellement en tête, à droite). Style de la seconde moitié du ve siècle (plus négligé en B).

Nombreux morceaux recollés et restaurés. Haut., 0,39; diam. sur l'embouchure, 0,235.

Inv. N 3417 (LP 2309). Acquis sous le règne de Louis-Philippe. Trouvé en Étrurie dans les fouilles faites par le prince de Canino ; cf. *Notice d'une collect. de vases antiques*, 1843, p. 10, n° 35. Mentionné par Heydemann, *Pariser Antiken*, p. 58, n° 52 ; Pottier, *Catal. vas. Louvre*, p. 1102 ; Beazley, *Attic Vas.*, p. 100 (groupé avec le cratère de Bologne).

Le sujet A dans notre pl. 142.

G 412. Cratère de même forme (même type, le col mal refait). — Un sujet sur chaque côté du vase. — *A. Zeus avec Sémélé et Cadmos.* On sait que sur le conseil perfidement suggéré par Héra à Sémélé, celle-ci fit promettre à Zeus d'exaucer son vœu et de se montrer à elle dans sa gloire olympienne ; elle fut anéantie par l'éclat du feu divin. Les peintres de vases ont rendu comme ils pouvaient cette légende, en représentant Sémélé foudroyée par le dieu. Au centre, le groupe de Zeus et de Sémélé : le dieu barbu et nu, avec un himation (restauré) jeté sur l'épaule gauche (cheveux en masse noire, ceints d'une couronne de lauriers en rouge réservé ; œil de profil ; musculature en traits jaunis ; restaurations dans le corps et les jambes), brandit le foudre (en double fleuron d'où sortent des flammes en traits de rouge mat) de la main droite élevée en arrière (bras et main refaits) et s'avance à grands pas, posant la main gauche sur Sémélé qui se recule avec frayeur ; elle marche rapidement vers la droite en retournant la tête (cheveux en masse noire avec mèches ondulées sur le front, visage restauré) coiffée d'un cécryphale (décor refait en bandelettes pointillées) ; elle est vêtue d'une tunique dorienne (plis refaits dans le bas) avec rabat, qui laisse les bras nus (bras droit restauré) ; de la main droite elle relève un pli de sa tunique pour courir et de la main gauche élevée elle tient le bout de sa draperie près de l'épaule. A droite, le père de Sémélé, Cadmos, sous les traits d'un vieillard (front dégarni, cheveux en traits ondulés de noir jauni, visage endommagé), vêtu d'une tunique que recouvre un himation dégageant le côté droit (quelques parties restaurées), s'avance rapidement, le pied gauche soulevé en arrière, la main droite sortie du manteau et faisant un geste d'effroi ; il tient de la main gauche une longue canne à poignée en béquille. A gauche, une compagne de Sémélé (ou sa mère Harmonia?), fuyant vers la gauche, se courbe avec frayeur sous le bras du dieu tenant le foudre et relève la tête pour regarder ce qui se passe (cheveux en masse noire et petites mèches ondulées, serrés par un large bandeau en rouge réservé, surmonté de quelques feuilles en traits jaunis ; œil de profil) ; elle est vêtue d'une tunique fine que recouvre un himation enveloppant complètement les bras (des parties restaurées). — *B*. **Réunion de deux hommes et de deux femmes.** On pourrait penser que ce second tableau se relie au premier et qu'on y voit des personnages qui assistent au miracle, car deux d'entre eux regardent avec frayeur du côté de la scène précédente ; mais le lien est assez lâche. A gauche, une femme marche vers la droite (cheveux en masse noire coiffés d'un cécryphale qu'enserrent deux bandelettes ornées d'un pointillé ; œil de profil), vêtue d'une tunique que recouvre un himation (des parties restaurées) ; la main gauche sous la draperie soutient les plis du manteau ; la main droite (bras refait) est avancée, dans un geste de conversation. Elle semble parler à un éphèbe qui, le corps de face, retourne vers elle sa tête coiffée d'un pétase (refait ; visage restauré ; cheveux en masse noire avec petites mèches de noir jauni) ; il est vêtu d'une tunique courte que recouvre une chlamyde (restaurée et mal refaite dans le haut), chaussé de crépides dont les liens entourent les chevilles (noir jauni), l'épée au côté (bout du fourreau qui passe), tenant dans sa main droite deux lances. Un second groupe, à droite, comprend aussi deux personnages. Un homme imberbe, appuyé de la main gauche basse sur une grosse canne noueuse (couleur des cheveux disparue ou tête de vieillard? ; bandelette ornée d'un pointillé ceignant la tête, visage restauré, œil de profil), vêtu d'un himation qui dégage le côté droit, les pieds dans des chaussures dont on voit pendre les liens, fait un geste de surprise, avec le bras droit avancé. Une femme qui semble venir de la droite, retourne la tête vers la scène du sujet *A* (coiffure analogue à l'autre, même type) ; elle est vêtue d'une tunique à manches que recouvre un himation enveloppant le côté et le bras gauches ; le bras droit est tendu et de la main (restaurée) elle soutient le coude du personnage précédent (le geste paraît indiquer que celui-ci est âgé).

Même décor que dans G 406 (la tranche en clair, un cercle noir sous le fond). Pas de godrons autour des anses ; une partie d'argile claire entre les attaches. Motif floral simple au-dessus et au-dessous (palmette accostée de rinceaux).
Terre rougeâtre. Emploi des retouches en rouge mat. Pas d'esquisse visible. Style du milieu du vᵉ siècle.
Beaucoup de morceaux recollés et restaurés ; le col refait. Haut. 0,385.
(Inv. Campana 700.) Trouvé en Étrurie et entré en 1863 ; cf. *Cataloghi Campana*, série IV-VII, n° 58. Mentionné par Gerhard, *Arch. Zeitung*, 1859, *Anzeiger*, p. 104, n° 43 (interprété comme Zeus et Aigina) ; Overbeck, *Kunstmythologie*, I, p. 400, note *a* ; von Duhn, *Comment. in honor. Bücheleri et Useneri*, Bonn, 1873, p. 113, n° 8 (il écarte le nom de Sémélé) ; Heydemann, *Dionysos, Geburt und Kindheit* (*10ᵉ Hallisches Winckelmanns Programm*. 1885), p. 8 et note 21 ; Pottier, *Catal. vas. Louvre*, p. 1101. Pour comparaison avec le sujet A, voir l'hydrie de Palerme (*Arch. Zeitung*, 1870, p. 43, pl. 31 = Overbeck, *l. c.*, pl. vi, n° 5).

G 413. **Cratère de même forme** (même type, avec les anses remarquablement fortes et grosses (une refaite), accostées de saillies verticales (plusieurs refaites) imitant les rivets des modèles de métal, qui s'insèrent dans le corps des personnages peints). — Un sujet sur chaque côté de la panse. — *A*. **Philoctète mordu par un serpent près de l'autel de Chrysé.** Pour le même sujet, voir G 342 (B). A gauche, sur une base à deux degrés s'élève l'idole archaïque, en xoanon, de la déesse Chrysè, vue de face (coiffée d'un polos, cheveux en oves sur le front, le bas du visage refait), vêtue d'une tunique (restaurée) que serre à la taille une ceinture ornée de points noirs, les deux mains écartées du corps et les paumes ouvertes ; le bas du corps en gaine avec un large galon noir vertical, les pieds de face ; au-dessus de sa tête, inscription en rouge mat : +PVΣ. (Χρύσ[η]). A gauche, contre la base, un amas de grosses pierres représente l'autel rustique et primitif d'où sortent des flammes en rouge mat ; contre le milieu de la base ondule un grand serpent au corps semé de points noirs ; c'est le gardien sacré de l'autel qui vient de mordre Philoctète. Sans oser le toucher du bout de son sceptre, terminé en fleuron et enguirlandé d'un lien noir (restauré), dont le bout repose sur la première marche du piédestal, Agamemnon se penche et regarde l'animal sacré s'enfuir ; au-dessus de lui inscription en rouge mat : ... NΩN ([Αγαμέμ]νων) ; il est barbu et couronné (feuillages en rouge réservé sur cheveux en masse noire, œil de profil), vêtu d'un himation qui découvre le côté droit nu ; sa main droite s'appuie sur le sceptre, sa main gauche est cachée sous le manteau. A sa droite, s'éloignant d'un pas rapide et retournant la tête vers le serpent, Achille sous les traits d'un éphèbe (cheveux en masse noire avec petites mèches, ceints d'une guirlande de lauriers en rouge réservé ; nez et œil restaurés) porte une grande broche sur laquelle est enfilé le quartier de viande qu'il se préparait à brûler sur l'autel de Chrysè ; le haut du corps est nu et le bas enveloppé dans un himation serré à la taille ; au-dessus de lui inscription en rouge mat : A+IΛ. ΥΣ ('Αχιλ[λε]ύς). Un autre éphèbe, dans le même costume (même type et même coiffure), se penche à droite, les deux mains avancées, pour porter secours à Philoctète blessé, tombé à terre, le dos de la main gauche appuyé sur le sol, posant le bras droit sur sa tête avec un geste de douleur ; sa tête est vue de trois quarts (guirlande de feuillages sur les cheveux en noir jauni, les yeux en large point noir dans un ovale entr'ouvert, la bouche ouverte et montrant les dents) ; le corps est nu (quelques parties restaurées ; poils du pubis en noir), avec un himation jeté sur le dos et couvrant l'épaule et le bras gauches ; au-dessus de lui inscription en rouge mat : /OΥΓE.E. ([Φι]λοκτέ[τ]η[ς]). Derrière ce groupe, en arrière-plan, se tient debout Diomède barbu (même type et même costume qu'Agamemnon), levant le bras droit en signe de surprise ; au-dessus de lui en rouge mat : ΔIOMₑ˙˙ ΕϚ (Διομ[έδ]ης). A droite, un autre chef grec, barbu et couronné (même type et même costume), s'approche, avançant la main droite, portant de la main gauche (non visible) une canne ou sceptre (restauré) ; le rivet saillant et l'attache de l'anse viennent s'insérer dans son corps (des restaurations). — *B*. **Quatre personnages drapés.** On a voulu y voir la réunion d'autres chefs grecs, mais ce tableau est à peu près entièrement refait et très peu de parties sûrement antiques y subsistent (haut de la tête de l'homme barbu à gauche, sa main droite et une partie de son sceptre, haut de la tête du suivant, ses pieds et le bas de la draperie, le bas de son sceptre, le haut du crâne du troisième).

Même décor que dans G 412 (pas d'intervalle en clair entre les attaches des anses ; pas de cercle noir sous le fond). Une marque incisée sur le pourtour : ⋈ Pour des marques analogues, voir R. Hackl, *Merkantile Inschriften* dans *Münchener arch. Studien*, 1909, p. 22 et suiv.
Terre rougeâtre. Emploi de la couleur en rouge mat. Esquisse visible. Style du milieu du vᵉ siècle.
Beaucoup de morceaux recollés et importantes restaurations. Haut., 0,405 ; diam. sur l'embouchure, 0,19.

Inv. Campana (le nº d'inventaire usité est remplacé par la mention Campana, série III, nº 46 ; en réalité, c'est la série IV-VII, nº 46 des *Cataloghi Campana*). Trouvé en Étrurie, à Cervetri, et entré en 1863. Publié par A. Michaelis, dans *Annali dell' Inst.*, 1857, p. 232 ; *Monumenti*, VI-VII, pl. 8 (= S. Reinach, *Répertoire des vases*, I, p. 145, nº 1) ; Baumeister, *Denkmaeler der alten Kunst*, II, p. 1826, fig. 1479 ; Engelmann, *Bilderatlas*, pl. V, nº 19 ; Milani, *Mito di Filoclete*, nº 5, fig. 4 ; cf. *Annali dell' Inst.*, 1881, p. 284, nº 5 ; Roscher, *Lexikon der Mytholog.*, article *Philoktétès* (Türk), p. 2330, fig. 2. Mentionné par Gerhard, dans *Arch. Zeitung.* 1846, p. 285 ; Pottier, *Catal. vas. Louvre*, p. 1103 ; Beazley, *Attic Vas.*, p. 124, nº 14 (attribué à Hermonax); Hoppin, *Handb. redfig.* II, p. 34, nº 24.

Vue d'ensemble avec le sujet A dans notre pl. 142.

G 414. Cratère de même forme (type analogue à G 408 ; les anses un peu relevées). — Un sujet sur chaque côté du vase. — *A.* **Amazone à cheval attaquée par deux guerriers grecs.** A gauche, une Amazone armée en hoplite (chevelure en boucles noires tombant dans le dos et s'échappant du casque à panache flottant ; bande ornée d'une grecque sommaire en noir jauni entre le cimier et la calotte ; paragnathide relevée et ornée d'un lion en rouge réservé ; fronteau orné d'une touffe de cheveux en bouclettes noires ; œil de profil avec indication de la paupière supérieure, nez fort et long, bouche au coin abaissé), vêtue d'une tunique courte à plis fins que recouvre une cuirasse (restaurée) à lambrequins et à ceinture ornée d'un pointillé noir, chaussée d'endromides avec revers en cuir découpé (décor en pointillé de noir jauni), est montée sur un cheval qui galope, les deux pieds de devant levés (naseaux, col et poitrail restaurés ; la queue refaite vient couper les ornements floraux placés sous l'anse) ; de la main droite haute, elle tient la lance dont la pointe s'enfonce dans le centre du bouclier de son adversaire ; la main gauche s'abaisse vers l'encolure du cheval pour tenir les rênes ; de ce côté on voit le bas de son arc dressé (sans corde visible) ; le carquois dépasse de chaque côté le flanc gauche contre lequel il est appliqué (couvercle en lanière découpée, extrémité en noir opaque avec décor en petits triangles de rouge réservé). A sa rencontre et en attitude d'attaque vient un guerrier grec barbu (cheveux en mèches noires s'échappant du casque à panache flottant ; bande de pointillé noir entre le cimier et la calotte, visière et paragnathide baissées ; œil en noir coupé par la visière), vêtu d'une tunique courte à plis fins que recouvre une cuirasse à lambrequins (décor en étoile noire sur l'épaulière), portant au côté gauche une épée (fourreau orné de raies noires verticales et horizontales) suspendue à un baudrier orné d'un pointillé noir ; il est vu de dos, le pied gauche levé et posé sur une éminence du terrain (non figurée), la jambe droite (restaurée) très en arrière ; sur le bras gauche il porte un grand bouclier rond (le haut restauré) ayant pour épisème un serpent (en noir opaque) et de la main droite levée (bras et mains restaurés) il brandit une longue lance dont la pointe dépasse le cou du cheval. Derrière lui, à droite, marchant rapidement (jambes restaurées), s'avance un autre guerrier imberbe (visage restauré, casque restauré à panache flottant avec même décor en pointillé), vêtu d'une chlamyde (fort restaurée), portant de la main droite une lance dont la pointe remonte par derrière, le bras gauche couvert par un grand bouclier rond (restauré) ayant pour épisème un griffon ailé (noir opaque, les pattes refaites) ; l'attache de l'anse vient s'insérer sur le bord de ce bouclier. — *B.* **Éphèbe entre deux femmes drapées.** Revers banal en figures drapées ; cf. G 407. A gauche une femme (cheveux en masse noire, œil de profil), vêtue d'une tunique à manches que recouvre un himation dégageant le côté droit, avance la main droite. Au centre, lui tournant le dos, un éphèbe (tête refaite), vêtu d'un himation dégageant le côté droit nu (des restaurations), s'appuie de la main droite sur une haute canne.

A droite une autre femme, coiffée d'un cécryphale (visage refait, cheveux en masse noire), vêtue comme la première, s'approche, la main droite avancée, le pied gauche soulevé en arrière.

Même décor que dans G 406 (rien sous le fond).
Terre rougeâtre. Pas de retouches en couleur. Esquisse visible. Style du milieu du vᵉ siècle.
Beaucoup de morceaux recollés et restaurés. Haut., 0,425; diam. sur l'embouchure, 0,245.
(Inv. Campana 745.) Trouvé en Étrurie et entré en 1863 ; cf. *Cataloghi Campana*, série IV-VII, nº 53 ; Pottier, *Catal. vas. Louvre*, p. 1101. Publié par A. Kluegmann dans *Annali dell' Inst.*, 1867, pl. F, p. 212, nº 12 (= S. Reinach, *Répertoire des vases*, I, p. 319, nº 3).

G 415. Cratère de même forme (même type que G 406 ; anses fortes et un peu relevées). — Un sujet de chaque côté du vase. — *A.* **Scène de banquet.** A gauche, un dinos à vin (partie restaurée, le bord orné d'un pointillé noir) est posé sur un trépied à traverses croisées; au-dessus, dans le champ, est suspendu l'étui à flûte en cuir tacheté de points (restauré). Au pied du lit de banquet se tient debout et nu, le corps de face (partie restaurée), un jeune garçon, la tête un peu penchée vers la droite (cheveux en masse noire, ceints d'une grosse couronne de lauriers en rouge réservé ; œil de profil avec indication de la paupière supérieure ; partie du visage restaurée) ; il tient de la main droite basse une œnochoé à bec trilobé et de la main gauche la passoire à filtrer le vin (ἠθμός, *colum*). Au centre, devant le lit de banquet, une femme joue de la double flûte qu'elle tient des deux mains avancées (tête refaite) ; elle est vêtue d'une tunique fine que recouvre un himation placé en châle dans le dos et serré par les coudes autour de la taille (parties restaurées). Derrière elle deux personnages et en arrière-plan s'étend un long lit de banquet à pieds droits sur lequel vient contrebuter, à droite, un autre lit qu'on voit par le petit côté et sur lequel est placé un convive vu de dos. Sous la partie longue du lit est placée une petite table à pieds droits, avec une traverse horizontale et deux petits tiroirs de chaque côté (décorés de raies verticales noires) ; c'est la table sur laquelle on a dîné et qu'on a rangée ensuite pour le symposium, quand on se met à boire. A gauche, au bout du lit est étendu un éphèbe (cheveux restaurés, œil de profil), drapé dans un himation qui couvre l'épaule gauche et laisse le reste du buste nu (des parties restaurées) ; il s'appuie du coude gauche sur un coussin rayé de bandes noires et de traits en zigzag et lève en l'air la main droite (grossièrement refaite). A droite de cette partie du lit est étendu un homme barbu (cheveux en masse noire et petites mèches ondulées, ceints d'une grosse couronne ronde en rouge réservé que serrent des petits liens en noir jauni ; œil de profil), le haut du corps nu, le bas drapé dans un himation, appuyé contre un coussin à rayures et zigzags noirs (parties de draperie restaurées) ; il met le bras droit sur sa tête relevée et tient de sa main gauche un skyphos (en noir opaque). A côté et contre lui s'appuie le convive assis sur l'autre lit perpendiculaire au premier ; il est vu de dos ; c'est un éphèbe (cheveux et couronne ronde comme chez le précédent), le haut du corps nu, le bas dans un himation, tournant la tête à gauche (œil de profil), levant de la main droite en l'air (bras et main restaurés) un accessoire en grande partie refait et restauré, d'où pendent des liens en rouge mat (bouteille ou sac à provision?) ; le lit sur lequel il est assis est plus haut que l'autre et muni d'une traverse horizontale qui forme balustrade contre laquelle le corps est appuyé (pieds droits, s'enchâssant en bas dans une base rectangulaire, comme le pied de la petite table placée sous le lit). — *B.* **Scène de kômos.** Bande de buveurs allant au banquet ou en revenant ; le sujet est en relations avec le précédent. A gauche, un éphèbe dans une attitude avinée marche vers la gauche et retourne la tête vers la droite (cheveux en masse noire serrés dans une couronne tenue par des liens en noir jauni ; œil de profil) ; il tient la main droite rapprochée de son corps et porte de la main gauche élevée un skyphos (pas d'anses visibles) ; il est vêtu d'un himation qui dénude le côté droit et l'épaule (restaurée). Au centre, un éphèbe (même type et même coiffure) marche un peu penché vers la droite, tenant sur sa main gauche avancée un skyphos ; il est enveloppé dans l'himation qui cache le bras droit ramené vers la hanche. A droite, faisant face au précédent, s'approche un homme barbu (même coiffure), drapé comme le premier, le bras gauche sous l'himation, levant la main droite comme pour guider les précédents.

Décor analogue aux précédents (oves sur le rebord, godrons en haut de la panse, grecque circulaire sous les personnages, grand motif floral autour des anses avec bande en clair entre les deux attaches). Dans l'embouchure et sur le pourtour intérieur, grande inscription étrusque en caractères rétrogrades, profondément incisés (*suthin*(*a*), mot qui paraît avoir le sens d'« offrande funéraire » (cf. *Catalogue des vases du Louvre*, p. 794, F 277). Sur le fond et sur le pourtour du fond, en lettres incisées plus grêles, les marques : (cf. Hackl, dans *Münchener arch. Studien*, 1909, p. 22).

Terre rougeâtre. Emploi des retouches en rouge mat. Esquisse visible. Style du milieu du v⁰ siècle.

Beaucoup de morceaux recollés et restaurés. Un coup de flamme oxydante sur un flanc du vase a fait passer le noir au rouge orange (sur ce genre d'accidents voir *Catalogue des vases*, p. 680). Haut., 0,375 ; diam. sur l'embouchure, 0,175.

(Inv. Campana 928). Trouvé en Étrurie et entré en 1863 ; cf. *Cataloghi Campana*, série IV-VII, n° 68 (et pl. annexe pour le fac-similé de l'inscription) ; Pottier, *Catal. vas. Louvre*, p. 1101. Publié par Ch. Morel dans le *Dict. des antiq. grecq. et romaines* de Saglio, I, p. 1274, fig. 1695 (article *Crena*) ; cf. p. 1550, fig. 2047 (article *Crater*), et Perrot, *Hist. de l'art*, IX, p. 305, fig. 165 ; P. Jacobsthal, *Gölting. Vasen*, p. 63, fig. 84 (cf. le vase de Munich, p. 64. fig. 85, qui est du même atelier et reproduit certaines figures identiques).

G 416. Cratère de même forme (même type plus petit, anses de forme ordinaire). — Un seul sujet faisant le tour du vase, mais divisé en deux groupes par les anses. — **A. Orphée tué par les Ménades.** A gauche, une Ménade accourt à grands pas, tenant une pierre qu'elle brandit de la main droite (cheveux en masse noire, flottant sur le dos en mèches ondulées ; œil de profil) ; elle est vêtue d'une tunique (les plis fins ne sont marqués que dans le bas) et elle porte sur le bras gauche étendu un himation plié qui cache sa main ; le milieu du corps est pris sous l'attache de l'anse qui s'insère à cet endroit. Devant elle court une autre Ménade (même type), vêtue d'une tunique à plis fins et à rabat sur les jambes (semée de petit points noirs), qui pose son pied gauche sur la jambe d'Orphée tombé à terre et lui enfonce dans la poitrine le bout du thyrse qu'elle tient à deux mains (le sommet du thyrse en gros pommeau accosté de deux courts rameaux placés en dessous). Orphée, sous les traits d'un éphèbe (cheveux en masse noire, ceints d'un lien en rouge mat, avec cinq longues boucles ondulées par devant ; œil de profil), est tombé sur le genou gauche et touche le sol de sa main gauche ; de la main droite il élève sa lyre (corps ovale comme une écaille de tortue, sept cordes en relief sur le fond noir, clefs en rouge mat) comme pour parer les coups ; son corps est nu avec un himation jeté sur le dos qui revient sur le bras gauche et enveloppe la jambe droite ; de la blessure qu'il reçoit au sein droit coule le sang en filets de rouge mat. Derrière lui, à droite, une troisième Ménade s'apprête à l'écraser sous un gros rocher qu'elle porte avec les deux mains sur son épaule gauche (même type que les autres avec cinq boucles ondulées comme chez Orphée ; œil de profil) ;

elle est vêtue d'une tunique faisant un double rabat, à la taille et sur les jambes ; ses bras nus sont marqués de petites mouchetures indiquant des tatouages. — *B*. **Trois Ménades**, faisant suite au précédent sujet. A gauche, une Ménade (dont le corps est en partie caché par l'attache de l'anse qui vient s'insérer à cet endroit) court à grands pas vers la gauche, brandissant de la main droite une lance dans la direction d'Orphée ; sa tunique à manches et à rabat flotte en arrière, en partie recouverte par l'himation qu'elle porte sur le bras gauche (même type, cheveux en masse noire et en mèches ondulées serrées par un bandeau en rouge réservé). Au centre, courant vers la droite, une Ménade, vêtue de la tunique à double rabat (même type, cheveux retombant en mèches sur le dos), tient de la main droite basse une harpè recourbée et tend la main gauche en avant ; sur son cou, mouchetures indiquant un tatouage. A droite, une Ménade (même type avec bandeau en rouge réservé), vêtue de la même tunique avec l'himation sur le bras gauche étendu, court en tenant de la main droite basse une hache à double tranchant ; tatouages sur le cou et le long du bras droit.

Même décor que précédemment (pas de motif floral autour des anses ; intervalle en clair entre les deux attaches d'anses ; sous les pieds des personnages, grecque mêlée de croix accostées de quatre points).

Terre rougeâtre. Emploi des retouches en rouge mat. Esquisse assez détaillée. Style du milieu du v⁰ siècle.

Bon état de conservation ; l'épiderme un peu picoté en plusieurs endroits. Haut., 0,315 ; diam. sur l'embouchure, 0,155.

(Inv. Campana 965.) Trouvé en Italie, dans la région de Nola ; cf. *Cataloghi Campana*, série XI, n° 10. Publié par A. Flasch dans *Annali dell' Inst.*, 1871, p. 126 ; *Monumenti Inst.*, IX, pl. 30 (= S. Reinach, *Répertoire des vases*, I, p. 186) ; Saglio, *Dict. antiq.*, fig. 5433. Mentionné dans *Bullettino dell' Inst.*, 1859, p. 35 ; dans *Arch. Zeitung*, 1859, *Anzeiger*, p. 142, n° 143 (mais le renvoi à Gerhard, *Auserl. Vas.*, pl. 155, indique un autre vase que celui du Louvre) ; Pottier, *Catal. vas. Louvre*, p. 1103 ; Beazley, *Attic Vas.*, p. 124, n° 13 (attribué à Hermonax ; indiqué par erreur comme G 427) ; Hoppin, *Handb. redfig.*, II, p. 34, n° 25.

G 421. Cratère à panse renflée (cette forme, improprement appelée oxybaphon, participe du cratère dit stamnos par la forme et la place des anses placées horizontalement vers le haut de la panse, et du cratère cloche par la structure générale, mais la panse est renflée vers le bas ; pied en disque large et épais avec un ressaut sur le haut de la tranche). — Un sujet sur chaque côté du vase. — *A*. **Le retour d'Héphaistos ramené par Dionysos dans l'Olympe.** Pour le sujet, cf. G 404. A gauche Héphaistos barbu, coiffé d'un pilos conique, enfoncé comme un bonnet sur les oreilles (cheveux en masse noire avec petites mèches courtes en noir jauni ; œil de profil avec indication de la paupière supérieure ; deux petits cercles noirs sur le bonnet), marche vers la droite, la tête inclinée, le bras gauche projeté en avant, portant sur son épaule droite son marteau de forgeron ; il est vêtu d'une tunique courte qui laisse les jambes nues, serrée à la ceinture par un lien noué sur le ventre (mouchetures et petits points pour décorer l'étoffe, bordures en lignes et points noirs) ; dans le champ, au-dessus de sa tête, inscription en lettres blanches en partie effacées : ΗΦΑΙΣΤΟΣ (Ἥφαιστος). Devant lui marche Dionysos barbu, la tête inclinée, coiffé d'un lemnisque qui serre contre la tête des feuillages en rouge réservé et qui retombe sur l'oreille en large bandelette (cheveux en masse noire et longues boucles ondulées dans le dos, points blancs imitant des fleurettes autour des feuilles de la couronne ; longue barbe en pointe ; œil de profil avec indication de la paupière supérieure) ; il est vêtu d'une tunique courte à plis fins formant rabat sur la poitrine et serrée à la taille par un lien dont le nœud retombe par devant ; un himation plié est posé en écharpe par derrière sur les deux bras ; il est chaussé de hautes endromides montant jusqu'au mollet, avec des revers découpés et ornés d'un pointillé (imitant le cuir) ; de la main droite basse il porte un thyrse (le haut en bouquet de feuilles accostées de petits points blancs) ; de la main gauche il tient l'une des hautes anses d'un canthare, d'où coule un liquide indiqué en filets blancs ; dans le champ, près de sa tête, inscription en lettres blanches effacées: ΔIONYΣOΣ (Διόνυσος). Devant lui marche une femme drapée, la Comédie, représentée en Ménade, la tête levée, le regard au ciel (cheveux en masse noire avec chignon dénoué et retombant dans le dos en petites boucles ondulées ; couronne de feuilles de lierre en rouge réservé, avec tige et fleurettes en blanc ; œil comme précédemment) ; elle est vêtue d'une tunique longue à plis fins, formant deux rabats, un sur la poitrine, l'autre sur les jambes (même ceinture que chez Dionysos) ; elle tient de la main droite un thyrse comme le précédent (petit rameau adjacent en haut de la hampe avec fleurettes blanches) et porte sur sa main gauche avancée un canthare semblable au précédent ; dans le champ, près de sa tête, inscription en lettres blanches effacées: . ΩMΩIΔIA ([Κ]ωμωδία). A droite, en tête de cette procession, s'avance le satyre Marsyas, nu et barbu, chauve (même œil ; même couronne de feuillages et de fleurettes sur ses cheveux en masse noire, retombant par derrière en petite queue serrée par un lien blanc) ; il joue de la double flûte qu'il tient des deux mains avancées ; sur son corps nu est jetée une nébride de ton jaune et semée de points noirs (les deux pattes de la panthère nouées autour du cou par devant ; organe viril infibulé et poils du pubis indiqués en noir jauni ; genou gauche restauré) ; dans le champ, au-dessus de sa tête, inscription semblable aux autres : ΜΑΡΣΥΑΣ (Μαρσύας). — *B*. Trois éphèbes drapés. Motif banal indiquant le revers (cf. les vases précédents, depuis G 351). A gauche, éphèbe (cheveux en masse noire avec petites mèches de noir jauni, ceints d'une guirlande en blanc ; œil de profil), le corps de face, la tête tournée vers la droite, vêtu d'un himation qui dégage l'épaule et le bras droit dont la main est posée sur la hanche (traits en noir jauni). Au centre et lui tournant le dos, éphèbe aux cheveux abondants et retombant en mèches sur le cou (en noir jauni ; œil de profil), vêtu d'un himation qui dégage le côté droit nu et le bras droit porté en avant, comme s'il parlait. En face de lui, à droite, éphèbe (cheveux en masse noire avec petites mèches en noir jauni ; œil de profil) vu de dos, le corps penché, appuyé sur une canne noueuse, la main droite sur la hanche, vêtu d'un himation qui dégage le côté droit nu et dont le pan revient derrière l'épaule gauche (traits de noir jauni ; une goutte tombée du pinceau de l'ouvrier sur la draperie).

Noir dans l'intérieur avec deux cercles en rouge réservé près de l'embouchure. Sous le rebord, guirlande de feuilles de laurier en rouge réservé, faisant tout le tour du vase, avec une bande d'oves en-dessous ; oves en manchettes autour des attaches d'anses et intervalle en clair entre ces attaches. Sous les pieds des personnages une bande formant terrain, en grecque semée de croix cantonnées de points. Une raie en clair à la jonction de la panse et du pied ; une bande en clair sur le haut de la tranche du pied et sur le bas.

Terre rougeâtre. Emploi des retouches blanches. Très peu de traces d'esquisse. Style du milieu du ve siècle.

Des morceaux recollés ; peu de restaurations. Haut., 0,385 ; diam. sur l'embouchure, 0,43.

Inv. N 3402 (ED 95). Trouvé en Italie, dans la région de Nola, et entré en 1825 avec la collection Durand. Il avait appartenu à M. de Lalo, précepteur des fils du roi de Naples, puis au chevalier de Rossi et avait passé dans la collection de sir John Coghill. Publié par Millin, *Peintures de vases antiques* (1808), pl. 9 (= édition S. Reinach, p. 9, pl. 9), et *Galerie mythologique*, pl. 83, n° 336 ; Millingen, *Vases de la collection Coghill* (1817), pl. 6 et 7 ; Lenormant et de Witte, *Élite des monum. céramographiques*, I, pl. 41, p. 112 ; Guigniaut, *Religions de l'antiquité*, pl. 143, n° 471 ; Duruy, *Hist. des Grecs*, II, p. 391 ; Hekler Antal, *Héphaistos Visszatérése*, avec planche (Extrait de l'*Archaeologiai Értesito*, avril 1906, Budapest) ; G. Geffroy, *Palais du Louvre*, III (Mobilier, Objets), p. 55 ; Phot. Alinari, n° 23682. Cf. Heydemann, *Paris. Antik.* p. 32, n° 49, et *Satyr und Bakchennamen* (5e *Hall. Progr.*, 1880), p. 16, L ; Fränkel, *Sat. u. Bakch.* p. 62 ; Wäntig, *De Vulcano reducto*, p. 52, T ; Gerhard, *Auserles. Vasenb.*, I, d. 215 ; Stephani, *C. rendu de Saint-Pétersbourg pour 1868*, p. 101, n° 2 ; Pottier, *Catal. vas. Louvre*, p. 1104 ; Beazley, *Attic Vas.*, p. 161. Heydemann avait remarqué au milieu de l'O du nom de Dionysos un point central qui aurait pu indiquer un ω (Διώνυσος) ; mais, comme il le suppose lui-même, c'est certainement un simple accident, une boursouflure du fond noir, car il y en a d'autres semblables autour du même point du vase. Vue d'ensemble avec le sujet A, et sujet B dans notre pl. 143.

G 424. Cratère de même forme (même type ; pied en disque épais à tranche unie). — Un sujet sur chaque côté du vase. — *A*. Rencontre d'Hélène et de Ménélas. A gauche Aphrodite préside à la scène, prête à porter secours à Hélène qui fuit ; la déesse est debout, dans une attitude calme, la main gauche sortie de la draperie et avancée, tenant de la main droite un haut sceptre enrubanné et surmonté d'une fleur de lotus ; elle est coiffée d'un large bandeau formant diadème (cheveux en masse noire à contour ondulé au trait noir jauni, chignon en arrière ; œil de profil), vêtue d'une tunique fine (galon sur la manche semé de points noirs imitant des têtes d'agrafes) et d'un himation dégageant le côté droit. Au centre, Hélène fuit vers la gauche, retournant la tête un peu inclinée vers Ménélas qui la poursuit (même coiffure qu'Aphrodite ; œil de profil) ; elle est vêtue d'un péplos dorien, à grand rabat serré à la taille par une ceinture à quadruple trait noir, et elle lève ses bras nus avec un geste de frayeur. Dans le champ, près de sa tête, voltige un petit Éros ailé qui des deux mains avancées tend une phiale vers Ménélas, comme pour l'arrêter (corps nu, jambes jointes, cheveux en masse noire, œil de profil, des traits en noir jauni). A droite marche à grande enjambée Ménélas, le pied droit soulevé de terre, en hoplite nu, casqué (grand cimier, panache flottant, bande de points noirs entre le cimier et la calotte, paragnathide baissée), portant le fourreau de l'épée suspendu au côté gauche par un baudrier (en deux traits) ; sur le bras gauche il tient un bouclier rond dont l'épisème montre (en noir opaque) l'arrière-train d'un quadrupède (lion?) ; le bord de ce bouclier remonte jusqu'au casque, de façon à cacher complètement le visage ; il est clair que Ménélas se cache la figure en voyant la beauté d'Hélène et de sa main droite il laisse échapper son épée qui est projetée vers le sol, à droite (le corps nu est endommagé ; écailles de l'argile soulevées ou enlevées). — *B*. Trois personnages drapés. Sujet banal de revers (cf. G 351). A gauche, femme coiffée d'un cécryphale surmonté d'une houppe (cheveux en masse noire, œil de profil), allant vers la gauche et retournant la tête à droite, vêtue d'une tunique que recouvre un himation cachant les bras. Au centre, homme barbu (très restauré) s'appuyant de la main droite sur une canne, vêtu d'un himation. Il fait face à un éphèbe debout à droite, enveloppé dans un himation qui cache les bras (cheveux en masse noire avec courtes mèches de noir jauni ; œil de profil ; traits en noir jauni).

Décor analogue à G 421 (zone d'oves sous le rebord ; pas de décor autour des attaches d'anses).

Terre rougeâtre. Pas de couleur de retouches. Pas d'esquisse visible. Style de la seconde moitié du ve siècle (très négligé en B).

Plusieurs morceaux recollés et restaurés ; le rebord ébréché. Haut., 0,275.

(Inv. Campana 766.) Trouvé à Gnathia, en Apulie, et entré en 1863 ; cf. *Cataloghi Campana*, série XI, n° 68. Mentionné par Minervini, dans *Bullettino arch. Napoletano*, VI, 1847, p. 14 ; *Arch. Zeitung*, 1859, *Anzeiger*, p. 143, n° 151 ; Kekulé, dans *Annali dell' Inst.*, 1866, p. 395, note 4 ; Brizio, *Ibid.*, 1878, p. 61, note 2, n^{os} G et H (il a soutenu à tort que le vase de la collection Campana n'est pas le même que celui de Gnathia signalé par Minervini et il se fonde sur l'idée inexacte que le vase de Paris n'aurait pas de

representation d'Aphrodite). Cf. Pottier, *Catal. vas. Louvre*, p. 1105.
Vue d'ensemble avec le sujet A dans notre pl. 143.

G 425. Grand skyphos (large embouchure, panse droite, fortes anses horizontales en partie refaites, attachées près du rebord, pied en bourrelet peu débordant). — Un sujet sur chaque côté du vase. — *A.* **Défilé de Silènes et de Ménades.** A gauche, une Ménade coiffée d'un cécryphale (cheveux en pointillé noir, œil de profil, boucle d'oreille en pendeloque piriforme), vêtue d'une tunique fine à manches (galon en pointillé sur le cou, galon en triple trait noir sur la manche), que recouvre un himation dégageant le côté droit (quelques restaurations dans les draperies), marche vers la droite, portant de la main droite basse un thyrse (sommet en bouquet de feuilles en grosses taches et points noirs), et tenant de la main gauche avancée un double rameau de feuillage (en rouge réservé, une branche très endommagée et effacée). Devant elle marche un mulet, la tête levée, la bouche ouverte et brayant (oreilles pointues et dressées, crinière en large bande noire, jambes tachetées de traits formant anneaux), une jambe de devant levée ; sur son dos est assise, les jambes pendantes et tournée vers la queue de l'animal, une femme qui remplace ici Dionysos qu'on trouve habituellement sur son mulet ; c'est Ariane ou une Ménade, coiffée d'un cécryphale (cheveux en larges coups de pinceau noirs, même type), vêtue d'une tunique à manches (galons ornés d'un pointillé noir), décorée de petits points et de mouchetures (en noir jauni) que recouvre un court manteau comme une chlamyde (disposition rare chez une femme), dont la pointe retombe par devant et qui est agrafée sur l'épaule droite ; de la main droite avancée elle tient une grande corne à boire, le kéras (endommagé), et de la main gauche une grosse outre à moitié vide (restaurée) qui pend sur le flanc du mulet ; sous l'animal, par terre, est posée une seconde corne pareille ; un rameau de feuillage à deux branches est suspendu dans le champ, au-dessus de la tête du mulet. En avant, à droite, marche un Silène chauve et barbu (haut de la tête endommagé et restauré), le corps nu (organe viril infibulé) avec une nébride sur le dos (touches en noir jauni et mouchetures noires sur la peau de panthère ; touches en noir jauni sur la queue du Silène) ; il joue de la double flûte qu'il tient des deux mains avancées (en partie restaurées), la tête rejetée en arrière. Devant lui, une troisième Ménade, tenant une torche de la main gauche (hampe restaurée avec des liens qui la serrent, flammes en touches de noir jauni), vêtue d'une tunique à manches, ornée de points et de petites mouchetures (en noir jauni ; galons en pointillé noir), que recouvre un himation jeté sur le côté gauche (des parties restaurées), marche vers la droite, retournant la tête et le corps vers les précédents, en soulevant de la main droite un pli de son manteau (le haut de la tête refait ; cheveux en bandeaux et retombant dans le cou, avec une longue boucle ondulée sur l'épaule gauche ; boucle d'oreille ronde). — *B.* **Groupe de Silènes et de Ménades.** Suite du précédent sujet. A gauche, un Silène saisit par derrière une Ménade qui marche vers la droite (le Silène entièrement refait, sauf son pied gauche nu ; la Ménade refaite aussi, sauf le haut du thyrse qu'elle tient de la main droite, et la main gauche avancée qui porte une corne à boire, le bas de la tunique orné d'un galon noir et les pieds nus). Au centre, autre groupe analogue : le Silène nu, chauve et barbu (cheveux en mèches longues de noir délayé, retombant sur le cou ; barbe à mèches pendantes ; œil de profil), se recule, menacé par le serpent que tient en main la Ménade qu'il veut saisir (corps nu presque entièrement refait, nébride à mouchetures noires sur le dos) ; la Ménade marchant vers la droite retourne la tête (cheveux en masse noire, ceints d'une couronne de feuil-

lages en rouge réservé, œil de profil), portant de la main gauche un thyrse (sommet en grosse boule d'où sortent deux rameaux de feuillages) et présentant de la main droite un serpent qui s'enroule autour de son bras nu (touches de ton jauni sur le corps de l'animal) ; elle est vêtue d'une tunique dorienne à long rabat, serrée à la taille par une ceinture et agrafée sur les deux épaules (partie inférieure restaurée). A droite, troisième groupe analogue ; le Silène (même type, petites mèches ondulées sur le cou) se retourne en arrière, regardant la corne à boire qu'il porte de la main droite basse (le bas du corps refait) ; la Ménade qui le précède, serrée contre lui, est entièrement refaite.

> Noir dans l'intérieur avec une grande couronne en blanc rosé d'applique, formée de feuilles de lierre avec tiges et baies (restaurée) près du rebord ; noir sur les anses et sur la panse, sauf la place des personnages et des ornements. sur le bourrelet du pied. En haut de la panse, guirlande de laurier mêlée de petites baies, en rouge réservé. Sous les anses, grand motif végétal en palmettes et rinceaux symétriquement disposés. Sous les pieds des personnages, zone circulaire en grecque mêlée de croix. Une ligne en clair entre le bas de la panse et le pied.
> Terre rougeâtre. Emploi d'applique en blanc rosé épais. Pas d'esquisse visible. Bon style du milieu du ve siècle, avec exécution négligée en B.
> Beaucoup de morceaux recollés et restaurations importantes. Traces de restaurations antiques (4 trous pour agrafes de métal) en A. Haut., 0,30 ; diam. dans l'embouchure, 0,355.
> (Inv. Campana 732.) Trouvé en Italie et entré en 1863. Cf. Pottier, *Catal. vas. Louvre.* p. 1106.
> Vue d'ensemble avec le sujet A dans notre pl. 143.

G 426. Grand skyphos (même type que le précédent). — Un sujet sur chaque côté du vase. — *A.* **Dionysos ramenant Héphaistos dans l'Olympe.** Au centre, Dionysos barbu marche vers la droite, portant un canthare sur sa main gauche avancée et tenant un thyrse de la main droite (canthare et thyrse endommagés et en partie effacés) ; il retourne la tête en arrière (fort endommagée ; couronne en large bandeau sur les cheveux en masse noire) et regarde Héphaistos qui le suit ; il est vêtu d'une tunique à plis fins (restaurée), que recouvre un himation (restauré) dégageant le côté droit. Derrière lui s'avance Héphaistos barbu, portant sa hache posée sur l'épaule gauche et tenant de la main droite basse de longues tenailles (cheveux et barbe à mèches ondulées en noir jauni ; couronne de feuillages endommagée et effacée ; œil de profil) ; il est vêtu d'un court manteau (mal restauré), qui laisse les jambes nues. Un Silène nu, barbu et chauve, le suit (cheveux et barbe à mèches ondulées ; tête en grande partie restaurée, la main gauche près du corps, attirant avec la main droite la femme qui suit et vers laquelle il retourne la tête ; celle-ci, sans doute une Ménade, mais dans le costume d'une femme drapée, coiffée d'un large bandeau en rouge réservé, enveloppée dans un himation (restauré) d'où sort la main droite, semble parler (cheveux en masse noire, œil de profil). A droite, devant Dionysos, marche une femme coiffée d'un cécryphale (cheveux en mèches ondulées ; œil de profil ; joue gonflée par l'effort), jouant de la double flûte qu'elle tient des deux mains avancées ; elle est vêtue d'une tunique fine que recouvre un himation dégageant le côté droit ; les contours du corps transparaissent sous les draperies (cassures rebouchées, épiderme de l'argile endommagé). A droite, devant elle, un Silène nu, barbu et chauve (même type que précédemment), retournant la tête un peu baissée, lève le bras droit avec un geste de danseur et porte sur son épaule gauche un paquet de trois outres de vin qui pendent en arrière (même surface endommagée). — *B.* **Cortège de Silènes et de Ménades.** C'est la suite du précédent sujet, le thiase bachique escortant le retour du dieu. A gauche, une Ménade, coiffée d'un cécryphale surmonté d'une houppe (cheveux en masse noire ; œil de profil ; visage endommagé), marche vers la droite et retourne la tête en arrière vers le cortège précédent ; les deux bouts d'un thyrse qui sont visibles derrière elle font supposer qu'elle porte cet accessoire suspendu dans son dos ; elle est vêtue d'une tunique que recouvre un himation cachant les bras (bordures noires). Devant elle un Silène barbu, nu et chauve (même type), baisse la main gauche ouverte et porte l'autre au menton de la Ménade qui lui fait face ; celle-ci, inclinant la tête (cheveux en masse noire serrés par des liens en rouge réservé ; œil de profil), fait le geste de se défendre avec le thyrse qu'elle tient de la main droite rapprochée de sa poitrine ; elle est vêtue d'une tunique à manches que recouvre un himation dégageant le bras droit et cachant l'autre ; le corps est de face, le pied droit dessiné en raccourci. Vient ensuite un Silène (même type que les autres), le visage vu de trois quarts (les yeux en points noirs remontés vers la paupière supérieure, les cheveux et la barbe en mèches ondulées, mêlés de tons en noir jauni), qui marche vers la droite, portant dans ses bras une grande amphore à base pointue (le haut restauré). A droite, la procession comprend un dernier groupe de Ménade en femme drapée (même type que la première ; cécryphale restauré), tenant de la main gauche un long thyrse (le haut refait), qu'entraîne avec lui un Silène (tête refaite), posant la main gauche sur sa poitrine (pied droit vu en raccourci).

Noir dans l'intérieur, sur les anses (restaurées), sur la panse sauf la place des personnages et des ornements, sur le pied ; deux cercles noirs sous le fond. En haut de la panse, guirlande ondulée de feuilles de lierre en rouge réservé (restaurée) ; manchettes d'oves (restaurées) autour des attaches d'anses. Sous les anses, motif végétal en deux palmettes reliées par un rinceau. Sous les pieds des personnages, zone circulaire en grecque serrée (restaurée). Entre cette bande et le pied, une guirlande circulaire de feuilles de lierre et de fleurettes en points de rouge mat (très restaurée ou entièrement refaite?).

Terre rougeâtre. Pas d'esquisse visible. Style du milieu du ve siècle ; exécution rapide.

Beaucoup de morceaux recollés et restaurés ; l'épiderme du vase endommagé et sali en maintes parties ; les figures en A ont beaucoup souffert. Haut., 0,325 ; diam. dans l'embouchure, 0,365.

(Inv. Campana 721.) Trouvé en Italie et entré en 1863. Publié dans *Monum. dell. Inst. Supplem.*, pl. XXIII, 14 (= S. Reinach, *Répert. des vas.*, I, p. 233, n°s 2, 3, 4). Cf. Pottier, *Catal. vas. Louvre*. p. 1106 ; Beazley, *Attic Vas.*, p. 131 (groupé avec la coupe de Penthésilée) ; Hoppin, *Handb. redfig.*, II, p. 347, n° 39.

Vue d'ensemble avec le sujet B dans notre pl. 143.

G. 427. Hydrie (embouchure avec ressaut, col court, panse trapue, anses relevées et carrées, pied fort à un degré). — Le sujet circulaire passe à travers les attaches des anses. — **Rapt de Thétis par Pélée en présence de Nérée et des Néréides.** Au centre, Pélée sous l'aspect d'un éphèbe (cheveux en masse noire avec boucles ondulées, ceints d'une guirlande en rouge réservé ; œil de profil avec indication de la paupière supérieure ; barbe naissante en traits de noir jauni), un pétase dans le dos, vêtu d'une tunique fine semée de petits points, avec ceinture à gros nœud visible, et d'une chlamyde à galon noir (restaurations dans le vêtement et dans le bras droit), attachée par devant au moyen d'une agrafe ronde (décor en croix), chaussé d'endromides hautes et munies de plusieurs ailerons (en partie restaurés), marche à droite, tenant une épée de la main droite basse et deux lances de la main gauche (refait). A droite, la déesse Thétis s'enfuit, tournant vers lui sa tête et son corps vu de face, les deux mains écartées et ouvertes avec un geste de surprise effrayée (cheveux en masse noire, avec points saillants pour indiquer les boucles, attachés par une bandelette en rouge réservé, ornée de points noirs ; œil de profil, boucle d'oreille en pendeloque, médaillon ? sur le cou, sans liens d'attache) ; elle est vêtue d'une tunique à long rabat, laissant les bras nus, serrée par une ceinture, et elle porte sur le bras gauche un himation orné de points noirs (restauration dans

la draperie). Après elle, l'Océanide Doris, épouse de Nérée (le corps en partie caché par l'attache de l'anse ; cheveux en masse noire ceints d'un diadème en rouge réservé, surmonté de quatre feuilles dressées ; boucle d'oreille en pendeloque ; visage restauré), marche vers la droite en se retournant vivement, le corps de face, le bras droit levé, les mains ouvertes et gesticulant ; elle est vêtue d'une tunique à long rabat, semé de points noirs (restauré). Derrière elle, le dieu Nérée, barbu, tourné à gauche, dans une attitude calme, s'appuie de la main droite sur une lance haute (refaite) ; il est enveloppé dans un himation (restauré) ; ses pieds sont chaussés de cothurnes fermés (cheveux en masse noire avec mèches, ceints d'une guirlande de feuillages en rouge réservé ; œil en point noir dans ovale fermé. Il est suivi d'une Néréide (même attitude que Thétis), vêtue d'un péplos à rabat (restauré), agrafé sur les deux épaules (cheveux en masse noire avec chignon retombant sur le cou et noué en petite bourse à l'extrémité ; œil de profil avec indication de la paupière supérieure. Dans le champ, à droite, un accessoire qui ressemble à un bonnet arrondi (pilos), mais qui est restauré et paraît avoir été mal refait. La scène se termine de ce côté et est séparée du reste par l'anse du revers de l'hydrie. — Derrière Pélée, à gauche, un autre groupe de Néréides s'enfuit, retournant la tête pour voir ce qui se passe. La première a le corps de face et la tête de trois quarts (cheveux en masse noire rehaussée de traits noirs saillants ; boucle d'oreille en pendeloque ; yeux tournés de côté, la pupille dans l'angle ouvert, avec indication de la paupière supérieure ; bouche épaisse et dessinée de travers, trait droit sur le menton carré) ; elle court vers la gauche, les mains ouvertes et écartées du corps (curieuse étude de la paume droite ouverte ; bras restaurés), dans la même attitude que Thétis (même costume avec une longue épingle fichée sur l'épaule droite et attachant le vêtement). A gauche, une autre Néréide, coiffée d'un cécryphale semé de points, vêtue d'une tunique recouverte par un himation orné de points, qu'elle serre contre elle de la main gauche, tend la main droite ouverte (mêmes détails de la paume ; corps en partie caché par l'attache de l'anse). La troisième (coiffure semblable à celle de la Néréide placée derrière Nérée, ceinte d'une bande en rouge réservé avec trois feuilles dressées ; boucle d'oreille ; œil de profil) court plus vite, le corps penché, la main droite basse (bracelet en spirale au poignet), levant très haut le bras gauche (restauré), vêtue d'une tunique à long rabat, semée de points et serrée à la taille par un lien (restaurations ; le bas du corps en partie caché par l'attache de l'anse). La quatrième (cheveux en masse noire avec bandeau en rouge réservé et trois feuilles dressées ; boucle d'oreille ronde, ornée d'une croix ; œil de profil) écarte les deux mains en avant (détails des paumes ouvertes) ; elle est vêtue d'une tunique à galon semée de points, que recouvre un himation jeté sur l'épaule gauche (larges restaurations, pieds refaits).

Noir dans l'embouchure et sur tout le vase, sauf la place des ornements et des personnages. Zone d'oves sur le rebord de l'embouchure ; zone de palmettes en rouge réservé sur le bas du col ; manchettes d'oves autour de l'attache inférieure des anses. Un rinceau en rouge réservé sur l'anse droite. Grecque semée de croix cantonnées de points, formant terrain sous les pieds des personnages.

Terre rougeâtre. Pas de retouches de couleur. Esquisse profondément tracée dans presque tous les personnages. Bon style du milieu du ve siècle.

Le vase a subi de fortes réparations dans le col, les anses, la panse. Les restaurations dans le sujet sont nombreuses. Haut., 0,335 ; largeur aux anses, 0,32.

(Inv. Campana 729.) Trouvé en Italie et entré en 1863 ; cf. *Cataloghi Campana*, XI, n° 12.

Vue d'ensemble avec le sujet central dans notre pl. 142.

G 428. Petite hydrie (embouchure étroite entourée d'une large rainure, col court, panse rebondie, une anse verticale en arrière, deux anses horizontales un peu relevées et attachées à mi-panse ; pied peu débordant et en pente). — Le sujet fait le tour de la panse sans être interrompu par les anses. — **Embuscade de Pélée surprenant Thétis.** A gauche, le dieu Néreus est assis sur un siège en bloc carré, la main droite avancée avec un geste de surprise, s'appuyant de la main gauche sur un haut sceptre enrubanné, terminé en fleuron ; il est barbu (pas d'indication de traits dans la barbe ni sur les cheveux ; il est possible que ces parties aient été peintes en couleur blanche qui aurait disparu ; œil de profil ; une goutte de couleur noire tombée du pinceau de l'ouvrier sur la joue) et vêtu d'une tunique fine à manches que recouvre un himation dégageant le côté droit. Vers lui accourt une jeune fille, une Néréide tenant des deux mains avancées les plis du rabat de sa tunique dorienne (pointillé noir sur ces plis), baissant légèrement la tête coiffée d'un céeryphale surmonté d'une houppe (mèches de cheveux en noir jauni, œil de profil) ; dans le bas de la tunique vient s'insérer l'attache de l'anse. Elle est suivie d'une seconde Néréide courant, le corps et le visage vus de face (bandeau en rouge réservé sur les cheveux coiffés en grosses touffes sur les oreilles ; bouche ouverte ; les yeux en point noir dans un ovale ouvert), les deux mains élevées et écartées de chaque côté du corps et vêtue d'une tunique dorienne à rabat qui laisse les bras nus (galons noirs au bord de l'étoffe). Derrière elle Thétis, coiffée d'un cécryphale serré par des liens noirs, la tête baissée (cheveux en masse noire, boucle d'oreille ronde, œil de profil), fuit vers la gauche en se retournant et en regardant Pélée qui la guette ; elle avance les mains de ce côté avec un geste de crainte et de surprise ; elle est vêtue d'une tunique fine à manches (fixées par des fibules le long du bras) et d'un himation court qui, drapé sur l'épaule gauche, dégage les deux bras. A droite, accroupi devant un arbrisseau dont la tige et les branches se recourbent au-dessus de lui, le héros Pélée en éphèbe nu, avec une courte draperie roulée en ceinture autour de la taille (lien en rouge réservé sur les cheveux en masse noire, avec boucle ondulée sur la joue gauche, œil de profil un peu dilaté), a la jambe gauche pliée et fait le geste de se relever pour bondir, la main droite élevée vers Thétis, l'autre ramenée en arrière. Derrière l'arbre, une Néréide s'enfuit vers la droite, se retournant vers Pélée, avec un geste de frayeur de sa main droite élevée, tenant de la main gauche un pli de sa tunique qu'elle écarte de son épaule (cheveux en masse noire serrés par des liens en rouge réservé ; œil de profil) ; elle est vêtue d'une tunique fine à manches que recouvre un himation drapé sur l'épaule droite (disposition plus rare) ; les deux attaches de l'anse viennent s'insérer sur le bas de sa tunique. Devant elle s'enfuit une autre Néréide, coiffée d'un cécryphale (cheveux en masse noire, œil de profil), vêtue d'une tunique à manches et à rabat, tenant des deux mains les plis de son vêtement pour courir plus vite.

Noir dans l'intérieur de l'embouchure, le rebord en clair autour de l'embouchure ; noir sur le col, les anses, la panse sauf la place des ornements et des personnages, sur le pied sauf une bande claire à la base de la tranche ; cercle en clair autour des attaches des anses. Sur le rebord de l'embouchure, zone d'oves ; à la base du col, palmettes couchées obliquement. Sous les personnages, zone circulaire en grecque mêlée de croix. Sous l'attache de l'anse verticale, une palmette accostée de deux rinceaux. Sous le fond, marque incisée : Ν cf. Hackl, *op. l.* p. 44. Terre rougeâtre. Pas de couleurs de retouches. Esquisse détaillée. Style de la seconde moitié du ve siècle. Bon état de conservation. Haut., 0,21. (Inv. MNB 1704.) Trouvé en Italie (dans les premières publications on le dit de la fabrique de Nola, ce qui ne veut pas dire qu'il ait été trouvé à Nola, comme on le répète dans des publications ultérieures). Il était en 1823 dans la collection de M. Révil, à Paris.

Il a été acquis de la collection Paravey en 1879 (*Catalogue de vente*, n° 62). Publié par Millingen, dans *Annali dell' Inst.*, 1829, p. 274 ; *Monumenti*, I, pl. 6 (= S. Reinach, *Répertoire des vases*. I, p. 64, nos 1 et 2) ; Millingen y voyait une danse orchestique en présence d'un chorège assis ; mais déjà Th. Panofka (*Ibid.*, p. 276) signalait une autre interprétation proposée, Ulysse et Nausicaa ; solution adoptée par Inghirami, *Galleria Omerica (Odissea)*, p. 101, pl. 25 ; Overbeck, *Sagenkr.*, pl. 31, 2 ; discutée par Schwenk dans *Rheinisches Museum (Neue Folge)*, II, p. 292 ; O. Jahn, dans *Arch. Zeitung*. 1845, p. 96 ; Welcker, *Alte Denkmäler*, V, p. 226. Le vrai sens du sujet a été exposé par Heydemann, dans *Arch. Zeitung*, 1870, p. 82 ; par Graef dans *Jahrbuch Inst.*, 1886, p. 194. Cf. Pottier, *Catal. vas. Louvre*, p. 1107.

G 429. Grande amphore à anses cordées (embouchure à ressaut intérieur, col assez haut, anses verticales réparées, façonnées en grosses cordes qui s'attachent au col et au sommet de la panse ovoïde, pied à deux degrés). — Un sujet sur chaque côté du vase. — *A.* **Départ du guerrier.** Il s'agit sans doute d'un héros de l'Épopée, puisque le dieu Hermès joue un rôle dans cette scène ; mais nous ne pouvons pas dire lequel, et il nous paraît téméraire d'y voir Achille partant pour la guerre de Troie. A gauche Hermès barbu (cheveux en masse noire, ceints d'une couronne de feuillages en couleur effacée, petites mèches en noir jauni ; œil de profil avec indication de la paupière supérieure ; prunelle en noir délayé et jauni ; barbe et cou restaurés, le pétase rejeté dans le dos (partie de la coiffure restaurée) est vêtu d'une chlamyde ouverte sur ce côté droit nu (double bordure noire), chaussé d'endromides qui couvrent le pied et sont lacées par devant, avec deux ailes attachées en arrière ; il s'avance vers la droite, tenant le caducée de la main gauche, et avec la droite il serre la main du guerrier qui lui fait face. Celui-ci imberbe (boucles de cheveux en mèches de noir jauni sur la joue et le cou ; œil de profil avec indication de la paupière supérieure et prunelle en point noir et partie de noir jauni), est coiffé d'un casque à cimier en crinière, séparé de la calotte par une bande d'oves, avec paragnathide relevée (ornement en serpent au trait noir jauni) et nasal descendant sur la racine du nez ; au-dessus du nasal une touffe de boucles en spirales forme un fronteau artificiel (sur ce détail voir l'article de Hauser dans *Jahreshefte* de Vienne, 1906, p. 75) et ne saurait être prise à cette place pour de vrais cheveux sur le front ; il est vêtu d'une tunique courte à plis fins que recouvre une cuirasse à lambrequins (des parties restaurées), avec épaulières (restaurées) dont une est décorée d'une rosace (restaurée), et des bretelles ornées de petites figures de lions (en noir opaque jauni) ; à l'extrémité de ces bretelles est suspendu par un lien un anneau rond ; un baudrier passé par-dessus la cuirasse soutient l'épée (fourreau orné de bandes noires obliques) ; les divisions des parties métalliques de la cuirasse sont indiquées par des traits noirs ou jaunis (petits ornements en traits de noir jauni) ; sur le bras gauche il porte le bouclier vu de profil par la tranche ; la main gauche (restaurée) tient par le milieu de la hampe (orné d'un quadrillé en noir jauni) la lance dont le haut se perd dans la bande d'ornements ; le corps se présente de face, les pieds dessinés en raccourci, la tête de profil et tournée vers Hermès. Derrière lui, à droite, une femme (cheveux en masse noire, serrés par des liens entrecroisés en rouge réservé ; œil comme précédemment ; petite boucle d'oreille en pointe) considère la scène en portant la main droite à son menton et en soutenant le coude avec sa main gauche ; elle est vêtue d'une tunique dorienne agrafée sur les deux épaules, laissant les bras nus, avec rabat (rebords verticaux de la tunique ornés d'une large bande noire) ; des parties restaurées dans les draperies). — *B.* **Réunion d'un homme et de deux femmes.** A gauche une femme (tête refaite), vêtue d'une tunique fine que recouvre un himation dégageant le côté droit (traits en noir jauni ; des cassures restaurées), avance la main droite et semble parler à un homme barbu qui lui fait face, appuyé de la main droite sur une grosse canne noueuse (cheveux en masse noire, en partie restaurés ; œil de profil avec indication de la paupière supérieure), vêtu d'un himation qui dégage le côté droit nu (les pieds dessinés de face en raccourci ; parties restaurées dans les draperies et le pied gauche). A droite, faisant pendant à la première, une femme (même costume et même geste) semble parler aussi (cheveux en masse noire, serrés par des liens en couleur effacée ; œil comme précédemment ; restaurations dans le visage et dans le haut du costume).

Noir dans l'embouchure, le plat du rebord en clair ; noir sur les anses, sur le col et la panse, sauf la place des ornements et des personnages ; sur le pied, sauf une bande en clair à la tranche du premier degré et une en bas du second degré. Sous le rebord extérieur, guirlande de lauriers en rouge réservé. Sur chaque côté du col, un motif végétal (deux palmettes et rinceaux) entre deux bandes d'oves ; à la partie inférieure, une bande de grecque mêlée de croix cantonnées de points. En haut de la panse, une bande d'oves. Sous l'attache de chaque anse, un grand motif végétal (onze palmettes accostées de rinceaux et de folioles). Sous les pieds des personnages, une zone circulaire de grecque mêlée de croix cantonnées de points.

Terre rougeâtre. Emploi d'une couleur de retouche (effacée). Esquisse visible. Beau style de la seconde moitié du v⁵ siècle (le côté B plus négligé).

Brisé en plusieurs morceaux et recollé, avec des restaurations. Haut. 0,59. On lui a ajouté un gros bouchon à tête ronde (refaite et à sommet manquant), avec double tore au milieu et base pointue (brisée), mais il ne lui appartient pas.

Inv. N 3292 (MN 145). Trouvé en Étrurie (dans les fouilles du prince de Canino, d'après Gerhard) et entré en 1850.

Publié par Gerhard, *Auserlesene Vasenbilder*, III, p. 107, pl. 200 (expliqué comme Hermès, Achille et Briséis) ; Overbeck, *Heldenkreis*, pl. XX, 1, p. 464 ; Baumeister, *Denkmäler des klassischen Altertums*, p. 7, fig. 8 (Hermès, Achille et Thétis, d'après l'opinion de Brunn, *Troische Miscell.*, I, p. 64) ; S. Reinach, *Répertoire des vases*, II, p. 100 (Hermès ou héraut, jeune guerrier et jeune fille) ; Phot. Alinari, n° 23703. Cf. Heydemann, *Pariser Antiken* (12e *Hallisches Winckelmanns Programm*, 1887), p. 52, n° 48 (qui combat l'opinion de Brunn et Baumeister).

Vue d'ensemble avec le sujet A dans notre pl. 144.

G 430. Amphore à anses cordées avec son couvercle (même type que G 429 ; le couvercle appartient bien à ce vase et a été brûlé sur le même bûcher ; disque plat à ressaut près du bord et bouton haut de forme pointue). — Un sujet sur chaque côté du vase. — *A.* **Ménade entre deux Silènes.** A gauche, un Silène barbu, nu (chauve par devant, cheveux en masse noire et en mèches ; œil de profil à grosse prunelle), le corps rejeté en arrière, dans un mouvement de danse, abaisse la main droite et lève la main gauche, l'index en avant (morceaux incinérés dont un seul dans la région du ventre a gardé sa couleur d'argile rougeâtre) ; le pied gauche disparaît derrière le personnage suivant. Au centre, une Ménade drapée (cheveux en masse noire, serrés par un bandeau décoré de points blancs ; œil de profil) est tournée vers la droite, la main droite posée sur la hanche, s'appuyant de la main gauche sur un thyrse (sommet en bouquet serré de feuilles) ; elle est vêtue d'une tunique à manches, semée de petites mouchetures noires et bordée de galons à pointillé, que recouvre un himation dégageant largement le côté droit (un seul morceau a conservé la couleur d'argile entre le ventre et les genoux). A droite et lui faisant face, un Silène barbu, nu (même type que l'autre ; les jambes seules ont gardé la couleur d'argile), joue de la double flûte qu'il tient des deux mains avancées. Au-dessus de lui, dans le champ, en caractères effacés, l'inscription KOMOS (nom du Silène symbolisant le κῶμος bachique). — *B.* **Trois Ménades drapées.** A gauche, une femme coiffée d'un cécryphale (cheveux en masse noire, œil de profil), enveloppée d'un himation qui ne laisse voir que le bas de la tunique, avance le bras droit comme si elle parlait. Au centre et lui faisant face, une Ménade, la tête un peu inclinée (cheveux en masse noire, œil de profil), vêtue d'une tunique que recouvre un himation cachant le bras gauche, s'appuie de la main droite sur un thyrse (même type). Derrière elle, à droite, une autre femme (même type), vêtue d'une tunique à manches que recouvre un himation dégageant le côté droit, lève la main droite comme en parlant.

Noir dans l'embouchure, en clair sur le plat et sur le côté du rebord. Noir sur le col, les anses, la panse, sauf la place des ornements et des personnages ; sur le pied, sauf la tranche du disque supérieur. Zone d'oves sur le rebord de l'embouchure ; ornement végétal de chaque côté du col, dans un encadrement formé de quatre traits (haut de palmette entourée de rinceaux). Bande d'oves en haut de la panse. Motif végétal sous chaque anse (trois palmettes superposées et accostées de rinceaux). Sous les personnages, une zone circulaire en grecque mêlée de croix. Sous le fond inscription incisée ΣΚΥ, qu'on croit être le commencement du mot σκεῦος indiquant une commande de vases (?) ; voir sur ce genre d'inscriptions R. Hackl, dans *Münchener archæolog. Studien*, 1909, p. 53 (sous le n° 589 *a* est mentionnée l'amphore du Louvre) ; cf. p. 78 pour l'interprétation. Pour les commandes de vases inscrites cf. mon *Catalogue des vases du Louvre*, p. 685 et G 496. Le vase a été calciné sur le bûcher du mort et a éclaté en un grand nombre de morceaux qui ont été recollés ; sous l'effet du feu, ils ont pris presque tous, y compris le couvercle, une teinte grise plus ou moins foncée ; quelques morceaux seulement, que nous avons notés, ont gardé la couleur de l'argile rougeâtre, un peu altérée. Emploi des retouches en blanc. Traces de l'esquisse. Style de la seconde moitié du v⁵ siècle (plus rapide en B).

Recollé en plusieurs morceaux ; le pied un peu ébréché. Haut. sans le couvercle, 0,45 ; avec le couvercle, 0,53.

(Inv. CA 303.) Provenance non indiquée (Italie?). Légué par le baron de Witte en 1890 (*Bulletin des Musées*, avril 1890, p. 108, n° 6). Publié par C. von Pulszky, dans *Arch. Zeitung.*, 1879, p. 92, pl. 9 (qui rapproche le Silène dansant de certaines œuvres sculpturales). Cf. S. Reinach, *Rép. vas.*, I, p. 426 ; Heydemann, *Satyrs* etc. Mentionné par Heydemann, *Satyr u. Bakch. Nam.* (5e *Hall. Progr.*, 1880), p. 21 *a* et note 96 ; *Paris. Antik.* (12e *Hall. Progr.* 1887), p. 89, n° 10 ; C. Fränkel, *Sat. u. Bakch.* p. 60.

G 433. Amphore de la forme dite péliké ; cf. G 373 et suiv. (large embouchure à rebord saillant, col court, anses verticales divisées en deux larges rainures, panse rebondie, pied en disque épais peu débordant). — Un sujet sur chaque côté du vase. — *A.* **Dionysos et son cortège de Ménades et de Silènes.** Les personnages ne sont pas rangés sur la ligne de terrain, mais placés dans le champ à des hauteurs différentes, comme s'ils gravissaient une pente, les personnages à droite étant plus haut que ceux de gauche. Au centre, Dionysos barbu (cheveux en mèches de noir jauni, serrés par un bandeau en lemnisque qui retombe sur le cou, avec quelques feuilles en rouge réservé piquées dans la chevelure ; œil de profil avec indication de la paupière supérieure ; barbe à mèches ondulées), vêtu d'une tunique brodée (volutes noires et petits cercles, bordure en double rangée de petites et de grosses postes noires) que recouvre une chlamyde agrafée sur l'épaule droite et retombant en pointe par devant (large bordure noire), s'appuie de la main gauche sur un haut thyrse (sommet en bouquet de feuilles espacées) et tient de la main droite basse un canthare ; il retourne la tête en arrière et semble gravir une pente en marchant vers la droite. Sous ses pieds (dessin très négligé), une petite panthère (corps et queue tachetés de points noirs) s'avance dans le champ vers la droite. Le dieu est suivi et précédé d'un groupe de Ménade et de Silène. A gauche un Silène barbu et nu (cheveux en mèches noires couronnés de quelques feuilles en rouge réservé ; œil de profil avec indication de la paupière supérieure ; parties pileuses sur la poitrine) marche vers la droite, la tête un peu levée, portant de la main droite élevée une corne à boire (kéras) et soutenant de la main gauche sur son épaule une grande amphore dont l'embouchure est remplie de feuillages (feuilles en rouge réservé) ; une nébride pliée est posée sur le haut du bras gauche (points et mouchetures en noir sur la peau de panthère dont les pattes retombent derrière les jambes du Silène ; touches de noir jauni pour imiter le ton de la peau) ; devant lui marche une Ménade, la tête un peu levée (cheveux en mèches détaillées et ton jauni, mêlés de quelques feuillages ; œil comme précédemment ; boucle d'oreille ronde), vêtue d'une tunique dorienne à rabat sur la poitrine (haute épingle retenant la draperie sur chaque épaule ; dessin des pieds très négligé) ; de la main gauche élevée elle porte une torche allumée (flammes en blanc effacé) et de la main droite basse une œnochoé (en noir opaque). A droite un Silène, nu et barbu (mêmes détails que l'autre ; une partie du visage cachée par le bras), lève le bras droit en l'air et fait une large enjambée, le pied gauche en avant, pour saisir une Ménade qui le précède, retournant la tête (même type que l'autre), le pied gauche sur la partie haute de la pente, le pied droit retourné de face (dessin très négligé) ; elle est vêtue d'une tunique dorienne (mêmes détails) et de la main gauche élevée tient un bout de sa draperie, tandis que la main droite basse semble arrêter le Silène. Sous ses pieds, dans le champ, est jeté un thyrse (sommet en bouquet de feuilles et court rameau sortant de la hampe). — *B.* **Trois éphèbes drapés.** Un éphèbe à chevelure assez abondante et bouclée (œil de profil), complètement enveloppé dans un himation (corps de face, tête tournée vers la droite), paraît écouter un éphèbe drapé dans un himation qui, à droite, la main droite étendue, semble lui parler (cheveux en masse noire, œil de profil); à gauche, un autre éphèbe (même type, même costume) s'appuie de la main droite sur une grosse canne et écoute les autres (le style des trois personnages est très négligé).

Noir dans l'embouchure et dans l'intérieur, sur le col et la panse sauf la place des ornements et des personnages, sur les anses, sur le pied sauf deux filets en clair sur la tranche. Sur le col, au-dessus du sujet A, bande de palmettes opposées et obliquement couchées ; au-dessus du sujet B, guirlande de lauriers avec baies entre deux filets. Sous les personnages, grecque circulaire mêlée de croix en damier. Sous chaque anse, motif floral en deux palmettes superposées et accostées de rinceaux.

Terre rougeâtre. Emploi de la retouche en blanc. Traces de l'esquisse en A. Style de la seconde moitié du vᵉ siècle (très négligé en B). Bon état de conservation. Haut., 0,385 ; diam. sur l'embouchure, 0,21.

(Inv. Campana 755.) Trouvé dans la région de Nola, en Italie ; cf. *Cataloghi Campana*, série XI, nᵒ 30. Cf. Pottier, *Catal. vas. Louvre*, p. 1108 ; Phot. Alinari, nᵒ 23712. Vue d'ensemble avec le sujet A dans notre pl. 144.

G 434. **Petite amphore de même forme** (même type, les anses divisées par une arête formant dos d'âne). — Un sujet sur chaque côté du vase. — *A.* **Combat de Dionysos contre un Géant.** C'est l'extrait d'une composition plus grande, la Gigantomachie. A gauche, Dionysos barbu (cheveux en masse noire, retenus par un bandeau étroit qui enserre quatre feuilles de lierre formant couronne, trois longues boucles pendantes ; barbe en mèches de noir jauni, œil de profil) marche vers la droite, posant le pied gauche sur la jambe droite de son adversaire terrassé ; il est vêtu d'une tunique courte, bouffant à la taille (goutte de noir tombée du pinceau de l'ouvrier), avec une chlamyde agrafée sur l'épaule droite qui recouvre l'épaule et le bras gauches, chaussé de hautes endromides à revers (pointillé noir indiquant le cuir) ; de la main gauche il saisit le Géant par le fronteau de son casque ; de la main droite il tient le thyrse (sommet en bouquet de feuilles indiquées par de gros points noirs) qu'il manie comme une lance et dont il enfonce le bout inférieur muni d'une pointe dans le flanc de son adversaire ; un serpent au corps onduleux (semé de points noirs) assiste le dieu et se jette, pour le mordre, sur le haut de la cuisse du Géant. Celui-ci, sous les traits d'un hoplite barbu et casqué (mèches de cheveux en noir délayé,

barbe à grosses mèches ; œil de profil ; casque à crinière séparée du timbre par un pointillé noir ; paragnathide relevée et fronteau orné de petits points noirs) est tombé sur le genou gauche et tend en arrière la jambe droite sur laquelle pèse le pied de Dionysos ; il est vêtu d'une tunique courte à manches et à rabat, serrée à la taille par une ceinture ornée de gros points noirs ; il lève le bras droit armé d'une épée à poignée droite (forme de long coutelas, sommet orné d'une volute) et porte sur le bras gauche le bouclier rond, dessiné de profil, dont on voit l'armature intérieure (brides en larges bandes noires, liens et effilés) et dont le bord inférieur repose sur le sol. Entre les deux personnages, dans le champ, deux inscriptions en lettres rouge mat, tracées par un ouvrier illettré (qui paraît avoir imité la formule connue ὁ παῖς καλός) : ΛSΗΟΓ et ΝΛΟΙΙ. — *B.* **Éphèbe drapé.** Il est tourné vers la droite (très grands pieds, mal faits), la tête un peu inclinée (cheveux en masse noire, ceints d'une bandelette en rouge mat ; œil en point noir dans ovale ouvert des deux côtés), vêtu d'un himation qui dégage le côté droit nu, s'appuyant de la main droite avancée sur une haute canne.

Noir dans l'embouchure (la suite comme dans G 433), la tranche du pied en clair. Au-dessus du sujet A, une bande de palmettes droites entre deux filets en rouge réservé ; au-dessus de B, une bande en grecque entre deux filets noirs. Sous les personnages, une bande en grecque pareille. Sur l'attache inférieure de chaque anse, une palmette la pointe en bas. Sous le fond, coloration vive du dépôt rougeâtre.

Terre rougeâtre. Emploi de la retouche en rouge mat. Traces de l'esquisse en A. Style de la seconde moitié du vᵉ siècle (plus soigné en A).

Bon état de conservation. Haut., 0,265 ; diam. sur l'embouchure 0,13.

Inv. N 3336 (ED 543). Trouvé en Italie. En 1822 il faisait partie de la collection de James Millingen et a passé ensuite dans le cabinet Durand ; entré au musée en 1825. Publié par J. Millingen, *Ancient unedited Monuments*, p. 63, pl. 25 ; Ad. Reinach dans le *Dict. des antiquités* de Saglio, fig. 6933. Cf. Pottier, *Catal. vas. Louvre*, p. 1108 ; Beazley, *Attic Vas.*, p. 139, nᵒ 3 (attribué au peintre de « The Ethiop poliké ») ; Hoppin, *Handbook redfig.*, I, p. 850, nᵒ 7.

G 436. **Amphore** (ressaut dans l'embouchure, col assez haut avec filet saillant à la base, deux anses verticales avec arête centrale formant dos d'âne, pied en disque épais peu débordant). — Un sujet sur chaque côté du vase. — *A.* **Orphée tué par une Ménade.** A gauche, tenant de la main droite une épée nue et étendant le bras gauche vers Orphée renversé, une Ménade (cheveux en masse noire, épars sur le cou en petites mèches de noir jauni ; œil de profil) s'avance vivement vers la droite, vêtue d'une tunique dorienne agrafée sur les deux épaules, formant sur le haut des jambes un rabat qui est serré à la taille par une ceinture (en lien noir) ; les bras nus sont tatoués de petits angles superposés (en noir et noir jauni, cinq sur le bras droit, quatre sur le bras gauche (sur ces tatouages, voir l'article *Nota* du *Dict. des Antiq.* de Saglio, et Perdrizet, *Bull. Corr. hellénique*, 1911, p. 112 ; *Archiv für Religionswiss.* 1911, p. 54). Devant elle, Orphée fuyant tombe et plie le genou gauche, la jambe droite étendue en arrière ; il retourne la tête (type et chevelure analogues à ceux de la Ménade) et, pour se défendre, lève en l'air sa lyre qu'il tient de la main droite par un des montants (corps en écaille de tortue, cinq cordes en noir saillant) ; un lien (en rouge mat) s'attache autour du pouce de sa main droite (le lien du plectre probablement) et pend dans le champ ; de la main gauche étendue il semble chercher un point d'appui ; il est vêtu d'un himation placé dans le dos et ramené par devant, qui laisse une grande partie du corps nu (musculature en traits de noir jauni). — *B.* **Éphèbe drapé.** Figure de revers, sans relation avec le sujet précédent. Il est tourné vers la gauche, la main droite sur la hanche et s'appuyant, le corps penché, sur une grosse canne noueuse (cheveux en masse noire, œil de profil) ; on voit le dos nu sous l'épaule droite ; l'himation drapé sur l'épaule gauche, collant sur les jambes, dessine les formes du corps.

> Noir dans l'embouchure, sur le col, les anses et la panse, sauf la place des ornements et des personnages et deux filets incisés à la base de la panse, sur le pied sauf un filet en rouge réservé en bas de la tranche. Pas d'autre ornement qu'une bande de grecque, mêlée de croix accostées de points, sous le sujet A, et une grecque simple sous le sujet B. Une tache circulaire de couleur verdâtre, en bas du sujet B, indique l'attouchement, dans le four, d'un autre vase.
> Inscription sur le pourtour du fond du vase en lettres finement gravées : ΠΚΑΡΟ (memento pour une commande de vases? cf. Hackl, *Merkantile Inschriften* dans *Münchener arch. Studien*, 1909, p. 56, n° 612, et p. 72).
> Terre rougeâtre. Emploi de la retouche en rouge mat. Traces d'esquisse en A. Style de la seconde moitié du v° siècle.
> Bon état de conservation. Haut., 0,33 ; diam. sur l'embouchure, 0,16.
> (Inv. MNB 1702.) Trouvé en Italie, à Nola. Il a fait partie de la collection Durand, puis de la collection Paravey, d'où il est entré au musée en 1879 (*Catalogue de vente*, n° 55). Publié par Panofka dans *Annali dell' Inst.*, 1829, p. 265 ; *Monumenti Inst.*, I, pl. V, n° 2 (= S. Reinach, *Répertoire des vases peints*, I, p. 63). Cf. Pottier, *Catal. vas. Louvre*, p. 1109 ; Beazley, *Attic Vas.*, p. 168, n° 2 (groupé avec la phiale de Boston); Hoppin, *Handbook red fig*, 1, p. 87, n° 36.
> Deux vues d'ensemble avec les deux sujets dans notre pl. 144.

G 439. Œnochoé à bec en biseau (anse verticale plate, bec relevé et taillé en biseau, panse peu renflée, pas de base saillante). — Les deux personnages sont placés sur chaque flanc du vase et séparés par un assez large intervalle au milieu. — **Ulysse et Circé.** Ulysse a le costume d'un voyageur, le corps nu avec une chlamyde agrafée sur l'épaule droite et cachant le côté gauche, un pétase rond rejeté dans le dos (cercle indiquant le dessus de la coiffe et une bride mince en noir délayé suspendue à deux attaches en points noirs); il est barbu (chevelure serrée par un lien dont la couleur a disparu, sans doute de couleur blanche; cheveux en masse noire avec mèches sur le cou; œil de profil) et s'avance vers la droite, tenant une épée nue dans la main droite, serrant de la main gauche (disparue dans une ébréchure) une longue lance dont la pointe est tournée vers la gauche. A droite, Circé s'enfuit en se retournant vers le héros qui la menace (chevelure en masse noire serrée par un bandeau en rouge réservé ; indication de mèches ondulées en noir délayé sur le sommet de la tête ; œil de profil) ; elle est vêtue d'une tunique fine à manches que recouvre un himation dégageant le côté droit ; de la main droite étendue vers Ulysse elle tient sa baguette de magicienne et porte sur la main gauche avancée un skyphos à deux anses contenant le breuvage ensorcelé. Dans le champ entre les deux personnages, inscription en lettres de couleur blanche (en partie disparue) : ΚΑLΟΣ (καλός).

> Noir dans l'embouchure, sur le col et l'anse, sur la panse sauf la place des personnages. Pas d'autre ornement qu'un filet circulaire gravé à la base du col et un autre sous les pieds des personnages.
> Terre rougeâtre. Emploi de la retouche en blanc. Faibles traces d'esquisse. Style de la seconde moitié du v° siècle.
> Assez bon état de conservation, sauf une partie endommagée au milieu de la panse. Haut., 0,20.
> (Inv. Campana 813.) Trouvé dans la région de Nola et entré en 1862; cf. *Cataloghi Campana*, série XI, n° 53. Pour les monuments relatifs à ce sujet, voir *Journal hell. Studies*, XIII p. 82, pl. 2 (Walters). Cf. Pottier, *Catal. vas. Louvre*, p. 1109 ; Beazley, *Attic Vas.*, p. 133 (groupé avec des œnochoés de Bruxelles).
> Vue d'ensemble avec la figure d'Ulysse dans notre pl. 144.

G 440. Œnochoé à bec trilobé (large embouchure, anse verticale en corde tressée avec trois volutes à l'attache supérieure et un mascaron de tête de femme en relief à l'attache inférieure, panse rebondie, pied en disque peu saillant). — Sur le devant du vase, un sujet dans un enca-

drement. — **Réunion de trois Muses.** A gauche Ourania, nommée par une inscription en lettres de couleur effacée (blanche), ΟΡΑΝΙΑ, la tête un peu inclinée (cheveux et chignon en masse noire, rehaussée de traits en relief qui indiquent les mèches ; diadème en bandeau de rouge réservé, orné d'un pointillé et surmonté de trois feuilles pointues ; œil de profil avec indication de la paupière supérieure et des cils à la paupière inférieure), pose sa main droite sur sa hanche et considère un diptyque ouvert qu'elle tient de la main gauche avancée ; elle est vêtue d'une tunique à plis très fins (restauration à hauteur des genoux) qui forme trois rabats successifs sur le corps (bras nus, épaule et flanc droit un peu dénudés); devant elle, par terre, est posée une cassette carrée (restaurée), dans laquelle étaient sans doute serrées les tablettes à écrire qu'elle tient. Au centre et tournant le dos à la précédente, Calliopé, nommée par une inscription du même genre : ΚΑΛΛΙΓΑ (*sic*) (même coiffure et même type ; même facture d'œil ; petite boucle d'oreille ronde), est assise sur un siège à dossier (mal restauré) et à pieds recourbés, tenant dans la main droite avancée un instrument dont le bout manque (restauré en baguette ou en flûte, mais sans raison plausible) ; la main gauche (bras et main entièrement refaits) devait être avancée aussi et tenait un second accessoire dont le bout seul est antique (en forme de baguette double ou de tranche de diptyque? ; il est difficile de préciser ces accessoires) ; elle est vêtue d'une tunique fine semblable à la précédente (en grande partie restaurée sauf le haut), que recouvre un himation enveloppant les jambes (presque entièrement refait) ; son pied droit nu se soulève de terre comme si elle battait la mesure (pied très long). A droite Melpomène, nommée par une inscription ΜΕΛΓΟΜΕΝΕ, est debout devant la précédente et, la tête inclinée, elle joue de la double flûte qu'elle tient des deux mains avancées (même type que les autres, les cheveux serrés par un lien entrecroisé de rouge réservé ; même facture de l'œil) ; elle est vêtue d'une tunique dorienne agrafée sur les deux épaules et laissant les bras nus, avec rabat jusqu'à la taille (restauration à la hauteur des cuisses). Il est évident que le peintre ne s'est pas attaché à donner à ces Muses les attributs classiques qui leur conviennent et qu'une Melpomène jouant de la flûte est une fantaisie ; c'est plutôt une scène de gynécée, où les femmes sont parées de noms mythologiques.

> Noir dans l'embouchure, sur l'anse, sur la panse sauf la place des ornements et des personnages, sur le pied sauf un filet circulaire incisé au bas de la panse, le bas de la tranche en clair. Encadrement en bande de palmettes finement tracées en rouge réservé en haut du sujet, deux traits incisés verticalement sur les côtés et une bande en grecque semée de croix (une fois un petit damier), sous les personnages.
> Terre rougeâtre. Emploi d'une couleur de retouche disparue (blanc?). Pas de traces de l'esquisse, malgré la finesse du dessin extrêmement soigné. Beau style de la seconde moitié du v° siècle.
> Plusieurs morceaux recollés et restaurés. Haut., 0,21.
> (Inv. Campana 760.) Trouvé en Italie et entré en 1863; cf. *Cataloghi Campana*, série IX-X, sala I, n° 187. Publié dans le *Magasin Pittoresque*, 1865, p. 148-149 (dessin de Chevignard) ; par L. Couve dans *Bulletin de correspondance hellénique*, 1895, p. 102, fig. 6 (il interprète comme un double plectre, remplaçant le triangle usité, l'instrument tenu par Calliopé ; mais la restauration rend douteuses toutes les hypothèses) ; cf. la figure de Calliopé seule dans le *Dict. des antiq.* de Saglio, au mot *Cathedra*, p. 970, fig. 1249 (mais le dossier du siège est mal restauré) ; la figure de Melpomène seule dans l'*Encyclopédie de la musique*, p. 487, fig. LV (Maurice Emmanuel). Cf. Pottier, *Catal. vas. Louvre*, p. 1109 ; Beazley, *Attic Vas.*, p. 160.

G 442. Œnochoé à bec en biseau (type analogue à G 439). — Un sujet sur le devant de la panse. — **Polynice offrant un collier à Ériphyle.** On sait comment ce bijou tentateur, celui-là même que Cadmos avait offert à Harmonia, fut apporté par Polynice à la femme d'Amphiaraos, pour la décider à révéler la retraite où son mari s'était caché. A gauche, Polynice, sous les traits d'un homme barbu (chevelure abondante, en masse noire retombant sur le cou, ceinte d'un lien de couleur blanche ; œil de profil avec indication des paupières), porte de la main gauche avancée une pyxis (décor en quadrillé) d'où sort le collier (perles en couleur blanche), qu'il tient du bout des doigts de la main droite en le montrant à Ériphyle ; il est vêtu d'un himation qui laisse le haut du corps nu et son corps s'appuie sur une canne posée en arc-boutant. Ériphyle, le corps de face, la tête tournée vers le précédent (cheveux en masse noire rehaussée de quelques traits en relief, serrée par des liens entrecroisés de couleur blanche ; œil de profil avec indication de la paupière supérieure), tend la main droite pour recevoir le bijou ; de la main gauche elle tient le pli du rabat de sa tunique et l'on peut penser que par ce geste l'artiste indique qu'elle va cacher le collier dans le kolpos de son vêtement, comme dans le tableau de Polygnote à Delphes (Pausanias, X, 29, 7) ; elle est vêtue d'une tunique dorienne agrafée sur les deux épaules, laissant les bras nus, avec rabat jusqu'à la ceinture. Derrière elle, à droite, une femme (même coiffure, œil de profil) s'approche, avançant la main droite comme par un geste d'admiration ; elle est vêtue d'une tunique fine à manches que recouvre un himation drapé sur l'épaule gauche et retombant en larges plis ondulés (traces du dépôt rougeâtre sur ce personnage).

Noir dans l'intérieur, sur l'anse, sur le col et sur la panse sauf la place des ornements et des personnages. Toute la partie antérieure du bec est décorée de trois zones d'ornements : en haut, une bande d'oves ; au centre, une bande d'imbrications alternativement noires et rouges (rouge réservé) ; en bas, une bande de boutons de lotus noirs lancéolés, la pointe en bas, reliés par des entrelacs et cantonnés de points. Filet circulaire incisé à la base du col et sous les pieds des personnages.
Terre rougeâtre un peu jaune ; traces du dépôt rougeâtre sur le fond. Emploi de la retouche en couleur blanche. Esquisse visible. Style de la seconde moitié du vᵉ siècle.
Bon état de conservation. Haut., 0,19.
Inv. MNB 1703. Trouvé en Italie, à Nola, Ancienne collection Dupré, puis collection Paravey ; acquis en 1879 (Catalogue de vente, nᵒ 56).
Publié par de Witte, dans les Annali Instituto, 1863, pl. H (= S. Reinach, Répertoire des vases, I, p. 310) ; de Witte y voyait Adraste, roi d'Argos, et Ériphyle ; mais une amphore pélikê de Lecce, avec des inscriptions nommant les personnages, montre qu'il s'agit de Polynice et Ériphyle (cf. Furtwaengler-Reichhold, Griech. Vasenmalerei, II, p. 28). Overbeck (Gall. her. Bildw., p. 91, note 1) voyait à tort dans cette représentation une simple scène de genre. Cf. Pottier, Catal. vas. Louvre, p. 1110.

G 444. Lécythe (le goulot manque et l'épaule a été rodée dans l'antiquité de façon à y pratiquer une ouverture ronde, sans tenir compte des figures peintes sur l'épaule, qui sont coupées en deux ; l'anse est supprimée aussi ; panse cylindrique à base mince ; pied en disque épais et saillant). — Un sujet sur l'épaule et un sujet sur le devant de la panse. — *A.* Sur l'épaule : **Scène d'intérieur** (on ne voit que le bas des personnages). A gauche, un siège à dossier et à pied courbé (traits en noir jauni, pointillé noir pour imiter le bois et les clous) que vient de quitter un homme debout, drapé dans un himation, qui s'appuyait sur une grosse canne noueuse. Il est précédé d'une femme marchant vers la droite, qui tenait de la main droite basse un petit vase (sans doute un aryballe rond) et qui portait sur la main gauche avancée un autre objet (?) ; elle est vêtue d'une tunique que recouvre un himation ; à ses pieds, devant elle, un cygne ou un canard apprivoisé (corps divisé par des traits de noir jauni) : dans le champ étaient suspendus des objets auxquels se rattachent des pendeloques et des liens (en rouge mat). Faisant face à la femme, un éphèbe, le corps penché, est appuyé sur une canne noueuse ; un himation pend de son épaule gauche, laissant le corps nu (musculature en noir jauni). Derrière lui, sur le sol est posée

une corbeille à laine (décor en traits de noir jauni et pointillé noir), surmontée d'un bouton oblong et de deux traits en rouge mat (qui représentent le couvercle du panier ou la quenouille et les pelotons de laine contenus à l'intérieur ?). A droite une femme s'approche, vêtue d'une tunique que recouvre un himation ; dans le champ, derrière elle, est suspendue (ou elle tenait de la main gauche étendue) une bandelette double. — *B.* Sur la panse : **Niké offrant une libation au guerrier vainqueur.** A gauche, Niké ailée (chevelure en masse noire, rehaussée de traits pour indiquer les mèches séparées ; diadème en bandeau surmonté de quatre feuilles pointues ; œil de profil ; grandes ailes déployées de profil avec zigzags au trait jaune à la partie supérieure), vêtue d'une tunique dorienne à rabat, laissant les bras nus, s'avance vers la droite, le pied gauche soulevé en arrière, tenant de la main droite avancée une phiale (décor en gros pointillé noir) et de la main gauche basse une œnochoé à bec trilobé. Devant elle un guerrier barbu et casqué (casque à crinière qui pénètre dans la bande d'ornements du haut, séparée du timbre par une bande de pointillé noir ; paragnathide baissée ; barbe en mèches ondulées de noir jauni ; cheveux débordant du casque en mèches ondulées ; œil de profil), le corps de face (musculature au trait de noir jauni), tournant la tête vers Niké et présentant la main droite basse ouverte (pour recevoir la phiale), porte sur le bras gauche sa lance (pointe en bas, le haut pénétrant dans la bande d'ornements) et son bouclier rond orné d'une guirlande de lierre circulaire (la tige ondulée en noir jauni) ; il est vêtu d'une tunique courte que recouvre une cuirasse à lambrequins, avec épaulières ornées d'une rosace (imbrications en noir jauni sur le flanc droit ; deux boutons en rosaces au centre pour fixer les liens qui retiennent les bretelles des épaulières ; décor en bandes de pointillés sur les plaques de la cuirasse).

Noir sur l'épaule et sur la panse, sauf la place des ornements et des personnages, sur le pied sauf la tranche en clair. En haut et en bas de la panse, bande en grecque mêlée de croix en X cantonnées de points (en haut) ou de croix simples (en bas). Deux filets circulaires incisés en bas de la panse, un sur le haut de la tranche du pied. Grandes places rougies par coups de flamme oxydante dans le four.
Terre rougeâtre pâle. Emploi de la retouche en rouge mat. Pas d'esquisse visible. Bon style de la seconde moitié du vᵉ siècle.
Le goulot et la moitié de l'épaule enlevés. Haut., 0,345.
Inv. suppl. S. 1452 (nᵒ d'Invent. Campana disparu). Trouvé en Italie (région de Nola) et entré en 1863 ; cf. Cataloghi Campana, série XI, nᵒ 82 ; Pottier, Catal. vas. Louvre, p. 1110. Publié par J.-D. Beazley, dans Journal of hell. Studies, 1914, p. 190, fig. 9, et p. 196, nᵒ 21 (il l'attribue à un fabricant anonyme qu'il appelle « the Master of the Achilles Amphora-Vatican » et il groupe autour de ce nom plusieurs vases du même style) ; cf. Hoppin, Handbook redfig. vas., I, p. 7, nᵒ 29.
Vue d'ensemble avec le sujet B dans notre pl. 144.

G 445. Couvercle de grande pyxis ou lékanè (pour la forme, voy. la figure 1362 du *Dict. des antiquités* de Saglio ; haut bouton en disque plat à la partie supérieure, entouré d'un petit rebord saillant et percé d'un trou central). — Sur le pourtour du couvercle, sujet disposé en frise circulaire. — **Penthée déchiré par les Ménades en présence de Dionysos.** Le dieu forme le centre d'où partent de chaque côté les groupes de Ménades ; il a les traits d'un éphèbe imberbe (cheveux en masse noire, ceints d'une couronne de feuillages en rouge réservé, avec deux longues boucles retombant sur la poitrine et des mèches éparses sur le cou ; œil de profil avec indication de la paupière supérieure), la tête tournée vers la gauche, le corps nu de face avec un himation posé en écharpe sur l'épaule gauche et retenu par la main droite abaissée ; de la main gauche il tient le thyrse (sommet en bouquet de feuilles serrées). A gauche, tournant le dos, une Ménade s'éloigne en courant, les cheveux épars et flottant au vent en longue masse ondulée (même facture de l'œil), vêtue d'une tunique à rabat dont les pans ont été serrés à la taille et dont elle écarte le haut de sa main gauche étendue en arrière, en découvrant le sein et le flanc gauche (cassure restaurée) ; de la main droite abaissée elle tient un thyrse dont le bout traîne sur le sol. A droite de Dionysos, une Ménade semblable (même type, même chevelure) s'éloigne en courant, le bras gauche étendu en avant, l'autre en arrière. De l'autre côté, en pendant avec Dionysos, Penthée est saisi par deux Ménades ; il a les traits d'un éphèbe (chevelure retombant dans le cou ; même facture de l'œil), le corps nu avec un himation jeté sur le bras gauche et traînant par derrière sur le sol, un lien noir passé en baudrier et soutenant une épée sur le côté gauche (cassures restaurées) ; les deux Ménades l'ont saisi, l'une par le bras droit étendu, l'autre par le bras gauche et le pied gauche étendus, pour l'écarteler ; sa jambe droite se replie et le pied s'appuie contre le sol pour résister ; les deux femmes sont vêtues d'une tunique à rabat dont les deux pans sont noués par devant pour ne pas entraver leurs mouvements (cheveux et chignons en masse noire, même œil ; restaurations dans le bas des tuniques et dans les pieds).

Noir sur le plat du bouton, avec un cercle en clair autour de l'orifice central, un filet incisé sur le pourtour et un filet en clair sur la tranche du petit rebord ; noir sur la base du bouton et sur le couvercle, sauf une zone d'oves en collerette autour de la base du bouton et une zone d'oves sur le rebord extérieur du couvercle (en partie endommagée). Noir sur le fond intérieur du couvercle avec un filet en clair sur la tranche du rebord.

Terre rougeâtre. Pas de couleur de retouche. Esquisse assez détaillée. Style de la seconde moitié du ve siècle.

Le couvercle a été brisé en plusieurs morceaux et réparé. Haut., 0,09 ; diam. 0,25.

Inv. suppl. S. 1456 (n° d'Invent. Campana disparu). Trouvé en Étrurie et entré en 1863 ; cf. *Cataloghi Campana*, série IV-VII, n° 761. Publié par P. Hartwig, dans *Jahrbuch deut. Inst.*, 1892, p. 156 (vignette). Cf. Pottier, *Catal. vas. Louvre*, p. 1111.

Les deux parties du sujet dans notre pl. 145.

G 447. Vase de la forme dite guttus (panse ronde, au sommet aplati, et surmontée de deux goulots reliés par une anse à arête centrale formant dos d'âne ; un des goulots à embouchure d'œnochoé avec bec trilobé, l'autre à embouchure ronde avec passoire à filtre intérieure ; base en rebord peu saillant). — Un sujet sur chaque côté du sommet aplati de la panse. — *A.* **Chimère bondissant.** Elle court vers la gauche, la patte droite de devant levée (corps de lionne à six mamelles, crinière en traits noirs et ton jaune, langue effilée sortant de la gueule ; tête de chèvre renversée en arrière sortant du dos ; bout de la queue relevé et terminé en tête de serpent). — *B.* **Pégase galopant.** Il va vers la droite, la jambe gauche de devant levée, l'autre allongée, la queue flottant en arrière (grandes ailes de profil avec plumes en imbrications).

Noir dans l'intérieur des deux goulots, sur l'anse et sur tout le vase, sauf la place des ornements et des figures. Bande d'oves autour de la partie antérieure des deux goulots ; bande d'oves circulaire en haut de la panse, en lignes de terrain sous les animaux. Trois cercles en filets saillants sous le fond.

Terre rougeâtre. Pas de couleur de retouche. Esquisse visible. Style de la fin du ve ou du début du ive siècle.

Inv. N 3333 (LP 180). Trouvé en Italie et entré sous le règne de Louis XVIII. Publié par Dubois Maisonneuve, *Introduction à la peinture de vases*, 1817, pl. 52, n° 1, p. 27. Cf. Pottier, *Catal. vas. Louvre*, p. 1111.

G 448. Coupe (grande vasque, anses carrées du bout, pied haut sur base en large disque, divisé par un ressaut au milieu). — Un sujet dans l'intérieur et un sur chaque revers. — Int. *A.* **Silène et Ménade.** A gauche un Silène barbu, très chauve, nu et ithyphallique (cheveux et barbe en mèches ondulées avec traits en noir délayé, œil en petit cercle et point central dans ovale ouvert ; organe viril très

développé ; queue de cheval en traits de noir jauni),s'avance vers la droite, un peu penché, la jambe gauche fléchie, les deux mains avancées comme prêt à saisir la femme qui est devant lui. Une Ménade coiffée d'un cécryphale (bandeau en serre-tête orné d'un pointillé ; boucles de cheveux en noir jauni ; œil de profil), vêtue d'une tunique à manches (plis en traits de noir jauni) que recouvre un himation court, drapé en chlamyde et agrafé sur l'épaule droite, se retourne en marchant, pour faire face au Silène ; de la main droite abaissée elle tient par l'anse un grand canthare à pied et de la main gauche avancée elle porte un thyrse, la tête en bas (sommet en bouquet de feuilles serrées), dont la hampe est coupée par l'encadrement. — Rev. *B.* **Scène d'équitation.** Un éphèbe donne ses soins à son cheval, soit qu'il se prépare à le harnacher pour sortir, soit qu'il le panse au retour de l'exercice. Il porte le costume thrace des éphèbes enrôlés dans la cavalerie attique, le bonnet en peau de renard qui retombe dans le dos (*alopékis*), le grand manteau agrafé par devant et rejeté dans le dos (*zeira*), les bottes à revers découpés (*endromides*) ; il a, de plus, une longue tunique relevée en deux bouffants (restaurés) sur les jambes par la ceinture serrée autour de la taille et faisant rabat sur la poitrine (pour ce costume voir l'article *Alopékis* du *Dict. des antiquités* de Saglio, avec les figures qui y sont placées) ; il est debout, la tête un peu inclinée (mèches de cheveux en noir délayé, œil de profil), les deux mains avancées vers la tête de son cheval comme pour le harnacher (aucun accessoire indiqué) ; la bête lui fait face et sa bouche entr'ouverte montre les dents (crinière en brosse droite avec traits de noir jauni). En arrière-plan, une colonne ionique supportant un entablement (architrave ornée de denticules, trois triglyphes en noir opaque au-dessus) indique un édifice ou un portique ; à côté, dans le champ, un long rouleau attaché par un triple lien noué et muni d'une bride de suspension (accessoire d'écolier qui conviendrait davantage à la scène *B* où l'on voit le bas d'un bouclier qui figurerait mieux ici, comme s'il y avait eu une interversion de ces objets de remplissage). Le reste de la composition est occupé par des éphèbes, camarades du jeune cavalier. Derrière lui, à gauche, un éphèbe drapé, le corps de face, la tête tournée vers la droite (cheveux en masse noire avec courtes mèches, œil de profil), s'appuie de la main droite abaissée sur une grande canne dont la poignée recourbée passe sous son aisselle droite ; il est vêtu d'un himation qui laisse le côté droit et la poitrine nus et dont le pli est rejeté sur l'avant-bras gauche ; la main en sort, très grande, avec la paume ouverte, les doigts écartés comme par un geste de surprise (dessin des pieds de face très négligé). A droite, derrière le cheval, deux autres éphèbes drapés conversent ; le premier a le corps de face (pied gauche de face très négligé) et tourne la tête vers son compagnon (même type que le précédent) ; son costume est analogue et il s'appuie de la main gauche (cachée sous la draperie) sur une canne noueuse, en relevant la main droite au-dessus de son épaule. Le second, la tête inclinée (même type, costume analogue), fait face au précédent et avance la main droite ouverte, comme en parlant ; de la main gauche il tient le bâton noueux qui lui sert de canne. — Rev. *C.* **Scène d'école.** Le maître barbu (cheveux en masse noire avec mèches courtes, barbe en mèches ondulées et traits jaunis, œil en petit cercle avec point central dans ovale ouvert) est assis sur un tabouret dont on ne voit que deux pieds (traits jaunis pour imiter le siège en bois) ; le haut du corps est nu (musculature en traits jaunis) et les jambes couvertes d'un himation ; il pose sa main gauche sur le sommet de sa tête, comme s'il était las, et il s'appuie de la main droite sur la poignée recourbée d'une grande canne noueuse ; son pied droit est soulevé (comme s'il scandait la mesure de quelque récitation?). Devant lui est debout un élève, éphèbe vêtu d'un himation qui l'enveloppe, la tête inclinée (cheveux en masse noire et mèches courtes en noir jauni ; œil de profil), la main droite basse et appuyée sur la hampe d'une canne noueuse dont le bout recourbé ressort du côté droit ; le pied droit soulevé en arrière, il a l'air de réciter ou d'écouter. Derrière lui un autre camarade (même type, même costume), le corps de face (pieds en raccourci très mal faits), étend la main droite qui touche l'épaule gauche du précédent et tourne la tête vers la droite. Dans le champ sont suspendus, derrière la tête du professeur, un accrochoir en forme de potence et entre lui et l'élève, le bas d'un bouclier rond, orné sur le pourtour d'un pointillé et de deux larges feuilles(?) en noir opaque au centre (voir la remarque en *B* sur cet accessoire).

> Noir dans la vasque avec un filet en clair autour du rebord et, en encadrement autour du sujet A, une grecque serrée, mêlée de croix, entre quatre filets noirs jaunis. Noir sur la moitié des anses avec large intervalle en clair entre les deux attaches (traces du dépôt rougeâtre). Noir sur les revers avec deux filets en clair sous les personnages ; palmette en rouge réservé dans des rinceaux sous l'attache de chaque vase. Noir sur le pied, avec un filet en clair sur le ressaut et sur la tranche de la base. Large cercle noir et petit cercle noir sous le fond.
> Terre rougeâtre. Pas de couleur de retouche. Esquisse visible. Style de la seconde moitié du vᵉ siècle (souvenirs de beaux modèles comme G 108, avec exécution souvent négligée).
> Brisé en plusieurs morceaux et réparé, sans graves restaurations, Haut. 0,155 ; diam. 0,355 avec les anses, 0,445.
> (Inv. Campana 977.) Trouvé en Étrurie et entré en 1863 ; cf. *Cataloghi Campana*, série IV-VII, nᵒ 613 ; Pottier, *Catal. vas. Louvre*, p. 1112 ; Beazley, *Attic Vas.*, p. 132 (style de la coupe de Penthésilée); Hoppin, *Handb. redfig.*, p. 347, nᵒ 40.
> Les deux revers dans notre pl. 145, et l'int. A dans notre pl. 146.

G 449. Coupe (vasque à ressaut intérieur, anses un peu arrondies du bout, pied court et base en disque épais peu débordant). — Un sujet dans l'intérieur et un sur chaque revers. — Int. *A.* **Guerrier dansant la pyrrhique.** La figure est malheureusement fort restaurée (tête et bas du casque, haut du corps, cuisses, parties des jambes refaites). Le guerrier est nu, casqué (cimier réuni au timbre par une bande de triple pointillé), retournant la tête vers la gauche ; il se tient sur la jambe droite fléchie et lance sa jambe gauche par-dessus sa cuisse droite, dans un mouvement de danse vive ; du bras gauche étendu (restauré) il porte son bouclier (en partie refait) à l'intérieur duquel on voit l'armature et la main tenant une attache ; de la main droite baissée il tient une longue lance horizontalement. Derrière lui, à gauche, un espace irrégulier en rouge réservé semble indiquer un petit monticule du sol (ou le but d'arrivée dans un concours?). Dans le champ à gauche, lettres en rouge mat ΚΑ.. (καλός). — Rev. *B.* **Kômos de Silènes.** A gauche un Silène nu, barbu et chauve (cheveux en masse noire retombant sur le cou ; œil en point noir dans ovale arrondi), court vers la droite, la jambe droite levée en arrière, les deux bras étendus comme pour prendre l'outre de vin qu'apporte son compagnon. Au centre un Silène (même type) fait face au précédent, courant, la jambe gauche rejetée en arrière, le bras gauche étendu en arrière, la tête retournée vers la droite, portant de la main droite une grande outre pleine. A droite de sa tête, inscription en rouge mat dans le champ : ΚΑ.. (καλός). A droite un troisième Silène (même type) se penche, la main droite avancée et tenant de la main gauche une corne à boire (kéras). — Rev. *C.* **Jeux et danses de Silènes.** Suite du sujet précédent. A gauche un Silène (même type), le corps de face, la jambe droite avancée dans un mouvement de danse, la tête tournée vers la gauche, tient de la main droite la tige d'une grande feuille de lierre (semblable à celle des ornements du fond et placée sous l'attache de l'anse, de façon à faire pendant avec celle de l'autre côté). Au centre un Silène (même type) danse, la jambe gauche levée, la

main gauche étendue, tenant de la main droite la hampe d'un grand thyrse qu'il dirige vers son autre compagnon (bouquet de feuilles en noir mat sur fond rouge). Dans le champ, près de lui, traces de lettres en rouge mat reproduisant sans doute le mot καλός. A droite, un troisième Silène (même type) s'enfuit, vu de dos, la jambe gauche rejetée en arrière, retournant la tête vers le précédent et lançant en avant ses deux mains, comme s'il faisait mine d'avoir peur et de se protéger contre le thyrse.

> Noir dans l'intérieur et sur les revers, sauf la place des ornements et des personnages, sur la moitié des anses avec court intervalle en clair entre les deux attaches, sur le pied avec deux filets incisés à la base et la tranche du disque en clair ; sur le fond sauf le pourtour en clair, cercle noir avec point central dans la petite cavité intérieure.
> Encadrement intérieur en grecque serrée entre quatre filets. Sur les revers, près de chaque attache d'une des anses une feuille de lierre en rouge réservé ; près de l'autre anse une feuille pareille et une autre feuille en dessous. Un filet en rouge réservé forme terrain sous les pieds des personnages.
> Terre rougeâtre. Pas de couleur de retouche. Esquisse visible. Style de la seconde moitié du vᵉ siècle (descendance de l'école des peintres appartenant à l'époque des guerres médiques).
> Recollé en plusieurs morceaux, avec restauration importante dans l'intérieur. Haut. 0,08 ; diam. 0,22 ; avec les anses, 0,29.
> Inv. suppl. S 1455 (nᵒ d'Inv. Campana disparu). Trouvé en Étrurie et entré en 1863 ; cf. *Cataloghi Campana*, série IV-VII, nᵒ 140.
> Int. et les deux revers dans notre pl. 146.

G 451. Coupe (type analogue à G 448 ; l'attache du pied à la vasque étant refaite, il n'est pas certain que le pied appartienne à ce vase). — Un sujet dans l'intérieur et un chaque revers. — Int. *A.* **Conversation entre deux hommes.** La peinture étant très restaurée, on peut seulement dire que le sujet représentait un personnage drapé assis sur un tabouret et un autre debout devant lui, penché et appuyé sur une canne, qui l'écoutait ou lui parlait (Cf. G. 628). Il n'y a d'antique que les jambes nues du personnage assis, le pied droit du tabouret et le bas de la draperie recouvrant le siège ; le bas des deux jambes nues du personnage debout, la partie de la draperie qui enveloppe les reins, le bout de la canne appuyée en terre, l'accessoire pendu dans le champ (sac vide?) sauf le point d'attache. Le reste est refait ou restauré. Le terrain, sous les pieds des personnages, est formé par un court segment réservé en clair ; cf. G 452. — Rev. *B.* **Éos poursuivant Céphale (ou Tithon).** Les noms de ces deux jeunes héros prennent place sous la même forme dans l'histoire de la déesse (voir les articles *Cephalus* et *Tithon* du *Dict. des antiq.* de Saglio). A gauche, le père du jeune homme (Deion, père de Céphale, ou Laomédon, père de Tithon), sous les traits d'un homme barbu (cheveux en masse noire et mèches éparses sur le cou ; œil de profil), marche vivement vers la droite, la main gauche (refaite) avancée et tenant de la main droite son sceptre royal (sommet en fleuron) ; il est vêtu d'une tunique à manches que recouvre un himation (restauré). Vers lui accourt le jeune éphèbe poursuivi par la déesse ; il est vu de dos, la tête retournée (cheveux en masse noire avec mèches sur le cou, ceints d'un bandeau en rouge réservé), le corps couvert d'un himation (restauré), à bordure noire, orné de gros points noirs, qui laisse nues l'épaule droite et une partie du dos ; de la main gauche sous la draperie il relève son manteau et de la main droite abaissée il tient une lyre (mal restaurée); la jambe droite est lancée en arrière et le pied levé de terre ; près de lui dans le champ est suspendu un rameau avec deux fruits. La déesse Eos ailée le suit, marchant d'un pas rapide, le bras droit étendu pour le saisir, relevant de l'autre main le pli de sa tunique ; elle incline un peu la tête (cheveux en masse noire, ceints d'un bandeau en couleur rougeâtre refaite ; œil de profil ; grandes ailes déployées de chaque côté du corps, avec pointillés en noir jauni à la partie supérieure), vêtue d'une tunique à manches que recouvre un court himation (restauré), agrafé sur l'épaule droite et dégageant la manche gauche. A droite une femme drapée, la mère du jeune homme (la reine de Phocide ou la reine de Troie) s'appuie sur un sceptre ; elle est entièrement refaite et n'offre d'antique que le haut du sceptre en fleuron et quelques parties du pli pendant de l'himation en arrière. — Rev. *C*. **Même sujet**. On pourrait peut-être supposer que le peintre a voulu représenter sous cette forme presque identique, d'un côté le mythe de Céphale, de l'autre le mythe de Tithon. Au centre, Éos ailée et l'éphèbe poursuivi, tenant sa lyre, se trouvent dans une position analogue, mais retournée ; ils courent vers la droite et l'éphèbe est vu de face, le corps nu, son himation posé sur le bras gauche. A droite se retrouve la figure du roi, père du jeune homme, appuyé sur son sceptre ; à gauche, au lieu de la mère, c'est un autre éphèbe, un compagnon drapé qui s'enfuit, vu de dos. Mais en l'absence d'inscriptions, rien n'est sûr. Éos est coiffée d'un cécryphale (cheveux en mèches, œil de profil ; ailes largement déployées avec partie supérieure pointillée), vêtue d'une tunique à manches ornée d'un pointillé, que recouvre un court himation ; de la main gauche elle relève un pli de la draperie. L'éphèbe nu fuyant retourne vers elle la tête (cheveux en masse noire, ceints d'un lien en rouge réservé, mèches sur le front et sur la tempe ; œil de profil), tenant de la main droite étendue sa lyre (six cordes en relief sur le fond noir, caisse en forme d'écaille, haut des montants restauré), le bras gauche étendu (main refaite) et supportant l'himation plié (restauré). Le roi a le corps vu de face, la tête tournée vers la gauche (même type que celui du sujet *B*) ; il est vêtu d'une tunique à manches que recouvre un himation (restauré) dégageant le côté droit, et il s'appuie de la main droite étendue sur un haut sceptre surmonté d'un fleuron ; derrière lui, dans le champ, un rameau feuillu avec fruits (comme celui du sujet *B*). A gauche, l'éphèbe fuyant vu de dos, la tête vers la droite (même type que l'autre), vêtu d'une tunique sans manches que recouvre un himation court, dont le pan retombe dans le dos et qui dégage l'épaule droite ; il baisse la main droite ouverte (très grande) et lève l'autre main (refaite) avec un geste de frayeur.

Même décor que G 448. Rien sous le fond qui est réparé.
Terre rougeâtre. Pas de couleur de retouche. Esquisse visible. Style de la seconde moitié du v° siècle (cf. G 448).
Beaucoup de morceaux recollés et réparés, avec des restaurations importantes. Haut., 0,14 ; diam., 0,345 ; avec les anses, 0,43.
(Inv. Campana 572.) Trouvé en Étrurie et entré en 1863 ; cf. *Cataloghi Campana*, série IV-VII, n° 640 ; Pottier, *Catal. vas. Louvre*, p. 1113 ; Beazley, *Attic Vas.*, p. 132 (style de la coupe de Penthésilée) ; Hoppin, *Handbook*, II, p. 347, n° 41.
Revers C dans notre pl. 146.

G 452. Coupe (type analogue à G 448 ; une partie du fût étant refaite, il n'est pas certain que le pied appartienne à ce vase). — Un sujet dans l'intérieur et un sur chaque revers. — Int. *A*. **Départ de Triptolème**. A gauche, le char ailé (grandes ailes de profil, recourbées et attachées au moyeu de la roue ; deux zones de pennes imbriquées, séparées par une bande de petits cercles entre quatre filets) est attelé de deux serpents dont les queues ondulent en arrière et dont les têtes plates, à appendice pendant, émergent des deux côtés des genoux de Triptolème (corps tachetés de petits cercles et de points) ; la caisse du char est ornée de pointillés sur le rebord du plancher inférieur et sur la traverse supérieure ; la roue n'a que quatre rayons visibles (trou du compas profondément indiqué au centre avec deux cercles incisés). Triptolème est assis, les pieds nus posés sur la partie avancée du plancher inférieur ; il a les traits d'un éphèbe (cheveux en masse noire avec chignon serré par

un lien, en rouge réservé, que décorent quelques feuilles en rouge réservé formant couronne ; d'autres feuilles sont indiquées par un trait de couleur effacée, sans doute du blanc ; mèches pendantes sur la joue droite ; œil de profil avec indication de la paupière supérieure) ; le haut du corps est nu (musculature en noir délayé), les jambes cachées par un himation ; de la main droite avancée il tient une grande phiale (décor en imbrications) ; de la main gauche élevée il s'appuie sur un sceptre enrubanné, dont le sommet se termine en palmette surmontée d'un bouton de lotus, et de la même main il serre les tiges (en couleur effacée, sans doute blanche) d'un bouquet de trois gros épis qui s'inclinent en haut de la composition (travail en noir délayé sur chaque épi). A droite, lui faisant face, la déesse Coré (ou Déméter) tient de la main droite une œnochoé trilobée vue de face (décor en deux zones de godrons séparés par une bande de pointillé) dont elle verse le contenu dans la phiale, et de la main gauche basse une torche dont la flamme est dirigée vers la terre (faisceau serré par des liens espacés, flamme en couleur effacée, sans doute blanche) ; elle est coiffée d'un cécryphale (décor de quelques points) qui en large bandeau serre a chevelure et le chignon (cheveux en masse noire et mèches ondulées sur le front ; œil de profil) ; elle est vêtue d'une tunique dorienne à rabat, fixée sur chaque épaule par des agrafes rondes (plis du rabat renfoncés dans la ceinture du dessous qui reste invisible ; bracelet en noir délayé au bras gauche). Entre les deux personnages, inscription en couleur effacée, sans doute blanche : ΚΑΛ. et à droite de la tête de la déesse : ΟΣ (καλός). Le terrain sous les personnages est formé par un assez large segment de rouge réservé ; cf. G 451. — Rev. *B*. **Départ d'éphèbes et de guerriers pour le combat**. Composition à six personnages qui procède des souvenirs de sujets analogues, créés par les peintres de coupes contemporains des Guerres médiques ; cf. G 108. A gauche, un éphèbe coiffé d'un pétase (les brides de la coiffure sous la nuque et sous le menton sont indiquées par une couleur de retouche de couleur indécise, blanc rougeâtre), le corps de face, la tête inclinée vers la gauche (cheveux en masse noire et mèches éparses ; œil de profil mal dessiné), vêtu d'une chlamyde rejetée dans le dos et fixée par devant au moyen d'une grosse agrafe ronde, portant sur le flanc gauche une épée au fourreau (décor en traits horizontaux), tient des deux mains les hampes de deux lances dont les bouts reposent en terre. Au-dessus de lui, dans le champ, inscription en couleur effacée : ΚΛ..Σ (καλός). A droite et lui tournant le dos, une femme drapée s'avance (la mère d'un des éphèbes), la tête couverte du bout de son himation qui forme voile (coiffure en cécryphale orné de points ; visage endommagé, mal restauré) ; elle est vêtue d'une tunique fine que recouvre l'himation dégageant le buste ; les mains sont cachées sous la draperie. Devant elle, lui tournant le dos, un éphèbe nu (cheveux en masse noire et en mèches, ceints d'un lien en couleur blanche effacée ; œil de profil), portant sur le bras gauche son himation plié (restaurations dans le bras et dans l'étoffe), donne la main droite en signe d'adieu à un guerrier placé devant lui ; le bout du fourreau d'épée qu'il porte sur le flanc gauche dépasse le corps en arrière ; de la main gauche (refaite) il s'appuie sur la hampe d'une lance, la pointe en bas sur le sol. Au centre, un éphèbe casqué (mèches dépassant le bord du casque relevé sur la tête, crinière coupée par le rebord du haut, bande de pointillé entre le cimier et le timbre), le corps nu de face, avec un court manteau jeté sur le dos et revenant par devant sur les bras, regarde le précédent en lui serrant la main (bras droit refait) ; il tient de la main gauche (bras refait) une lance pointue des deux bouts ; sur son côté gauche est suspendue par un lien en baudrier une large épée au fourreau (décor en traits horizontaux). A droite un groupe de femme debout et d'homme assis (les parents du guerrier) : la femme a le corps et le visage de face (cheveux en masse noire, ceints d'un lien en rouge réservé ; petite boucle d'oreille ronde ; le bas du visage, tout le buste et les bras sont refaits) ; elle est vêtue d'une tunique dorienne à rabat (décor en pointillé en bas du rabat) ; l'homme est assis sur un siège à dossier et à pieds recourbés ; sa main gauche s'appuie sur le dossier (refait) et tient une canne (la tête manque) ; le haut du corps est nu et les jambes enveloppées dans un himation ; la main droite (restaurée), repose sur le genou droit (bras refait). Entre les deux personnages, inscription en couleur effacée : Ⲕ.Α.Σ (καλός) et en dessous : Η.. (ὁ παῖς ?). — Rev. *C.* **Départ en char.** C'est la suite du précédent sujet. A gauche un éphèbe (tête disparue, le haut du corps endommagé et mal restauré) monte sur son char (les morceaux de la rampe du char ne paraissent pas bien mis à leur place et brouillent la silhouette de la figure) ; le tablier du char s'élève sur le devant et porte un accrochoir auquel est suspendu un coussinet (qu'on interposait entre le joug et le corps des chevaux ; cf. *Currus* du Dict. Saglio, fig. 2219, 2220) ; la roue a six rayons (au centre trou du compas et deux circonférences nettement incisées) ; le conducteur tient les rênes de la main gauche et devait porter de la main droite (bras droit mal refait) la lance, dont les extrémités seules sont antiques. Près de lui dans le champ, inscriptions en lettres de blanc rosé effacé : Ⲕ Ⲗ.. (καλός ?) et en dessous : Ⲕ Ⲗ... (καλός). Les quatre chevaux du char (crinières en brosses, têtes restaurées) occupent le centre, le premier avec un harnais décoré de petits cercles et de pendeloques noires. La tête du timon, accostée de deux chevilles, s'élève au-dessus d'eux et sert d'appui à une lanière qui va se fixer en arrière au sommet du tablier. Devant les chevaux se tient un éphèbe, le corps de face, la tête vers la gauche (mal refaite), portant sur le flanc gauche une large épée au fourreau, suspendue à un lien en baudrier (l'épaule gauche refaite) ; il est nu et porte sur le bras gauche son himation plié (restauré) ; de la main droite baissée il tient le lien (en blanc effacé) qui sert de courroie de suspension à sa lance qu'il porte de la main gauche, la pointe en bas. Derrière lui une femme âgée (la mère) assiste au départ (tête en partie restaurée), appuyée de la main droite sur une canne à tige ondulée et à poignée en béquille ; elle est vêtue d'une tunique fine que recouvre un himation (restauré) rejeté sur l'épaule gauche.

Noir dans la vasque ; encadrement du sujet en grecque serrée, mêlée de croix en damier, entre quatre filets de noir délayé. Noir sur la moitié des anses avec large intervalle en clair entre les attaches. Noir sur les revers avec une grecque serrée, semée de croix, sous les pieds des personnages. Grand motif végétal sous chaque anse, en palmette accostée de rinceaux, de boutons de lotus et de palmettes. Noir sur le pied, avec filet clair sur le ressaut du milieu et sur la tranche de la base. Sous le pied, une large bande noire et un cercle autour de l'orifice central.
Terre rougeâtre. Emploi de retouches en blanc et en blanc rosé l'esquisse visible. Style de la seconde moitié du vᵉ siècle.
Nombreux morceaux recollés et réparés. Haut., 0,145 ; di m., 0,355 ; avec les anses, 0,45.
Inv. N 3432 (LP 2314). Entré sous le règne de Louis-Philippe. Provenance inconnue (sans doute Italie). Cf. Pottier, *Catal. vas. Louvre*, p. 1113 ; Beazley, *Attic Vas.*, p. 132 (style de la coupe de Penthésilée).
Int. A dans notre planche 146.

G 453. Coupe (type analogue à G 448). — Un sujet dans l'intérieur et un sur chaque revers. — Int. *A.* **Conversation d'un éphèbe et d'une femme.** L'autel à deux degrés qui est placé à droite, en grande partie coupé par l'encadrement (angle orné d'une volute, denticules noirs sur la corniche), indique que la scène se passe près de l'autel de la maison. A gauche, un éphèbe (cheveux en masse noire et mèches en noir délayé, œil de profil), penché en avant et appuyé sur une canne noueuse (restaurations dans les jambes), vêtu d'un himation court (restaurations importantes) qui dégage l'épaule et le côté droit, tient de la main droite un objet qui semble un osselet (?) ; cf. le revers B. Derrière lui, dans le champ, sont suspendus des accessoires devenus indistincts sous l'épiderme de l'argile endommagée ou restaurée (un sac à osselets ? une sandale ?). Devant lui est debout une femme, le corps de face, la tête retournée vers la gauche (cheveux en masse noire restaurés, ceints d'une bandelette en rouge réservé restaurée, œil de profil), complètement enveloppée et les bras cachés sous un himation (bordures noires) qui recouvre une tunique fine (restaurée ; pied droit refait). — Rev. *B.* **Réunion d'hommes et d'éphèbes avec des femmes.** La composition se divise en trois groupes d'homme conversant avec une femme. 1º A gauche, une femme (cheveux en masse noire, serrés par des liens entrecroisés de rouge réservé ; œil de profil), vêtue d'une tunique fine à manches (restaurée) que recouvre un himation dégageant tout le côté droit, tient de la main droite (bras et main refaits) un panier à trois pieds (anse refaite), décoré de deux zones d'ornements noirs. Devant elle un éphèbe (cheveux en masse noire ; œil de profil), vu de dos, penché et appuyé sur une canne noueuse, vêtu d'un himation court (restauré) qu'il serre sur ses bras et qui laisse le dos nu, regarde ce que contient le panier ; entre eux, dans le champ, est suspendu un accessoire (sac à osselets ?) ; derrière l'éphèbe, dans le champ, un miroir à manche décoré (endommagé). 2º Une femme (tête réparée), le corps de face, vêtue d'une tunique fine à manches (très restaurée), que recouvre un himation (restauré) qui dégage tout le buste, tient de la main droite abaissée (bras et main refaits), un pli du manteau et soutient de la main gauche (doigts écartés) l'étoffe retombante. Vers elle se retourne un homme barbu (cheveux en masse noire avec petites mèches, barbe à mèches séparées, œil de profil), vêtu d'un himation court qui dégage tout le côté droit (épaule et bras droit refaits) ; il tient de la main droite une bourse ou un petit sac à osselets (en noir opaque) et s'appuie de la main gauche (non visible) sur une canne noueuse ; dans le champ, à droite, une sandale et un bâtonnet (ou un objet vu de profil ?). 3º Une femme (cheveux en masse noire retenus par un lien en rouge réservé, œil de profil) vêtue d'une tunique à manches décorée d'un pointillé (plis en noir jauni effacé ; goutte de couleur noire tombée du pinceau de l'ouvrier), que recouvre un court himation dégageant tout le côté droit, lève la tête et jongle avec quatre osselets. A droite, un homme barbu se retourne vers elle et la regarde (cheveux en masse noire et bouclettes ; barbe bouclée ; œil de profil) ; le corps est de face, vêtu d'un himation court qui dégage le côté droit nu ; de la main droite basse il s'appuie sur la hampe d'une canne noueuse dont la poignée remonte sous son aisselle ; de la main gauche il tient le pli du manteau pendant sur son épaule gauche. — Rev. *C.* **Même sujet,** avec composition analogue en trois groupes. 1º Éphèbe drapé dans un himation, appuyé de la main droite sur une canne (entièrement refait, sauf un morceau de l'himation et les jambes). Une femme se retourne vers lui, coiffée d'un cécryphale (mèche en noir jauni sur la tempe gauche ; œil de profil ; lien serrant le cécryphale par le milieu et formant un nœud au sommet), le corps de face, vêtue d'une tunique fine à manches que recouvre un himation (restauré) qui dégage le côté droit ; de la main droite élevée elle fait un geste en appuyant l'index sur le pouce ; sur la main gauche avancée elle porte un alabastron. Dans le champ à droite est suspendu un accessoire en forme de rouleau ou de bobine allongée (?). 2º Un éphèbe penché, appuyé sur une canne (le haut de la tête et une partie du dos enlevés par une cassure ; œil de profil), vêtu d'un himation court qui dégage l'épaule droite (jambes refaites), avance la main droite, la paume en dessous (avec le geste du joueur qui a fait sauter l'osselet sur le dos de sa main). Une femme lui fait face (devant de la tête endommagé par une cassure ; cheveux en masse noire serrés par un lien en rouge réservé), vêtue d'un himation qui cache les bras et qui recouvre une tunique fine. Dans le champ, derrière elle, est suspendu un accessoire qui semble aussi un sac à osselets. 3° Un homme barbu, la jambe droite de face et croisée sur l'autre, le poing droit sur la hanche, vêtu d'un himation court qui laisse nu tout le côté droit (cheveux en masse noire et en petites mèches, barbe en mèches noires), s'appuie du bras gauche replié sur une canne noueuse et, tenant de la main gauche élevée un objet ovale qui semble sauter hors de ses doigts (osselet?), il regarde une femme qui, marchant vers la droite, se retourne de son côté (tête endommagée et réparée) ; elle est complètement enveloppée dans un himation (restauré) qui cache les bras et recouvre une tunique fine. A ses pieds, à droite, un panier à laine est posé sur le sol ; deux accessoires qui s'élèvent au-dessus semblent indiquer un fuseau ou une quenouille (?).

Même décor que dans G 452 (grecque de l'encadrement intérieur semée de croix ; sous le pied une bande noire et, autour de l'orifice central, deux cercles).

Terre rougeâtre. Pas de couleur de retouches. Esquisse visible, assez détaillée pour certains personnages. Style du milieu ou de la seconde moitié du v⁰ siècle (dérivé des œuvres contemporaines des Guerres médiques).

Le rebord endommagé en C ; épiderme du vase sali et piqué en plusieurs endroits; nombreux morceaux recollés et réparés. Haut., 0.16 ; diam., 0,365 ; avec les anses, 0,455.

(Inv. Campana 931). Trouvé en Étrurie et entré en 1863 ; cf. *Cataloghi Campana*, série IV-VII, n° 700 ; Pottier, *Catal. vas. Louvre*, p. 1112 ; Beazley, *Attic Vas.*, p. 132 (style de la coupe de Penthésilée) ; Hoppin, *Handb. redfig.*, p. 347, n° 42.

Rev. B dans notre pl. 147.

G 454. Coupe (type semblable au précédent). — Un sujet dans l'intérieur et un sur chaque revers. — Intérieur *A*. **Conversation d'un éphèbe et d'une femme.** A droite, l'extrémité d'un escabeau ou d'un lit de repos recouvert d'un coussin décoré de traits, points et zigzags en noir jauni, posé sur une base ou une estrade (le tout coupé à droite par l'encadrement) indique l'intérieur d'un appartement. A gauche, une femme (cheveux en masse noire serrés par un lien en blanc rosé, chignon dénoué et pendant sur le cou ; œil de profil), vêtue d'une tunique à manches décorée d'un pointillé, que recouvre un himation dégageant le côté droit (pli restauré), va vers la gauche (le pied droit entre dans la bordure de l'encadrement) et se retourne, le corps vu de face, portant de la main droite basse un panier à anse et à trois pieds (décor en dents superposées de noir jauni) ; le bras gauche est caché sous le manteau. Un éphèbe lui fait vis-à-vis, un pan de son himation remonté sur le haut de sa tête (cheveux en masse noire et en petites mèches, serrés par un lien en blanc rosé ; œil de profil ; goutte de couleur tombée du pinceau de l'ouvrier sur le pan du manteau) ; il se penche en avant, vu de dos, appuyé sur une canne noueuse, complètement enveloppé dans son himation. — Rev. *B*. **Réunion d'éphèbes et de femmes.** Composition à six personnages, divisée en trois groupes (cf. G 452 et 453). 1° Un éphèbe (cheveux en masse noire et boucles serrés par un lien exprimé en relief saillant, peint d'une couleur rouge assez vive avec points en couleur jaunâtre qui ont peut-être été dorés; œil de profil), vêtu d'un himation court qui dégage l'épaule droite, la main gauche appuyée sur le haut d'une canne (lien en rouge mat formant bracelet lâche autour du poignet droit), se penche en avant et prend de la main droite le pli du vêtement de la femme qui lui fait face, comme pour la retenir. Dans le champ à gauche, derrière lui, est suspendu par un

lien de rouge mat un sac à osselets. La femme est vue de face (pieds en raccourci) et tourne la tête vers le précédent (cheveux en masse noire restaurée, avec lien en couleur rouge refaite, chignon pendant sur le cou ; œil de profil ; boucle d'oreille ronde en pastille un peu saillante et probablement dorée) ; elle est enveloppée dans un himation qui cache les bras et recouvre une tunique fine (cassures restaurées) ; dans le champ, à droite, un lécythe à parfums est suspendu. 2° Une femme tournant le dos à la précédente (cheveux en masse noire serrés par un bandeau en rouge réservé et par un lien oblique recouvert d'un ton jaunâtre, probablement support de dorure ; boucle d'oreille en petite pastille saillante et recouverte du même ton, probablement doré ; œil de profil), vêtue d'un himation qui recouvre une tunique fine et remonte en voile sur la nuque, en cachant les bras, fait face à un éphèbe (type analogue à l'autre, lien en rouge réservé sur les cheveux) vêtu d'un himation découvrant le côté droit nu (restauré), qui tient un bâton ou une canne (?) de la main gauche et semble en tâter ou en redresser le haut avec sa main droite élevée. 3° Une femme coiffée d'un cécryphale (quelques mèches en noir jauni ; œil de profil, visage restauré), vêtue d'une tunique fine à manches (restaurée) que recouvre un himation dégageant le côté droit, incline la tête, tenant de la main droite élevée un objet indiqué en rouge mat très pâli (fleur ou lien à suspendre au poignet comme pour l'éphèbe du premier groupe?) qu'elle semble offrir à l'éphèbe qui lui fait face, appuyé de la main droite (refaite) sur le haut d'une canne noueuse et vêtu d'un himation (mal restauré avec le buste nu refait ; tête restaurée). — Rev. *C*. **Même sujet.** Même composition en trois groupes. 1° Éphèbe drapé dans un himation à larges plis rejetés en arrière, dégageant l'épaule droite (cheveux en masse noire ceints d'une bandelette de ton jaunâtre, pour dorure? ; restaurations dans le visage) ; à gauche on voit le bout de sa canne appuyé sur le sol ; il avance la main droite, les doigts écartés, comme s'il parlait à une femme qui est vue de face, la tête tournée vers lui (cheveux en masse noire avec lien semblable, indiqué en relief et probablement doré ; très petite boucle d'oreille en pastille de ton jaunâtre ; œil de profil) ; elle est enveloppée dans un himation (restauré) qui remonte en voile sur la tête, cache les bras et recouvre une tunique fine ; le coude droit fait saillie sous l'étoffe et la main gauche soutient les plis du manteau. Derrière l'éphèbe, à gauche, une bandelette suspendue dans le champ ; derrière la femme, à droite, un lécythe dans le champ. 2° Éphèbe (même type), la main droite sur la hanche (bracelet en ton jaunâtre et sans doute doré autour du poignet), appuyé du coude gauche sur une canne noueuse et tenant de la main gauche relevée une fleur (en rouge mat) ; il est vêtu d'un himation court qui dégage le buste nu et l'épaule droite. Devant lui et allant vers la droite en se retournant, une femme (bandeau en ton jaunâtre refait, chignon retombant dans le cou, boucle d'oreille en pastille saillante qui devait être dorée ; œil de profil), vêtue d'une tunique dorienne à rabat agrafée sur les deux épaules (agrafes rondes qui devaient être dorées), porte sur la main droite (bracelet en cercle saillant et sans doute doré au poignet) un objet rond (fruit? fait en relief de ton jaunâtre et sans doute doré) et tient de la main gauche un lien en rouge mat auquel est suspendu une sorte de médaillon (ton noir mat). Dans le champ, à droite, inscriptions en rouge mat : ΗΟΓΡ̂ et en dessous : ΚΑΛΟϨ (ὁ παῖς καλός). 3° Femme coiffée d'un cécryphale (tête endommagée, œil de profil), enveloppée d'un himation (restauré) qui cache les bras et qui recouvre une tunique fine (les bras semblent ramenés derrière le dos), debout devant un éphèbe vu de dos (tête et dos restaurés), qui s'appuie sur une canne noueuse, vêtu d'un court himation qui laisse le buste nu (lien en relief saillant à ton blanchâtre, probablement doré, autour de la cheville du pied gauche).

G 455. — Coupe (même type que les précédents). — Un sujet dans l'intérieur et un sur chaque revers. — Intérieur *A.* **Femme et éphèbe.** A gauche une femme (cheveux et court chignon en masse noire, serrés par un lien dont la couleur a disparu, sans doute du blanc ; œil de profil), assise sur un siège à dossier et aux pieds recourbés (pied gauche coupé par l'encadrement), vêtue d'une tunique fine à manches (en partie restaurée) et d'un himation qui enveloppe les jambes, tient des deux mains avancées un objet (indiqué par une couleur de retouche qui a disparu), sans doute une parure, présent de l'éphèbe qui lui fait face. Il est debout devant elle, le corps de face, lès deux pieds en raccourci, la tête tournée vers la gauche (cheveux en masse noire et mèches bouclées ; œil de profil), vêtu d'un himation (parties restaurées) qui laisse la poitrine et le côté droit découverts, cachant le bras droit pendant, la main gauche (bras et main restaurés) ramenée vers le corps. Entre les deux personnages un alabastre à parfums est suspendu dans le champ à un accrochoir, indiqué par une partie de rouge réservé, avec des liens en couleur de retouche qui a disparu (sans doute du blanc). Derrière la femme et sur le pourtour, inscription en couleur disparue (sans doute du blanc) : Η ΕΙ ΛΙ 2 Κ ... (ἡ παῖς καλή). Sous les pieds du personnage un court segment en rouge réservé forme terrain (cf. G 454, 452). — Rev. *B.* **Réunion de femmes et d'éphèbes.** Composition à cinq personnages. A gauche une femme coiffée d'un cécryphale (cheveux en masse noire, mèches du chignon débordant de l'étoffe en arrière ; œil en point central dans ovale), vêtue d'une tunique fine à manches que recouvre un himation (restauré) dégageant le côté droit, est assise sur un siège à dossier (restauré) et à pied recourbés et tient de la main droite un accessoire (indiqué en couleur de retouche effacée) qu'elle dirige vers sa figure, tandis que de la main gauche avancée elle tient un miroir à manche (restauré) ; il paraît probable qu'elle se sert d'un pinceau à fard (cf. la fig. 7233 du *Dict. des Antiq.* de Saglio) ; au-dessus du miroir, dans le champ, est suspendue une large bandelette à franges (en partie restaurée). Devant elle est debout une femme (même type, sans chignon pendant ; pointillé noir sur le cécryphale ; œil de profil ; même costume) étendant les deux mains vers l'éphèbe qui lui fait face ; en arrière-plan un escabeau à pieds droits et coins ronds saillants (des restaurations dans l'himation de la femme et dans le coin droit de l'escabeau) ; l'éphèbe (cheveux en masse noire, ceints d'un lien blanc ; œil de profil), vêtu d'un himation (restauré en bas) qui dégage le côté droit et la poitrine, le corps de face, les pieds en raccourci (restaurés), le coude gauche saillant sous l'étoffe, s'appuie de la main droite sur la hampe d'une canne droite dont la poignée remonte sous son aisselle ; derrière lui dans le champ est suspendue une étoffe ornée de zigzags horizontaux A droite un groupe de femme et d'éphèbe conversant : la femme (même type à cécryphale sans ornements, même costume ; quelques restaurations dans l'himation et la tunique) lève le bras

droit (restauré) et tient de la main gauche avancée un fruit (restauration) ; l'éphèbe vu de dos (visage refait) lève le bras gauche (refait) et pose sa main droite sur sa hanche en appuyant son corps penché sur une canne (himation en partie restauré, laissant le haut du corps nu). Le long du rebord courait une inscription en couleur effacée (probablement blanche) suivant la formule ὁ παῖς καλός ou ἡ παῖς καλή, dont on voit les lettres Γ. Ι Ξ Κ Λ. — Rev. *C.* **Même sujet.** A gauche, une femme à cécryphale et chignon dénoué (même type que ci-dessus, œil de profil, même costume) étend les deux mains (refaites) vers un éphèbe qui lui fait face ; en arrière-plan une partie d'escabeau à pied droit, recouvert d'un coussin décoré de raies noires. L'éphèbe vu de face (tête refaite) baisse la main droite, les doigts écartés, comme en parlant et pose sur sa hanche gauche sa main enveloppée sous l'himation qui dégage le côté droit et la poitrine (des parties restaurées). Au centre s'avance vers eux une femme coiffée d'un cécryphale (même type, même costume, en partie restauré), élevant de la main droite un miroir à manche (restauré) ; en arrière-plan, partie d'un siège à dossier et à pied recourbé (refaits) ; derrière elle, dans le champ, une bandelette suspendue avec franges en couleur de retouche effacée. A droite, un groupe d'éphèbe debout et de femme assise ; l'éphèbe (même type à chevelure ceinte d'un lien blanc, himation dégageant le côté droit nu) avance la main droite élevée et tient de la main gauche avancée un gros fruit (refait) ; la femme (même type avec cécryphale, tunique et himation restaurés), assise sur un siège à dossier à pieds recourbés (restaurés), présente de chaque main élevée un gros fruit (grenade?). Inscription analogue le long du rebord : Η Ε Γ ... Κ Λ ... Α . Ι (ἡ παῖς καλή ναι?).

G 456. Coupe (type analogue aux précédents, pied plus court et trapu, disque de la base moins large). — Un sujet dans l'intérieur et un sur chaque revers. — Int. *A.* **Conversation entre deux éphèbes.** A gauche un éphèbe debout (cheveux en masse noire et mèches bouclées, ceints d'un lien en blanc ; œil de profil avec indication de la paupière supérieure) se drape dans un himation posé en châle sur le dos, tout le corps nu par devant ; les deux mains cachées sous la draperie soulèvent l'étoffe pour l'ajuster. Devant lui est assis sur un rocher un autre éphèbe (même type et même coiffure), la main droite avancée comme s'il parlait, appuyé de la main gauche sur le haut d'une grande canne noueuse ; le haut du corps est nu et les jambes enveloppées dans un himation. La musculature et les contours du corps des deux personnages sont indiqués par des lignes de noir très délayé, qui à la cuisson sont devenues tout à fait pâles ; mais il ne faut pas les confondre avec les traits d'esquisse qui entament l'argile. Une trace noire circulaire sur le fond, entre les deux personnages, indique aussi que le pied d'une autre coupe a été posé sur cet intérieur (sur ces accidents de fabrication, voir mon *Catalogue des vases*, p. 680). Un trait en rouge réservé sous les pieds des personnages forme terrain. — Rev. *B.* **Éphèbes dans la palestre.** Composition à quatre personnages par groupes de deux. A gauche un éphèbe nu (cheveux en masse noire et bouclettes de noir jauni, ceints d'une bandelette blanche ; œil de profil avec indication de la paupière supérieure), le corps de face (plusieurs parties restaurées), les deux pieds en raccourci, le bras gauche (restauré) abaissé, tient de la main droite contre sa poitrine la poignée (en noir opaque) d'un strigile (incomplet) avec lequel il se frotte ; il tourne la tête vers le suivant, un autre éphèbe nu (même type et même coiffure), le corps de face (musculature en traits pâlis comme dans le sujet *A*), tenant étalé devant lui des deux mains un himation qu'il se prépare à plier ou à ajuster sur lui (cassures restaurées). A droite un éphèbe nu (même type et même coiffure), le corps de face (même musculature), avance la main gauche (bras restauré) et tient de la main droite abaissée (bras restauré), par l'extrémité munie d'une courroie (*amentum*) peinte en blanc, un javelot (pointe en noir opaque) ; il tourne la tête vers un autre éphèbe qui lui fait face (même type et même coiffure), le corps nu (même musculature), penché en avant et appuyé des deux mains sur une canne mince et noueuse. Traces d'un ton rougeâtre sur les trois derniers personnages. — Rev. *C*. **Même sujet**. Même composition. A gauche un éphèbe nu (même type et coiffure), assis sur un rocher que recouvre un pan de manteau (musculature en noir jauni), pose sa main gauche sur son genou et s'appuie de la main droite sur le haut d'une canne mince et noueuse. Devant lui, un éphèbe debout, nu (mêmes type, coiffure et musculature), le corps de face (poitrine restaurée), la jambe droite passée par-dessus l'autre, appuyé de la main gauche sur une canne semblable qui remonte sous son aisselle, tourne la tête vers le précédent, la main droite avancée avec les doigts écartés, comme en parlant. A droite un éphèbe (mêmes type et coiffure), penché et appuyé sur une canne noueuse, la main droite posée sur la hanche, vêtu d'un himation (restauré) qui dégage le côté droit et la poitrine (musculature en traits clairs comme dans le sujet *A*), regarde l'éphèbe qui lui fait face (mêmes type, coiffure et musculature), le corps nu (restauré) étendant le bras droit qu'il frotte de la main gauche avec un strigile (attitude de l'Apoxyoménos).

Même décor que dans les précédents (encadrement intérieur en grecque mêlée de carrés en damier ; un cercle sous les revers ; un large cercle noir sous le pied revêtu du ton rougeâtre). Sous le pied et sur le pourtour une marque incisée ⌐∠

Terre rougeâtre. Emploi de la retouche blanche. Traces de l'esquisse. Dépôt de ton rougeâtre sur plusieurs parties. Même style que les précédents.

Quelques morceaux recollés et restaurés. Haut.,0,105 ; diam., 0,285 ; avec les anses, 0,35.

(Inv. Campana 1047.) Trouvé en Étrurie et entré en 1863. Cf. *Cataloghi Campana*, IV-VII, n° 706 ; Pottier, *Catal. vas. Louvre*, p. 1113 ; détail du sujet A (éphèbe se drapant) dans Heuzey, *Hist. du Costume antique*, fig. 29.

Int. A et les deux revers dans notre pl. 148.

G 457. Coupe (même type que le précédent). — Un sujet dans l'intérieur et un sur chaque revers. — Int. *A*. **Le poète Linos instruisant le jeune Mousaios**. Le poète est assis à droite sur un siège à dossier et à pieds courbés, le haut du corps nu (musculature en traits de noir jauni), les jambes enveloppées dans un himation ; il est barbu (cheveux en masse noire, ceints d'une bandelette blanche surmontée de petites feuilles pointues formant couronne ; œil de profil) et penche la tête en déroulant de la main droite élevée un *volumen* qu'il tient de la main gauche et sur lequel sont inscrites des lettres simulant le texte du poème qu'il lit : ⌐ΝΕΝ, et en dessous : ΙΙΙDΕΟΝΑΙ (inscription dont le sens ne nous est pas connu) Devant lui est debout Musée sous les traits d'un éphèbe nu (cheveux en masse noire et mèches bouclées, ceints d'une bandelette blanche ; œil de profil), le corps nu (musculature en noir jauni et indication des poils du pubis), la main droite posée sur la hanche et élevant de la main gauche un diptyque à écrire (avec style dressé sur les tablettes? ou couvercle levé? d'après O. Jahn). Derrière lui par terre est posé un coffret (coupé à gauche par l'encadrement) à mettre les rouleaux écrits (imitation des veines du bois en noir jauni et décor en denticules noirs sur le rebord). Dans le champ, au-dessus de chaque personnage est inscrit son nom en lettres blanches : ΛΙΝΟS (Λῖνος) et ΜΟSΑΙΟS (Μουσαῖος). Un segment en rouge réservé forme terrain sous les personnages. — Rev. *B*. **Éphèbes dans la palestre**. A gauche le paidotribe barbu (cheveux en masse noire ceints d'une couronne de feuillages en blanc, œil de profil), le corps de face, les deux pieds en raccourci, vêtu d'un himation qui dégage le haut du corps et retombe sur le bras gauche, s'appuie de la main gauche sur le haut d'une baguette fourchue et surveille les exercices de deux éphèbes qui s'exercent devant lui. Le premier, tournant le dos, le corps nu (cheveux en masse noire couronnés d'une guirlande semblable, visage restauré), se penche en arrière, le pied gauche un peu soulevé, en tendant en avant les deux mains qui portent des haltères. L'autre éphèbe nu (cheveux en masse noire, visage endommagé) tient de la main droite avancée un rameau (couleur effacée, sans doute blanche), récompense de sa victoire, qu'il montre à un éphèbe qui lui fait face et qui lève la main droite en signe de joie ; celui-ci (cheveux en masse noire ceints d'une bandelette en rouge réservé, œil de profil) est drapé dans un himation (mal restauré et refait dans le haut, bras droit restauré, bras gauche et main refaits) Les deux éphèbes nus sont nommés par des inscriptions en lettres blanches, placées près du rebord : ΛΥΚΟΦΡΟΝ (Λυκόφρων) et ΕΦΑΡΜΟSΤΟS (Ἐφάρμοστος). — Rev. *C*. **Même sujet**. A gauche un éphèbe nu (cheveux en masse noire ceints d'une guirlande blanche semblable aux précédentes ; œil de profil), le corps de face (musculature détaillée en noir délayé, indication des poils du pubis), la tête tournée vers la droite, tient de la main droite basse un strigile par la poignée et appuie la main gauche sur le manche d'une pioche posée en terre. Devant lui un autre éphèbe nu, le corps et le visage de face (cheveux en larges mèches ondulées ; œil en point noir saillant sur la prunelle indiquée en noir) incline la tête vers sa main droite qui s'approche des cheveux (restes de couleur blanche indiquant sans doute une bandelette ou des feuillages ; geste de Diadumène?), la main gauche posée sur la hanche (indication des poils du pubis, même musculature). A droite, un éphèbe nu (cheveux en masse noire et mèches ondulées, traces de blanc indiquant une bandelette? ; œil de profil ; musculature en traits jaunis et indication des poils), vu de face, inclinant la tête vers la droite, pose la main gauche sur sa hanche et étend le bras droit vers le précédent. Devant lui un éphèbe nu (même type, même coiffure), vu de dos (musculature en trait noir et jaune), enroule autour de son poing gauche fermé la courroie du ceste ; dans le champ, entre les deux personnages, est suspendu un paquet composé d'un sac (?) (une éponge d'après O. Jahn, mais plutôt le sac à contenir le disque), d'où pendent des liens en blanc, et d'un strigile. Le long du rebord sont inscrits en lettres blanches les noms des éphèbes : .ΛΚΙΜΑ.ΟΣ (Ἀλκίμαχος) et ΑSSΤΕΙΟS (Ἀσ[σ]τεῖος).

Décor analogue aux précédents (grecque mêlée de croix pour l'encadrement intérieur ; un cercle sous les revers ; palmette double sous chaque anse avec rinceaux et palmettes sur les côtés ; large cercle noir sous le pied).

Terre rougeâtre. Emploi de la retouche blanche. Esquisse visible. Même style que les précédents. Quelques morceaux recollés, mais assez bon état de conservation ; l'épiderme du vase sali et rougi en B. Haut.. 0,10 ; diam., 0,25 ; avec les anses, 0,33.

(Inv. Campana 967.) Trouvé en Étrurie, à Cervetri, et entré en 1863 ; cf. *Cataloghi Campana*, série IV-VII, n° 754. Publié par O. Jahn dans *Annali-Monumenti dell' Inst.*, 1856, p. 95, pl. 20 (= S. Reinach, *Répertoire des vas. peints*, I, p. 248, n° 2) ; de Witte, *Étude sur les vases peints* (1865), p. 90 ; Duranty, dans *Gazette B.-Arts*, 1883, II, p. 116 ; Engelmann, dans *Revue archéologiq.*, 1907, I,

p. 89, fig. 3. Mentionné par Braun, dans *Arch. Zeitung*, 1856, p. 179 de l'*Anzeiger* ; Heydemann, *Heroisierte Genrebilder*, dans *Commentationes in honor. Mommseni*, 1877, p. 109 ; E. Pottier, dans *Monuments publiés par l'Assoc. Etudes grecques*, 1889-90, p. 9 ; *Catal. vas. Louvre*, p. 1113 ; Greve, dans *Lexikon der Myth.* de Roscher, II, p. 2063 ; F. Hauser, dans *Griech. Vasenmal.* de Furtwaengler-Reichhold, II, p. 232. Sur les représentations des poètes mythiques Linos et Mousaios, voy. les articles cités d'Engelmann et Greve ; cf. Stending, dans *Lexikon* de Roscher, p. 3285.
Int. A et rev. C dans notre pl. 148.

G 459. Coupe (même type que les précédents; pied réparé). — Un sujet dans l'intérieur et un sur chaque revers. — Int. *A*. **Ajax arrachant Cassandre à l'autel d'Athéna**. A gauche se dresse sur une base carrée (corniche débordant à droite et coupée à gauche par l'encadrement) la statue d'Athéna en xoanon analogue à celui du cratère G 342 (idole de Chrysè), le corps en gaine avec les deux pieds réunis de face, le bras droit levé et dardant la lance de face (le haut coupé par l'encadrement), le bras gauche portant un bouclier vu de profil (dont on voit l'armature intérieure avec le bras passé dans une courroie d'attache), la tête de face aux traits archaïques, avec deux boucles symétriques sur les épaules, coiffée d'un casque dont le fronteau est orné d'un petit disque étoilé (le haut coupé par l'encadrement ; les yeux en petit cercle avec point central et indication de la paupière supérieure), vêtue d'une tunique à manches courtes et étroites, qui est serrée à la taille par une ceinture à deux bouts retombant par devant et ornée d'un galon vertical (décor en dents pointues et en postes) ; des petits cercles avec point central sont semés sur le haut de la tunique. Au centre Cassandre, ayant entouré de ses bras le Palladion, fléchit les genoux pour s'agenouiller devant lui et se mettre sous sa protection ; sa tête, levée et implorant l'idole, est dessinée de trois quarts et rappelle les monnaies siciliennes du IVe siècle (œil en point noir que sous-tend le trait de la paupière inférieure, avec indication de la paupière supérieure et des cils ; coiffure en mèches ondulées de noir délayé, ceinte d'une bandelette de prêtresse, ornée de petits traits en V, qui passe sur le front, puis sur les cheveux en diadème et dont les deux bouts flottent par derrière, décorés de petits traits horizontaux et de franges) ; elle est vêtue d'une draperie qui passe sur les deux épaules et retombe en arrière, laissant la poitrine nue, ainsi que les jambes. A droite Ajax s'avance d'un pas rapide (le pied gauche posé sur les ornements de l'encadrement), le corps nu (indication des poils du pubis), s'efforçant avec le bras droit étendu d'écarter le bras de Cassandre qui s'attache au Palladion; il porte sur le bras gauche un bouclier (le centre en noir opaque, coupé dans le segment inférieur par une bande en rouge réservé, avec un épisème en rouge réservé qui représente le col et la tête d'un âne, ou d'un mulet? ou d'un chevreuil paissant, d'après Klein ; le reste est coupé par l'encadrement à droite) et une grande lance (dont le haut est coupé par l'encadrement) ; il est coiffé d'un casque (œil de profil avec indication de la paupière supérieure), orné sur le fronteau et les paragnathides de petits cercles et d'étoiles, sur la calotte d'une figure de lionne à tête vue de face (dessin corrigé par l'artiste qui avait d'abord fait une tête de profil) ; le panache du cimier, séparé de la calotte par un double pointillé, est coupé en haut par l'encadrement· Dans le champ, entre les deux personnages, inscriptions en couleur effacée (sans doute blanche) ΑΙΑΣ (Αἴας) et en dessous ΚΑΣΣΑΝΔΡΑ (Κασσάνδρα). Sous les pieds des personnages un segment de couleur rouge réservée forme terrain. — Rev. *B*. **Éphèbes partant pour la guerre**. Composition à cinq personnages, par groupes de trois et deux. A gauche deux éphèbes se font vis-à-vis (le haut des personnages est refait); l'un vêtu d'une courte chlamyde, s'appuyant sur la hampe d'une lance ; l'autre vu de dos, penché et appuyé sur sa lance

(mal restaurée en canne), l'épée au côté (fourreau orné de traits noirs) soutenue par un baudrier, la main droite posée sur la hanche, la chlamyde pendant sur le bras gauche. Au centre un éphèbe nu, la chlamyde posée sur l'épaule gauche, tenant dans la main gauche une lance, avance la main droite pour recevoir la phiale à libation (cheveux en masse noire et petites mèches ; œil de profil avec indication de la paupière supérieure). Un homme barbu tourne vers lui la tête (cheveux en masse noire sillonnée de traits pour faire les mèches ; œil comme le précédent), le corps de face, vêtu d'un himation qui dégage la poitrine et le côté droit, appuyé des deux mains sur une canne. A droite une femme (tête et épaule refaites), vêtue d'une tunique dorienne, avec rabat serré à la taille, tient de la main gauche basse une œnochoé et porte sur sa main droite avancée une phiale, qu'elle offre à l'éphèbe pour la libation du départ. — Rev. *C*. **Même sujet**. Même composition fortement restaurée. A gauche un éphèbe, la tête inclinée (même type que le précédent, même œil), vêtu d'une chlamyde qui laisse le corps presque nu, s'appuie de la main gauche sur une lance (restaurée) et ramène de la main droite (restaurée) un pan de vêtement (restauré). Devant lui une femme (cheveux en masse noire, serrés par un cécryphale formant bandeau large, surmonté de trois feuilles pointues ; œil de profil), vêtue d'une tunique dorienne (mal restaurée, toute la partie inférieure refaite), avance la main droite (bras et main restaurés) et tend la phiale à libation à un éphèbe qui lui fait face, appuyé de la main gauche sur sa lance (presque entièrement refait ; rien d'antique que les deux jambes à partir des genoux et le bas de la lance). A droite un groupe d'éphèbe et de femme ; le premier est nu avec une chlamyde pendant de l'épaule gauche (tout le haut du corps refait depuis la taille) ; il avance la main droite pour recevoir la phiale à libation qu'apporte la femme (cheveux et visage restaurés), vêtue d'une tunique dorienne à rabat (des cassures restaurées) ; elle tient de la main droite abaissée une œnochoé (bec trilobé vu de face) et tient la phiale de la main gauche contre son corps.

Décor analogue aux précédents (grecque serrée mêlée de carrés en damiers pour l'encadrement intérieur ; les palmettes et rinceaux sur les anses sont mêlés de folioles pointues et isolées ; le dessous du pied peint en noir lustré, sauf une bande claire sur le pourtour extérieur ; sur le noir marque incisée (pour les marques de ce genre, cf. Hackl dans *Münchener arch. Studien*, p. 22 et suiv.).
Terre rougeâtre. Emploi de la couleur blanche (?) pour les inscriptions. Traces de l'esquisse. Style de la seconde moitié du Ve siècle. Beaucoup de morceaux recollés et restaurés. Haut., 0,115 ; diam., 0,32 ; avec les anses, 0,39.
(Inv. Campana 987.) Trouvé en Étrurie et entré en 1863 ; cf. *Cataloghi Campana*, série IV-VII, n° 637. Publié par W. Klein, dans *Annali dell' Inst.*, 1877, p. 246, pl. N (sujet A) = S. Reinach, *Répertoire des vases peints*, I, p. 338, n° 1 ; Baumeister, *Denkmäler des klass. Altert.*, p. 749, fig. 800 (sujet A) ; Anatole France, article *Cassandra* dans le *Dict. des antiq.* de Saglio, I, p. 936, fig. 1208 (sujet A). Cf. Pottier, *Catal. vas. Louvre*, p. 1114.
Int. A dans notre pl. 148.

G 460. Coupe (type analogue aux précédents, pied réparé). — Un sujet dans l'intérieur et un sur chaque revers. — Int. *A*. **Silène saisissant une Ménade**. A gauche, un Silène nu, barbu et chauve (cheveux en masse noire avec petites mèches ; œil de profil avec indication de la paupière supérieure), marche vers la droite, le bras gauche étendu pour saisir une Ménade qui fuit devant lui ; son bras droit est ramené en arrière, les doigts de la main écartés. A droite la Ménade s'éloigne rapidement, le corps de face, retournant vers le précédent sa tête dessinée de trois quarts (cheveux en masse noire avec mèches ondulées et chignon retombant dans le cou, bouche épaisse), vêtue d'une tunique dorienne agrafée sur les épaules avec rabat, le bras droit étendu en arrière pour arrêter le ravisseur, la main gauche avancée et tenant un thyrse (dont le sommet en bouquet de feuilles entre dans l'encadrement circulaire). Une ligne en rouge réservé forme à la partie inférieure un segment qui sert de terrain aux personnages (cf. G 456). — Rev. *B*. **Kômos de Silènes et de Ménades**. Composition à cinq personnages par groupes de trois et deux (une Ménade entre deux Silènes ; un groupe de Ménade et de Silène). A gauche un Silène nu, barbu et chauve (même type) s'avance, la main gauche tendue (bras droit et partie du corps refaits) vers une Ménade tenant un thyrse (même type et pose semblable à la précédente) ; vers eux s'avance un autre Silène nu (même type), la main gauche posée sur la hanche, portant sur la main droite étendue un skyphos. A droite une Ménade (même type et même costume) tient de la main droite basse une œnochoé et tend la main gauche (endommagée) vers un Silène (type semblable), le corps de face, tournant la tête vers la précédente et s'appuyant de la main gauche sur un thyrse dont la hampe porte un petit rejeton (les musculatures des Silènes nus se détachent en traits clairs jaunis sur le fond rouge). — Rev. *C*. **Même sujet** (Ménade entre deux Silènes ; groupe de Silène et Ménade). A gauche un Silène nu, barbu et chauve (même type), dans une attitude de danseur, la jambe droite en avant, les deux bras étendus (le bras droit fortement entré dans la palmette qui longe l'attache de l'anse), s'avance vers une Ménade (même type, même costume avec le rabat serré par une ceinture) qui tourne vers lui la tête, le corps de face, étendant en arrière le bras droit et s'appuyant de la main gauche sur la hampe d'un thyrse (le haut dans les ornements du rebord, sans bouquet de feuilles, le bas refait) ; un autre Silène (même type) s'approche d'elle à droite, les deux mains étendues pour la saisir. A droite une Ménade (même type et même costume que la précédente ; correction introduite par l'artiste dans le derrière de la tête qui était trop éloigné), le bras droit pendant, s'appuie de la main gauche sur un thyrse (petit rejeton sur le bas de la hampe, maigre bouquet de feuilles au sommet) ; devant elle un Silène nu et chauve, le corps et la tête de face (gros sourcils, nez camus, lèvre épaisse et moustache mince pendante), pose la main droite sur sa hanche et s'appuie de la main gauche sur un thyrse (semblable à l'autre) qui coupe le rinceau curviligne enveloppant la palmette contiguë à l'attache de l'anse (les musculatures en traits jaunis ; la surface des personnages couverte de piqûres et salissures noires).

Même décor (la grecque intérieure mêlée de croix ; le rebord des revers orné d'une zone de petits oves ; sous les personnages, une grecque mêlée de croix ; sous le pied, large cercle noir au pourtour).
Terre rougeâtre. Pas d'emploi de retouches. Pas d'esquisse visible. Style de la seconde moitié du v° siècle.
Des morceaux recollés et restaurés, et des réparations antiques au moyen de petits goujons de bronze (cf. G 462) : six sont visibles dans l'intérieur A, sept sur le revers B, deux sur le revers C, un sous l'anse droite ; un fort goujon coiffé d'une plaque mince réunit le pied à la vasque et déborde au centre de l'intérieur A (sur ces réparations métalliques, voir le *Catalogue des vases du Louvre*, p. 609-610). Haut., 0,12 ; diam., 0,33 ; avec les anses, 0,42.
(Inv. Campana 925.) Trouvé en Italie et entré en 1863. Cf. Pottier, *Catal. vas. Louvre*, p. 1115.
Int. A dans notre pl. 149.

G 461. Fragment de coupe (type analogue aux précédents). — Un sujet dans l'intérieur et un sur le revers (l'autre revers manque). — Int. *A*. **Silène et Ménade**. Le haut des personnages manque. Tous deux sont face à face de chaque côté d'une borne de pierre irrégulière ou d'un tronc d'arbre coupé, entouré d'un rameau grimpant (en noir et pointillé), qui peut servir de table ou d'autel rustique. Le Silène nu tient une corne à boire de la main droite et il avance la main gauche ; derrière lui est posé sur le sol un thyrse (dont on ne voit que la hampe inférieure munie d'un court rejeton). La Ménade est vêtue d'une tunique fine que recouvre une autre tunique plus courte, ornée de points (χιτωνίσκος ou κάνδυς), qui laisse les bras nus ; elle soutient de la main gauche la hampe de son thyrse et tient de la main droite avancée une œnochoé. Une ligne en rouge réservé qui coupe un segment de la partie inférieure forme terrain sous les personnages ; cf. G 460. — Rev. *B*. **Réunion de Silènes et de Ménades**. Composition à cinq personnages, par groupes de deux et trois (Silène et Ménade ; Ménade entre deux Silènes ; cf. G 458 et 460). A gauche un Silène nu, barbu et chauve (cheveux en masse noire avec petites mèches, œil de profil avec indication de la paupière supérieure), s'appuie de la main gauche sur un thyrse, dont la hampe est munie de deux petits rameaux adjacents (petites feuilles en couleur de retouche, sans doute blanche) et dont le bouquet de feuilles supérieur entre dans les ornements du rebord. La Ménade lui fait face (même type que dans G 460, les cheveux serrés par une bandelette de couleur effacée, sans doute blanche ; même costume en tunique et chitoniskos avec bordures ornées d'un pointillé) ; elle tient de la main gauche basse une corne à boire, de la main droite avancée une œnochoé. Au centre un Silène nu (même type), le corps de face, la tête vers la droite, tient de la main droite une corne à boire et avance la main gauche. La Ménade qui lui fait face (même type, tunique dorienne à rabat), le corps de face, retourne la tête vers lui et étend la main droite en lui touchant l'épaule gauche ; de la main gauche elle s'appuie sur un thyrse (le bouquet de feuillages entrant dans les ornements du haut). A droite un autre Silène nu (même type) s'avance vers les précédents, la main avancée comme s'il parlait (l'épiderme de l'argile salie et noircie sur tous les personnages).

Décor semblable à G 460 ; ces deux coupes sont sorties du même atelier.
Terre rougeâtre. Emploi d'une couleur de retouche (sans doute blanche). Pas d'esquisse visible. Style de la seconde moitié du v° siècle.
Fragment de coupe en deux morceaux recollés, sans pied ; manque toute la partie du revers C. Largeur avec les anses, 0,40.
Inv. suppl. S 1457 (sans doute de la collection Campana, sans numéro ; probablement même provenance que G 460). Cf. Pottier, *Catal. vas. Louvre*, p. 1114.
Rev. B dans notre pl. 149.

G 462. Coupe (même type que les précédents, pied réparé). — Un sujet dans l'intérieur et un sur chaque revers. — Int. *A*. **Thésée et le brigand Sinis**. Le paysage montagneux est figuré par une large bande de terrain irrégulier sous les pieds des personnages, traversée de traits curvilignes indiquant les ondulations du sol ; au centre elle se relève en forme de rocher (des parties restaurées), sur lequel est assis Sinis nu, barbu (cheveux et barbe en masse noire que sillonnent des traits ondulés pour rendre les mèches ; œil de profil avec indication de la paupière supérieure) ; le genou gauche sur lequel pose la main est relevé et plus haut que l'autre (buste et cuisse gauche restaurés) ; il avance la main droite un peu élevée, comme en parlant. Contre le rocher, en dessous de lui, est appuyée sa massue ; derrière lui se dresse le pin auquel il attachait ses victimes (forme recourbée, cinq rameaux dont plusieurs chargés d'aiguilles de pin exprimées en couleur de retouche effacée, sans doute blanche). A droite Thésée est debout, le corps de face, tournant la tête vers Sinis ; il a les traits d'un éphèbe coiffé d'un pétase (cheveux en masse noire et petites mèches, avec indication de la bride du pétase en couleur de retouche blanchâtre sur la nuque ; même facture de l'œil) ; il est vêtu d'une chlamyde agrafée sur l'épaule droite (bordures noires, des parties restaurées) et il s'appuie de la main droite élevée sur une lance (jambes de face restaurées) ; la main gauche basse (refaite) sort des plis du vêtement. — Rev. *B*. **Réunion d'éphèbes partant pour la**

guerre. Composition à cinq personnages par groupes de trois et de deux. A gauche, un éphèbe coiffé du pétase (même type que le Thésée du sujet *A*, tête restaurée) s'appuie de la main gauche sur une lance, la main droite abaissée (restauration dans la chlamyde). Une femme (la mère), le corps de face, tourne vers lui la tête (cheveux en masse noire, serrés par un lien en couleur de retouche effacée ; œil de profil avec indication de la paupière supérieure), vêtue d'une tunique dorienne à long rabat (restauré), tient de la main droite basse une œnochoé (bec trilobé vu de face), et de la main gauche avancée une phiale pour la libation du départ. Un homme barbu, chauve (le père) s'avance vers eux (cheveux en masse noire et mèches de noir jauni, même facture d'œil), drapé dans un himation (restauré) dont le long pan retombe en arrière, s'appuie de la main droite sur une canne. A droite un éphèbe (même type, tunique courte sous la chlamyde), la jambe droite passée par-dessus l'autre fléchie, s'appuie de la main droite élevée sur sa lance et avance la main gauche ouverte, comme en parlant ; un homme barbu (le père), le corps de face, tourne vers lui la tête (cheveux en masse noire et petites mèches serrés par un lien en couleur effacée ; même facture d'œil), vêtu d'un himation (cassure restaurée) qui dégage le côté droit et retombe en plis soutenus par la main gauche cachée, s'appuyant de la main droite sur une canne noueuse (goutte de noir tombée du pinceau de l'ouvrier sur l'épaule droite nue). — Rev. *C*. **Sujet semblable. A** gauche, un homme barbu (le père ; même type que le précédent, même costume) s'appuie de la main gauche sur une canne noueuse et semble parler, la main droite contre le corps, à un éphèbe qui le regarde, le corps de face, la main droite sur la hanche, appuyé de la main gauche sur sa lance (même type et même costume que les précédents, tunique courte sous la chlamyde) ; à droite une femme (la mère, cheveux en masse noire avec bandelette en ton effacé ; costume en tunique dorienne à rabat serré par une ceinture) lui tend une phiale pour la libation du départ (décor de godrons en noir jauni) et tient de la main gauche une œnochoé. A droite un éphèbe (même type que le précédent), tenant de la gauche une lance, converse avec un homme barbu (le père) qui tourne vers lui la tête, le corps de face, le pied droit croisé sur l'autre, la main gauche appuyée sur une canne (même type et même costume).

Même décor (petite grecque serrée, mêlée de croix, pour l'encadrement intérieur et sous les revers ; oves sur le rebord ; large bande noire sous le pied). Même atelier que les deux précédents.
Terre rougeâtre. Emploi d'une couleur de retouche (sans doute blanche). Pas d'esquisse visible. Style de la seconde moitié du v⁵ siècle.
Plusieurs morceaux recollés et restaurés. Les réparations antiques sont nombreuses et faites avec des goujons de bronze (cf. G 460) : quatre dans la vasque intérieure, deux sur le revers B, deux sur le revers C, quatre sous l'anse droite. Haut., 0,115 ; diam., 0,29 ; avec les anses, 0,375.
(Inv. Campana 949.) Trouvé en Étrurie et entré en 1863 ; cf. *Cataloghi Campana*, série IV-VII, n° 656 ; Pottier, *Catal. vas. Louvre*, p. 1115.
Int. A et les deux revers dans notre pl. 149.

G 463. Coupe (même type que les précédents ; pied réparé). — Un sujet dans l'intérieur et un sur chaque revers. — Int. *A*. **Libation du départ pour la guerre** (voir les sujets de G 462). A gauche, un éphèbe coiffé d'un pétase (même type que dans le vase précédent, même costume avec tunique courte sous la chlamyde) s'appuie de la main gauche sur une lance (hampe restaurée, main endommagée) et tient de la main droite (restaurations dans le bras, la main, la chlamyde) une phiale (refaite). A droite, le corps de face, retournant vers lui la tête, une femme (la mère ; cheveux en masse noire, avec bandelette de couleur effacée, sans doute blanche ; œil de profil avec indication de la paupière

supérieure), vêtue d'une tunique dorienne agrafée aux épaules (parties restaurées), tient de la main droite basse une œnochoé (bec trilobé de face) et étend la main gauche de l'autre côté (les bras et mains refaits). Les pieds des personnages reposent sur une bande de godrons entre deux filets, qui coupe un segment de la partie inférieure et forme terrain. — Rev. *B*. **Réunion d'éphèbes partant pour la guerre.** Composition en groupes de trois et de deux personnages. A gauche un éphèbe (même type et même costume, visage endommagé) s'appuie de la main gauche sur une lance et converse avec un autre éphèbe (même type et même costume), le corps de face, appuyé de la main gauche sur sa lance ; vers eux s'avance un homme barbu (le père), drapé dans un himation, appuyé de la main droite sur une canne à tige ondulée (visage endommagé ; le noir de la barbe et des cheveux a disparu). A droite une femme (la mère ; cheveux en masse noire et en mèches de noir jauni, même facture de l'œil), vêtue d'une tunique dorienne à rabat serré à la taille, tient de la main droite basse une œnochoé et sur la main gauche avancée une phiale (godrons indiqués en traits de noir délayé) ; elle fait face à un éphèbe (même type), le corps de face s'appuyant de la main gauche sur une lance et avançant la main droite pour recevoir la phiale à libation. — Rev. *C*. **Même sujet**, même composition. A gauche un homme barbu (le père), drapé dans un himation qui dégage le côté droit (la tête chauve, le visage et le haut du corps endommagés), appuyé de la main droite sur une canne, avance la main gauche, comme en parlant à l'éphèbe qui lui fait vis-à-vis (même type que les précédents), le corps de face (visage endommagé), s'appuyant de la main gauche sur une lance ; vers eux s'avance une femme (la mère), vêtue d'une tunique dorienne à rabat, tenant de la main gauche basse une œnochoé et de la main droite étendue une phiale à libation (même type de visage). A droite un éphèbe (même type et même costume), appuyé de la main gauche sur une lance, la main droite rapprochée du corps (chlamyde restaurée), converse avec un homme barbu (le père), le corps de face, qui s'appuie de la main gauche sur une canne à tige ondulée et avance la main droite en parlant (type semblable aux précédents et même costume).

Même décor que le précédent ; vase fabriqué dans le même atelier.
Au centre du sujet intérieur une trace circulaire, noire, indique que dans le four le pied d'une autre coupe a été posé à cette place (cf. le *Catalogue des vases du Louvre*, p. 680).
Terre rougeâtre. Emploi d'une couleur de retouche (sans doute blanche). Pas d'esquisse visible. Style de la seconde moitié du v⁵ siècle.
Des morceaux recollés et restaurés. Haut., 0,095 ; diam., 0,29 ; avec les anses, 0,365.
(Inv. Campana 1039.) Trouvé en Italie et entré en 1863. Cf. Pottier, *Catal. vas. Louvre*, p. 1114.
Int. A dans notre pl. 149.

G 466. Coupe (même type que les précédents ; base du pied refaite). — Un sujet dans l'intérieur et un sur chaque revers. — Int. *A*. **Homme couché sur un lit de banquet et assisté par un serviteur.** A gauche un éphèbe nu (cheveux en masse noire et petites mèches de noir jauni, ceints d'une large bandelette en rouge réservé, ornée de traits ondulés et de points en noir jauni ; œil de profil) s'avance vers la droite, tenant de la main gauche une œnochoé ; de la main droite il tend une coupe qu'il tient par l'anse à l'homme couché sur le lit de banquet. Derrière lui s'étend le lit de repos à pieds plats coupés par l'encadrement (le pied du chevet est surmonté d'un chapiteau ionique avec abaque orné d'un pointillé jauni) ; devant le lit est posée une table longue avec traverse horizontale et deux pieds (dont l'un avec encoche). L'homme couché sur le lit est barbu (même coiffure que l'éphèbe avec bandelette ; barbe en mèches détaillées ; œil de profil), vêtu d'un himation qui dégage le côté droit et la poitrine nus, la main droite reposant sur le genou, l'autre ouverte pour recevoir la coupe ; il est adossé à deux coussins posés au chevet du lit (décor en raies et bandes noires et en lignes de pointillé). Dans le champ, au-dessus, est suspendu un panier à provisions (avec une anse centrale et l'indication du filet qui l'enveloppe). Le terrain sous les pieds de l'éphèbe est représenté par une ligne en rouge réservé qui coupe un segment de la partie inférieure (voir les coupes précédentes). — Rev. *B*. **Scène de banquet analogue**, à cinq personnages. A gauche un éphèbe et un homme barbu sont étendus sur un lit de banquet dont les pieds sont posés sur une estrade basse formant degré (coupé par les ornements du bas), et devant lequel est posée une table longue (mêmes détails que dans les précédents ; même type et mêmes coiffures des personnages ; yeux de profil avec indication de la paupière supérieure) ; l'éphèbe, les genoux repliés, la main droite sur le genou, adossé à deux coussins (même décor), se retourne vers son compagnon ; il est vêtu d'un himation qui dégage le côté droit et la poitrine ; l'homme barbu a le buste nu et s'adosse à un coussin (même décor), tenant de la main gauche une coupe par le pied et étendant le bras droit qui passe derrière l'éphèbe ; au-dessus d'eux, dans le champ, est suspendu un panier à provisions couvert d'une étoffe (mêmes détails avec des effilés en couleur de retouche disparue, sans doute blanche). A droite, le jeune serviteur, éphèbe nu (têtes et buste réparés), tenant de la main droite une œnochoé et de la main gauche une phiale (ou une passoire à filtrer le vin), s'approche des deux autres convives, un éphèbe et un homme barbu (même lit et même table, posés sur une estrade, mêmes coussins ; mêmes types de figures, mêmes coiffures et mêmes costumes) ; l'éphèbe a le corps de face et le visage dessiné de trois quarts, il tient de la main gauche le pied d'un skyphos ; l'homme ramène la main gauche vers sa poitrine nue. — Rev. *C*. **Même sujet** à cinq personnages. Ce sont les mêmes accessoires, les mêmes personnages avec des gestes différents. A gauche, l'éphèbe sur le lit avance la main droite, les doigts écartés et ne retourne pas la tête ; son compagnon tient un skyphos et retourne la tête (visage d'éphèbe, mais cette tête et le buste sont refaits). Le serviteur, éphèbe nu, est debout au centre, inclinant la tête et regardant vers la gauche, le corps de face, tenant de la main droite basse une œnochoé et de la main gauche basse une passoire à filtrer le vin. A droite, l'éphèbe se retourne vers son compagnon et c'est l'homme barbu qui a le visage dessiné de face ; il tient de la main gauche un skyphos. Sur ce revers l'épiderme de l'argile est usé et sali ; des cassures réparées passent à travers les personnages.

Même décor que les précédents (pas de bande d'oves sur le rebord).
Terre rougeâtre. Emploi d'une couleur de retouche, probablement blanche. Pas d'esquisse visible. Style de la seconde moitié du v⁵ siècle.
Des morceaux recollés et réparés. Haut., 0,12 ; diam., 0,315 ; avec les anses, 0,40.
(Inv. Campana n° 956). Trouvé en Étrurie et entré en 1863 ; cf. *Cataloghi Campana*, série IV-VII, n° 651 ; *L'art pour tous (Encyclopédie de l'art indust. et décorat.)*, 1864, n° 107, p. 428 (int. A), et n° 115, p. 459 (rev. C) ; Pottier, *Catal. vas. Louvre*, p. 1115.
Int. A et revers B dans notre pl. 150.

G 467. Coupe (même type et même fabrication que la précédente). — Un sujet dans l'intérieur et un sur chaque revers. — Int. *A*. **Homme couché sur un lit de banquet et assisté par un joueur de flûte**. Même composition que dans le rev. précédent, mêmes types des personnages et mêmes détails des coiffures, même lit de banquet avec les deux coussins et la table longue posée par devant (de la table pendent deux tiges, peut-être de légumes comestibles, en couleur de retouche effacée, sans doute blanche) ; même

panier à provisions suspendu dans le champ avec une draperie par-dessus (décor en pointillé et petites franges de chaque côté). L'attitude des personnages est seule changée : l'éphèbe nu debout à gauche, la joue gonflée par l'effort, joue de la double flûte qu'il tient des deux mains avancées ; l'homme barbu se renverse en arrière sur ses coussins et tient de la main gauche une coupe par le pied ; son bras droit est levé et placé sur sa tête ; sa bouche est entr'ouverte et il paraît chanter, pendant qu'on l'accompagne. Même indication du terrain en ligne de rouge réservé. — Rev. *B*. **Scène de banquet à cinq personnages**. Ce sont les mêmes que dans le rev. *B*. du vase précédent. Mêmes lits de banquet avec coussins et tables (restes de tiges pendantes comme dans l'int. *A*) ; même panier à provisions (non couvert d'une étoffe) ; à gauche, homme barbu tenant une coupe de la main gauche ; à droite, éphèbe se retournant et prenant par l'anse une coupe que lui tend le serviteur, éphèbe nu qui se tourne vers lui et tient de la main gauche une œnochoé. Sur le second lit (mêmes détails, et vestiges des deux tiges de plantes comestibles), à gauche, un éphèbe, le buste nu, se retourne vers son compagnon, un homme barbu qui tient de la main gauche un skyphos (les types des personnages sont les mêmes, avec la coiffure en bandelette ornée de traits ondulés et de pointillés). — Rev. *C*. **Même sujet**, analogue à la composition du rev. *C*. du vase précédent. Mêmes détails pour les lits, les tables (indication des deux tiges pendantes), le panier (non couvert d'une draperie). Le peintre a transporté à gauche les personnages qui étaient sur le lit de droite : éphèbe, le buste nu, se retournant vers son compagnon, homme barbu au visage dessiné de face, tenant un skyphos de la main gauche. Au centre, le même serviteur avec les mêmes accessoires, mais tournant la tête vers la droite. Sur le lit de droite un éphèbe, à demi drapé, tenant une coupe et se retournant vers son compagnon (dont la tête et le haut du buste sont mal refaits).

Même décor que dans G 466 (sous le pied, large bande noire). Les deux vases sont sortis du même atelier.
Même technique et même style. Meilleur état de conservation ; quelques morceaux recollés et réparés. Haut., 0,125 ; diam., 0,315 ; avec les anses, 0,40.
(Inv. Campana 950.) Même provenance ; cf. *Cataloghi Campana*, série IV-VII, n° 611 ; Pottier, *Catal. vas. Louvre*, p. 1115.
Int. A et les deux revers dans notre pl. 150.

G 471. Petite coupe (même type que les précédents). — Un sujet dans l'intérieur seulement. — Int. **Hermès en héraut**. Le dieu barbu, le corps de face, la tête tournée vers la gauche et coiffée d'un pétase qui ombrage en grande partie le visage (cheveux en boucles ondulées, barbe en traits saillants sur fond noir ; œil de profil), vêtu d'une chlamyde agrafée sur l'épaule droite (agrafe ronde) et retombant en pointes par devant et par derrière (bordures noires), chaussé de hautes endromides lacées (restaurations) et accostées de larges ailerons déployés, tient de la main droite basse le caducée, la main gauche basse sortant de la draperie. Dans le champ, sur une ligne horizontale à gauche, inscription en lettres de rouge mat : HEPMEΣ (Ἑρμῆς). Un petit segment en rouge réservé forme terrain sous les pieds du personnage.

Encadrement en grecque serrée, mêlée de croix, autour du sujet. Le reste noir, sauf un intervalle réservé entre les attaches d'anses, une bande le long des anses, un filet autour du ressaut du pied et la tranche de la base. Sous le pied, une large bande noire.
Terre rougeâtre. Emploi de la couleur en rouge mat. Esquisse visible. Style du milieu ou de la seconde moitié du v⁵ siècle.
Bon état de conservation, avec quelques morceaux recollés. Haut., 0,08 ; diam. 0,17 ; avec les anses, 0,28.
Inv. MNB 1707. Trouvé en Italie à Nola, et acquis de la collec-

tion Paravey en 1879 (*Catalogue de vente*, n° 75). Cf. Pottier,
Catal. vas. Louvre, p. 1115.
Int. dans notre pl. 151.

G 472. Fragment d'amphore (forme dite pélikè; morceau
de l'épaule avec le rebord et l'attache des deux anses
brisées). — Le haut du sujet est conservé sur un des côtés.
— *A.* **Vieillard saisissant un porc par la patte.** S'agit-il
d'un épisode mythologique, ou d'une scène familière, ou
d'un rite religieux, comme le sacrifice du porc au second
jour de la fête des Eleusinies? D'autre part, je ne saurais
expliquer le bout de bois qui se dresse entre les deux
figures et qui ressemble à une grande houlette (?). Je ne propose donc pas d'explication à ce curieux sujet. Le vieillard
est chauve, avec une chevelure en mèches de noir délayé
et jauni rejetées en arrière, une longue barbe de même
facture (œil de profil); son costume à raies irrégulières, qui
indiquent des ornements plutôt que des plis, lui donne
aussi un aspect exotique (sur le bras deux points noirs,
accidentels? ou indiquant un tatouage?) ; il se penche et
saisit fortement des deux mains la patte d'arrière d'un
porc qui se débat (queue tortillée en nœud court avec
poils en noir jauni).

> Une bande de petits oves entre quatre filets noirs au-dessus du
> sujet.
> Terre rougeâtre. Pas de retouche ni d'esquisse visible. Style de la
> seconde moitié du ve siècle.
> Manque la plus grande partie du vase. Haut., 0,09 ; larg., 0,105.
> (Inv. fragm. Campana 114.) Trouvé en Italie et entré en 1863.
> Cf. Pottier, *Catal. vas. Louvre*, p. 1115 ; Beazley, *Journal of hell.
> stud.* 1912, p. 358, n° 20 (style du cratère de New-York); Hoppin,
> *Handb. redfig.*, II, p. 318, n° 43.
> Vue d'ensemble avec le sujet dans notre pl. 150.

G 477. Fragment de coupe (manquent le pied, les
anses, la moitié d'un des revers). — Un sujet dans l'intérieur et un sur chaque revers. — Int. *A.* **Apprêts d'un sacrifice.** Une femme sort de sa maison, portant la cassette
qui doit contenir les ustensiles sacrés ; à droite, on voit
un autel où brille la flamme allumée. La porte de la maison
est figurée à gauche, vue de face, coupée par l'encadrement
(panneaux décorés de clous, double corniche au-dessus du
chambranle). La femme est vue de face, la tête retournée
vers la porte, coiffée d'un cécryphale (cheveux en noir
délayé et jauni, petite boucle d'oreille ronde ; œil de profil),
vêtue d'une tunique fine à manche attachée par quatre
agrafes rondes, que recouvre un himation dégageant le
côté droit; des deux mains elle porte un grand coffret (décor
en quadrillé au trait jauni). A droite, l'autel posé sur un
degré, avec volute à l'angle et corniche ornée d'une double
rangée de gros et de petits points (coupé à droite par l'encadrement), est surmonté d'une large flamme (traits de
couleur rouge mat). Un court segment en rouge réservé
forme terrain sous les pieds du personnage (large morceau
manquant et rebouché dans le bas de la composition). —
Rev. *B.* **Intérieur de gynécée.** Trois femmes dans leur
appartement indiqué par une colonne sur une base carrée
(le haut manque). Une d'elles, au centre, à gauche de la
colonne, est bien conservée. Elle est coiffée d'un cécryphale
(même type que la précédente, mêmes détails, même costume avec la manche agrafée) et, le corps de face, la tête
tournée vers la gauche, elle élève de la main droite une fleur
en rinceau qu'elle respire ; elle porte de la main gauche
une corbeille remplie de pelotons de laine (décor à deux
zones de traits quadrillés en noir jauni ; pelotons en rouge
mat). Près d'elle, à gauche, est un siège à dossier et à pieds
courbés, recouvert d'un coussin à raies ondulées de noir
délayé. Les deux autres femmes, de chaque côté, sont mal
conservées ; celle de gauche n'a plus que la tête, retournée
vers la précédente (cheveux en masse noire serrés par un

lien en rouge mat, noué sur l'occiput ; œil de profil), et les
pieds (costume en tunique fine recouverte par l'himation) ;
de la seconde, de l'autre côté de la colonne, reste le bas du
corps, drapé de la même façon et tourné vers la droite. —
— Rev. *C.* **Même sujet**, avec des variantes d'attitudes et
d'accessoires ; on voit le bas de la colonne à la même place,
à gauche le bas de deux femmes drapées et le reste d'un
meuble (table ou lit de repos?); à droite, jusqu'à mi-corps,
une troisième femme drapée.

> Encadrement en grecque autour du sujet intérieur ; sur les revers,
> palmette accostée de rinceaux et de feuilles isolées sous les anses ;
> un filet circulaire sous les pieds des personnages.
> Terre rougeâtre. Emploi de la retouche en rouge mat. Traces de
> l'esquisse. Style de la seconde moitié du ve siècle.
> Dans le fragment même plusieurs morceaux recollés et des parties
> bouchées. Long., 0,19 ; larg., 0,16.
> (Inv. suppl. S 1460.) Fragment de la collection Campana ; trouvé en
> Italie et entré en 1863. Cf. Pottier, *Catal. vas. Louvre*, p. 1115 ;
> Beazley, dans *Americ. Journ. of arch.*, 1921, p. 331 ,note (attribué
> à l'école de Macron).
> Int. A dans notre pl. 151.

G 478. Cratère à anses basses (forme de cloche, anses
basses (refaites), pied à un degré (réparé). — Un sujet sur
chaque côté du vase (un complètement refait). — *A.* **Hermès portant Dionysos enfant entre une Ménade et Papposilène.** A gauche, une Ménade (cheveux en masse noire,
le chignon dénoué et répandu sur le cou, trois longues
mèches ondulées en noir jauni, couronne de feuilles en rouge
réservé ; œil de profil avec indication de la paupière supérieure) s'avance vers la droite, vêtue d'une tunique fine
(le bas restauré), que recouvre une nébride (mouchetures
en noir jauni) serrée au corps par une ceinture ; elle
s'appuie de la main gauche sur un thyrse terminé en
branche fourchue, avec un rejeton adjacent à la hampe
(petites feuilles en couleur de retouche mate, peut-être
blanche), la main droite sur la hanche (les pieds nus
refaits). Au centre, Hermès, le corps de face, la tête un
peu inclinée et tournée vers la droite (cheveux en masse
noire avec couronne de lauriers en rouge réservé ; même
facture d'œil ; la joue endommagée), marche vivement
vers la gauche, le pétase dans le dos, vêtu d'une chlamyde
agrafée sur l'épaule droite et retombant en deux longues
pointes, de grands ailerons aux chevilles (pied droit
refait, ailerons du pied gauche refaits); il tient de la
main droite le caducée et porte sur le bras gauche le petit
Dionysos (même coiffure, même facture d'œil), vêtu d'un
himation qui l'enveloppe et cache les bras. C'est un prototype en peinture du célèbre Hermès d'Olympie de
Praxitèle. A droite le vieux Papposilène chauve (cheveux
et barbe en blanc ; même technique de l'œil), nu avec une
nébride nouée sous le cou et rejetée par derrière (touches
de brun délayé pour imiter la peau de bête ; restauration
à droite), pose le pied droit (refait) sur un tertre haut
(non figuré) et s'appuie de la main droite sur le haut d'un
thyrse (pas de bouquet terminal) avec rejeton adjacent
à la hampe (feuilles en rouge mat refait), la main gauche
sur la hanche. — *B.* Sur l'autre revers, le sujet (éphèbe
et joueur de double flûte) est complètement refait et ne
contient aucune partie antique.

> Noir dans l'intérieur (filet rouge autour de l'embouchure refait).
> Sous le rebord, une guirlande de feuilles de laurier (pour la plus
> grande partie refaite). Sous les personnages, une bande en grecque
> mêlée de croix (des parties refaites).
> Terre rougeâtre. Emploi de la retouche en couleur mate (blanche
> ou rouge). Pas d'esquisse visible. Style de la seconde moitié du
> ve siècle (à comparer pour la facture aux coupes G 460 et 461).
> Très restauré ; beaucoup de morceaux recollés ou refaits. Haut.,
> 0,365 ; diam. dans l'embouchure, 0,32.
> (Inv. Campana 755.) Trouvé en Étrurie et entré en 1863 ; cf. *Cata-
> loghi Campana*, série IV-VII, n° 234. Publié par Heydemann,
> *Dionysos Geburt* dans 10e *Hallisches Programm*, 1885, p. 58 ;

E. Pottier, dans *Festschrift für O. Benndorf* (1898), p. 81-83 ; *Catal. vas. Louvre*, p. 1116. Mentionné par Gerhard dans *Arch. Zeitung*, 1859, p. 106, n° 65 de l'*Anzeiger*.
Vue d'ensemble avec le sujet A dans notre pl. 151.

G 480. Petit cratère à anses basses (même type que le précédent). — Un sujet de chaque côté du vase. — *A.* **Guerrier dansant la pyrrhique et accompagné par une joueuse de flûte.** A gauche, une femme assise sur un siège à dossier et à pieds courbés, vêtue d'une tunique fine à manches, avec un himation enveloppant les jambes, joue de la double flûte qu'elle tient des deux mains avancées (cheveux en masse noire, serrés par un cécryphale formant large bandeau que surmontent trois feuilles pointues ; œil endommagé). Devant elle et lui tournant le dos, un éphèbe nu casqué (trois longues boucles ondulées s'échappant du casque ; bande de double pointillé entre la calotte du casque et le cimier ; œil de profil), portant sur le bras gauche un bouclier et tenant de la main droite un javelot à hampe ondulée, danse le corps cambré, la jambe gauche levée en arrière, retournant la tête vers la joueuse de flûte. Entre eux, dans le champ, est suspendu l'étui à flûte (cuir indiqué par des pointillés) avec le petit sac à anches. — *B.* **Homme drapé.** C'est une banale figure de revers. Il est barbu (cheveux en masse noire et mèches en noir délayé ; œil de profil), drapé dans un himation dont le pan est rejeté dans le dos et qui dégage le côté droit, s'appuyant de la main droite sur une grosse canne à poignée en béquille.

> Noir dans l'intérieur ; un cercle réservé près de l'embouchure et un autre plus bas. Sous le rebord, guirlande de feuilles de laurier en rouge réservé. Sous le sujet A, une bande en grecque mêlée de croix ; sous le sujet B une grecque simple. Intervalle réservé en clair entre les attaches d'anses et le long des anses. Deux filets incisés en clair en bas de la panse ; un filet en clair autour du disque de la base et en bas de la tranche.
> Terre rougeâtre. Pas de couleur de retouche. Pas d'esquisse visible. Style de la seconde moitié du v⁰ siècle.
> Assez bon état de conservation, avec deux morceaux du rebord réparés dans l'antiquité au moyen de neuf agrafes en bronze (quatre en dedans et cinq en dehors, quatre bien conservées). On voit aussi, au revers B, comment le fond noir a été appliqué avec un gros pinceau dont on suit le travail rapide, mal uni et plein de stries en tous sens. Haut., 0,235 ; diam., 0,25.
> (Inv. Campana 761.) Trouvé en Italie, dans la région de Nola, et entré en 1863 ; cf. *Cataloghi Campana*, série XI, n° 76 ; Pottier, *Catal. vas. Louvre*, p. 1117.
> Vue d'ensemble avec le sujet A dans notre pl. 151.

G 481. Cratère à anses basses (type analogue aux précédents). — Un sujet sur chaque côté du vase, divisé en deux zones superposées. — *A.* **Anodos de Coré en présence de Silènes et de Satyres.** C'est une variante d'un sujet plusieurs fois traité, que l'on suppose influencé par des représentations de drames satyriques. Entre deux Silènes qui s'avancent vers elle les bras étendus, Coré apparaît enveloppée dans son himation ; au-dessous d'elle, dans la zone inférieure, deux jeunes Satyres agenouillés face à face, les mains sur le sol, devant un monticule de terre indiqué par un contour sinueux (en blanc effacé), semblent s'interroger et indiquer l'ouverture par où la déesse s'est élevée du sein de la terre. Les deux Silènes nus, placés près de la déesse, sont chauves, le front ceint d'une couronne de feuillages (indiquée en noir délayé jauni, avec retouches de blanc pour les feuilles), le type camus (petite barbe en noir jauni, œil de profil). Coré marche vers la droite, retournant la tête (cheveux en masse noire, ceints d'une bandelette entrecroisée, faite en retouche de blanc rosé ; œil de profil), les deux bras cachés sous la draperie. Les deux Satyres nus, placés plus bas, sont imberbes, le front dégarni (cheveux en mèches noires ou jaunies, œil de profil), le type camus. — *B.* **Cortège de Papposilène, Ménades, Silène et Satyres.** C'est la suite du précédent sujet ; le chœur qui assiste à l'*anodos* de la déesse est ici figuré. Les personnages sont plus nombreux sur la zone supérieure et débordent au-dessus des anses. Au centre, Papposilène barbu, en costume de théâtre, avec le maillot collant garni de paille (χορταῖος χίτων) qui couvre le corps et les jambes (figuré par une série de petites touches et de points blancs dont la silhouette du personnage est toute hérissée ; tête chauve, œil de profil), s'appuie des deux mains sur la hampe d'un thyrse enrubanné (bouquet de feuilles terminal en traits jaunis), en marchant vers la droite comme un vieillard un peu courbé. Derrière lui, à gauche, un Silène nu (même type que les précédents) danse, la jambe gauche levée en arrière, la main droite sur la hanche, la main gauche avancée ; un thyrse, planté dans le sol derrière lui (rejeton adjacent à la hampe avec petites feuilles en pointillé de blanc et de blanc rosé), marque la séparation entre le sujet *B* et le sujet *A*. Devant ce Silène une Ménade (cheveux en masse noire), vêtue d'une tunique dorienne à rabat, le corps de face, retournant la tête, porte de la main droite une torche allumée (flamme en noir jauni et blanc effacé) et de la main gauche une corne à boire (kéras). A droite de Papposilène, une autre Ménade (même type, même costume, même pose) tient de la main droite une corne à boire et s'appuie de la main gauche sur un thyrse (pans de la tunique flottant au vent, coiffure en bandeau de rouge réservé retenu par des liens en noir jauni, œil de profil). Plus loin un petit Satyre nu (même mouvement de danse que le Silène précédent) retourne vers elle sa tête (type imberbe, camus et chauve comme les précédents). Une troisième Ménade lui fait face, la tête inclinée (cheveux en masse noire retenus par des liens en blanc rosé, quelques points blancs figurant des feuilles), vêtue d'une tunique que recouvre un himation dégageant le côté droit, appuyée de la main droite sur un thyrse. Dans la zone inférieure, le groupe d'un jeune Satyre agenouillé en face d'un Silène qui, la main droite sur le sol, plie les jambes et s'apprête aussi à s'agenouiller, répète symétriquement le motif placé sur l'autre côté du vase ; derrière le Satyre, dans le champ, un thyrse à bouquet pointu, avec petit rameau adjacent à la hampe (feuilles en points blancs) ; entre eux, dans le champ, une corne à boire.

> Noir dans l'intérieur, avec filet rouge réservé autour de l'embouchure et un autre plus bas. Sous le rebord, une zone d'oves et une autre en lacis figurant une sorte de ruban ondulé. La division en deux zones se trouve sur une série assez nombreuse de cratères de la même période et dont plusieurs doivent sortir du même atelier (cf. Hartwig dans *Röm. Mitth.*, 1897, p. 102, note 1). Entre les deux zones superposées, un filet rouge réservé. Sous chaque sujet, une bande en grecque mêlée de croix. Intervalles en clair entre les attaches des anses et le long des anses. Deux filets incisés en clair dans le bas de la panse ; un filet en creux autour du plat du pied et un filet réservé en bas de la tranche du pied. Sous le pied, une grande marque incisée. Sur ce genre de marques, voir Hackl, dans *Münchener arch. Studien*, 1909, p. 22 et suiv.
> Terre rougeâtre. Retouches en blanc et blanc rosé. Traces de l'esquisse. Style du milieu ou de la seconde moitié du v⁰ siècle.
> Bon état de conservation ; concrétions dures sur plusieurs parties du vase ; traces du dépôt rougeâtre (cf. *Catalog. vas. du Louvre*, p. 682). Haut. 0,30 ; diam. sur l'embouchure, 0,30.
> (Inv. CA 1140.) Trouvé en Italie, à Santa Maria di Capua, et acquis en 1899. Mentionné par Hartwig, dans *Römische Mittheilungen*, XII, 1897, p. 102, note 1, n° 19 ; Pottier, *Catal. vas. Louvre*, p. 1117.
> Vues d'ensemble des deux sujets dans notre pl. 151.

G 482. Cratère à anses en volutes (type analogue à G 343 ; pied réparé). — Un sujet sur chaque côté du vase et se suivant sans interruption dans une zone circulaire. — *A.* **Thétis apporte à Achille les armes faites par Héphaistos.** C'est une illustration de l'épisode de l'*Iliade* (XIX, 8 et suiv.), mais l'artiste y a mêlé le souvenir d'une autre composition, la douleur d'Achille et l'ambassade auprès du héros (cf. G 163). Au centre, près d'une colonnette dorique (non cannelée, court entablement avec indication de trois triglyphes) qui synthétise la tente tout entière, Achille, complètement enveloppé dans son himation qui cache même le visage (les cheveux en mèches sur fond noir jauni sont seuls visibles), est assis sur un siège à dossier et à pieds courbés, posé sur une estrade à corniche ornée de traits noirs parallèles ; le pied gauche se soulève en arrière et la draperie se brise en petits plis irréguliers (quelques touches de ton noir jauni, traces du dépôt rougeâtre). Derrière lui se tient Phœnix barbu (cheveux et barbe en traits de noir jauni et en gros points de rouge mat ; bandelette en deux traits noirs et ton jauni, ceignant la tête ; œil de profil), le corps penché, le pied gauche soulevé en arrière, la main droite sur la hanche, appuyé sur une canne noueuse, le buste nu, le bas du corps vêtu d'un himation dont il retient les plis sur le bras gauche relevé, chaussé de cothurnes fermés. Devant Achille, de l'autre côté de la colonnette, est debout la déesse Thétis, la main droite appuyée sur le bouclier et tenant de la main gauche la lance qu'elle apporte à son fils ; elle a le corps de face et tourne vers Achille sa tête (cheveux en masse noire, ondulés sur le front, serrés par un bandeau en rouge réservé que surmontent trois feuilles en blanc ; boucle d'oreille ronde en point blanc ; œil de profil) ; elle est vêtue d'une tunique fine à manches que recouvre une seconde tunique dorienne plus courte, serrée à la ceinture (nœud avec pendeloques par devant) et ornée de pointillés, denticules et zigzags (bracelets aux bras) ; le bouclier est décoré au centre d'un épisème noir, que cache en grande partie le corps de Thétis et, sur le pourtour, d'une guirlande de lauriers se détachant en rouge réservé sur le fond noir. De part et d'autre une Néréide, suivante de Thétis, apporte les autres armes d'Achille. Celle de gauche, derrière Phœnix, tient de la main gauche étendue une sorte de socle orné d'un pointillé sur lequel sont dressées deux cnémides, vues de face, ornées en haut d'une tête de Gorgone sommairement figurée (bouche ouverte, langue tirée, ton jauni sur les cheveux) ; elle est vêtue d'une tunique décorée d'un semis de points de ton jauni, avec bordures en gros points noirs, que recouvre un himation laissant libre le buste (cheveux en masse noire, ceints d'une bandelette en rouge réservé ornée de points ; œil de profil avec indication de la paupière supérieure). Celle de droite, derrière Thétis, porte sur sa main droite élevée un casque (chevelure en ton noir rehaussé sur le devant de petits points saillants, serrée de liens entrecroisés en rouge réservé ; même facture de l'œil) ; elle est vêtue d'une tunique fine à manches que recouvre un himation dégageant le côté droit (bordures noires) ; la main gauche est rejetée en arrière. — *B*. **Ménélas menace Hélène que protège Aphrodite.** Au centre, Ménélas en hoplite (casque aux paragnathides relevées d'où s'échappent quelques boucles de cheveux en noir jauni ; volute et fleuron sur le timbre du casque ; cimier entrant dans les ornements du haut ; sur une tunique courte, cuirasse à lambrequins, décorée de bandes de points noirs et d'une étoile sur chaque épaulière ; cnémides décorées de rinceaux sur les jambes), tenant sur le bras gauche un bouclier, dont on voit l'armature et les attaches intérieures, et portant une grande lance à fer pointu dans le bas (dont le haut entre dans la bande d'ornements), s'élance en courant vers la droite, la jambe gauche vivement rejetée en arrière, le bras droit étendu comme pour saisir Hélène qu'il menace de loin. Devant lui s'interpose la déesse Aphrodite (cheveux en masse noire, ceints d'une bandelette en rouge réservé ; boucle d'oreille en anneau rond ; œil de profil), vêtue d'une tunique à manches (décorée d'un pointillé) que recouvre un himation dégageant le côté droit ; le corps de face, la

tête tournée vers Ménélas, elle étend les deux bras comme pour lui barrer la route. Derrière elle Hélène (cheveux en masse noire, chignon dénoué et épars sur le cou ; œil de profil avec indication de la paupière supérieure), vêtue d'une tunique à pointillé jauni que recouvre un himation dégageant le buste, le corps de face, la main droite rapprochée de l'épaule, la main gauche écartée en arrière, regarde du côté de Ménélas avec frayeur et fait un mouvement de recul. A gauche, derrière Ménélas, deux Troyennes s'enfuient vers la gauche, l'une diadémée (Hécube?), retournant la tête (cheveux dénoués sur le cou, diadème en large bandeau décoré de groupes de petits points, œil de profil), les deux bras écartés du corps vu de face, vêtue d'une tunique fine à manches que recouvre une seconde tunique dorienne, serrée à la taille par une ceinture (nœud et pendeloques par devant) ; l'autre (Cassandre?) vêtue d'une tunique à manches (décorée d'un pointillé et de bordures à gros points noirs) que recouvre un himation dégageant le côté droit, étend le bras droit et de la main gauche saisit le pli de la draperie sur son épaule, le corps de face, la tête retournée vers les précédents (cheveux en masse noire et mèches de noir délayé ; boucle d'oreille en anneau rond ; œil de profil avec indication de la paupière supérieure).

Noir dans l'intérieur. Sur le rebord bande d'oves ; sur le col large guirlande de lauriers. Sur la tranche des anses et sur les volutes, guirlande de petites feuilles noires ; manchettes de godrons autour des attaches d'anses. En haut de la panse, bande de godrons ; au-dessus et au-dessous des sujets, zone d'oves.

Terre rougeâtre. Emploi des retouches en rouge mat et en blanc. Traces de l'esquisse. Style de la seconde moitié du ve siècle.

Nombreux morceaux recollés, une des volutes ébréchée, pied réparé et en partie refait. Peu de restaurations dans les personnages. Haut., 0,465 ; diam. dans l'embouchure, 0,24.

Inv. N 3388 (LP 70). Trouvé en Étrurie, à Corneto, et entré sous le règne de Louis-Philippe. Publié par Raoul Rochette, *Monuments inédits*, pl. 80, p. 417-418 (avec une mauvaise explication du sujet B : Achille à Scyros, quittant la famille de Lycomède) ; Overbeck, *Bildwerke zum theb. und troisch. Heldenkreis*, pl. XVIII, n° 12 ; Marcel Laurent, dans *Revue archéologiq.*, 1898, II, p. 174. fig. 10 (détail du sujet A). Cf. Pottier, *Catal. vas. Louvre*, p. 1118.

G 484. Petit cratère à oreillettes (forme dite à colonnettes ; cf. G 347 et G 405). — Un sujet sur chaque côté du vase dans un encadrement. — *A*. **Scène de banquet.** Trois personnages étendus sur un lit de banquet (sommairement indiqué par des traits ondulés qui figurent le matelas). A gauche, un homme chauve, barbu, le corps de face, le buste nu, les jambes enveloppées dans un himation (coupé à gauche par l'encadrement), se retourne et étend la main gauche élevée vers ses compagnons (bandelette en rouge réservé sur les cheveux en masse noire ; œil endommagé) ; près de lui, deux coussins à raies noires posés l'un sur l'autre. Au centre, un éphèbe, le bras gauche en l'air, incline la tête contre son bras droit levé et replié (bandelette en rouge réservé sur les cheveux en masse noire ; œil endommagé) ; sa poitrine est nue et un pan de l'himation, qui couvre les jambes, retombe sur son épaule gauche ; derrière lui, une large tache noire indique la place des coussins que l'ouvrier a négligé de dessiner et qui ont été barbouillés de noir par inadvertance. A droite un homme barbu (même coiffure, œil de profil) incline la tête en levant le bras droit, un doigt passé dans l'anse d'une coupe pour jouer au kottabos ; il a la poitrine nue avec un pan de l'himation ramené sur l'épaule gauche et il s'accote à deux coussins ornés de raies noires, empilés derrière lui (entrant dans l'encadrement à droite) ; le mouvement de la draperie qui recouvre le bas du corps montre qu'en même temps il lève ses jambes en l'air. Dans le champ, au-dessus des convives, sont suspendus trois paniers à provisions (enveloppés dans leur réseau de filets). — *B*. **Éphèbe portant une outre à vin.** Il marche vers la droite, d'un pas rapide, la jambe droite repliée en arrière, portant à bout de bras étendu en arrière une grande outre et s'appuyant de la main gauche sur une canne à poignée recourbée (cheveux en masse noire, œil de profil).

> Noir dans l'intérieur. Sur le plat du rebord, guirlande de lierre noir, avec les baies figurées en points noirs ; sur le plat des oreillettes, palmette accostée de volutes ; sur la tranche du rebord, rameau de feuillage figuré en points. Sur le col, au-dessus du sujet A, même guirlande de lierre noir sur une large bande claire ; rien au-dessus du sujet B, la bande restant noire. Encadrement des sujets formé en haut par une bande de godrons négligés, sur les côtés par une branche verticale de feuillages figurés en points ; filet de rouge mat sous les sujets. Deux filets incisés à la base de la panse ; une rainure profonde autour du plat du pied et un filet clair en bas de la tranche. La pièce a subi de nombreux coups de flamme oxydante qui ont rougi le noir des personnages, de la panse, surtout en B, et de l'intérieur.
>
> Terre rougeâtre. Pas de retouches sur les personnages ; emploi du rouge mat dans les ornements. Pas d'esquisse visible. Style rapide, reproduisant à une époque plus tardive un motif usité chez les peintres de la période des Guerres médiques.
>
> Bon état de conservation ; pas de restaurations. Haut.,0,255 ; diam. dans l'embouchure, 0,15.
>
> (Inv. Campana 1063.) Trouvé en Étrurie et entré en 1863; cf. *Cataloghi Campana*, série IV-VII, n° 903 ; Pottier, *Catal. vas. Louvre*, p. 1118. Vue d'ensemble avec le sujet A dans notre pl. 151.

G 485. Cratère à panse renflée (cf. G 421 et suiv. ; forme rapprochée du cratère en cloche, avec des parois plus pansues et des anses horizontales, massives, attachées vers le haut de la panse ; pied en disque épais). — Un sujet sur chaque côté du vase. — *A.* **Silènes et Ménades; ensevelissement d'un Silène** (?). Au centre, un Silène nu, chauve et barbu (cheveux et barbe en masse noire avec petites mèches de ton jauni, œil de profil), le bras gauche ramené derrière le dos avec la main posée sur la hanche droite, avance la main droite vers une Ménade qui lui fait face, tenant de la main droite un thyrse à large bouquet terminal et à rameau adjacent sur la hampe (au trait noir jauni) ; elle est vêtue d'une tunique fine à manches que recouvre un himation cachant le bras gauche et dégageant le côté droit (cheveux en masse noire, œil de profil). A gauche, derrière le Silène, une autre Ménade sans attribut, en femme drapée dans un himation qui l'enveloppe et cache les deux bras, par-dessus une tunique fine (cheveux en masse noire et petites mèches, œil de profil), est tournée vers les précédents. A ce sujet se rapporte peut-être la peinture placée sous l'anse, derrière cette seconde Ménade ; on y voit un tertre de forme irrégulière, le long duquel s'élève le corps sinueux d'un serpent dont la tête (gueule et langue en noir jauni) s'abaisse et revient au-dessus d'un Silène barbu, de petite taille, couché comme un mort au bas de ce tertre (dont le serpent caractérise la nature funéraire) ; la tête et le corps du Silène sont dessinés de face (cheveux en masse noire, barbe épaisse en masse noire et petites mèches de noir jauni, yeux sans prunelle pour exprimer le sommeil ou la mort, corps nu sans musculature, silhouetté par un large trait noir qui se détache sur le fond rouge réservé, bras gauche pendant, bras droit visible jusqu'au coude seulement, comme s'il était replié derrière le dos). Le sujet reste énigmatique et paraît faire allusion à la mort d'un Silène (?). De l'autre côté, sous l'autre anse et en pendant avec la représentation du tertre funéraire, on voit une petite figure de femme ou de jeune fille drapée, assise sur un siège à dossier et à pieds courbés (chevelure abondante en masse noire et petites mèches de noir jauni, cachant en grande partie le visage ; œil de profil), vêtue d'un himation qui l'enveloppe et cache les bras. — *B.* **Réunion d'éphèbes.** A gauche, deux éphèbes nus semblent converser ; l'un (cheveux en masse noire et mèches ondulées ; œil de profil ; faux trait du pinceau à travers le nez), le bras gauche ramené derrière le dos avec la main appuyée sur le flanc droit, avance la main droite ; l'autre,

le corps de face (même coiffure et même facture d'œil, musculature très marquée, pieds de face énormes et grossièrement indiqués), se tourne vers le précédent et étend vers lui la main droite. A droite, un troisième éphèbe, complètement enveloppé dans son himation, le regarde (cheveux en masse noire et mèches en traits jaunis, œil de profil).

> Noir dans l'intérieur avec deux filets en rouge réservé, l'un autour de l'embouchure, l'autre plus bas. Sous le rebord, une zone d'oves et en dessous une zone en lacis semblable à un large ruban ondulé (en rouge réservé), accosté de points (rouge réservé). Sous les sujets, une zone en grecque mêlée de croix ; les anses en noir. Un filet incisé en clair à la base de la panse ; tranche du pied en clair (deux gouttes de couleur noire tombées du pinceau de l'ouvrier). Traces d'un dépôt rougeâtre ou d'une couleur en rouge mat sur le dessous du rebord et sur la zone en ruban (côté B).
>
> Terre rougeâtre. Pas de retouches. Esquisse visible. Beau lustre noir avec grande négligence dans le dessin ; style de la fin du v* siècle.
>
> Bon état de conservation. Haut., 0,22 ; diam. sur l'embouchure, 0,23.
>
> (Inv. CA 1141.) Trouvé en Italie, à Santa Maria di Capua, et acquis en 1899. Ct. Pottier, *Catal. vases Louvre*, p. 1118.
>
> Vue d'ensemble avec le sujet A, et les sujets sous les deux anses dans notre pl. 152.

G 486. Cratère de même forme (type analogue au précédent, les anses un peu relevées et contournées). — Un sujet sur chaque côté du vase. — *A.* **Dionysos entre une Ménade et un Silène.** A gauche, une Ménade marche vers la droite, tenant de la main droite basse une œnochoé (peinte en noir opaque), s'appuyant de la main gauche sur une haute torche à hampe enrubannée dont la flamme (en blanc crémeux) s'incline au vent ; elle est vêtue d'une tunique fine à manches que recouvre une seconde tunique dorienne avec rabat serré à la taille, agrafée aux deux épaules ; elle penche un peu la tête (cheveux en masse noire et mèches de ton jauni, ceints par une couronne à tige blanche et feuillages en rouge réservé ; œil de profil avec indication de la paupière supérieure). Au centre marche Dionysos barbu, retournant vers elle la tête (cheveux épars sur le dos et boucles de ton jauni ; longue barbe à petites mèches de ton jauni ; large lemnisque ceignant le front et remontant au-dessus de la tête en coque ronde, puis retombant en ruban sur le côté gauche ; trois feuilles de lierre en rouge réservé avec baies en pointillé blanc au-dessus du lemnisque ; même facture de l'œil) ; il est vêtu d'une longue tunique fine à rabat serré à la taille et porte sur le bras gauche un himation plié ; de la main gauche il s'appuie sur un thyrse à gros bouquet terminal de feuillages et tient de la main droite, étendue en arrière, un canthare à pied et à grandes anses débordantes. A droite un Silène nu, chauve et barbu (cheveux et barbe en masse noire avec petites mèches de ton jauni, couronne avec tige blanche et feuilles de lierre en rouge réservé ; même facture de l'œil), marche dans le même sens, portant une grande lyre (cinq cordes au trait noir en relief) sur le bas de laquelle il appuie la main gauche, et tenant de la main droite le plectre ; sous son poignet pend une sorte de double lanière (décorée de traits en noir jauni) qui peut être la courroie de suspension de la lyre ou le lien d'attache du plectre (ordinairement figuré par un mince lien en retouche rouge). — *B.* **Réunion de trois éphèbes drapés.** C'est le motif banal de revers ; cf. G 405 et autres. A gauche, un éphèbe, enveloppé dans un himation, avance la main droite comme en parlant à son compagnon ; par négligence, l'ouvrier chargé de peindre le fond noir a coupé d'un coup de pinceau le devant du visage et entamé les contours du dos (cheveux en masse noire et petites mèches de ton jauni ; œil de profil avec prunelle en point noir trop gros). Au centre un éphèbe, le corps de face, tournant vers le précédent sa tête (même type, œil de profil ; même costume), tient de la main droite basse une lyre par un des montants (quatre cordes en traits noirs saillants). A droite, un troisième éphèbe (même type, même costume) est tourné vers les précédents et tient de la main droite avancée un strigile; devant lui, dans le champ, est figuré un accessoire indistinct dans lequel on peut reconnaître un aryballe à huile (cf. G 518), suspendu par un lien à un crochet de suspension (ici aussi l'ouvrier a barbouillé de noir des parties qui étaient à réserver).

> Noir dans l'intérieur avec deux filets comme dans le précédent. Sous le rebord, une zone en guirlande de lauriers entre deux filets en clair. Manchettes de godrons autour des attaches d'anses. Intervalle en clair entre ces attaches et le long des anses. Une bande en grecque mêlée de croix cantonnées de points sous chaque sujet. Un cercle incisé en clair à la base de la panse ; la tranche du pied en clair (une goutte de couleur noire tombée du pinceau de l'ouvrier).
>
> Terre rougeâtre pâle. Retouches de blanc crémeux. Pas d'esquisse visible. Style de la fin du v⁵ siècle (dérivation décadente du beau style du milieu du v⁵ siècle ; cf. les vases G 421 et suiv.).
>
> Bon état de conservation, mais la terre est piquée et un peu rongée sur les personnages ; les traits du dessin presque entièrement jaunis à la cuisson. Haut., 0,355 ; diam. sur l'embouchure, 0,37.
>
> Inv. N 3385 (LL 622). Ce vase se trouvait en 1808 dans la collection de l'impératrice Joséphine à la Malmaison. Millin le dit « de la fabrique de Nola », ce qui se disait alors de tous les vases qu'on trouvait de bon style. Le vase porte une étiquette avec le mot « Sicile » ; mais on ne peut savoir s'il s'agit d'une provenance exacte ou d'une appréciation fondée sur la nature et l'exécution du vase. Dès 1803, Corelli signalait l'entrée de ce vase dans la collection de l'Impératrice (*Description des monuments envoyés au premier Consul par S. M. le roi des Deux Siciles*, dans le *Magasin Encyclopédique*, 1808, II, p. 224 ; cf. S. Reinach, réédition des *Peintures de vases antiq.* de Millin, 1891, p. 22]. Il dut entrer au Louvre sous le règne de Louis XVIII, après la vente des collections de la Malmaison. Publié par Millin, *Peint. de vases antiq.*, I, pl. 30 et 31 (le revers figuré sur la planche 31 est placé dans un encadrement de feuilles de lauriers qui n'existe pas et le dessinateur a refait sous forme de miroir l'accessoire suspendu dans le champ). Cf. Pottier, *Catal. vas. Louvre*, p. 1118.

G 488. Cratère de même forme (même type ; une rainure creusée en haut de la tranche du pied). — Un sujet sur chaque côté du vase. — *A.* Trois **Nymphes dansant.** On y trouve un nom de Muse, mais l'ensemble paraît plutôt se rapporter aux Ménades et aux Nymphes qui font cortège à Dionysos et à Aphrodite. A gauche Calliopé, la tête inclinée (cheveux en masse noire à contour ondulé, serrés par des liens noués sur le revers de la tête et exprimés en noir mat qui indique une couleur blanche disparue ; petite boucle d'oreille ronde ; œil de profil avec indication de la paupière supérieure), danse, le pied gauche soulevé de terre, tenant des deux mains étendues un tympanon dont le pourtour est orné de liens pendants (en noir mat indiquant le blanc disparu) ; elle est vêtue d'une tunique légère à rabat serré sur la taille, qui flotte autour d'elle. Au-dessus d'elle, en lettres de noir mat (blanc disparu), une inscription donne son nom : ΚΑΛΛΙΟΠΗ (Καλλιόπη). Au centre, la tête retournée vers la précédente (même type et même coiffure), une autre Nymphe marche vers la droite (même costume), levant haut en l'air de ses deux bras un tympanon (mêmes filets noirs sur le pourtour). Son nom incomplet : ΙΝΑϹ est inscrit au-dessus d'elle en lettres de noir mat (peut-être Μαινάς, mais la dernière lettre ne paraît pas être un Σ). A droite, une troisième Nymphe s'avance au-devant d'elles, la tête rejetée en arrière (même type, traces de blanc sur les liens serrant les cheveux), vêtue d'une tunique semblable et tenant des deux mains les pans de son himation qu'elle fait tournoyer autour d'elle, la main droite élevée par-dessus sa tête, l'autre étendue en avant (geste de l'*Aura velificans*). De son nom inscrit au-dessus d'elle restent seulement deux traces de lettres ⌐N. — *B.* Quatre **Nymphes dansant**. Suite du précédent sujet. A gauche la nymphe Sémélé marche vers la droite, retournant la tête (diadème en rouge réservé dans les cheveux indiqués en masse noire à contour ondulé ; boucle

d'oreille en anneau ; œil de profil avec indication de la paupière supérieure), vêtue d'une tunique fine que recouvre un himation (restauré) dégageant la poitrine et le côté droit ; elle tient de la main gauche des cymbales (restauration partielle). Au-dessus d'elle, en lettres de noir mat (blanc disparu), son nom est inscrit : ΣΕΜΕΛΗ (Σεμέλη), Devant elle marche la nymphe Thyoné (cheveux épars sur le cou, même type, même costume) qui tient des deux mains avancées un tympanon (mêmes filets en noir sur le pourtour, le blanc ayant disparu), qu'elle frappe de la main droite ; son nom est inscrit de même dans le champ : ΦΥΩΝ. (Θυώνη). Devant elle, marchant dans le même sens et retournant la tête (cheveux en masse noire à contour ondulé, même type), une troisième nymphe, vêtue d'une tunique fine à rabat, danse le corps cambré en arrière, tenant de la main droite abaissée et de la main gauche élevée les pans de l'himation qu'elle fait flotter dans son dos (quelques parties restaurées des draperies) ; son nom dans le champ ne laisse voir que les lettres +Y. Au-devant d'elle s'avance une quatrième compagne, Polyxéné (?), rejetant le corps en arrière, vêtue d'une tunique fine à rabat (même type, cheveux retombant sur le cou), soutenant de la main gauche le tympanon (mêmes détails) ; au-dessus d'elle son nom est écrit de la même manière : ΠΟΛΥΤΣ.., Πολυ(ξένη?).

> Même décor que dans G 486 ; la bande en grecque semée de croix fait tout le tour de la panse ; double palmette accostée de rinceaux sous chaque anse ; en haut de la tranche du pied, forte rainure circulaire en clair.
>
> Terre rougeâtre. Retouches de blanc (disparu et laissant une trace de noir mat). Très légères traces d'esquisse. Style de la seconde moitié du v⁵ siècle.
>
> Beaucoup de morceaux recollés et quelques restaurations. Haut, 0,285 ; diam. sur l'embouchure, 0,29.
>
> (Inv. Campana 1058.) Trouvé en Italie, dans la région de Nola, et entré en 1863 ; cf. *Cataloghi Campana*. série K, n° 88 ; Pottier, *Catal. vas. Louvre*, p. 1119 ; Phot. Alinari, n° 23680.
>
> Vue d'ensemble avec le sujet A dans notre pl. 152.

G 491. Cratère de même forme (même type, le pied en disque épais avec faible rainure sur le pourtour plat). — Un sujet sur chaque côté du vase. — *A.* **Éos poursuivant Céphale** (ou **Tithon**). En l'absence d'inscriptions, on peut hésiter entre ces deux noms (cf. l'article *Tithonus* du *Dict. des Antiq.* de Saglio) ; voir G 451. — A gauche un éphèbe, compagnon du jeune héros poursuivi par la déesse, s'enfuit à toutes jambes, en retournant la tête coiffée d'un pilos conique à bords baissés (cheveux en mèches de noir jauni, œil de profil) ; il est chaussé de crépides dont les liens (noir jauni) montent jusqu'au mollet (jambe droite restaurée) et vêtu d'une chlamyde agrafée sur l'épaule droite, dont les plis retombent en pointes par devant et par derrière ; de la main droite il porte un double javelot (le bout inférieur de la hampe entre dans la manchette d'ornement autour de l'anse). Dans le champ, derrière lui, un accessoire en forme de gros nœud pourrait représenter un ustensile de chasse, un piège à gibier (?), un lacet (?), les deux éphèbes ayant le costume de chasseurs. Au centre, la déesse Éos ailée (deux grandes ailes de profil avec décor en pointillé et mouchetures de noir jauni) s'élance rapidement, le pied gauche levé, comme sur un terrain montueux, les mains avancées pour saisir le jeune héros qui fuit à sa vue ; elle est vêtue d'une tunique dorienne à rabat serré à la taille (bordures noires) et coiffée d'un bandeau (en rouge réservé) qui ceint sa chevelure éparse sur le cou (œil de profil avec indication de la paupière supérieure). A droite, Céphale s'enfuit à grande enjambée (restauration dans la jambe gauche et le pan de la chlamyde ; mêmes chaussures), retournant la tête (même pilos conique et mêmes détails), tenant de la main gauche avancée le double javelot (même détail pour la hampe), portant sur le côté gauche une épée, le corps nu (musculature au trait de noir jauni) avec la chlamyde agrafée par devant et rejetée dans le dos. Devant lui, une massue de chasse est jetée dans le champ. — *B.* **Trois éphèbes drapés.** C'est le sujet banal de revers ; cf. G 486. A gauche, un éphèbe complètement enveloppé dans un himation qui cache le bas du visage, présente le corps de face et retourne la tête vers les autres (cheveux en masse noire et en petites mèches, ceints d'une bandelette de noir mat indiquant la couleur blanche disparue ; œil de profil) ; dans le champ, un strigile. Au centre, un éphèbe, la main droite dans le manteau qui remonte au-dessus de son cou, est tourné vers le compagnon qui lui fait face et semble converser (même type, même coiffure). A droite, un éphèbe (même type, même coiffure) se penche, appuyé sur une canne, faisant face à son camarade ; son dos est à moitié nu, l'himation rejeté en paquet sur l'épaule gauche (restauration dans le bas), la main droite posée sur la hanche. Dans le champ, entre eux, un sac (?) suspendu (restauration dans le bas).

Même décor et mêmes détails que dans G 486. Sous le pied en petites lettres incisées, inscription *P ꞓ Γ ꞓ* (sur ces marques de commerce, cf. Hackl dans *Münchener arch. Studien*, p. 36 et suiv.).
Terre rougeâtre. Emploi d'une couleur de retouche disparue (du blanc). Esquisse très détaillée pour chaque personnage, y compris le revers, faite au moyen d'une pointe émoussée et assez large du bout. Traces du dépôt rougeâtre visible sous les anses et sur certaines parties des figures (cf. *Catalogue des vases du Louvre*, p. 682). Style de la seconde moitié du vᵉ siècle.
Bon état de conservation, avec quelques restaurations. Haut., 0,36 ; diam. dans l'embouchure, 0,345.
Inv. N 2482 (ED 106). Trouvé en Italie. Entré avec la collection Durand en 1825 et attribué « à la fabrique de Nola ». Cf. Pottier, *Catal. vas Louvre*, p. 1120.
Vue d'ensemble avec le sujet A dans notre pl. 152.

G 492. **Cratère de même forme** (même type, le pied en disque épais). — Un sujet sur chaque côté du vase. — *A.* **Éos poursuivant Céphale (ou Tithon).** Même sujet que dans le précédent, avec variantes dans le type des jeunes gens. A gauche un éphèbe, compagnon du héros, s'enfuit retournant la tête (cheveux en masse noire et mèches en noir jauni sur la tempe, couronne en tige et feuillages de blanc crémeux ; œil de profil), vêtu d'un himation (restauré), qui dégage le côté droit, tenant de la main droite basse ses tablettes d'écolier (serrées par un lien en noir délayé et suspendues par un autre lien en blanc crémeux qui forme attache de suspension et effilés pendants). Au centre la déesse Éos ailée (grandes ailes de profil, ornées de pointillé et mouchetures en noir jauni), coiffée d'un cécryphale (surmonté de deux feuilles en blanc crémeux, œil de profil), vêtue d'une tunique à long rabat serré à la taille (restaurée), marche vivement vers la droite, les deux bras étendus, cherchant à saisir le jeune héros qui s'enfuit retournant la tête (chevelure abondante en mèches sur le cou, ceinte d'une couronne de feuillages en blanc crémeux, œil de profil), vêtu d'un himation (restauré) qui dégage le côté droit ; il dirige la main droite levée vers la déesse, comme pour l'arrêter, et porte de la main gauche basse ses tablettes serrées et liées (mêmes détails). — *B.* **Trois éphèbes drapés.** Cf. G 491. Au centre, un éphèbe complètement enveloppé dans un himation qui remonte au-dessus de sa tête (cheveux en masse noire, ceints d'une bandelette blanche ; œil de profil), entre deux compagnons qui se font pendant symétriquement, le bras avancé vers l'éphèbe, tous deux vêtus d'un himation dégageant le côté droit (mêmes détails de coiffure).

Même décor et mêmes détails que dans G 486 (la bande en grecque mêlée de croix). Grosse tache de couleur tombée du pinceau dans le bas du sujet B.
Terre rougeâtre. Mêmes détails de technique. Style de la fin du vᵉ no

du ivᵉ siècle. Beaucoup de morceaux recollés et plusieurs restaurés. Haut., 0,285 ; diam. dans l'embouchure, 0,30.
Inv. N 2598 (ED 127). Trouvé en Italie méridionale, ce vase a fait partie de la collection de la Malmaison (cf. G 486). Après la vente de ce musée il est entré dans le cabinet du chevalier Durand, d'où il est venu au Louvre en 1825. Millin l'a publié en 1808, *Peintures de vases antiques*, I, pl. 48, en l'expliquant comme le génie des mystères conjurant deux jeunes initiés de ne pas emporter les livres qui en contiennent les dogmes et les rites (cf. S. Reinach, réédition du livre de Millin, 1891, p. 30). Mentionné par Carelli, *Magasin encyclopédique*, 1803, II, p. 229 ; O. Jahn, *Arch. Beiträge*, p. 98 ; Stephani, dans le *Compte rendu de Saint-Pétersbourg* p. 1872, p. 181, 199 ; Heydemann, *Pariser Antiken*, p. 38 ; Pottier, *Catal. vas. Louvre*, p. 1120.

G 493. **Cratère de même forme** (même type). — Un sujet sur chaque côté du vase. — *A.* **Niké couronnant un cheval vainqueur.** A gauche, Niké ailée (grandes ailes de profil, décor en mouchetures de noir délayé ; coiffure en masse noire à contours ondulés ; œil de profil avec indication de la paupière supérieure) s'approche en volant, vêtue d'une tunique dorienne à long rabat serré à la taille ; de la main gauche avancée elle tient une bandelette et de l'autre main élevée elle pose une couronne (feuillages en rouge réservé) sur la tête d'un cheval caracolant, les deux jambes de devant levées, monté par un éphèbe enveloppé dans un himation flottant au vent, la main gauche sous la draperie, la main droite tenant les rênes (cheveux en masse noire et petites mèches de noir délayé, même facture d'œil). — *B.* **Trois éphèbes drapés ;** cf. les vases précédents. Deux éphèbes enveloppés dans un himation qui cache les bras se font vis-à-vis de chaque côté d'un troisième compagnon, vêtu d'un himation qui dégage le côté droit, le poing gauche sur la hanche, le bras droit écarté en arrière et la main appuyée sur une canne (même type pour les trois, avec chevelure en masse noire et petites mèches, œil de profil avec indication de la paupière supérieure).

Même décor (bande en grecque semée d'étoiles sous les personnages ; pas de godrons en manchettes autour des anses).
Terre rosée. Pas de couleur de retouche. Traces légères d'esquisse. Style de la seconde moitié du vᵉ siècle ou du début du ivᵉ.
Bon état de conservation avec le fond noir un peu piqueté et soulevé par écailles. Le vase porte un trou accidentel, fait dans la panse à droite du sujet A, qui a été réparé dans l'antiquité avec un gros bouchon de plomb faisant saillie à l'intérieur. Haut., 0,34 ; diam. sur l'embouchure, 0,34.
Inv. N 2654 (LL 40). Trouvé en Italie. Ce vase a fait partie de la collection Tochon acquise vers 1818, en même temps que les planches gravées sur cuivre préparées pour la publication de ce cabinet d'antiquités ; la planche qui reproduit ce vase existe dans la chalcographie du Louvre sous le nᵒ 1384 du *Catalogue*. Il a été publié par Dubois-Maisonneuve, *Introduction à l'étude des vases antiques*, 1817, p. 43, pl. 88 (expliqué comme l'apothéose du défunt honoré par un génie funèbre). Mentionné par Heydemann, *Pariser Antiken*, p. 38 ; cf. Pottier, *Catal. vas. Louvre*, p. 1120.
Vue d'ensemble avec le sujet A dans notre pl. 152..

G 494. **Petit cratère de même forme** (même type ; le pied en disque a été brisé et manque). — Un sujet sur chaque côté du vase. — *A.* **Hermès poursuivant une nymphe (Hersé?).** — A gauche une femme s'enfuit, levant la tête (bandeau en rouge réservé sur les cheveux en masse noire, œil de profil avec indication de la paupière supérieure), la main droite avancée, vêtue d'une tunique qui flotte au vent, serrée à la taille, le cou paré d'un collier (en points noirs). A droite, Hermès barbu (même bandelette en rouge réservé sur les cheveux, barbe longue, même facture d'œil), le corps nu avec une chlamyde agrafée par devant et flottant au vent par derrière, s'élance à sa poursuite, le bras droit tendu en avant, tenant de la main gauche le caducée (pas d'ailerons aux pieds qui semblent avoir des chaussures indiquées par quelques traits sommaires). — *B.* **Deux éphèbes drapés.** Cf. les vases précédents. Ils se font vis-à-vis, vêtus de même, avec un himation enveloppant le corps et cachant les bras, la main gauche posée sur la hanche (cheveux en masse noire, œil de profil ; l'éphèbe de gauche a les cheveux ceints d'une bandelette en rouge réservé).

Même décor que dans le précédent. Terre rosée assez pâle. Pas de couleur de retouche. Esquisse visible. Style rapide et un peu négligé de la fin du v° ou du iv° siècle. Au revers B on remarque entre les deux éphèbes un accident du fond, montrant qu'un fil ou un crin avait été pris dans la couleur et retiré ensuite, ou détruit à la cuisson, ce qui a laissé une trace blanche.

Beaucoup de morceaux recollés. Haut., 0,18 (sans le pied disparu) ; diam. dans l'embouchure, 0,195.

Inv. N 2495 (LP 1853), Ce vase, entré au musée sous le règne de Louis-Philippe, a été trouvé en Italie, à Nola, et faisait partie en 1808 de la collection particulière de Dubois-Maisonneuve. Publié par Millin, dans le tome I des Peintures de vases antiques, pl. 70 (cf. la réédition de S. Reinach, 1891, p. 41), comme un des plus beaux vases trouvés à Nola pour la finesse de la terre et l'élégance du dessin, ce qui nous paraît aujourd'hui un éloge fort exagéré. Publié aussi par Millin, Galerie mythologique, pl. 50, n° 204 ; Guigniaut, Religions de l'antiquité, pl. 106, n° 414 ; Lenormant et de Witte, Élite des mon. céramograph., III, p. 258, pl. 94. Mentionné par R. Rochette, Mon. inédits, p. 15 ; O. Jahn, Arch. Beiträge, p. 83, n° 78 ; Heydemann, Pariser Antiken, p. 39 ; Pottier, Catal. vas. Louvre, p. 1120.

G 496. Cratère de même forme (même type que les précédents ; une rainure circulaire en haut de la tranche du pied). — Un sujet sur chaque côté du vase. — *A.* Scène de sacrifice en présence d'**Apollon** (?). Au centre s'élève un autel sur deux degrés (corniche droite ; trois filets du sang des victimes, indiqués en noir jauni sur la face de l'autel), portant trois morceaux de bois brûlant (exprimés en noir opaque avec flammes en blanc rougeâtre) au-dessus desquels on présente les viandes du sacrifice ; un arbrisseau (laurier?) placé en arrière-plan ombrage l'autel de ses rameaux. A gauche, un éphèbe couronné, la tête inclinée (cheveux en masse noire et mèches en noir jauni, ceints d'une guirlande de feuilles en rouge réservé ; œil de profil), le buste nu, le bas du corps enveloppé dans un himation, tient à deux mains une double et longue broche sur laquelle sont enfilés des morceaux de viande (touches de noir jauni) qu'il présente à la flamme de l'autel. Devant lui un homme barbu couronné fait office de prêtre (barbe et cheveux abondants et bouclés ; même couronne de feuillages dont quelques-uns retouchés en rouge mat ; œil de profil) ; vêtu d'un himation qui dégage le côté droit nu, retenant de la main gauche sous le vêtement les plis de la draperie, il tient de la main droite avancée au-dessus de la flamme de l'autel un viscère de la victime (poumon ou foie? touche de ton jauni). A droite de l'autel, un jeune garçon couronné (cheveux en masse noire et longues mèches de noir jauni ; feuilles de la couronne en rouge réservé avec tige en blanc ; œil de profil), vêtu d'un himation qui laisse nus la poitrine et tout le côté droit, le corps de face et la tête tournée vers la gauche, élève de la main droite une œnochoé (bec trilobé de face, touche de noir jauni) dont il verse le contenu sur les viandes et porte sur la main gauche élevée un long pain ou gâteau d'offrande (touches de noir jauni) sur lequel sont plantés deux petits rameaux de feuillage. A droite Apollon (ou un éphèbe thallophore assistant à la cérémonie?), la tête ceinte d'une couronne (mêmes détails) et les cheveux épars sur la nuque, vêtu d'un himation qui dégage le côté droit nu et cache le bras gauche, s'appuie de la main droite sur une haute tige de laurier. Dans le champ, près des personnages ou au-dessus d'eux, sont placées trois inscriptions dans lesquelles on a voulu lire le nom d'un héros de Tégée, Ἀφίδας ou Ἀφείδας, et la formule παῖς καλός ; mais les lettres tracées rapidement avec une couleur blanc rougeâtre, dont la plus grande partie a disparu, n'ont pas laissé de traces assez distinctes pour tenter une lecture sûre : au-dessus de l'enfant tenant les broches, ο Ι ⊢ ; près du sacrificateur, Λ Φ Ι Λ Λ Ο ; au-dessus

de l'éphèbe à l'œnochoé, en deux lignes Γ Λ Ι et Η ∇ Ι. — *B.* Trois éphèbes drapés ; cf. les vases précédents. Entre deux éphèbes qui se font pendant symétriquement, drapés dans un himation et appuyés de la main droite sur une canne, un troisième éphèbe est tourné vers la droite, enveloppé dans un himation qui remonte sur le haut de la nuque (chevelures en masse noire, œil de profil).

Même décor, avec godrons en manchettes autour des attaches d'anses et grecque mêlée de croix en damier sous les personnages. Sous le pied (sur le pourtour intérieur) une inscription gravée en lettres fines, sur trois lignes superposées, qui paraît être une commande inscrite par le fabricant pour noter le nombre de vases à faire et le prix de l'unité, ce qui donnerait le texte suivant :

KΡΑΤΕΡΕΣ∘∘Π Ι∶∘Ι Τ ΙΙ
Ο Ξ Ι Α Ε ξ∘∘ Δ Δ Δ Δ∘⊢
Ο − Υ Β Α Φ Α∘ ᷃∘ ΙΙΙ Ι

et en traduisant (sous toutes réserves pour les chiffres manquant ou peu distincts) : cratères 6, à 4 oboles (par unité?) ; oxydes 40, à 1 drachme (par unité?) ; oxybapha 50, à 4 (ou 5?) oboles (par unité?). L'importance de ce texte pour les commandes de potiers et pour les prix approximatifs de vente a déjà été signalée (Letronne, Supplément aux observations sur les noms des vases grecs, dans Œuvres, V, p. 455, avec la lecture de M. de Witte qui est un peu différente de la nôtre ; E. Pottier, Catalogue des vases du Louvre, p. 689 ; Schoene, Comment. in honor. Mommsenii, p. 651 ; R. Hackl, Merkantile Inschriften, p. 54, n° 597, p., 69, 85, fig. 597, et pl. III, dans Münchener arch. Studien, 1909). Cf. plus loin G 503. Terre rougeâtre. Emploi d'une couleur de retouche en blanc et en blanc rougeâtre. Esquisse visible. Style de la seconde moitié du v° siècle (celui du rev. B très négligé).

Bon état de conservation. Haut., 0,33 ; diam. sur l'embouchure, 0,36.

(Inv. CA. 307.) Trouvé en Italie. Il a fait longtemps partie du Cabinet d'antiques de M. le baron de Witte, qui l'a légué au Musée en 1890. Publié par de Witte, Élite des mon. céramograph., t. II (1857), p. 366, pl. 108 ; Ph. Legrand, article Sacrificium du Dict. des antiq. de Saglio, p. 969, fig. 6001 ; Hackl, op. l., p. 85, fig. 597. Mentionné par Heydemann, Pariser Antiken, p. 89, n° 9. Cf. Pottier, Catal. vas. Louvre, p. 1120 ; Beazley, Attic Vas., p. 196, n° 3, (attribué à « the Pothos painter ») ; Hoppin, Handb. redfig., II p. 387, n° 6.

Vue d'ensemble avec le sujet A dans notre pl. 152.

G 500. Cratère de même forme (même type, pas de rainure sur la tranche du pied). — Un sujet sur chaque côté du vase. — *A.* **Éphèbes vainqueurs, revenant de la guerre.** A gauche, une femme drapée tient de la main gauche l'œnochoé destinée à la libation (chevelure en masse noire, ceinte d'une bandelette en rouge réservé ; œil de profil) ; elle est vêtue d'une tunique dorienne serrée à la taille et se tourne vers la droite en avançant la main droite. Au centre, un éphèbe nu, le corps et la tête vus de trois quarts (chevelure en masse noire et petites mèches en noir délayé, bouche à grosses lèvres), aux formes athlétiques, lève les deux mains et noue une bandelette (rouge réservé) autour de sa tête, dans l'attitude du Diadumène de Polyclète ; les deux bouts retombent de chaque côté au-dessous de ses bras ; il hanche à gauche et la jambe droite est légèrement fléchie ; on reconnaît là une imitation de la célèbre statue. Mais l'emblème ne paraît pas désigner un vainqueur aux jeux et s'applique plutôt à la scène connue du retour de la guerre (cf. G 108) ; une longue javeline s'appuie sur l'épaule gauche de l'éphèbe et coupe obliquement le champ pour appuyer sa pointe sur le sol, auprès d'un casque posé par terre (panache flottant, paragnathides baissées). A droite, un autre éphèbe nu (même type sans bandelette) s'approche, la jambe droite hanchant, appuyé de la main gauche sur la hampe d'une longue javeline et portant sur la main droite avancée un casque (même forme). — *B.* Trois éphèbes drapés ; cf. les vases précédents. Entre deux éphèbes drapés dans un himation et s'appuyant de la main droite sur une canne, un troisième éphèbe, enveloppé dans son himation, se tourne vers la gauche (pour tous les trois, chevelure en masse noire avec petites mèches de ton jauni, œil de profil).

Même décor (pas de manchettes autour des attaches d'anses ; grecque semée de croix sous les personnages).

Terre rougeâtre. Pas de retouches ; pas d'esquisse visible. Style de la première moitié du IVe siècle (extrêmement négligé en B).

Bon état de conservation, avec surface altérée par des encroûtements et des parties piquetées. Il semble que sur la face B on avait appliqué un linge ou une vannerie, qui dans le tombeau a imprimé son dessin sur les personnages. Haut., 0,34 ; diam. dans l'embouchure, 0,305.

(Inv. MNC 111.) Trouvé à Ginosa (Genusium) dans la région de Tarente et rapporté par F. Lenormant. Entré au musée en 1882. Mentionné par F. Lenormant, dans le *Muséon*, 1882, p. 344, et dans la *Gazette archéologique*, 1881-82, p. 187 ; Pottier, *Catal. vas. Louvre*, p. 1120.

Sujet A dans notre pl. 153.

G 502. Petit cratère de même forme (même type, une rainure circulaire en haut de la tranche du pied). — Un sujet sur chaque côté du vase. — *A.* **Niké couronnant un vainqueur au concours du saut.** Au centre se dresse une stèle sur deux degrés qui indique l'intérieur du stade, ou le but que doit franchir l'athlète. A gauche un éphèbe nu (chevelure en masse noire, ceinte d'une bandelette blanche ; œil de profil endommagé), dans l'attitude du sauteur, le corps plié, les genoux fléchis, les mains tendues, s'apprête à bondir en avant. Au-dessus de lui, dans le champ, est suspendu un strigile. A droite une Niké volant (ailes de profil, plumes figurées en longues gouttelettes ; cheveux en masse noire dans lesquels sont piquées des feuilles de blanc jaune ; œil de profil ; collier de perles en gouttelettes de blanc jaunâtre), vêtue d'une tunique dorienne à rabat serré à la taille, tient des deux mains étendues une longue bandelette en blanc rehaussé d'un ton jaunâtre, qu'elle apporte au vainqueur. — *B.* **Éphèbe drapé** ; cf. les vases précédents. Tourné vers la droite, vêtu d'un himation (parties endommagées) dont le pan retombe sur le dos (cheveux en masse noire, œil de profil), il tient de la main droite étendue un accessoire (endommagé) d'où pendent des liens en ton mat dont la couleur a disparu (sans doute l'aryballe à huile ; cf. G 518).

Même décor (sauf une zone en oves sous le rebord et une bande d'oves sous les personnages).

Terre rougeâtre. Emploi des retouches en couleur blanche rehaussée d'un ton jaune. Esquisse visible. Style rapide du IVe siècle (plus négligé en B).

Assez bon état de conservation, avec la surface endommagée et piquetée par endroits. Quelques parties rougies à la flamme oxydante pendant la cuisson. Haut., 0,205 ; diam. dans l'embouchure, 0,205.

Inv. N 2675 (ED 151). Trouvé en Italie. Entré en 1825 avec la collection Durand ; cf. Pottier, *Catal. vas. Louvre*, p. 1120. Publié par M. Graillot dans le *Dict. des antiquités* de Saglio, article *Victoria*, p. 885, fig. 7451.

Sujet A dans notre pl. 153.

G 503. Cratère de même forme (même type, sans rainure sur la tranche du pied). — Un sujet sur chaque côté du vase. — *A.* **Réunion de Silènes et de Ménades.** La composition comprend deux groupes, l'un debout, l'autre assis. Beaucoup de détails indiquent un acheminement vers le sujet si souvent traité sur les vases de l'Italie méridionale. A gauche, une Ménade penchée, le pied gauche posé sur une éminence rocheuse, dans l'attitude que l'art gréco-romain prêtera plus tard à la Muse Melpomène, tient de la main droite la hampe d'un long thyrse posé en terre (bouquet terminal en feuilles superposées) et appuie son bras gauche sur son genou (cheveux en masse noire à contour ondulé et mèches jaunies ; œil de profil avec indication de la paupière supérieure) ; elle est vêtue d'une tunique dorienne à rabat, serrée à la taille par une ceinture. Devant elle un Silène nu, barbu (cheveux et barbe en mèches jaunies,

bandelette blanche sur la tête, ride sur le front, épaule gauche restaurée), le corps de trois quarts, s'appuie de la main gauche élevée sur la hampe d'un thyrse (bouquet terminal coupé dans le haut par les ornements ; rameau adjacent à la hampe) et porte sur la main droite un plateau sur lequel sont posés trois fruits (couleur blanche rehaussée d'un ton brun ; points blancs effacés autour du fruit central). A droite de ce groupe est indiqué un terrain montueux par des traits blancs irréguliers qui sillonnent le champ ; en bas, deux grosses touches de blanc rehaussé de brun jaune et un monticule en rouge réservé complètent ces indications de paysage. Sur un repli du terrain est assis un couple de Ménade et de Silène. La femme (cheveux en masse noire à contour ondulé, ceints d'un large bandeau d'étoffe en rouge réservé et décoré de petits points, longue boucle d'oreille, œil de profil avec indication de la paupière supérieure), assise plus bas et appuyée contre la jambe droite de son compagnon, tourne vers lui la tête (cou restauré) et lève de la main droite un canthare à pied et à deux grandes anses ; elle est vêtue d'une tunique dorienne que recouvre une nébride ajustée sur le corps et serrée à la taille par une ceinture (la peau de panthère indiquée par des mouchetures et points de noir délayé). Le Silène nu et barbu (même type que le précédent ; restaurations dans l'épaule droite et le cou) pose la main droite (restaurée) sur l'épaule de sa compagne et s'appuie en arrière sur une amphore de vin à base pointue qui lui sert de coussin ; une corne à boire (kéras) est posée par terre. Au-dessus d'eux, sur une élévation de terrain marquée par un trait blanc, s'élève un pied de vigne à deux grands rameaux divergents qui portent des feuillages blancs et de grosses grappes de raisin (noir opaque bordé d'un contour en rouge réservé). — *B.* **Trois éphèbes drapés** ; cf. G 492 et suiv. Entre deux éphèbes drapés, appuyés de la main droite sur une canne, un troisième est tourné vers la droite (pour tous les trois, cheveux en masse noire et mèches, ceints d'une bandelette blanche).

Même décor que dans G 486 (sous les attaches d'anses un motif floral composé de deux palmettes superposées et encadrées de rinceaux ; sous les personnages une zone circulaire de grecque mêlée de croix en damier ; une large zone en clair en haut de la tranche du pied). Dans le fond intérieur du vase, une large circonférence en noir passé au rouge pendant la cuisson. Sous le pied (en lettres fines sur le pourtour) l'inscription ci-jointe indiquant une commande faite au potier, que l'on peut traduire ainsi : cratères 6, prix 4 (drachmes) ; baphéa 20, 1 (drachme), 1 (obole) ; oxydes 8, et plus loin une marque conventionnelle.

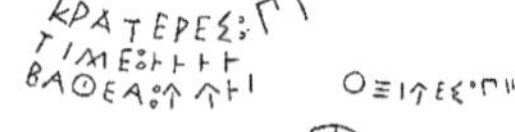

et plus à droite.

Letronne, en commentant ce texte (*Œuvres*, V, p. 452), a supposé que les six cratères coûtaient ensemble quatre drachmes, ce qui mettrait le cratère à quatre oboles, prix extrêmement bas. Mais on peut croire, comme dans le texte précédent (G 496), que le prix est peut-être indiqué par unité. En tout cas, nous avons ici un nouveau document précieux sur les commandes de vases ; cf. Letronne, *op. l.*, et fac-simile dans la planche annexe (= *Journal des savants*, 1837, p. 752) ; Schoene, *Comment. in honor. Momms.*, n° 5 ; R. Hackl, dans *Münchener arch. Stud.*, p. 54, n° 596, p. 69, 84, fig. 596, et pl. III. Terre rougeâtre. Emploi du blanc rehaussé de jaune brun.

Pas d'esquisse visible. Style de la première moitié du IVe siècle (très négligé en B).

Bon état de conservation avec quelques restaurations. Haut., 0,315 ; diam. dans l'embouchure, 0,31.

Inv. N 2465 (LP 1113). Trouvé en Italie et entré sous le règne de Louis-Philippe. Publié par R. Hackl, *op. l.*, p. 84, fig. 596. Phot. Alinari, n° 23685. Cf. Pottier, *Catal. vas. Louvre*, p. 1121-1122. Sujet A dans notre pl. 153.

G 508. Cratère de même forme (type analogue, le pied haut à double tore et rainure claire en haut de la tranche). — Un sujet sur chaque côté du vase. — *A.* **Apothéose d'Hercule assis devant un temple et entouré de divinités.** Le principal personnage a pour attribut une sorte de canne ou de massue mince sur laquelle il s'appuie du bras gauche, et c'est ce qui fait proposer le nom d'Hercule ; il est vrai que l'accessoire est d'une nature douteuse et sur une autre peinture de même date, sans doute de même fabrique, du Musée de Berlin, c'est Apollon qu'on voit assis dans une pose analogue devant le temple de Delphes (S. Reinach, *Répert des vas.*, I, p. 397, n° 7 ; *Arch. Zeit.*, 1865, pl. 203). Mais notre interprétation est justifiée aussi par la peinture du vase suivant G 509. Au centre, en arrière-plan, se dresse un temple exprimé en couleur blanche par deux colonnettes doriques posées sur un soubassement à deux degrés et soutenant un entablement (détails au trait de noir jauni ; trois rosaces en pointillé noir jauni sur la corniche de l'entablement ; le plafond intérieur indiqué en perspective avec trois solives en blanc et trois grosses touches noires) ; le terrain sur les côtés est indiqué par une ligne ondulée de couleur blanche. Le héros jeune et imberbe (cheveux en traits et mèches de noir jauni, couronnés de grosses baies en blanc rehaussé de jaune ; œil à peine indiqué), le corps nu, vu de trois quarts, la tête retournée vers la droite, est assis sur son himation qui recouvre les degrés du temple, et du bras gauche il s'appuie sur sa massue, en forme de gourdin à bout rond dont l'extrémité se pose sur une élévation du terrain (en rouge réservé) sur laquelle est placé un objet (petit autel portatif?) entouré de trois flammes blanches (on pourrait y voir l'autel primitif, ἐσχάρα, installé devant le temple et servant aux sacrifices?). On a supposé qu'il s'agit du temple d'Agra, où se célébraient les petits mystères auxquels Hercule fut initié (cf. G 509 et l'article *Eleusinia* du *Dict. des Antiquités* de Saglio, p. 552). A gauche se tient debout une femme drapée (Hébé, la fiancée d'Hercule?), vêtue d'une tunique serrée à la taille par une ceinture qui retombe en deux bouts et soutenue par des bretelles sur le buste (collier au cou en points noirs ; boucle d'oreille ; bracelets au bras droit ; coiffure en mèches de noir jauni avec couronne de feuillages en blanc rehaussé de jaune ; œil de profil) et derrière elle Hermès imberbe et nu, avec une chlamyde sur le bras gauche qu'il appuie sur une canne haute, tenant de la main droite basse le caducée, la jambe gauche passée par-dessus l'autre, un pétase ailé rejeté dans le dos et retournant la tête vers la droite (coiffure en ton jauni avec couronne de feuilles en points rehaussés de jaune ; œil de profil avec indication de la paupière supérieure). A droite, Athéna penchée (même coiffure répandue sur les épaules et même couronne en feuilles blanc jaune ; collier en points de noir jauni ; bracelets aux bras ; œil de profil) s'accoude du bras droit sur son bouclier dont le bas repose sur le soubassement du temple (guirlande de noir jauni en épisème, pourtour orné d'un pointillé de noir jauni) et tient de la main gauche sa lance ; elle est vêtue d'une tunique semblable à celle de l'autre femme. Derrière elle un éphèbe nu (Iolaos, compagnon d'Hercule?), vu de trois quarts et retournant la tête (cheveux en mèches de noir jauni retombant sur le cou, couronne en gros points de blanc rehaussé de jaune), est figuré dans une attitude assise (pas de siège visible) sur sa chlamyde et tient de la main gauche un bâton (ou massue mince) ; derrière sa tête une partie de rouge réservé semblerait indiquer un pétase (?). — *B.* **Trois éphèbes drapés** ; cf. les vases précédents. Entre deux éphèbes enveloppés dans un himation, un troisième semblable est tourné vers la droite (tous trois avec une bandelette blanche sur leurs cheveux en masse noire). Dans le champ sont suspendus deux accessoires en forme de vase (?) marqué d'une croix noire (qui pourrait représenter sommairement la corbeille à provisions des banquets avec son réseau de filet ; cf. G. 511).

Même décor (pas de motif floral sous les anses ; sous les personnages une bande en grecque ayant au centre une croix en damier marqué de points : deux cercles en trait incisé sur le plat du pied).
Terre rougeâtre. Larges retouches de blanc rehaussé d'un ton jaune. Traces de l'esquisse. Style rapide du IVe siècle (très négligé en B).
Bon état de conservation. Haut., 0,325 ; diam. dans l'embouchure, 0,30.
Inv. N 2608 (ED 114). Trouvé en Italie, probablement dans la région de Naples, et entré en 1825 avec la collection Durand. Il faisait partie en 1817 de la collection du chevalier Coghill, formée à Naples, et a été publié par Millingen, *Peintures antiq. de vas. grecs de la coll. Coghill*, p. 25, pl. XXV (le chevalier de Rossi y voyait Hercule entre le Vice et la Vertu ; Millingen l'interprétait mieux comme l'apothéose d'Hercule marié à Hébé et entouré de divinités) ; cf. S. Reinach, *Répert. des vas.*, II, p. 8, n°s 3, 4 (Héraklès dans l'Olympe). Cf. Pottier, *Catal. vas. Louvre*, p. 1121-1122 ; Frickenhaus, dans *Ath. Mitteilung.*, 1911, p. 126, n° 11. Sujet A dans notre pl. 153.

G 509. Cratère de même forme (même type ; une rainure en clair en haut de la tranche du pied). — Un sujet sur chaque côté du vase. — *A.* **Hercule assis devant le temple d'Agra (?) et initié aux cérémonies sacrées.** Dans le champ, au-dessus du héros, est figuré un temple par deux tronçons de colonnes doriques supportant un entablement (le tout exprimé en blanc avec traits de noir jauni et rehaut d'un ton rosé sur le blanc) ; de la corniche descendent deux rameaux (couleur blanche) qui s'entrecroisent et qui indiquent une cérémonie de purification ou de lustration. Sous cette architecture Hercule est représenté dans une attitude assise (pas de siège visible ; vestiges de traits de blanc effacé qui indiquent un terrain montueux), le bras droit et la tête un peu levés comme s'il parlait (sur les cheveux en masse noire, bandelette blanche et fleurettes en points blancs ; œil de profil) ; il est imberbe, le corps nu vu de trois quarts, la main gauche posée en arrière sur le tertre, assis sur son himation et la massue posée en terre avec le bout du manche remontant sous l'aisselle gauche ; sur le sol, à ses pieds, une branche de feuillage (blanc rehaussé de ton rougeâtre). Devant lui, à gauche, une femme drapée (une prêtresse du temple?) apporte une phiale à libation (godrons indiqués en traits noirs) qu'elle tient de la main gauche ; les parties nues sont peintes en blanc (visage et bras en blanc rehaussé d'un ton rosé et de traits de noir jauni ; cheveux en masse noire serrés par un bandeau de rouge réservé, avec deux gros points blancs ; bracelet au poignet droit ; œil de profil) ; elle est vêtue d'une tunique dorienne à rabat orné de denticules et de crochets noirs, avec ceinture dont les bouts retombent par devant (tunique semée de mouchetures noires ; plis en traits curvilignes, ornements et technique dont le caractère rappelle celui des vases des fabriques apuliennes ; les pieds nus indiqués en ton brun par-dessus lequel on a peint les doigts au trait jaune). Derrière elle un éphèbe nu (Iolaos?), penché et appuyé sur une massue posée en terre, son himation roulé sur le haut de la massue, avance la main droite comme s'il parlait, la tête un peu levée (cheveux en masse noire, ceints d'une bandelette blanche ornée de fleurs en gros points blancs ; œil de profil). Dans le champ, devant lui, un accessoire en forme de vase, d'où tombent des liens de couleur blanche (alabastre à huile?). A droite, derrière Hercule, une femme drapée (une autre prêtresse du temple?), le pied droit levé haut sur le repli de terrain, se penche et tient de la main droite relevée une bandelette blanche (cheveux en masse noire, serrés par un bandeau en rouge réservé, orné de deux points blancs ; collier en points blancs ; œil de profil) ; elle est vêtue d'une tunique dorienne serrée à la taille et semée de mouchetures noires ; son pied gauche repose sur un terrain figuré par une ligne ondulée blanche. — *B.* **Trois**

éphèbes drapés ; cf. les vases précédents. Entre deux éphèbes drapés dans un himation et avançant la main droite, un troisième, tourné vers la gauche, tient de la main droite avancée un strigile (et non une torche allumée; cf. G 518).

> Même décor (la croix en damier non marquée de points ; un cercle incisé sur le plat du pied).
> Terre rougeâtre. Larges retouches de blanc rehaussé d'un ton rosé et de traits jaunes. Esquisse visible. Style rapide du IVe siècle (extraordinairement négligé et barbare en B). Même fabrique que le précédent.
> Bon état de conservation. Haut., 0,265 ; diam. sur l'embouchure, 0,27.
> Inv. N 2973 (LL 64). Trouvé en Italie et entré sous le règne de Louis XVIII. Cf. Pottier, *Catal. vas. Louvre*, p. 1121.
> Sujet A dans notre pl. 153.

G 511. **Cratère de même forme** (type analogue ; base haute et plus effilée ; pied à double tore avec zone en clair en haut et en bas de la tranche). — Un sujet sur chaque côté du vase. — *A.* **Apothéose de Dionysos sur une panthère, entouré de son thiase.** Le dieu imberbe, couronné (chevelure en boucles éparses sur le cou et sur la nuque, ceinte d'un bandeau en rouge réservé que surmontent des feuillages en points blancs, rehaussés de jaune, et des pampres en rouge réservé ; œil de profil), tenant de la main droite élevée un canthare (en blanc rehaussé de traits jaunes), et de la main gauche un thyrse dont on ne voit que le sommet en bouquet semé de points blancs ou de blanc rehaussé de jaune, et auquel est nouée une bandelette flottante, chevauche une panthère (en blanc rehaussé de traits et de hachures au trait jaune doré qui imitent le pelage de la bête ; tête de face endommagée) qui bondit les pattes de devant levées ; le dieu est vêtu d'un himation semé d'ornements en demi-cercles ou en crochets qui laisse le buste nu et couvre le bas du corps. Sous la panthère, un terrain montueux est indiqué par deux petites éminences semées de points noirs et de traits irréguliers. Derrière Dionysos marche une Ménade, la tête levée dans une attitude extatique (chairs peintes en blanc et au trait jauni ; chevelure en rouge réservé, ceinte d'une couronne de feuillages en points blancs ; collier en points de noir jauni ; œil de profil), vêtue d'une tunique dorienne serrée à la taille ; de la main gauche baissée elle tient une couronne de fleurs (indiquée en gros points blancs) et porte de la main gauche un thyrse (même bouquet terminal et double bandelette flottante) ; sur le bras gauche elle porte la nébride, reconnaissable au décor en points noirs et traits de noir jauni délayé, imitant le pelage de l'animal. Devant Dionysos marche une autre Ménade la tête levée (même technique et même type), vêtue d'une tunique dorienne ornée de demi-cercles et de dessins imitant des palmettes, tenant de la main droite ramenée en arrière une torche (flamme blanche), à laquelle est attachée une double bandelette flottante, et portant de la main gauche un haut tympanon (même technique en blanc rehaussé de traits jaunes) ; même nébride sur le bras gauche. Elle est précédée par un Silène barbu, plus petit, qui retourne vers elle la tête, en jouant de la double flûte (cheveux en noir jauni, ornés de pampres et de points blancs formant couronne ; œil de profil) ; il est nu avec une chlamyde attachée par devant et rejetée en arrière, s'élevant comme sous l'effet d'un coup de vent jusqu'au-dessus de sa tête. Dans le champ, au-dessus de Dionysos et de la seconde Ménade, sont figurés six feuilles isolées, deux gros bouquets ou gâteaux (?) semés de points noirs, deux grappes de raisin rehaussées de points blancs. — *B.* **Trois éphèbes drapés**; cf. les vases précédents. Même sujet et même style extrêmement négligé. L'éphèbe au centre est tourné vers la droite et sa main droite avancée entre, en l'échancrant, dans le fût d'une colonnette qui, interrompue aussi dans le

haut par la main avancée de l'éphèbe de droite, devait supporter un entablement (trois traits noirs indiquent un triglyphe). A gauche, entre le premier et le second éphèbe, dans le champ, un panier à provisions marqué d'une croix cantonnée de points (cf. G 508).

> Même décor (grecque sans croix ; manchette d'oves autour des attaches d'anses).
> Terre rougeâtre. Même technique de larges touches blanches rehaussées de jaune, comme dans les fabriques d'Italie méridionale. Traces de l'esquisse. Même style plus rapide et moins soigné (extrêmement négligé en B).
> Bon état de conservation. Haut., 0,395 ; diam. sur l'embouchure, 0,255.
> Inv. N 2799 (ED 112). Trouvé dans la région de Naples et entré en 1825 avec la collection Durand. Ce vase faisait partie, en 1808, de la collection de l'impératrice Joséphine à la Malmaison (voir sur cette collection S. Reinach, réédition des *Vases antiq.* de Millin, 1891, p. 6). Il a été publié par Millin, *Peintures de vases antiq.*, I, pl. 60 = S. Reinach, *op. l.*, p. 36. Mentionné par Heydemann, *Pariser Antiken*, p. 39 ; Pottier, *Catal. vas. Louvre*, p. 1121.

G 514. **Cratère de même forme** (même type ; une rainure en clair en haut de la tranche du pied). — Un sujet sur chaque côté du vase. — *A.* **Réunion du thiase bachique.** Une femme assise préside aux ébats de deux Satyres et d'une Ménade qui dansent ; faute d'attributs, elle est difficile à nommer ; peut-être Ariane, la compagne habituelle de Dionysos ? Son visage et ses chairs nues sont peints en blanc rehaussé de traits de jaune doré (cheveux en noir délayé, recouverts d'un cécryphale orné de petits points noirs ; trois gros points blancs sur le devant indiquent une couronne ; bracelets aux bras ; œil de profil, visage éraflé) ; elle est vêtue d'une tunique dorienne, serrée à la taille, le buste orné de larges traits noirs indiquant des broderies, le vêtement soutenu sur les épaules par des liens en bretelles de noir jauni ; elle est assise sur son himation replié (siège non indiqué) et tournée vers la droite, les mains reposant sur les genoux. Derrière elle, allant vers la gauche et retournant la tête (cheveux en boucles ondulées, ceints d'une couronne de pampres en rouge réservé, large bandelette blanche et deux gros points blancs ; œil de profil avec indication de la paupière supérieure), un jeune Satyre imberbe, nu, danse sur le pied gauche en élevant la main droite et élève de la main gauche, au-dessus de la tête de la femme assise, une couronne (faite de points blancs). A droite, devant la femme, un autre Satyre nu (même type) danse en allant vers la droite, la tête retournée et levant la main droite (sa queue de cheval dressée en l'air). A droite, une Ménade (cheveux en noir délayé, ceints d'une bandelette blanche avec deux gros points ; même type, même vêtement, mais sans les chairs peintes en blanc) s'avance en dansant, la main droite levée ; le bas de la tunique s'arrondit et s'enfle au mouvement de ses pieds (le coude gauche coupé par le noir du fond). — *B.* **Trois éphèbes drapés** ; cf. les vases précédents (le style en est encore plus barbare et négligé ; des taches de couleur noire et des coups de pinceau maladroits maculent les vêtements des personnages). Deux éphèbes drapés (cheveux en masse noire, œil de profil) s'avancent vers la droite ; celui de gauche étend la main droite ; le troisième leur fait vis-à-vis, appuyé de la main droite sur une haute canne (une tache noire en point rond sur la joue de chaque personnage).

> Même décor que le précédent et même fabrique (la grecque sous les personnages est ornée au centre d'un carré marqué d'une croix et de points ; pas de cercle incisé sur le pied).
> Terre rougeâtre. Même technique à retouches blanches et traits de jaune doré. Pas d'esquisse visible. Style du IVe siècle.
> Bon état de conservation. Haut., 0,345. Diam. sur l'embouchure, 0,325.
> Inv. N 2780 (ED 110). Trouvé dans la région de Naples et entré en 1825 avec la collection Durand. Ce vase faisait partie en 1808 de la collection de la Malmaison (cf. G 511). Il a été publié par Mil-

lin, *Peintures de vases antiq.*, I, pl. 53 (= S. Reinach, réédition de cet ouvrage, 1891, p. 33). Cf. Pottier, *Catal. vas. Louvre*, p. 1121.

G 515. Cratère de même forme (même type). — Un sujet sur chaque côté du vase. — *A.* **Réunion d'Artémis, Apollon, Hermès et d'un héros (?).** A gauche Artémis en costume asiatique (probablement sous l'aspect de l'Artémis Bendis nouvellement introduite en Attique), coiffée d'un haut bonnet phrygien entouré de pointes (fleurettes en pointillé jaune sur l'étoffe du bonnet et sur la *mitra* qui ceint la tête et dont les bouts retombent en arrière; cheveux en petites mèches ; œil de profil), vêtue d'une tunique courte semée d'étoiles, serrée à la taille par une ceinture et soutenue aux épaules par des bretelles que décorent des rangées de gros points blancs rehaussées de jaune, une chlamyde rejetée dans le dos et fixée par devant au moyen d'une agrafe en gros point de blanc jauni, s'avance vers la droite et s'appuie de la main gauche élevée sur une lance (épieu de chasse). Devant elle Apollon est assis sur un autel à corniche rectangulaire, posé sur un degré (sur la face antérieure large tache et filets noirs avec point de blanc jauni pour exprimer le trou d'écoulement du sang des victimes sacrifiées); il incline légèrement la tête (coiffure en chignon de couleur noire un peu délayée, ceinte d'une guirlande de feuilles blanches rehaussées de jaune; visage féminin; œil de profil avec indication de la paupière supérieure) et maintient du bras gauche contre son corps la hampe d'un grand rameau de laurier (feuilles en rouge réservé et fleurs en points blancs), pendant que sa main droite avancée tient une phiale à libation (en blanc jauni, avec godrons en traits de jaune doré) ; il a le buste nu et le bas du corps enveloppé dans un himation. A droite, un second groupe comprend Hermès, coiffé du pétase (en blanc recouvert d'un ton rosé et retouches de traits blancs ou jaunes ; cheveux en mèches de noir délayé ; œil de profil), le corps nu avec une chlamyde rejetée dans le dos et fixée par devant au moyen d'une grosse agrafe ronde (en blanc rehaussé de jaune), la main droite posée sur la hanche, la main gauche tenant le caducée (en blanc rehaussé de jaune), et un éphèbe qui, allant vers la droite, se retourne comme parlant au dieu ou écoutant ses ordres ; il est nu, avec une chlamyde jetée sur le bras gauche et ramène en arrière un pan que tient sa main droite abaissée, sa main gauche appuyée sur une lance (tache de couleur noire tombée sur le pied droit). On a proposé plusieurs explications pour ce personnage (guerrier grec, Thésée, Ion), mais elles restent incertaines. — *B.* **Trois éphèbes drapés**, cf. les vases précédents. A gauche, éphèbe enveloppé dans son himation ; au centre, éphèbe le corps de face, drapé dans un himation qui dégage le côté droit et appuyé de la main droite sur une canne (tige fléchie), retournant la tête vers un troisième éphèbe qui s'approche (même type, même costume, même canne) ; dans le champ, disque marqué au centre d'un trait en double T (figuration conventionnelle d'une paire de haltères). Les trois personnages ont la tête ceinte d'une bandelette blanche (cheveux en noir et mèches de noir délayé ; œil de profil).

Même décor que dans G 503 (la grecque circulaire semée de croix en X ; zone claire en haut et en bas de la tranche du pied).
Terre claire et un peu grise. Emploi des retouches en blanc, rose, jaune. Esquisse visible. Style du début du IVe siècle (plus négligé en B).
Bon état de conservation. Haut., 0,40 ; diam. sur l'embouchure, 0,38.
Inv. N 2791 (ED 99). Trouvé dans la région de Naples et entré en 1825 avec la collection Durand. Ce vase faisait partie en 1808 de la collection de la Malmaison ; cf. G 511 et 514. Il a été publié par Millin, *Peintures de vases antiq.*, I, pl. 46 (= S. Reinach, réédition de 1891, p. 28) ; Müller-Wieseler, *Denkmaeler der alt. Kunst*, II, n° 142 ; Panofka, *Heilgötter*, pl. 1, n° 10 ; Lenormant et de Witte, *Élite céramographiq.*, II, pl. 88, A, p. 287 Apollon Patrôn

et les Amazones vaincues par Thésée). Mentionné par Stephani, *C. rendu de Saint-Pétersbourg*, p. 1873, p. 203, 211 (deux guerriers, un asiatique, un grec consultant l'oracle d'Apollon) ; Overbeck, *Griechische Kunstmythol.*, t. III, p. 326, n° 43 (voyage d'Apollon chez les Hyperboréens) ; Heydemann, *Pariser Antiken*, p. 38 ; Furtwaengler, *Collect. Sabouroff*, Introduct. aux vases, p. 15 et note 9 (Diane, Apollon, Hermès et Ion) ; Pottier, *Catal. vas. Louvre*, p. 1121.
Vue d'ensemble avec le sujet A dans notre pl. 152.

G 516. Cratère de même forme (ce vase presque entièrement refait appartenait à la même catégorie, mais les parties antiques y sont peu nombreuses). — Un sujet sur chaque côté du vase. — *A.* **Apollon avec Marsyas (?) et les Muses.** Le personnage assis près de l'arbre a le type de Marsyas et tient des flûtes, mais il est fortement restauré et par conséquent son nom reste douteux. A gauche, deux Muses conversent ; la première (cheveux en noir rougi, cachés en arrière dans un cécryphale, ceints d'une couronne de feuilles en rouge réservé et quelques retouches blanches ; œil de profil), vêtue d'une tunique dorienne à rabat serré à la taille (parties restaurées), tient de la main gauche basse une lyre (quatre cordes en trait noir) et de la main droite étendue vers son compagnon un rouleau (texte de la musique à jouer ou à chanter) ; l'autre Muse (même type, même coiffure, même costume), le corps de face, la jambe gauche croisée sur l'autre partie restaurée), la main gauche près de la hanche, la main droite ramenée vers l'épaule (très grandes mains mal dessinées), tourne la tête vers la précédente. Au centre se dresse un arbre à deux rameaux feuillus (celui de droite refait), au pied duquel est assis un homme nu dont il ne reste que le bas du bras droit, la jambe droite, le mollet gauche (restauré en Marsyas tenant la double flûte). A droite, Apollon sous les traits d'un éphèbe (cheveux en masse noire, ceints d'une couronne de lauriers ; barbe légère sur le haut de la joue, œil de profil), le corps nu de face, tient de la main gauche une lyre (six cordes) sur laquelle il pose les doigts et porte sur son épaule droite un long rameau de laurier (le personnage fortement restauré n'a de parties antiques que la tête, le buste nu, la lyre avec la main gauche et le haut du rameau). Derrière lui s'avance une troisième Muse, portant un grand coffret (panneau en deux zones avec carrés noirs et traits de noir jauni) sur son bras gauche (même type avec deux feuilles seulement dans les cheveux, sans cécryphale, même costume ; tout le bas du personnage depuis la taille refait ; la main droite pendante est antique). — *B.* Tout le sujet est refait d'après les précédents modèles (trois éphèbes drapés).

Les parties antiques sont peu nombreuses dans le décor : un rinceau près de l'anse, à gauche du sujet A ; quelques morceaux de la grecque circulaire qui était mêlée de croix en damier. Tout le reste, y compris le pied, les anses, la plus grande partie de la panse et le rebord, est refait. Ce sont les morceaux d'un vase insérés dans une restauration complète. Haut., 0,315 ; diam. sur l'embouchure, 0,35 (dimensions sans valeur à cause des restaurations).
Inv. N 2989 (ED 121). Trouvé en Italie et entré en 1825 avec la collection Durand. Il était depuis longtemps connu. Passeri l'avait publié, en 1775, dans ses *Pictur. Etrusc. in vasculis*, III, pl. 244, quand il était dans la collection Gori de Florence. En 1808 il se trouvait dans la collection de l'impératrice Joséphine à la Malmaison (cf. G 511, 514, 515) et Millin le publia dans ses *Peintures de vas. antiq.*, pl. 6 (cf. S. Reinach, réédition de 1891, p. 8) ; cf. aussi Inghirami, *Pitture vasi etruschi*, 1856, IV, p. 37, pl. 325 ; Lenormant et de Witte, *Élite des monum. céramogr.*, II, p. 211, p. 70 ; Overbeck, *Kunstmythologie*, III, p. 422 (qui a signalé les réserves à faire à cause des restaurations) ; *Atlas*, pl. 24, n° 19. Mentionné par Gerhard, *Antike Bildwerke*, p. 225 ; Stephani, dans *C. rendu Saint-Pétersbourg*, p. 1862, p. 106 ; Heydemann, *Pariser Antiken*, p. 38 ; O. Bie, *Die Musen in der antik. Kunst*, p. 11 ; Jessen, art. *Marsyas* dans *Lexikon der Mytholog.* de Roscher, II, p. 2450 ; Pottier, *Catal. vas. Louvre*, p. 1121.

G 517. Cratère de même forme (même type). — Un sujet sur chaque côté du vase. — *A.* **Éros au milieu de**

Ménades dansant. C'est l'introduction du cycle d'Aphrodite dans le cycle de Dionysos, élément particulier à la religion du ive siècle. A gauche une Ménade, le pied gauche posé sur une éminence de terrain (indiquée par un trait de blanc effacé), vêtue d'une tunique serrée à la taille, la tête penchée (cheveux en mèches de noir jauni, ceints d'une bandelette en blanc rehaussé de jaune, avec feuilles de lierre en rouge réservé et gros points de blanc jauni ; grande boucle d'oreille en anneau ; œil de profil avec indication de la paupière supérieure), tient des deux mains relevées une large bandelette (en blanc terni) dont les bouts sont ornés de liens ondulés qui pendent (bracelets en blanc jaune aux deux poignets). Devant elle se dresse un autel rectangulaire (peint tout en blanc), posé sur un degré, la face antérieure ornée d'une guirlande en traits jaunis, sur lequel est déposée une guirlande de lierre (feuilles en rouge réservé, tige et baies en blanc effacé). Au-dessus de l'autel vole un Éros (tout entier peint en blanc), retournant la tête vers la gauche (cheveux en ton jauni ; grandes ailes déployées avec détails des plumes en trait jaune doré ; ton rose sur la cuisse droite), tenant de la main gauche un tympanon (même technique avec traits jaunis ; sur le pourtour effilés de blanc effacé) qu'il bat de la main droite. Devant lui, à droite de l'autel, danse une Ménade (cheveux en noir jauni, serrés par des liens entrecroisés en rouge réservé avec des points blancs indiquant des fleurs ou baies ; même boucle d'oreille ; bracelet en blanc jaune au poignet gauche, bracelet en trait noir au poignet droit ; même facture d'œil) qui élève de la main gauche une bandelette en points blancs et porte de la main droite une guirlande de lierre (semblable à celle qui orne l'autel) ; elle est vêtue d'une tunique dorienne à rabat serré par une ceinture dont les plis s'envolent et tournoient autour d'elle. A droite et lui tournant le dos, une autre Ménade complètement enveloppée dans son himation qui recouvre une tunique talaire, un pan rejeté sur le dos, danse sur la pointe des pieds en levant la tête rejetée en arrière dans un mouvement extatique (cheveux en noir jauni serrés par un double lien en blanc effacé ; trois points de blanc jauni sous le chignon ; boucle d'oreille ronde avec point central blanc ; collier en points noirs et touche de blanc central ; même facture d'œil). Au-dessus. dans le champ, court une guirlande de lierre (même technique que précédemment). — *B.* **Trois éphèbes drapés** ; cf. les vases précédents. Entre deux éphèbes vêtus d'un himation qui dégage le côté droit et tenant de la main droite avancée un strigile (cf. G 509), éphèbe drapé de la même manière et tenant de la main droite abaissée un aryballe entouré de liens en couleur blanche effacée (même type pour les trois ; cheveux en masse noire, œil de profil).

Même décor (manchettes d'oves autour des attaches d'anses ; sous les personnages grecque circulaire mêlée de croix en damier ; motif floral en palmette, accosté de deux rinceaux sous les anses ; trait incisé en clair sur le plat du pied). Partie rougie dans le fond intérieur du vase.

Terre rougeâtre. Large emploi du blanc avec retouches en jaune et en rose. Traces de l'esquisse. Style rapide du ive siècle (plus négligé en B).

Assez bon état de conservation ; un morceau du rebord recollé. Haut., 0,29 ; diam. sur l'embouchure, 0,27.

Inv. N 2843 (ED 134). Trouvé dans la région de Naples et entré en 1825 avec la collection Durand. Ce vase faisait partie en 1802 de la collection du comte de Paroi, formée à Naples. Il a été publié par Millin, *Monuments antiq. inédits*, 1, p. 133, pl. 16 ; Lenormant et de Witte, *Élite céramographique*, IV, p. 190, pl. 61. Mentionné par Heydemann, *Pariser Antiken*, p. 38 ; Pottier, *Catal. vas. Louvre*, p. 1122.

Vue d'ensemble avec le sujet B dans notre pl. 153.

G 521. Cratère de même forme (même type). — Un sujet sur chaque côté de la panse. — *A.* **Scène de banquet de cinq convives avec un Éros.** Deux lits de repos sont placés bout à bout (pieds droits, traverse supérieure ornée de rosaces de points noirs), devant lesquels sont disposées deux petites tables (trois pieds largement évasés à la base, réunis par une traverse inférieure ; même décor en points) chargées de mets (pains longs, gâteaux en forme de fusaïoles et de pyramides, accostés de points, le tout en ton blanc rehaussé de jaune) ; le sol lui-même est semé de tiges fleuries et de points blancs rehaussés de jaune ou de feuilles en rouge réservé sur tiges blanches, indiquant que la scène se passe dehors, dans un jardin ou une prairie. Sur le lit de gauche sont couchés un éphèbe et un homme barbu ; l'éphèbe, relevant ses jambes étendues vers la gauche (coupées par les oves en manchette autour de l'anse), retourne la tête vers la droite (cheveux en noir délayé, couronne de feuillages en rouge réservé avec gros points blancs rehaussés de jaune ; œil de profil avec indication de la paupière supérieure), appuyé du coude gauche sur deux coussins empilés (décor en larges bandes noires et traits ondulés de noir jauni) et tenant de sa main droite élevée une coupe dans l'anse de laquelle il a passé l'index pour le jeu du kottabos, le haut du corps nu (pectoraux restaurés) avec un himation enveloppant les jambes ; l'homme barbu avec la même attitude, le même geste (le haut de la coupe entre dans la bande d'ornements), le même costume (tout le devant du corps nu et le bras gauche restaurés), la même coiffure (couronne en large bandeau blanc, accosté de deux rangées de points blancs ; même facture d'œil), retourne la tête vers un Éros qui enjambe d'un lit sur l'autre, le corps tout entier peint en blanc (rehaussé de traits en jaune doré), les ailes largement déployées (en rouge réservé), tenant de la main gauche un tambourin marqué d'une croix au centre (pourtour orné de gros points blancs et jaunes) qu'il bat de la main droite, en retournant la tête vers les précédents personnages (cheveux en ton jauni et mèches noires, ceints d'une bandelette de blanc jaune ; type féminin, œil de profil). Sur le lit de droite sont couchés trois personnages : un éphèbe (même costume que les précédents ; le buste nu, une partie du bras et de l'himation restaurés), appuyé du coude gauche sur deux coussins comme les précédents, tient de la main droite une grande phiale à godrons, la tête vers la gauche (même type que le premier ; bandelette en blanc jaune sur la couronne de feuillages) ; un autre éphèbe (même attitude, même costume, le buste et tout le bras gauche avec la main tenant une phiale restaurés), la tête vue de trois quarts (boucles de noir jauni et gros points blancs sur la couronne de feuillages), élève de la main droite un rhyton terminé en tête d'animal (panse cannelée) ; un homme barbu (même costume, buste nu restauré et coupé à droite par les oves de l'attache de l'anse), dans la même attitude (un seul coussin visible), élève de la main droite un accessoire (coupe?) orné d'un ruban blanc jaune (type barbu semblable à l'autre avec semis de points blancs sur la couronne de feuillages, même facture d'œil). — *B.* **Trois éphèbes drapés** ; même sujet que dans G 518 (le haut du corps et le visage restaurés chez les trois) ; entre l'éphèbe de gauche et celui du centre, figuration sommaire d'aryballe placé dans le champ.

Même décor (pas de motif floral ; sous les personnages bande en grecque semée de croix en damier). Partie rougie dans le fond intérieur.

Terre rougeâtre pâle. Emploi de larges retouches de blanc et de blanc rehaussé de jaune. Pas d'esquisse visible. Style rapide du ive siècle (plus négligé en B).

Plusieurs parties recollées et restaurations assez importantes. Haut., 0,405 ; diam. sur l'embouchure, 0,41.

Inv. N 2803 (ED 105). Trouvé dans la région de Naples et entré en 1825 avec la collection Durand. Ce vase faisait partie en 1808 de la collection de la Malmaison (cf. G 511, 514, 515, 516) ; il a été publié par Millin, *Peintures de vases antiq.*, II, pl. 58(= S. Reinach, réédition de 1891, p. 76, avec la bibliographie) ; Panofka, *Recherches* sur les noms de vases, pl. 7, n° 37 ; Becker, *Chariklès*, II, pl. 3, fig. 2. Mentionné par Minervini, dans *Bull. Napoletano*, 1843, p. 93 ; Meister de Ravestein, *Musée Ravestein*, III, p. 67 ; Hirt, *Bilderbuch*, p. 213 ; O. Jahn, dans *Philologus*, XXVI, p. 233 G ; Stephani, *C. rendu de Saint-Pétersbourg*, p. 1869, p. 227, n° 28 ; Heydemann, *Pariser Antiken*, p. 39 ; Pottier, *Catal. vas. Louvre*, p. 1121.

G 526. Cratère de même forme (même type ; mais le pied mince et élevé ; tout le haut du vase et les anses sont refaits). — Un sujet sur chaque côté du vase. — *A*. **Hercule et le taureau de Crète (ou Thésée et le taureau de Marathon).** Au centre, le héros nu (figure restaurée et refaite dans la tête, le buste et une partie des jambes ; le bout, avec effilé et points blancs, de la bandelette qui ceignait les cheveux est antique), vu de face, le corps rejeté en arrière et arc-bouté sur la jambe gauche, tient de la main droite sa massue (le gros bout en l'air ; touches noires pour les nodosités) et saisit de la main gauche les liens (en blanc) qu'il a passés, pour le garrotter, autour du taureau qui s'affaisse derrière lui (tout entier peint en blanc, traits en jaune doré ; une grande partie de la tête et de l'avant-corps refaits). Au-dessus de la tête de l'animal vole une Niké (les chairs en blanc ; poitrine et bras refaits ; cheveux en noir jauni, ceints d'une bandelette blanche dont les bouts avec effilés retombent par derrière) ; elle a les ailes déployées (en rouge réservé, l'aile droite refaite) ; vêtue d'un himation qui dégage le buste, elle apporte des deux mains étendues une bandelette blanche (en partie refaite ; blanc rehaussé de jaune et effilés). Derrière le héros, à gauche, un homme barbu (cheveux en noir jauni, ceints d'une guirlande blanche de feuillages ; œil de profil), vêtu d'un himation qui laisse le haut du corps nu, s'appuie sur une haute canne. A droite, derrière Niké, est assise Athéna (pas de siège visible), coiffée du casque (avec panache flottant et visière relevée, ceint d'une guirlande blanche de feuillages) d'où s'échappent des boucles de cheveux (en noir délayé jauni et très pâli), vêtue d'une tunique sur laquelle est jeté un himation enveloppant les jambes (collier en points blancs autour du cou ; boucle d'oreille à pendeloque en trait blanc ; bracelets en blanc aux deux poignets ; œil de profil) ; du bras gauche elle s'appuie sur son bouclier posé en terre et de la main droite élevée elle tient la lance. — *B*. **Trois éphèbes drapés** ; cf. les vases précédents. Entre deux éphèbes vêtus d'un himation, avançant le bras droit, un éphèbe tourné vers la droite tient un tambourin (?), marqué au centre d'une croix cantonnée de points (le haut restauré). Dans le champ, devant lui, un disque rond marqué de deux points noirs, que paraît tenir l'éphèbe de droite (si les liens de suspension ont disparu), pourrait être un autre tympanon (?). Les têtes des deux derniers personnages sont refaites (le visage du premier sommairement indiqué, cheveux en masse noire).

Le haut du vase et les anses étant refaits, il n'y a d'antique dans le décor qu'une bande sous chaque sujet, en grecque ayant au centre une croix en damier.
Terre rougeâtre. Emploi des retouches blanches avec trait jaune doré. Traces de l'esquisse. Style courant du ıv⁰ siècle (très négligé en B).
Nombreuses réparations et restaurations. Haut., 0,385 ; diam. sur l'embouchure, 0,36 (dimensions sans valeur réelle à cause des restaurations).
Inv. N 2795 (ED 111). Trouvé dans la région de Naples et entré en 1825 avec la collection Durand. Il faisait partie en 1808 de la collection de la Malmaison (cf. G 511, 514, 515, 516, 521) et a été publié par Millin, *Peintures de vas. antiq.*, I, pl. 43 (= S. Reinach, réédition de 1891, p. 27, avec l'explication de Millin, Thésée et le taureau de Marathon) ; *Galerie mythologique*, pl. 129, n° 485 ; *Magasin encyclopédique*, 1809, II, planche de la p. 235 ; Inghirami, *Pitture vasi etrusc.*, IV, p. 92, pl. 376 ; Guigniaut, *Relig. de l'antiquité*. pl. 197, n° 699 ; Hirt, *Götter und Heroen*, pl. 27, n° 234. Mentionné par Carelli, *Magasin encyclopédique*, 1803, II, p. 228 (notice des monuments envoyés au Premier Consul par S. M. le Roi des Deux-Siciles); Millingen, *Peintures de vases*, p. 22 ; Stephani, *Der Kampf zwischen Theseus und Minotauros*. p. 50, n° I ; *C. rendu de Saint-Pétersbourg,*

p. 1874, p. 151, n° 4 ; Jatta, *Vasi italo-greci del S. Caputi di Ruvo*, 1877, p. 105 ; Heydemann, *Pariser Antiken*, p. 38 ; Pottier, *Catal. vas. Louvre*, p. 1122.
Vue d'ensemble avec le sujet A dans notre pl. 154.

G 527. Cratère de même forme (même type avec le bas de la panse aminci, le pied à tore double en haut et en bas). — Un sujet sur chaque côté du vase, — *A*. **Niké conduisant un guerrier apobate sur son quadrige.** Quatre chevaux lancés au galop vers la gauche sont attelés à un char dans lequel sont montés Niké ailée et un guerrier placé à sa gauche qui exécute l'exercice de l'*apobate* (voir l'article *Desultor* dans le *Dict. des Antiq.* de Saglio). Les chevaux se présentent en échelons les uns à côté des autres, deux points en blanc alternant avec deux en rouge réservé ; ils ont tous quatre les deux jambes de devant levées et un toupet de poils dressé sur le haut de la tête; toutes les rênes, réunies dans les mains de Niké, sont en blanc. Les deux chevaux en rouge ont un harnais de poitrail noir avec points blancs ; d'autres points blancs sont semés sur leurs têtes (indication d'ornements métalliques?; le bout des jambes du premier cheval se perd dans les ornements de côté). Les deux chevaux blancs sont rehaussés de touches et de traits en jaune doré (cercle irrégulier sur la croupe du second cheval, qui pourrait être une marque imprimée au fer). Sous leurs pieds le terrain est figuré par des traits blancs curvilignes. En avant d'eux, dans le champ, est jetée une double palme, symbole de la victoire remportée dans les jeux. Le guerrier imberbe (cheveux en noir jauni, œil de profil), coiffé d'un casque à crinière et à panache flottant (peint en blanc rehaussé de traits jaunes ; indication d'une guirlande de feuillages à la base du cimier, d'un serpent sur le timbre du casque avec jugulaire en double lien blanc noué sous le cou et retombant sur la poitrine), le corps nu, porte sur le bras gauche un bouclier qui disparaît en partie dans les ornements à droite (décor du pourtour en pointillé noir et gros points blancs, décor du centre en languettes de blanc jauni) ; il est en train de descendre ou de remonter sur le char, qui court à toute vitesse, le pied gauche encore près du sol, il se cramponne de la main droite à la rampe antérieure du char (décoration de la caisse en crochets de noir jauni ; grande roue à quatre rayons, coupés à droite par les ornements). A sa droite est debout Niké (les chairs en blanc avec tons jaunâtres), aux ailes largement déployées (décor en pointillé sur les parties supérieures), penchée et tenant des deux mains les extrémités des rênes blanches (cheveux en noir jauni, ceints d'une guirlande en points blancs et gros points noirs, œil de profil), vêtue d'une tunique sans manches. — *B*. **Trois éphèbes drapés** ; cf. les vases précédents. Tous trois sont vêtus d'un himation (cheveux en masse noire ceints d'une bandelette blanche, le visage à peine indiqué, sans yeux ni bouche). Les deux premiers, tournés vers la droite, tiennent de la main droite une bandelette blanche, terminée à chaque bout par trois points de blanc jauni. Le troisième vient à leur rencontre ; une bandelette pareille est suspendue devant lui dans le champ.

Même décor que G 518 (motif floral en deux palmettes superposées). Partie rougie dans le fond intérieur.
Terre rougeâtre. Large emploi du blanc avec retouches de jaune. Traces de l'esquisse. Style rapide du ıv⁰ siècle (extrêmement négligé en B).
Bon état de conservation. Haut. 0,39 ; diam. sur l'embouchure, 0,41.
Inv. N 2680 (ED 103). Trouvé dans la région de Naples et entré en 1825 avec la collection Durand. Il faisait partie en 1808 de la collection de la Malmaison (cf. G 511, 514, 515, 516, 521, 526) et a été publié par Millin, *Peintures de vases antiq.*, I, pl. 24 = S. Reinach, réédition de 1891, p. 17) ; Inghirami, *Pitt. di vas. etruschi*, III, p. 53, pl. 223. Mentionné par Millingen, *Vas. de la coll. Coghill*, p. 13 ; Welcker, dans *Annali Inst.*, 1834, p. 306, note 1 ;

Roulez, *Choix de vas. de Leyde*, p. 74, note 13 (qui a bien expliqué l'exercice de l'apobate) ; Knapp, *Nike in der Vasenmalerei*, p. 65 ; Heydemann, *Pariser Antiken*, p. 38 ; Pottier, *Catal. vas. Louvre*, p. 1121.

G 528. Cratère de même forme (même type). — Un sujet sur chaque côté du vase. — *A.* **Concours des cavaliers à la fête des Héraia** (voir le *Dict. des Antiq.* de Saglio, au mot *Heraia*, p. 76). Dans cette fête avait lieu le concours de l'ἀσπίς, que l'on a cru reconnaître dans la scène ici figurée : on attachait un bouclier à un poteau et les cavaliers défilaient à grande vitesse, lançant leur javelot en passant pour atteindre ce but ; les Éros qui apportent des récompenses pour les vainqueurs prouvent, en effet, qu'il s'agit ici d'un concours dans des jeux. — A gauche un éphèbe (cheveux en noir délayé avec couronne de feuilles en rouge réservé sur une tige de couleur blanche et baies en points blancs ; œil de profil et indication de la paupière supérieure), vêtu d'une courte tunique blanche (détails en trait jaune doré) serrée par une ceinture noire, est monté sur un cheval au galop (traces du dépôt rougeâtre ; la queue perdue dans les ornements en manchette autour de l'anse) ; il tient de la main gauche les rênes du cheval et ramène en arrière le bras droit qui tient le javelot (ce bras coupé par le fond noir, ainsi que le javelot dont on ne voit que la pointe dirigée en avant) ; au-dessus du cheval vole un Éros (le visage et le corps en blanc avec traits jaunes ; cheveux en noir délayé, ceints d'une bandelette blanche avec points blancs ; œil de profil ; grandes ailes de profil en rouge réservé) qui, de la main droite étendue, tient une couronne (tige et feuillages en blanc). Au centre, un autre éphèbe (même type, même coiffure, même costume), monté sur un cheval semblable (touches blanches et points blancs sur la tête, cf. G 527) ; mêmes traces rougeâtres), tient de la main gauche les rênes et lève la main droite tenant le javelot (le haut de la hampe entre dans les ornements du rebord) qu'il darde vers le but ; sous son cheval gisent les morceaux de deux lances brisées en trois fragments ; au-dessus du cheval vole un Éros (mêmes détails), apportant à deux mains une bandelette blanche à bouts effilés. Le but est dressé devant la tête du cheval au galop, composé d'un pieu planté en terre au sommet duquel est accroché un bouclier vu de profil (en blanc rehaussé de traits jaunes), orné au centre d'une couronne de feuillages et sur le pourtour d'une zone d'oves. A droite, un troisième éphèbe, qui a dépassé le but et déjà lancé son javelot (même type), vêtu d'une tunique décorée de points, de bordures en crochets, monté sur un cheval semblable (mêmes détails en blanc sur la tête), tient de la main gauche les rênes et élève la main droite sur la tête de son cheval. — *B.* **Trois éphèbes drapés** ; cf. les vases précédents. Deux éphèbes s'avancent vers la droite, enveloppés dans un himation (cheveux en masse noire, traits du visage à peine indiqués) : entre eux, dans le champ, figuration sommaire du panier à provisions marqué d'une croix (pour rappeler le réseau du filet enveloppant). A droite, un troisième éphèbe (même type) vient à leur rencontre, la main droite étendue.

Même décor (motif floral sous l'anse en deux palmettes superposées et accostées de rinceaux ; sous les personnages grecque circulaire mêlée de croix en damier) ; partie rougie dans le fond intérieur.

Terre pâle, un peu grise. Emploi des larges retouches blanches avec traits de jaune doré. Traces de l'esquisse. Style courant du ıv^e siècle (très négligé en B).

Bon état de conservation. Haut., 0,405 ; diam. sur l'embouchure, 0,405.

N 2076 (ED 98). Trouvé dans la région de Naples et entré en 1825 avec la collection Durand. Ce vase faisait partie en 1808 de la collection de la Malmaison (cf. G 511, 514, 515, 516, 521, 526, 527) et a été publié par Millin, *Peintures de vases antiq.*, I, pl. 45 (= S. Reinach, réédition de 1891, p. 28) qui y voyait une représentation du *ludus trojanus* ; Welcker, *Alte Denkmaeler*, III, p. 512, pl. 35. n° 2 (avec une meilleure interprétation du sujet) ; *Dict. des antiq.* de Saglio, article *Heraia* (Couve), p. 76, fig. 3752. Mentionné par Carelli *Magasin encyclopédique*, 1803, II, p. 226 ; Stephani, *C. rendu Saint-Pétersbourg*, p. 1874, p. 152, n° 4 ; p. 218, n° 5 ; *Ibid.*, p. 1876, p. 104, n° 4 ; Heydemann, *Pariser Antiken*, p. 38 ; Pottier, *Catal. vas. Louvre*, p. 1122.

G 529. Cratère analogue à la forme dite stamnos (type particulier dont je ne connais pas d'autres exemplaires en dehors de G 529 et G 530 ; l'intérieur du vase contient une embouchure de cratère de la forme dite kalpis, que le haut rebord extérieur dissimule aux yeux ; le pourtour de cette embouchure est percé de cinq trous (de suspension? mais sans doute modernes ; cf. G 530) ; pied rond et peu débordant, façonné en dessous comme un rebord de cothon ; anses larges et coudées droit en haut de la panse). — Un sujet sur chaque côté du vase et une frise circulaire autour du rebord supérieur. — *A.* **Dionysos avec une Ménade et deux Silènes.** A gauche un Silène barbu et nu (cheveux et barbe en mèches de noir délayé, le front dégarni, couronné de pampres en rouge réservé ; œil de profil avec indication de la paupière supérieure), la main droite sur la hanche, se penche, la main gauche baissée, vers Dionysos assis devant lui et retournant la tête de l'autre côté. Le dieu imberbe (cheveux en boucles de noir délayé et jauni, couronnés de pampres ; œil de profil), le corps nu posé de trois quarts, est assis sur son himation en s'appuyant sur le coude gauche (pas de siège visible), la main droite élevée et posée sur le haut d'un sceptre ou la hampe d'un thyrse (l'ouvrier chargé d'exécuter le fond noir a maladroitement empiété sur la hampe en rouge réservé et peut-être a-t-il supprimé le bouquet terminal) ; derrière lui se dresse un arbrisseau aux rameaux tortus sans feuillages. A droite, un groupe de Ménade battant du tympanon et de Silène dansant : la Ménade, la tête inclinée, la chevelure dénouée et flottant en arrière (cheveux en mèches et longues boucles de noir délayé ; œil de profil), vêtue d'une tunique dorienne à long rabat serré à la taille, esquisse un léger mouvement de danse, le pied gauche soulevé en arrière, soutenant de la main gauche le tambourin (guirlande sommairement indiquée au centre) qu'elle bat de la main droite ; devant elle le Silène, barbu et nu, le corps penché, la tête relevée (même type que l'autre), danse la jambe droite levée, la main droite basse et étendue, la main gauche rejetée en arrière et levée, le bras couvert de la pardalide qui pend (mouchetures et traits de noir jauni pour imiter la peau de panthère) ; en arrière-plan, un thyrse est jeté obliquement sur le sol. Au-dessus des personnages, dans le champ, sont suspendus des accessoires : à gauche, une sorte de berceau de pampres (?) sommairement indiqué un une grappe de raisin (en noir opaque) ; à droite, deux grappes de raisin (même technique). — *B.* **Combat de deux Arimaspes contre un griffon.** Au centre se dresse, tourné vers la gauche, un grand griffon (le corps peint en blanc rehaussé de traits jaunes, avec retouches roses sur le corps, le bec d'oiseau, les cornes et la crête) aux ailes vues de profil (rouge réservé, décor en lignes de points noirs), qui des griffes de sa patte droite dressée laboure le poitrail du cheval lancé contre lui. A gauche, un Arimaspe en cavalier asiatique, imberbe, coiffé d'un bonnet phrygien, la tête inclinée (cheveux en longues boucles de noir délayé s'envolant en arrière ; œil de profil), est vêtu d'une tunique courte à rabat (orné de deux grosses rosaces en étoiles) passée par-dessus les anaxyrides qui couvrent les bras et les jambes (décor en petits cercles), avec un court manteau qui, attaché sous le cou, flotte en arrière ; il est monté sur un cheval qui galope, les deux jambes de devant levées (traces de ton rougeâtre) et, tenant de la main gauche basse les rênes, il darde de la main droite élevée sa lance contre le griffon. Par terre, sous les pieds des deux bêtes, est jeté un bouclier asiatique de forme échancrée (au centre une rosace en étoile) ; un rinceau en volute dressé à côté d'un mouvement de terrain irrégulier indique un sol montueux. A droite, un autre Arimaspe (même type et même coiffure) combat à pied, soulevant des deux mains au-dessus de sa tête une hachette qu'il va assener sur la croupe du griffon ; son pied droit est posé sur une éminence du terrain ; il a le même costume que l'autre avec quelques variantes (tunique plus longue, rabat orné d'une figure de sphinx aux ailes recoquillées et à deux corps affrontés ; manteau plus long, flottant en arrière avec les deux manches écartées et décoré de traits ondulés en noir délayé). — *C.* Sur la frise circulaire, **Combats d'Arimaspes contre des griffons**. Le sujet est divisé en quatre sujets d'inégale importance. 1º Un Arimaspe à cheval (même type et même attitude qu'en B, sans manteau) lève la main droite comme pour darder sa lance (absente) contre un groupe de deux griffons occupés à dévorer un cheval abattu. A gauche, derrière le cavalier et séparé de lui par un arbrisseau à rameaux sans feuilles, accourt un troisième griffon (tout entier en rouge réservé), bondissant au-dessus d'un bouclier asiatique échancré qui gît sur le sol. Dans le groupe des deux griffons peints en blanc sauf les ailes (même type et même technique qu'en B), l'un retourne la tête vers le cavalier qui va l'attaquer, l'autre mord à la tête le cheval abattu sur lequel ils ont enfoncé leurs griffes. A droite, un second Arimaspe barbu (cheveux et barbe en masse noire, sans bonnet, œil de profil avec indication de la paupière supérieure) tient de la main gauche par son attache intérieure un bouclier asiatique échancré et lève le bras droit armé d'une épée pour en frapper le griffon (même costume que les précédents, sans manteau, avec rabat décoré d'une figure de sphinx semblable) ; son pied gauche est posé sur une déclivité du sol montueux. 2º Un griffon blanc (même type), les pieds de derrière posés sur le même terrain qui se termine par un rinceau à volutes, attaque avec ses griffes de devant un Arimaspe imberbe qui, le genou gauche posé sur une éminence rocheuse (trois taches noires et traits en noir délayé rougi), se rejette en arrière et se défend, l'épée haute dans la main droite passée par-dessus sa tête (cheveux en masse noire, œil de profil ; costume analogue, sans broderies ni manteau) ; entre lui et le griffon, dans le champ, le haut d'un arbrisseau à branches sans feuilles. 3º Un cheval non monté, mais harnaché et portant encore une nébride flottante qui servait de manteau au cavalier, court vers la droite ; un bouclier asiatique échancré gît sur le sol au-dessous de lui ; dans le champ, arbrisseau semblable à rameaux sans feuilles. Le cavalier démonté est en train de se défendre contre un griffon blanc (même type) qui l'attaque à droite ; il a le genou droit posé sur un massif rocheux et, de la main gauche élevée, il tient par les attaches intérieures son bouclier échancré pour se protéger ; sa main droite abaissée est sans arme (coiffure en bonnet phrygien et boucles de cheveux en noir délayé, œil de profil, tunique courte serrée à la taille et anaxyrides) ; sous le griffon, dans le champ, un ornement en disque orné d'une croix cantonnée de quatre points (accessoire appelé « la baïle mystique » par les anciens interprètes des vases apuliens et qui est un ornement de remplissage, une sorte de rosace sommairement indiqué ; cf. G 530) ; à droite un second Arimaspe imberbe (même type et même costume que celui du groupe nº 2, mais avec broderie au centre du rabat de sa tunique représentant un sphinx à deux corps affrontés comme précédemment) marche sur un terrain montueux, tenant son bouclier de la main gauche et brandissant son épée haute par-dessus sa tête pour en frapper la croupe du griffon.

4º Un griffon blanc (même type), la patte posée sur un rinceau sortant du sol, attaque les deux chevaux d'un char, l'un peint en blanc (détails au trait jaune ; une touche en rose sur la jambe droite levée), l'autre en rouge réservé, qui s'avancent au galop ; sous les chevaux gît sur le sol un bouclier asiatique échancré (décor de rosace en étoile au centre) ; au-dessus d'eux, le haut d'un arbrisseau aux branches sans feuillage ; sur le char (tablier décoré d'un pointillé noir) vu de trois quarts est monté un aurige asiatique (type imberbe, cheveux en masse noire, œil de profil avec indication de la paupière supérieure), vêtu d'une longue tunique serrée à la taille (avec manches décorées de traits ondulés) ; il retourne la tête vers le groupe qui suit (notre nº 1), la main gauche avancée pour tenir les rênes (non figurées) et levant sa main droite armée d'une hachette (?), dont on ne voit que le manche (?).

Le dessus du rebord supérieur en clair ; tout l'intérieur du vase en noir. Un filet en clair au-dessus et au-dessous de la frise circulaire du haut ; un filet saillant noir au-dessus de la panse. Les anses en noir sur la partie extérieure, en clair par-dessous ; bande verticale d'oves le long des attaches des anses. Bande d'oves au-dessus des sujets A et B ; grecque circulaire, mêlée de croix en X cantonnés de points ou de petits angles, sous ces sujets. Grand motif floral en large palmette accostée de deux autres palmettes entourées de rinceaux, sous chaque anse. Filet incisé en clair à la base de la panse.

Terre claire, un peu grise, avivée par le lustre qui a laissé de nombreuses traces du dépôt rougeâtre ; cf. *Catalogue des vases du Louvre*, p. 682. Large emploi des retouches blanches avec traits de jaune doré et tons roses. Traces de l'esquisse. Bon style du IVᵉ siècle. Même fabrique que G 530 et formant avec lui une paire de vases ; cf. *Catalogue des vases du Louvre* p. 661.

Très bon état de conservation. Haut., 0,435 ; diam. dans l'embouchure, 0,37 ; diam. de l'embouchure intérieure en forme de kalpis, 0,17. (Inv. CA 229.) Ce vase forme un pendant exact avec le suivant ; sur les paires de vases, pratique rare dans la céramique antique, voir O. Jahn, *Vas. mit. Goldschmuck*, note 81 ; F. Hauser dans *Griech. Vasenmal.*, III, p. 42, note 8. Acquis en 1888 d'une famille russe qui donnait comme provenance certaine la région de Naples (la paire de vases ayant été donnée à ses ascendants, au commencement du siècle, par le roi de Naples) ; mais la ressemblance de style avec nombre de produits attiques de ce genre trouvés dans la Russie méridionale et le sujet même des Arimaspes pourraient faire douter de cette indication (cf. *Griech. Vasenmal.* de Furtwaengler, II, p. 46, fig. 21). Néanmoins une importation d'Attique en Italie est également admissible. Cf. Pottier, *Catal. vas. Louvre*, p. 1122 ; Phot. Alinari, nº 23691.

Deux vues d'ensemble avec les quatre sujets dans notre pl. 154.

G 530. **Cratère de même forme** (même structure particulière ; au-dessus de chaque trou pratiqué dans le pourtour de l'embouchure intérieure on remarque un long trait vertical, incisé dans le vernis noir du haut rebord, qui ne peut pas être le résultat du frottement d'un lien suspendant le vase et qui indique plutôt une opération faite après coup pour marquer la place où les trous devaient être forés ; cette utilisation du vase pour être suspendu semble donc moderne). — Un sujet sur chaque côté du vase et une frise circulaire autour du rebord supérieur. La composition est très semblable à celle du vase précédent G 529, qui forme un pendant avec celui-ci, mais il est instructif de voir comment le décorateur a répété les mêmes motifs, sans jamais les copier identiquement. Nous marquerons ici les variantes qui s'introduisent dans l'exécution de chaque tableau. — *A.* **Dionysos avec Éros, une Ménade et un Silène.** — A gauche, un Éros nu, aux ailes vues de profil (décor en pointillé à la partie supérieure), penché, le pied gauche posé sur une éminence (non figurée), la main gauche reposant sur la cuisse, la tête couronnée d'une guirlande (en ton rose ; cheveux en masse noire ; œil de profil), semble parler au dieu, la main droite levée ; sous son pied droit, sur le sol, un tympanon (quelques traits de décor au centre). Devant lui est assis **Dionysos** retournant la tête (même attitude que dans

G 529 ; les cheveux plus longs avec trois boucles retombant sur les épaules, ceints d'une guirlande en ton rose et bandelette nouée par derrière; même type, même himation, mais le coude gauche ne repose pas sur la draperie); il est appuyé de la main gauche sur la hampe d'un thyrse (bouquet terminal en feuilles serrées ; le bas de la hampe a été maladroitement coupé par l'ouvrier chargé d'exécuter le fond noir). A droite une Ménade, dans un léger mouvement de danse, tient de la main gauche un tympanon enrubanné (effilés en tons rosâtres; décor central en languettes noires) et retourne la tête vers le dieu en portant sa main droite vers ses cheveux (même type, cheveux en mèches de noir délayé, ceints d'une bandelette en rouge réservé avec deux gros points en ton rose ; tunique serrée à la taille et ouverte sur le côté droit laissé nu ; bordure noire en postes). Devant elle un Silène nu (même type qu'en G 529, le front ceint d'une guirlande en ton rosâtre) s'avance avec un léger mouvement de danse, la main droite abaissée, la main gauche élevée et tenant les bouts flottants d'une longue bandelette (en ton rosâtre) qui vient effleurer le bord d'une corne à boire, jetée dans le champ entre le Silène et la Ménade (bord supérieur bordé d'une ligne rose). — *B*. **Combat d'un Arimaspe contre deux griffons.** Le cavalier est placé entre deux griffons à corps blanc et ailes en rouge réservé qui l'assaillent de chaque côté (cf. G 529) ; il se retourne sur son cheval, le bras droit levé (coupé par les ornements du haut et sans arme visible), la tête coiffée d'un bonnet asiatique (même type qu'en G 529 et même costume avec la figure de sphinx à double corps vu de face sur le rabat de sa tunique). Le griffon de gauche (même type, mêmes retouches en jaune doré et en rose) a jeté ses deux pattes de devant sur la croupe du cheval ; sous ses pieds de derrière, un monticule de terrain (indication de traits noirs irréguliers ; au-dessus et à droite dans le champ, des points blancs et roses figurent des fleurettes) ; un bouclier asiatique échancré (décor en étoile) est jeté sous les pieds du cheval. Le griffon de droite s'attaque au poitrail du cheval ; sous ses pattes de derrière une terrain montueux ; entre lui et le cheval, dans le champ, une grande feuille de lierre isolée avec tige exprimée en ton rosâtre et, au-dessus, une grappe de raisin (en noir opaque) ; quelques points roses auprès de la tête du griffon. Derrière lui se dresse un arbrisseau à rameaux portant des fleurs en blanc et rose. — Frise circulaire. *C*. **Combats d'Arimaspes et de griffons,** en cinq groupes d'inégale importance : 1° Un Arimaspe à pied, le genou droit posé sur une éminence rocheuse, se défend avec une hachette contre deux griffons (en rouge réservé) qui l'assaillent de chaque côté (coiffure en bonnet phrygien, figure de sphinx à double corps sur le rabat) ; bouclier asiatique en blanc et rose avec étoile centrale en jaune doré posé contre le rocher ; dans le champ, ornement en disque orné d'une croix cantonnée de points, quelques points en blanc et en rose pour figurer des fleurettes ; un arbrisseau de fleurs en ton rosâtre à droite de l'Arimaspe ; derrière le griffon de droite un autre Arimaspe s'enfuit (même costume), retournant la tête, le bras droit étendu, l'autre main portée à sa tête ; près de lui dans le champ une feuille de lierre avec tige en ton rose, disque en rouge réservé avec point noir central ; sous ses pieds ligne de terrain en ton rose violet. 2° Un griffon au corps blanc et ailes en rouge réservé (même type), les pieds posés sur un monticule rocheux, assaille par derrière un char à deux chevaux dont l'aurige se retourne et se défend avec une hachette (même costume avec décor en sphinx) ; sous le char et les chevaux, ligne de terrain en ton rose violet; en haut, dans le champ, grappe de raisin (en noir opaque) et deux feuilles de lierre isolées ; sous les pieds des chevaux, ornement en disque de **rouge** réservé avec cercle et point central ; grosse tache de couleur noire tombée du pinceau

du peintre sur la jambe droite d'un cheval ; à droite, arbrisseau avec rameaux sans feuillage. 3° Un griffon (rouge réservé), les pattes sur un terrain montueux, attaque un Arimaspe (même costume avec figure de sphinx, cheveux en masse noire) qui se rejette en arrière et lève le bras droit armé d'une épée ; il porte sur son bras gauche un bouclier asiatique (blanc et rose, une rosace en étoile de jaune doré) ; entre ses jambes, sur le sol, un bouclier asiatique à rosace centrale ; en haut, dans le champ, feuille de lierre. 4° Sur le sol un rinceau et dans le champ deux feuilles de lierre. Un Arimaspe à cheval (bonnet asiatique, même costume avec figure de sphinx, goutte de couleur noire sur le cheval) darde sa lance contre le griffon du groupe suivant ; dans le champ, groupe de trois points roses ; sur le sol indiqué par une ligne rose, un Arimaspe renversé, un genou en terre, s'appuyant sur la main gauche qui porte le bouclier à rosace (cheveux en noir, ceints d'une bandelette ; même costume à rabat décoré d'un sphinx, pointillé noir sur la tunique), se défend, l'épée haute, contre un griffon (rouge réservé) qui l'étreint de ses deux pattes ; au-dessus de lui deux feuilles de lierre. Un second griffon retournant la tête l'attaque aussi par derrière ; au-dessus de lui deux grappes de raisin (noir opaque) ; sous lui le disque à croix cantonnée de points, les groupes de points roses près du sol montueux. A droite accourt au secours de son compagnon un troisième Arimaspe à cheval, dardant sa lance (le corps vu de dos avec rosace sur la tunique) ; dans le champ, devant le cheval, une grande rosace faite d'un disque en rouge réservé avec petit cercle au centre et couronne de points roses ; sur le sol, groupes de points roses ; un bouclier asiatique à rosace centrale ; derrière le cheval, grande rosace dans le champ, faite d'un disque à croix cantonnée de petits cercles, entouré de points roses et, en haut, une feuille de lierre. 5° Un Arimaspe (bonnet asiatique, même costume) se défend avec un court javelot contre un griffon (rouge réservé) qui se jette sur lui près du sol indiqué par une ligne rose, arme? ou javelot? jeté à terre ; à droite un autre Arimaspe s'enfuit, retournant la tête (même bonnet et costume semé de pointillés), le corps de face, tendant le bras droit, portant de la main gauche un bouclier à rosace centrale ; sous ses pieds un terrain montueux; autour de lui, dans le champ, l'ornement en disque avec croix cantonnée de petits cercles, groupe de points roses, grappe de raisin (noir opaque), feuille de lierre ; à droite un arbrisseau à branches sans feuillage.

Même décor (pas de bandes d'oves près des anses). Même technique et même style ; même fabrique que le précédent.

Malgré sa bonne apparence, cet exemplaire n'est pas dans le même état que G 529 ; il a été brisé et les cassures ont été dissimulées avec une grande habileté ; elles sont encore visibles dans l'intérieur. Les restaurations ont surtout porté sur les anses et le dessous des anses avec les ornements floraux, sur quelques figures du sujet A (corps de Dionysos, tunique de la Ménade, jambes du Silène). Haut., 0,43 ; diam. dans l'embouchure, 0,38 ; diam. de l'embouchure intérieure, 0,175.

(Inv. CA 229.) Acquis en 1888 avec G 529. Voir la note du vase précédent.

Deux vues d'ensemble avec les quatre sujets dans notre pl. 154 et vue de l'embouchure dans notre pl. 155.

G 532. Petit cratère de la forme dite stamnos (type analogue à G 406 ; pied à deux degrés). — Un sujet sur chaque côté du vase. — *A*. **Offrandes à l'idole de Dionysos par une Ménade et un Silène.** C'est la représentation symbolique de la fête des Dionysies champêtres (cf. G 408 et l'article *Dionysia*, p. 234 et suiv., dans le *Dict des Antiq.* de Saglio). Le centre est occupé par l'idole rustique du dieu en forme de poutre équarrie, plantée en terre, qu'entoure en haut et en bas un lacis de pampres ou de feuilles de lierre ; le milieu représentant le corps, est revêtu d'une tunique serrée à la ceinture (restaurée) et à la place du bras est accroché un gâteau rond? ou un rayon de miel? (accessoire restauré) ; au-dessus du corps un grand masque barbu représente la tête de Dionysos (cheveux en masse noire, barbe longue en pointe, œil de profil), auquel un Silène nu présente à boire, en tenant des deux mains avancées un canthare à pied (tête chauve, cheveux en masse noire et mèches, œil de profil). Derrière l'idole, à gauche, une Ménade en femme drapée (cheveux en masse noire, ceints d'une bandelette en rouge réservé; œil de profil), vêtue d'une tunique dorienne à rabat (restaurée), joue de la double flûte qu'elle tient des deux mains avancées. — *B*. Le sujet comprenait deux figures, mais elles sont entièrement refaites, sauf la tête (endommagée) et le haut de la draperie du personnage à gauche, tenant un accessoire (torche? en grande partie refait).

Noir dans l'embouchure, sur le col, sur la panse sauf la place des ornements et des personnages, sur les anses, sur le pied. Décor en ligne de points sur le rebord supérieur, en zone d'oves en haut de la panse, en grecque mêlée de croix cantonnées de points sous les personnages; grand motif floral de palmettes et de rinceaux autour des anses. Un filet incisé sur le plat du pied, en bas de la panse, et un filet en clair en bas de la tranche.
Terre rougeâtre. Pas de retouches de couleur. Pas d'esquisse visible. Style de la fin du ve ou du ive siècle.
Brisé et recollé avec des restaurations importantes, surtout en B. Un trou accidentel dans le fond. Haut.,0,23 ; diam. sur l'embouchure, 0,15.
(Inv. Campana 1064.) Trouvé en Étrurie et entré en 1863 ; cf. *Cataloghi Campana*, série IV-VII, n° 145. Publié par Frickenhaus, *Lendenvasen* (72e *Programm zum Winckelmannsfeste*, 1912), p. 11, fig. 23 ; p. 38, n° 23 (il décrit les figures du revers, mais il ne faut pas en tenir compte ; il note un couvercle, mais qui n'appartient sans doute pas à ce vase). Mentionné par Gerhard dans *Arch. Zeitung*, 1859, *Anzeiger*, p. 105, n° 56; Pottier, *Catal. vas. Louvre*, p. 1123.

G 534. Amphore à panse renflée (la guirlande de laurier sur le rebord l'unit comme date de fabrication aux cratères G 420 et suiv., G 485 et suiv. ; la structure est semblable à celle de l'amphore du Vatican représentant Achille ; cf. Beazley, *Journ. hell. stud.*, 1914, p. 180, fig. 1 ; large rebord, fortes anses verticales, panse très renflée du bas ; le bas de la panse et le pied ajoutés n'appartiennent pas à ce vase). — Un sujet sur chaque côté de la panse. — *A. Œdipe et le Sphinx*. A gauche, sur une haute colonnette (abaque carrée supportant un court entablement rectangulaire), est accroupi le Sphinx ailé (ailes de profil ; pointillé et mouchetures en noir jauni dans la partie supérieure), la tête inclinée (cheveux en masse noire et petites mèches ; œil de profil avec indication de la paupière supérieure), la queue relevée en arrière (restauration dans le corps et les pattes). A droite, Œdipe le regarde, la tête levée, imberbe, coiffé d'un pétase (cheveux en mèches de noir délayé ; même facture d'œil), enveloppé dans une chlamyde dont les pointes pendent par devant (restaurations), le corps vu de dos et penché, la main droite sur la hanche, s'appuyant à gauche sur une double lance, la jambe gauche fléchie, les pieds chaussés de crépides dont les lacets montent sur les jambes (noir délayé et jauni). — *B. Homme* (?) *et femme conversant*. A gauche le personnage drapé a été refait en femme, s'appuyant de la main gauche sur une canne, ce qui est peu vraisemblable ; mais la tête, le buste, le bras, la canne même sont refaits et non antiques. Comme on ne voit pas de tunique dépassant le bord inférieur de l'himation, c'est plutôt un homme qui était ici représenté. En face de lui, à droite, une femme, la main droite avancée (refaite), semble parler ; elle est coiffée d'un cécryphale (placé en turban ; mèche de cheveux en masse noire, œil de profil) et vêtue d'une tunique que recouvre un himation (des restaurations) cachant les bras.

Noir dans l'embouchure, sur le rebord, le col, les anses, la panse sauf la place réservée des ornements et des personnages. Grosse guirlande de feuilles de laurier sur le rebord. Demi-cercle de godrons autour de l'attache inférieure des anses (un complètement refait avec l'anse). Le bas de la panse orné de languettes noires et le pied orné de cercles en rouge violacé sont une restauration et probablement empruntés à une amphore à figures noires.
Terre rougeâtre. Pas de retouches de couleur. Esquisse visible. Style de la fin du ve siècle.
Beaucoup de parties recollées et restaurées. Haut., 0.44; diam. sur l'embouchure, 0,265.
(Inv. Campana 715.) Trouvé en Étrurie et entré en 1863 ; cf. *Cataloghi Campana*, série IV-VII, n° 34 ; Pottier, *Catal. vas. Louvre*, p. 1123.
Vue d'ensemble avec le sujet A dans notre pl. 155.

G 535. Petite amphore de la forme dite péliké (cf. G 223 et G 273 ; large embouchure, anses verticales bifides, panse renflée, pied en disque épais peu débordant). — Un sujet sur chaque côté du vase dans un encadrement. — *A. Bellérophon combattant la Chimère*. Le héros, sous les traits d'un éphèbe, la tête inclinée (cheveux en masse noire et mèches, œil de profil), un pétase rejeté dans le dos, vêtu d'une chlamyde, est monté sur un cheval ailé, Pégase, dont les grandes ailes (goutte de couleur noire tombée du pinceau sur l'aile droite) le cachent presque tout entier, sauf la tête et le bas des jambes ; il darde une longue lance contre la Chimère vers laquelle se dirige au galop Pégase, les jambes de devant levées. A droite la Chimère, sous l'aspect d'un lion à grosse crinière, levant la patte droite, ouvre la gueule ; de son dos sort une tête de chèvre dressée vers l'assaillant, sa longue corne couchée sur le dos et (détail unique) une patte de chèvre figurée aussi par-dessus la tête de lion ; la queue terminée en tête de serpent dépasse l'encadrement à droite et entre dans les ornements. En arrière-plan, derrière le monstre, se dresse un arbrisseau aux rameaux sans feuillage (dont l'un entre dans la bande d'ornements). Dans le champ, au-dessus de Pégase, inscription incisée en grandes lettres (rétrogrades) ƩV, sans doute le commencement du mot étrusque *Suthina*, qui paraît désigner les objets consacrés aux morts (cf. *Catalogue des vas. du Louvre*, p. 794 et G 415). — *B. Trois éphèbes drapés* ; cf. les vases G 405 et suiv. Deux sont tournés à droite, enveloppés dans leur himation ; le troisième leur fait face, penché et appuyé sur une canne, la main gauche sur la hanche, le coude entrant dans la bande d'ornements (chez tous trois l'argile usée et endommagée a laissé disparaître les traits du visage et du costume ; cheveux en masse noire).

Noir dans l'embouchure et en stries de noir délayé dans l'intérieur ; noir sur le rebord et le col, les anses, la panse sauf la place des personnages et des ornements, le pied sauf la tranche en clair. Encadrement de chaque tableau : en haut du sujet A bande de palmettes alternant avec des boutons de lotus ; en haut du sujet B palmettes obliquement couchées et reliées par des rinceaux ; sur les côtés, bande verticale de points reliés par des lignes ; en bas grecque mêlée de croix cantonnées de points. A l'attache inférieure de chaque anse, une double palmette accostée de petits rinceaux.
Terre pâle jaunâtre. Pas de retouches de couleur. Pas d'esquisse visible. Style de la fin du ve siècle.
Assez bon état de conservation, sauf l'épiderme de l'argile devenu friable, usé et endommagé. De la houppe de crins surmontant la tête de Pégase restent quelques traits noirs qui semblent dessiner une tête d'animal, de fauve ; mais ce n'est, je crois, qu'une apparence illusoire. Haut. 0,265 ; diam. sur l'embouchure, 0,15.
(Inv. Campana 615.) Trouvé dans la région de Nola et entré en 1863 ; cf. *Cataloghi Campana*, série XI, n° 56. Publié par Engelmann, dans *Annali Inst.*, 1874, p. 20, n° 55, pl. B (= S. Reinach, *Répert. des vases*, I, p. 331, n° 2). Cf. Pottier, *Catal. vas. Louvre*, p. 1123
Vue d'ensemble avec le sujet A dans notre pl. 155.

G 536. Petite amphore de la forme dite péliké (cf. G 433 et suiv. ; large embouchure, col très court, anses verticales à dos un peu arrondi, pied en disque épais peu débordant). — Un sujet sur chaque côté du vase. —

A. **Berger monté sur un bélier et jouant de la flûte**. Un éphèbe coiffé d'un bonnet rustique, de forme conique (traits de noir délayé pour indiquer la matière), la tête levée (œil de profil), vêtu d'une tunique courte avec un peau de bique jetée sur le dos (tons en noir jauni pour imiter la matière), chevauche un grand bélier (pelage indiqué en mèches de noir jauni très effacé), en jouant de la double flûte qu'il tient des deux mains avancées. — *B*. **Berger monté sur un bouc et jouant de la flûte**. C'est le même personnage, dans la même attitude et le même costume, chevauchant un grand bouc barbu (crinière et barbe en noir jauni effacé) ; il a de plus un lien noué autour de chaque cheville (trait noir délayé ; accessoire prophylactique). Le sens général de la représentation est celui d'une fête champêtre, probablement en l'honneur de Dionysos ou d'Hermès, avec une procession pittoresque accompagnant le dieu, porté lui-même sur son animal symbolique (cf. G 185).

Noir dans l'embouchure avec large bande en clair près du rebord ; noir sur le col, les anses, la panse et le pied, sauf la place réservée aux ornements et aux personnages. Au-dessus de chaque sujet bande d'oves entre quatre filets noirs ; sous les personnages un trait en rouge réservé formant terrain. A l'attache inférieure de chaque anse, une palmette accostée de petits rinceaux.
Terre rougeâtre. Pas de retouches de couleur. Esquisse visible. Style rapide de la fin du v⁰ siècle.
Bon état de conservation. Haut., 0,20 ; diam. sur l'embouchure, 0,10.
(Inv. Campana 823). Trouvé dans la région de Nola et entré en 1863 ; cf. *Cataloghi Campana*, série XI, n° 81. Publié par H. B. (Brunn) dans *Annali Inst.*, 1862, p. 125, pl. H (= S. Reinach, *Répertoire des vases*, I, p. 307). Cf. Pottier, *Catal. vas. Louvre*, p. 1124.
Vue d'ensemble avec le sujet A dans notre pl. 155.

G 547. **Petite amphore de même forme** (même type). — Un sujet sur chaque côté de la panse. — *A*. **Le lavage des vêtements**. Nous savons, par la peinture d'une jolie œnochoé (Dumont et Chaplain, *Céramiq.*, I, pl. 8), que ce sujet tout familier peut se rapporter cependant aux préparatifs d'une fête religieuse ou d'un mariage. Au centre un grand vase cylindrique, servant de cuvier, est déposé par terre. A gauche une femme (cheveux en masse noire, œil de profil), vêtue d'une tunique ionienne à manches et à rabat (indiqué par les traits en noir jauni), le corps penché, savonne ou lave une pièce d'étoffe qu'elle tient des deux mains avancées. A droite une autre femme, coiffée d'un cécryphale (œil de profil), se penche aussi et plonge dans le vase un objet rectangulaire, qui peut être un morceau de savon ; elle est vêtue d'une tunique semblable (traits de noir jauni) et d'un himation qu'elle a noué autour de la taille pour être plus dégagée (série de petites gouttes noires qui paraissent tombées par négligence du pinceau de l'ouvrier et qui sont semées sur le cou, le bras gauche, le vêtement). — *B*. **Conversation d'un homme et d'un éphèbe**. A gauche un homme barbu (cheveux en masse noire, barbe longue à mèches en noir délayé pendant sur la poitrine, œil de profil), le corps penché et appuyé du bras gauche sur une canne, vêtu d'un himation qui dégage le bras droit et remonte au-dessus de la tête qu'il voile, avance la main droite comme s'il parlait à l'éphèbe qui lui fait face (cheveux en masse noire, œil de profil), vêtu d'une tunique talaire que recouvre un himation qui l'enveloppe complètement et cache les bras.

Même décor (sous l'anse, la palmette entourée d'un rinceau).
Terre rougeâtre. Pas de retouches de couleur. Traces de l'esquisse. Style rapide de la fin du v⁰ siècle.
Bon état de conservation. Haut., 0,18 ; diam. sur l'embouchure, 0,10.
(Inv. Campana 819.) Trouvé en Italie, dans la région de Nola, et entré en 1863 ; cf. *Cataloghi Campana*, série XI, n° 62. Publié par Sudhoff, *Aus dem antiken Badewesen*, 1910, p. 19, fig. 13. Cf. Pottier, *Catal. vas. Louvre*, p. 1124 ; **Beazley**, dans *Journal hell. studies*,

1912, p. 358, n° 19 (il le rattache à l'atelier d'un maître anonyme « auteur du cratère de Pan », et y voit peut-être les apprêts du *kykéon*, boisson faite d'un mélange de vin, miel, eau et farine, qui servait dans certaines cérémonies religieuses ; mais les détails de la représentation ne concordent guère avec l'idée d'un breuvage) ; Hoppin, *Handb. redfig.*, II, p. 318, n° 44.

G 540. **Petite amphore de même forme** (même type). — Un sujet sur chaque côté de la panse. — *A*. **Éros assistant une femme à sa toilette**. A gauche Éros nu, volant (cheveux en masse noire à contour ondulé, ceints d'une bandelette en blanc rougeâtre ; œil de profil avec indication de la paupière supérieure ; ailes de profil avec pointillé en noir jauni à la partie supérieure), apporte dans ses deux mains avancées le vêtement roulé en ballot de la femme qui lui fait face et qui est occupée à sa toilette ; elle est nue, la tête inclinée (cheveux en masse noire, ceints d'un triple lien en blanc rougeâtre ; même facture de l'œil) et pose le bout de son pied droit sur une éminence de terre ; son pied gauche est nu, l'autre chaussé d'une crépide ; des deux mains abaissées elle fait le geste d'enrouler le reste des liens autour de sa jambe droite (mais ces liens ne sont pas figurés). Dans le champ, au-dessus des personnages, une bandelette avec effilés en ton rougeâtre. — *B*. **Éphèbe faisant une libation**. Il est enveloppé dans un himation (cassures restaurées), dont le pan retombe dans le dos (cheveux en masse noire, ceints d'une bandelette en blanc rougeâtre ; œil de profil) et sa main droite dégagée tient une phiale au-dessus d'un autel (corniche à volutes décorée d'un pointillé noir, base rectangulaire), d'où s'élève la flamme du feu allumé (en blanc rougeâtre).

Même décor (pas de bande claire dans l'embouchure ; sous les sujets une bande d'oves).
Terre rougeâtre (fortes traces du dépôt rougeâtre sous le fond). Retouches de couleur blanc rougeâtre. Esquisse visible. Style de la fin du v⁰ siècle.
Brisé et recollé en plusieurs morceaux. Pas de restaurations importantes. Haut., 0,18 ; diam. sur l'embouchure, 0,11.
(Inv. Campana 821.) Trouvé en Italie, dans la région de Nola, et entré en 1863 ; cf. *Cataloghi Campana*, série XI, n° 35 ; Pottier, *Catal. vas. Louvre*, p. 1124.
Vue d'ensemble avec le sujet A dans notre pl. 155.

G 553. **Petite amphore de la forme dite péliké**, mais de structure différente (large rebord débordant, col allongé et longues anses verticales en dos d'âne, base à peine saillante). — Un sujet sur chaque côté de la panse. — *A*. **Deux Arimaspes combattant un griffon**. A gauche un griffon ailé, peint en blanc (traces des détails au trait jaune effacé ; ailes en rouge réservé), bondit, les pattes de devant levées et retournant la tête ; en arrière-plan, un Arimaspe, à demi caché par lui, fuit vers la droite, retournant la tête (bonnet asiatique, œil de profil sommairement indiqué, main droite abaissée sans arme), vêtu d'une tunique et des anaxyrides. A droite, un autre Arimaspe (même type et même costume) se recule, le bras droit par-dessus la tête et armé de la hachette (ou d'une épée?), dont il va frapper l'animal ; il porte sur le bras gauche un bouclier asiatique échancré (décor au centre en rosace étoilée) ; entre ses jambes, dans le champ, l'ornement en disque divisé par une croix cantonnée de petits angles (cf. G 529 et 530). — *B*. **Deux éphèbes drapés** ; cf. G 535. Ils sont face à face, enveloppés dans un himation, les traits du visage à peine indiqués, le corps énorme et comme déformé.

Noir dans l'embouchure et sur tout l'extérieur du vase sauf les parties réservées pour les ornements et les personnages. Le rebord supérieur en clair avec une zone d'oves. En haut et en bas de chaque sujet, une bande d'oves négligemment tracés.
Terre un peu grise, analogue à celle des fabriques italiotes (bien que le sujet soit spécifiquement attique et créé pour l'exportation dans les pays scythiques, des exemplaires venus en Italie ont pu susciter des copies dans les ateliers apuliens ; cependant le style

rapide et la touche des traits est bien attique, plutôt qu'italiote). — Emploi du ton blanc. Pas d'esquisse visible. Style très rapide et négligé du ıvᵉ siècle (exécution barbare en B).
Assez bon état de conservation. Haut., 0,285 ; diam. sur l'embouchure, 0,17.
Inv. N 3453 (LL 67). Entré sous le règne de Louis XVIII ; pas de provenance indiquée. Cf. Pottier, *Catal. vas. Louvre*, p. 1124.
Vue d'ensemble avec le sujet A dans notre pl. 155.

G 558. **Skyphos** (large ouverture, deux anses fortes horizontales en haut de la panse, base peu débordante). — Les sujets sont placés sur deux zones superposées et séparées par une guirlande de feuillages. — La zone supérieure est divisée en deux sujets. *A*. **Persée, Poseidon et Hermès**. Le moment choisi est celui où Persée, ayant coupé la tête de Méduse, l'emporte dans un sac et se sauve à toutes jambes, précédé par son conducteur Hermès qui s'enfuit aussi : entre eux est debout Poseidon, dont la présence peu usitée peut se justifier, soit parce qu'il est mêlé à l'histoire de la Gorgone, soit parce qu'il a suscité le monstre marin que combat Persée dans une autre aventure, celle d'Andromède ; car cette peinture de vase est sans doute un extrait d'un plus vaste ensemble. Poseidon barbu (cheveux en masse noire avec mèches de noir jauni, œil de profil) est vêtu d'un himation dégageant le bras droit et la main qui s'appuie sur le trident ; il a le corps de face, la tête retournée vers la droite. A gauche Hermès barbu (cheveux en masse noire restaurés, œil de profil), le pétase ailé rejeté dans le dos, double aileron à chaque genou, tenant de la main droite étendue le caducée, est vêtu d'une chlamyde (restaurée) dont les pointes retombent par devant. A droite Persée imberbe (mêmes détails d'ailes au pétase et aux jambes, même costume) tient de la main droite étendue la harpè et porte sur l'autre bras la besace (κίβισις, avec couvercle rabattu en touche noire triangulaire). — *B*. **Persée tenant la tête de Méduse entre Polydectès et Dictys**. C'est le second acte de l'aventure, quand le héros, revenu à Sériphos, change en pierre le roi Polydectès et lui donne pour successeur son frère Dictys (voir l'article *Perseus* du *Dict. des Antiq.* de Saglio). Au centre, Persée, le corps de face (même type et mêmes détails que le précédent), étend la main gauche armée de la harpè vers Dictys, la tête retournée du côté opposé à celui de la tête coupée (vue de face, nez épaté, masque grimaçant) qu'il présente à Polydectès de la main droite étendue. Sur le sol, de chaque côté du héros, se dressent deux reliefs de terrain rocheux (?) ou deux morceaux de tronc d'arbre (? (O. Jahn y voyait des marques servant à délimiter le terrain au delà duquel s'exerçait le pouvoir pétrifiant de la tête, hypothèse peu vraisemblable et combattue par Kuhnert ; ce sont plutôt de simples accidents de terrain, comme on en voit dans les peintures de cette période). A gauche, le roi Polydectès barbu (type semblable à celui de Poseidon en A), assis sur un siège en bloc carré, le corps vu de face, la tête tournée vers la droite, regarde la tête, la main gauche avancée, la main droite appuyée sur un haut sceptre enrubanné et terminé en bouton de lotus, vêtu d'un himation qui dégage le côté droit et la poitrine nue. A droite, son frère Dictys barbu (type analogue), assis sur un siège semblable, se penche, les deux mains avancées, comme s'il parlait, vêtu d'un himation qui enveloppe seulement les jambes, avec une canne à bec coudé appuyée contre son épaule gauche. De chaque côté du sujet, sous les anses et séparant les deux tableaux, se dresse un autel, posé sur un degré, avec corniche droite ornée d'un pointillé noir, et surmonté d'une sorte de petite toiture, dessinant un fronton à la partie antérieure (cf. pour des formes analogues l'article *Ara* du Dict. Saglio, fig. 422, 427). La présence de cet autel pourrait faire allusion à la *thymélé*, l'autel élevé dans l'orchestre du théâtre grec, et indiquer que le sujet représenté est tiré d'un drame ; on remarquera que le tableau de la

zone inférieure est emprunté à un drame satyrique. — Sujet de la zone inférieure. *C*. **Le chœur des Satyres dérobant les armes d'Hercule**. Le sujet n'est peut-être pas sans rapport avec le précédent, car Hercule, fils d'Alcmène, est un descendant d'Andromède, femme de Persée. Le héros barbu (cheveux en masse noire avec bouclettes sur le front, œil de profil), vêtu de la peau de lion qui recouvre sa tête et s'ajuste sur son corps, serrée à la ceinture par un lien dans lequel est passée la queue de l'animal, est étendu (jambes restaurées) sur un rocher de forme irrégulière, au pied duquel, à gauche, se dresse un petit arbrisseau (restauré) à rameaux sans feuilles ; il se réveille et, se soulevant sur le coude gauche en retournant la tête, il regarde courir à droite un Silène nu, barbu (front chauve, cheveux et barbe en mèches de noir jauni, corps et jambes restaurés sans la petite queue de cheval), qui fuit à toutes jambes, le bras droit rejeté en arrière (refait), tendant la main gauche qui tient l'épée dérobée à Hercule ; il approche de la porte d'une maison (placée sous l'anse du vase) qui indique un décor de scène (porte à deux vantaux, avec traverses décorées de points imitant les clous). A gauche d'Hercule s'enfuit un autre Silène (même type, mêmes détails avec la queue de cheval), dans la même attitude et portant de la main droite l'arc du héros. Devant lui se sauve un troisième Silène (même type, même attitude), retournant la tête vers le précédent (restaurations importantes dans le corps et les jambes) et tenant de la main droite étendue un lien (restauré dans le bas en bandelette, mais qui doit être le lien auquel était suspendu le carquois). Un quatrième Silène (même type et même attitude que le précédent, jambe gauche restaurée) tient de la main gauche la massue (restaurée).

Noir dans l'intérieur, sur les anses, sur tout l'extérieur, sauf la place des ornements et des personnages, sur le pied avec un filet incisé en clair au bas de la panse. Au-dessus de chaque sujet, entre deux filets réservés en clair, une guirlande de feuilles de myrte en rouge réservé, avec baies blanches portées par des tiges blanches. Entre les deux zones, même guirlande faisant tout le tour du vase. En bas de la panse, zone de godrons noirs.
Terre un peu grise. Emploi des retouches blanches. Pas d'esquisse visible. Style de la fin du vᵉ siècle.
Brisé et recollé en plusieurs morceaux ; des restaurations peu importantes. Haut., 0,20 ; diam. dans l'embouchure, 0,22.
(Inv. Campana 1060.) Trouvé dans la région de Nola, en Italie, et entré en 1863 : cf. *Cataloghi Campana*, série XI, nº 85. Publié par O. Jahn, *Satyrn und Satyrdrama auf Vasen*, dans le *Philologus*, XXVII, 1868, p. 12 et sv., pl. I, nº 1 et pl. II, nº 1 (avec étude des vases à sujets similaires). Mentionné par Kuhnert, article *Perseus*, dans *Lexikon der Mytholog.* de Roscher, p. 2038 (sujet A), p. 2044 (sujet B) ; Pottier, *Catal. vas. Louvre*, p. 1124.
Deux vues d'ensemble avec les trois sujets dans notre pl. 156.

G 559. **Skyphos** (type analogue). — Un sujet sur chaque côté du vase. — *A*. **Dionysos et Ménade**. A droite, le dieu est assis sur un rocher formant siège, couronné, des cheveux bouclés ombrageant sa tête imberbe (cheveux en masse noire et boucles en noir jauni ; couronne de feuilles en rouge réservé, retenue par un lien en rouge effacé ; œil de profil) ; vêtu d'un himation qui enveloppe seulement les jambes, il pose la main gauche sur sa hanche et s'appuie de la main droite sur la hampe d'un thyrse. Debout devant lui, à gauche, une Ménade en femme drapée (coiffure en masse noire avec chignon dressé en pointe, serrée par deux liens en ton rouge ; œil de profil), vêtue d'une tunique fine à manches que recouvre un himation à bordure dentelée dégageant le haut du corps, présente à Dionysos une grosse grappe de raisin (grains en pointillé noir saillant) qu'elle tient des deux mains avancées. — *B*. **Homme dansant devant une joueuse de flûte**. Je n'y vois pas un Silène, comme le disent les précédents éditeurs. Je crois plutôt à un bourgeois d'Athènes célébrant les fêtes dionysiaques ; il est ventru et lourd, avec de petites jambes ; le visage n'a rien de celui du Silène. Il est vu de face, le corps nu avec un himation jeté en écharpe par derrière sur les deux bras, barbu et couronné de deux grands rameaux de feuillage en rouge réservé (cheveux et barbe en noir délayé, œil de profil) ; la main droite élevée (endommagée), la main gauche rapprochée du corps, il danse sur ses courtes jambes un peu pliées, le pied droit en avant (indication de poils sur le ventre). Devant lui, à gauche, une joueuse de double flûte l'accompagne (même type et même costume que la Ménade), la joue gonflée par l'effort, les deux mains avancées tenant l'instrument.

> Même décor en noir. Sous chaque anse, un large motif floral, composé d'une palmette accostée de deux palmettes plus petites dans des rinceaux. Sous les sujets, un filet circulaire en rouge réservé. A la base de la panse, un filet incisé en clair.
>
> Terre rougeâtre. Emploi de retouches en rouge mat. Traces de l'esquisse. Style de la fin du vᵉ siècle.
>
> Plusieurs morceaux recollés ; réparations peu importantes. Haut., 0,125 ; diam. dans l'embouchure, 0,14.
>
> Inv. N 3282 (ED 1077). Trouvé à Nola, en Campanie, et offert en 1802 à Joséphine, femme du Premier Consul, par Caroline, reine de Naples, avec les vases qui formèrent la collection de la Malmaison (cf. G 528 et voir sur la formation de ce musée la notice de S. Reinach, réédition des *Peintures de vases antiq.* de Millin. 1891, p. 6). Passé ensuite dans la collection du chevalier Durand et entré au Louvre en 1825. Publié par Millin, *op. l.*, I, p. 11, pl. 5. Cf. Pottier, *Catal. vas. Louvre*, p. 1125.

G 567. **Skyphos** (même type). — Un sujet sur chaque côté du vase. — *A.* **Éphèbe avec strigile.** Il marche vers la droite, le pied gauche soulevé en arrière, vêtu d'un himation dont le pan retombe dans le dos et qui dégage le côté droit nu (cheveux en masse noire avec petites mèches, œil de profil) ; de la main droite avancée il tient un strigile. A ses pieds, à droite, un accessoire incomplet et endommagé par des cassures, peut-être un petit autel, ou plutôt une base rectangulaire sur laquelle est posé un objet de forme sphérique irrégulière (ballot d'étoffe?). — *B.* **Éphèbe courant.** Partie endommagée dans l'antiquité. Le vase ayant été cassé, la partie manquante fut remplacée par le morceau d'un autre vase, *à figures noires*, taillé et rodé de façon à boucher le trou, sans tenir compte des personnages. Un morceau contigu avait été brisé aussi, mais il avait été conservé et rajusté à l'autre par des agrafes. Ce sont donc deux morceaux qui ont été consolidés ainsi et l'on compte en tout seize trous qui indiquent la place des agrafes ; on garnissait ensuite de poix les cassures à l'intérieur pour empêcher le suintement du liquide. — Du sujet primitif, faisant pendant au sujet A, il ne reste plus que les deux jambes d'un éphèbe drapé, courant rapidement vers la droite, une main rejetée en arrière. Le fragment de vase (sans doute d'une hydrie d'après l'encadrement), employé à la réparation, montre le bas de deux personnages en figures noires de style très négligé, l'un à gauche drapé, la jambe en partie blanche, ce qui indique une femme, l'autre à droite nu, la jambe gauche pliée et levée, un pan de draperie près du genou (incisions rapides) ; l'encadrement conservé à gauche est une branche de lierre placée verticalement (la jambe droite du premier personnage y pénètre partiellement). Le style et l'exécution indiquent un produit tardif de la fabrication à figures noires, qui doit être cependant d'époque plus ancienne que le skyphos à figures rouges. L'authenticité de cette pièce, découverte dans des fouilles scientifiquement contrôlées, en fait un document fort instructif sur les réparations de vases dans l'antiquité (voir mon *Catalogue des vases du Louvre*, p. 610 et 1125).

> Même décor en noir (le noir intérieur du fragment rapporté est de couleur moins belle et moins épaisse). Sous les sujets, un double filet circulaire en rouge réservé. Sous le fond, double cercle noir autour d'un petit cercle à point central bande noire sur le pourtour intérieur de la base.

> Terre rougeâtre. Pas de retouche sur les sujets en figures rouges ; retouche blanche sur le sujet en figures noires. Esquisse visible dans le sujet A. Style rapide de la fin du vᵉ ou début du ivᵉ siècle pour les figures rouges ; prolongation du style négligé à figures noires durant le vᵉ siècle pour le morceau rapporté.
>
> Outre les réparations antiques, le vase a beaucoup souffert depuis et a été cassé en plusieurs morceaux. Des parties ébréchées et endommagées. Haut., 0,16 ; diam. dans l'embouchure, 0,185.
>
> (Inv. CA 1518.) Trouvé en Étrurie, à Narce, dans des fouilles exécutées par M. G. Paillo, élève de l'École du Louvre, et acquis en 1903. Cf. Pottier, *Catal. vas. Louvre*, p. 1125.
>
> Deux vues d'ensemble avec les deux sujets dans notre pl. 156.

G 571. **Œnochoé** (bec large et vertical, taillé en biseau ; anse verticale à dos arrondi, soudée aux bords du bec par une double fourche saillante ; pas de base débordante). — Un sujet sur le bec et un sujet sur le devant de la panse. — Sur le col, sujet *A.* **Sphinx ailé accroupi**, tourné à droite entre deux branches de laurier (tête de femme coiffée d'un cécryphale, cheveux en masse noire à bord ondulé, boucle d'oreille en anneau, œil de profil, queue ondulant, large aile de profil). — Sur la panse, sujet *B.* **Combat d'un guerrier grec contre trois Asiatiques.** A gauche s'avance une Amazone, vêtue des anaxyrides qui couvrent les jambes et du justaucorps (restauré) qui reçoit les mêmes ornements (traits ondulés superposés), avec une tunique formant jupe qui est décorée de petits cercles ; sa tête est couverte d'une tiare avec bavolet retombant sur les côtés du visage et sur le dos, serrée par un lien sur les cheveux (en masse noire avec petites mèches, œil de profil) ; le bouclier échancré (décoré d'un quadrillé en ton noir jauni, pour imiter la matière d'osier, et de deux petits croissants au centre) est suspendu dans son dos (des parties restaurées) ; elle lève les deux bras, tenant l'arc de la main gauche et faisant avec la main droite le geste de placer la flèche (absente) sur l'arme. Sous ses pieds un trait blanc onduleux, rehaussé de rouge, figure le terrain. Devant elle un guerrier asiatique, barbu, bat en retraite, le pied droit posé sur une éminence de terrain (même figuration et fleurette en blanc sur le sol), se retournant vers le guerrier grec qui le presse et dirigeant contre lui sa lance, tandis que de la main gauche il se couvre de son bouclier échancré (anaxyrides et manches du justaucorps décorées comme chez l'Amazone, avec une tunique qui est fixée par une ceinture sur le torse et flotte en jupe sur les jambes, décorée d'un semis de rosaces en étoiles) ; sa tête est couverte de la tiare serrée par un double lien (cheveux et barbe abondante en masse noire, œil de profil ; cassures restaurées dans les draperies). A droite, un guerrier grec s'avance d'un pas rapide, le pied gauche posé sur une éminence du terrain (mêmes détails) ; il est vu de dos, le corps nu, coiffé d'un casque à large crinière et panache flottant ; de la main droite il tient la lance dont la pointe menace son ennemi qui recule et du bras gauche il se couvre d'un bouclier rond richement décoré (au centre, rosace en grande étoile, entourée d'une couronne de laurier ; sur le pourtour, large bande de postes en noir opaque). Derrière lui, fuyant vers la droite et se retournant, une autre Amazone (type semblable à la première ; costume analogue avec manches sur les bras, décorées comme le justaucorps et les anaxyrides de traits noirs ondulés ; jupe flottante ornée de groupes de points et d'une bordure noire dentelée), le pied droit posé sur la ligne blanche du terrain onduleux, le corps de face, tient de la main droite levée une courte lance, dont elle dirige la pointe vers le guerrier, et porte de la main gauche, passée dans l'armature intérieure, un bouclier échancré (traits de noir jauni pour imiter l'osier, attaches intérieures).

> Noir dans l'intérieur, sur l'anse, sur le bec et la panse sauf la place des ornements et des personnages. Filet en rouge réservé à la base du bec ; grand motif floral autour de l'anse en palmette renversée et accostée de rinceaux, pédoncules à boutons de lotus et palmette droite. Sous le sujet de la panse, une zone d'oves. Filet mince en

rouge réservé à la base. Sous le fond, tracés abondantes du dépôt
de couleur rougeâtre.
Terre rougeâtre. Emploi de la retouche blanche, parfois rehaussée
d'un ton rougeâtre. Esquisse visible. Style du ive siècle.
Brisé et recollé en plusieurs morceaux, sans restaurations très
importantes. Haut., 0,265. Dans l'intérieur du bec, larg. 0,005.
(Inv. Campana 762). Trouvé en Italie, dans la région de Nola, et entré
en 1863. Cf. *Cataloghi Campana*, série XI, n° 39 ; Pottier, *Catal.
vas. Louvre*, p. 1125.
Deux vues d'ensemble avec les deux sujets dans notre pl. 157.

G 580. Petite œnochoé (bec trilobé, anse verticale à dos
arrondi, attaché par-dessus l'embouchure par une partie
saillante, base très peu débordante). — Un sujet sur le
devant de la panse. — **Course d'un jeune garçon à cheval.**
La présence de la borne, renversée sous le cheval, semble
indiquer qu'il s'agit d'un jeu où l'on devait franchir un
obstacle (?). L'ἄγων ἵππιος est en général réservé aux
éphèbes et aux hommes. Ici c'est un enfant nu, les cheveux
au vent (en mèches de noir délayé, œil de profil), perché
sur le dos d'un cheval (jambes de devant restaurées ;
goutte de couleur noire tombée du pinceau de l'ouvrier)
qui l'emporte au grand galop, la queue droite et dressée
en arrière, et saute par-dessus la borne qui gît déracinée
de terre.

Noir dans l'embouchure, sur l'anse et tout le vase, sauf la place
des ornements et du sujet. Courte bande d'oves à la base du col,
une autre sous le sujet. Filet en rouge réservé en bas de la panse.
Terre rougeâtre. Pas de retouches de couleur. Traces de l'esquisse.
Style du ive siècle.
Assez bon état de conservation. Haut. 0,14.
Inv. N 3339 (LL 85). Trouvé en Italie et entré en 1818. Ce vase faisait
partie de la collection Tochon et il a été gravé dans les planches
que cet amateur destinait à la publication de ses antiquités (cf. *Catalogue des vases du Louvre*, p. 62 ; *Catalogue des planches grav. de
la chalcographie Louvre*, p. 84, n° 1400). Il fut publié en 1817
par Dubois-Maisonneuve, *Introd. à la peint. des vases*, p. 26, pl. 49,
n° 2. Mentionné par Heydemann, *Pariser Antiken*, p. 39 ; Pottier,
Catal. vas. Louvre, p. 1126.

G 583. Lécythe de la forme dite aryballisque
(goulot court, anse verticale avec dos divisé par une faible
rainure, panse rebondie, base très peu saillante divisée
par une rainure). — Un sujet sur le devant de la panse. —
Dionysos et Ariane, assistés par Éros Sorte de *hiérogamie*
ou apothéose des deux divinités. L'inscription placée en
lettres de rouge mat à côté d'Ariane, qui a été lue par les
premiers éditeurs Ναξίων, pourrait servir à déterminer
le lieu de la scène, l'île de Naxos où Ariane fut abandonnée
par Thésée et recueillie par Dionysos ; mais cette lecture
est douteuse et on lit actuellement ΝΑΙΛΑΝ (d'après
Heydemann : Ναί[δ]ων (τις), c'est-à-dire une nymphe,
une compagne de Bacchus, et non Ariane (explication
douteuse aussi). La représentation elle-même s'applique
bien au couple conjugal d'Ariane et Dionysos. A gauche
Éros ailé, volant (grandes ailes de profil avec quelques
mouchetures en noir délayé, cheveux en noir opaque et
petites mèches, œil de profil), un bracelet double au poignet
droit et à la cheville droite (en blanc mat), tient de la main
gauche abaissée une bandelette à bouts effilés et porte la
main droite à une grosse grappe de raisin (en rouge mat
effacé) qui est suspendue à une vigne dont le cep (en blanc
rehaussé de jaune) s'enlace autour d'un tronc d'arbre
(même technique) sans feuilles, et dont les rameaux (tiges
blanches) sont chargés de pampres (blanc jaune) et de
grappes (rouge mat) ; à la branche qui court en berceau
au-dessus de la tête du couple divin est suspendu un tympanon (centre en large touche noire opaque, sur le pourtour gros points blancs). Au centre est assise Ariane (pas
de siège indiqué), la tête de trois quarts (cheveux en mèches
ondulées, vue de face avec indication de la paupière supérieure), vêtue d'une tunique fine à manches, serrée à la
taille, que recouvre un himation à bordure noire enve-

loppant les jambes (bracelets aux deux poignets en trait
blanc, au cou collier en points blancs) ; des deux mains
elle tient une couronne (tige jaune doré) à feuilles blanches.
A droite, Dionysos est tourné vers elle et assis sur un autel
de forme carrée, posé sur un degré (traces effacées de feuillage et tiges sur la paroi de l'autel) ; il est imberbe (cheveux
en masse noire et petites mèches de noir jauni ; œil de profil
avec indication de la paupière supérieure), le haut du corps
nu (quelques éraflures) avec un himation enveloppant les
jambes ; il tient par une anse, de la main droite, un canthare à pied (rehauts de blanc et de traits jaunes) et
s'appuie de la main gauche ramenée en arrière sur la hampe
d'un thyrse (tige en blanc jaune avec deux feuilles symétriques à la base du bouquet terminal en blanc et jaune
doré).

Noir dans l'embouchure du goulot, sur l'extérieur, l'anse, la panse
sauf la place des ornements et des personnages ; filet en rouge
réservé sur la tranche de la base. Bande d'oves à la base du goulot
et bande de godrons sur l'épaule entre deux filets de rouge réservé.
Zone d'oves sous le sujet de la panse. Large motif floral au revers,
sous l'anse, en deux palmettes superposées et accostées de feuilles
isolées, de rinceaux encadrant deux autres palmettes.
Terre rougeâtre. Emploi des retouches en rouge mat, en blanc
et en blanc rehaussé de jaune. Esquisse visible. Style du ive siècle.
Assez bon état de conservation. Haut., 0,21 ; diam. de la base,
0,075.
Inv. N 2728 (ED 765). Trouvé en Italie. Ce vase appartenait en
1822 à Millingen qui le publia dans ses *Ancient unedited Monuments*, I, p. 67, pl. 26. Il passa ensuite dans le cabinet Durand
et entra au musée en 1825 avec cette collection. D'autres l'ont
publié : Gargiulo, *Raccolta*, II, pl. 39 ; Müller-Wieseler, *Denkmaeler
der alten Kunst*, II, pl. XXXVI, n° 424 ; Decharme, *Mythologie
de la Grèce antique*, p. 455, fig. 120. Mentionné par Heydemann,
Pariser Antiken, p. 45, n° 12, qui prétend lire distinctement Ναι-
[δ]ων(τις), une nymphe ; Pottier, *Catal. vas. Louvre*, p. 1126.
Vue d'ensemble avec le sujet dans notre pl. 157.

G 597. Petit lécythe (goulot mince, anse verticale et
plate, base en disque débordant). — Un sujet sur le devant
de la panse. — **Tête de femme qui, la main levée, joue avec
un osselet (?).** — On ne voit que la tête qui semble émerger
du sol avec la main droite levée et ouverte, comme pour
recevoir un objet suspendu dans le champ. Heydemann y
voit un papillon volant, mais cette explication semble
douteuse ; d'après la forme, on pourrait supposer un fruit
ou un osselet (non une balle). La tête de femme est exécutée
avec soin, les cheveux (noir opaque) ceints d'une bandelette (rouge réservé rehaussé de traits de noir délayé),
retombant en nappe soyeuse (noir délayé) sur la joue et
sur le cou et revenant sous le menton du côté droit (œil
de profil, boucle d'oreille en cœur accosté de points noirs).
Le haut de la draperie sous le cou et près de la main forme
ligne de terrain.

Noir dans l'embouchure ; le rebord en clair ; noir sur le pourtour
de l'embouchure ; le col, l'épaule et le dessous de l'anse en clair ;
noir sur le dessus de l'anse, sur la panse et la base, dont la tranche
reste en clair. Bande de points noirs à la base du col ; languettes
noires sur l'épaule ; filet clair en haut de la panse.
Terre rougeâtre. Pas de couleur de retouche. Pas d'esquisse visible
Style du ive siècle.
Bon état de conservation. Haut., 0,105.
N 3313 (ED 880). Trouvé en Italie et entré en 1825 avec la collection Durand. Mentionné par Heydemann, *Pariser Antiken*,
p. 51, n° 39 ; Pottier, *Catal. vas. Louvre*, p. 1126.
Vue d'ensemble avec le sujet dans notre pl. 157.

G 610. Guttus plat à anse transversale (la panse
de forme lenticulaire et bombée, avec bec en déversoir
près du rebord, l'anse en arc surplombant la panse et attachée d'un côté au rebord, de l'autre en haut du bec). —
Un sujet sur chaque côté de la panse. — *A.* **Caricature
d'homme chauve et barbu.** Tête énorme posée sur un corps
minuscule ; il est nu, vu de dos, la jambe gauche croisée
par-dessus l'autre, penché et appuyé sur une canne dont

la poignée placée sous l'aisselle retient l'himation enroulé sur le bras gauche et pendant. La tête est détaillée avec soin, les cheveux en masse noire avec de petites mèches courtes, le front bossué, le nez gros du bout, une barbiche courte au menton avec quelques poils en noir délayé sur la joue gauche (rides sur le front indiquées aussi en noir délayé ; œil de profil avec indication des paupières supérieure et inférieure). C'est un bon et assez rare spécimen de la caricature grecque dans la peinture de vases ; cf. G 617. — *B*. **Lion rugissant**. Il se ramasse sur ses pattes de devant, relevant l'arrière-train à queue onduleuse (deux gouttes de couleur noire tombées par accident du pinceau de l'ouvrier), ouvrant la gueule (crinière en traits courts de noir délayé).

Noir dans l'embouchure et sur le bec, sur l'anse et la panse, sauf la place des sujets. Un filet en rouge réservé sur le pourtour de la panse forme terrain sous les figures. Filet en clair à la partie inférieure de la base.
Terre rougeâtre. Pas de couleur de retouche. Traces de l'esquisse. Style du IVe siècle.
Le rebord du bec ébréché. Haut., 0,07 ; diam. sous la base, 0,08.
(Inv. Campana 3500.) Trouvé en Italie et entré en 1863. Cf. Pottier, *Catal. vas. Louvre*, p. 1127.
Vue d'ensemble avec les deux sujets dans notre pl. 157.

G 614. **Vase en forme de calice sur pied haut** (large embouchure ; panse ovoïde sur un pied cannelé, orné de godrons en relief au point d'attache avec la panse, à base ornée de trois tores superposés ; pas d'anse). — Un sujet sur un seul côté de la panse. — **Eos emportant Céphale.** Le héros a l'aspect d'un jeune garçon, presque un enfant, que la déesse emporte dans ses bras (contamination probable avec l'autre sujet connu), Eos portant le corps de son fils Memnon). La déesse ailée (grandes ailes déployées de face, avec pointillé en noir jauni à la partie supérieure; cheveux en masse noire retenus par un lien qui est indiqué en rouge réservé ; les chairs peintes en blanc, les pieds en blanc posé directement sur le noir du fond ; œil de profil) marche vers la droite, le corps de face, retournant la tête inclinée, vêtue d'une tunique dorienne à long rabat bordé d'une bande noire (denticules noirs bordant le bas de la tunique) ; elle soutient dans ses deux bras le jeune Céphale nu, la tête couronnée d'une guirlande de feuillages (rouge réservé; cheveux en masse noire avec longues boucles retombant dans le dos; œil de profil), les deux bras pendant le long du corps.

Noir dans l'intérieur, le rebord plat de l'embouchure en clair ; noir sur la panse, le pied, la base avec la tranche claire ; noir sur le pourtour du fond ; au milieu, petit cercle avec point central. Sur le côté de la panse opposé au sujet peint, grand motif floral (en rouge posé par-dessus le noir, restauré?), composé d'une palmette renversée et accostée de rinceaux encadrant deux palmettes plus petites ; retouches blanches sur les pétales des palmettes ; points blancs dans les rinceaux. Pour la forme en calice, cf. Ure, *Black glaze pottery*, pl. G, n° 18 (Béotie).
Terre rougeâtre. Emploi des retouches blanches. Traces de l'esquisse. Style du IVe siècle.
Assez bon état de conservation. Haut., 0,145 ; diam. sur l'embouchure, 0,08.
(Inv. Campana 3218.) Trouvé en Italie et entré en 1863. Publié par E. Saglio, *Dict. des antiq. grecq. et rom.*, I, p. 1171, fig. 1462, article *Ciborium*. Cf. Pottier, *Catal. vas. Louvre*, p. 1127.
Vue d'ensemble avec le sujet dans notre pl. 157.

G 617. **Skyphos** (une anse horizontale, l'autre verticale en anneau plus large, panse assez renflée, base un peu débordante). — Un sujet sur chaque côté de la panse. — *A*. **Pygmée ou homme grotesque, courant**. — Il court à toute vitesse, les deux jambes et les deux bras écartés, retournant la tête inclinée; il est nu, barbu, le corps court et replet, les jambes très petites, la tête forte, chauve (une mèche indiquée en noir opaque, barbiche pointue, œil de profil en gros point, l'organe viril infibulé). — *B*. **Même**

type de **Pygmée** ou d'homme, assis par terre. Il semble qu'on ait voulu représenter le même personnage tombant au milieu de sa course, assis par terre ; il a les jambes repliées, la droite un peu soulevée ; des deux mains il bat l'air comme pour chercher à se relever (même visage et même corps). C'est un autre spécimen intéressant de caricature grecque ; cf. G 610.

Noir sur tout le vase, intérieur et extérieur, de couleur lustrée et brillante, sauf la place des personnages et des ornements. Un filet circulaire en rouge réservé forme terrain sous les sujets. Bande noire sur le pourtour du fond ; au milieu, un cercle avec un point central.
Terre rougeâtre. Pas de couleur de retouche. Esquisse visible. Style du IVe siècle.
Bien conservé avec des encroûtements sur plusieurs parties. Haut., 0,075 ; diam. dans l'embouchure, 0,09.
(Inv. N 111, n° 2636.) Trouvé à Capoue en 1865 et acquis en 1866 de la collection Castellani. Cf. Pottier, *Catal. vas. Louvre*, p. 1128.
Vue d'ensemble avec le sujet A dans notre pl. 157.

G 618. **Skyphos** (même type). — Un sujet sur chaque côté de la panse. — *A*. **Chouette entre deux rameaux de laurier.** Imitation du type monétaire d'Athènes. La chouette est vue la tête de face (gros yeux ronds en deux cercles concentriques avec point central, bec en touche de noir opaque, le reste de la tête semé d'un pointillé en noir jauni), le corps de profil (ailes abaissées avec gros pointillé noir en triple rangée à la partie supérieure ; points noirs plus petits sur le corps). De chaque côté de l'oiseau sort du sol un rameau de laurier à quatre grandes feuilles. — *B*. **Même sujet**. Répétition du même type.

Même décor, le noir plus terne.
Terre rougeâtre. Pas de couleur de retouche. Pas d'esquisse visible. Style du IVe siècle.
Quelques morceaux recollés; un trou sous l'anse verticale. Haut., 0,08 ; diam., 0,10.
(Inv. Campana 3318.) Trouvé en Italie et entré en 1863 ; cf. *Cataloghi Campana*, série IX-X, n° 526 ; Pottier, *Catal. vas. Louvre*, p. 1128.
Vue d'ensemble avec le sujet A dans notre pl. 158.

G 621. **Coupe** (même type que G 448 et suiv.). — Un sujet dans l'intérieur et un sur chaque revers. — Int. *A*. **Combat d'Hercule contre un Centaure**. Le sujet est emprunté à l'aventure d'Hercule chez le Centaure Pholos, qui l'a invité à boire un pithos de vin, présent de Dionysos ; les autres Centaures, attirés par l'odeur et réclamant leur part, sont tués ou chassés par le héros. A gauche, au-dessus d'un double degré qui représente le bâti sur lequel est placé le précieux tonneau, on voit le col et l'embouchure du pithos de vin ; dans le champ, au-dessus, une amphore (coupée par l'encadrement) précise encore les apprêts du banquet. A droite Hercule nu, la figure en partie cachée par l'épaule de son adversaire (cheveux en mèches semées de points noirs, pour imiter les boucles, œil de profil), le corps penché, a saisi son ennemi par la tête qu'il courbe de toutes ses forces, le pied gauche solidement posé sur un repli de terrain (non figuré) et raidissant la jambe droite vue de face (parties endommagées et rebouchées sur le corps). Le Centaure à corps de cheval (coupé à droite par l'encadrement) s'affaisse sur ses deux jambes de devant fléchies; sa figure à cheveux et barbe hirsutes (mèches séparées) est vue de face (gros yeux ronds avec indication de la paupière inférieure et des cils de l'œil gauche, longues oreilles de cheval, nez épaté) ; il mord à pleines dents la main de son adversaire qui l'enserre et sa main droite est portée vers le front d'Hercule comme pour tenter de se dégager. Le groupe a beaucoup de mouvement et de vigueur et doit procéder d'un bon modèle. — Rev. *B*. **Combat des Lapithes et des Centaures**. Par une association naturelle, le décorateur a placé ici l'épisode du combat qui eut lieu aux noces d'Hippodamie entre les Centaures et les compagnons de

Thésée et de Pirithoüs. Les modèles du grand art ont guidé aussi cette composition (cf. les pl. 128, 129 de la *Griech. Vasenmal.* de Furtwaengler, avec les notices d'Hauser). A gauche un Centaure (type hirsute, semblable au précédent, œil de profil), armé d'une grande branche de pin qu'il brandit des deux mains (son corps de cheval entre dans les ornements en palmettes qui entourent l'anse ; musculature en traits de noir jauni), les deux jambes de devant soulevées, s'apprête à frapper un Lapithe tombé sur les genoux, vu de dos (raccourci de la plante du pied gauche vu de face), se couvrant du bras gauche avec un bouclier orné d'un épisème en serpent (noir opaque) et dardant de la main droite une lance dont la pointe menace le ventre du Centaure ; il est coiffé d'un pilos conique (cheveux en mèches éparses sur le dos, œil de profil). A droite, un autre groupe montre un guerrier grec (Thésée?), nu et casqué (paragnathides relevées, bande double de points entre le cimier et le timbre ; cheveux en mèches noires, œil de profil), le fourreau d'épée sur le côté gauche (baudrier avec pointillé noir) ; il s'élance, tenant son épée (endommagée) de la main droite basse et saisit de la main gauche la tête de son adversaire (musculature en traits de noir jauni) ; le Centaure (cheveux en mèches de noir jauni, œil de profil), vu de dos (l'arrière-train entre dans les ornements placés autour de l'anse), a les jambes de devant soulevées et tient à deux mains une lance ou un bâton dont il menace son ennemi. — Rev. *C.* **Même sujet.** A gauche un Lapithe, le corps nu de face (musculature en noir délayé), barbu et coiffé du pilos (cheveux et barbe en mèches, œil de profil), se couvre de son bouclier avec le bras gauche passé dans l'armature intérieure (la main non visible) et darde sa lance de la main droite abaissée contre son ennemi ; le Centaure (même type hirsute, œil de profil), les pieds de devant levés, élève des deux mains au-dessus de sa tête une grande branche de pin ; sa croupe passe en arrière-plan, derrière le corps du guerrier qui suit. A droite, un autre groupe montre un Lapithe (haut du corps disparu dans une cassure) qui marche, le bras gauche passé dans l'armature intérieure de son bouclier ; de la main droite haute (disparue), il enfonce sa lance dans le corps d'un Centaure qui s'affaisse devant lui, levant la tête (même type hirsute), se couvrant avec sa main gauche d'une peau de bête (traits de noir jauni pour imiter le pelage), la main droite ramenée en arrière et tenant une pierre qu'il va lancer contre son ennemi (le corps de ce côté entre dans les ornements qui entourent l'anse).

Même décor que dans G 448 (un seul filet en clair sous les sujets des revers ; pas de petit cercle sous le fond ; motif floral plus compliqué sous les anses en trois palmettes entourées de rinceaux). Sous le fond, une inscription incisée (rétrograde) : ϞƬѴᴖ (?)
Terre rougeâtre. Pas de couleur de retouche. Traces de l'esquisse. Style de la seconde moitié du ᵛᵉ siècle.
Recollé en plusieurs morceaux et des parties sommairement rebouchées, sans restaurations importantes. Haut., 0.10 ; diam., 0,28 ; avec les anses, 0,355.
(Inv. Campana 1051.) Trouvé en Étrurie et entré en 1863 ; cf. *Cataloghi Campana*, série IV-VII, n° 744 ; Pottier, *Catal. vas. Louvre*, p. 1129.
Int. A et rev. B dans notre pl. 158.

G 622. Coupe (même type). — Un sujet dans l'intérieur et un sur chaque revers. — Int. *A.* **Thésée, en présence d'Aethra, soulève le rocher sous lequel sont cachées les armes de son père.** A gauche Aethra (cheveux en masse noire, œil de profil) est assise sur un monticule rocheux ; par des lianes garnies de feuilles qui sont semées sur le terrain et sur la pierre que soulève le héros, le peintre a voulu indiquer un endroit sauvage et isolé, des roches mousseuses. La reine est vêtue d'une tunique que recouvre un himation dégageant largement le côté droit (bordure noire semée de points) ; son bras droit repose sur son genou

et elle regarde son fils qui, nu, le corps penché (cheveux en masse noire et petites mèches, œil de profil ; restaurations dans le corps et les jambes), soulève avec effort le rocher qui obstrue la cachette ; il est lui-même debout sur une éminence rocheuse (restaurée) de forme irrégulière. — Rev. *B.* **Thésée aux Enfers** (?). Il serait tentant de croire que les sujets des revers se rapportent aussi à l'histoire de Thésée, mais les détails ne sont pas clairs. On pourrait reconnaître ici Thésée, armé d'une massue, et son compagnon Peirithoos, gardés par Diké dans les Enfers (cf. un fragment de vase, *Arch. Zeitung*, 1884, pl. 19, et voir l'article de Brueckner, dans *Jahreshefte* de Vienne, XIII, p. 50, où sont réunis les documents sur Thésée aux Enfers), ou bien Hercule venant délivrer Thésée et le ramener sur terre ; cette seconde hypothèse conviendrait peut-être mieux à la composition. A gauche, Thésée (?) nu, imberbe (cheveux en masse noire avec petites mèches, œil de profil), la tête inclinée, est assis sur un rocher (mêmes détails en lianes garnies de feuilles) sur lequel il appuie sa main droite, le coude gauche posé sur son genou et serrant dans sa main gauche le bout d'une massue noueuse ; un himation posé sur le rocher lui sert de siège (éraflures sur le corps nu). Debout devant lui et le regardant, Hercule (?) nu (même type, éraflures sur le corps) s'avance, tenant des deux mains basses son himation passé en écharpe derrière ses jambes (l'ouvrier chargé de peindre le fond noir n'a pas respecté le contour du vêtement qui devait apparaître près de la jambe droite). Derrière lui la déesse Diké (?), le visage vu de trois quarts (cheveux pendants en noir délayé, bas du visage endommagé), vêtue d'un himation qui retombe en large pli sur le dos et sur le bras gauche étendu, semble faire un geste impératif, assise sur un rocher (contour en traits de noir délayé ; larges éraflures sur le bas du personnage). — *C.* **Thésée et deux femmes** (?). On peut penser que le troisième tableau ferait aussi allusion à un épisode de la vie du héros, mais il est difficile de dire lequel. A gauche une femme drapée, la tête inclinée (cheveux en masse noire et mèche en noir délayé sur la joue gauche, œil de profil), vêtue d'une tunique fine à manches et d'un himation qui dégage le côté droit (éraflures sur le torse), s'avance portant sur la main gauche un grand diptyque ouvert. Devant elle est debout une femme (type analogue, visage endommagé), vêtue d'une tunique fine, qui laisse l'épaule gauche nue, et d'un himation enveloppant le bas du corps ; sa main gauche abaissée contre le corps semble se joindre à la main droite (mains croisées?) pour soutenir un pli du kolpos de la tunique qui paraît un peu gonflé, comme si la femme portait un objet ainsi enveloppé. A droite un éphèbe nu, semblable aux précédents (Thésée?), est assis sur un rocher (mêmes détails en lianes feuillues), la jambe gauche très repliée, tenant de la main droite une massue mince ou un bâton (le haut du corps et le visage endommagés).

Même décor que dans le précédent.
Terre rougeâtre. Pas de couleur de retouche. Esquisse visible. Style de la seconde moitié du ᵛᵉ siècle.
Des morceaux recollés et quelques restaurations dans les ornements. Haut., 0.08 ; diam., 0,285 ; avec les anses, 0,305.
(Inv. Campana 1013.) Trouvé en Étrurie et entré en 1863 ; cf. *Cataloghi Campana*, série IV-VII, n° 610 ; Pottier, *Catal. vas. Louvre*, p. 1129.
Int. A dans notre pl. 158.

G 623. Coupe (même type). — Un sujet dans l'intérieur et un sur chaque revers. — Int. A. **Armement de deux guerriers.** Les figures sont comme rongées par l'humidité qui a creusé la surface de l'argile et il ne reste que les contours des personnages. Le guerrier à gauche est coiffé d'un casque et il porte probablement son bouclier sur le bras gauche. En face de lui, son compagnon est un éphèbe aux cheveux en masse noire, portant sur le bras gauche une lance (?) et appuyant sa main droite sur le bord d'un bouclier posé debout sur le sol. — Rev. *B.* **Chasse au sanglier.** Le tableau a l'allure d'un sujet de genre plutôt que d'un épisode mythologique. Sans doute, en tenant compte des sujets traités dans le vase précédent, sorti du même atelier, on pourrait penser à Thésée combattant la laie de Crommyon, mais ici le sexe indique un sanglier (Méléagre et le sanglier de Calydon?). Cf. G 637. Le chasseur est un cavalier qui a mis pied à terre et de la main gauche tient par la bride son cheval qui piaffe (jambes de devant restaurées, crinière en brosse, houppe de poils dressée sur le sommet de la tête, longue queue) ; il porte un casque aux paragnathides relevées, rond et sans cimier visible, et son visage imberbe est vu de trois quarts (cheveux en mèches de noir délayé, menton allongé et fort) ; il est vêtu d'une tunique courte à plis fins, relevée par un lien serré à la taille, que recouvre une peau de bête (touches de noir jauni) passée en bandoulière et plaquée sur le torse (pointillé noir sur tout le costume), chaussé de hautes endromides lacées, dont les revers sont découpés en lanières flottantes et décorées de points noirs ; de la main droite haute (bras restauré) il darde sa lance contre l'animal. A droite, le sanglier bondit, les deux pattes de devant levées, l'arrière-train vu de face, la queue retroussée sur le dos (œil et hure restaurés, indication de soies rudes sur le corps). — Rev. *C.* **Même sujet.** C'est la reproduction du même modèle, sans qu'il y ait décalque du sujet (hure de la laie restaurée).

Même décor que dans le précédent. Les deux vases sont sortis du
même atelier.
Terre rougeâtre. Pas de couleur de retouche. Pas d'esquisse visible.
Style de la seconde moitié du ve siècle.
Très endommagé dans l'intérieur. Des morceaux recollés et restaurés.
Haut., 0,085 ; diam. 0,215 ; avec les anses, 0,275.
(Inv. Campana 998.) Trouvé en Étrurie et entré en 1863 ; cf.
Cataloghi Campana, série IV-VII, n° 747 ; Pottier, *Catal. vas.
Louvre*, p. 1129.
Rev. B dans notre pl. 158.

G 627. Coupe (même type). — Un sujet dans l'intérieur et un sur chaque revers. — Int. *A.* **Femme apportant un coffret.** Ce sont sans doute des apprêts de toilette ou de mariage; la phiale placée sur la main gauche est entièrement refaite et la présence de cet accessoire est douteuse. La femme vue de face, la tête retournée vers la gauche (cheveux en masse noire, serrés par des liens de couleur effacée, sans doute en rouge mat) ; œil de profil), est vêtue d'une tunique à manches que recouvre un himation dégageant le côté droit ; le pied droit est dessiné de face ; sur la main droite étendue elle porte un coffret à bijoux ou à parures (restauré en partie ; pieds et face ornés de gros points noirs imitant des clous) ; sur la main gauche étendue elle tient une phiale (refaite ; restauration douteuse). A gauche, près d'elle, un siège (coupé par l'encadrement) vu de profil, à pied courbé, et couvert d'un coussin orné de traits droits et en zigzag (noir délayé). Un petit segment en rouge réservé forme terrain sous les pieds de la femme. — Rev. *B.* **Leçon de musique.** A gauche une colonette ionique, posée sur une base et soutenant une partie d'entablement (rangée de points noirs sur le chapiteau ; indication de quatre triglyphes sur l'entablement), indique la proximité d'une maison ou d'une école. Un éphèbe semble sortir du portique ; il est drapé dans un himation qui l'enveloppe et cache les bras (cheveux en masse noire avec mèches courtes, serrés par un lien en rouge mat ; œil de profil) ; un autre éphèbe (même type, même coiffure), le corps de face, drapé dans un himation qui dégage le côté droit nu, tourne la tête vers la gauche et tend à son camarade une grande lyre (caisse en forme d'écaille de tortue,

sept cordes en relief noir ; lien en rouge mat suspendu au montant gauche) qu'il tient de la main droite par le montant droit. Derrière lui, dans le champ, est suspendue une paire de sandales (une vue de profil) avec les liens pendants (en rouge mat). A droite, un homme barbu (le professeur?), le corps de face, regarde vers la gauche (même coiffure, œil de profil), vêtu d'un himation qui dégage le côté droit nu, les regarde, la main droite sur la hanche, la main gauche appuyée sur une haute canne. — Revers *C.* **Réunion d'une femme avec deux éphèbes.** A gauche un éphèbe (même type, même coiffure), vêtu d'un himation dégageant le côté droit, met la main droite sur sa hanche et s'appuie de la main gauche sur une haute canne. Dans le champ, derrière lui, une bandelette à franges (en noir délayé) et, devant lui, une paire de sandales (même détail qu'en *B*). Au centre, une femme (même type et même costume qu'en *A*), le corps de face, la main droite sur la hanche, tourne la tête vers l'éphèbe. A droite, un autre éphèbe (même type et même costume), le corps de face, s'appuie de la main droite sur une haute canne et tourne la tête vers les précédents.

Décor analogue ; motif floral sous les anses composé d'une palmette
accostée de rinceaux qui se terminent en boutons de lotus. Lustre
noir brillant.
Terre rougeâtre. Retouches de rouge mat. Esquisse visible. Style
de la seconde moitié du ve siècle.
Quelques morceaux recollés; quelques restaurations. Haut., 0,08 ;
diam., 0,22 ; avec les anses, 0,285.
Inv Campana 604 (autre numéro 580). Trouvé en Étrurie et entré
en 1863 ; cf. *Cataloghi Campana*, série IV-VII, n° 148 ; Pottier,
Catal. vas. Louvre, p. 1129.
Int. A dans notre pl. 158.

G 628. Coupe (même type). — Un sujet dans l'intérieur et rien sur les revers. — Int. **Conversation d'un éphèbe et d'un jeune garçon.** C'est la réunion du παῖς avec l'ἔφηβος. A gauche, le jeune garçon (cheveux en masse noire et mèches courtes, œil de profil, bouche entr'ouverte), complètement enveloppé dans un himation qui cache les bras et enserre le cou, regarde l'éphèbe qui, beaucoup plus grand que lui, se courbe en deux pour lui parler; celui-ci est enveloppé de même dans son himation qui cache les bras (cheveux en masse noire, œil endommagé) et il s'appuie sur une canne (large éraflure sur les jambes). Une composition presque identique se voit sur G 647 ; les modèles d'atelier commencent alors à servir à des répétitions uniformes et banales ; cf. G 529, 530, 623, 637, 638, 639.

Pas d'autre décor que l'encadrement intérieur en grecque mêlée
de croix d'une forme assez particulière. Pour le reste, technique
analogue aux précédentes coupes.
Terre rougeâtre. Pas de couleur de retouche. Traces de l'esquisse.
Style du ive siècle.
Recollé en plusieurs morceaux ; pied réparé. Haut., 0,09 ; diam.,
0,23 ; avec les anses, 0,29.
(Inv fragm. Campana n° 2). Trouvé en Italie et entré en 1863.
Retrouvé dans une caisse de fragments de la collection Campana.
Cf. Pottier, *Catal. vas. Louvre*, p. 1129.
Int. dans notre pl. 158.

G 629. Coupe (même type). — Un sujet dans l'intérieur et rien sur les revers. — Int. **Ephèbe faisant une libation.** Il est assis, tenant de la main droite une phiale qu'il étend au-dessus d'un autel sommairement indiqué (coupé à droite par l'encadrement); au-dessus de lui, dans le champ, est suspendu un ustensile qui semble être, dans de grandes dimensions, le panier à provisions, usité dans les banquets (indication des liens faisant réseau autour du panier, en couleur effacée). L'éphèbe (cheveux en masse noire et mèches courtes; œil de profil, nez pointu) est vêtu d'un himation qui dégage le côté droit nu, le pan retombant droit dans le dos ; il est assis sur un escabeau à pieds droits. Au centre, une éraflure montre l'extrémité du goujon de bronze antique qui attache le pied à la vasque et le consolide.

Encadrement intérieur en grecque simple ; pour le reste, comme le précédent. Sous la base, large bande noire sur laquelle est gravée l'inscription (rétrograde) : FE.
Même technique ; style rapide et peu soigné de la fin du vᵉ ou du ivᵉ siècle.
Bon état de conservation avec la consolidation antique indiquée ci-dessus. La tête du goujon est engagée dans la cavité placée sous le pied. Haut., 0,09 ; diam., 0,22 ; avec les anses, 0,29.
(Inv. Campana 609.) Trouvé en Italie et entré en 1863 ; cf. *Cataloghi Campana*, série IX-X, salle I, nᵒ 25 ; Pottier, *Catal. vas. Louvre* p. 1129.
Int. dans notre pl. 159.

G 630. Coupe (même type). — Un sujet dans l'intérieur ; rien sur les revers. — Int. **Femme tenant un rouleau écrit.** Elle est assise de face sur un siège à dossier et à pieds courbés placé de profil (la partie du meuble qui fait saillie à droite semble due à une restauration inexacte d'une partie antique mal comprise?) ; ses pieds chaussés de cothurnes fermés sont posés sur un segment de rouge réservé qui forme terrain sous le personnage ; sa tête de face est encadrée de longs cheveux flottants, ondulés, qui retombent sur les épaules (visage assez incorrect, grosse bouche, nez un peu oblique, indication de la paupière supérieure); elle est vêtue d'un himation qui l'enveloppe (pas de tunique visible ; des parties restaurées) ; des deux mains sortant de la draperie elle tient les bords d'un rouleau de papyrus réglé, qu'elle déroule et semble montrer, et sur lequel est écrite en deux lignes et en lettres noires la formule : Ο Π Λ. . Κ Λ ν Ι Ϛ (ὁ πα[ῖς] καλ[ό]ς) (une goutte de couleur noire est tombée du pinceau de l'ouvrier). Dans le champ, à gauche, la même formule est répétée en rouge mat : Ο Π Λ... Dans le champ, à droite, est suspendu un autre *volumen* roulé et serré par des liens qui retiennent en même temps le style à écrire contre le rouleau (attaches de suspension en rouge mat).

Même décor qu'en G 629 ; sous la base, un cercle noir.
Terre rougeâtre. Emploi de la couleur en rouge mat. Pas d'esquisse visible. Style de la fin du vᵉ siècle ou du ivᵉ siècle.
Recollé et restauré ; une partie du rebord et les deux anses refaites. Haut., 0,085 ; diam., 0,195.
Inv. N 3426 (MN 153). Trouvé en Italie et entré en 1850. Mentionné par Heydemann, *Pariser Antiken*, p. 48, nᵒ 27 (il a interprété à tort le rouleau de papyrus comme un coffret dont le couvercle serait levé et l'accessoire dans le champ comme un diptyque); Pottier, *Catal. vas. Louvre*, p. 1129.
Int. dans notre pl. 159.

G 636. Petite coupe sans pied (base ronde, anses assez longues et carrées au bout). — Un sujet dans l'intérieur ; rien sur les revers. — Int. **Silène chassant le renard.** Sur un terrain montueux qui indique la campagne, un Silène s'est lancé à la poursuite d'un renard qu'il a rattrapé à la course et qu'il tient fortement par la queue avec ses deux mains, le corps plié en deux, en s'arc-boutant solidement de ses pieds contre le sol; il est nu, barbu (type hirsute à nez camus, œil de profil avec indication de la paupière supérieure) ; le renard est coupé à droite par l'encadrement et l'on ne voit que le train de derrière (grosse queue, pelage indiqué par des points et des traits de noir délayé). Dans le champ, à gauche, inscription en rouge mat effacé : Κ Α Λ Ο Ϛ (καλός).

Pas d'autre décor qu'un cercle en rouge réservé autour du sujet intérieur. Sous la base, une large bande noire, deux filets noirs et un point central.
Terre rougeâtre. Emploi de la couleur en rouge mat. Pas d'esquisse visible. Style de la fin du vᵉ siècle ou du ivᵉ.
Plusieurs morceaux recollés. Haut., 0,045. Diam., 0,11 ; avec les anses, 0,185.
(Inv. Campana 3184). Trouvé en Italie et entré en 1863. Cf. Pottier; *Catal. vas. Louvre*, p. 1129.
Int. dans notre pl. 159.

G 637. Coupe sans pied (même structure ; un ressaut à l'intérieur). — L'intérieur en noir lustré avec ornements incisés au centre, grande étoile à huit rayons placée dans une rosace à seize pétales ; le tout coupé par des cercles concentriques incisés; au centre, une petite rosace à huit pétales. Les revers portent des sujets peints. — Rev. *A.* **Chasse au sanglier** (ou **Thésée combattant la laie de Crommyon**, ou **Méléagre et le sanglier de Calydon**?; cf. G 623). A gauche s'élance un sanglier, les deux pattes de devant soulevées (crinière hérissée, queue tortillée, pointillé en noir jauni sur tout le corps) ; le chasseur, un éphèbe vêtu d'une tunique fine retroussée à la ceinture, que couvre une chlamyde attachée sur l'épaule droite et retombant sur le côté gauche, recule à droite en faisant face à la bête, le bras droit armé d'une épée et levé par-dessus sa tête (cheveux en masse noire et mèches courtes, œil disparu) ; de la main gauche il tient une double lance (la hampe endommagée). — Rev. *B.* **Même sujet.** L'éphèbe est à gauche (même type, œil de profil ; même costume avec un pétase rejeté sur le cou, les pieds chaussés de crépides dont les liens s'enroulent autour du bas de ses jambes) ; il marche vers la droite, tenant de la main droite basse une pierre, de la main gauche un accessoire endommagé (massue? fronde?). A droite, le sanglier bondit vers lui (même type que l'autre).

Tout l'intérieur en noir d'un lustre brillant. Noir sur la moitié des anses avec intervalle en clair entre les attaches ; sur les revers, sauf la place des personnages et des ornements. Sous les anses, décor floral en palmette accostée de longs rinceaux munis de volutes. Sous la base, une bande noire sur le pourtour ; un cercle noir sur le fond, puis un cercle noir en relief, et un plus petit cercle noir avec point central.
Terre rougeâtre. Pas de couleur de retouche. Emploi de l'incision pour le décor intérieur. Traces de l'esquisse. Style soigné de la fin du vᵉ ou du ivᵉ siècle.
Bon état de conservation. Haut., 0,07 ; diam. 0,20 ; avec les anses 0,27.
(Inv. Campana 1036.) Trouvé en Étrurie et entré en 1863 ; cf. *Cataloghi Campana*, série IV-VII, nᵒ 614 (interprété comme Méléagre et le sanglier de Calydon) ; Pottier, *Catal. vas. Louvre*, p. 1129.
Revers A dans notre pl. 159.

G 638. Coupe sans pied (même type). — L'intérieur en noir lustré avec ornements incisés au centre, rosace à trente pétales entourée d'un double cercle, bande ornée de sept petites palmettes estampées, zone de godrons entre quatre cercles. Les revers portent des sujets peints. — Rev. *A.* **Silène et Ménade.** À gauche un Silène nu, barbu (cheveux en masse noire, front chauve ; œil de profil avec indication de la paupière supérieure), aux formes grasses, court vers la droite, la main gauche avancée vers une Ménade qui lui fait face et se recule ; la femme a le corps de face, la tête tournée vers la précédent (cheveux en masse noire, œil de profil), et étend les bras ; elle est vêtue d'une tunique fine que recouvre un himation dégageant le côté droit. — Rev. *B.* **Éphèbe et femme.** C'est une variante à peine modifiée du précédent sujet. Même pose pour l'éphèbe nu, s'avançant vers la droite (cheveux en masse noire et mèches courtes ; œil de profil avec indication de la paupière supérieure) ; même pose pour la femme drapée (bouche largement ouverte, chignon lié par un trait en rouge réservé).

Même décor que dans le précédent (sous la base, large bande noire près du cercle en relief). Même technique et même style.
Assez bon état de conservation. Haut., 0,06 ; diam., 0,18 ; avec les anses, 0,255.
Inv. N 3490 (ED 938). Trouvé en Italie, à Nola, et entré en 1825 avec la collection Durand. Cf. Pottier, *Catal. vas. Louvre*, p. 1128.
Vue d'ensemble avec le rev. A, et rev. B dans notre pl. 159.

G 639. Coupe sans pied (même type). — Un sujet dans l'intérieur et un sur chaque revers. — Int. *A.* **Deux éphèbes dans la palestre.** A gauche, un éphèbe nu (cheveux en masse noire et mèches de noir délayé, ceints d'une bandelette en blanc rosé ; œil de profil), le corps de trois quarts, retenant sous son coude droit son himation roulé, la main gauche basse et portant un accessoire indistinct (indiqué par deux traits de blanc rosé ; liens d'un flacon à huile?), tourne la tête vers son compagnon qui lui fait face, levant la tête (même type et même coiffure), le corps nu, retenant de la main gauche un himation qui recouvre l'épaule et le bras, élevant de la main droite un strigile. Les pieds des deux personnages reposent sur un segment en rouge réservé qui forme terrain (le pied droit de l'éphèbe de gauche entre dans l'encadrement en cercle). — Rev. *B*. **Éros entre un éphèbe et une femme.** A gauche un éphèbe nu s'éloigne, marchant vers la gauche, le corps de trois quarts, la tête retournée (cheveux en masse noire et mèches de noir délayé ; œil endommagé), la main droite avancée, l'autre étendue et tenant un strigile, avec les liens (en blanc mat effacé) d'un aryballe qui pend au-dessous. Au centre et tournant le dos au précédent, un Éros ailé (grandes ailes de profil avec lignes de pointillé en noir jauni à la partie supérieure ; cheveux en masse noire ; œil de profil) tient des deux mains étendues un objet non figuré (parure? guirlande?), qu'il apporte à une femme assise à droite (pas de siège figuré). Elle est tournée vers la droite et retourne vers l'Éros sa tête (cheveux en noir délayé, œil de profil), la main droite près de la ceinture, la main gauche avancée (bracelet en trait noir au poignet) ; elle est vêtue d'une tunique dorienne à rabat serré à la taille par une ceinture (décor en traits ondulés sur le rabat ; une goutte de couleur noire tombée du pinceau de l'ouvrier). — Rev. *C*. **Femme entre deux Éros.** A gauche un Éros ailé (même type), les deux mains avancées tenant un objet (non figuré), s'avance vers la femme qui lui tourne le dos (même type et même costume) et, les deux bras ouverts (bracelet au poignet droit), regarde un autre Éros (même type), qui s'avance vers elle, apportant dans ses deux mains avancées un objet indistinct (parure? guirlande?). Dans le champ, derrière la femme, est suspendue une paire de haltères (ou une balle divisée par un trait central?). Le symbolisme de ces gracieux sujets est aisé à comprendre. Les éphèbes des palestres envoient par l'entremise des Éros leurs cadeaux amoureux à des femmes.

Beau lustre noir dans l'intérieur avec large guirlande de feuilles allongées (en rouge réservé), tiges et baies blanches (blanc jaune), sur le pourtour supérieur. Encadrement de grecque mêlée de croix en damier autour du sujet A. Pour le reste, même décor que dans les vases précédents. Sous la base, le pourtour en large bande noire et trois cercles sur le fond.

Terre rougeâtre, épaisse. Emploi des retouches en blanc rosé et blanc jaune. Traces de l'esquisse. Style du ive siècle.

Bon état de conservation, sauf une anse endommagée. Haut.; 0,08 ; diam. 0,23 ; avec les anses, 0,315.

Inv. N 3420 (ED 959). Trouvé en Italie, à Nola, et entré en 1825 avec la collection Durand. Cf. Pottier, *Catal. vas. Louvre*, p. 1128. Vue d'ensemble avec l'int. A dans notre pl. 160.

G 642. Coupe sans pied (type analogue ; pas de ressaut intérieur ; le bout des anses carré et rebroussé). — Un sujet dans l'intérieur et un sur chaque revers. — Int. *A*. **Éros et femme** ; cf. le vase précédent. A gauche, Éros ailé (grandes ailes de profil avec rangées de points à la partie supérieure ; cheveux en mèches de noir délayé ; œil de profil ; type hermaphrodite) vole au-dessus du sol figuré par trois monticules rocheux (semés de points noirs) et apporte avec les deux mains avancées un objet non figuré (parure ou guirlande) à une femme assise à droite (pas de siège indiqué), qui retourne vers lui sa tête coiffée d'un cécryphale (cheveux en noir délayé ; œil de profil) ; elle est vêtue d'une tunique dorienne à rabat orné de larges traits noirs et de points ; sa main droite est près de sa cein-

ture, la main gauche écartée et relevée. Entre eux est posé dans le champ un tambourin vu de profil (bande noire sur le pourtour ; figuration sommaire d'une guirlande au centre et d'effilés noirs près du pourtour). — Rev. *B*. **Deux éphèbes dans la palestre.** A gauche, éphèbe nu (tête sommairement indiquée), la main droite posée sur la hanche, tenant de la main gauche une sorte de ballon allongé (le genre de balle si fréquent sur les vases de l'Italie méridionale, coupé par une croix cantonnée de quatre points). A droite, un autre éphèbe (même type), vêtu d'un himation qui dégage le côté droit, lui fait vis-à-vis, tenant de la main gauche les liens d'attache (non figurés) d'un aryballe à huile qui pend au-dessous. Dans le champ, derrière lui, la moitié d'un gros ballon rond semblable à l'autre. — Rev. *C*. **Même sujet.** A gauche, un éphèbe nu. le pied gauche posé sur une petite borne (but dans l'arène?), le corps penché, son himation posé sur la jambe gauche pliée, la main droite basse et la main gauche tenant un strigile (visage sommairement indiqué, cheveux en mèches), converse avec un autre éphèbe (même type), vêtu d'un himation qui dégage le côté droit, tenant de la main droite les liens d'attache (non figurés) d'un aryballe qui pend au-dessous. Dans le champ, auprès d'eux, un demi-ballon et un ballon rond (semblables aux précédents).

Noir dans l'intérieur, avec encadrement en cercle de rouge réservé autour du sujet A. Autour des attaches des anses, ornement floral en trois palmettes dont deux grandes entourées d'un rinceau. Sous le fond, le pourtour en bande noire ; sur le fond, large cercle noir, un filet en noir délayé, le centre en large bande noire et un petit cercle de noir délayé.

Terre rougeâtre. Pas de couleur de retouche. Esquisse visible. Style rapide du ive siècle (analogue à celui des fabriques de l'Italie méridionale).

Plusieurs morceaux recollés. Haut.; 0,06 ; diam. 0,16; avec les anses, 0,22.

Inv. N 3566 (ED 937). Trouvé en Italie, à Nola, et entré en 1825 avec la collection Durand. Cf. Pottier, *Catal. vas. Louvre*, p. 1128. Int. A dans notre pl. 159.

G 643. Coupelle sans anses (pas de pied, pas d'anses ; forme de bol évasé avec ressaut sur le pourtour extérieur). — Un sujet dans l'intérieur et un sous le fond ; rien sur les revers. — Int. *A*. **Chouette et laurier.** C'est un type monétaire ; cf. G 618. L'oiseau a la tête de face (gros yeux ronds en large cercle noir et un autre plus petit avec point central, bec en touche de noir opaque, traits de noir jauni sur la tête et le corps pour imiter le plumage), le corps de profil (aile abaissée). A droite sort du sol un rameau d'olivier (trois grandes feuilles et deux petites). — *B*. Sous le fond est peint, en figure noire opaque, une coupe à pied et à deux anses ; cf. G 644.

Noir sur tout le vase, sauf la place des sujets et des ornements. Le décor se réduit à un cercle en rouge réservé autour du sujet intérieur. Sous le fond, cercle noir sur le pourtour, cercle noir en relief autour du sujet peint.

Terre rougeâtre pâle. Pas de couleur de retouche. Pas d'esquisse visible. Style du ive siècle.

Assez bon état de conservation. Haut., 0,065 ; diam., 0,15.

(Inv. Campana 1371.) Trouvé en Italie et entré en 863. Cf. Pottier, *Catal. vas. Louvre*, p. 1130. Int. A dans notre pl. 160.

G 644. Coupelle sans anses (même type). — Un sujet dans l'intérieur et un sous le fond ; rien sur les revers. — Int. *A*. **Grand cratère à pied**, posé sur un segment en rouge réservé, formant terrain. Sur la panse du vase est dessiné au trait noir un guerrier en attaque, marchant vers la droite, tenant son épée de la main droite basse, se couvrant avec un bouclier porté sur le bras gauche passé dans l'armature intérieure ; il est imberbe et casqué (mèches de cheveux en noir opaque). — *B*. Sous le fond est dessinée, en figure noire opaque, une coupe à pied et à deux anses ; cf. G 643.

Même décor et même technique que le précédent ; les deux vases sont de la même fabrique.

Le rebord ébréché ; la surface du sujet A frottée et salie. Haut., 0,065 ; diam., 0,15.

(Inv. Campana 1383.) Trouvé en Italie et entré en 1863 ; cf. *Cataloghi Campana*, série IX-X, salle I, n° 199 ; Pottier, *Catal. vas. Louvre*, p. 1130.

Int. A et fond du vase B dans notre pl. 160.

G 645. Coupelle sans anses (même type ; pas de ressaut extérieur). — Un sujet dans l'intérieur et un sous le fond ; rien sur les revers. — *A*. Dans l'intérieur est réservé un cercle en rouge réservé sur lequel est dessinée une roue en trait noir (quatre rayons s'ajustant au cercle par appliques fourchues ; point central en rouge réservé ; pas de trace du compas). — *B*. Sous le fond est dessinée en noir opaque une amphore à base pointue ; cf. les vases précédents.

Même décor et même technique ; même ⩗ ⁊⁊ fabrique. Près du sujet du fond est gravée une inscription : ⩗ ⁊⁊ . Cf. Hackl, dans *Münch. arch. Etud.*, p. 41 et sv.

Bon état de conservation. Haut., 0,05 ; diam., 0,16.

(Inv. Campana 1872.) Trouvé en Italie et entré en 1863. Cf. Pottier, *Catal. vas. Louvre*, p. 1130.

Fond du vase B dans notre pl. 160.

G 647. Fragment de coupe. — Int. Conversation d'un éphèbe et d'un jeune garçon ; cf. G. 628. C'est le même modèle qui a servi au décorateur ; les variantes sont insignifiantes.

Ce fragment avait été inséré frauduleusement dans un petit plat de fabrication campanienne (cf. G 246), d'où il a été séparé.

Terre rougeâtre. Pas de couleur de retouche. Pas d'esquisse visible. Technique se rapprochant de celle des vases de l'Italie méridionale. Style du IVᵉ siècle. Haut., 0,06 ; diam., 0,18.

(Inv. Campana 109.) Trouvé en Italie et entré en 1863 ; cf. *Cataloghi Campana*, série IX-X, salle I, n° 166 ; Pottier, *Catal. vas. Louvre* p. 1130.

Vue d'ensemble dans notre pl. 160.

G 649. Fragment de vase (cratère ou grand skyphos?). — A gauche, les restes d'une aile déployée. A droite, un **Homme barbu assis** (pas de siège figuré) ; il a une chevelure et une barbe abondantes et frisées, la tête vue de trois quarts (lèvres épaisses, faible moustache en noir jauni) ; il est vêtu d'un himation qui laisse le haut du corps nu ; il tient de la main gauche une canne (le bas disparaissant dans la cassure) et pose sa main gauche sur son poignet droit (dieu? juge des Enfers ?).

Beau lustre noir et style assez soigné du IVᵉ siècle. Noir dans l'intérieur du vase, avec trait réservé en rouge près du rebord supérieur. Pas de couleur de retouche ni d'esquisse. Haut., 0,10 ; larg. max., 0,11.

Inv. supp. S 1466. Fragment retrouvé dans une caisse de débris de la collection Campana. Provenant d'Italie et entré en 1863. Cf. Pottier, *Catal. vas. Louvre*, p. 1130.

Vue d'ensemble dans notre pl. 160.

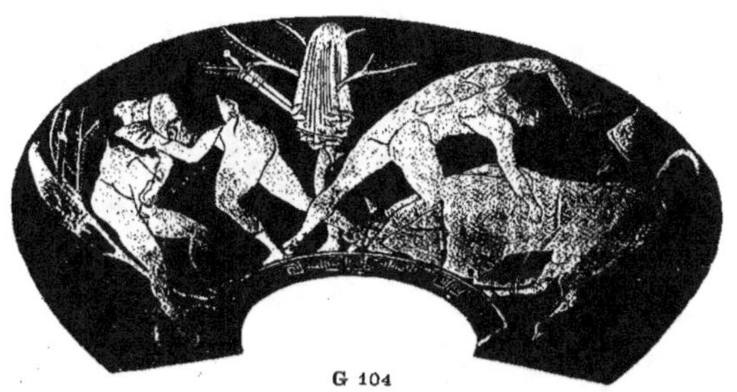

G 104

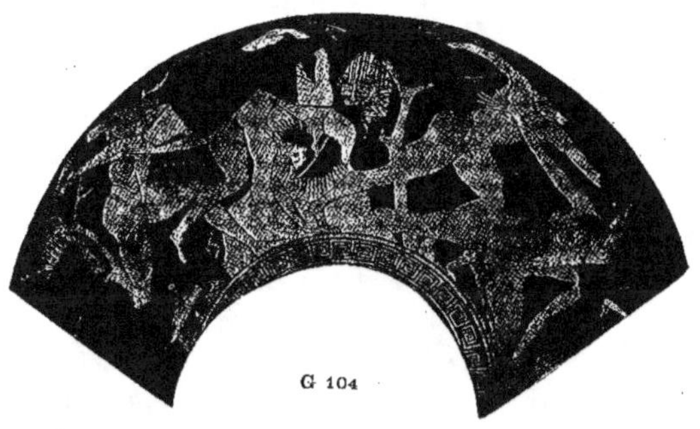

G 104

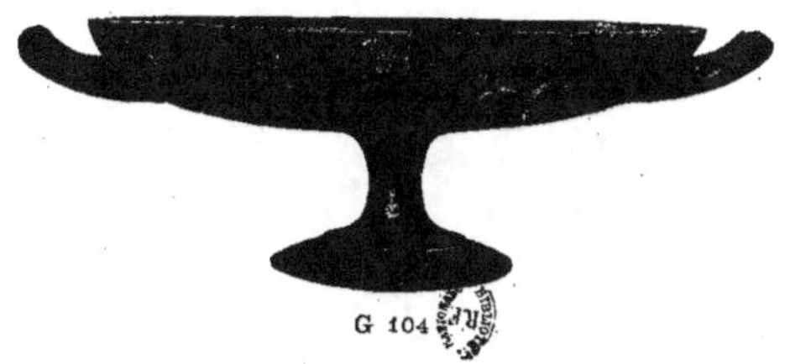

G 104

VASES ATTIQUES TROUVÉS EN ITALIE
GROUPE D'EUPHRONIOS
(PREMIÈRE MOITIÉ DU Vᵉ SIÈCLE. AV. J.-C.)

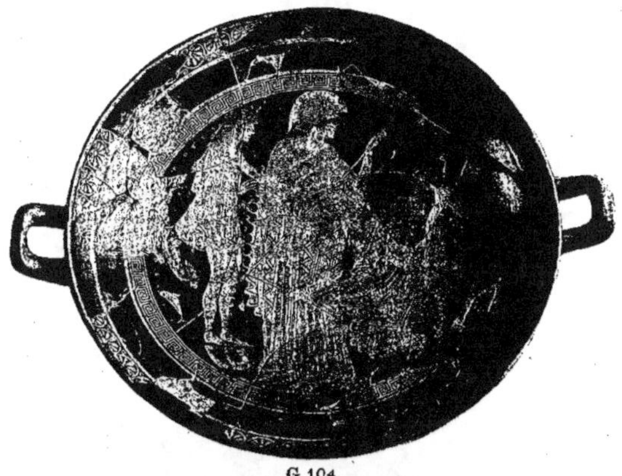

G 104

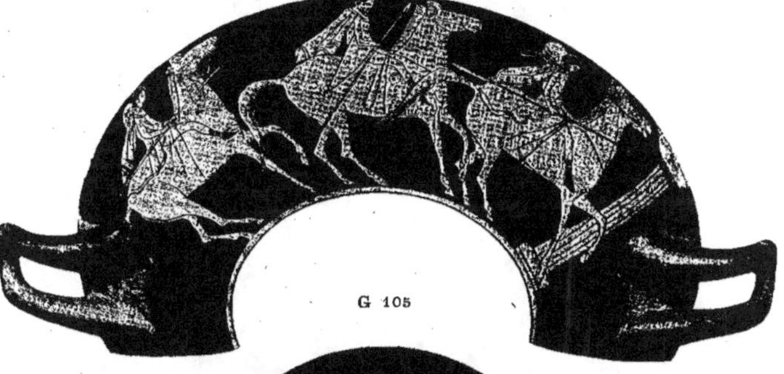

G 105

G 105

VASES ATTIQUES TROUVÉS EN ITALIE
GROUPE D'EUPHRONIOS
(PREMIÈRE MOITIÉ DU Vᵉ SIÈCLE AV. J.-C.)

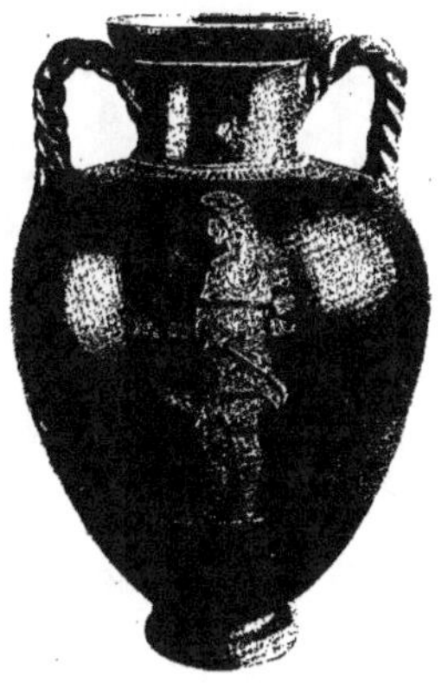

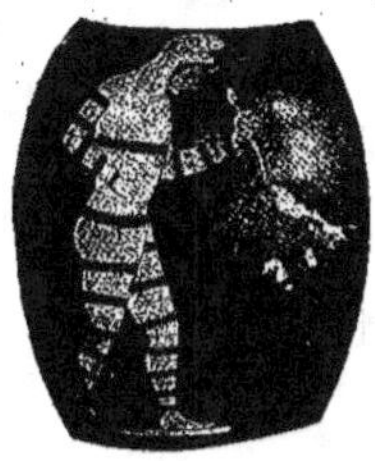

G 106

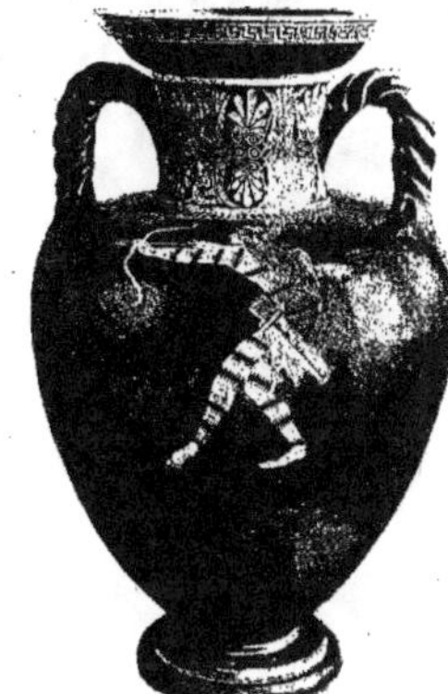

G 106

G 107

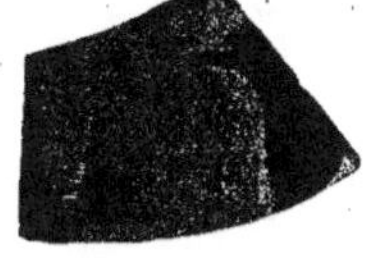

G 110

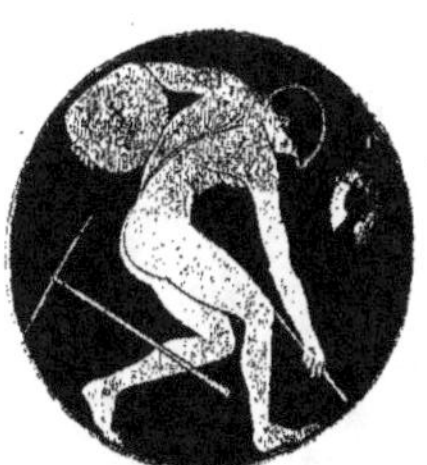

G 111

G 112

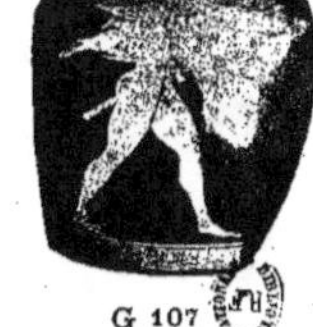

G 107

VASES ATTIQUES TROUVES EN ITALIE

GROUPE D'EUPHRONIOS

(PREMIÈRE MOITIÉ DU Vᵉ SIÈCLE AV. J.-C.)

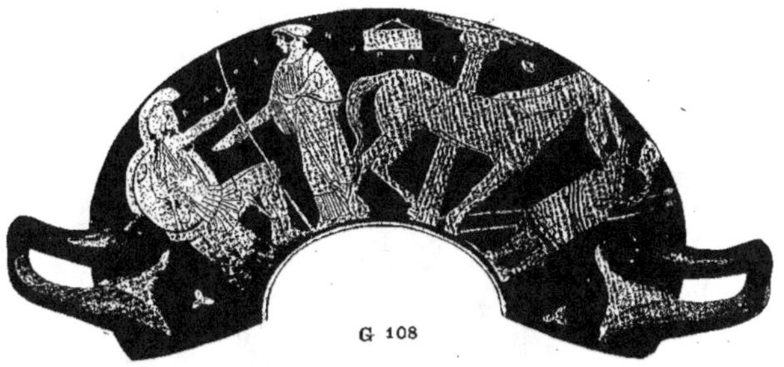

G 108

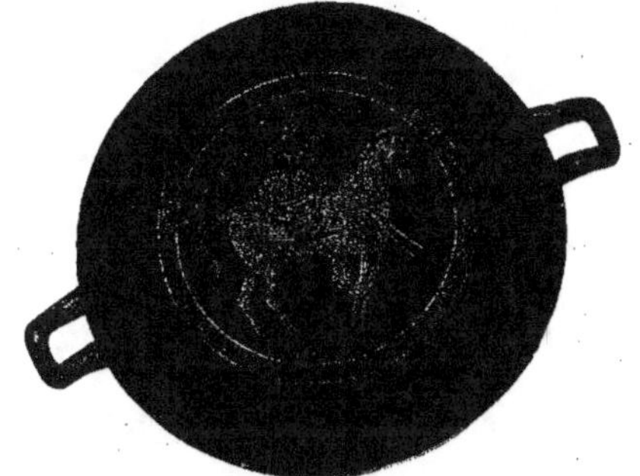

G 108

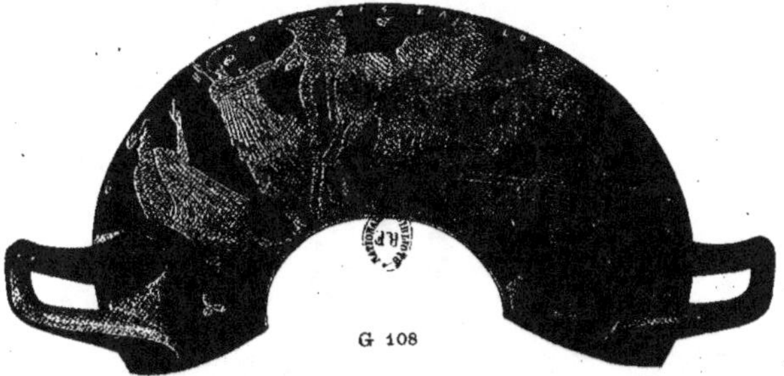

G 108

VASES ATTIQUES TROUVÉS EN ITALIE

GROUPE D'EUPHRONIOS

(PREMIÈRE MOITIÉ DU Ve SIÈCLE AV. J.-C.)

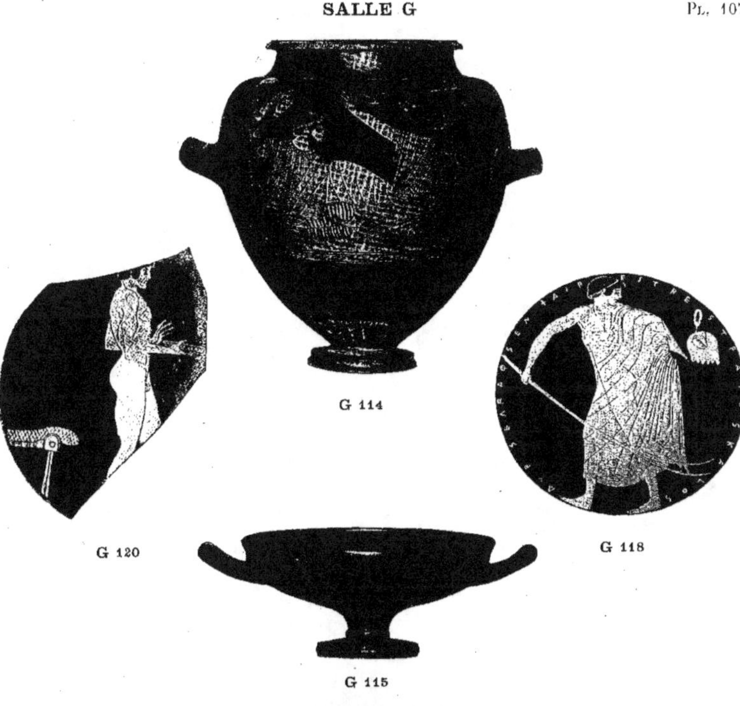

G 114

G 120

G 118

G 115

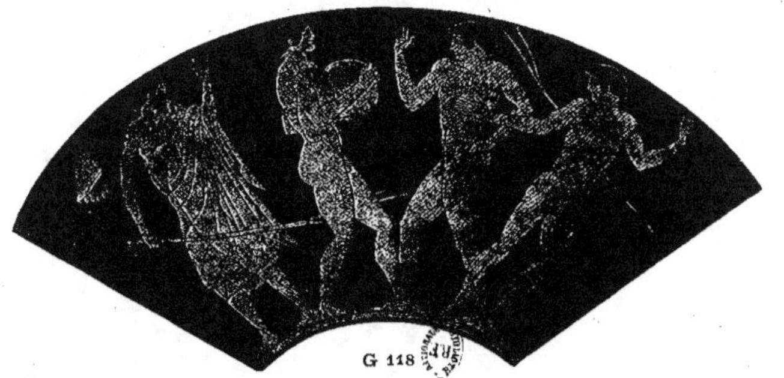

G 118

VASES ATTIQUES TROUVÉS EN ITALIE
GROUPE DE DOURIS
(PREMIÈRE MOITIÉ DU Vᵉ SIÈCLE AV. J.-C.)

2

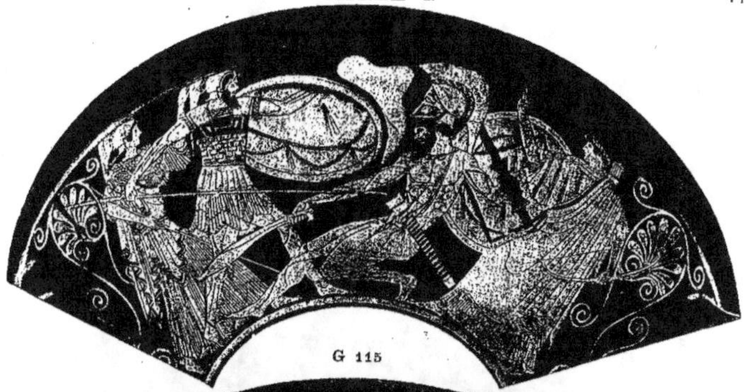

G 115

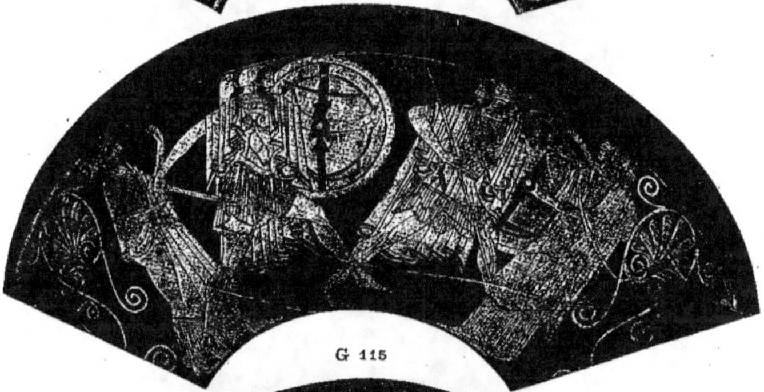

G 115

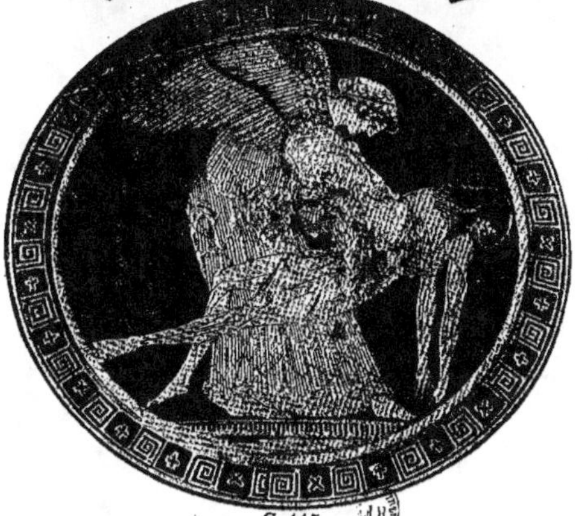

G 115

VASES ATTIQUES TROUVÉS EN ITALIE
GROUPE DE DOURIS
(PREMIÈRE MOITIÉ DU Vᵉ SIÈCLE AV. J.-C.)

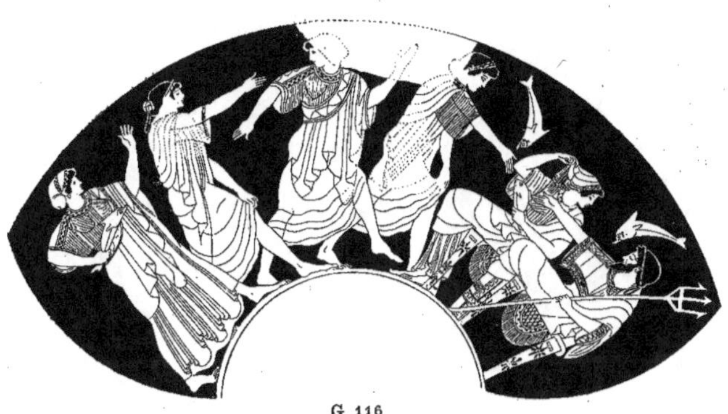

G 116

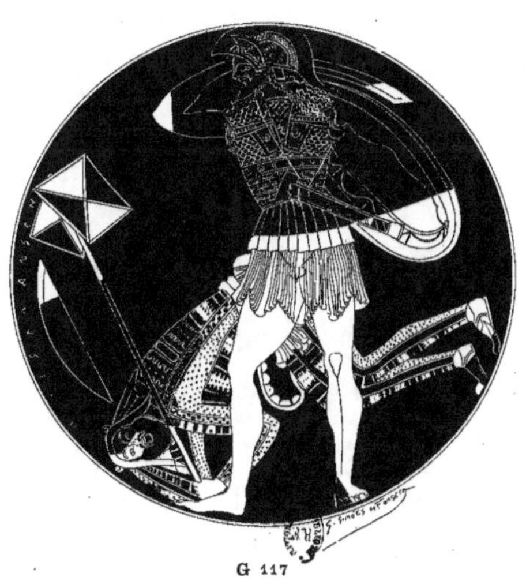

G 117

VASES ATTIQUES TROUVÉS EN ITALIE
GROUPE DE DOURIS
(PREMIÈRE MOITIÉ DU Vᵉ SIÈCLE AV. J.-C.)

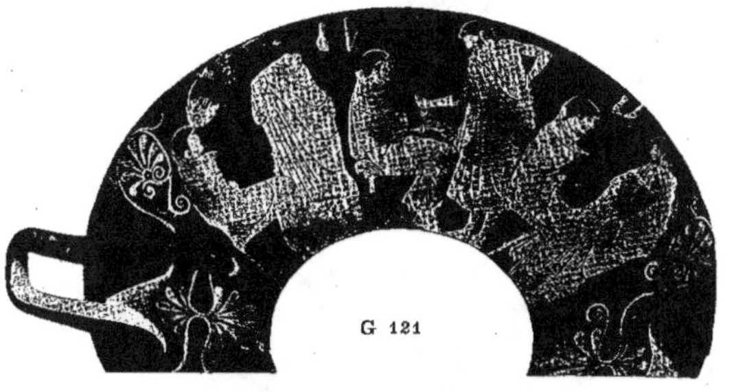

G 121

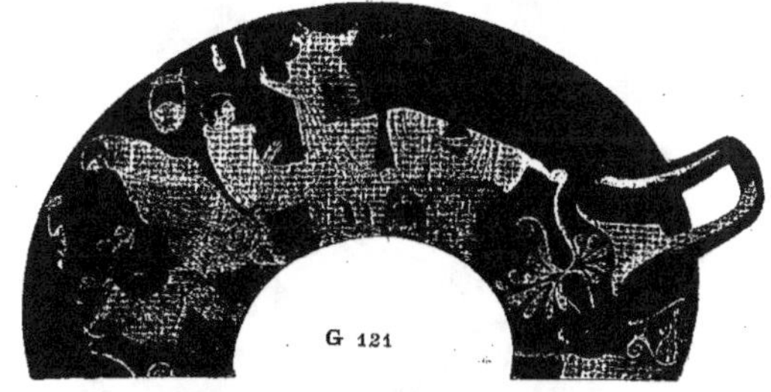

G 121

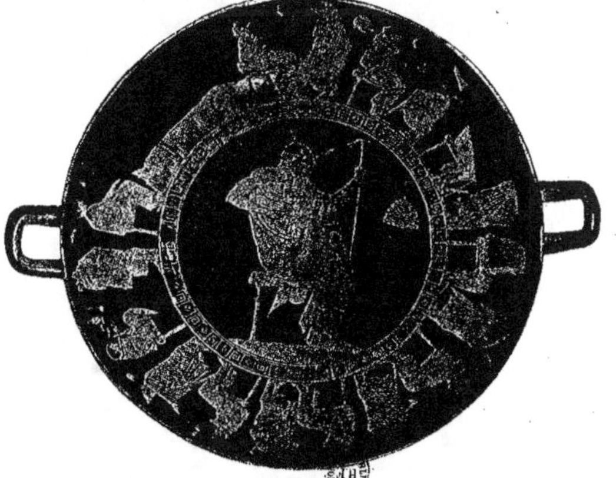

G 121

VASES ATTIQUES TROUVÉS EN ITALIE

GROUPE DE DOURIS

(PREMIÈRE MOITIÉ DU Vᵉ SIÈCLE AV. J.-C.)

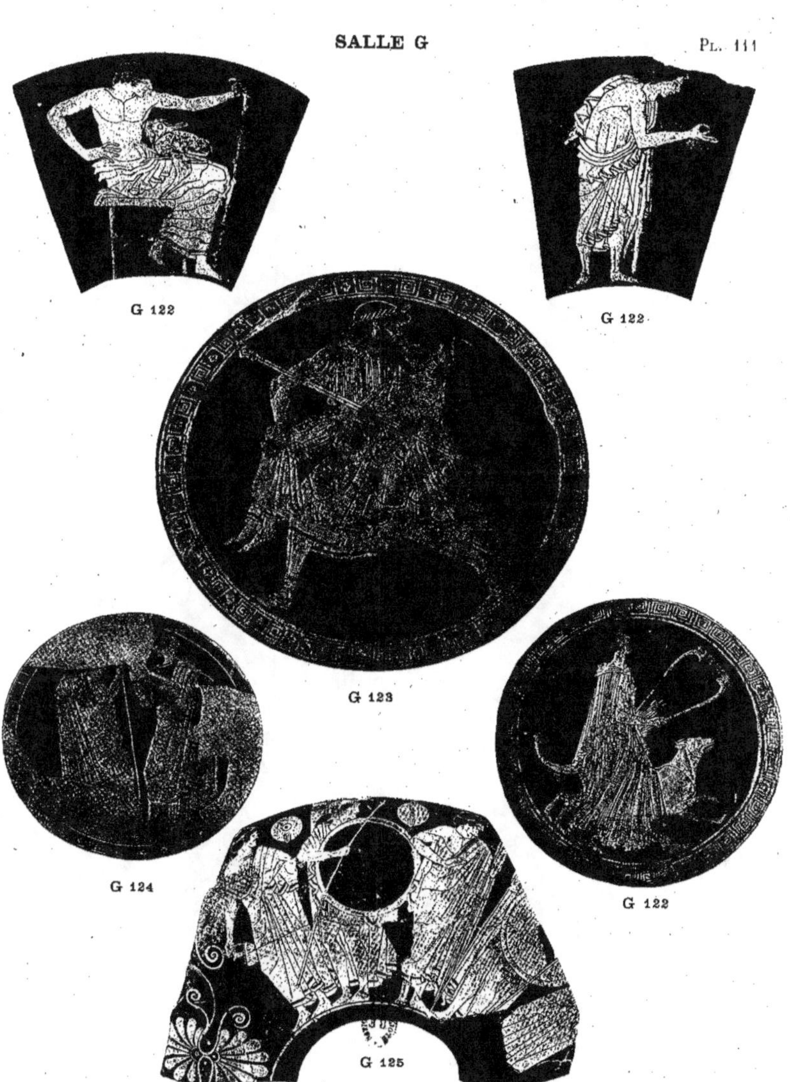

G 122

G 122

G 123

G 124

G 122

G 125

VASES ATTIQUES TROUVÉS EN ITALIE
GROUPE DE DOURIS
(PREMIÈRE MOITIÉ DU Vᵉ SIÈCLE AV. J.-C.)

3

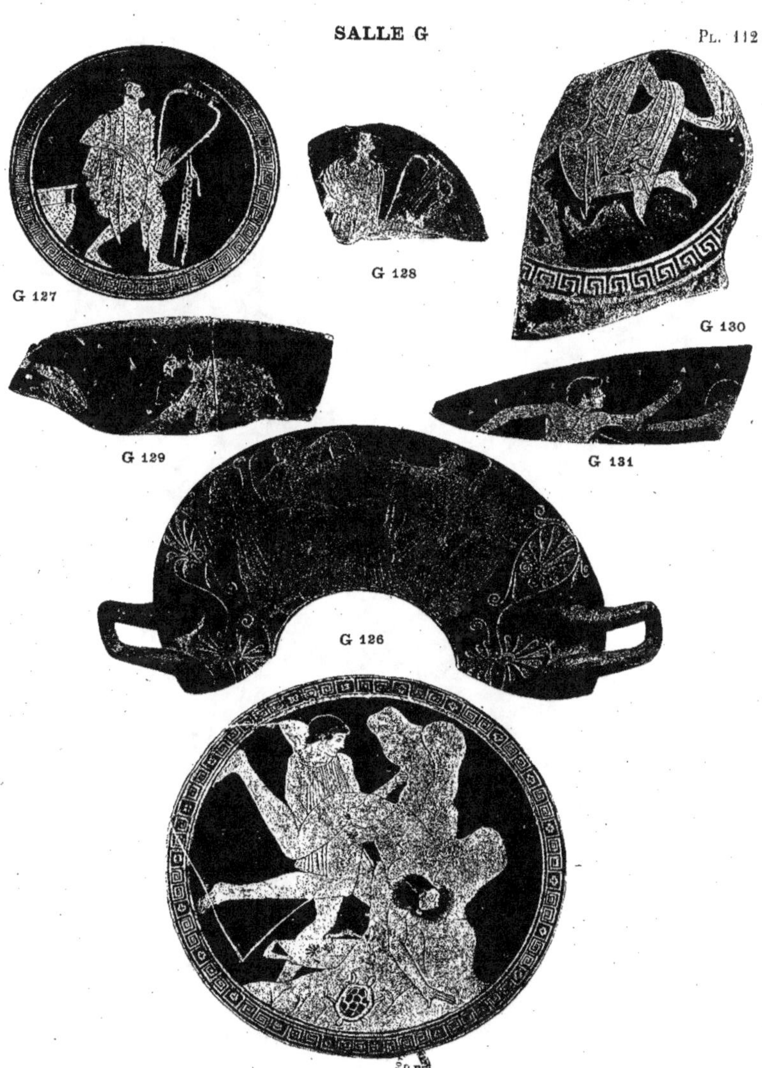

G 127

G 128

G 130

G 129

G 131

G 126

G 126

VASES ATTIQUES TROUVÉS EN ITALIE
GROUPE DE DOURIS
(PREMIÈRE MOITIÉ DU Vᵉ SIÈCLE AV. J.-C.)

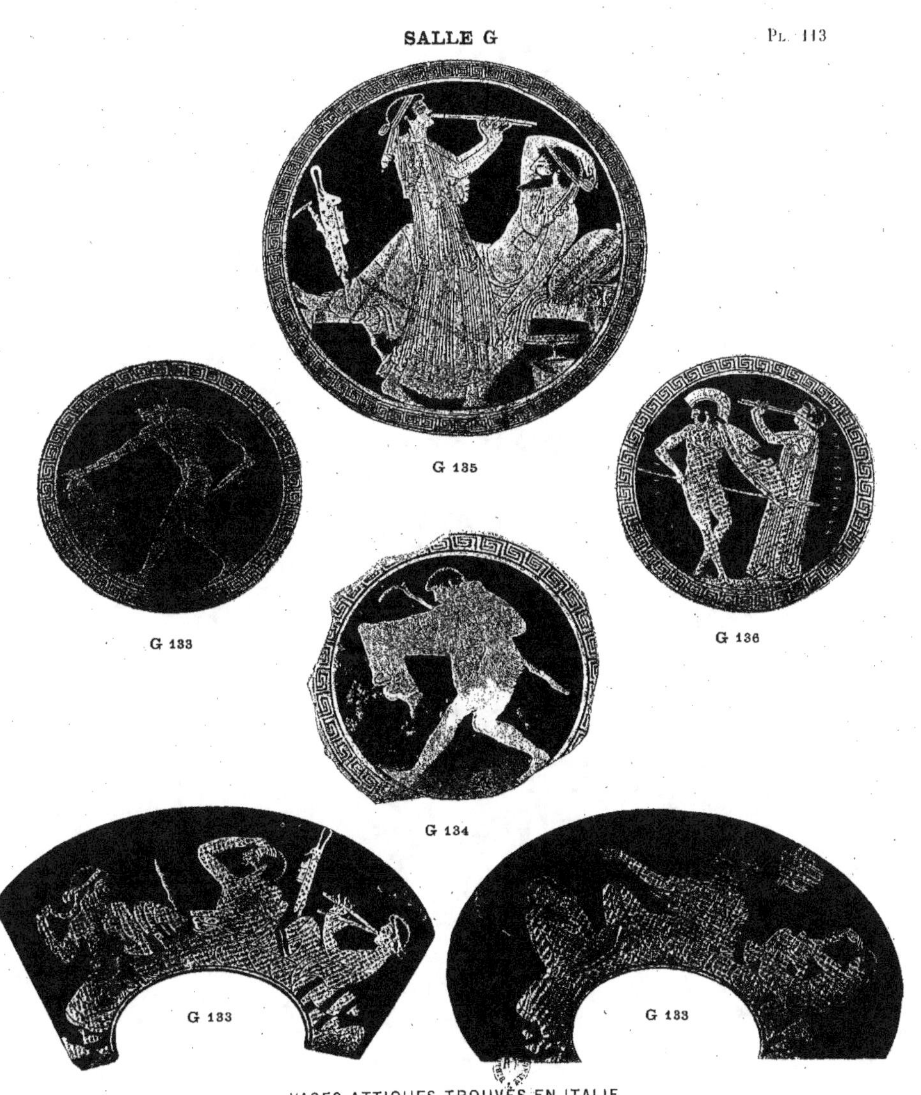

VASES ATTIQUES TROUVÉS EN ITALIE

GROUPE DE DOURIS

(PREMIÈRE MOITIÉ DU V° SIÈCLE AV. J.-C.)

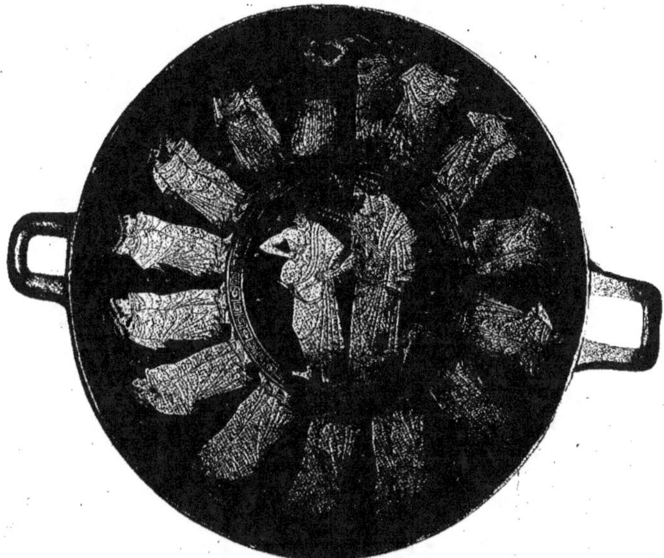

G 138

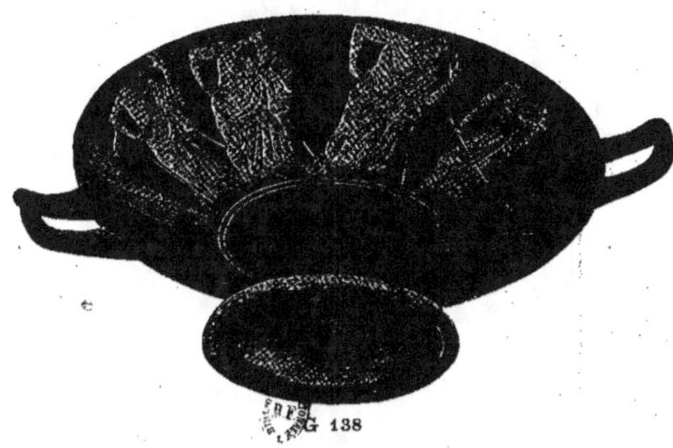

G 138

VASES ATTIQUES TROUVÉS EN ITALIE

GROUPE DE DOURIS

(PREMIÈRE MOITIÉ DU Vᵉ SIÈCLE AV. J.-C.)

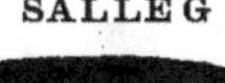

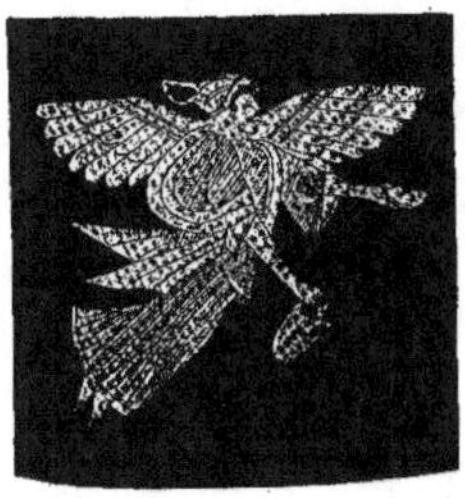

G 137

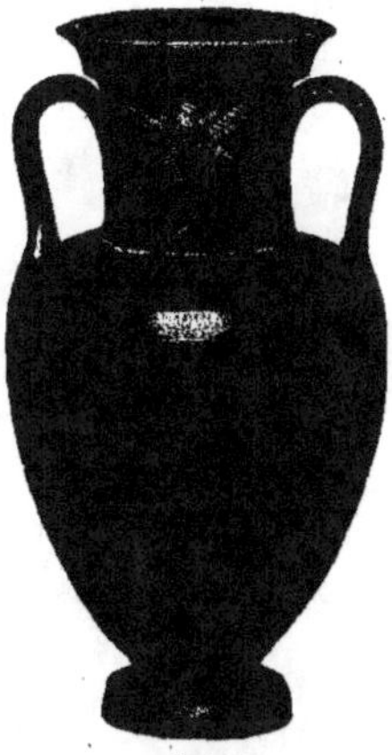

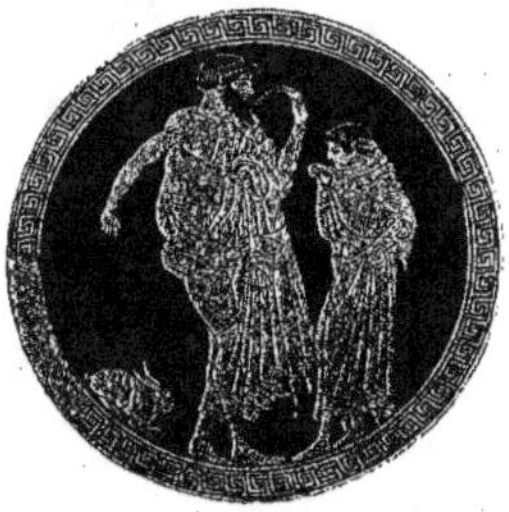

G 141

G 137

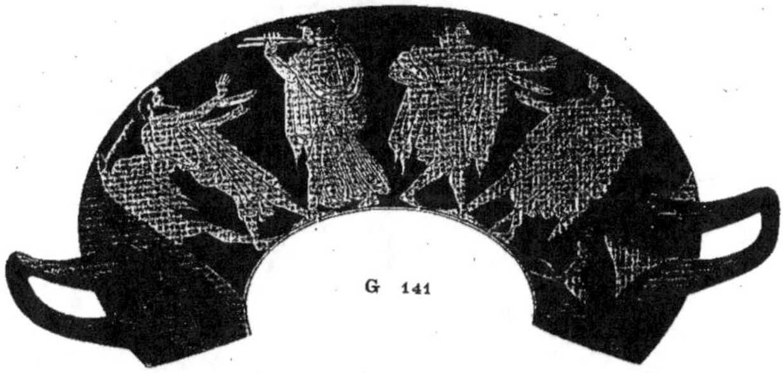

G 141

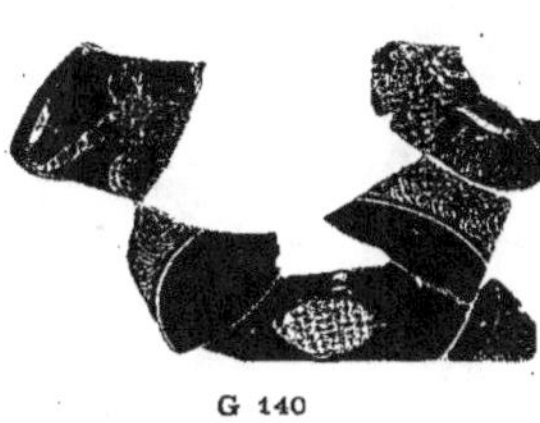

G 140

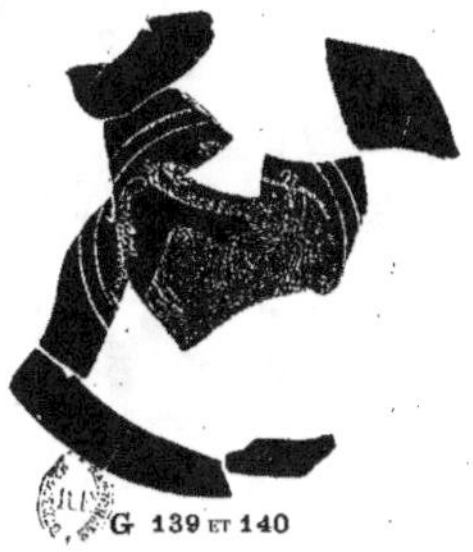

G 139 ET 140

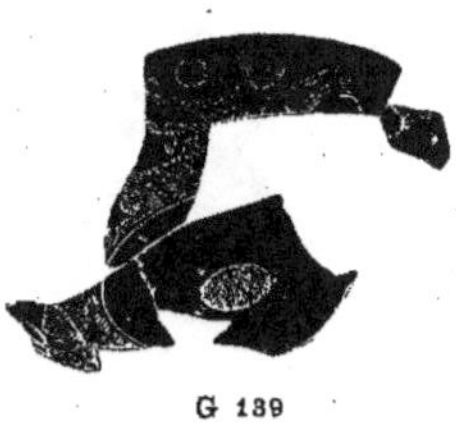

G 139

VASES ATTIQUES TROUVÉS EN ITALIE

GROUPE D'APOLLODOROS ET DE HIÉRON

(PREMIÈRE MOITIÉ DU Vᵉ SIÈCLE AV. J.-C.)

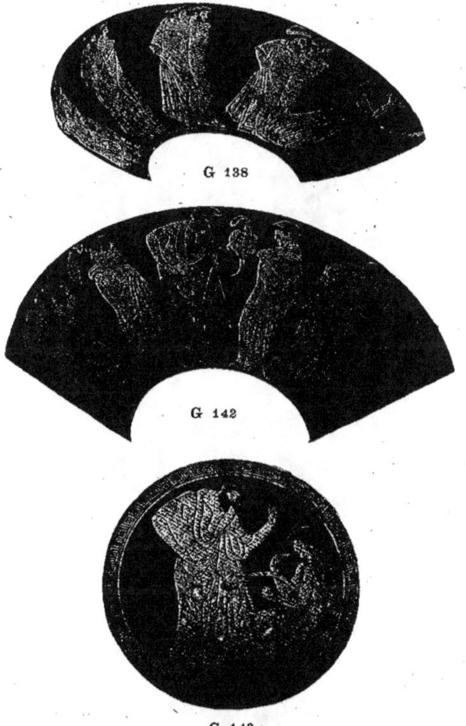

G 138

G 142

G 142

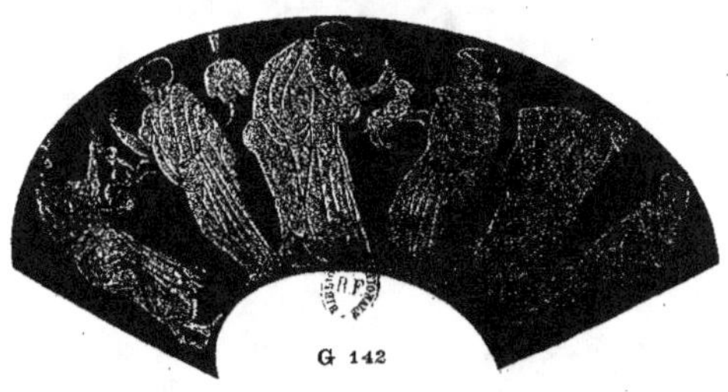

G 142

VASES ATTIQUES TROUVÉS EN ITALIE

GROUPE DE HIÉRON

(PREMIÈRE MOITIÉ DU Ve SIÈCLE AV. J.-C.)

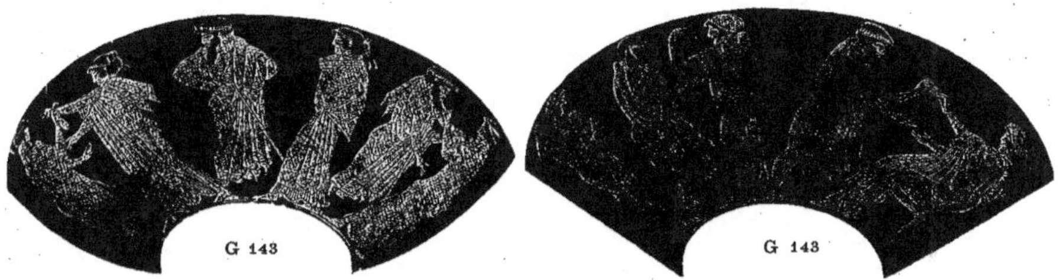

G 143   G 143

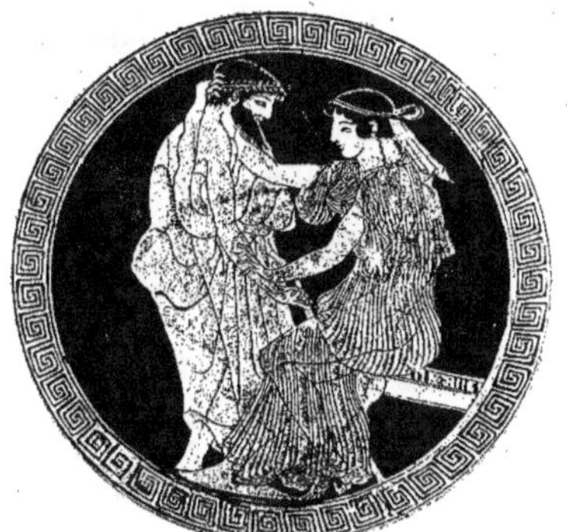

G 143

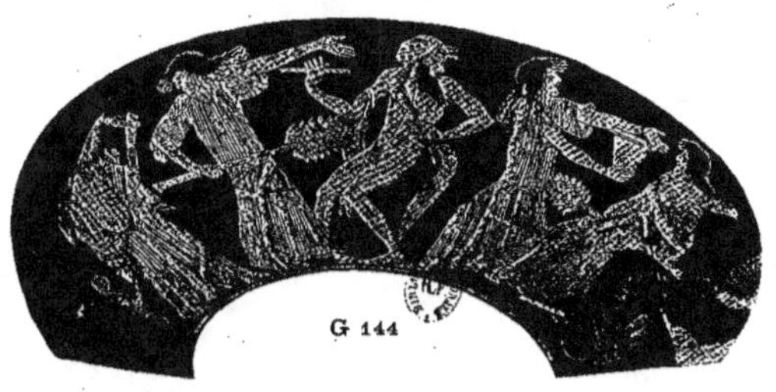

G 144

VASES ATTIQUES TROUVÉS EN ITALIE
GROUPE DE HIÉRON
(PREMIÈRE MOITIÉ DU Vᵉ SIÈCLE AV. J.-C.)

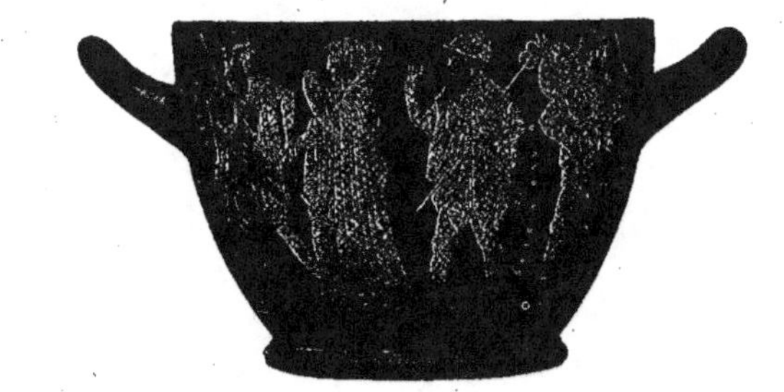

G 146

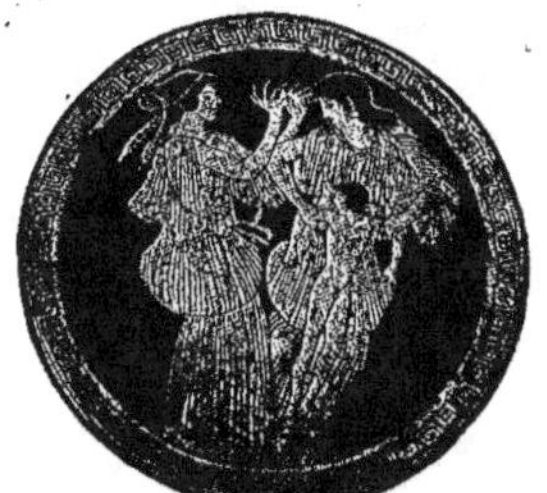

G 147

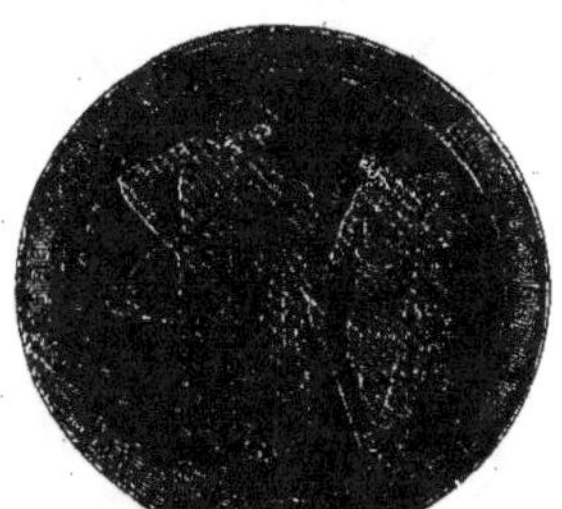

G 148

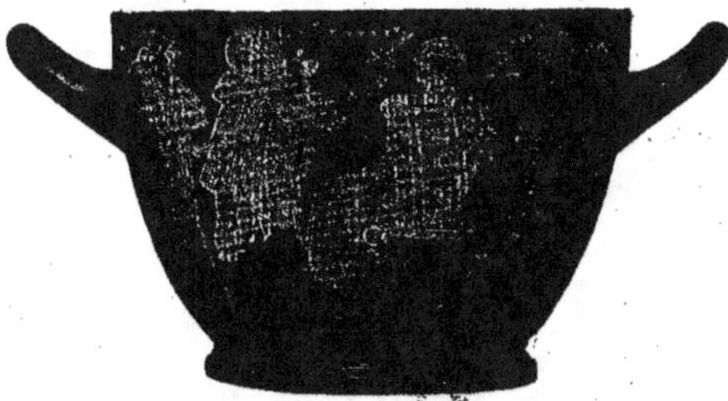

G 146

VASES ATTIQUES TROUVÉS EN ITALIE
GROUPE DE HIÉRON

(PREMIÈRE MOITIÉ DU V° SIÈCLE AV. J.-C.)

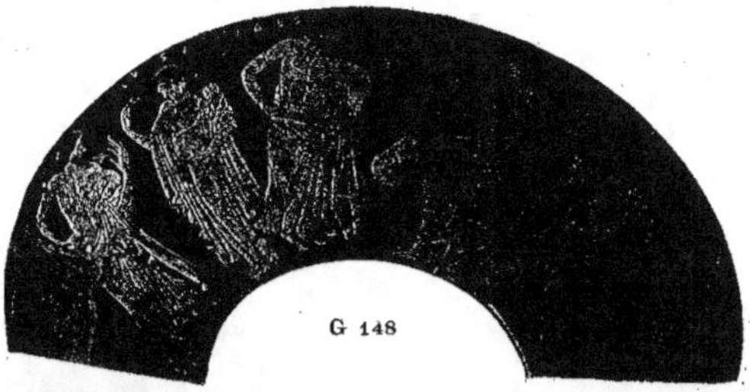

G 148

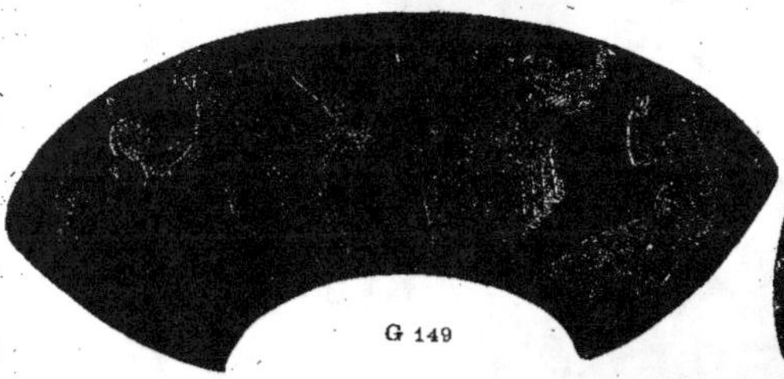

G 149

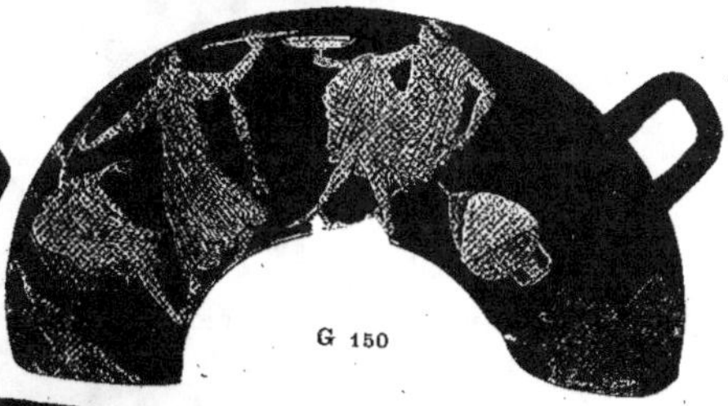

G 150

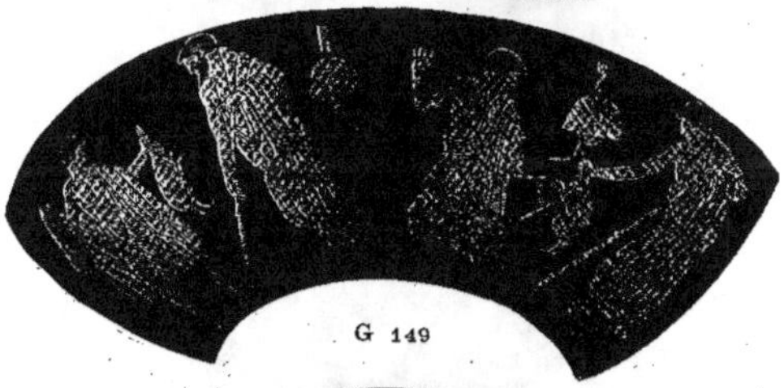

G 149

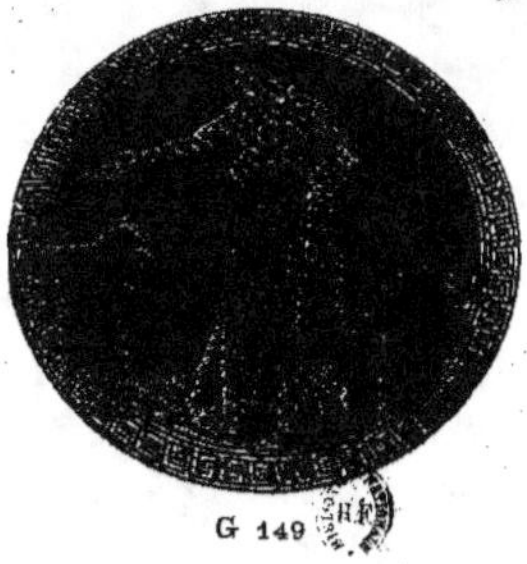

G 149

VASES ATTIQUES TROUVÉS EN ITALIE

GROUPE DE HIÉRON

(PREMIÈRE MOITIÉ DU Vᵉ SIÈCLE AV. J.-C.)

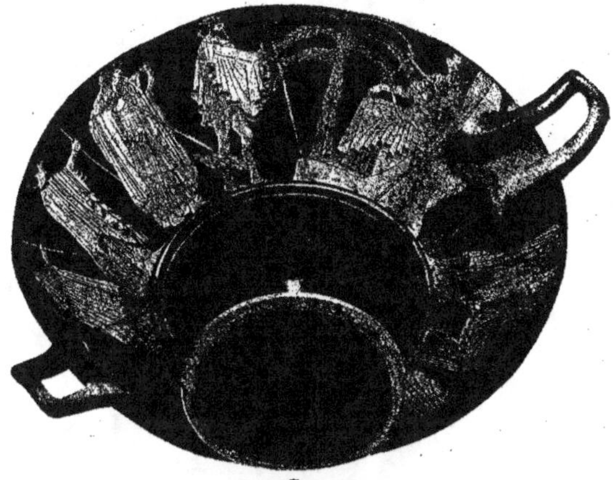

G 151

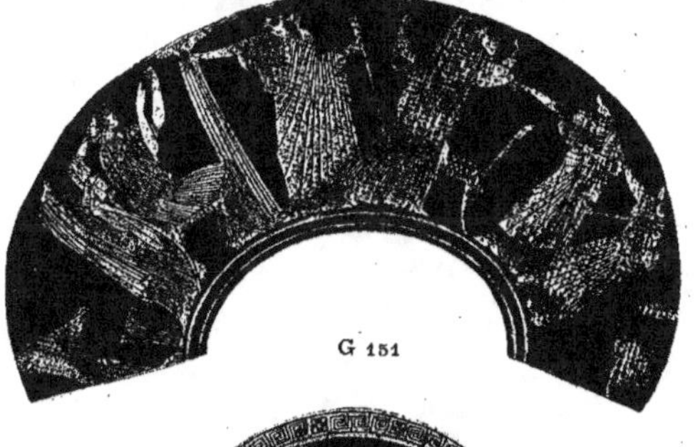

G 151

G 151

VASES ATTIQUES TROUVÉS EN ITALIE

GROUPE DE BRYGOS

(PREMIÈRE MOITIÉ DU Vᵉ SIÈCLE AV. J.-C.)

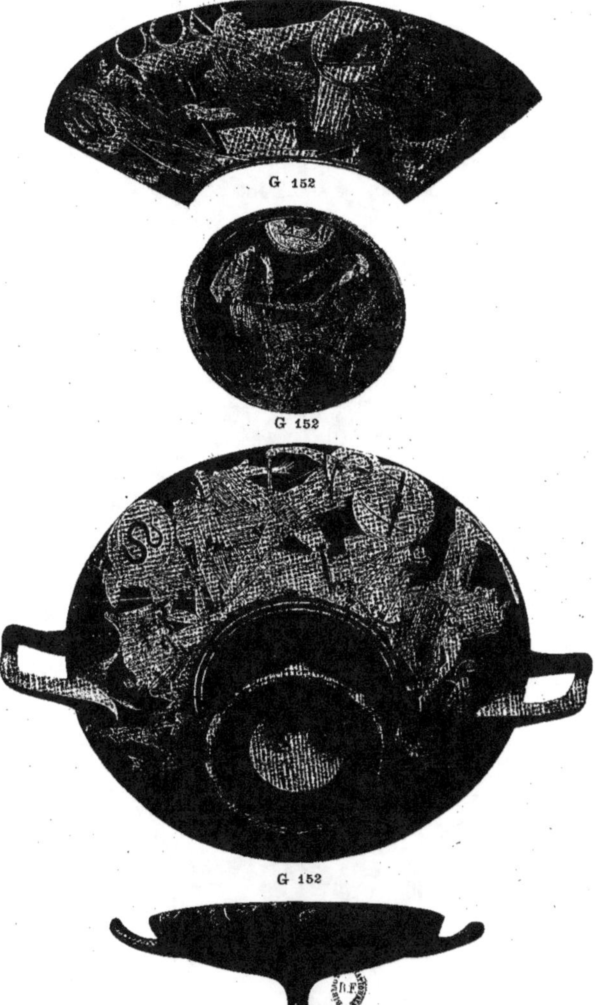

G 152

G 152

G 152

G 152

VASES ATTIQUES TROUVÉS EN ITALIE

GROUPE DE BRYGOS

(PREMIÈRE MOITIÉ DU Vᵉ SIÈCLE AV. J.-C.)

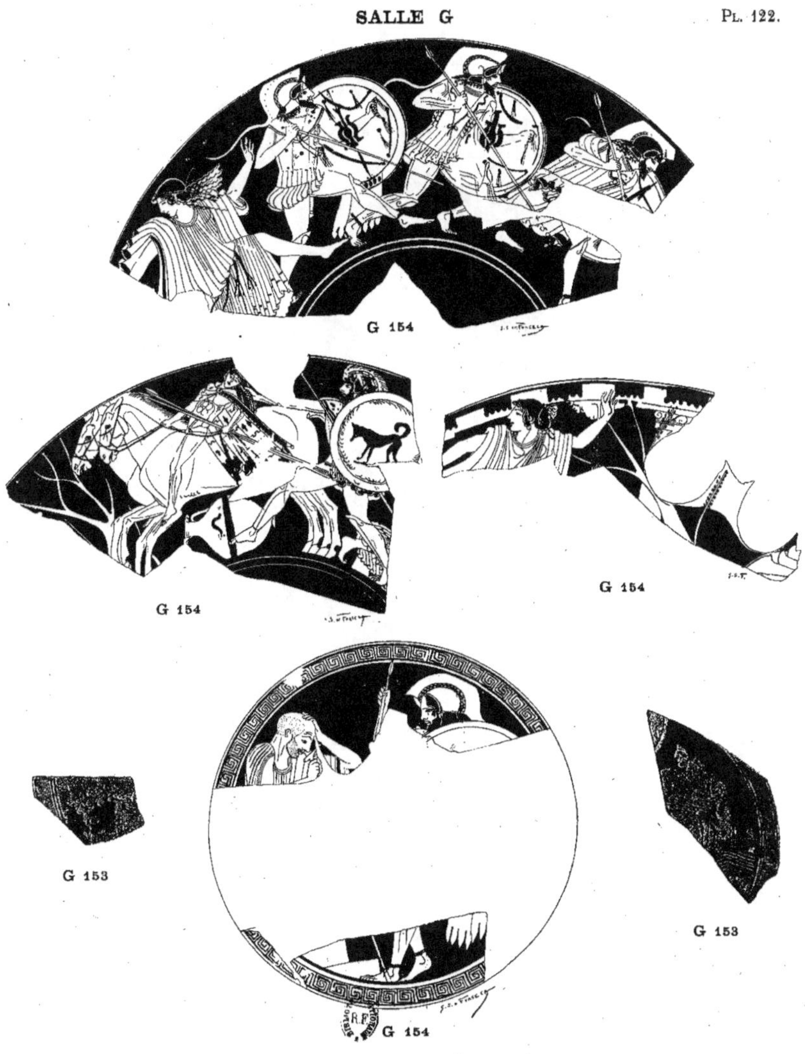

G 154

G 154

G 154

G 153

G 153

G 154

VASES ATTIQUES TROUVÉS EN ITALIE

GROUPE DE BRYGOS

(PREMIÈRE MOITIÉ DU Vᵉ SIÈCLE AV. J.-C.)

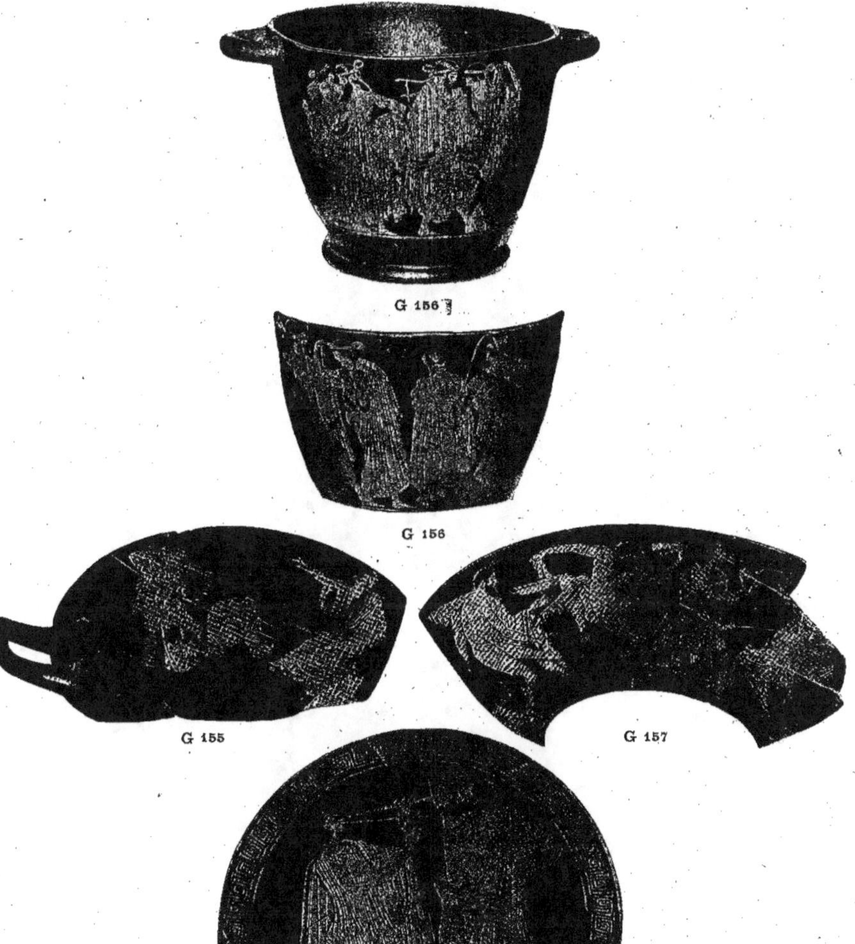

G 156

G 156

G 155

G 157

G 157

VASES ATTIQUES TROUVÉS EN ITALIE
GROUPE DE BRYGOS
(PREMIÈRE MOITIÉ DU Vᵉ SIÈCLE AV. J.-C.)

6

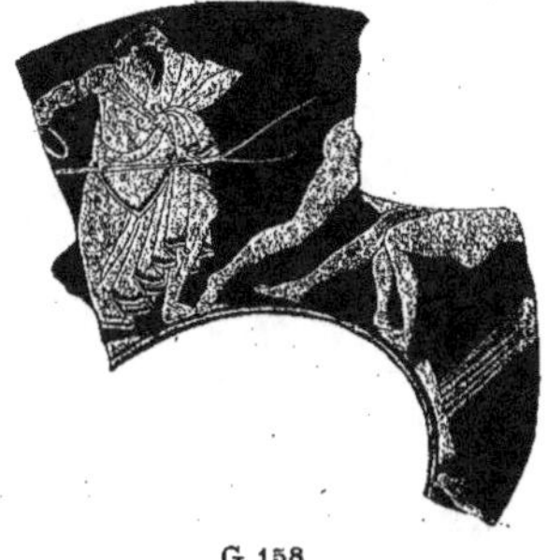

G 158

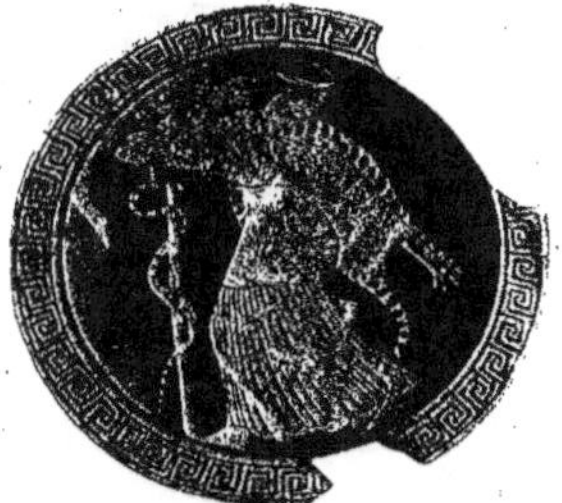

G 159

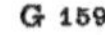

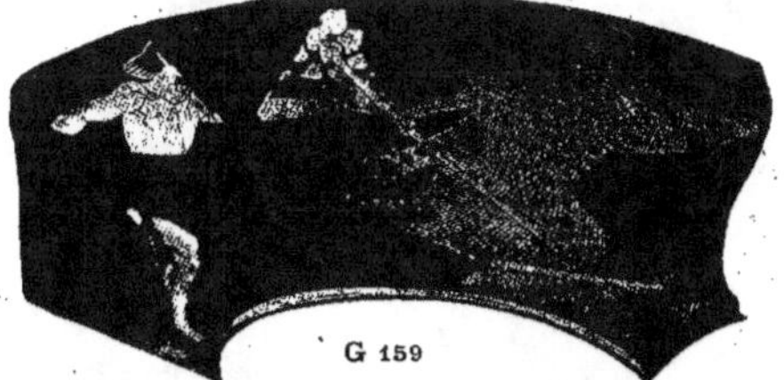

G 159

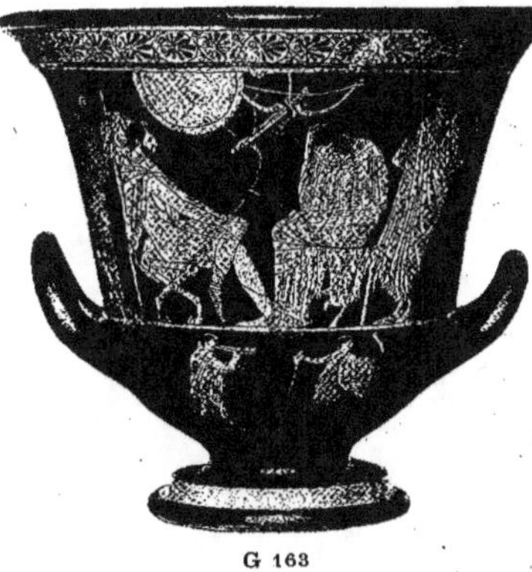

G 163

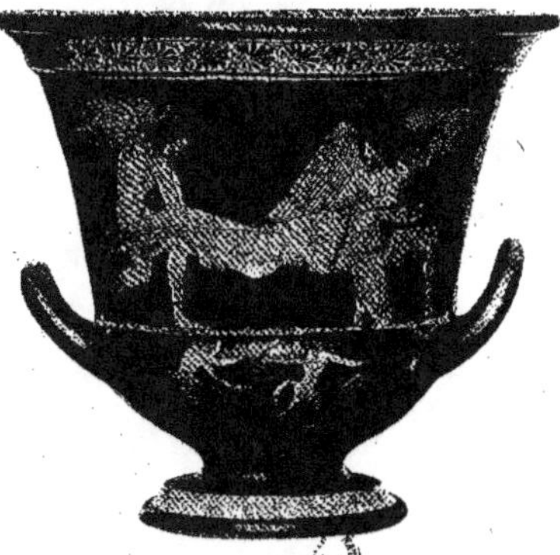

G 163

VASES ATTIQUES TROUVÉS EN ITALIE

GROUPE DE BRYGOS

(PREMIÈRE MOITIÉ DU Vᵉ SIÈCLE AV. J.-C.)

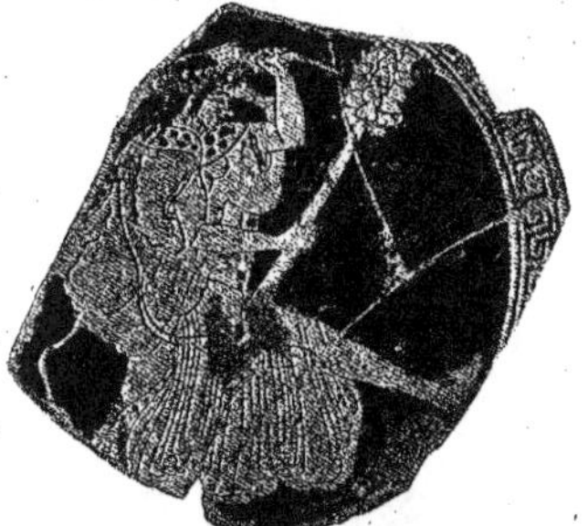

G 160

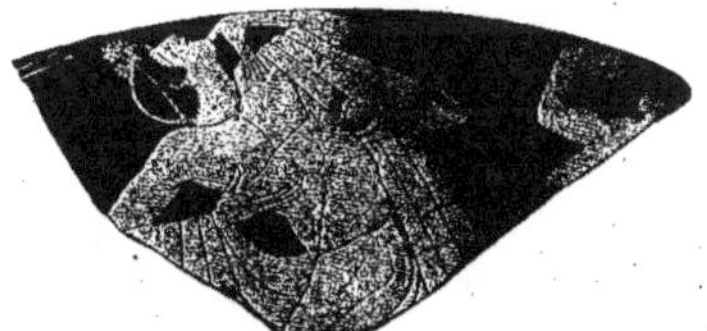

G 161

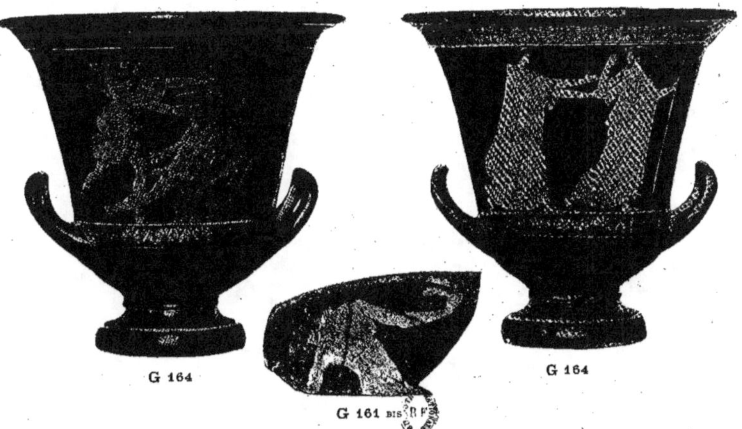

G 164   G 161 bis   G 164

VASES ATTIQUES TROUVÉS EN ITALIE

GROUPE DE BRYGOS

(PREMIÈRE MOITIÉ DU Vᵉ SIÈCLE AV. J.-C.)

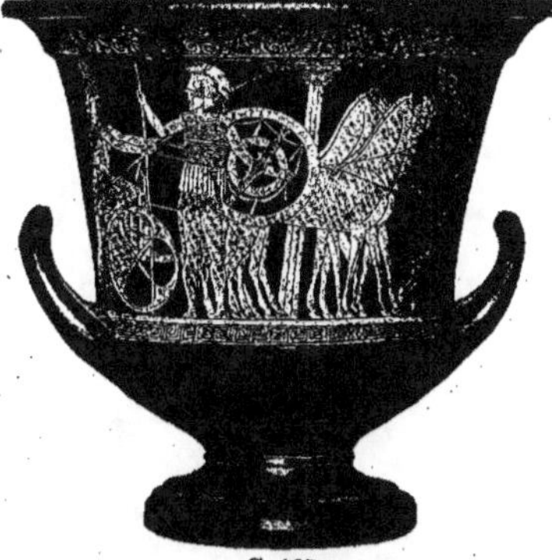

G 165

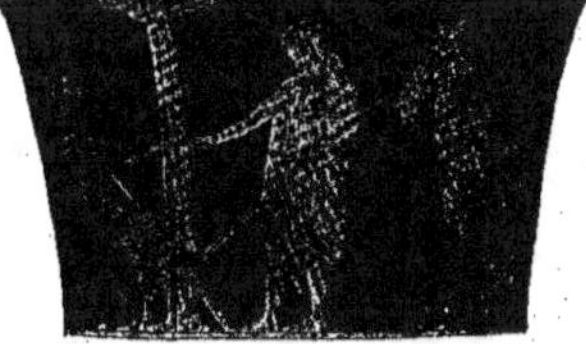

G 165

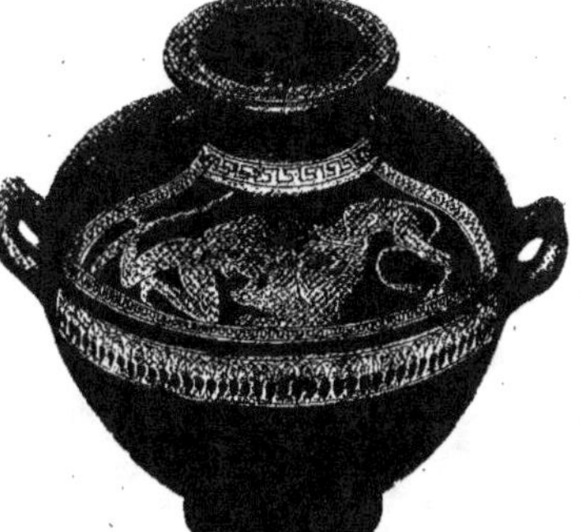

G 177

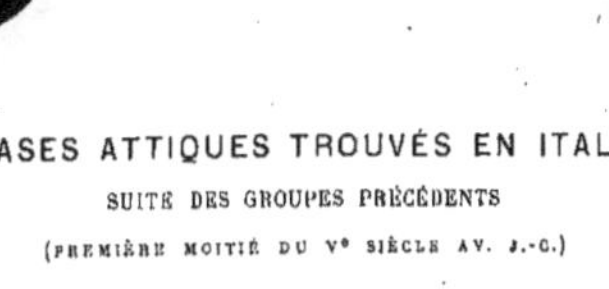

G 179

VASES ATTIQUES TROUVÉS EN ITALIE
SUITE DES GROUPES PRÉCÉDENTS
(PREMIÈRE MOITIÉ DU Vᵉ SIÈCLE AV. J.-C.)

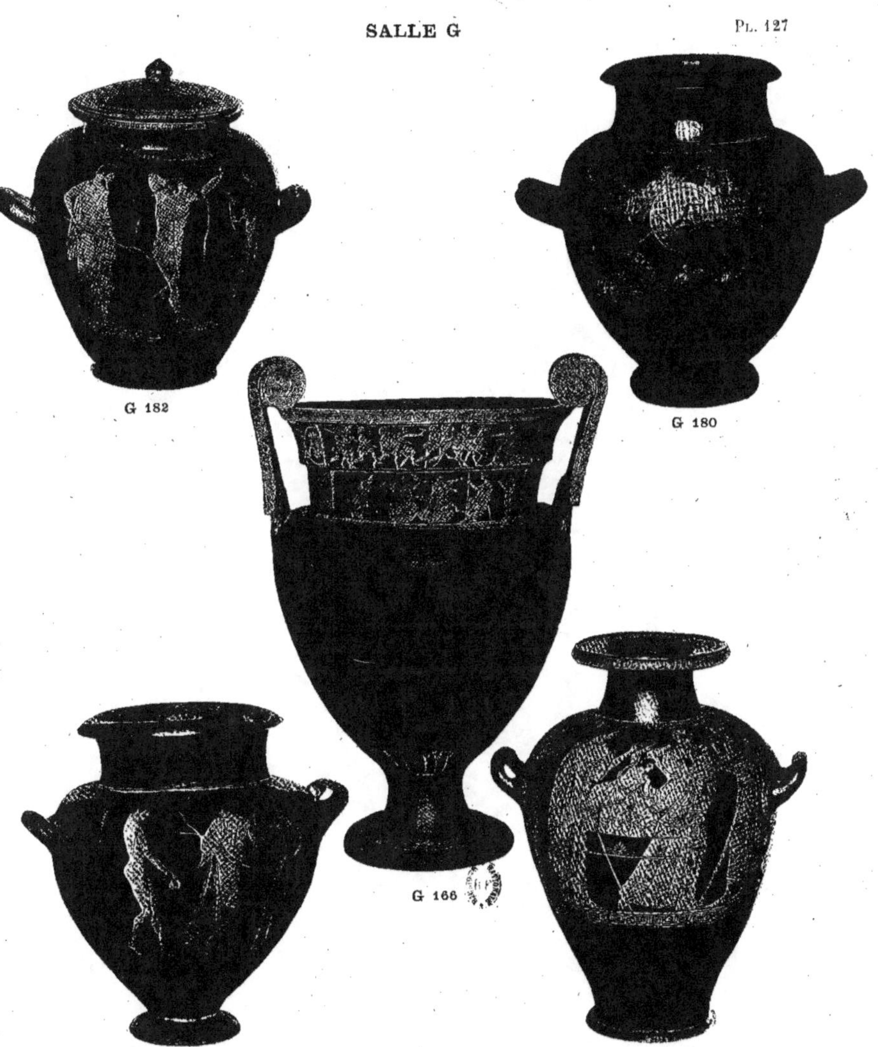

G 182

G 180

G 166

G 182 bis.

G 192

VASES ATTIQUES TROUVÉS EN ITALIE
SUITE DES GROUPES PRÉCÉDENTS
(PREMIÈRE MOITIÉ DU Vᵉ SIÈCLE AV. J.-C.)

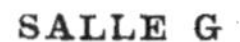

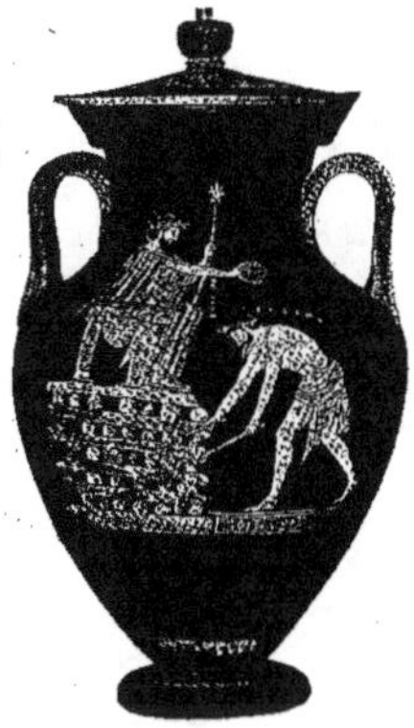

G 197

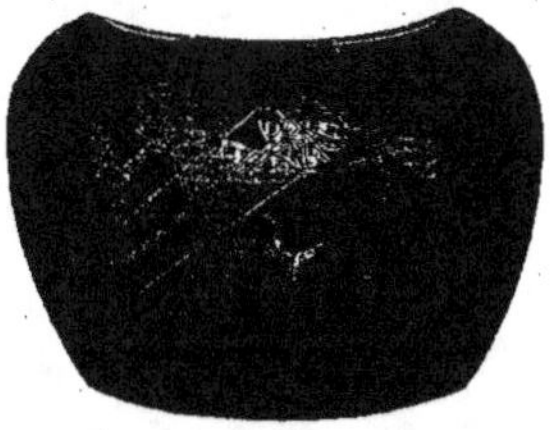

G 180

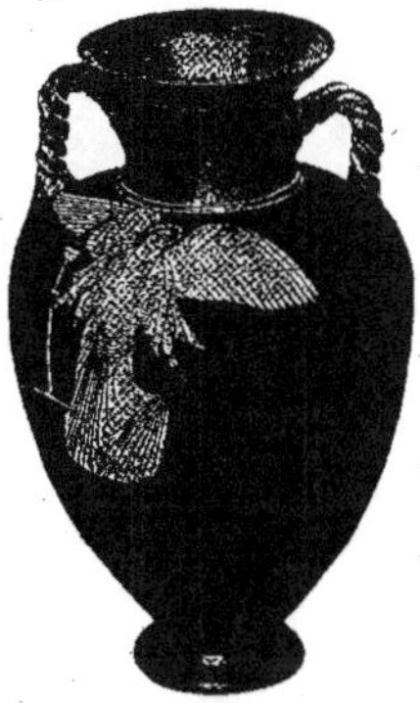

G 199

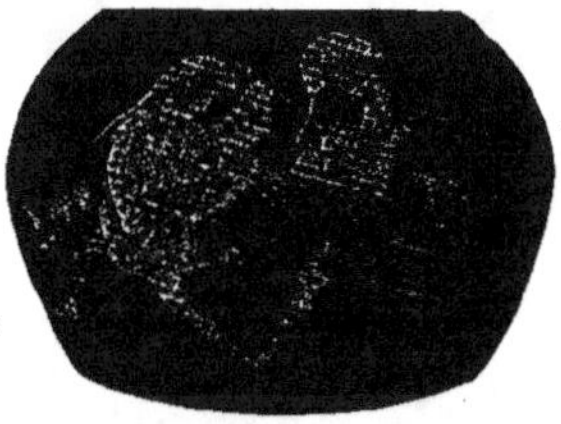

G 197

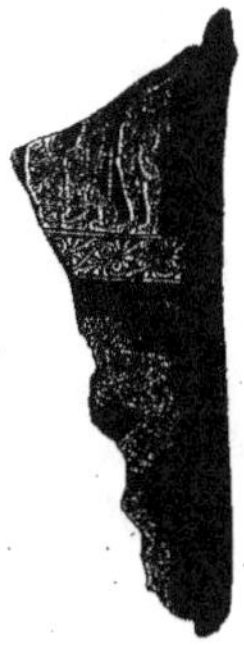

G 194

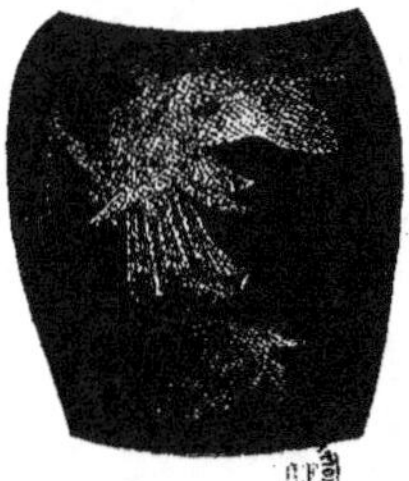

G 198

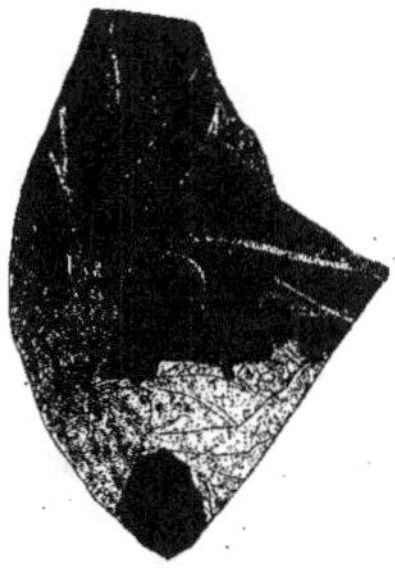

G 195

VASES ATTIQUES TROUVÉS EN ITALIE
SUITE DES GROUPES PRÉCÉDENTS
(PREMIÈRE MOITIÉ DU Vᵉ SIÈCLE AV. J.-C.)

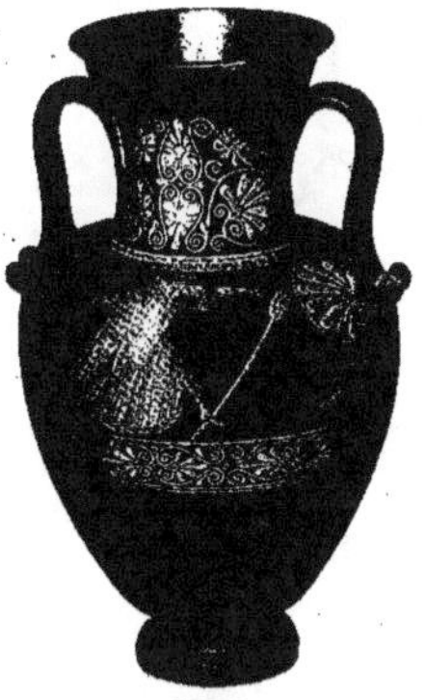

G 202

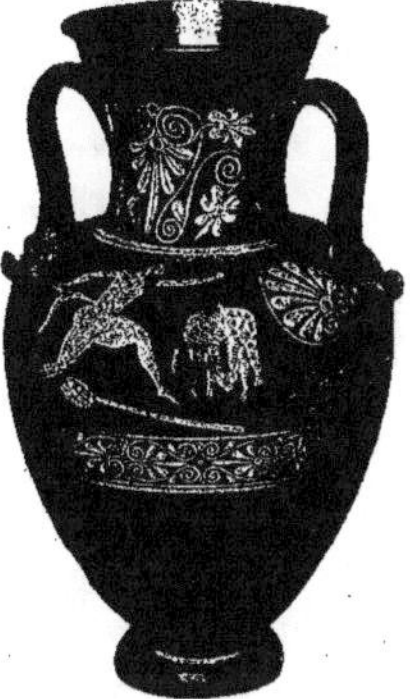

G 202

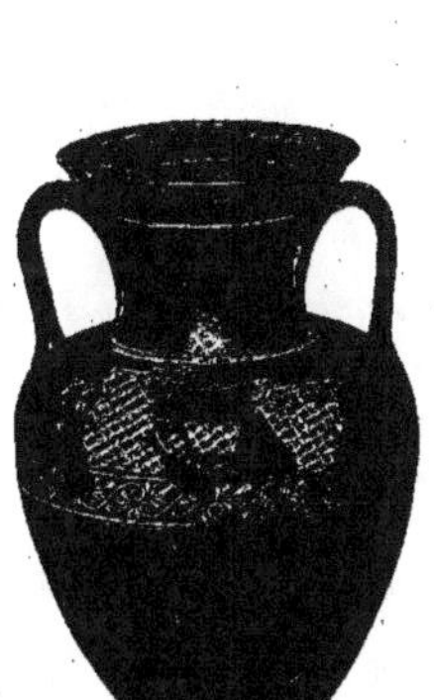

G 201

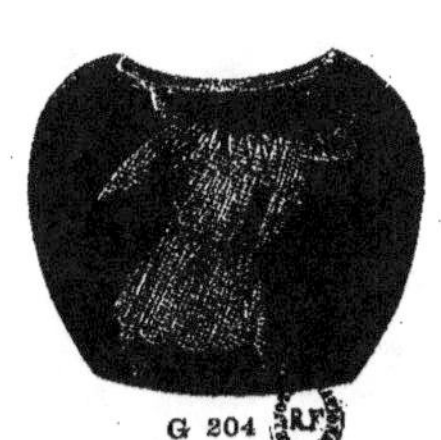

G 204

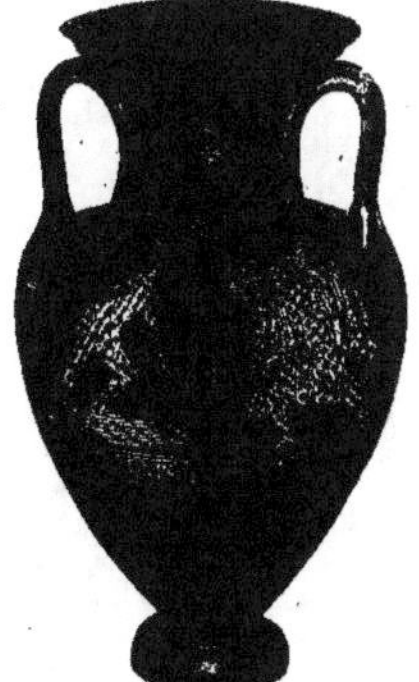

G 204   G 210

VASES ATTIQUES TROUVÉS EN ITALIE
SUITE DES GROUPES PRÉCÉDENTS
(PREMIÈRE MOITIÉ DU Vᵉ SIÈCLE AV. J.-C.)

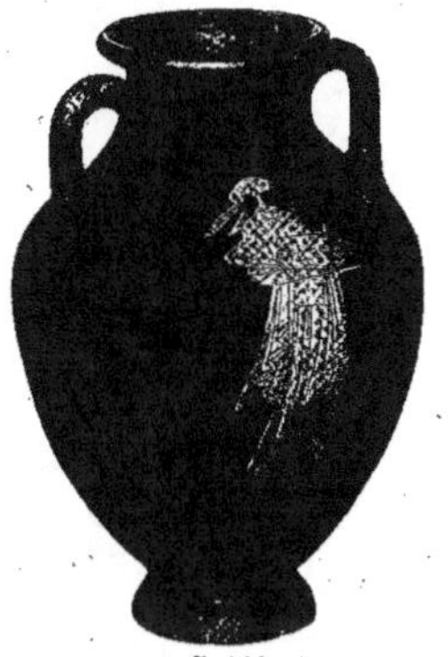

G 220.

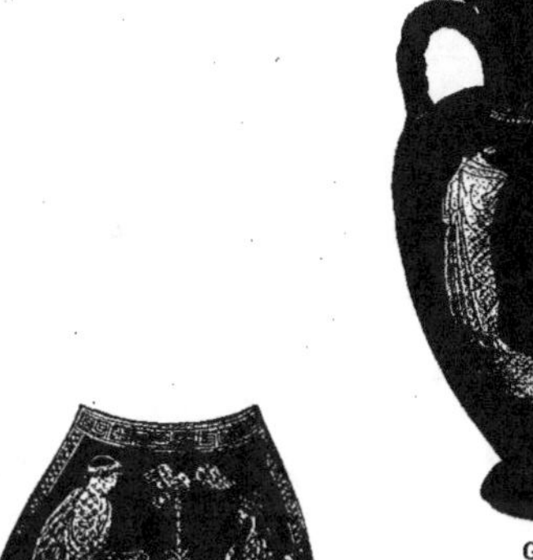

G 224

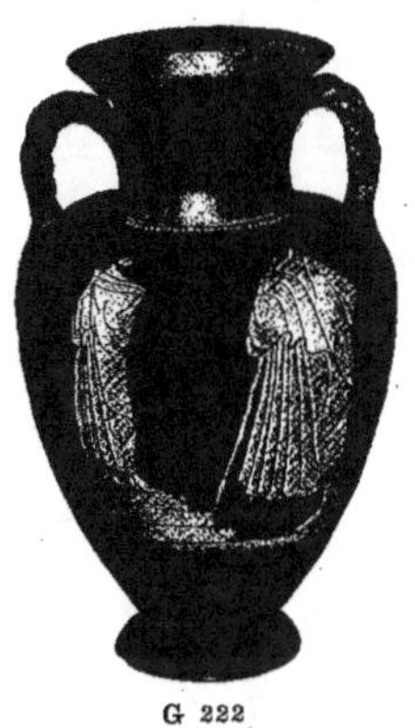

G 222

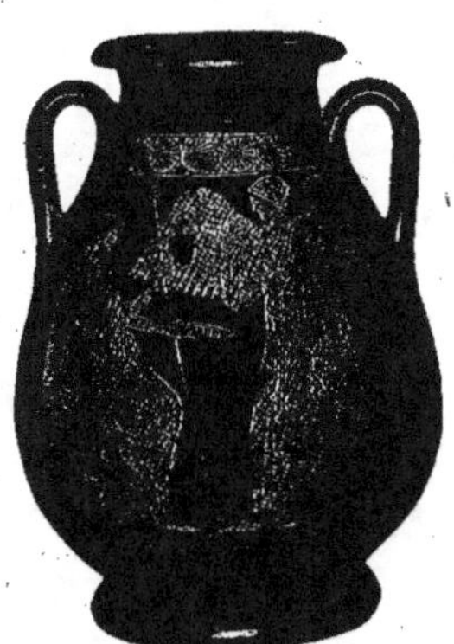

G 223

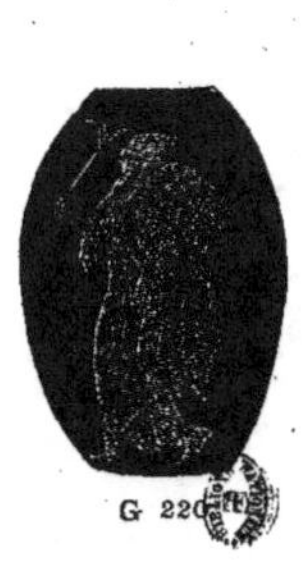

G 226

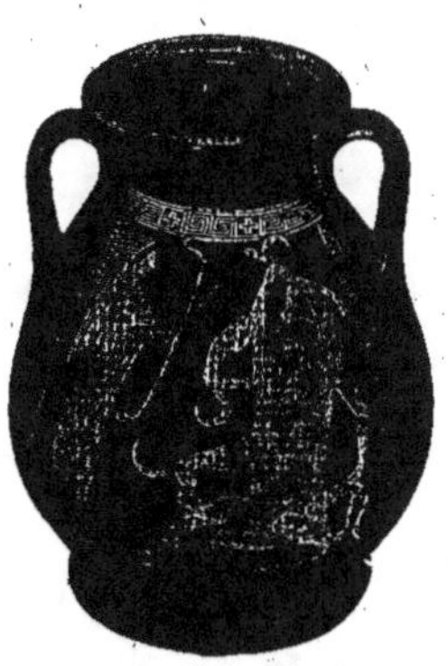

G 224

VASES ATTIQUES TROUVÉS EN ITALIE

SUITE DES GROUPES PRÉCÉDENTS

(PREMIÈRE MOITIÉ DU Ve SIÈCLE AV. J.-C.)

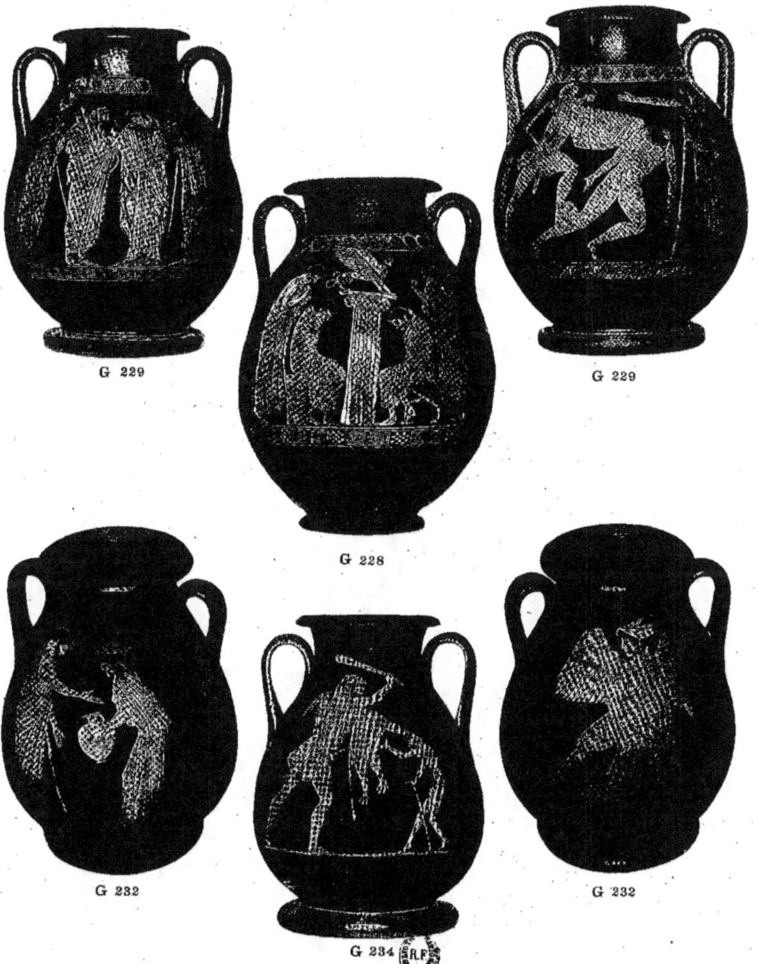

VASES ATTIQUES TROUVÉS EN ITALIE

SUITE DES GROUPES PRÉCÉDENTS

(PREMIÈRE MOITIÉ DU Ve SIÈCLE AV. J.-C.)

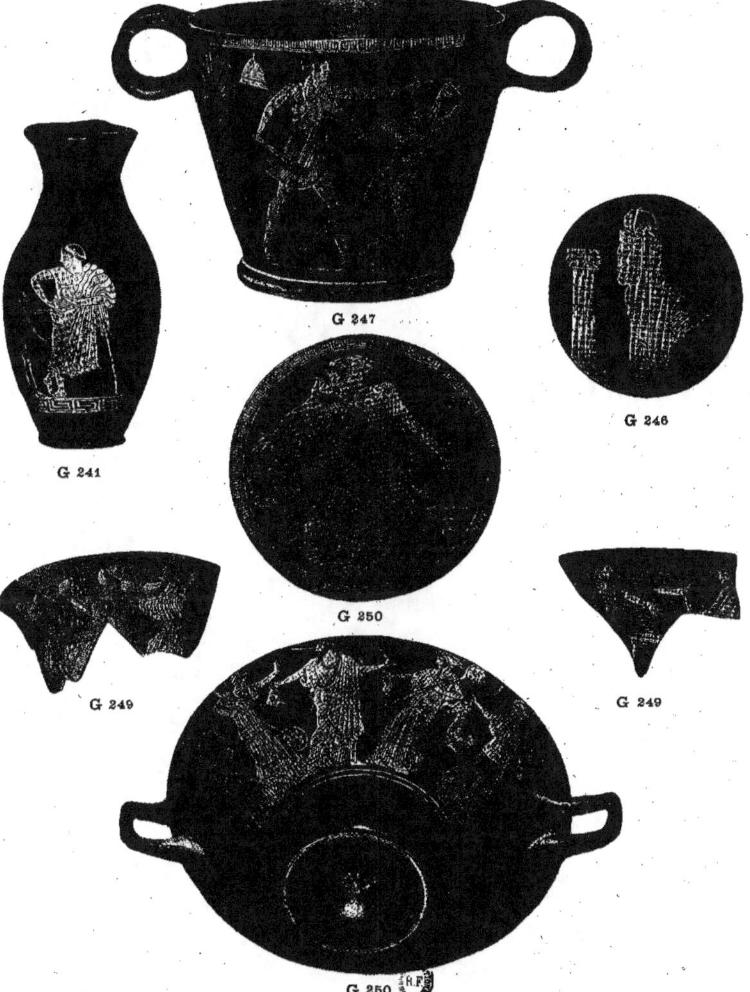

G 247

G 241

G 246

G 250

G 249

G 249

G 250

VASES ATTIQUES TROUVÉS EN ITALIE
SUITE DES GROUPES PRÉCÉDENTS
(PREMIÈRE MOITIÉ DU Vᵉ SIÈCLE AV. J.-C.)

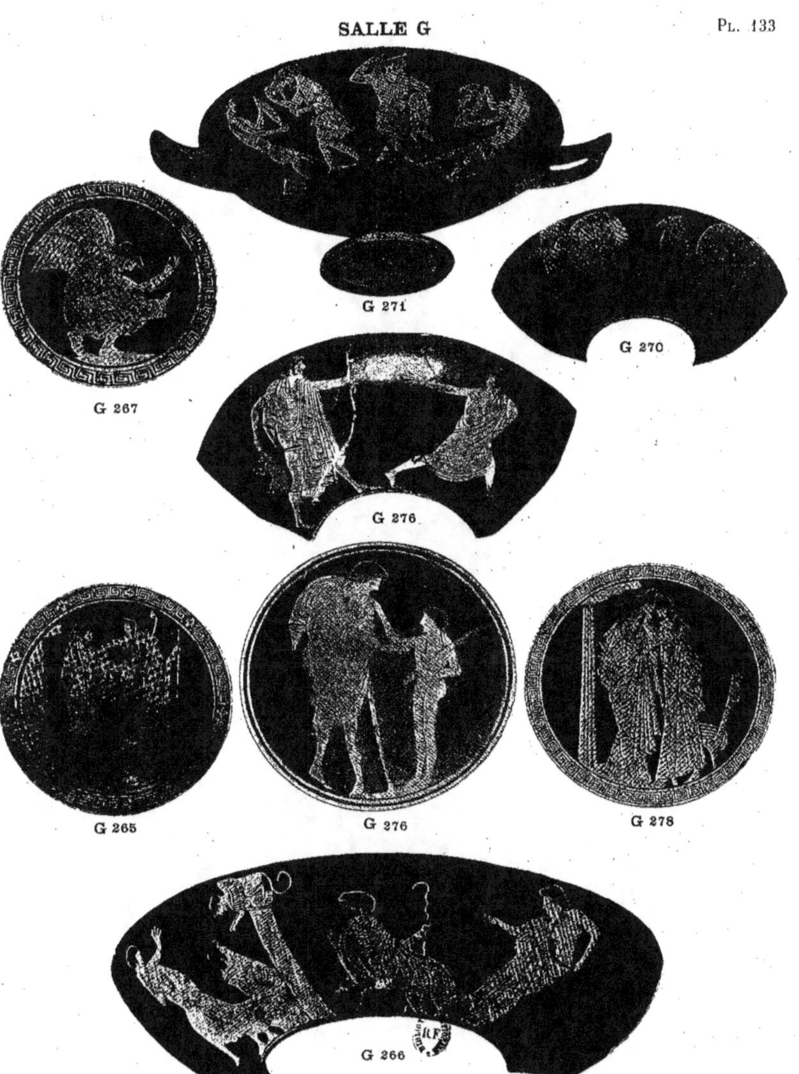

VASES ATTIQUES TROUVÉS EN ITALIE

SUITE DES GROUPES PRÉCÉDENTS

(PREMIÈRE MOITIÉ DU Vᵉ SIÈCLE AV. J.-C.)

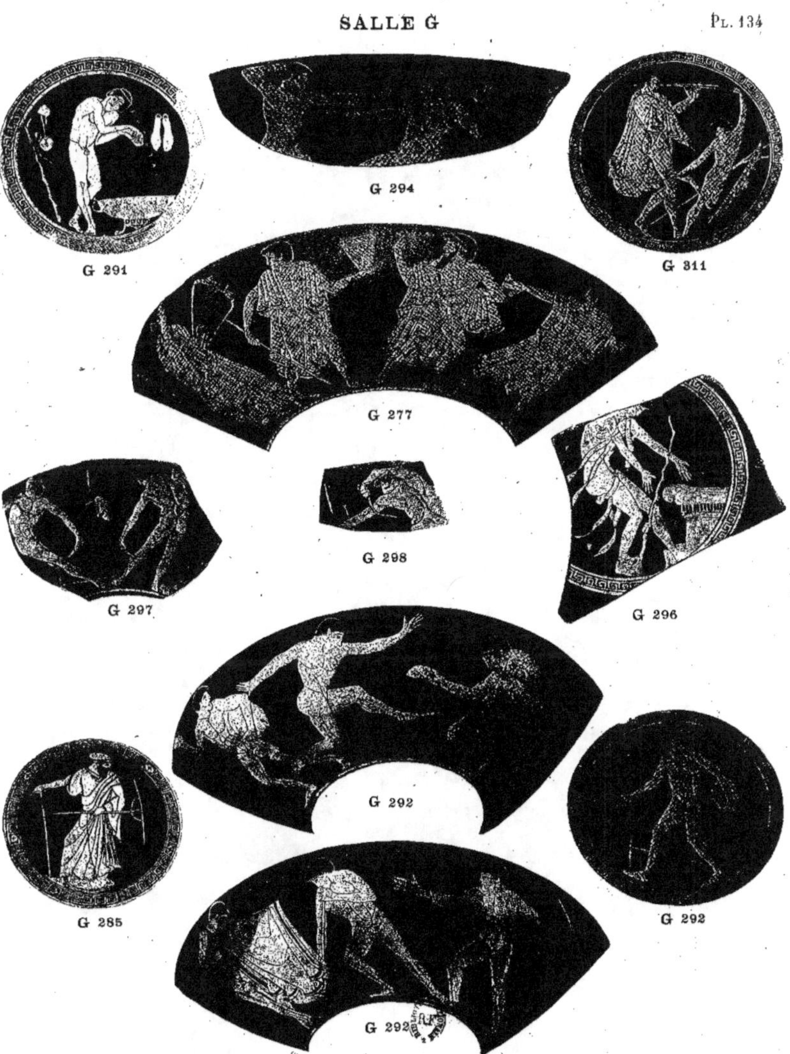

G 291

G 294

G 311

G 277

G 297

G 298

G 296

G 285

G 292

G 292

G 292

VASES ATTIQUES TROUVÉS EN ITALIE
SUITE DES GROUPES PRÉCÉDENTS
(PREMIÈRE MOITIÉ DU Vᵉ SIÈCLE AV. J.-C.)

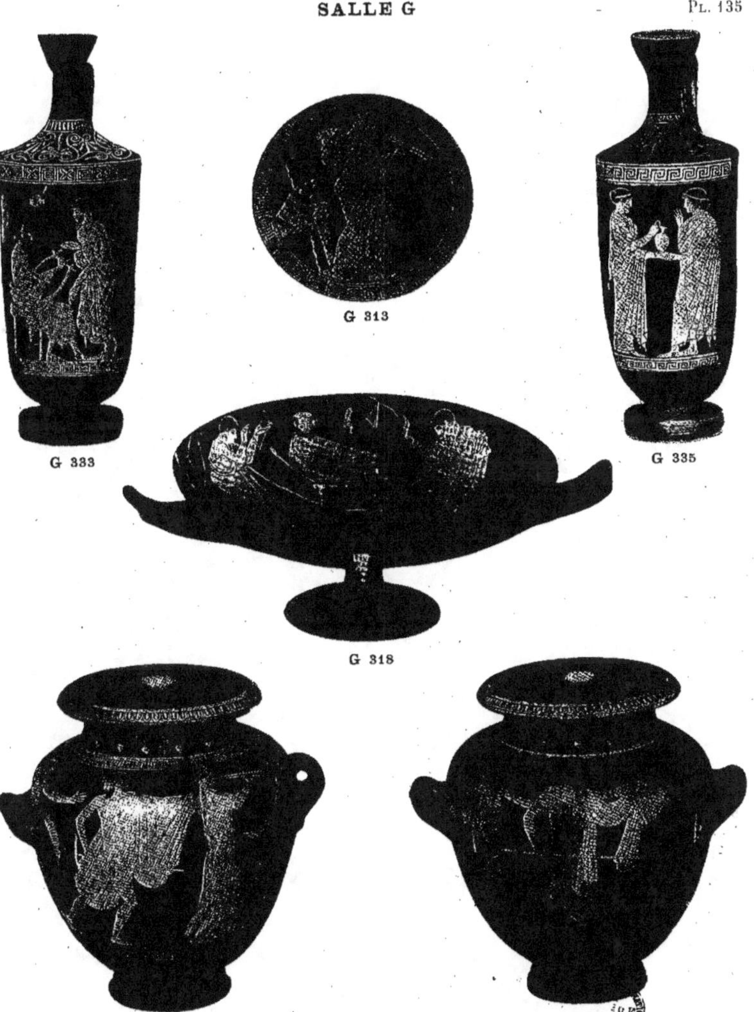

G 333

G 313

G 335

G 318

G 336   G 336

VASES ATTIQUES TROUVÉS EN ITALIE

SUITE DES PRÉCÉDENTS — GROUPE D'HERMONAX

(PREMIÈRE MOITIÉ DU V° SIÈCLE AV. J.-C.)

9

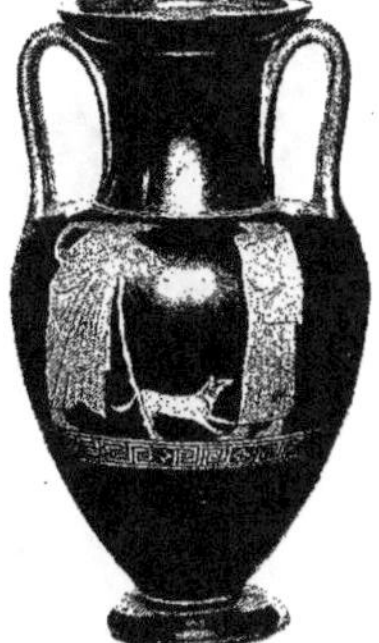

G 338

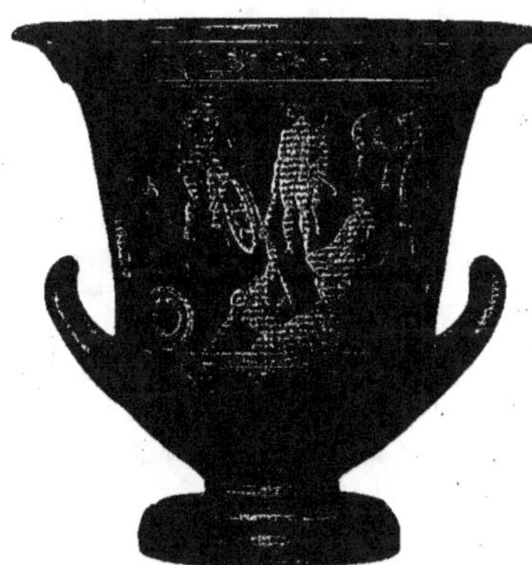

G 341

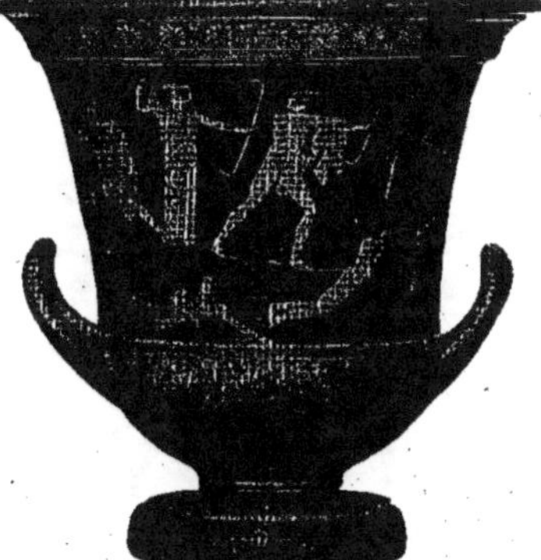

G 341

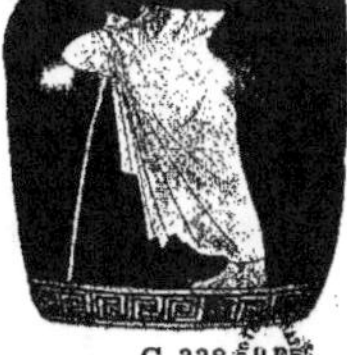

G 338

VASES ATTIQUES TROUVÉS EN ITALIE
DÉVELOPPEMENT DU STYLE LIBRE
(VERS LE MILIEU DU V° SIÈCLE AV. J.-C.)

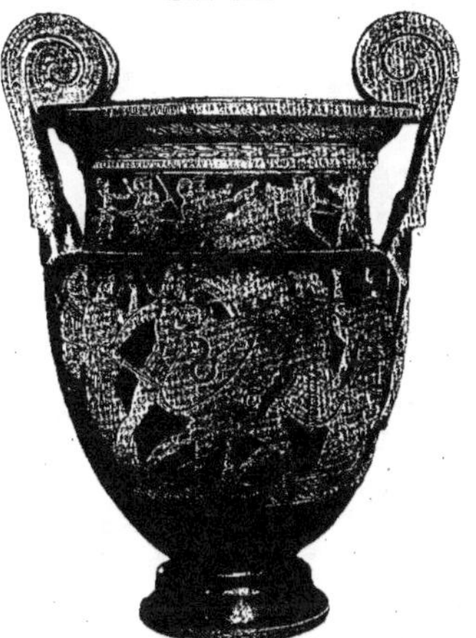

G 343

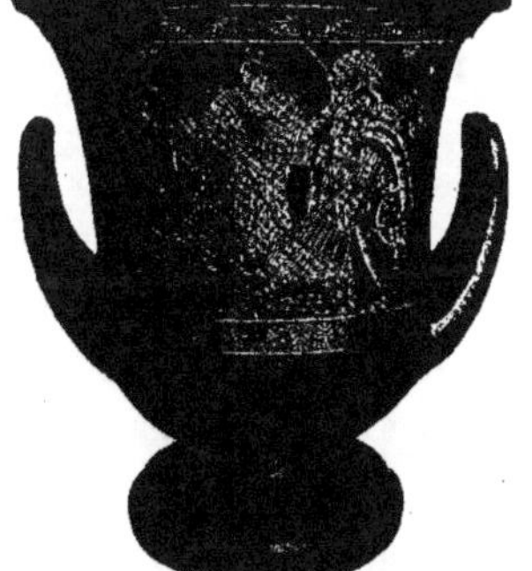

G 342

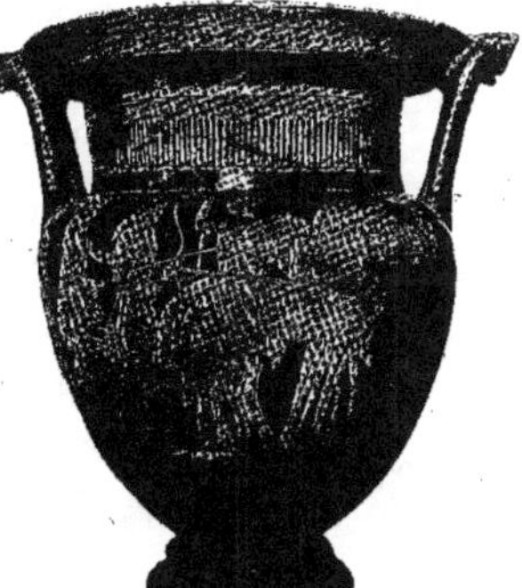

G 356

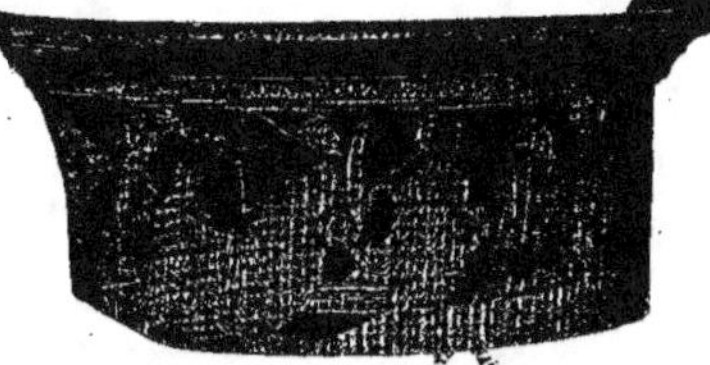

G 345

VASES ATTIQUES TROUVÉS EN ITALIE
DÉVELOPPEMENT DU STYLE LIBRE
(VERS. LE MILIEU DU Vᵉ SIÈCLE AV. J.-C.)

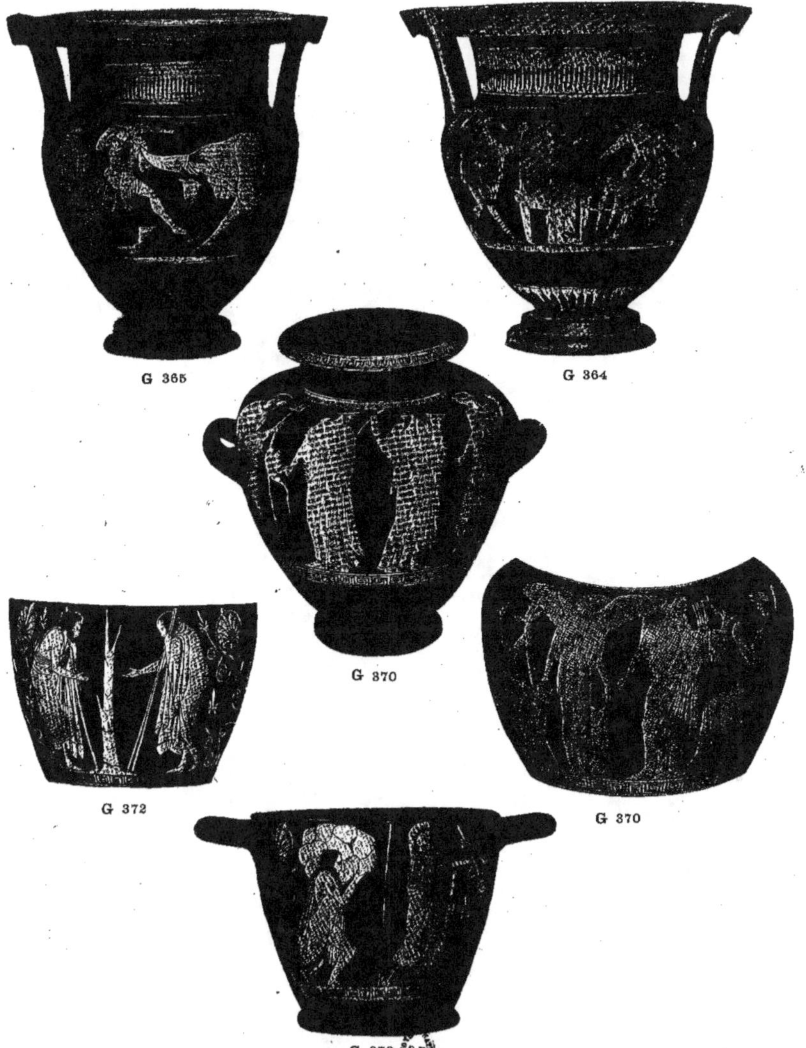

VASES ATTIQUES TROUVÉS EN ITALIE
DÉVELOPPEMENT DU STYLE LIBRE.
(VERS LE MILIEU DU Ve SIÈCLE AV. J.-C.)

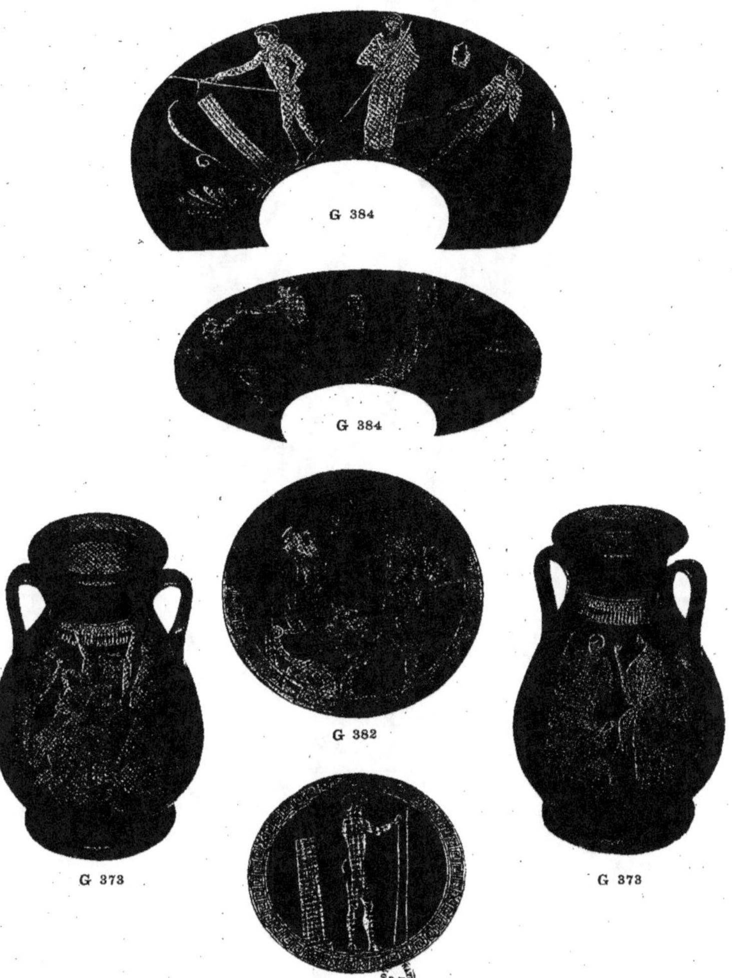

G 384

G 384

G 382

G 373

G 373

G 384

VASES ATTIQUES TROUVÉS EN ITALIE

DÉVELOPPEMENT DU STYLE LIBRE

(VERS LE MILIEU DU V° SIÈCLE AV. J.-C.)

10

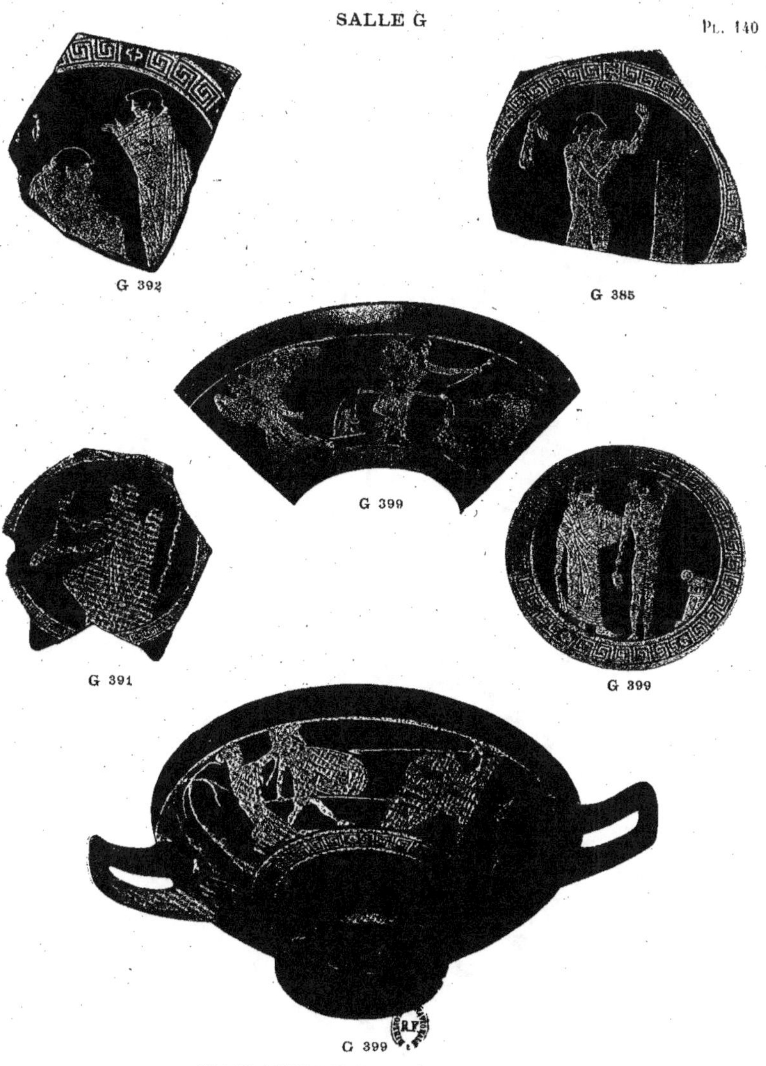

G 392

G 385

G 399

G 391

G 399

G 399

VASES ATTIQUES TROUVÉS EN ITALIE

DÉVELOPPEMENT DU STYLE LIBRE

(VERS LE MILIEU DU Vᵉ SIÈCLE AV. J.-C.)

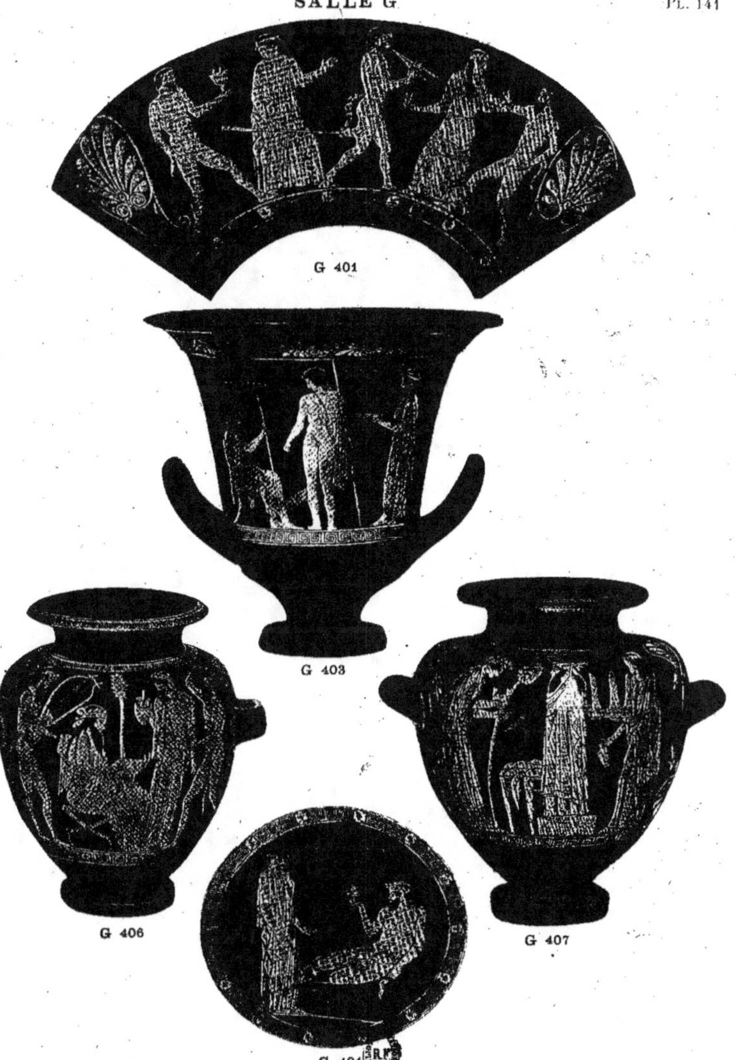

VASES ATTIQUES TROUVÉS EN ITALIE
APOGÉE DU STYLE LIBRE
(MILIEU ET SECONDE MOITIÉ DU Vᵉ SIÈCLE AV. J.-C.)

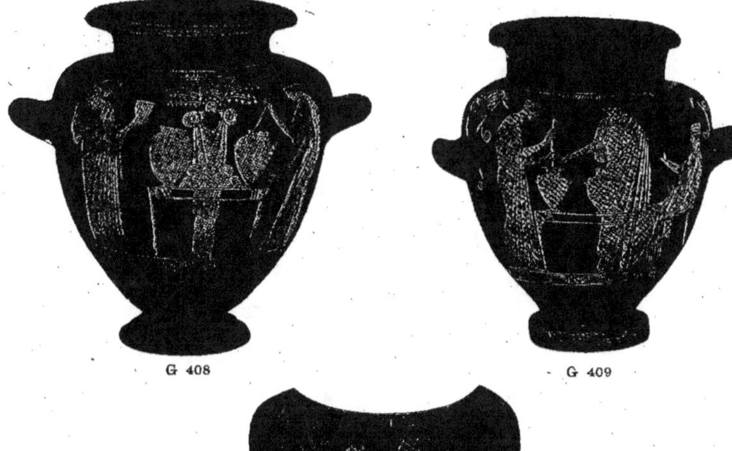

G 408

G 409

G 410

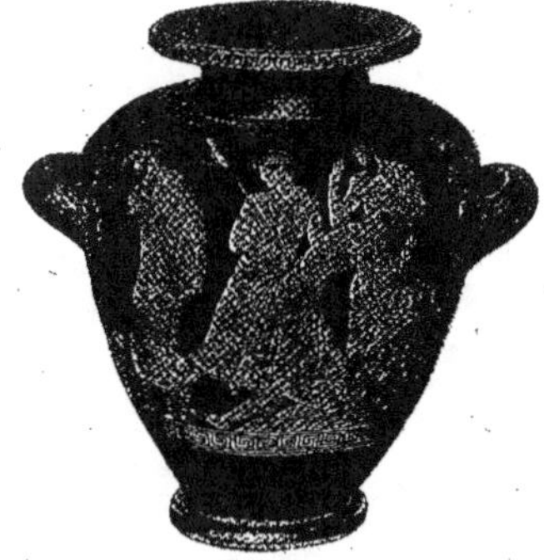

G 413

G 42[...]

VASES ATTIQUES TROUVÉS EN ITALIE

APOGÉE DU STYLE LIBRE

(MILIEU ET SECONDE MOITIÉ DU Ve SIÈCLE AV. J.-C.)

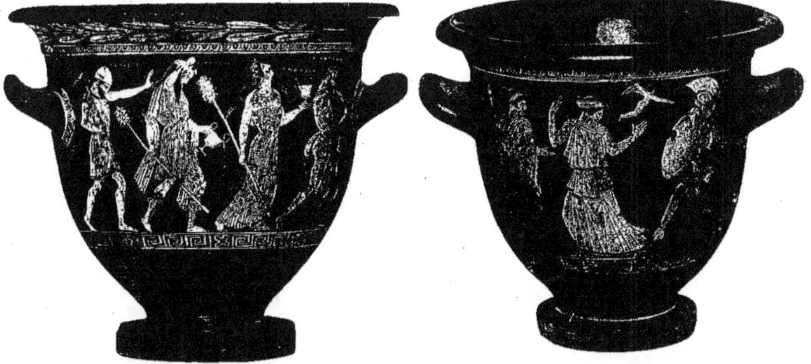

G 421   G 424

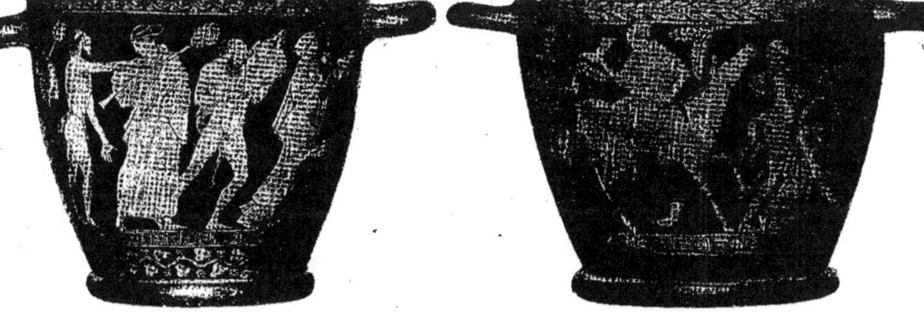

G 426   G 425

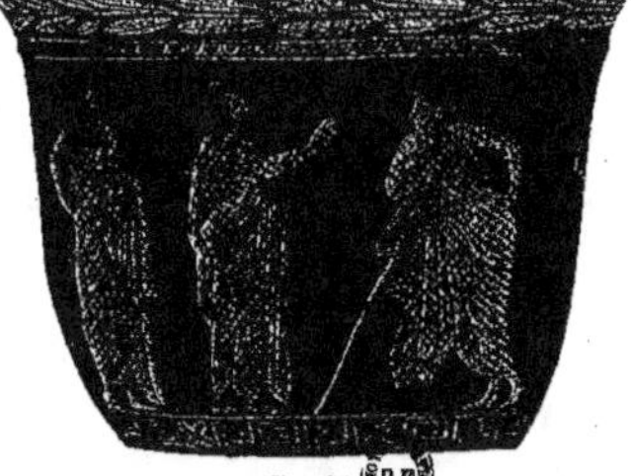

G 421

VASES ATTIQUES TROUVÉS EN ITALIE

APOGÉE DU STYLE LIBRE

(SECONDE MOITIÉ DU Vᵉ SIÈCLE AV. J.-C.)

11

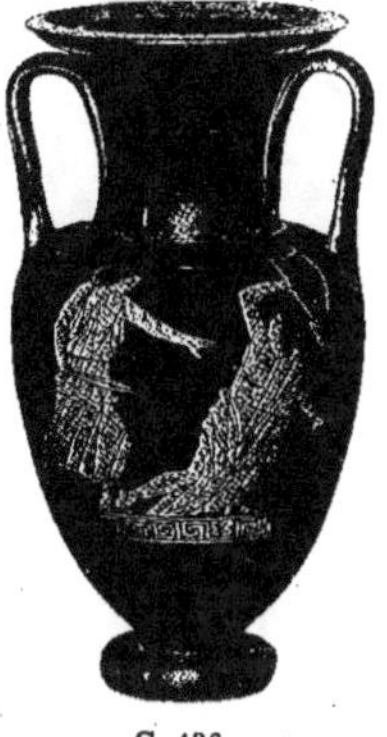

G 436

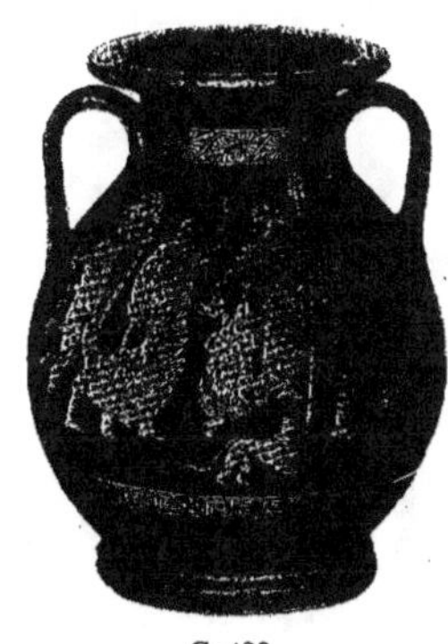

G 433

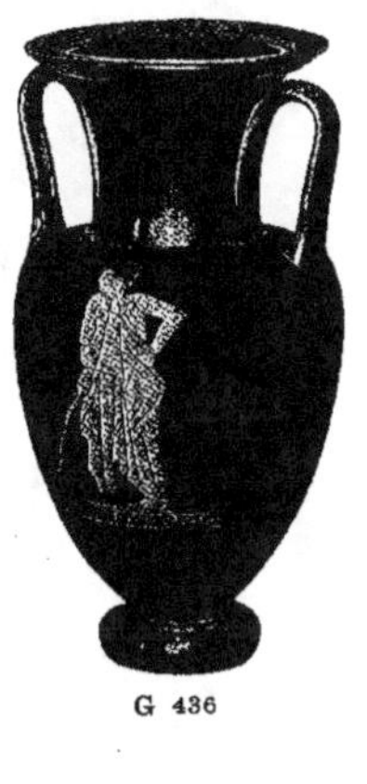

G 436

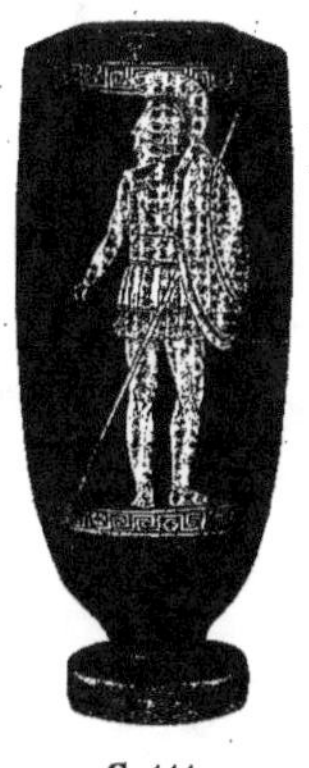

G 444

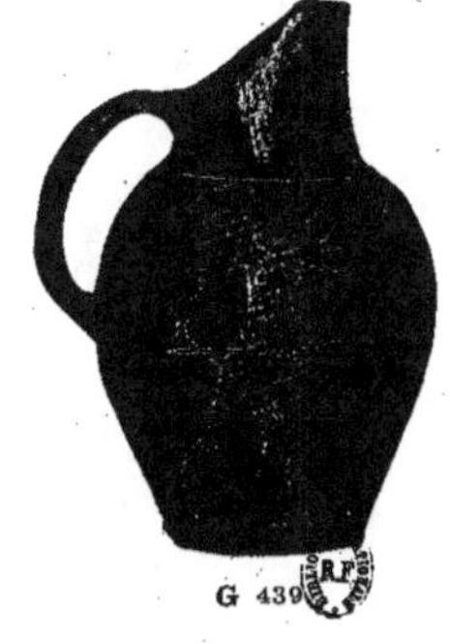

G 439

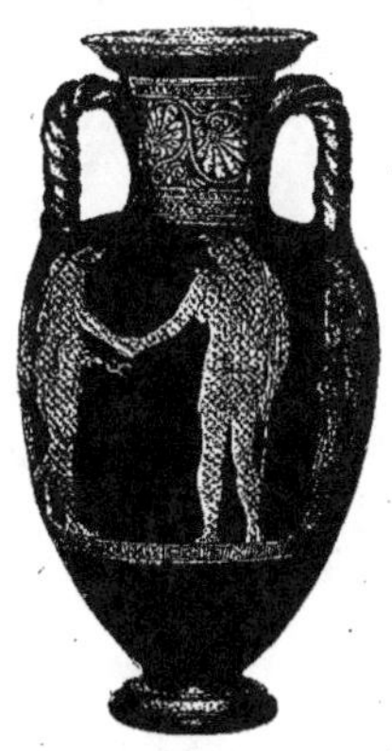

G 429

VASES ATTIQUES TROUVÉS EN ITALIE

APOGÉE DU STYLE LIBRE

(SECONDE MOITIÉ DU Ve SIÈCLE AV. J.-C.)

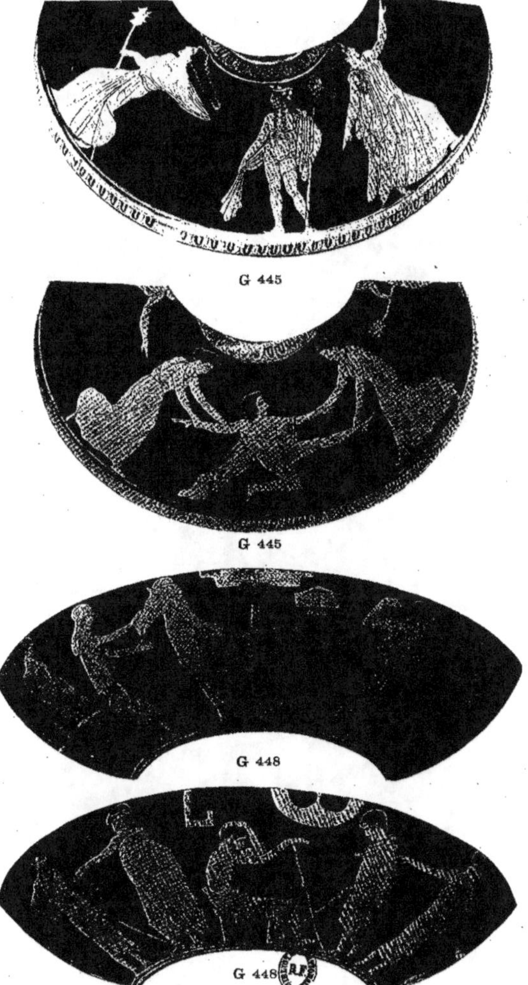

G 445

G 445

G 448

G 448

VASES ATTIQUES TROUVÉS EN ITALIE
APOGÉE DU STYLE LIBRE

(SECONDE MOITIÉ DU Vᵉ SIÈCLE AV. J.-C.)

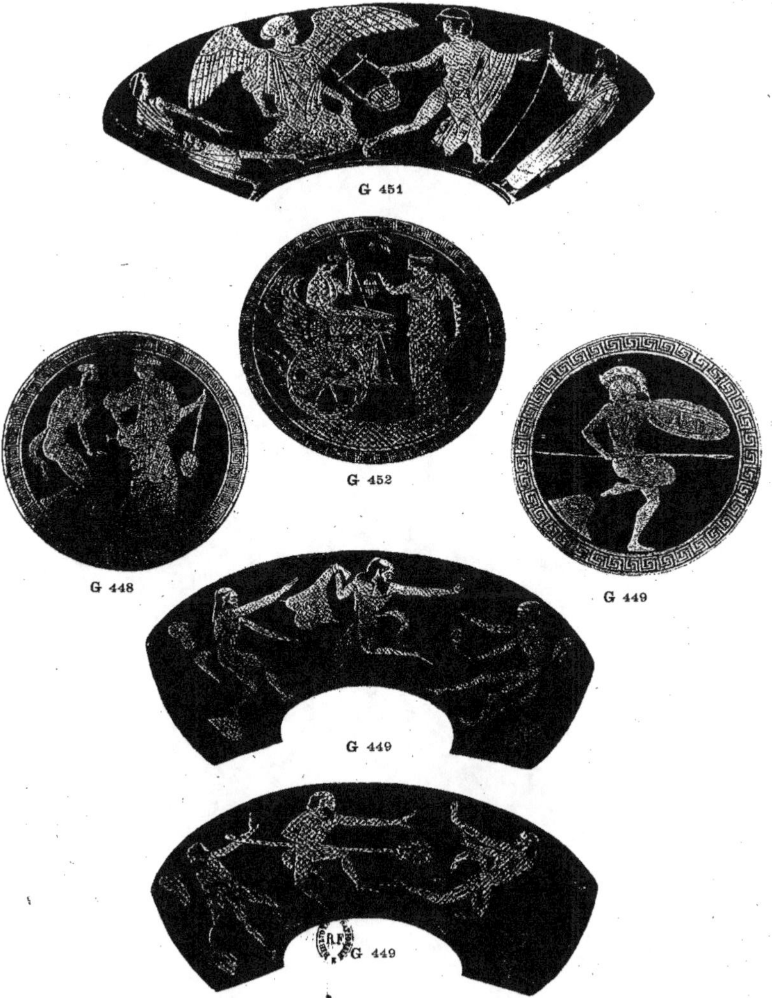

G 451

G 452

G 448

G 449

G 449

G 449

VASES ATTIQUES TROUVÉS EN ITALIE

APOGÉE DU STYLE LIBRE

(SECONDE MOITIÉ DU Ve SIÈCLE AV. J.-C.)

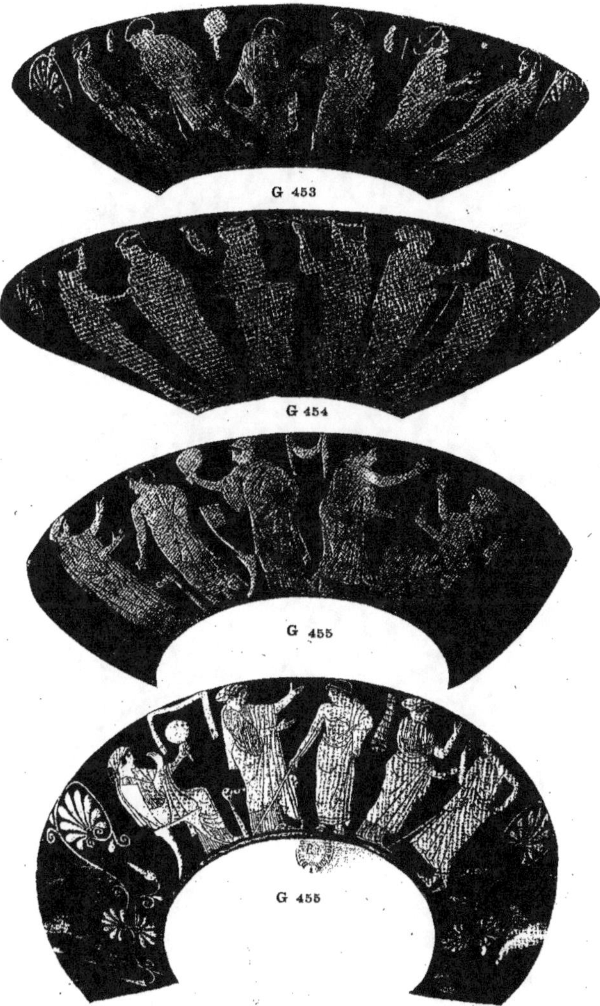

G 453

G 454

G 455

G 455

VASES ATTIQUES TROUVÉS EN ITALIE

APOGÉE DU STYLE LIBRE

(SECONDE MOITIÉ DU Vᵉ SIÈCLE AV. J.-C.)

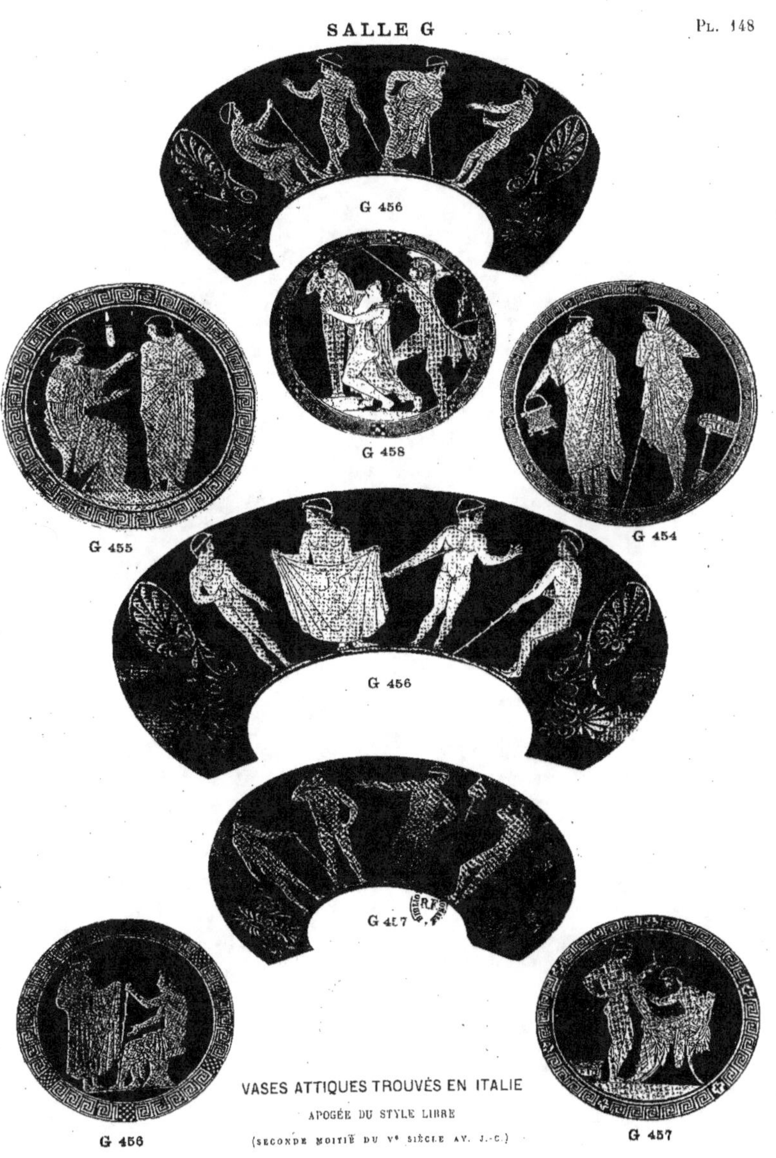

G 456

G 458

G 455

G 454

G 456

G 457

G 456

G 457

VASES ATTIQUES TROUVÉS EN ITALIE

APOGÉE DU STYLE LIBRE

(SECONDE MOITIÉ DU Vᵉ SIÈCLE AV. J.-C.)

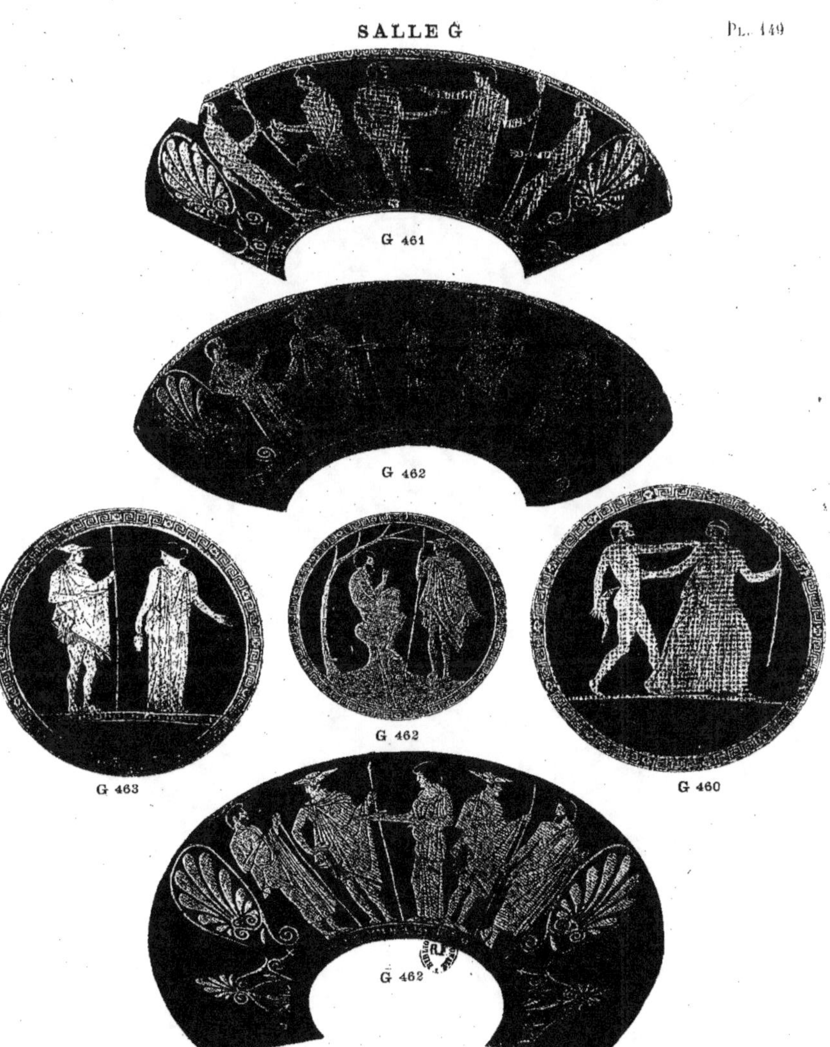

VASES ATTIQUES TROUVÉS EN ITALIE

APOGÉE DU STYLE LIBRE

(SECONDE MOITIÉ DU Vᵉ SIÈCLE AV. J.-C.)

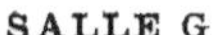

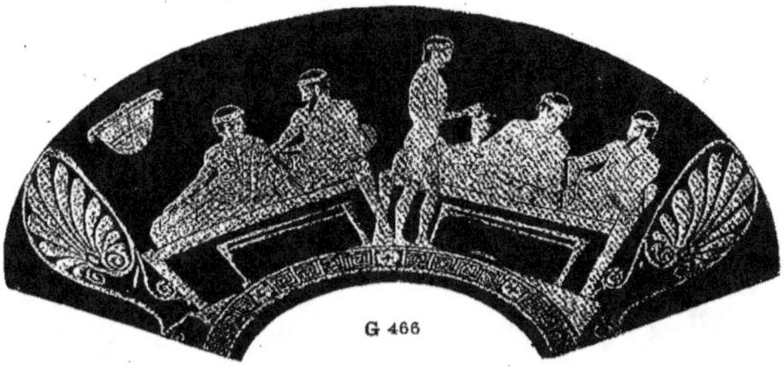

G 466

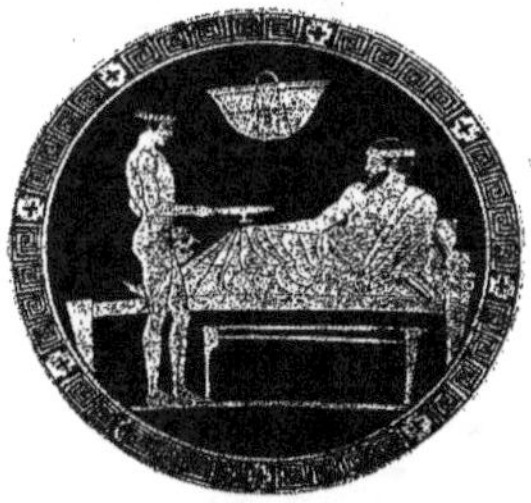

G 466

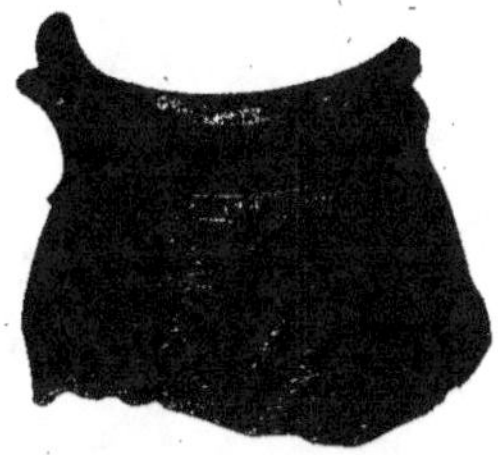

G 472

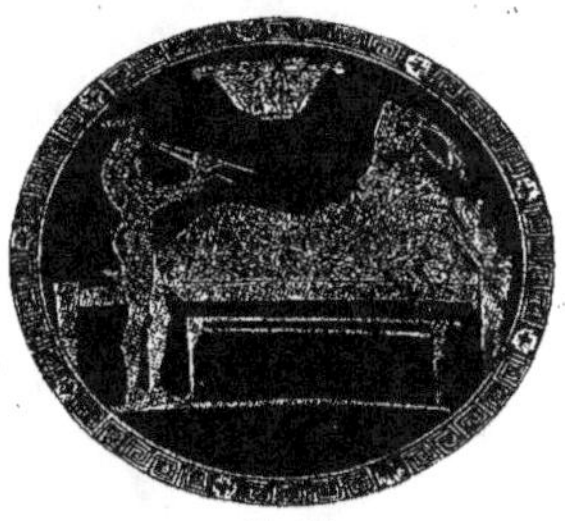

G 467

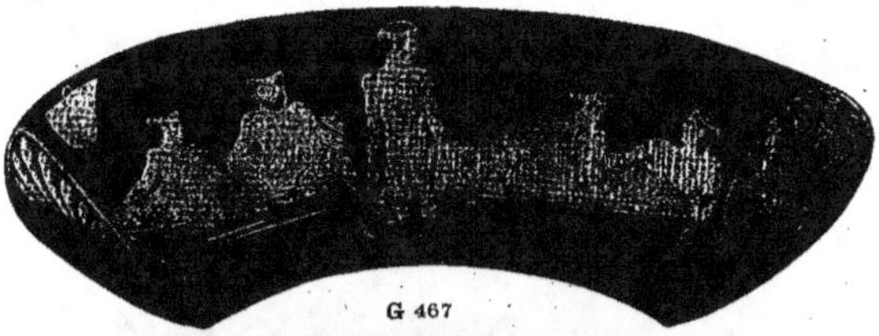

G 467

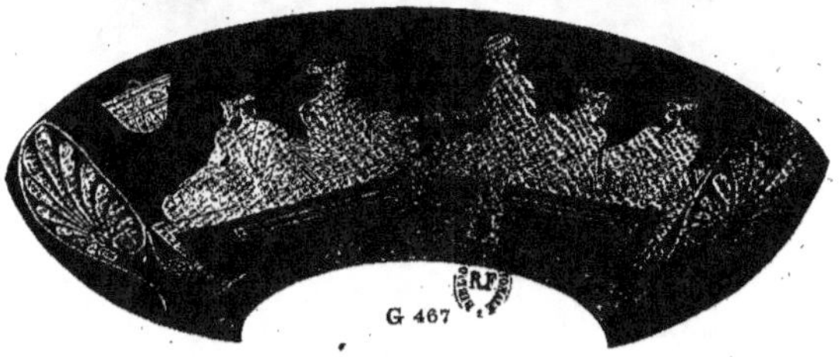

G 467

VASES ATTIQUES TROUVÉS EN ITALIE

APOGÉE DU STYLE LIBRE

(SECONDE MOITIÉ DU Vᵉ SIÈCLE AV. J.-C.)

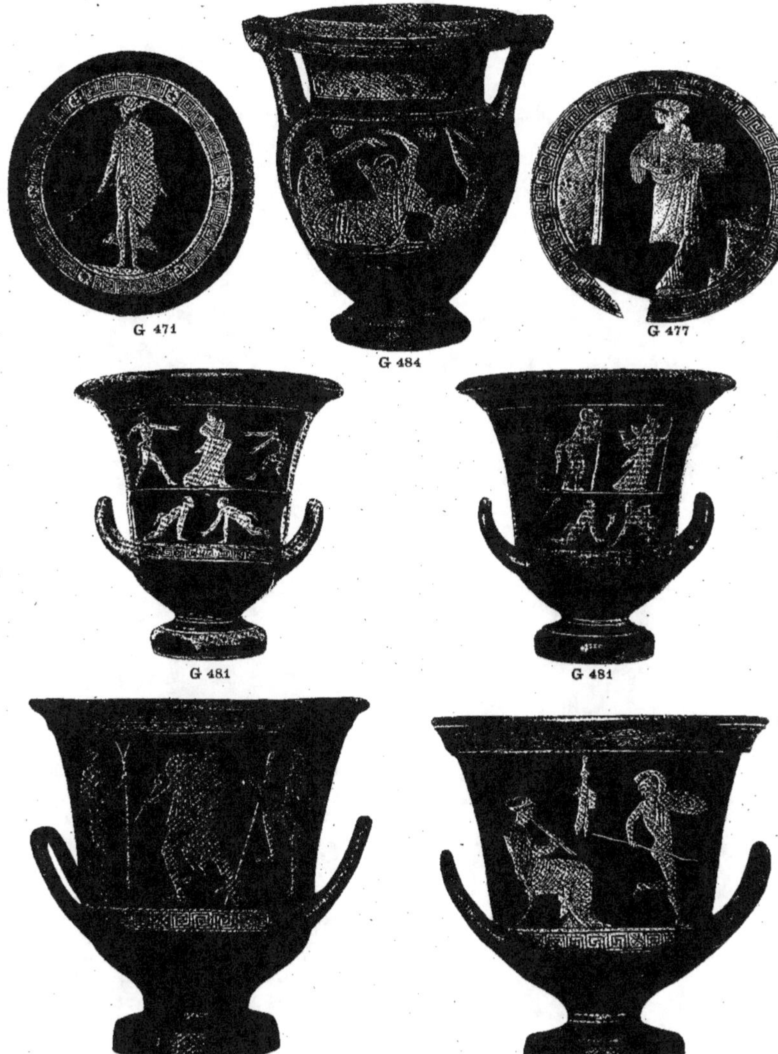

VASES ATTIQUES TROUVÉS EN ITALIE

APOGÉE DU STYLE LIBRE

(SECONDE MOITIÉ DU Ve SIÈCLE AV. J.-C.)

13

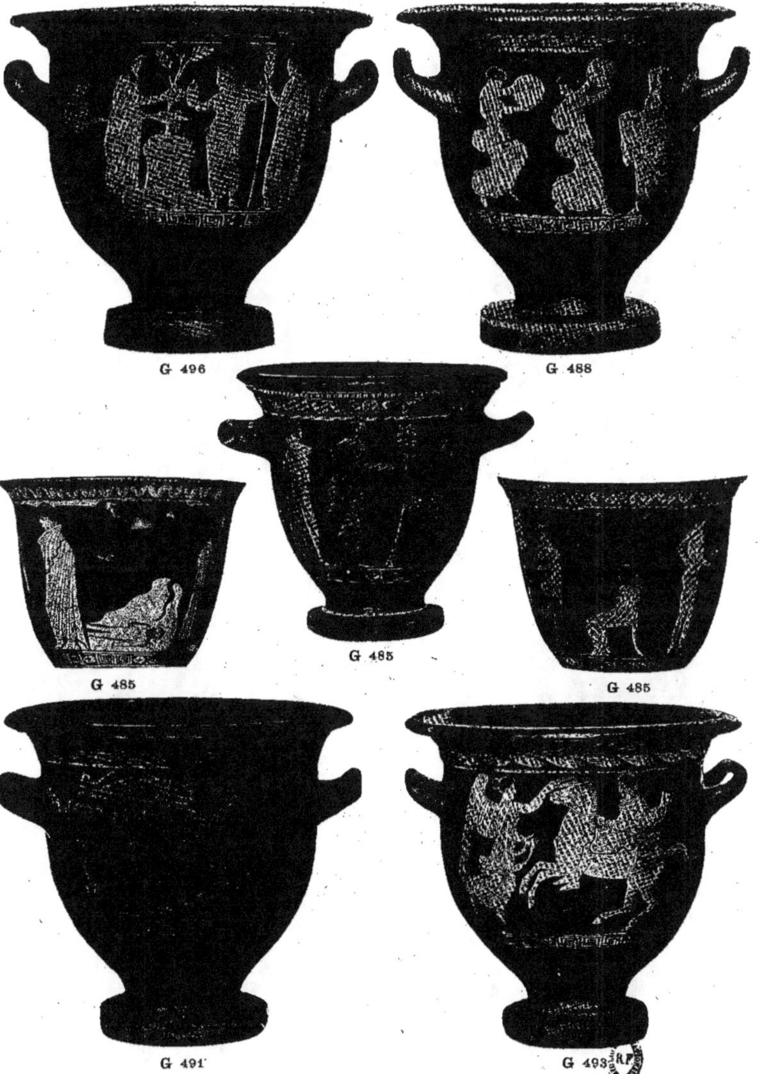

G 496

G 488

G 485

G 485

G 485

G 491

G 493

VASES ATTIQUES TROUVÉS EN ITALIE

APOGÉE DU STYLE LIBRE

(SECONDE MOITIÉ DU Vᵉ SIÈCLE AV. J.-C.)

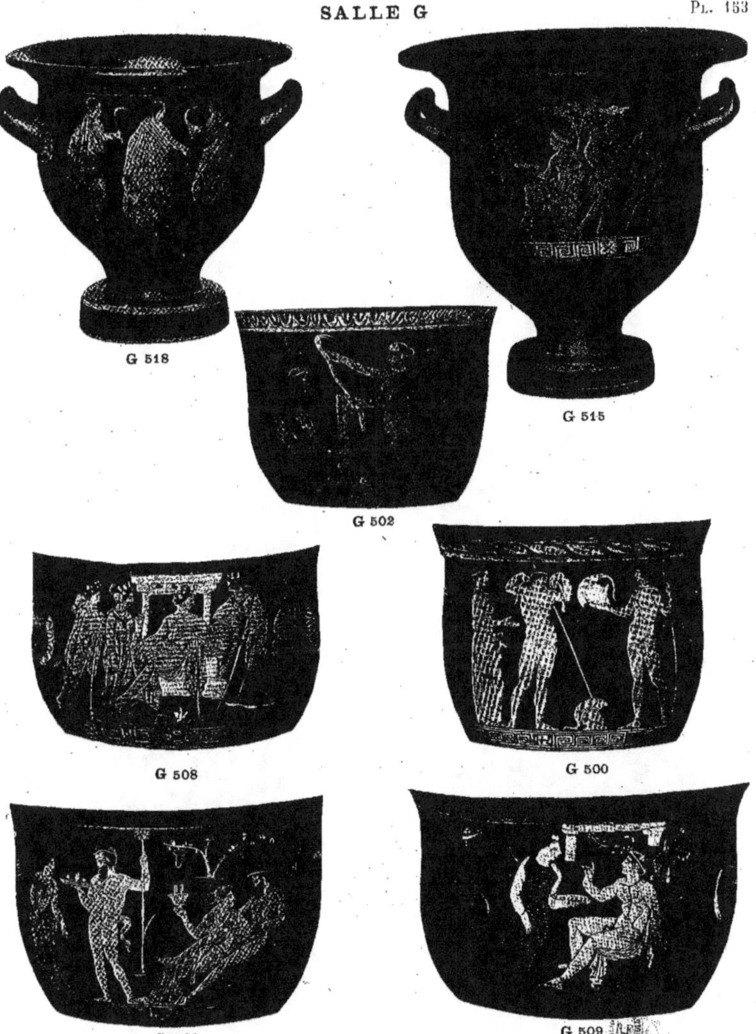

G 518

G 502

G 515

G 508

G 500

G 503

G 509

VASES ATTIQUES TROUVÉS EN ITALIE

DÉVELOPPEMENT ET DÉCADENCE DU STYLE LIBRE

(FIN DU Vᵉ ET IVᵉ SIÈCLE AV. J.-C.)

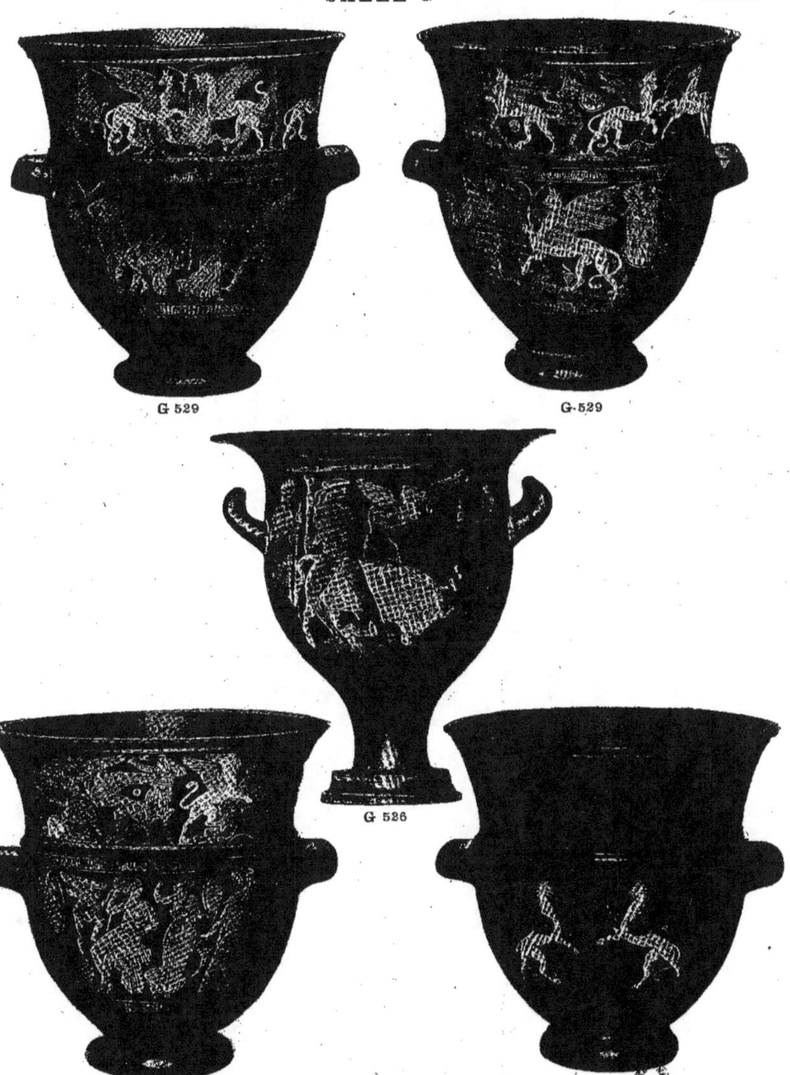

VASES ATTIQUES TROUVÉS EN ITALIE

DÉVELOPPEMENT ET DÉCADENCE DU STYLE LIBRE

(FIN DU Ve ET IVe SIÈCLE AV. J.-C.)

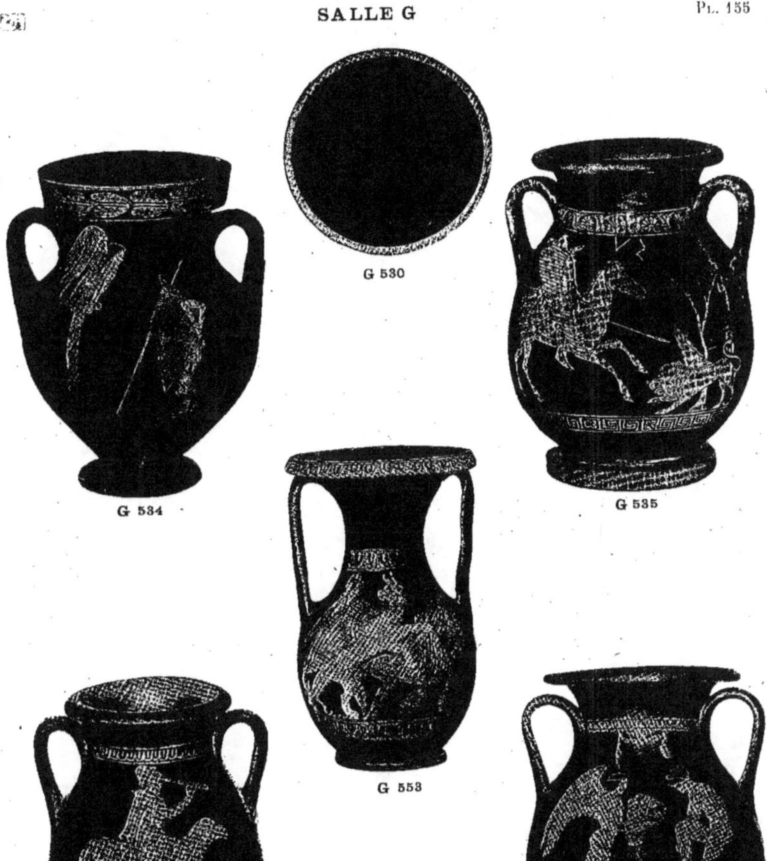

VASES ATTIQUES TROUVÉS EN ITALIE

DÉVELOPPEMENT ET DÉCADENCE DU STYLE LIBRE

(FIN DU Vᵉ ET IVᵉ SIÈCLE AV. J.-C.)

14

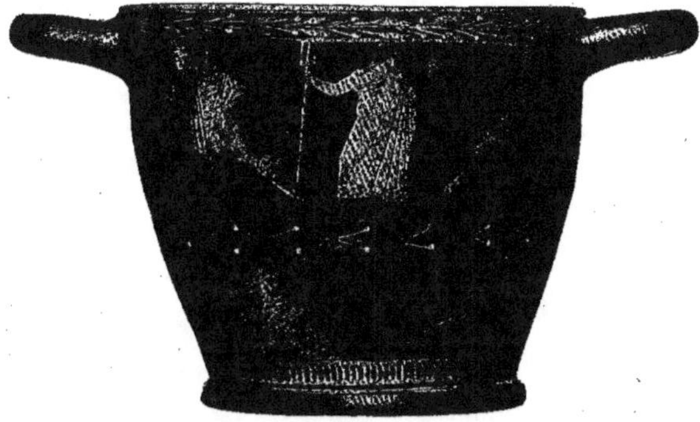

G 558

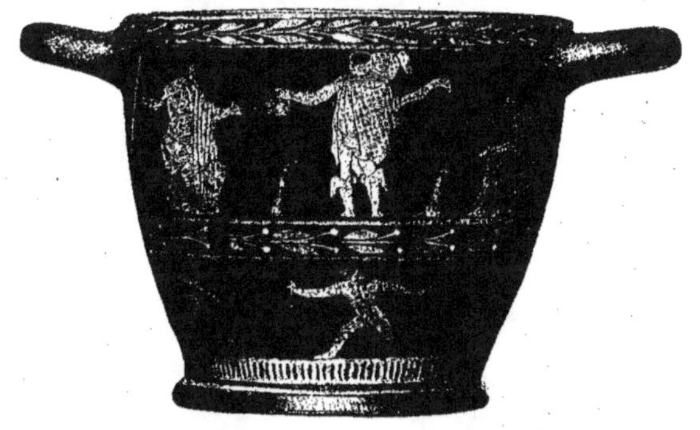

G 558

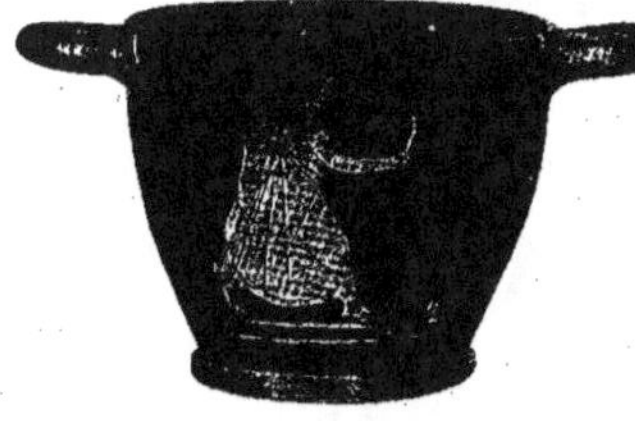

G 567

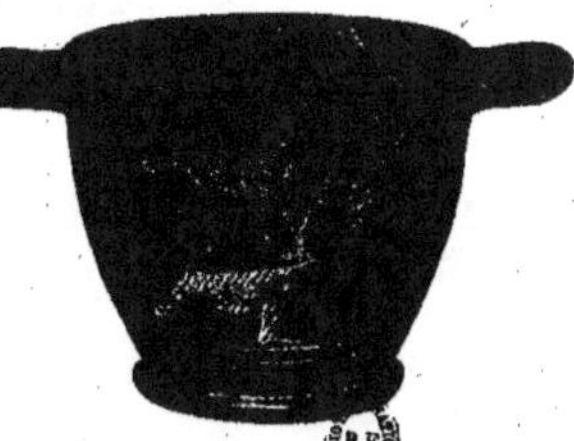

G 567

VASES ATTIQUES TROUVÉS EN ITALIE

DÉVELOPPEMENT ET DÉCADENCE DU STYLE LIBRE

(FIN DU V⁰ ET IV⁰ SIÈCLE AV. J. C.)

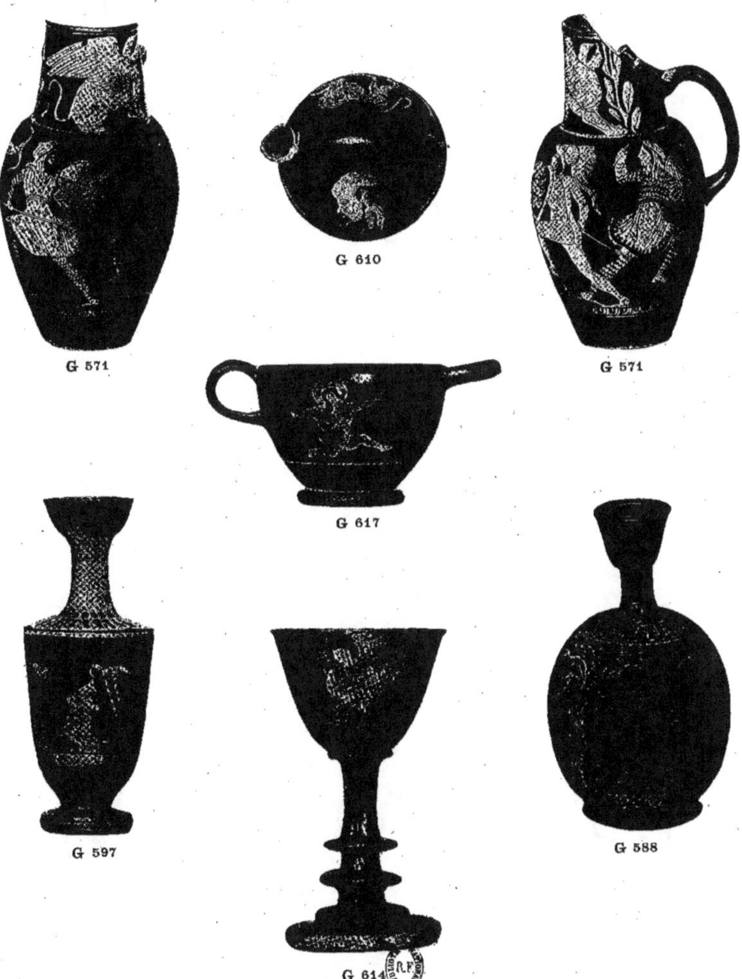

VASES ATTIQUES TROUVÉS EN ITALIE

DÉVELOPPEMENT ET DÉCADENCE DU STYLE LIBRE

(FIN DU Ve ET IVe SIÈCLE AV. J.-C.)

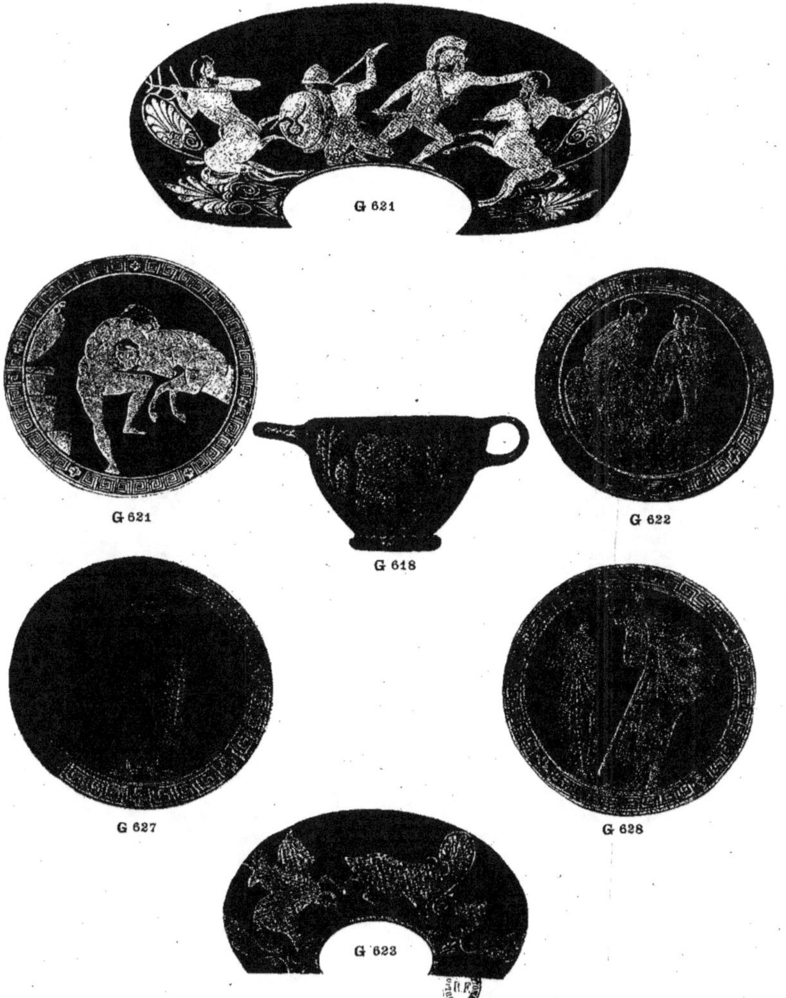

VASES ATTIQUES TROUVÉS EN ITALIE
DÉVELOPPEMENT ET DÉCADENCE DU STYLE LIBRE
(FIN DU Vᵉ ET IVᵉ SIÈCLE AV. J.-C.)

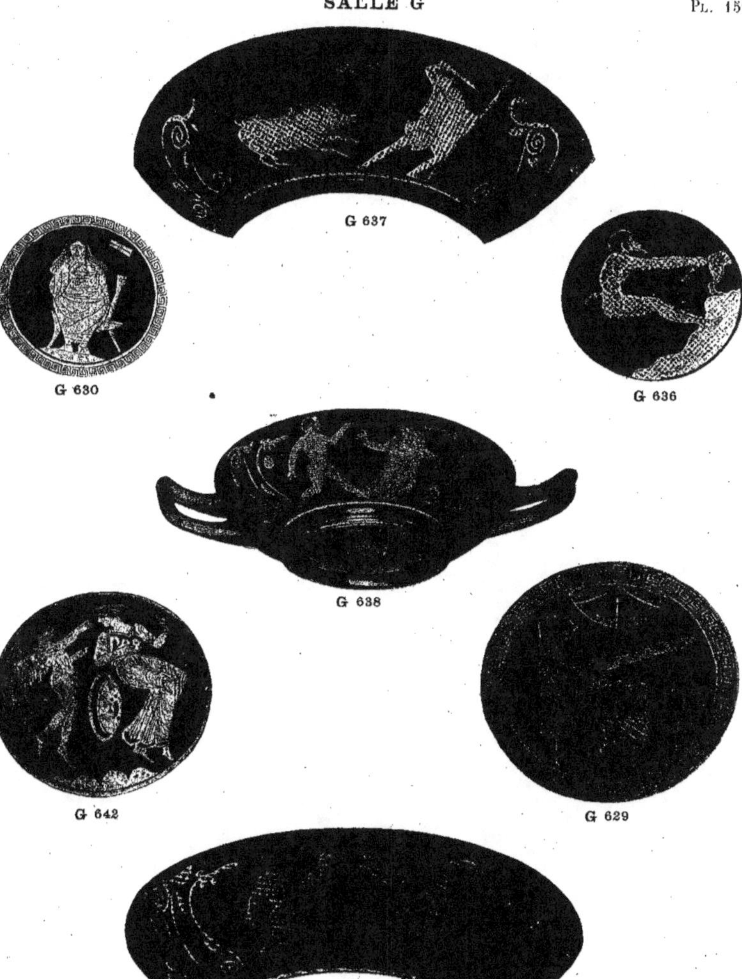

VASES ATTIQUES TROUVÉS EN ITALIE

DÉVELOPPEMENT ET DÉCADENCE DU STYLE LIBRE

(FIN DU Vᵉ ET IVᵉ SIÈCLE AV. J.-C.)

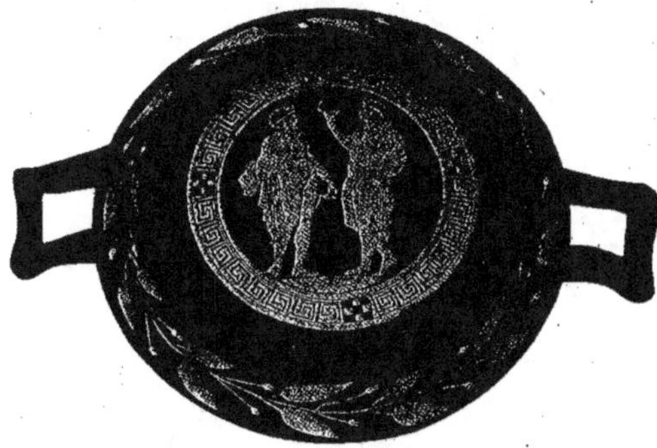

G 639

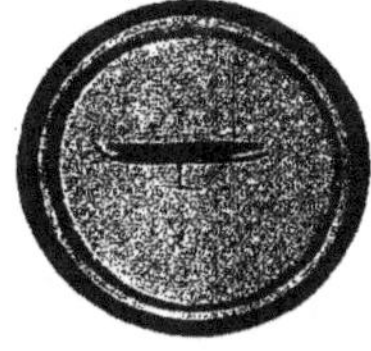

G 644

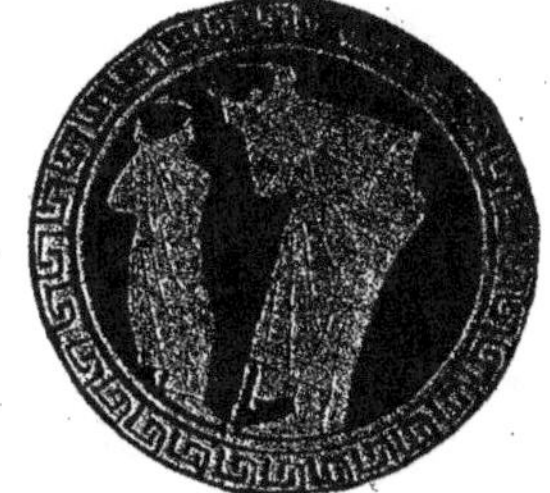

G 647

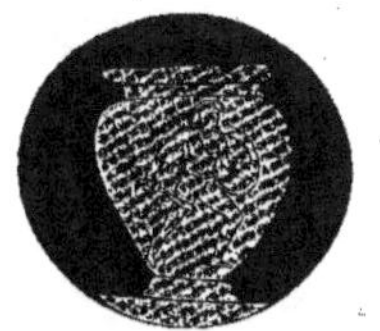

G 644

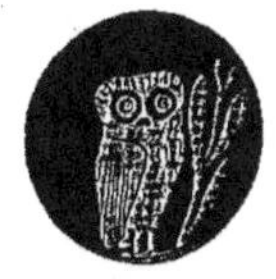

G 643

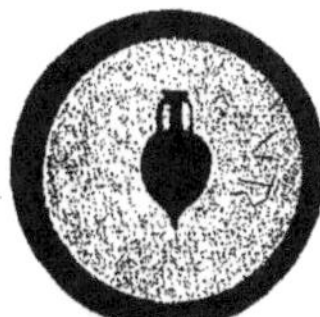

G 645

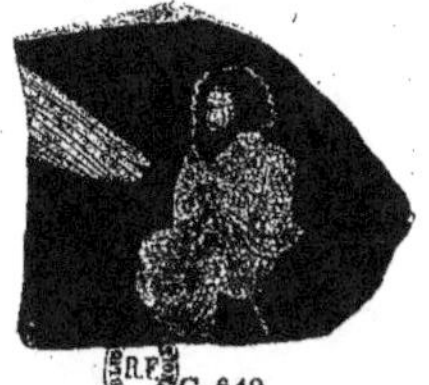

G 649

VASES ATTIQUES TROUVÉS EN ITALIE

DÉVELOPPEMENT ET DÉCADENCE DU STYLE LIBRE

(FIN DU Vᵉ ET IVᵉ SIÈCLE AV. J.-C.)

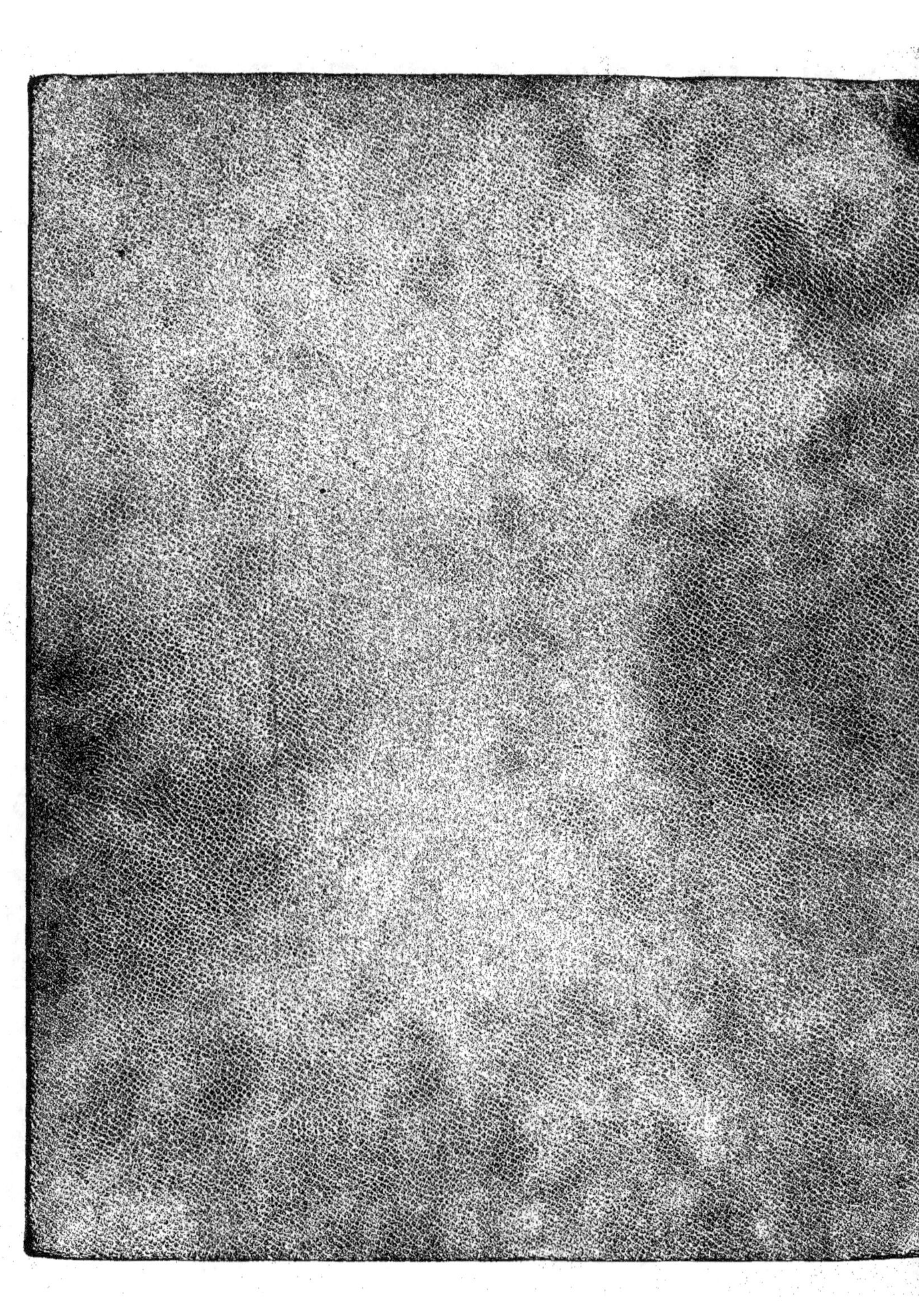

www.ingramcontent.com/pod-product-compliance
Lightning Source LLC
LaVergne TN
LVHW051111060726
842525LV00003B/866